中古京兆韦氏的变迁

马建红　著

商务印书馆
创于1897
The Commercial Press

图书在版编目（CIP）数据

中古京兆韦氏的变迁 / 马建红著. — 北京：商务印
书馆，2022
ISBN 978-7-100-20852-9

Ⅰ. ①中… Ⅱ. ①马… Ⅲ. ①家族－研究－中国－中古
Ⅳ. ①K820.9

中国版本图书馆CIP数据核字（2022）第044689号

中古京兆韦氏的变迁

马建红 著

商 务 印 书 馆 出 版
（北京王府井大街36号　邮政编码 100710）
商 务 印 书 馆 发 行
三 河 市 尚 艺 印 装 有 限 公 司 印 刷
ISBN 978－7－100－20852－9

2022年9月第1版　　开本 710×1000　1/16
2022年9月第1次印刷　印张 33　1/2

定价：168.00元

国家社科基金后期资助项目出版说明

后期资助项目是国家社科基金设立的一类重要项目,旨在鼓励广大社科研究者潜心治学,支持基础研究多出优秀成果。它是经过严格评审,从接近完成的科研成果中遴选立项的。为扩大后期资助项目的影响,更好地推动学术发展,促进成果转化,全国哲学社会科学工作办公室按照"统一设计、统一标识、统一版式、形成系列"的总体要求,组织出版国家社科基金后期资助项目成果。

全国哲学社会科学工作办公室

序

  马建红博士《中古京兆韦氏的变迁》一书，即将由商务印书馆出版发行，甚为高兴。并嘱让我写一篇序文，勉为其难而为之。

  家族史的研究始终是历史学、文化人类学与社会学的一个重要课题。这是由家族组织在人类社会中所占有的地位决定的。在社会中家族组织是从事社会生产和其他各类社会活动最基本的群体，它对于社会经济、政治制度、文化传承及其整个社会结构的构成与运作，都具有极大地促进或制约的作用。在中国社会中这种作用表现的尤为突出和明显，中国古代以儒家思想治国，她所提倡的"亲亲"、"仁爱"、"忠孝"思想，对中国社会的影响至深且远。在中国历史上各朝各代始终体现出一种家国一体、家国不分的政治体制结构。而在这种政治体制结构中家族的作用是极为突出的，有些西方学者甚至认为，对于中国家族史的深入研究，是解开古老东方神秘大门的一把钥匙。这是很有见地的。

  恩格斯在《家庭、私有制和国家的起源》一书中指出：人类社会的生产主要有两种：一是生产资料的生产和再生产，一是人种的繁衍，即"人类自身的生产"①。而组成社会的每一个成员，其个体生命都是有限的，要使整个人类社会文化能够得以传递并使得不断发展，亦要对子女进行抚养和教育，② 这些，都必须通过一种特定的社会组织即家族来进行。此外，在

---

① 恩格斯：《家庭、私有制和国家的起源》（第一版）序言，《马克思恩格斯选集》第四卷，北京：人民出版社，1972 年，第 2 页。
② 刘斌雄：《家族亲谱空间的数理分析》，台北：《"中央研究院" 民族学研究所集刊》1979 年第 47 期。

人类社会中，任何个人通常都是在与他人的相互联系中从事生产或进行其他社会活动的，即是说，是在群体中生活的，家族自然是人类最原始、最普遍、最基本的一种社会群体。家族在这几方面的功能，即使在现代社会中亦没有消失，所以现代社会仍然将家族作为一项主要研究内容，以致形成所谓家族社会学，而在中国的中古社会中，由于生产力水平的相对低下，人类交往范围依然受到一定的局限，因此家族的上述功能不仅没有丧失与消弱，而且表现得更为显著，家族组织作为社会的基础，对社会制度亦具有强烈的影响。正像恩格斯曾指出的"劳动愈不发展，劳动产品的数量、从而社会的财富愈受限制，社会制度就愈在较大程度上受血缘关系的支配"[①]。恩格斯原意当然是指原始社会的情形而言，但在中国中古社会中，生产力虽然有所发展但并不发达，血缘关系、家族组织对社会经济、政治制度、礼仪规范、文化传承等诸方面，仍具有一定的制约作用。所以，对于历史学家来说，如欲对中国古代社会的面貌及其发展演变情况获得真切的认识，都必须对当时家族形态与功能给以充分的注意。

家族史的研究对中国历史研究来说，尤其具有特殊的重要性，因中国家族组织始终对社会生活发生深刻影响，其时间之悠久，作用之深刻，皆是举世罕见的。甚至在近代与现代中国社会，家族组织、家族主义以及由其衍化出来的思想意识，仍有着不可低估的作用，所以中国社会已被社会学家称为"家族社会"。[②]但当我们探讨中国古代社会的家族形态时，即会发现她更具有典型的意义。

对于家族史的重视，在历史上曾经出现过四次高潮，第一次是在汉魏两晋时期，"汉有邓氏《官谱》，应劭有《氏族》一篇，王符《潜夫论·姓氏》篇，宋何承天有《姓苑》二篇。谱学大抵具此"[③]。第二次高潮是在南

---

①　恩格斯：《家庭、私有制和国家的起源》（第一版）序言，《马克思恩格斯选集》第四卷，北京：人民出版社，1972年，第2页。

②　高达观：《中国家族社会之演变》，南京：正中书局，1946年。

③　柳芳：《姓系论》，《全唐文》卷372，北京：中华书局，1983年，第3780页上。

北朝至隋唐之际，无论是在官方还是在民间兴起一个谱学的热潮，但这些谱谍与家传，真正可称者并不多，但却成为诸郡中正各列本土姓族次第为举选格，名曰："方司格，人到于今称之。"① 第三次高潮是在明清时期，由于元明之际的社会动荡以及明朝初年的官方移民，故至明清时期，又掀起一个修谱的高潮，但此次家谱的修撰，其始祖大多追述至明朝初年，其追述较远者可追述至"三皇五帝"时期，一般是追述到五代时期，且对于五代时期先祖事迹与世系大多已不甚了了。第四次高潮是从 20 世纪 80 年代中期至今。这一高潮又可分为两个路向来加以说明，一是自 20 世纪 80 年代中期以后，随着思想解放、改革开放和社会经济的发展，在民间兴起的家谱修纂，至 20 世纪 90 年代和 21 世纪初达到一个高潮，至今方兴未艾。修谱的目的除了敬宗收族之外，人们尚在追寻"我从哪儿来"、"我的根在何处"？一是对于家族史的学术研究。家族作为社会群体或社会组织，长期存在于中国古代社会，也是 21 世纪中国社会结构的组成部分。19 世纪末 20 世纪初，正是中国社会剧烈动荡的历史大变动时期，在民权观念、民族主义的影响下，学习西方、反思传统、寻求自强之路成为时代的强音。20 世纪对家族问题的认识是与对传统社会定性和解决现实社会革命的道路问题紧密相联。进入 20 世纪 80 年代，家族史与宗族史的研究进入空前活跃和繁荣，家族与宗族史研究进入一个新的历史时期。这一时期的研究主要分为三个时段：一是先秦时期父系公社、商周家族宗族宗法的研究；二是秦汉魏晋南北朝隋唐时期，较为集中在世家大族的形成、门阀士族的研究；三是宋元明清尤其是明清时期的宗族研究。其研究涉及的领域逐步拓宽，不仅有整体性研究，而且还有断代与专题性研究，地域性宗族研究也在这一时期展开。伴随着社会史研究的兴起，家族史与宗族史的研究，取得了众多学术成果，成为历史学最富有成绩的领域之一。进入到 20 世纪 90 年代，对于中古时期家族与宗族的研究，尤其是个案研究依然是学者研究

---

① 柳芳：《姓系论》，《全唐文》卷 372，北京：中华书局，第 3780 页上。

的一个热点问题，不仅有大量相关论著相继问世，而且大量的学术论文相继发表，涉及的家族不仅有当时的名门望族，而且当时的一些二流甚至三流世家大族，也都在学人的个案研究之列，故被有些学人称之为是"跑马圈地"；研究的问题既有对整个家族进行全面论述者，亦有对家庭与宗族、家族仕宦、家学门风、家族信仰、家族教育和思想文化、家庙祭祀与礼法、大族的历史地位与衰落原因、家族谱等问题的研究。此外，还有对边疆少数民族家族研究的文章陆续发表。

　　进入 21 世纪之后，家族史研究热潮依然高涨，对历史上大大小小的家族几乎都有学者涉及，既有文化世家丛书的出版，也有地域性家族史研究的展开。与此同时，随着家族史研究的不断深入，对于家族史的整体研究和理论升华就显得十分必要。就目前的研究状态而言，已出现了一些新的研究取向，介于宏观与微观之间的中观研究、对新出墓志由史料分析到史学分析的转向、对人类学上的自我认同、历史记忆、边界理论的运用和对学界先贤旧有理论的挖掘、重在对士族社会生活的关注等。虽然如此，但对于家族史研究的理论升华还远远不够。

　　家族史研究之所以会引起人们如此强烈的关注，一是家族是中国历史上具有典型社会意义和文化意义的社会组织，几千年来血缘亲情、家族观念深入人心，"人道，亲亲也。亲亲故尊祖，尊祖故敬宗，敬宗故收族，收族故宗庙严，宗庙严故重社稷"[1]。"立爱唯亲，立敬唯夫，始于家邦，终于四海。"[2] 家族血缘关系可以放大扩展，"君子之事亲孝，故忠可移于君；事兄悌，故顺可移于长；居家理，故治可移于官"[3]。正是家族血缘关系把"家"与"国"沟通为一体，国是家的放大，"就像皇帝通常被尊为全国的君父一样，皇帝的每一个官吏也都在他所管辖的地区内被看作是这种父权

---

[1] 《礼记·运记》。

[2] 《尚书·伊训》。

[3] 《孝经·广扬名》。

的代表"①。因此，中国历史上家族生生不息，世代繁衍，谱系清晰可考，文化代代相传，即使政权不断更迭，家族却能获得延续。对于这样重要的社会组织进行研究，意义重大。二是与20世纪80年代以来，与史学研究的转向有关。传统的政治史、军事史、经济史等领域逐渐式微，而代之而起的社会史、文化史、区域史研究欣欣向荣，史学研究者关注的视野从宏观走向微观，从整体走向区域，从政权更迭走向文化嬗变。家族史作为社会史和区域史研究的一个方面，也不断引起人们的重视。三是新资料的大量出现也刺激了家族史研究的活跃。这种新资料包括两个大的方面，第一是近年来不断出土的墓志碑文的整理与公布；第二是史学研究者搜集史学资料的视野再扩大，陆续公布的档案、方志资料中蕴藏着丰富的社会史内容，均成为史学工作者进行社会史研究的重要史料基础。

即将奉献于读者面前的《中古京兆韦氏的变迁》一书，是马建红博士的学位论文，后又被列为国家社科基金后期资助项目，从论文的选题至今，前后历时十五个春秋，其中的酸甜苦辣，"如人饮水，冷暖自知"，作者不断地对其研究课题进行充实补充修订，今天终于与读者见面了，它是对中古时期京兆韦氏家族研究的一项重要成果。

作者用功甚勤，在其研究中不仅使用了大量新出土的墓志资料，并结合正史以及其他传世文献，对京兆韦氏的起源、远祖谱系的建构和韦氏京兆郡望的形成，均进行了详细地考订，提出韦氏京兆郡望的形成应该是在汉末魏晋时期。对京兆韦氏在汉末魏晋南北朝时期的房支分立、南迁、居北和南迁北归不同房支兴衰沉浮进行了细致的梳理和综合比较，认为宗族乡里基础对于世家大族社会政治地位的保持具有重要的意义。对隋唐时期京兆韦氏的不同房支进行了比较研究和综合分析，着重分析了韦氏族内不同房支的冲突和差异，深入探讨了跻身关陇婚姻圈中的京兆韦氏三房的社会政治地位、家族成员的快速官僚化和中央化，致使其与宗族乡里渐行渐

---

① 《马克思恩格斯选集》（第二卷），北京：人民出版社，1972年，第2页。

远，其政治地位骤起骤落，最终随着关陇军功贵族集团的衰落而较早地退出了政治社会舞台，趋于沉寂；而以文化底蕴见长的京兆韦氏四个房支，积极参与科举考试，由此进入仕途，其政治地位至唐中后期彰显于社会。与此同时，韦氏宗族子弟也经历了从重视族姓郡望到强调个人素质，由经学传家到以文学入仕的转变，在赢得政治地位的同时逐渐丧失了其家族文化的自主性和独特性。京兆韦氏家学门风的不断转型，对京兆韦氏家族社会政治地位的影响是双重的，一方面是使京兆韦氏快速适应了科举制而跻身于新型的科举士族之列而保其政治社会地位不坠；另一方面则是使家族文化由学术性而转向功利化；在门风上的转变中既有不变的一面，也有变化的一面。不变的是保持了崇儒重礼的一贯性而使其一直保持比较高的社会地位，京兆韦氏也以此为资本而联姻到同样具有社会名望或政治地位显赫的家族，从而与之结成比较牢固的婚姻关系网络，有助于其政治社会地位的维持；变的是家族特质经历了由汉代魏晋的文质化而至南北朝的文武兼备再至隋唐的彻底文质化的演变，京兆韦氏于南北朝时期的文武兼备是以其不失宗族乡里基础为前提的，而隋唐以后的文质化则是伴随着官僚化、中央化和城市化而进行的，宗族乡里基础已几乎完全丧失，这也就意味着失去了掌控私人武装力量的空间和身份，而与京兆韦氏这种转变同步的则是武人从安史之乱和黄巢起义之后取得了权力优势，显然京兆韦氏的这种彻底性的文质化已经不能适应时代的需要，从而使其在政治社会上的优势显得有些"空中楼阁"的意味。作者认为中古士族的官僚化、中央化和城市化，是与隋唐时期中央集权的加强、城市经济的复兴和发展、教育文化的普及和科技的进步相关联，而商品经济和社会教育的发展所带来的寒门子弟对社会流动的要求和社会阶层固化所导致的社会矛盾激化，以黄巢起义为主的社会动乱，将集中于两京及其附近的各地名望大族的精英分子消灭殆尽，直接导致了中古世家大族的整体性衰亡。加之唐末五代和宋代印刷术的推广和使用推动了文化学术的下移，使原来世家大族所依恃的文化优势逐渐丧失，京兆韦氏便也在从士族社会向士人社会转变的过程中逐渐成为一个遥想的文化符号而一去不复返。

　　作者将中古时期韦氏家族上下千余年的历史变迁，进行了动态解析，条分析缕，娓娓道来，它对于从事中古家族史、社会史和文化史研究者均具有重要的学术参考价值。今此书得以付梓，甚为欣慰。略书己见，是以为序。

王洪军

2021 年 12 月 10 日书于鲁国故城寒舍

目　录

绪　论

第一节　中古士族研究的回顾与展望

在学界，据现有的史料，经由学者的探索和研究，可以达成一个基本共识，即在中国汉唐之间，也就是被一些学者界定为"中古"[①] 的历史时期，曾经活跃着一个比较特殊的社会群体。这个社会群体以其特有的文化优势、社会名望和政治地位成为中古政治社会的中坚力量，维持着对中古政治社会持久而深远的影响力，也由此决定了他们在中古史研究领域所具有的核心地位。学界和史料中对这个社会群体有不同的称谓，传统文献中使用比较多的是士族、世族、大族、豪族、素族和门阀。[②] 后来的学术界对他们则有贵族、寡头家族等新的称谓或延续历史文献中所称[③]，但认同和使用比较

---

① 在日本史学界，受欧洲传统分期法的影响，在相当长的时期内一直墨守着对中国历史分为"上世"、"中世"及"近世"，也即上古、中古及近代的三段划分法，其中"中古"一词所指因内藤湖南的"唐宋变革论"而界定为从五胡十六国至唐中叶。参见李华瑞：《"唐宋变革论"的由来与发展（上）》，《河北学刊》2010 年第 4 期，第 61 页；而美国学者姜士彬在其《中古中国的寡头政治》中开宗名义阐明所谓"中古中国"，指的是汉末到唐末这段时期，而麦希维克所言的"中古"则指魏晋南北朝，但他所称，也是中古早期，似乎意味着中古也涵括隋唐时期。参见范兆飞：《北美士族研究传统的演变 —— 以姜士彬和伊沛霞研究的异同为线索》，《文史哲》2017 年第 3 期，第 24 页；毛汉光的中古史研究也将"中古"界定为汉末宋前或汉末至唐末，参见其《中古统治阶层之社会基础》和《中古家族之变动》，收入《中国中古社会史论》，上海：上海书店，2002 年，第 7、54 页；新亚学派创始人钱穆曾指出："东汉以下，士族门第兴起。魏晋南北定于隋唐，皆属于门第社会，可称为是古代变相的贵族社会"，参见钱穆：《理学与艺术》，《宋史研究集》第 7 辑，台北：台湾书局，1974 年；李华瑞：《"唐宋变革论"的由来与发展（上）》，《河北学刊》2010 年第 4 期，第 60 页。此说可视为对中古时代特征的揭示。

② 仇鹿鸣：《魏晋之际的政治权力与家族网络》，上海：上海古籍出版社，2015 年，第 31～35 页。

③ 范兆飞：《北美士族研究传统的演变 —— 以姜士彬和伊沛霞研究的异同为线索》，《文史哲》2017 年第 3 期，第 25 页。

广泛的是士族。士族以其在中古政治社会中的重要地位而成为政治史和社会史研究中一个无法回避的焦点问题，也由此决定了学界关于中古士族的研究不仅历时长远，且跨越国界和地区，触及不同的学科理论和方法，可谓积累丰厚，争鸣不断。

关于中古士族的研究，从现代学术发展的角度而言，自 20 世纪初年至今历时已达百余年之久；若以国别和地域作为划分标准，大体可分为中国、欧美和日本三股重要的研究力量。[①] 为了更好地展现本书的写作在学术潮流中的位置或学术意义，兹以国别和地域为纬，以时间为经，从研究的理论方法、史料运用、问题路径等方面将具有开创意义及对后学产生重大深远影响或对本书的写作有重要启发的成果进行梳理和综述。

在日本学界，关于中古士族的研究对后学影响较大的有三点，其一是基于京都学派和东京学派之争的关于中古士族是自立性贵族还是寄生性官僚的争论。前者由内藤湖南于 20 世纪初叶创立，强调六朝贵族的独立性、自律性以及六朝社会不同于其他时代的贵族特征。认为贵族制度自有渊源，其权力、土地、声望等社会资源与皇权无涉。以矢野主税、越智重明、增渊龙夫等为代表的东京学派则极为重视传统中国社会发展所具有的同质性和连续性，强调皇权的传统影响，认为不应夸大六朝贵族政治理论，提出六朝贵族的政治力量来源于皇权、经济生活依赖于俸禄、社会活动附庸于官僚机器的"贵族即寄生官僚论"；其二是 20 世纪 60 年代，谷川道雄在对内藤氏的六朝隋唐贵族制论进行阐释、补充和修订中产生的"豪族共同体"理论；其三则是由守屋美都雄在验证内藤假说中开启、经矢野主税发扬光大的个案研究法。[②]

日本学界关于士族的整体性研究对本书启发较大的是 1950 年代竹田龙

---

① 范兆飞：《北美士族研究传统的演变——以姜士彬和伊沛霞的异同为线索》，《文史哲》2017年第 3 期，第 19 页。
② 范兆飞：《权力之源：中古士族研究的理论分野》，《学术月刊》2014 年第 3 期，第 126～129页；同氏：《中古太原士族群体研究》，北京：中华书局，2014 年，第 2～8 页。

儿的《关于唐代士族的家法》，该文认为："家法"是特定家族成员间代代尊奉的生活规范。有关唐代家法的记事集中在安史之乱以后。这主要是因为安史之乱以后，一族离散的人家很多，而且旧的家谱多有失传，导致新兴望族纷纷出现，那些旧权势家族大记家法以便与这些来历不清的新望族划清界限。唐后半期家法意识的高涨，表明六朝贵族势力的残存，同时也意味着旧势力的解体过程。[①] 这对于认识中古士族的衰落历程是一个新的视角。

欧美学界对中古士族研究产生较大影响的有三个层面。其一是 1950 年代艾博华（Wolfram Eberhard）提出的"城乡双家型态"说。[②] 其二是 1970 年代经由哥大学派人物姜士彬和其弟子伊沛霞分别通过对赵郡李氏以及中古寡头政治的研究和博陵崔氏的个案研究。姜氏的研究认为，中国中古社会的性质是官僚制与贵族制的有机结合即寡头制，并强调任官对家族地位的影响，认为中古士族的权力最终来源于对政府的供职，而非来自血统、家族、门第。但同时他也承认，在大约 5 世纪至 10 世纪时期，出任官职比在中华帝国的任何时期都在更大程度上取决于门第出身，这也是众所周知的事实。那么很显然，在中古士族权力的最终来源这一问题上，姜氏陷入了自相矛盾。[③] 伊氏借鉴日本学人守屋氏等人的个案研究法，充分利用当时学人较少关注、收藏于台北"中央研究院"的墓志材料，有机结合人类学的方法，富有创意地对博陵崔氏进行了长时段的历时性研究，其研究对后学的重要启示有三点。一是对由同一郡望掩盖下的博陵崔氏其内部宗族政治社会单位的分化给予了关注，指出其中仕途显赫之"官僚型"者与聚集乡里之"大族型"者的命运结局，犹如天壤；二是认为对中古士族政治社

① 竹田龙儿：《关于唐代士族的家法》，《史学》28：1，1955。详见胡戟、张弓主编：《二十世纪唐研究》，北京：中国社会科学出版社，2002 年，第 854 页。

② Wolfram Eberhard, *Conquerors and Rulers-social Forces in Medieval China*, Leiden, second Edition, 1965, pp. 44-45.

③ 范兆飞：《权力之源：中古士族研究的理论分野》，《学术月刊》2014 年第 3 期，第 132 页；同氏：《北美士族研究传统的演变——以姜士彬和伊沛霞的异同为线索》，《文史哲》2017 年第 3 期，第 21 页。

会地位产生决定性影响的因素不是单一固定不变的，而是随着时代变化而出现动态性；三是以人类学的视角考察中古士族郡望的认同问题。虽然姜氏和伊氏的研究曾通过中国学者的翻译和介绍引起了国内学者的广泛关注和纷纷效仿，但在欧美学界却是石沉大海，后继乏人。[①] 总体来看，欧美学者关注贵族制的核心问题，主要是基于社会史的考察，尤其是社会统治阶层或上层阶级由哪些人群构成，有无变化，有何变化，这些变化导致怎样的社会流动，等等。因此，高门士族的特征是持续性抑或断裂性，是凝固化抑或流动性，由此回应内藤湖南的唐宋变革论，以及欧美人类学家和社会学家提出的宗族认同等话题，构成欧美学者研究士族问题的两个面向。[②] 其三则是继姜氏和伊氏之后近 40 年的 2014 年，由谭凯（Nicolas Tackett）利用大量墓志材料，运用数理统计的方法，对于中古士族在唐末五代整体性崩溃所给予的创新性探讨和研究。谭氏研究的重要意义首先在于让学界重新认识了整体性研究相对于一直流行的个案研究所具有的优势；其次是从权力地理分布的角度将中古士族分为首都精英和地方精英两个根基不同的社会群体，首都精英供职两京，世代冠冕，并通过婚姻、交游结成牢固的社会网络，进而垄断政治社会文化资源，保持政治社会地位的不衰，为中古士族群体的长盛不衰提出了新的阐释；再次，即是将中古士族群体在唐末五代整体性退出历史舞台的原因归于以黄巢之乱为主的社会暴乱，是这些暴乱将他们整体性杀害，从而使这个社会群体从肉体上彻底消失，否则，这个社会群体因为具有强大的政治社会适应力，其他的变动都不会将其彻底性整体性地摧毁。这将引发对中古士族门阀消亡必然性还是偶然性的再思考。[③]

---

① 范兆飞：《权力之源：中古士族研究的理论分野》，《学术月刊》2014 年第 3 期，第 131～132 页。

② 范兆飞：《北美士族研究传统的演变——以姜士彬和伊沛霞的异同为线索》，《文史哲》2017 年第 3 期，第 40 页。

③ 参见王晶：《重绘中古士族的衰亡史——以 The Destruction of the Medieval Chinese Aristocracy 为中心》，《中华文史论丛》2015 年第 2 期，第 371～390 页。该文发表于谭氏著作被翻译成中文前，此后由胡耀飞、谢宇荣翻译，由社会科学文献出版社于 2017 年出版。

中国关于士族的研究大约开端于 1930 年代。杨筠如的《九品中正制与六朝门阀》是国内最早从制度的角度来系统阐释六朝门阀与九品中正制关系的专著，这为解释六朝门阀的兴衰提供了一个可供参考的视角；[①] 杨联陞的论文《东汉的豪族》对东汉豪族的研究具有开创意义，文中将东汉的豪族分为清流豪族和浊流豪族，认为汉末的党锢之祸就是清流豪族与宦官外戚等浊流豪族斗争的体现；并指出两晋门阀的前身是汉代的豪族，阐明了汉代豪族与中古士族的联系；还指出了东汉豪族与政治的关系，认为东汉政权是在豪族的支持下建立的，这导致豪族势力尤为强大，并通过门生故吏、选举请托等手段干预政治。[②] 该文对认识中古士族的前身具有启发意义。陈啸江的论文《魏晋时代之"族"》系统研究了魏晋时代的家族情况，论述了"族"的来源及魏晋时代重视宗族的原因，势族与寒门的差异，对宗族内部的共同行动、刑罚连坐、经济互助等现象，魏晋人重视宗族的一般情况及入族与出族问题。该文对认识魏晋士族的家族认同以及与后世士族家族认同的比较奠定了基础。[③] 武仙卿在《南朝大族的鼎盛与衰落》一文中指出：东吴至陈六朝是大族的统治时期，东晋宋齐梁四代是侨姓大族占优势、江南大族受排斥的时期，陈朝是土豪大族崛起的时期，隋时大族衰落。[④] 此文将六朝时期的士族分为侨姓大族、江南大族和土豪大族，并比较其消长沉浮关系和整体兴衰历程。除此，还有曾謇的论文《三国时代的社会》和杨廷贤的《南北朝之士族》。[⑤]

进入 1940 年代，王伊同的专著《五朝门第》对海外学界影响尤大，该书分总论、氏族、高门在政治上之优遇、私门政治之盛衰、高门在经济之

① 杨筠如：《九品中正制与六朝门阀》，收入《国民丛书》第 3 编 13 册，上海书店 1991 年据商务印书馆 1930 年影印。
② 杨联陞：《东汉的豪族》，《清华学报》1936 年第 11 卷第 4 期，第 1007～1063 页。
③ 陈啸江：《魏晋时代之"族"》，《史学专刊》1935 年第 1 卷第 1 期，中山大学，第 153～194 页。
④ 武仙卿：《南朝大族的鼎盛与衰落》，《食货》1935 年第 1 卷第 10 期。
⑤ 曾謇：《三国时代的社会》，《食货》1937 年第 5 卷第 10 期；杨廷贤：《南北朝之士族》，《东方杂志》1939 年第 36 卷第 7 期。

上垄断、附属高门之奴客、高门之风范、高门之习俗共八章，附论"五朝谱学"，并制有高门权门世系婚姻表，全面探讨了门阀士族，资料扎实。[①]对后学的一个重要启示就是中古士族是一个在政治、经济、文化和社会上都享有一定特权和优遇的社会阶层，其政治社会名望的形成是多个因素综合作用的结果，其地位的来源不是一元因素，而是多元因素，只是或因时代孰重孰轻。除此，还有谷霁光的《六朝门阀》、《崔浩国史之狱与北朝门阀》[②]等论文，蒙思明的《六朝士族形成的经过》[③]，据其遗稿而成的《魏晋南北朝的社会》一书以史料运用之熟练、论述之周详而说明在 20 世纪中叶，我国国内关于士族的研究已经达到了相当高的水准。[④] 其关于士族形成经过的论述可与唐长孺《士族的形成与升降》及范兆飞的《汉魏士族形成史论》相较而读。

1940 年代，对中古士族的研究在理论和方法上产生重大影响的是陈寅恪，其研究的士族涵盖魏晋南北朝及隋唐，涉及的问题有魏晋之际统治阶层的分化，东晋士族的历史作用，北朝士族与鲜卑统治者的关系，梁陈之际江南土豪的兴起和北周、隋唐三代政治力量的转移及产生，其对海内外学者影响较大的是他提出的"关陇集团"和"关中本位主义"的概念以及从种族、家族、地域、文化的角度研究和考察问题的方法，其中"关陇集团"理论为诸多学者所效仿、修正和发展，一度成为中古史学研究政治史的利器。[⑤] 毛汉光受其影响和启发，在其"关陇集团"理论和"李武韦杨婚姻集团"说的基础上，从婚姻方面对"关陇集团"进行了深入地发挥与释证。[⑥]

---

① 王伊同：《五朝门第》一书初版于 1943 年，后经修订，1978 年由香港中文大学出版社重印，该书因王伊同一直任教于美国于 1950 年代后对海外学界产生的影响尤大，2006 年，该书由中华书局出版。
② 两篇论文皆收入谷霁光：《史林漫拾》，福州：福建人民出版社，1982 年，第 153～192 页。
③ 蒙思明：《六朝士族形成的经过》，《文史杂志》1941 年第 1 卷第 9 期。
④ 仇鹿鸣：《魏晋之际的政治权力与家族网络》，上海：上海古籍出版社，2015 年，第 12 页。
⑤ 范兆飞：《中古地域集团学说的运用及流变 —— 以关陇集团的影响为线索》，《厦门大学学报》2016 年第 1 期，第 13 页。
⑥ 毛汉光：《关陇集团婚姻圈之研究 —— 以王室婚姻关系为中心》，《"中央研究院"历史语言研究所集刊》1990 年第 61 本第 1 分册，第 119～189 页。

在中古士族与学术文化的关系上，陈寅恪主张"学术文化与大族盛门常不可分离"，这种文化史观与新亚学派的士族文化史观是一脉相承的。① 陈氏的诸如"关陇集团""关中本位主义"的理论和概念对中古士族研究的启发主要在于关中本位主义是否对各地大族的地域认同产生一定的影响，这种地域认同是否还会影响到其社会交往的范围？中古士族的学术文化优势对其自立性的影响程度到底有多大？

新中国成立之后的学术风向发生急剧转变，直到改革开放前，关于精英阶层的研究趋于沉寂，大陆地区的士族研究陷入低谷；与此相对应的香港新亚学派则在 1950 年代对学术与门第的关系、士人个人自觉与群体觉醒等问题进行了揭示。钱穆作为新亚学派的创始人，指出："门第即来自士族，血缘本于儒家，荀儒家精神一旦消失，则门第也将不复存在。"② 受钱穆的影响，余英时从思想史的角度，提炼出士的"个体自觉"与"群体自觉"的概念，借此关照士族精神世界的独立特征，并从士族与皇权的关系角度着眼，探讨东汉政权与士族势力的互动关系。③ 余氏对士族研究的启发在于，士族自立性的根基究竟在于何处，其精神独立的营养是什么？儒学还是其他？这种精神独立是如何影响其与政权的关系的？中古士族的这种精神独立是否具有历时性？大致与余英时士人群体自觉的研究同步的是孙国栋对唐宋之际社会门第消融的研究，其以晚唐五代北宋各代人物之出身家世统计作基础，首先辨明晚唐社会仍以门第人物为核心，次述门第破坏诸原因，再次比较晚唐、五代、北宋三段社会人物之成分，以明此百年大动乱前后社会人物之升沉转换。指出，唐宋之际是阶级消融的一个过程，由唐代以名族贵胄为政治社会中坚转向五代宋以军校出身和科举上进的寒人为政治

---

① 范兆飞：《权力之源：中古士族研究的理论分野》，《学术月刊》2014 年第 3 期，第 130 页。
② 钱穆：《略论魏晋南北朝学术文化与当时门第之关系》，原载《新亚学报》1963 年第 5 卷第 2 期，后收于同氏《中国学术思想史论丛（三）》，合肥：安徽教育出版社，2004 年，第 125～186 页。
③ 余英时：《东汉政权之建立与士族大姓之关系》，原载《新亚学报》1956 年第 1 卷第 2 期；《汉晋之际士之新自觉与新思潮》，原载《新亚学报》1959 年第 4 卷第 1 期，俱收于《士与中国文化》，上海：上海人民出版社，1987 年，第 217～400 页。

社会中坚。此论进一步确定了中古士族在唐末五代以后整体性退出历史舞台的史实，在此基础上，孙氏分析了此阶级消融的原因，可为解释中古士族的整体性衰退提供重要参考。至于门第消融对于中国社会史之意义在此并没有论及。①

　　进入 1960 年代，留美博士台湾学者许倬云将政治社会学的权力精英理论及量化统计人物社会成分的分析方法引入台湾的历史研究，引发台湾学术路径的大转变，加之与原来史语所注重史料的风气相结合，引导了新的学术潮流，在台湾学界风靡一时。② 许氏关于士族的研究主要有两篇论文，一是《西汉政权与社会势力的交互作用》，二是《三国吴地的地方势力》，认为世姓豪族不仅是东汉政权的基础，而且也构成了西汉中叶以后政治势力的社会基础。③

　　20 世纪 60 年代后期至 80 年代中期，毛汉光对中古政治社会的研究受到许倬云学术路径及陈寅恪地域集团理论的影响，在杨联陞、余英时所授课程的指教下，产出了大批有分量和学术影响的成果。④ 关于毛氏对中古士族研究的影响，学界一般都会提到为其所熟练运用却也遭到一些批判的大规模数量统计方法⑤，除此即是个案研究法和长时段分析，尽管其数量统计方法是建立在随机抽样的基础上，其有效性值得进一步思考，对士族文化属性的一面也不可能顾及，但较之于以往仅仅罗列几个例子便来解释一个

① 孙国栋：《唐宋之际社会门第之消融——唐宋之际社会转变研究之一》，原载《新亚学报》1959 年第 4 卷第 11 期，第 211～304 页，后收于氏著《唐宋史论丛》，此书于 1980 年由香港龙门书店初版，1999 年由香港商务印书馆印行第 2 版，2010 年由上海古籍出版社再版，第 271～352 页。

② 参见杜正胜：《新史学之路——兼论台湾五十年来的史学发展》，载《新史学之路》，台北：三民书局，2004 年，第 11～13 页；宋德熹：《中国中古门第社会史研究在台湾——以研究课题取向为例（1949～1995）》，《兴大历史学报》1996 年第 6 期，第 140～143 页。

③ 皆收入许倬云：《求古编》，北京：新星出版社，2006 年，第 336～358、417～435 页。

④ 毛汉光：《中国中古政治史论》，上海：上海书店出版社，2002 年。

⑤ 韩昇：《中古社会史研究的数理统计与士族研究——评毛汉光先生的〈中国中古社会史论〉》，《复旦大学学报》2003 年第 5 期，第 91～98 页；宋德熹：《中国中古门第社会史研究在台湾——以研究课题取向为例（1949～1995）》，《兴大历史学报》1996 年第 6 期，第 140～143 页。

时代变化的举例式研究，则显得详密有力，更胜一筹，因此广受赞誉。① 在很长一段时间内成为台湾学术的主流，1980 年代以后对大陆学界也有所影响②，尤其是其"中古士族的中央化"理论和观点，韩昇受此启发，提出了中古士族经历了城市化的变迁过程，并在此基础上探讨了士族的城市化与隋唐社会转型的互动关系。③ 就对士族的政治社会地位的影响而言，毛氏看重家庭世袭官职的重要性，这一点与日本京都学派的观点较为接近。但奇怪的是，毛汉光的研究在目前的学术界罕见追随者，中青年一代学人如甘怀真、宋德熹等人受日本学风之影响，或注重士族与皇权的结合，或注重士族与地域的结合，或执迷于个案研究的旧习，最终没有形成统一的研究热点。④ 在台湾学界的 70 年代，值得关注的还有何启民对于士族的一系列研究，何氏研究的独特之处在于注重具有相同郡望不同姓氏的比较研究，且抛开士族与政治关系的传统主题，转而对其门风、社会地位和经济状况的研究，使对士族的研究更加丰满和立体，也为解释士族的自立性提供了重要的基础性参考。⑤ 1970 年代，台湾学者刘显叔的两篇论文认为东汉末年的士大夫阶层内部可以划分为儒家士大夫与清流士大夫两类，曹爽与司马懿之间的斗争反映了清流名士与儒家大族之间的对立，西晋是儒家大族支持建立的政权。⑥

1980 年代以后的中古士族研究因大陆学术的解冻开始出现大陆与港台比翼齐飞的局面。在港台方面，自 1980 年代至 2010 年代，刘增贵对汉代豪族的系列研究引人关注，其特点之一为挖掘碑刻史料，如《从碑刻史料

---

① 苏绍兴：《评介毛汉光著〈两晋南北朝士族政治之研究〉》，收入氏著《两晋南朝的士族》，台北：联经出版事业公司，1987 年，第 243～250 页；许冠三：《三十五年（1950～1985）来台湾史界的变迁》，附录于氏著《新史学九十年》下册，香港：香港中文大学出版社，1988 年，第 241～273 页。

② 汪鲁征受毛汉光的影响最大，参见同氏著《魏晋南北朝选官体制研究》，福州：福建人民出版社，1995 年。

③ 韩昇：《南北朝隋唐士族向城市的迁徙与社会变迁》，《历史研究》2004 年第 4 期，第 49～67 页。

④ 范兆飞：《权力之源：中古士族研究的理论分野》，《学术月刊》2014 年第 3 期，第 130～131 页。

⑤ 何启民：《中古南方门第吴郡朱张顾陆四姓之比较研究》，《政治大学学报》1973 年第 27 期；收入同氏《中古门第论集》，台北：台湾学生书局，1978 年，第 79～119 页。

⑥ 刘显叔：《东汉魏晋的清流士大夫与儒家大族》，《简牍学报》1977 年第 5 期，第 213～244 页；同氏：《论魏末党争中的党派分际》，《史学汇刊》1979 年第 9 期，第 17～46 页。

论汉末士族》①，特点之二为研究的内容侧重汉魏士人与乡里秩序的关系，如
《汉魏士人同乡关系考论》②、《晋南北朝时代的乡里之情》③ 等，这对于认识士
族在魏晋南北朝时代的地方性具有重要的参考价值；其博士论文《汉代豪
族研究 —— 豪族的官僚化与士族化》显然是对汉代豪族的动态性研究，对
认识这一群体的变迁轨迹及与汉晋士族的关系具有重要参考价值。除此之
外，刘氏的研究还涉及汉代婚姻、中古门第观念等。④

　　黎明钊在对汉代豪族研究进行回顾的基础上，从挖掘新史料和研究新
问题出发，集中对汉代豪姓大族进行了推进式研究，如《汉代地方官僚机
构：郡功曹之职掌与尹湾汉墓简牍之关系》、《汉代东海郡的豪姓大族：以
〈东海郡下辖长吏名籍〉及〈赠钱名籍〉为中心》、《汉代豪姓大族类别与分
布探讨》等。⑤ 刘淑芬的《六朝会稽士族》，以同一州郡、不同等级的士族
群体为研究对象，是介于宏观和微观之间的中观研究路径，也是士族研究
有待升华开拓的空间。⑥

　　大陆方面，自1980年代，一个可喜的现象是学界对国际学术动态的
关注和译介不断涌现，出现了诸多综述类的文章⑦，这为后学提供了重要的

① 收入傅乐成编辑委员会：《中国史新论 —— 傅乐成教授纪念论文集》，台北：台湾学生书局，1985年，第321～370页。
② 刑义田、林丽月编：《台湾学者中国史研究论丛·社会变迁卷》，北京：中国大百科全书出版社，2005年，第123～159页。
③ 熊秉真编：《欲盖弥彰：中国历史文化中的"私"与"情"》，《汉学研究中心》2002年，第11～37页。
④ 仇鹿鸣：《魏晋之际的政治权力与家族网络》，上海：上海古籍出版社，2015年，第19页。
⑤ 仇鹿鸣：《魏晋之际的政治权力与家族网络》，上海：上海古籍出版社，2015年，第19页。
⑥ 刘淑芬：《六朝会稽士族》，收入《六朝的城市与社会》，台北：台湾学生书局，1992年，第255～315页。参见范兆飞：《权力之源：中古士族研究的理论分野》，《学术月刊》2014年第3期，第134页。
⑦ 周一良：《〈博陵崔氏个案研究〉评价》，《中国史研究》1982年第1期，第160～166页，收入氏著《魏晋南北朝史论集》，北京：北京大学出版社，1997年，第517～528页；傅玫：《三十年来日本史学界对中国古代地主阶级的研究概况》，《中国史研究动态》1983年第3期，第18～27页；李约翰、齐威：《英美关于中国中世贵族制研究的成果和课题》，《中国史研究动态》1984年第7期，第19～28页；张广达：《近年西方学者对中国中世纪世家大族的研究》，《中国史研究动态》1984年第12期，第29～31页；黄灿：《日本学者对汉代家族制度研究概述》，《中国史研究动态》1985年第11期，第13～18页；金应熙、邹云涛：《国外对六朝士族的研

参考。也是在此基础上，一些国外学者的研究路径方法为大陆学者所效仿，影响比较大的即是中古士族的个案研究法，此法源自日本学者守屋美都雄于 1951 年通过对太原王氏系谱的个案来考察门阀制的变迁以及向官僚制的演变[①]，20 世纪 70 年代经由美国学者伊沛霞（Patricia Ebrey）在对博陵崔氏的研究中发挥到极致[②]，80 年代经由周一良、张广达和金应熙的介绍为大陆学者所知晓并加以借鉴，在短短十几年的时间内，涌现出一大批中古士族的个案研究成果。[③]但是该时期士族个案研究的基本方法拘泥于研究范式，背离了社会史对于社会的全景描述和理解，重新陷入了以婚宦论士族的窠臼[④]，使个案研究变成了换汤不换药的样板戏，甚至一个士族研究的模式和结论可以完全套用另一士族，从而抽绎了中古士族的地域性、时代性、多样性等特征，造成了中古士族研究"学术内卷化"的困境。[⑤]但平心而论，对这些士族个案研究也不能否定其在基础研究方面的贡献，对某个家族世系的梳理，婚宦基本情况的考察也为探讨士族群体的一般性问题提供了一定的个案研究基础。其内容虽仍以世系、婚宦、郡望房次为主，但对婚宦的考察已经进入到动态研究阶段，注重其历时性；[⑥]且已开始关注士族的学术文化特征及对其社会地位的影响和宗教信仰对婚媾的影响等问题。与这

（接上页）究述评》，《暨南学报（哲学社会科学版）》1987 年第 2 期，第 69～76 页；皮尔斯：《近十五年来西方魏晋南北朝史研究》上，《中国史研究动态》1993 年第 8 期，第 25～30 页；金应熙：《国外关于中国古代史的研究述评》，呼和浩特：内蒙古人民出版社，1994 年，第 133～141、247～253 页。

① 〔日〕守屋美都雄：《六朝門閥の——研究：太原王氏系譜考》，东京：日本出版协同株式会社，1951 年。
② 〔美〕伊沛霞著，范兆飞译：《早期中华帝国的贵族家庭——博陵崔氏个案研究》，上海：上海古籍出版社，2011 年。
③ 详见安群：《十年来国内门阀士族研究综述》，《中国史研究动态》1990 年第 2 期，第 1～7 页；荣建新：《80 年代以来魏晋南北朝大族个案研究综述》，《中国史研究动态》1996 年第 4 期，第 6～13 页；陈爽：《近 20 年中国大陆地区六朝士族研究概观》，《中国史学》2001 年第 11 卷，第 15～26 页。
④ 陈爽：《近 20 年中国大陆地区六朝士族研究概观》，《中国史学》2001 年第 11 卷，第 15～26 页。
⑤ 范兆飞：《权力之源：中古士族研究的理论分野》，《学术月刊》2014 年第 3 期，第 133 页。
⑥ 参见叶妙娜：《东晋南朝侨姓士族之婚媾：陈郡谢氏个案研究》，《历史研究》1986 年第 3 期，第 160～167 页；同氏：《东晋南朝侨姓高门之仕宦：陈郡谢氏个案研究》，《中山大学学报》1986 年第 3 期，第 43～51 页。

些缺乏宏大历史场景的个案研究形成鲜明对比的是田余庆的《东晋门阀政治》[①]，田氏对东晋门阀政治的研究，提纲挈领地将琅琊王氏、颍川庾氏、谯国桓氏、陈郡谢氏和太原王氏等融汇于东晋政治史演进的脉络之中，有机地将缜密的个案研究与宏阔的学术视野相结合[②]，由此奠定了其在中古政治史研究领域的地位及对中古社会史研究所具有的重要启发意义。田氏的研究能在皇权、士族之外，注意到东晋的第三支力量——流民，从而得出了"门阀士族势力得以平行于皇权或超越于皇权。皇权政治从此演化为门阀政治……这是皇权政治的一种变态，是皇权政治在特殊条件下出现的变态"。且"严格意义上的门阀政治仅存在于东晋一朝"的新观点，这在当时学界普遍认为"中古时期是士族政治时代"的学术氛围中，不啻石破天惊。[③] 田氏的这种观点强调传统中国社会的连续性以及皇权的强大，从而认为士族权力的生成和来源在皇权之下，具有附庸性的特征，这与日本东京学派认为士族权力对于官僚机构的寄生性具有相似之处，但又有一定区别。[④] 田氏的研究路径和观点对中文世界的门阀政治和士族研究产生了很大的影响，为北大学派所承袭。其门生罗新对五燕政权下华北士族的仕宦情况进行了整合研究，借此分析华北汉人士族与政权的共生关系；[⑤] 同为田氏门生的陈爽则以个案的方式对北朝世家大族的兴衰沉浮及其对政治权力的依赖进行了研究，指出"北朝社会的门阀化开启了世家大族官僚化的先声，隋唐以降，中古官僚制帝国的重构，正是在这一基础上完成的"[⑥]。从而阐释了北朝门阀政治与隋唐官僚制的关系。与此同时，刘驰关注六朝士族，注意到同一士族内部，不同旁支所面临的不同命运，并对北魏末年士族旁门别支的崛起情况予以具体考察。[⑦] 此文的启发意义在于注意到士族内部主流支系和

① 田余庆：《东晋门阀政治》，北京：北京大学出版社，1989 年初版，2005 年再版。

② 范兆飞：《超越个案：士族研究的问题与路径》，《中国史研究动态》2017 年第 1 期，第 35 页。

③ 范兆飞：《权力之源：中古士族研究的理论分野》，《学术月刊》2014 年第 3 期，第 133 页。

④ 范兆飞：《权力之源：中古士族研究的理论分野》，《学术月刊》2014 年第 3 期，第 133 页。

⑤ 罗新：《五燕政权下的华北士族》，《国学研究》第 4 卷，北京：北京大学出版社，1997 年。

⑥ 陈爽：《世家大族与北朝政治》，北京：中国社会科学出版社，1998 年，第 212 页。

⑦ 刘驰：《六朝士族探析》，北京：中央广播电视大学出版社，2000 年；范兆飞：《权力之源：中古士族研究的理论分野》，《学术月刊》2014 年第 3 期，第 134 页。

旁门别支之间的相对性和此消彼长的动态关系。

　　与这些新观点、新方法的使用相对应的是唐长孺对传统史学方法的执力坚守和熟练驾驭。唐氏在 1983 年出版的《魏晋南北朝史论拾遗》加之50 年代的"南朝寒人的兴起"①展示了其对魏晋南北朝士族的系统研究，包括东汉末期的大姓名士、汉晋士族的形成和升降、士人荫祖特权和士族队伍的扩大、论北魏孝文帝定姓族等问题。其认为，大约在东汉时，南北各郡正在逐渐形成较固定的、普遍承认的地方当权大姓，为考察历史上郡望形成的历史时段提供了参考；同时指出，东汉以来滋生的大姓、名士构成了魏晋士族的基础，但绝不是所有的汉末大姓、名士都能在魏晋成为士族，士族的形成与魏晋时代的政治变化有着密切关系，阐明了士族与汉末大姓、名士的关系；汉魏士族家庭的升降，取决于当朝权势，而非冢中枯骨，肯定了政治权力对士族地位的决定性作用。②其研究启发后学应关注士族力量源泉所在，士族和庶族的动态变化以及由此反映的社会流动。

　　自 1990 年代后期至今，中古士族的研究又涌现出了不少成果，可谓汗牛充栋，不胜枚举。就研究的路径而言，还是以士族政治史为主流。③士族社会史的研究虽然也出现了比较有新意的成果，如王永平对中古士族与天师道关系的研究、孙艳对士族宗教信仰的关注④、王莉娜对士族文化风尚的

①　唐长孺：《魏晋南北朝史论丛续编》，北京：中华书局，2011 年，第 107 ～ 140 页。

②　唐长孺：《魏晋南北朝史论拾遗》，北京：中华书局，1983 年，第 25 ～ 78、249 ～ 280 页；《门阀的形成及其衰落》，《武汉大学学报（人文科学版）》1959 年第 8 期，第 1 ～ 24 页。

③　陈群：《渤海高氏与东魏政治》，《中国史研究》1997 年第 2 期，第 70 ～ 80 页；陈爽：《世家大族与北朝政治》，北京：中国社会科学出版社，1999 年；韩树峰：《南北朝时期淮汉迤北的边境豪族》，北京：社会科学文献出版社，2003 年；李磊：《晋宋之际的政局与高门士族的动向》，《华东师范大学学报》2007 年第 5 期，第 61 ～ 66 页；王心扬：《东晋士族的双重政治性格研究》，上海：上海古籍出版社，2010 年；廖基添：《再论世家大族与北魏政治 —— 以"四姓"集团为中心的考察》，《中华文史论丛》2017 年第 4 期，第 1 ～ 69 页。

④　王永平、姚晓菲：《中古时代琅邪王氏之天师道信仰及其影响》认为琅邪王氏受滨海地域文化之熏习，世代信仰天师道。天师道信仰对琅邪王氏家族文化影响也较深，诸如书法、医药和文学等方面都有天师道影响的痕迹；详见《河南科技大学学报（社会科学版）》2007 年第 25 卷第 2 期，第 5 ～ 12 页；孙艳：《东晋南朝会稽孔氏信奉道教的原因探析》，《传承》2011 年第 14 期，第 70 ～ 71 页。

研究^①、王永平等对士族家学门风的研究^②、尹建东和卜宪群对北魏关东士族和侨姓家族内部分化的研究^③、王静从社会流动的角度对靖恭杨家的研究^④、张玉玲对士族女性的考察^⑤，等等。但整体上，士族社会史的研究正在趋于边缘化。^⑥

从方法的角度而言，个案研究仍然是这一时段中古士族研究的主流方法，尽管还是存在一定的重复建设问题^⑦，但无论是在选取的对象、研究的

---

① 王莉娜：《魏晋南北朝时期士族的文化风尚》，《文艺评论》2015 年第 2 期，第 96 ～ 98 页。
② 王永平：《论东晋南朝时期琅邪王氏之家风与家学》，《许昌师专学报》2002 年第 1 期，第 32 ～ 36 页；《"江表儒宗"：会稽贺氏之家风与家学》，《许昌师专学报》2002 年第 6 期，第 44 ～ 48 页；《六朝时期会稽虞氏之家风与家学》，《南都学坛》2002 年第 4 期，第 14 ～ 20 页；《略论六朝时期吴郡张氏的家学与家风》，《徐州师范大学学报》2002 年第 1 期，第 116 ～ 120 页；《六朝时期吴郡陆氏之家风与家学》，《扬州大学学报》2002 年第 1 期，第 76 ～ 81 页；《略论六朝时期吴郡顾氏之家风与家学》，《洛阳工学院学报》2002 年第 1 期，第 21 ～ 25 页；《中古吴兴武康姚氏之家风与家学 —— 从一个侧面看文化因素在世族传承中的作用》，《扬州大学学报》2003 年第 2 期，第 65 ～ 72 页；《东晋南朝时期会稽孔氏家族文化探讨》，《社会科学辑刊》2003 年第 2 期，第 126 ～ 130 页。
③ 尹建东：《试论北魏以来关东大族的"旁支" —— 以范阳卢氏、渤海高氏和赵郡李氏为中心》，以个案分析的方法，对北魏时期关东大族"旁支"的形成、发展及其在北魏末年战乱中所起的作用进行了探讨，进而揭示出关东世家大族宗族内部分化的特点，以及大族旁支以武致显并最终在政治上崛起的必然性，见《天津大学学报（社会科学版）》2003 年第 3 期，第 266 ～ 270 页；卜宪群：《东晋南朝家族的分化与士族的衰落研究 —— 以琅邪王氏为中心》，从琅邪王氏各房支变动的具体状况分析士族的衰落过程，认为士族内部的分化瓦解是侨姓士族衰落的重要原因之一，强调士族各族之间，同族不同房支之间，同一房支不同家庭之间升降有不同，衰落也有早晚之异，不能以郡望统而论之，见《南都学坛》2004 年第 3 期，第 19 ～ 23 页。
④ 王静：《靖恭杨家 —— 唐代中后期长安官僚家族之个案研究》，以靖恭杨家为个案，考察其称呼的来历、社会特征、杨家与牛李党争的关系、佛教信仰等方面，勾勒了中晚唐官僚家庭在社会变迁过程中的社会流动方式和状态。详见《唐研究》第 11 卷，北京：北京大学出版社，2005 年，第 389 ～ 422 页。
⑤ 张玉玲：《从〈世说新语〉观士族女性生存境遇》，《山东理工大学学报（社会科学版）》2017 年第 3 期，第 46 ～ 50 页。
⑥ 夏炎：《士族社会史研究范式重建及其理论意义》，《中国史研究动态》2017 年第 1 期，第 39 ～ 43 页。
⑦ 郑芳：《中古世家大族博陵崔氏研究》，曲阜师范大学，2009 届硕士论文。早在 20 世纪 70 年代，美国学者伊沛霞就已经出版关于博陵崔氏个案研究的英文版；杨易：《中古杜氏家族兴衰研究》，山东大学，2017 届硕士论文。王力平在 2006 年已出版专著《中古杜氏家族的变迁》，商务印书馆；关于太原王氏的研究，早在 2005 年就有南开大学 2005 届王洪军的博士论文《名门望族与中古社会 —— 太原王氏研究》，上海师范大学的和庆锋和天津师范大学的王丽娅分别于 2013 年和 2016 年撰写了硕士论文《隋唐太原王氏的变迁与影响》和《唐朝太原王氏的兴衰》。

视角、理论的运用还是对史料的解读方面，皆有可喜的新动向。在研究对象的选取上，出现了对南迁家族①、少数民族汉化士族②、由南北朝入隋唐江南士族③的关注。在研究的视角上，出现了介于宏观和微观之间的中观研究，如郭峰的《唐代世族个案研究——以吴郡清河范阳敦煌张氏为中心》，其文尝试引入"政治社会学"的理论和方法，将世族门阀视为一种"社会现象"或"政治现象"，赋予其"社会政治运动"的含义，试图通过张氏四姓兴替荣衰过程来揭示政治与社会之间的互动关系，为士族个案研究导入新的理论，也为以后的个案研究提供了借鉴。④刘啸的《论汉末名士到魏晋士族的复杂历程——以汉末颍川荀、陈、钟三家为中心》以汉末颍川地区的荀、陈、钟三家为代表，考察了汉末名士向魏晋士族转变过程中所起的作用。⑤范兆飞的《中古太原士族群体研究》选取一个具有典型意义的地区，深入细致地研究这个地区的社会存在形态、士族在其中的作用，及其在时代剧变中的跌宕沉浮，考察他们同国家与社会的呼应关系，颇有价值。⑥在对史料尤其是新出墓志材料的解读和使用上，首先从粗放式转为集约化，从原来"史料分析"向"史学分析"过渡⑦，关注到非文字资料的价值以及文字资料中那些带有虚构成分的内容，肯定史学研究所依据的史料本身也

① 韩树峰：《河南裴氏南迁述论》，《中国史研究》1999年第2期；同氏：《河东柳氏在南朝的独特发展历程》，《中国史研究》2000年第1期；张琳：《南朝时期侨居雍州的河东柳氏与京兆韦氏发展比较》，《武汉大学学报》2000年第3期，第229~234页。
② 郭峰：《北朝隋唐源氏家族研究——一个少数族汉化士族门第的历史荣衰》，《中国社会经济史研究》2002年第3期，第1~12页。
③ 顾向明：《关于唐代江南士族兴衰问题的考察》，对江南士族的代表王、谢等八大姓进行了个案研究，对于他们大多数由南北朝入隋唐，仍保持一定的政治势力和家学礼法，通过进士科考试维持家世地位的情况做了分析，见《文史哲》2005年第4期，第88~94页。
④ 郭峰：《唐代士族个案研究——以吴郡清河范阳敦煌张氏为中心》，厦门：厦门大学出版社，1999年。参见王力平的书评，《中国社会历史评论》第2卷，天津：天津古籍出版社，1999年，第515~517页。
⑤ 刘啸：《论汉末名士到魏晋士族的复杂历程——以汉末颍川荀、陈、钟三家为中心》，《许昌学院学报》2005年第6期，第23~28页。
⑥ 范兆飞：《中古太原士族群体研究》，北京：中华书局，2014年，第3页。
⑦ 陆扬：《从墓志的史料分析走向墓志的史学分析——以〈新出魏晋南北朝墓志疏证〉为中心》，《中华文史论丛》2006年第4期，第95~127页。

有失真或被篡改的可能，也即人类学上的所谓"社会的记忆"而不完全是历史的事实。利用考古遗存与传统文献进行互证的同时，对其差异在难以辨别孰是孰非的境况下，不妨将其作为"异例"分析这种差异出现背后所投射的社会生态。[①] 受此新史料观的影响，产生了一批颇有新意的成果。[②] 在理论的运用上，出现了充分挖掘史学前贤所开创的理论资源，结合新的史料观，发现和解答诸如中古士族冒姓等新问题的研究趋向。[③] 此时段还产出了不少关于中古家族个案研究的专著和学位论文[④]，其中有立足地域的中

---

① 范兆飞：《史料批评、文本解读与中古士族政治史研究》，《中国史研究》2013 年第 4 期，第 199 页。

② 何德章：《伪冒望族与冒袭先祖：以北族人墓志为中心 —— 读北朝碑志札记之二》，《魏晋南北朝隋唐史资料》第 17 辑，武汉：武汉大学出版社，2000 年，第 135 ~ 141 页；陈爽：《出土墓志所见中古谱牒研究》，上海：学林出版社，2015 年。

③ 范兆飞：《史料批评、文本解读与中古士族政治史研究》，《中华文史论丛》2006 年第 4 期，第 200 页；仇鹿鸣："攀附先世"与"伪冒士籍" —— 以渤海高氏为中心的研究》，《历史研究》2008 年第 2 期；范兆飞：《中古郡望的成立与崩溃 —— 以太原王氏的谱系塑造为中心》，《厦门大学学报》2013 年第 5 期，第 28 ~ 38 页；仇鹿鸣：《制作郡望：中古南阳张氏的形成》，《历史研究》2016 年第 3 期，第 21 ~ 39 页；范兆飞：《中古士族谱系的虚实 —— 以太原郭氏的祖先建构为例》，《中国史研究》2017 年第 4 期。

④ 王大良：《中国古代家族与国家形态 —— 以汉唐时期琅邪王氏为主的考察》，兰州：甘肃人民出版社，1999 年；郭锋：《唐代士族个案研究：以吴郡、清河、范阳、敦煌张氏为中心》，厦门：厦门大学出版社，1999 年；周征松：《魏晋隋唐间的河东裴氏》，西安：陕西人民教育出版社，2000 年；王力平：《中古杜氏诸郡望的历史考察》，南开大学，2001 届博士论文，以此为基础的专著《中古杜氏家族的变迁》2006 年由商务印书馆出版；张卫东：《唐代荥阳郑氏研究》，陕西师范大学，2003 届硕士论文；夏炎：《中古世家大族清河崔氏研究》，天津：天津古籍出版社，2004 年；徐凤霞：《唐代长孙家族研究》，陕西师范大学，2004 届硕士论文；侯纪润：《河东薛氏研究 —— 以南北朝时期河东薛氏世系房分为主》，陕西师范大学，2006 届硕士论文；范兆飞：《中古太原士族研究》，复旦大学，2007 届博士论文，以此为基础的专著《中古太原士族群体研究》2014 年由中华书局出版；余静：《唐代河南元氏家族研究》，首都师范大学，2005 届硕士论文；房春燕：《中古房氏家族研究》，陕西师范大学，2007 届硕士论文；王春华：《唐代颜氏家族研究》，曲阜师范大学，2007 届硕士论文；李园园：《汉晋间龙亢桓氏研究》，安徽大学，2007 届硕士论文；余乐：《魏晋隋唐间的阳翟褚氏家族文化研究》，兰州大学，2007 届硕士论文；姚晓菲：《两晋南朝琅邪王氏家族文化与文学研究》，扬州大学，2007 届博士论文；王兰兰：《隋唐武功苏氏家族研究》，陕西师范大学，2008 届硕士论文；韩涛：《中古世家大族范阳卢氏研究》，曲阜师范大学，2009 届硕士论文；郑芳：《中古世家大族博陵崔氏研究》，曲阜师范大学，2009 届硕士论文；王彦红：《六朝吴郡张氏家族文化与文学研究》，曲阜师范大学，2009 届硕士论文；丁晓梅：《魏晋平阳贾氏家族研究》，西北大学，2010 届硕士论文；王莉娜：《汉晋时期颍川荀氏研究》，上海师范大学，2013 届博士论文；高淑君：《唐代吴郡陆氏家族与文学研究》，西北大学，2013 届博士论文；王丽娅：《唐朝太原王氏的兴衰》，天津师范大学，2016 届硕士论文。

观研究，也有长时段研究，皆能为中古士族的个案研究和通论性研究提供基础性的参考。

　　与个案相对应的则是关于中古士族的通论性研究。从 1990 年代至今，在研究的问题上主要集中于以下几个方面：九品中正制和科举制依然是中古士族研究制度方面的重点，张旭华的《魏晋九品中正制名例考辨》一文认为中正品与官品间不存在一致性，乡品的获得唯有中正途；同氏：《东吴九品中正制初探》考察了东吴的中正组织、职权及选任，认为东吴实行九品中正制适应了孙吴政权全面江东化的发展趋势，兼顾了北来流寓特别是淮泗集团的利益。除此还有杨璐的硕士论文《皇权与士权消长中的九品中正制度研究》及黄寿成的《北周政权是否实行九品中正制？》；王伟以士族为考察中心，讨论了唐代科举与社会阶层流动的关系。①

　　中古士族的衰落和衰亡问题一直是备受学界关注的焦点性问题，宁志新、宋绍华的《门阀士族的衰落与衰亡原因》认为中古门阀士族衰落的主要原因是经济特权的丧失，衰亡的主要原因是文化优势的丧失，分辨了中古士族的衰落与衰亡两个不同的概念，从文化优势丢失这一新的角度对中古士族的衰亡提出了一定的见解②；美国学者谭凯在其专著《中古中国门阀大族的消亡》中则将中古士族消亡的原因归于以黄巢起义为主的社会暴乱，身体上的消失是导致其整体覆灭的根本原因。③ 李雅娜在其硕士论文中也对此问题进行了探讨。④

---

① 张旭华：《魏晋九品中正制名例考辨》，《中国史研究》2001 年第 2 期；同氏：《东吴九品中正制初探》，《郑州大学学报》2001 年第 1 期，第 76 ～ 82 页；杨璐：《皇权与士权消长中的九品中正制度研究》，山西大学，2008 届硕士论文；黄寿成：《北周政权是否实行九品中正制？》，《文史哲》2014 年第 4 期，第 97 ～ 115 转 167 页；王伟：《唐代科举与社会阶层流动之关系及其意义 —— 以士族为考察中心》，《中华文化论坛》2010 年第 4 期，第 76 ～ 81 页。

② 宋绍华：《门阀士族的衰落与衰亡原因》，《河北学刊》2002 年第 5 期，第 126 ～ 130 页。

③ 关于中古士族在唐末五代整体性突然消亡的原因分析综述可详见王晶：《重绘中古士族的衰亡史 —— 以 *The Destruction of the Medieval Chinese Aristocracy* 为中心》，《中华文史论丛》2015 年第 2 期，第 374 页。

④ 李雅娜：《唐宋之际的寒门崛起与士族衰落 —— 以科举制为切入点》，烟台大学，2017 届硕士论文。

文学家族或家族文学是文学与史学在中古士族研究领域的交叉，此方面的成果也值得关注和参考①。李浩的《唐代三大地域文学士族研究》主要考察了关中、山东和江南三大地域文学世族的构成、流动及其演变的历史过程和基本特征，是地域家族史研究的新作；此后，在其《唐代士族转型的新案例——以赵郡李氏汉中房支三方墓志铭为重点的阐释》一文中，对唐代士族的转型以新出墓志为材料进行了深入探讨。

王承文的《唐代的北方家族与岭南溪洞豪族》和《唐代南选与岭南溪洞豪族》关注家族迁徙对迁入地地方社会的影响，探讨了唐代北方家族向南的移民活动以及所引起的岭南的社会变迁，唐代家族社会结构决定了北方人口移民岭南的家族特征，在使岭南地域社会"儒教化"并整合到中国大一统文化中来起了重要作用，其立意、选题、观点、文章结构都有新意。②对流动士族与流入地关系进行研究的还有秦冬梅的《论东晋北方士族与南方社会的融合》，此文结合出土墓志和文献的记载，考察了东晋时期北方士族在南方的生存状态，认为高门士族和中下层士族与南方社会融合的程度有所不同，这种不同也使两者具有了不同的历史命运。③陈迪宇的硕士论文《北魏时期北归士族研究》对北魏时期北归士族的演变轨迹进行了分类，探讨了其兴衰不一的原因。④卫绍生、席格则探讨了南渡中原士族对东晋文化的历史贡献。⑤

士族的家学门风还在继续受到关注，邵正坤的《北朝家学的特征及其转变》认为，北朝时期，家学对于世族门第的维护起着举足轻重的作用。⑥

① 李浩：《唐代三大地域文学士族研究》，北京：中华书局，2002年；同氏：《唐代士族转型的新案例——以赵郡李氏汉中房支三方墓志铭为重点的阐释》，《中华文史论丛》2016年第3期，第299～319转40页。
② 王承文：《唐代的北方家族与岭南溪洞豪族》，《唐研究》第2卷，北京：北京大学出版社，1996年；同氏：《唐代南选与岭南溪洞豪族》，《中国史研究》1998年第1期。
③ 秦冬梅：《论东晋北方士族与南方社会的融合》，《北京师范大学学报》2003年第5期，第134～141页。
④ 陈迪宇：《北魏时期北归士族研究》，华东师范大学，2005届硕士论文。
⑤ 卫绍生、席格：《南渡中原士族对东晋文化的历史贡献》，《中州学刊》2008年第6期，第206～209页。
⑥ 邵正坤：《北朝家学的特征及其转变》，《社会科学辑刊》2007年第3期，第167～171页。

王永平集前期成果于一的专著《六朝世家大族之家风家学研究》是专门对六朝世家大族家学门风进行考察的代表性著作。[①] 张国刚则考察了中国中古士族家法的社会变迁，邢铁的《家学传承与唐宋时期士族的更新》，则以士族的家学特征为切入点，具体考察了科举制度下文学、经学、史学和技艺作为家学的传承情况，借助社会分层和流动理论重新审视了士庶融合的历史过程。试图说明，科举制度下仕途走得最顺的不是文学"才子"，而是有经学家传的士族子弟；士族阶层在唐宋时期不完全是衰落，而是分化——有的衰落了，更多的人则凭借世代相传的家学优势和优秀的遗传素质、通过科举制度继续走着仕途，并且与庶族阶层中的精英相融合，形成了新的士大夫阶层。除此还有柳称的《略论魏晋时期世家大族的书法传承与革新》及宋倩云的硕士论文《魏晋南北朝士族家庭教育研究》。[②]

从社会史角度关注士族内部组织形态的有李卿、杨际平的《汉魏晋南北朝的家族、宗族与所谓的"庄园制"关系辨析》，认为当时所谓的"地主庄园"只是一般的封建大地产，还不具有"世家大族式家族"的组织形态，当时整个宗族的有组织的聚族活动尚不多见的原因在于还未形成宗族共有的族产；[③] 侯旭东的《汉魏六朝父系意识的成长与"宗族问题"——从北朝百姓的聚居状况谈起》，指出汉魏六朝时期，"宗族"尚处在由多系"亲属群"转为"父系继嗣群体"的初始阶段，"父系意识"初步形成，认为中国父系"宗族"自先秦以来存在连续性的假设需要修订，并提出对"宗族"以外的民间组织给予关注。[④] 马新、齐涛关注了汉唐时代的宗姓与房分。[⑤]

---

① 王永平：《六朝世家大族之家风家学研究》，南京：江苏古籍出版社，2003 年。
② 张国刚：《从礼容到礼教：中国中古士族家法的社会变迁》，《河北学刊》2011 年第 3 期，第 36～40 转 52 页；邢铁：《家学传承与唐宋时期士族的更新》，《中华文史论丛》2012 年第 2 期，第 101～130 转 395 页；柳称：《略论魏晋时期世家大族的书法传承与革新》，《西北大学学报（哲学社会科学版）》2013 年第 5 期，第 100～104 页；宋倩云：《魏晋南北朝士族家庭教育研究》，江西师范大学，2017 届硕士论文。
③ 李卿、杨际平：《汉魏晋南北朝的家族、宗族与所谓的"庄园制"关系辨析》，《中国社会经济史研究》2003 年第 4 期，第 21～26 页。
④ 侯旭东：《汉魏六朝父系意识的成长与"宗族问题"——从北朝百姓的聚居状况谈起》，《中国社会科学院历史研究所学刊》第 3 集，北京：商务印书馆，2004 年，第 205～235 页。
⑤ 马新、齐涛：《试论汉唐时代的宗姓与房分》，《中国史研究》2013 年第 1 期，第 69～87 页。

由此可见这些基底性问题的复出。

从"城市化"角度对中古士族进行研究的有韩昇的《南北朝隋唐士族向城市的迁徙与社会变迁》，提出士族向城市迁徙，使得城乡呼应的士族政治形态瓦解，唐宋间发生了继封建制向郡县制转变之后最具深远意义的社会转型。[①] 文章对南北朝世家大族的研究立意和提出观念很新颖，对认识中古士族衰弱原因的探讨也有一定的启发意义。

关注婚姻习俗及其与门阀制度或家族秩序的关系有王旭东的《门阀士族的婚姻习俗与门阀制度的盛衰》，阐述了门阀士族婚姻习俗的演变与门阀制度盛衰之间的关系。[②] 除此还有阴亚南的硕士论文《北朝世族婚姻缔构与家族秩序关系研究》[③]，对中古社会观念及士风进行研究的有顾向明的两篇论文[④]，关于秦汉豪族的研究成果也比较突出[⑤]。

谱牒与士族的关系早已为学界所关注，早在 1980 年代有瞿林东的《唐代谱学简论》认为，士族在隋末农民战争的打击下有所衰落，唐太宗修《氏族志》、高宗武则天时改《姓氏录》，均不断促进士庶合流。[⑥] 继此之后有林立平的《唐代士族地主的衰亡过程 —— 几件敦煌谱书的启示》将唐代士族不断衰落过程划分为四个阶段：从隋末农民战争到武则天统治时期，武周时期到天宝末年，安史之乱到黄巢起义，唐末五代之际，尤以安史之乱前后变化显著。[⑦] 1990 年代，张泽咸的《谱牒与门阀士族》探讨了谱牒与

---

① 韩昇：《南北朝隋唐士族向城市的迁徙与社会变迁》，《历史研究》2003 年第 4 期，第 49～67 页。
② 王旭东：《门阀士族的婚姻习俗与门阀制度的盛衰》，《中州学刊》2004 年第 3 期，第 85～87 页。
③ 阴亚南：《北朝世族婚姻缔构与家族秩序关系研究》，山西师范大学，2014 届硕士论文。
④ 顾向明：《3—9 世纪崇重"旧望"的价值观及其对社会风俗的影响 —— 兼论郡望内涵及功用的演变》，《河南师范大学学报（哲学社会科学版）》2009 年第 3 期，第 218～221 页；顾向明、王大建：《魏晋南北朝崇重旧望价值观的形成及对士风的影响》，《东岳论丛》2010 年第 5 期，第 102～106 页。
⑤ 王彦辉：《汉代豪民研究》，长春：东北师范大学出版社，2001 年；赵沛：《两汉宗族研究》，济南：山东大学出版社，2002 年；马彪：《秦汉豪族社会研究》，北京：中国书店出版社，2002 年；崔向东：《汉代豪族研究》，武汉：崇文书局，2003 年。
⑥ 瞿林东：《唐代谱学简论》，《中国史研究》1981 年第 1 期；同氏：《唐代谱学和唐代社会》，《唐代史学论稿》，北京：北京师范大学出版社，1989 年，第 90～118 页。
⑦ 林立平：《唐代士族地主的衰亡过程 —— 几件敦煌谱书的启示》，《北京师范大学学报》1987 年第 1 期，第 87～97 页。

门阀士族的关系。他又在《谱牒与唐代社会》指出，郑樵《通志·氏族略》中概述谱学发展诸情况并不是十分准确。[①] 陈洪诚的《从中古社会士族宗族演变看谱牒档案的发展》，也是基于两者密切关系的探讨。[②] 近年来，基于墓志材料中关于中古士族祖先记忆和谱系虚构等问题的出现，学界对谱系与士族关系的研究又加以重拾。[③]

何怀宏的《世袭社会的另一种形态 —— 对六朝士族社会的一个初步观察》，从社会学社会资源分配方式的角度对六朝士族社会进行了初步考察，认为六朝士族社会是对世袭社会的一种复归或回潮。[④] 范兆飞的《胙土命氏：汉魏士族形成史论》探讨了先秦氏族、汉魏士族与唐代贵族之间持续不断的发展逻辑，认为汉魏士族的贵族意识即是对先秦胙土命氏观念的继承。[⑤]

要之，中国关于中古士族的研究可分为三个阶段。第一个阶段为 1960 年代以前，大陆和港台的学界对中古士族的研究主要是依据传统文献资料，采用历史学的传统研究方法，胜在对史料阅读扎实的基本功上，研究成果以精当周详为特点。在此研究基础上，陈寅恪提出的地域集团理论以及家族、文化、种族等新的研究角度像幽灵一般一直影响到当下的学界；[⑥] 对中古士族研究的时段上以魏晋南北朝时期为主，问题主要涉及士族的形成衰落、寒门的崛起、九品中正制与士族兴衰的关系以及由新亚学派开创的对中古士族学术文化重要性的强调；第二个阶段为 1960 年代至 1990 年代，无

① 张泽咸：《谱牒与门阀士族》，同氏：《谱牒与唐代社会》，郑学檬、冷敏述主编：《唐文化研究》，上海：上海人民出版社，1994 年。
② 陈洪诚：《从中古社会士族宗族演变看谱牒档案的发展》，《兰台世界》2015 年第 24 期，第 151 ~ 153 页。
③ 胡宝国：《谱牒的兴起与士人群体的变化》，《汉唐间史学的发展》，北京：商务印书馆，2003 年，第 153 页；陈爽：《出土墓志所见中古谱牒探迹》，《中国史研究》2013 年第 4 期，第 69 ~ 100 页。
④ 何怀宏：《世袭社会的另一种形态 —— 对六朝士族社会的一个初步观察》，《史学月刊》2011 年第 2 期，第 29 ~ 54 页。
⑤ 范兆飞：《胙土命氏：汉魏士族形成史论》，《复旦学报（社会科学版）》2016 年第 3 期，第 1 ~ 12 页。
⑥ 范兆飞：《中古地域集团学说的运用及流变 —— 以关陇集团理论的影响为线索》，《厦门大学学报》2016 年第 1 期，第 13 ~ 25 页。

论是港台还是大陆学界，都开始与国际学术接轨，借鉴社会学、政治学的一些理论和方法，其中影响比较大的是毛汉光的数理统计方法和社会学中的个案研究法，尽管这两种方法的弊端也为学界有目共睹，但至今仍为一些研究中古士族的学者所采纳和使用。此时段的中古士族研究在时段上已经突破魏晋南北朝时期，开始关注汉唐两个时期，在研究的问题上以婚宦、世系为主，但已经开始有所突破；第三个阶段是 1990 年代至今，这一时段的中古士族研究一方面还在继续传统的史学研究路径，另一方面，也在对诸如个案研究等路径方法进行反思和通过综述国际学术领域的相关成果积极寻找新的突破点[1]，目前来看，已经初露端倪的新的研究取向主要体现在如下几个方面：其一为介于宏观和微观研究之间的中观研究；其二为对新出墓志史料从史料分析到史学分析的转变；其三为对人类学上自我认同、历史记忆及边界研究理论的运用和对学界先贤所创旧有理论的挖掘；其四为改变士族社会史研究的边缘化状态，重新重视对士族社会生活的关注；其五为超越个案研究，向整体研究转变。尽管目前的个案研究成果已经不胜枚举，以致有的学者发出了"个案研究已经做完"的呼声[2]，但个案研究作为一种研究方法仍不过时，还能迭出新意，关键在于有无鲜明乃至宏大的问题意识[3]，这要求研究者在解剖个案的同时，要思考个案所体现出来的

[1] 卢晖临、李雪：《如何走出个案——从个案研究到扩展个案》，《中国社会科学》2007 年第 1 期，第 118～130 页；仇鹿鸣：《士族研究中的问题与主义——以〈早期中华帝国的贵族家庭——博陵崔氏个案研究〉为中心》，《中华文史论丛》2013 年第 4 期，第 287～317 页；范兆飞：《史料批评、文本解读与中古士族政治史研究——以〈魏晋之际的政治权力与家族网络〉为中心》，《中国史研究》2013 年第 4 期，第 187～202 页；范兆飞：《权力之源：中古士族研究的理论分野》，《学术月刊》2014 年第 3 期，第 125～135 页；范兆飞：《超越个案：士族研究的问题与路径》，《中国史研究动态》2017 年第 1 期，第 34～38 页；范兆飞：《中古地域集团学说的运用及流变——以关陇集团理论的影响为线索》，《厦门大学学报》2016 年第 1 期，第 13～25 页；范兆飞：《北美士族研究传统的演变——以姜士彬和伊沛霞研究的异同为线索》，《文史哲》2017 年第 3 期，第 19～40 页；夏炎：《士族社会史研究范式重建及其理论意义》，《中国史研究动态》2017 年第 1 期，第 39～43 页。
[2] 甘怀真主编：《身分、文化与权力：士族研究新探》，台北：台湾大学出版中心，2012 年，第 1～26 页。
[3] 范兆飞：《超越个案：士族研究的问题与路径》，《中国史研究动态》2017 年第 1 期，第 35 页。

特征在多大程度上代表其所属群体的总体特征。另外，个案所表现出来的具体特征是否可以对整体性研究的成果进行验证，从而达到个案研究与整体研究的互为推动；其六，对士族形成、变动及衰亡问题的再思考；其七，侧重对士族尤其是个案的长时段、地域性研究。

综上所述，世界范围之内的中古士族研究就其理论方法而言是从历史学到社会学再到人类学再到综合研究，从论证的方式方法而言是从举例论证的定性研究到数理统计的定量研究；从路径上而言，则以士族政治史为主流，以士族社会史为边缘；从视域而言，是从整体研究到个案研究再到整体与个案的结合；从时段上而言，则从分时段到长时段；从关注的问题而言，则从士族的形成、士族的变迁及士族的衰亡这些纵切面的问题转向世系、婚宦、家学门风、宗教信仰这些横切面的问题再到姓氏、谱系、冒姓、郡望、房望等新的横切面问题与士族兴衰变迁等纵切面问题相交叉[①]；从研究所运用的史料上，从对传统文献的精耕细作到对墓志材料的情有独钟，再到对传统文献与墓志材料的一视同仁，相互印证，再到对墓志虚构材料的巧用。

第二节　中古京兆韦氏研究综述

京兆韦氏是中古士族之一，从地域的归属上又是关中郡姓之一，因此，其在中古时期的演变轨迹既能体现中古士族群体的整体性特征，也能在一定程度上体现关中郡姓的地域性特点，因此，对中古京兆韦氏的研究无论对于关中郡姓还是整个中古士族群体，皆能提供具有重要参考意义的个案基础。

从当前学界关于京兆韦氏成果的不断涌现可以得知这一家族在中古政

---

① 陈锋：《郡望向姓望转化与士族政治社会运动的终结 —— 以清河张氏成为同姓共望为例》，《中国社会历史评论》第 3 卷，北京：中华书局，2001 年，第 74 ～ 87 页。

治社会以及文化上的地位是比较凸显的，然而京兆韦氏的备受关注是随着有关韦氏墓志材料的不断出土才出现的，之前有关韦氏的研究成果并不多见。最早开始对京兆韦氏有所涉及的是王伊同在 1940 年代写就的《五朝门第》。1950 年代，陈寅恪的《论唐代之李武韦杨婚姻集团》一文，在论证唐代前期最大半时间内统治阶级的构成时涉及了韦氏，对韦后和安乐公主在与唐玄宗和太平公主的争斗中之所以惨败的原因进行了分析。[1]1960 年代，日本学者矢野主税的《韦氏研究》[2]是对魏晋南北朝时期的韦氏所作的个案研究，其出发点在于论证政治职位对各族兴衰的作用。从作者研究成果的刊布年代以及所使用的史料看，受时代所限大量的新史料作者并没有用到；其论证的目的也是侧重这个家族的政治地位，对韦氏其他方面的内容则没有展开论述，这都为以后的研究留出了空间。1970—1980 年代，台湾学者毛汉光运用社会学、政治学理论，通过统计比较以及详细的个案分析，对汉末至唐末的中古社会史进行了综合研究，既有宏观的理论把握，也有微观的个案分析，其中涉及韦氏的有《中古家族之变动》，该文通过列表统计出若干自魏晋以迄唐末一直绵延不绝维持强盛的士族，并观察各族内部官宦变化的通性，认为维持社会地位及维系疏远昭穆的法宝是各士族的谱牒，唐末乱起，许多士族损毁家谱与丧失生命同具社会意义；[3]《中古士族性质之演变》通过对关中、山东、南方三大区域士族变动的考察，指出以上三点区域士族本身性质之转变，是由于其由地方性而中央化，由社会性而政治性，由武而文的变化。[4]这一结论尤其是士族的"中央化"在其《从士族籍贯迁移看唐代士族之中央化》一文中得到进一步的论证[5]；《唐代大士族的进

---

① 初发表于《历史研究》1954 年第 1 期，后收入《金明馆丛稿初编》，上海：上海古籍出版社，1980 年。

② 矢野主税：《韦氏研究》1、2，分载《长崎大学社会科学论丛》第 11 期、增刊，1961、1962 年。

③ 此文原刊于"中央研究院"历史语言研究所集刊》第 47 本第 3 分册，收入毛汉光：《中国中古社会史论》，上海：上海书店出版社，2002 年，第 54～69 页。

④ 此文原刊《"中央研究院"历史语言研究所集刊》第 47 本第 3 分册，收入毛汉光：《中国中古社会史论》，上海：上海书店出版社，2002 年，第 70～105 页。

⑤ 此文原刊《"中央研究院"历史语言研究所集刊》第 52 本第 3 分册，收入毛汉光：《中国中古社会史论》，上海：上海书店出版社，2002 年，第 234～333 页。

士第》对唐代几个有代表性的大士族在唐前期、中期、后期的进士第做了统计，其中包括韦氏。[①] 受陈寅恪"关陇集团"和"李武韦杨婚姻集团"学说的影响，毛氏对关陇集团婚姻和关中郡姓婚姻关系进行了研究[②]，皆对京兆韦氏的婚姻有所关涉，但在时段上仅限于唐代安史之乱前，至于安史之乱之后京兆韦氏的婚姻状况则由北京大学李睿在其硕士论文《世系、婚姻与佛教——唐代韦氏家族之研究》中加以补缀，并对其结论进行了回应。认为终唐之世，韦氏与其他门阀士族之间一直密切通婚，并形成一个较为牢固的婚姻圈，这种婚姻圈在安史之乱后有所突破。[③] 赵超依据墓志对唐代大士族五姓七望的通婚进行统计分析中也涉及了韦氏。[④] 王伟对唐代京兆韦氏与皇室婚姻关系及家族士族圈内婚也进行了研究，指出京兆韦氏的婚姻圈限定在关陇士族范围内，与山东五姓七族的婚姻往来仅限于其衰房败支和北朝入关者，展现了唐代关陇士族的生存实态。[⑤]

从社会史、家族史的角度关涉韦氏的研究有一些通论性的成果。[⑥] 韦玖灵等人的著作《中国韦氏通书》详细梳理了韦氏家族族源、迁徙、宗亲源流、主要世系、主要人物以及宗族文化的编纂历史；韦祥符、韦昭征的《韦氏族谱》则完整清理了韦氏家族现存的谱牒；黄利平的《长安韦氏宗族

① 毛汉光：《中国中古社会史论》，上海：上海书店出版社，2002 年，第 334～365 页。
② 毛汉光：《关陇集团婚姻圈之研究——以王室婚姻关系为中心》，《"中史研究院"历史语言研究所集刊》1990 年第 61 本第 1 分册，第 119～192 页；同氏：《关中郡姓婚姻关系之研究》，《唐代文化研讨会论文集》，台北：文史哲出版社，1991 年，第 87～139 页。
③ 李睿：《世系、婚姻与佛教——唐代韦氏家族之研究》，北京大学，2002 届硕士论文，第 27～28 页。
④ 赵超：《从唐代墓志看士族大姓通婚》，白化文等编：《周绍良先生欣开九秩庆寿文集》，北京：中华书局，1997 年。
⑤ 王伟：《唐代京兆韦氏与皇室婚姻关系及其影响》，《北方论丛》2012 年第 1 期，第 109～112 页；同氏：《唐代京兆韦氏家族士族圈内婚姻研究》，《兰州学刊》2016 年第 6 期，第 57～63 页。
⑥ 黄利平：《长安韦氏宗族论述》，《陕西历史博物馆馆刊》（第一辑），西安：三秦出版社，1994 年；韦玖灵等：《中国韦氏通书》，南宁：广西人民出版社，1996 年；韦祥符、韦昭征：《韦氏族谱》，南宁：广西民间文艺研究会出版社，1997 年；杨东晨等：《韦姓史话》，南昌：江西人民出版社，2001 年；杨东晨、杨建国：《论韦姓宗族的形成和迁布》，《固原师专学报》2002 年第 4 期，第 29～33 转 56 页；吕卓民：《长安韦杜家族》，西安：西安出版社，2005 年；同氏：《中古长安韦氏家族考古及墓志补遗》，《西部考古》，西安：三秦出版社，2009 年。

论述》概括了长安韦氏宗族自汉至唐的发展情况，并提出了隋唐时期韦氏家族的特点，即韦氏是一个庞大的宗族，遍及中国南北，但各房之间关系疏远，很少利用同姓关系在政治上结成联盟。魏晋以来，韦氏作为关陇士族保持着很高的社会地位，但在科举制下不可避免地走向了衰落；杨东晨等著的《韦姓史话》和《论韦姓宗族的形成和迁布》着重叙述了韦姓的来源、分布与迁徙、重大事件与人物名胜古迹等内容；吕卓民的《长安韦杜家族》作为"古都西安"丛书的一部分，对汉唐间长安韦杜家族以重要人物为主要内容进行了极为粗疏的梳理，后又利用考古和墓志材料对长安韦氏进行了补遗研究。王建国对唐代韦杜家族的宰相群体进行了综合论述。[①] 马微对韦后的女性意识及其所处的历史环境进行了分析，这是从性别史角度分析历史事件及活动的成果，颇具新意。[②]

对南迁、北朝京兆韦氏的研究始于 1990 年代，最早开始关涉韦氏的是陈琳国的《论南朝襄阳的晚渡士族》一文，谈到了京兆韦氏家族中南渡的成员，对包括京兆韦氏在内的晚渡士族在南朝如何登上政治舞台及走向衰落进行了论述，对了解永嘉之乱后南渡韦氏有重要参考价值[③]；之后有张琳的《南朝时期侨居雍州的河东柳氏与京兆韦氏发展比较》比较了河东柳氏与京兆韦氏南渡后不同的发展轨迹[④]；宋艳梅的《永嘉乱后京兆韦氏南迁江左考述》考察了京兆韦氏在永嘉之乱后迁徙江左的前后变化以及历经的次数，指出南迁对京兆韦氏诸房支的影响甚为复杂，但总体而言皆无延续至唐成为著房者；同年，宋艳梅也考察了北朝政权中的京兆韦氏，论述了北朝政权下留北和北归两个分支在隋唐不同的发展轨迹，强调了宗族势力对家族保持政治社会地位的重要性[⑤]；王伟选取了中古雍襄晚渡家族的一支京

---

① 王建国：《唐代韦杜家族的宰相综论》，《渭南师范学院学报》2012 年第 7 期。
② 马微：《韦后的女性意识及其所处的历史环境分析》，《三峡大学学报》2006 年第 28 期。
③ 陈琳国：《论南朝襄阳的晚渡士族》，《北京师范大学学报》1991 年第 4 期。
④ 张琳：《南朝时期侨居雍州的河东柳氏与京兆韦氏发展比较》，《武汉大学学报》2000 年第 3 期。
⑤ 宋艳梅：《永嘉乱后京兆韦氏南迁江左考述》，《南京晓庄学院学报》2009 年第 5 期，第 22 ～ 26 页；同氏：《北朝政权中的京兆韦氏》，《兰州学刊》2009 年第 11 期。

兆韦华为研究对象，从社会流动的角度对其播迁路线进行了考察，并对其政治地位的升降从皇权伸张与地方势力衰退的角度进行了阐释，颇具新意；同年在其《中古士族家支分蘖与仕途奔竞的政治文化因由 —— 以韦世约、韦师起家官之争为中心的考察》一文中从社会流动的角度分析了隋唐之际京兆韦氏族内房争的现象及其反映的政治社会形势之变动①。

　　从文学史角度涉及韦氏或以京兆韦氏为直接研究对象的则有李浩的两本专著。主要考察了关中、山东和江南三大地域文学世族的构成、流动及其演变的历史过程和基本特征，认为，韦氏是关中士族中与统治阶级结合最密切者，最早完成由尚武到尚文的转型，借科举制度维持其士族的地位不坠，人才辈出，涌现出许多文化方面的专家，是唐代关中地区文学士族之一。在个案研究中，还涉及京兆韦氏与河东裴氏的婚姻关系②；孟祥娟的博士论文《隋唐京兆韦氏家族文学论考》以唐代韦氏九个著房为线索，考察了各房及其姻亲的文学成就，同氏在其《杜甫与韦氏家族交游考》一文中从杜甫交游的角度展现了韦氏家族交往对象的一个层面③。胡可先利用新出墓志材料对唐代京兆韦氏的文学成就进行了研究，并对城南韦杜与杜陵野老进行了释证④；陈彬彬的硕士论文考察了东汉文学世家的时空演变及其文化成就，将京兆韦氏归为稳健型的文学世家类型，并考察了其在东汉时期的文学成就⑤；王伟的专著《唐代京兆韦氏家族与文学研究》以对唐代京兆韦氏成员活动、士族圈内婚等统计为基础，以地域、制度为背景对京兆韦氏家族的文学和文化活动进行了全景式的考察和研究，为唐代京兆韦氏

① 王伟：《社会流动视域下南朝韦华家系势力迁转及其文化意义》，《陕西师范大学学报》2017 年第 4 期，第 139～146 页；同氏：《中古士族家支分蘖与仕途奔竞的政治文化因由 —— 以韦世约、韦师起家官之争为中心的考察》，《唐史论丛》（第二十五辑），西安：三秦出版社，2017 年。
② 李浩：《唐代三大地域文学士族研究》，北京：中华书局，2002 年；同氏：《唐代关中士族与文学》，北京：北京社会科学出版社，2003 年。
③ 孟祥娟：《隋唐京兆韦氏家族文学论考》，吉林大学，2010 届博士论文；同氏：《杜甫与韦氏家族交游考》，《杜甫研究学刊》2017 年第 1 期，第 52～59 页。
④ 胡可先：《出土文献与唐代韦氏文学家族研究》，《文学与文化》2011 年第 3 期，第 107～120 页；同氏：《"城南韦杜"与"杜陵野老"释证》，《复旦学报》2014 年第 5 期，第 81～88 页。
⑤ 陈彬彬：《东汉文学世家的时空演变及其文化成就》，浙江师范大学，2014 届硕士论文。

家族研究提供了有益参考①。随后发表的《〈诗〉诗互嬗：汉唐间长安韦氏家学转型与家族性质迁变》，指出京兆韦氏汉唐间的家学呈现了从《诗》学到《礼》学再到文学的演变轨迹，文学与经学学术特点的不同决定了京兆韦氏对其家学根基的失去，认为科举制度对于文学创作的倡导加速了士族阶层庶化的进程，对其解体具有重要意义。②此解释仅限于科举制与士族家学的关系及其对士族变迁的影响，而没有对士族为什么一定要向科举制靠拢从政治社会变迁的角度进行更深层次的讨论。涉及京兆韦氏家学的研究还有汪仕辉的博士论文《唐代士族家学研究 —— 以京兆韦氏、赵郡李氏、吴郡陆氏为例》，探讨唐代士族家学的衍变及其特点。指出西汉中期，京兆韦氏形成以鲁《诗》学为核心的家传经学，强调故训，学风纯笃，其家学的基本特征为"儒质"。从西晋至隋，"儒质"家学转变为"儒里武表"。唐前期，京兆韦氏家学以三《礼》之学为主；唐后期，则以文辞之学为主。结论是，唐代士族家学所发生的主要变化，是儒家经学因素的弱化和文辞之学地位的上升，这一转变可以称之为士族家学的"文学化"。而这种"文学化"不仅反映出士族家传文化特征的变异，也成为士族走向消亡的一个表现。③特别值得关注的是罗时进对唐代"花树韦家宗会法"的关注和考论，"花树韦家宗会法"作为唐代韦氏家礼，形成于唐代韦氏家族文学化的特殊时代背景下，于唐代盛、中之际，已不再按时举行，但花树作为韦氏家族会聚的象征，已成为凝注家族情感的特定文化标志，内化于韦氏后代的记忆中。罗氏通过对"花树韦家宗会法"的解读，以此来探讨合族睦亲的形式与内涵对家族文学创作的影响。而对本书写作的启发在于，唐代韦氏花

① 西北大学博士论文，2009 年，以此为基础的专著由北京大学出版社出版，2015 年。关于其书评可参看赵豫云、万秋霞：《京兆韦氏：唐代地域文学和家族文学的典型标本》，《中华读书报》2016 年 7 月 20 日，第 010 版和李宜蓬：《京兆韦氏：唐代家族研究范本》，《中国社会科学报》2016 年 11 月 10 日，第 007 版。
② 王伟：《〈诗〉诗互嬗：汉唐间长安韦氏家学转型与家族性质迁变》，《唐史论丛》（第二十六辑），西安：三秦出版社，2018 年，第 190 ～ 201 页。
③ 汪仕辉：《唐代士族家学研究 —— 以京兆韦氏、赵郡李氏、吴郡陆氏为例》，武汉大学，2011 届博士论文。

树会的存在可以证明唐代韦氏为加强宗族认同曾经进行过努力，此仪式的诞生和消亡本身就能证明唐代韦氏宗族自我认同观念的由强而弱，而这一变化的背景及其对唐代韦氏政治社会地位的影响都有待进一步探究和考察。① 许友根从教育史的角度将唐代韦氏归于科举家族，对韦氏科举及第者进行了考察，并指出科举制度的建立为韦氏科举家族的形成提供了时代条件。②

胡俊的硕士论文从文献学的角度利用 2002 年以前新出墓志材料对包括韦氏在内的 39 个姓氏进行了校补，对韦氏世系梳理为后学的进一步研究奠定了基础。③ 郑屹的硕士论文也从历史文献学的角度对两汉至唐韦氏宗族进行了研究，内容上不离世系、婚宦、迁徙等传统研究内容，但对韦氏郡望及改姓、冒姓问题的探讨是其亮点，对本书的写作颇有启发意义④，关于唐代其他姓改为韦姓的史实在吴丽娱的《从太后改姓看晚唐后妃的结构变迁与帝位继承》一文中就被提及⑤。李扬也从历史文献学的角度集中对唐代韦氏墓志进行了研究。⑥

谢玲的硕士论文《汉唐之际京兆韦氏的家族源流与仕宦婚姻》首先对京兆韦氏做了广义和狭义上的界定，其中狭义上的界定是韦贤的七世孙韦胄以及其三子韦潜、韦穆和韦憕之后世身份明确的男性成员。但实际上，这种界定缺乏一定的依据，其真实的京兆韦氏源自韦玄成从平陵到杜陵的

① 罗时进：《唐代"花树韦家宗会法"考论》，《文学遗产》2015 年第 2 期，第 45～55 页。
② 许友根：《唐代韦氏科举家族的初步考察》，《盐城师范学院学报》2018 年第 1 期，第 23～28 页。
③ 胡俊：《〈新唐书·宰相世系表〉校补》，西南师范大学，2007 届硕士论文。马建红：《韦氏墓志释读：〈新唐书宰相世系表〉校补四则》，《中国国家博物馆馆刊》2011 年第 1 期，第 84～90 页；同氏：《韦氏墓志校补〈元和姓纂〉——兼与张蕴先生商榷》，《东方论坛》2012 年第 1 期，第 90～92 转 103 页。
④ 郑屹：《两汉至唐韦氏宗族研究》，西南大学，2013 届硕士论文。
⑤ 吴丽娱、陈丽萍的《从太后改姓看晚唐后妃的结构变迁与帝位继承》一文中引用大唐西市博物馆藏墓志，论述了唐武宗生母宣懿太后被赐姓韦后的史实。此文原刊《唐研究》17 卷，2011 年，后收入吕建中、胡戟主编：《大唐西市博物馆藏墓志研究》，西安：陕西师范大学出版总社，2013 年，第 238～276 页。
⑥ 李扬：《新出唐代韦氏墓志研究》，西北大学，2014 届硕士论文。

迁徙，而杜陵在行政区划上隶属于三辅之一的京兆，故而韦玄成的子辈已经是完全京兆人了，这在《韦正贯碑》中已经有了明确的记载；对京兆韦氏世系源流的考察采用了墓志材料，对《新唐书·宰相世系表》韦氏部分做了一定的校补，对京兆韦氏宗族结构的演变进行了梳理，为以后的研究提供了方便。另外，从整体上对京兆韦氏仕宦与婚姻进行了大致考察，对其婚姻的统计直接列出结果，没有标明史料依据，主要强调了其婚姻的政治功能；论文对京兆韦氏宗族关系及其女性特点的简单总结，是其研究在内容上的突破之处。[①] 李睿的硕士论文《世系、婚姻与佛教 —— 唐代韦氏家族之研究》侧重对韦氏世系的梳理及对《新唐书·宰相世系表》的校补，对唐代韦氏婚姻情况的全面统计和研究，对唐代韦氏家族宗教信仰的考察是内容上的亮点。[②] 姜春娥的硕士论文《唐代京兆韦氏家族之郧公房研究》以唐代京兆韦氏的著房之一郧公房为研究对象，在内容上以世系、婚姻、政治地位为主，对该房家风家学的考察是其内容上的亮点，虽然略显简单。[③] 张柯的硕士论文考察了唐代长安韦氏登科群体以及科举制对该家族婚宦的影响，分析了长安韦氏在科举中人才辈出的原因。[④]

　　韦氏新出墓志为学界所重视，针对墓志进行考释的文章于 1990 年代以后不断涌现。[⑤] 韦氏家族中的标杆性人物一直是学界所关注的焦点，主要

① 谢玲：《汉唐之际京兆韦氏的家族源流与仕宦婚姻》，中国人民大学，2002 届硕士论文。
② 李睿：《世系、婚姻与佛教 —— 唐代韦氏家族之研究》，北京大学，2002 届硕士论文。
③ 姜春娥：《唐代京兆韦氏家族之郧公房研究》，天津师范大学，2007 届硕士论文。
④ 张柯：《唐代科举与长安韦氏家族》，西北大学，2015 届硕士论文。
⑤ 有戴应新的《韦孝宽墓志》，《文博》1991 年第 5 期，第 54 ～ 59 页；张蕴的《西安南郊毕原出土的韦氏墓志初考 —— 平齐公房和郧公房成员》，《文博》1999 年第 6 期，第 64 ～ 70 页；同氏：《关于西安南郊毕原出土的韦氏墓志初考（三）—— 逍遥公房和李夫人墓志》，《考古与文物》2000 年第 1 期，第 56 ～ 61 转 66 页；同氏：《西安南郊毕原出土的韦氏墓志考（二）：阎公房成员》，《考古与文物》2005 年第 3 期，第 84 ～ 90 页；宋英、呼林贵、侯宁彬、李恭：《西安东郊唐韦美美墓发掘记》，《考古与文物》1992 年第 5 期；陈尊祥、郭盼生：《唐韦几墓志考》，《文博》1994 年第 4 期，第 73 ～ 79 页，同氏：《〈唐韦几墓志考〉补》，《碑林集刊》（第二辑），西安：陕西师范大学出版社，1993 年；宋英：《唐韦憕墓志考述》，《考古与文物》1996 年第 3 期，第 80—83 页；李献奇：《武周尔朱口及夫人韦氏墓志考释》，《中原文物》1998 年第 4 期；周伟洲等：《新出土的四方北朝韦氏墓志考释》，《文博》2000 年第 2 期，第 65 ～ 72 页；贺忠辉：《西安碑林藏唐墓志有关校补唐史之资料》，《考古与文物》2000 年第 1 期，第 62 ～ 66 页；宋英、赵小宁：《北周〈宇文璪墓志〉考释》，《碑林集刊》（第八辑），西安：陕西人民美术出版社，2002 年，第

集中于韦孝宽、韦皋、韦述、韦应物和韦庄等人，前两者是以军功而留名，后三者则以史学、文学贡献而垂史。

　　关于韦孝宽的研究虽然有其墓志出土，但重点还是在于其军事才能。南北朝时期，东、西魏之间为争夺河东战略要地爆发了"玉壁之战"。西魏著名军事将领韦孝宽在战争中发挥了重要作用。由于韦孝宽率领的西魏军取得了"玉壁之战"的胜利，使东、西魏双方的战略态势发生转折，不但改变了"东强西弱"的战略格局，还最终影响到了南北朝后期中国历史的走向。有的学者还挖掘了韦孝宽善于用间的谋略才能。[①]

　　关于韦皋的研究开始于1980年代末期，其讨论的重点在于改变以往将韦皋认定为一位野心勃勃的地方军阀的结论，充分肯定其在大唐恢复对河西陇右的控制、调整唐代对西北和西南民族政策、稳定西南边陲以及安史

（接上页）49～56页；戴应新：《隋丰宁公主杨静徽驸马韦圆照墓志笺证》，《故宫学术季刊》2003年第1期；赵振华：《韦衡墓志与盛唐马政》，《碑林集刊》（第八辑），西安：陕西人民美术出版社，2002年，第215～222页；牟发松、盖金伟：《新出四方北朝韦氏墓志校注》，《故宫博物院院刊》2006年第4期，第44～63转157页；柳金福、张宏道：《唐代墓志考释二题》，收入郭绍林主编：《洛阳隋唐研究》，呼和浩特：远方出版社，2006年；盖金伟、董理：《新出四方北朝韦氏墓志考补》，《考古与文物》2007年第5期；黄小芸：《新出唐〈韦识墓志〉考释》，《碑林集刊》（第十辑），西安：陕西人民美术出版社，2006年；王育龙、程蕊萍：《陕西西安新出土唐代墓志铭五则》，《唐研究》第7卷，北京：北京大学出版社，2001年；王滔滔、雷娟：《大足石刻〈韦君靖碑〉题名研究》，《重庆交通学院学报》2006年第1期；王伟：《〈韦匡伯墓志〉及其婚姻关系考论》，《求索》2010年第10期，第244～250页；倪丽烨、张彦：《新出唐韦儆及夫人王氏、杜氏墓志考释》，《碑林集刊》（第十五辑），西安：三秦出版社，2010年，第146～151页；张婷：《唐〈韦余庆及妻裴氏墓志〉考释》，《碑林集刊》（第十六辑），西安：三秦出版社，2011年，第15～18页；王双怀、王昊斐：《唐韦知艺墓志考释》，《兰州大学学报（社会科学版）》2014年第6期，第14～18页；牛红广：《唐李昂夫妻墓志考略》，《黄河科技大学学报》2014年第2期，第89～91页；张小丽：《隋韦协墓发掘简报》，《文博》2015年第3期；段毅：《北朝两方韦氏墓志释解》，《碑林集刊》（第二十一辑），西安：三秦出版社，2015年，第1～6页；郑旭东：《唐韦玄晞墓志释读》，《文博》2016年第2期，第78～83页；张小丽：《西安出土北魏〈韦辉和墓志〉和〈韦乾墓志〉研读》，《文博》2016年第3期，第76～80页；白艳妮：《新见唐潮州刺史韦楚望墓志考释》，《文博》2016年第6期，第75～80页；杭志宏：《小议唐顺妃韦秀墓志》，《碑林集刊》（第二十二辑），西安：三秦出版社，2016年，第35～41页；李明：《韦匡伯墓志抉疑》，《文物研究》2017年第4期，第79～86页。

① 戴应新：《韦孝宽墓志》，《文博》1991年第5期；陈长琦、易泽阳：《韦孝宽与玉壁之战》，《南都学坛》2008年第1期；熊剑平：《韦孝宽：善于行间的大将军》，《文史天地》2013年第11期。

之乱中的重要作用，是一位对大唐王朝忠心耿耿、杰出的政治家和军事家。[①]宋志伟的硕士论文《唐代西川节度使韦皋研究》对韦皋在西川的军事、政治、经济及文化治边政策进行了系统研究[②]，其中关于韦皋的身后名部分则启发本书从历史记忆的角度展开对人物历史记载的分析。

韦述是唐代史学名家之一，但当今学界关于韦述的研究并不多，主要集中于其家世、史学贡献、其所在供职机构集贤院以及随着新出墓志对所展现的韦述著作的辨析等。[③]

鉴于韦应物在唐代文学史的突出地位，关于韦应物的研究主要从文学史的角度展开，集中于对其生平系年、仕宦履历、诗文风格及其反映的诗人心态等方面的考证探究，近年来随着韦应物家庭墓志的出土，关于韦应物的悼亡诗又成为一个热点[④]。其中赵生泉的《韦应物家世释疑》从史学的角度探讨其家世，指出韦后专权时，刻意培植"诸韦"势力，韦应物祖父、父辈因此仕途颇顺。"唐隆政变"中，韦后集团被铲除，韦应物家族遭受连带打击，骤然衰微。此后，韦应物的父亲韦銮闲居20余年，以绘事自娱，至开元后期始再度出仕。但未及门庭复振，就因病去世，数年后由嗣子韦宰安葬。韦应物作为庶出幼子，未能参与安葬事宜。[⑤]乔永新的硕士

---

① 赵文润：《论韦皋》，《人文杂志》1984年第5期；王永兴：《论韦皋在唐和吐蕃、南诏关系中的作用》，《北京大学学报》1988年第2期；徐才安：《略论中唐民族政策调整的执行者——韦皋》，《四川师范学院学报》1991年第4期；毛德昌：《韦皋与唐代的西南边疆》，《思茅师范高等专科学校学报》1999年第1期；罗进：《论韦皋镇蜀》，《遵义师范学院学报》2004年第9期。

② 宋志伟：《唐代西川节度使韦皋研究》，云南师范大学，2016届硕士论文。

③ 牛致功：《有功于唐代史学的韦述》，《史学史研究》1986年第2期；娄雨亭：《〈两京道里记〉并非韦述所撰》，《中国历史地理论丛》1991年第1期；荣新江、王静：《韦述及其两京新记》，《文献》2005年第2期；马建红：《唐代史家韦述家世生平考论》，《兰台世界》2012年第33期；李芳瑶：《韦述与盛唐的集贤院——以〈集贤注记〉为中心》，《中国典籍与文化》2013年第3期；张三夕、苏小露：《韦述〈集贤书目〉平议——兼论〈学士院杂撰目〉非韦述所作》，《中国语言文学研究》2016年第1期；刘强：《新见韦述撰唐代张子渐墓志考释》，《文博》2016年第3期。

④ 近30年来韦应物及其诗歌的研究可参看韩雨恬：《近三十年来韦应物研究综述》，《语文知识》2013年第1期；傅清音：《从文本比较与文风变革分析韦应物撰〈元蘋墓志〉》，《碑林集刊》（第十七辑），西安：三秦出版社，2011年。

⑤ 赵生泉：《韦应物家世释疑》，《社会科学战线》2014年第6期，第114～121页。

论文《王维、韦应物仕隐心态比较研究》梳理了韦应物的仕隐心态发展过程，分析了他永泰中去职归隐、客游江淮、大历八年归隐佛寺、大历十四年隐居沣上的隐居经历，以及其晚年任江州、滁州、苏州刺史期间的"吏隐"心态。①

韦庄是晚唐五代时期韦氏家族文学人物的典型代表，其所处时代的特殊性决定了其诗文所特有的史学价值，但关于韦庄的基础性研究主要还是从文学史的角度展开，始于1970年代末，主要侧重于对其身世、履历和诗文内容的考证与分析。②

综上所述，京兆韦氏作为中古时期的一个世家大族已经备受关注，取得了比较丰硕的研究成果。在时段上以唐代为主，汉魏时期因受材料所限被关注最少；在内容上，不免世系、婚宦的传统，但也出现了诸如家学门风、宗教信仰、冒姓、家礼等新的学术点。对京兆韦氏婚姻的考察主要限定于唐代，通常是基于社会学的统计法，对其进行历时性研究，比较其前后之变及其原因和影响，再者即是从其地域性出发，考察其与关中郡姓和山东大姓通婚的状况及异同，并分析现象背后所反映的政治社会变动；对京兆韦氏家学门风的考察因从家族文学角度进行研究成果的陡增而推进最大，出现了跨越汉唐的长时段研究和家学门风之变与韦氏家族在唐末五代消退关系的深入考察；对京兆韦氏宗教信仰的考察，主要是限于其与佛教的关系，对于其与道教、儒学的关系以及在三者交融中的作用并没有论述。从视角上，主要从文学、史学角度进行，以社会学、人类学角度切入的很少。

---

① 乔永新：《王维、韦应物仕隐心态比较研究》，曲阜师范大学，2013届硕士论文。
② 夏承焘：《唐宋词人年谱》（修订本），上海：上海古籍出版社，1979年；吴在庆：《韦庄生年及"尝居虢州十载"献疑》，《文学遗产》1998年第3期，第90～91页；黄永年：《韦庄在广明元年至中和三年的行迹》，载《文史探微》，北京：中华书局，2000年；徐乐军：《韦庄生年诸说考析》，《广东农工商职业技术学院学报》2008年第1期，第75～77页；曹丽芳：《也谈韦庄广明元年底至中和三年春的行迹》，《古典文学知识》2009年第4期，第136～140页；周世伟：《韦庄入蜀仕蜀考辨》，《中华文化论坛》2009年第1期，第19～22页；李建中：《韦庄"两次入蜀"考述》，《陕西理工大学学报》2015年第1期，第27～30页；姜剑云：《韦庄家世小考》，《河北大学学报》2016年第3期，第16～21页。

京兆韦氏作为中古时期的一个世家大族，总体而言，关于韦氏的研究现状与其在中古政治社会上的地位和影响还远不相称，就其成就和问题来看，与中古士族研究的现状具有一定的相似性，其值得探讨和关注的问题不该仅限于如上几个方面，还可以从长时段、新的人类学理论方法或地域性以及立足房支内部关系等角度进行突破。

第三节　本书的研究思路及主要内容

京兆韦氏作为近年来备受学界关注的一个世家大族，成为文学界、史学界甚至是社会学界共享的一块大蛋糕，各方各尽所能对其进行考察分析，对于一些后学而言，要想再在这块蛋糕上置喙似乎显得有些困难了。然而站在中古士族学术潮流的高度俯瞰这块领域，还是能找到一些研究的空间，这也是京兆韦氏作为个案研究的价值所在，细究起来主要有如下几点：首先，京兆韦氏是中古士族中历时最为久远的士族之一[①]，就似一个长寿老人，对历史的见证显然比一个短寿者来得更有长度。同时，其也是中古政治社会的重要参与者与建设者，对京兆韦氏的研究既可以从一个家族的视角窥视中古政治社会的变迁，更可以此为个案"瞻前顾后"，探其来源的建构和消沉之后的归宿。其次，京兆韦氏从地域上归属于关中郡姓，其变迁轨迹自然有不同于其他地域大族之处，故而对其进行研究还能窥视关中士族群体因地域不同而呈现的变迁轨迹的多样性。再者，以往对京兆韦氏的研究多强调其发展的整体性和趋同性，而对族内房支间的冲突较少垂意，笔者则有意以房支为基本单位，在分别考察各房支的基础上对其进行比较研究，尽量做到微观与宏观研究的有机结合。最后，京兆韦氏在汉唐之间的很长的历史时段皆为在京大族，尤其是在隋唐时期，当其他地方的大族纷纷向

---

① 参见毛汉光：《中古家族之变动》，《中国中古社会史论》，上海：上海书店出版社，2002年，第58～60页。

京城迁徙之时，在京大族又是如何变迁的呢？毛汉光提出的"士族的中央化"是将京兆韦氏、京兆杜氏、弘农杨氏这些在京大族排除在外的[①]，而最新的探讨中古门阀大族衰亡的美国学者谭凯也认为像京兆杜氏、京兆韦氏并没有与士族的中央化浪潮同步[②]，那么他们又是如何成为首都精英的呢？如果没有经过中央化的变迁，他们在唐末五代同样与其他中央化大族陷入覆灭的原因又是什么呢？即便是因为黄巢之乱这样的偶然因素，也是要以成为首都精英为前提的，因此，对京兆韦氏的个案研究可以深化对中古士族官僚化、中央化、城市化及其关系的认识，也是本书思考并尝试解答的问题。

　　本书在材料的使用上，以《新唐书·宰相世系表》、《元和姓纂》和正史、《资治通鉴》等这些传统文献为基础，尽力搜集了如《大唐西市博物馆藏墓志》及其研究成果，《洛阳流散唐代墓志》、《新出唐墓志百种》、《秦晋豫新出土墓志搜佚》及续编，《西安碑林博物馆新藏墓志汇编续集》以及《碑林集刊》和《文博》等刊出和发表的与韦氏有关的墓志及考释文章，并在写作的过程中尽量加以吸收利用和积极回应；除此之外，现存的如《吴宁东眷韦氏宗谱》、《云阳延陵韦氏族谱》等也成为本书研究韦氏谱系及后期播迁的重要依据。

　　鉴于本成果的研究主要是对京兆韦氏不同时代各支系的系统考察，梳理世系是最为基础的工作，故而考证是最主要的研究方法；同时，为了分析同一时代不同支系家族命运轨迹的不同，使用的是比较分析法；为了突

① 毛汉光：《从士族籍贯迁移看唐代士族的中央化》，《中国中古社会史论》，上海：上海书店出版社，2002 年，第 247 页。
② 王晶：《重绘中古士族的衰亡史 —— 以 The Destruction of the Medieval Chinese Aristocracy 为中心》，《中华文史论丛》2015 年第 2 期，第 382 页；然而马建红以京兆韦氏研究为中心的考察认为京兆韦氏是经历了中央化的过程的，只不过因为籍贯没有发生变化而为人所忽视，这种中央化更明显地体现为城市化。参见马建红：《隋唐关中士族向两京的迁徙 —— 以京兆韦氏为中心的考察》，《南都论坛》2010 年第 2 期，第 39～41 页；同氏：《隋唐京兆韦氏居所考 —— 兼论士族的城市化》，收入宁欣编：《新材料、新方法、新视野：中国古代国家和社会变迁》，北京：北京师范大学出版社，2011 年，第 150～161 页。

出资料翔实或者具有代表性支系、人物的研究，也尝试了社会学中的个案分析方法；为了使对其政治社会地位变化的轨迹的研究结论更具说服力，使用了统计量化分析法。另外，在对韦氏远祖的溯源上尝试使用了人类学的理论方法，重点不在对其客观真实的考证和辨析，而在于从历史记忆的角度来分析何以会形成这样的记载。

本书在结构内容上分为绪论、正文七章和结语三大部分。绪论部分分为三节，分别是中古士族的研究回顾和展望、中古京兆韦氏的研究综述和本书的研究思路、方法及材料的使用。第一章主要探讨了京兆韦氏的起源和韦氏京兆郡望的形成。通过研究发现，韦氏的远祖谱系是经历了一个被建构的过程的，其中的内容虚实相间、亦真亦幻，却一直被保存记忆至今天的韦氏宗族谱系中，而关于韦氏的姓源记忆也因此而呈现出多样化；在汉代"罢黜百家、独尊儒术"和"强关中、弱关东"的政策背景下，从邹鲁之地而迁徙至关中的韦氏以经学而致官宦世家，到汉末孕育出大姓、名士，至魏晋而跻身于士族行列。笔者尝试提出了郡望形成的三个条件，并依据"士族与郡望相始终"的论断来推断出韦氏京兆郡望的形成应该是在魏晋时期，至十六国时便成为州望。

第二章则主要探讨了京兆韦氏自汉末至魏晋南北朝时期的播迁和分立，对南迁、居北和南迁北归不同支系的兴衰沉浮进行了分别梳理和综合比较，由此窥见宗族乡里基础对于门阀大族政治社会地位持续保持所具有的重要意义。

从第三章至第五章则以房望为单位对唐代京兆韦氏进行比较研究和综合分析，以弥补以往对京兆韦氏研究往往过于强调其整体性和趋同性而忽略其族内房支之间的冲突和差异的不足。第三章主要对隋唐关陇婚姻圈中京兆韦氏的三个房望进行了分别考察和综合分析，主要探讨了跻身于关陇婚姻圈对整个京兆韦氏政治社会地位所产生的影响。经研究发现，关陇婚姻圈的确是存在的，这是隋唐统治阶层继续实施北朝以来的"关中本位政策"以打击在社会上享有崇高名望的山东郡姓的一个举措，而京兆韦氏作为北朝以来的关陇贵族自然在被拉拢的范围之内，京兆韦氏也借此实现了家族成员的快速官僚化和中央化，维持了京兆韦氏在隋及唐前期的政治社会名望。但也正是因为与政权的过于紧密和与宗族乡里的渐行渐远，使京兆韦氏不时因政权动荡而受到致命性打击，政治地位骤起骤落，在京京兆韦氏尽管还具有一定的宗族优势，但皆因城市化而失去对私有武装力量的掌控，最终随着关陇军功贵族集团的衰落而较早地退出了政治社会舞台，趋于沉寂。

第四章主要对隋唐京兆韦氏中的四个书香门第进行了分别考察和综合分析。通过研究可见，以文化优势迎合科举取士的诸房望支撑了京兆韦氏在唐代中后期的政治社会地位，传统世家子弟经历了从重视族姓到强调个人素质的转变，在赢得政治地位的同时逐渐丧失了家族文化的自主性和独特性，国家在文化上已经占据了主导权。

第五章对京兆韦氏其他各有路径的诸房分别进行了兴衰历程的考察和分析。由此可见，凡是在隋唐政治舞台上比较活跃的房支，要么有与皇室的联姻，要么凭借文化优势跻身科举士族，否则仅能凭借婚姻维持较高社会地位，而于政治上平流仕进。

第六章重点考察了京兆韦氏在中古时期家学门风的不断转型，并分析了这些转变对京兆韦氏政治社会地位所产生的双重影响。经研究发现，京兆韦氏的家学经历了由汉代《诗经》到魏晋书学再到南北朝《汉书》终至隋唐以文学为总取向的演变，这种家学主体的不断转型正是京兆韦氏为迎合不同历史时期的学术潮流而在士林中立足的需要，尤其是唐代向文学的转型，更是使京兆韦氏快速适应了科举制而跻身于新型的科举士族之列，使京兆韦氏的政治社会地位得以继续保持。但从更长远的影响来看，则是使家族文化由学术性而功利化，由自主独立而被动迎合，最终失去了文化上的主导权；在门风上因保持了崇儒重礼的一贯性而使其一直保持比较高的社会地位，京兆韦氏也以此为资本而联姻到同样具有社会名望或政治地位显赫的家族，从而与之结成比较牢固的婚姻关系网络，有助于其政治社会地位的维持；家族特质经历了由汉代魏晋的文质化而至南北朝的文武兼备再至隋唐的彻底文质化的演变，京兆韦氏于南北朝时期的文武兼备是以其不失宗族乡里基础为前提的，而隋唐以后的文质化则是伴随着官僚化、中央化和城市化而进行的，宗族乡里基础已几乎完全失去，也就意味着失去了掌控私人武装力量的空间和身份，而与京兆韦氏这种转变同步的则是武人从安史和黄巢之乱后取得了权力优势，显然，京兆韦氏的这种彻底性的文质化已经不能适应时代的需要，从而使其在政治社会上的优势显得有些"空中楼阁"的意味。

第七章探讨了隋唐政治社会的变迁与京兆韦氏由盛而衰的关系，分析了京兆韦氏衰落于唐末五代的历史偶然和必然。京兆韦氏的衰落从表面上看是因为受到了唐末黄巢之乱的致命性打击，似乎带有一定的偶然性，然而黄巢起兵及对门阀大族的群体性杀害则主要因为阶层固化所导致的社会矛盾的激化，其实也带有一定的必然性。而黄巢起兵之后之所以能对门阀大族加以整体性地打击迫害，也是以京兆韦氏为代表的中古士族的官僚化、中央化和城市化为前提的，如果中古士族没有经过这样的一个变迁，那么他们就不会失去宗族乡里基础，也就不会丧失掌控一定私人武装力量的空间和身份，也就不会被封闭在城市中长期不得逃脱，只能引颈受戮，任人宰割。而他们的这种变迁实则是隋唐相对魏晋南北朝中央集权的加强、城市经济的复兴和发展、教育文化的普及和科技的进步所带来的结果，这个变迁是一个渐进的过程，也逐渐瓦解了京兆韦氏郡望的地缘、血缘、政治和文化优势，导致其在唐末走向了衰落。因此，京兆韦氏与其他大多数中古士族一样，在唐末五代以后淡出历史舞台是具有一定的历史必然性的，结语部分对韦氏京兆郡望从成立到崩溃的变迁过程进行了总结。

第一章　京兆韦氏的起源与形成

在中国的姓氏家族中，韦氏是其中的一个成员，此姓氏源远流长，人物辈出。在历史的长河中像一棵大树不断地繁衍生枝，从而形成了韦氏这个大宗族中颇有代表性的一支——京兆韦氏。京兆韦氏在整个中古时期，沉沉浮浮，起起落落，有过高潮，也有过低谷，演绎了一个中古世家大族的兴衰历程。

第一节　京兆韦氏的起源

京兆韦氏的起源是一个历史的过程，在经历了韦氏得姓、从关东向关中的迁徙和聚居于京兆杜陵几个阶段之后，才有了历史上的京兆韦氏，为韦氏京兆郡望的形成开启了历程。

一、韦氏所起及其姓源记忆

中国古代的姓与氏经历了一个从有着严格区别到趋同的过程。郑樵在《通志·氏族略》中曾指出氏的产生有多种来源，以国为氏是其中之一。据现有的历史记载和相关研究，韦氏的产生似乎与历史上的豕韦国息息相关。

（一）韦氏与豕韦国关系的建构

关于豕韦国的存在已基本得到学界的认可，至于其历史，王永彦在

《"豕韦"考略》一文中进行了比较详细的连缀和勾勒，指出豕韦也即豨韦，是在三皇五帝之先的一个以猪为图腾的部落，后来到奴隶社会演变成一个方国，历经夏、商、周三代，曾经于夏、商时两次失国，又两次复国，最终于周赧王时期与大彭国同时灭亡。① 文中所依据的材料主要有《庄子》、《神仙传》、《国语·郑语》、《史记·楚世家》、《诗经·商颂·长发》、《左传》、《古本竹书纪年》、《风俗通义·皇霸》、《帝王世纪》以及《广韵》和《新唐书·宰相世系表》等。尽管作者对其所引用的材料并没有详加辨析，所得出的结论也是以上述相关记载皆为史实为前提的，但毕竟推进了对豕韦国历史的研究。

关于韦氏与豕韦国的关系，目前所见最早将两者进行连缀的是韦氏成员韦孟。据《汉书·韦贤传》，韦孟是韦氏第一个见于正史且有名讳的人物，于汉代初年辅佐三位楚国国君，既为太傅，那么学问之高可以想见。他在对其辅佐的第三位国君进行讽谏的诗文中追忆了其先祖："肃肃我祖，国自豕韦，……彤弓斯征，抚宁遐荒，总齐群邦，以翼大商，迭彼大彭，勋绩惟光。至于有周，历世会同，王赧听谮，寔绝我邦。……我祖斯微，迁于彭城。"② 据诗文所言，韦氏即因豕韦国而来，至于两者关系的依据不得而知，目前所能见到的主要是对位于河南滑县一带的韦城与豕韦国关系的论证。如《水经注·济水注》云："濮渠又东迳韦城南，即白马县之韦乡也。史迁记曰：夏伯豕韦之故国矣。"③《史记正义》引《帝王世纪》曰："白马县南有韦城，故豕韦国也。"④《后汉书·郡国志》曰："白马县有韦乡。杜预曰：'县东南有韦城，古系韦氏之国。'"⑤《通典·州郡典》"灵昌郡条"下，注曰："滑州，其地得豕韦氏之国。""韦城，古豕韦国。"⑥《元和郡

① 详见王彦永：《"豕韦"考略》，《殷都学刊》2016年第3期，第110～113转117页。
② 《汉书》卷七三《韦贤传》，北京：中华书局，1982年，第3101页。
③ （魏）郦道元著，陈桥驿校释：《水经注校释》，北京：中华书局，2007年，第204页。
④ （汉）司马迁：《史记》，北京：中华书局，1982年，第2025页。
⑤ （南朝宋）范晔：《后汉书》，北京：中华书局，1965年，第3450～3451页。
⑥ （唐）杜佑：《通典》，北京：中华书局，1988年，第4756～4757页。

县志·河南道四》云："韦城县，本汉白马县地，殷伯豕韦之国也。"[1] 从以上各书的成书时代及涉及人物所属时代而言，从西汉的司马迁到东汉的著名学人再到唐代的一些学者都认为，如今的韦城即是历史上豕韦国的所在，也就是构建了韦与豕韦的内在关系，由此推论，作为姓氏的韦也就有可能是因豕韦国而来，但这也仅限于推论而已，并不能充分证明两者之间的关系。且这些论证皆在汉初的韦孟之后，因此可见，关于韦氏与豕韦国关系的建构主要是由韦孟开创的，他之所以这么做，可能主要是基于本身即为韦氏后裔，为其先祖寻找一个既源远流长又有一定历史地位的姓氏来源来为他当下贵为太傅的身份做一个说明。

尽管关于韦氏源自豕韦国的论证还不够充分，但韦孟关于韦氏来源的追忆却被后来的韦氏墓志、姓氏书和韦氏宗谱所保留。北魏《韦彧墓志》追忆其祖："肇基颛顼，命氏豕韦，翼商周为世禄，历汉魏而朱轩。"[2] 卒于武则天长安四年（704）平齐公房的韦知艺的一方墓志，由岑羲撰成："大彭之先，出自颛顼。少康之代，封于豕韦。杰焉商伯，主夏盟其发号。迨尔周年，因旧邦而命氏。"[3] 具有"样板"意义的当属《新唐书·宰相世系表》中的记载："韦氏出自风姓，颛顼帝孙大彭为夏诸侯，少康之时，封其别孙元哲于豕韦，其地滑州韦城是也。豕韦、大彭迭为商伯，周赧王时，始失国，徙居彭城，以国为氏。韦伯遐二十四世孙孟，为汉楚王傅，去位，徙居鲁国邹县。"[4]《元和姓纂》云："颛顼氏之后。大彭为夏诸侯，彭子受封豕韦，周赧王灭之，以国为姓。"[5]《通志·氏族二》云："韦氏，亦曰豕韦氏，风姓。"[6] 明万历四十年重修的《江苏丹阳延陵韦氏族谱》和清乾隆十五

①（唐）李吉甫：《元和郡县图志》，北京：中华书局，1983年，第199页。
② 韦彪、韦彧墓志皆参见周伟洲等：《新出土的四方北朝韦氏墓志考释》，《文博》2000年第2期，第65～72页。
③ 王怀双、王昊斐：《唐韦知艺墓志考释》，《兰州大学学报》2014年第6期，第14～18页。
④（宋）欧阳修撰：《新唐书》卷七十四《宰相世系表》，北京：中华书局，1975年，第3045页。
⑤（唐）林宝撰，岑仲勉校：《元和姓纂（附四校记）》，北京：中华书局，1994年，第126页。
⑥（宋）郑樵：《通志》卷二十六《氏族志》，北京：中华书局，1987年，第454页。

年重修《吴宁东眷韦氏宗谱》中对韦氏与豕韦国关系的记载几乎照搬了
《新表》的内容。[①]

（二）韦氏的姓源记忆：风姓、彭姓还是防姓

三代之前，中国的姓与氏有着严格的区别，其各自的产生和功能存在
很大差异。关于姓，"一种最简单而涵盖又最广的定义即为：姓就是氏族名
号，同时也是一种外婚血缘组织的标识符号"。另外，"姓的起源与氏族社
会的性质无关，既可以产生在母系氏族中，也可以产生在父系氏族中"[②]。因
此，从性质上讲，姓就是氏族血缘世系关系的标志，姓不同的成员意味着
血缘世系关系的不同，分属于不同的氏族，总之是一姓一族、一族一姓。

氏是同姓氏族人口繁衍，支系扩大后从中分化出来的一个小规模的亲
属集团，因为氏族人口的繁衍是不断进行的，这种分化也就会不断出现，
不同的氏就会从同一姓之下不断分化出来。为了将同姓之下不同的氏区别
开来，也应该有一个能将彼此分开的名号，这就是氏。故而氏也是一种标
志血缘关系的符号，与姓所不同的是，姓是用来区别不同的氏族，而氏是
用来区别同姓之下不同分支的家族。

具体到韦氏而言，根据目前的文献记载，其最早的姓源记载见于《国
语·郑语》："彭姓彭祖、豕韦、诸稽，则商灭之矣。"[③]由此判断，豕韦与
彭祖皆出彭姓，但《史记·夏本纪》索隐引《世本》作："豕韦，防姓。"[④]
但这一记忆却没有被北宋的欧阳修和南宋的郑樵所承袭，他们皆认为韦氏
出自风姓。《新表》云："韦氏出自风姓。"《通志·氏族二》："韦氏，亦曰

---

① 参见上海图书馆编，牟元圭整理：《中国家谱资料选编·家谱源流卷》，上海：上海古籍出版
　社，2013年，第655页；（清）韦德梧等纂修：《吴宁东眷韦氏宗谱》，清乾隆15年（1750）
　木活字（电子版）卷1第2册第22页和文后附录三相关内容。
② 陈絜：《商周姓氏制度研究》，北京：商务印书馆，2007年，第23页。
③ （战国）左丘明撰，（吴）韦昭注：《国语》卷一六《郑语》，上海：上海古籍出版社，2015年，
　第388页。
④ （汉）司马迁：《史记》，北京：中华书局，1982年，第88页。

豕韦氏，风姓。"① 同为南宋的罗泌在其《路史·国名纪三》有言："故《世本》谓：'豕韦，防姓'。"② 看来，罗泌与司马迁所依据的是同一史源，即《世本》。而《新表》与《通志》是一脉相承，但为何没有承袭《国语》中豕韦出自彭姓的记载呢？则大概主要基于韦氏的远祖谱系到《新表》的时候已经被追至颛顼。据《左传·僖公二十一年》记载，"任、宿、须句、颛臾，风姓也，实司太皞与有济之祀"③。其中颛臾作为风姓之国被学者认为与颛顼氏是一回事。④ 既然颛顼出自风姓，则源自颛顼的韦氏也就出自风姓。有学者认为，"韦氏与风姓的关系来源于《山海经·大荒西经》：'有人名曰石夷，来风曰韦，处西北隅，以司日月之长短。'而《世本》所记的防姓之防与风是一音之转，正是韦与风、防通融的关系"⑤。但清代张澍对《史记索隐》引《世本·路名纪》作："豕韦，防姓。"做了如下按语："《国名记》引《世本》云，'豕韦，陶唐氏后，防一作彭，豕韦本彭姓，大彭之孙元哲封豕韦，刘累更封之，故姓防或云刘姓'，非也。《国都记》云'豕韦氏，彭姓之国'。"⑥ 也就是说，按张澍之论断，豕韦即出自彭姓，原《世本》所论将彭作为防是因刘累被封于此的说法是有误的。但也有学者认为"说'韦'姓来自'防'，仍与黄帝后裔族的'防风氏'部落有关（此部落的初居地在今陕西彬县一带，后迁入中原），当是防风氏人与大彭氏部落有了融合，遂有防姓之称"⑦。综上可见，彭姓和风姓对于韦氏而言的关系即是彭姓为近姓，而风姓则为豕韦氏被建构到黄帝谱系之后而带来的姓源的改变。依据《新表》建构的韦氏远祖谱系，彭姓是从风姓分化出来的因

---

① （宋）郑樵：《通志》卷二十六《氏族志》，北京：中华书局，1987 年，第 454 页。

② （宋）罗泌撰：《路史》，清嘉庆六年（1801）刻本，收入耿素丽编著：《先秦史文献研究三种》第 5 册，北京：国家图书馆出版社，2013 年，第 422 ～ 423 页。

③ 杨伯峻编著：《春秋左传注》，北京：中华书局，1981 年，第 391 页。

④ 陈絜：《商周姓氏制度研究》，北京：商务印书馆，2007 年，第 41 页。

⑤ 何光岳：《楚源流史》，长沙：湖南人民出版社，1988 年，第 88 页。

⑥ （汉）宋衷注，（清）秦嘉谟等辑：《世本八种》，北京：中华书局，2008 年，第 56 页。

⑦ 杨东晨、杨建国：《论韦姓宗族的形成和迁布》，《固原师专学报》2002 年第 4 期，第 29 ～ 33 转 56 页。

大彭之名而取得的，而韦氏又是从彭姓分化出来的一个氏，即豕韦氏演变而来。至于"防"姓与韦氏的关系则主要因缺乏足够的史料而无法判断如上所说的真伪。

（三）韦氏与韦姓的趋同

关于姓与氏之间的关系，郑樵在《通志·氏族志》中有过论述："三代之前，姓氏分而为二，男子称氏、妇人称姓。氏所以别贵贱，贵者有氏，贱者有名无氏，……故姓可呼为氏，氏不可呼为姓。姓所以别婚姻，故有同姓、异姓、庶姓之别。氏同姓不同者婚姻可通，姓同氏不同者婚姻不可通。三代之后，姓氏合而为一，皆所以别婚姻，而以地望明贵贱。"[①]郑樵所论，言及姓与氏最初是有严格区别的，后来逐渐趋同，韦氏也是在这样的姓氏关系的转变中具备了姓的功能，韦氏与韦姓合一。

那么姓氏之间究竟经历了怎样的关系演变呢？如上所论，姓与氏最初的关系应该是同姓之下包含诸多的氏，姓和氏都是标志血缘关系的符号，所不同的是前者用于区别不同的氏族，而后者用于区别同一姓之下的不同家族。这样看来似乎姓与氏并没有严格的界限，随着族外婚制和宗法制的实施，姓与氏的功能才严格区分开来。

氏族制下实行的是族外婚制，同一氏族必是同姓，故族外婚制也就意味着同姓之人不得同婚。这种婚姻制度的实施使姓不仅仅具备区别氏族的功能，还有区别婚姻的功能，如《白虎通·姓名》篇云："人所以有姓者何？所以崇恩爱、厚亲亲、远禽兽、别婚姻也。故纪事别类，使生相爱、死相哀，同姓不得相娶者，皆为重人伦也。"[②]姓所具备的别婚姻的功能到西周时期表现为"同姓不婚"的礼制和"男女辨姓"的习俗。父系社会的确立使男方在婚姻关系中处于主动求婚的地位，女方则处于被动接应的地位，

---

① （宋）郑樵：《通志》卷二十五《氏族略第一·氏族序》，北京：中华书局，1987年，第439页。
② （汉）班固等撰，（清）陈立：《白虎通疏证》卷九，新编诸子集成本（第一辑），北京：中华书局，1994年，第401页。

故而为了方便"男女辨姓"，对女性的称谓往往冠之以其姓，这可能就是郑樵所言及的"妇人称姓"。"同姓不婚"的礼制到春秋战国时期在事实上有所突破，但这作为婚姻当中的观念却一直保存下来，故婚联中常有"结二姓之好"之词。

氏相对于姓来说，并不具备区别婚姻的功能，同氏不同姓皆可通婚。氏有多种产生方式，郑樵在《通志·氏族略》中列举了三十二类。由此看出，氏并不是一开始就具备区别贵贱的功能，氏最初的基本功能也是为了区别同姓之下不同分支的家族；另外，也并不是所有的氏都具备区别贵贱的功能，只有当氏与政治、经济地位相联系的时候，才具备了区别贵贱的功能。而随着西周以来宗法制的实施，使氏在很大程度上成为贵族等级的标志和符号，更强化了氏"所以别贵贱"的功能。随着西周的灭亡和宗法制的衰落，氏的"以别贵贱"的功能削弱，重新恢复了氏作为血缘关系标志符号的基本功能，并随着氏的不断产生和姓的相对固定化，氏在功能上逐渐趋同于姓，具有了别婚姻的功能，实现了姓氏合一。

综上所述，经汉初韦氏后裔韦孟、汉代史家司马迁、后汉学者和唐宋史家及姓氏学家对韦氏来源的建构和历史记忆，韦氏似乎源自豕韦国，在姓氏有别的三代之前，韦氏远出风姓，近出彭姓。随着三代以后姓氏功能的趋同，氏不再具备别贵贱的功能，与姓一同具备了别婚姻的功能，韦氏也就成为后来的韦姓。

二、从彭城到平陵—韦氏在汉代的兴起及向关中的迁徙

豕韦国被周所灭之后，其国中之人即以豕韦为氏，迁徙到彭城，开始了在彭城的繁衍生息。到了汉代初年，高祖刘邦封其同父少弟刘交为楚元王，都于彭城。统辖薛郡、东海、彭城三十六县。刘交"好书，多材艺。少时尝与鲁穆公、白生、申公俱受《诗》于浮丘伯"。因其"好《诗》，诸子皆读《诗》，申公始为《诗》传，号《鲁诗》。元王亦次之《诗》传，号曰

《元王诗》"①。彭城韦氏家族中的韦孟以其贤士之名担任了楚元王的太傅，之后又经历了楚夷王刘郢客、楚王刘戊两朝，因刘戊荒淫无道而写讽谏诗，后悬车去位，迁于邹鲁，最后终于邹地。②汉代初年的统治政策助长了诸侯王与朝廷的分庭抗礼，汉景帝即位三年，发生了吴楚七国之乱，当时楚国之王即为刘戊，此次叛乱三个月即被平定，刘戊自杀身亡。③韦孟因提前离开而避免了一场劫难。

邹鲁是中国儒学的发源地，其浓厚的儒学氛围为韦孟的后代习儒提供了良好的客观环境。在整个汉初时期，占据统治地位的思想是黄老之学兼及刑名之学，儒学并没有受到特别的重视。到了汉武帝时期，汉代的统治思想发生了很大的转变，汉武帝即位不到一年（建元元年，前140），就批准了卫绾提出的"罢黜百家"的建议④；即位后的第五年（建元五年，前136），正式设立"五经博士"，从此博士仅仅限于治五经的儒生；即位后第七年（前134），接受董仲舒提出的设立太学的建议⑤；到元朔五年（前124），接受公孙弘提出为博士官设弟子员的建议⑥。经过这一系列的措施，儒家学说才真正被抬上了统治思想的地位，汉代也完成了统治思想的转折。之后的汉代统治者都继续推行崇儒的文化政策，这为通儒之士提供了入仕机遇。在邹鲁成为大儒的韦孟四世孙韦贤就是在这样的文化政策背景下通过儒学进入仕途的。

韦贤"为人质朴少欲，笃志于学，兼通《礼》、《尚书》，以《诗》教授，号称邹鲁大儒"⑦。而且他还是传《鲁论语》的名家之一⑧。汉宣帝即位后，听说卫太子好《穀梁春秋》，曾向丞相韦贤等鲁人请教，可见韦贤

---

① 《汉书》卷三六《楚元王刘交传》，北京：中华书局，1962年，第1924页。
② 《汉书》卷七三《韦贤传》，北京：中华书局，1962年，第3101～3107页。
③ 《汉书》卷三六《楚元王刘交传》，北京：中华书局，1962年，第1924页。
④ 《汉书》卷六《武帝纪》，北京：中华书局，1962年，第159页。
⑤ 《汉书》卷五六《董仲舒传》，北京：中华书局，1962年，第2515页。
⑥ 《汉书》卷六《武帝纪》，北京：中华书局，1962年，第175页。
⑦ 《汉书》卷七三《韦贤传》，北京：中华书局，1962年，第3107页。
⑧ 《汉书》卷三〇《艺文志》，北京：中华书局，1962年，第1720页。

在《穀梁春秋》方面的造诣也非同一般。[①] 在韦贤所修的儒学当中，能够称得上是韦氏家学的是《鲁诗》。《鲁诗》是汉代以治《诗》为业的三家之一，以申公培为宗 [②]，瑕丘江公受《穀梁春秋》及《诗》于鲁申公，韦贤治《诗》，事大江公及许生 [③]。大江公即瑕丘江公。汉昭帝八岁即位，由大臣辅政，韦贤以名儒之一被选授于前，成为帝师，教授的就是《鲁诗》。后来韦贤升至光禄大夫，汉昭帝修建平陵，并设置陵邑，韦贤以光禄大夫身份自邹迁居平陵附近，此为韦氏从关东进入关中之始，也开始了韦氏家族重心向平陵的转移。

迁居平陵的韦贤接近了政治中心，在汉昭帝时从光禄大夫迁至大鸿胪。后来因拥立汉宣帝被赐爵关内侯，食邑，徙为长信少府。关内侯爵位的赐予标志着韦氏在关内政治社会地位的确立。[④] 汉宣帝即位后第三年，韦贤成为韦氏家族中以经学之士荣登丞相之位的第一人，晋封扶阳侯，食邑七百户。

韦贤出身于文化之家，又生活在儒学之乡，当时的文化重地，故而使韦贤具备了卓越的儒学素养。但韦贤能通过儒学进入仕途，并从帝师荣登丞相之位，是其儒学素养与汉武帝之后独尊儒术的文化政策相适应的结果，而韦贤从邹鲁向平陵的迁徙更是汉代统治者"弱关东以强关中"区域经济政策的体现。

"弱关东强关中"是秦始皇统一东方六国以后，鉴于关中弱、关东强的现实而采取的经济措施，强行迁徙天下富豪至咸阳是具体措施之一。汉代秦之后，依然定都关中，西汉继承秦代强化关中的经济政策，组织关东贵族、富豪和高级官僚移居关中，有时是强行迁徙，有时是以守陵园为由。汉武帝时，"徙郡国豪杰及訾三百万以上于茂陵" [⑤]，杜氏的杜周以御史大夫

---

① 《汉书》卷八八《儒林传·瑕丘江公传》，北京：中华书局，1962年，第3621页。
② 孙筱：《两汉经学与社会》，北京：中国社会科学出版社，2002年，第206页。
③ 《汉书》卷八八《儒林传·瑕丘江公传》，北京：中华书局，1962年，第3620页。
④ 关内侯是否以居关内而得名存在分歧，参见西嶋定生著，武尚清译：《二十等爵制》，北京：国际文化出版公司，1992年，第44～45页。
⑤ 《汉书》卷六《武帝纪》，北京：中华书局，1962年，第173页。

身份自关东的魏郡迁居之。^①汉昭帝修建昭陵后，韦贤已官居光禄大夫，以高官身份迁居平陵。汉元帝即位后，下诏曰："安土重迁，黎民之性。骨肉相附，人情所愿也。顷者有司缘臣子之义，奏徙郡国民以奉园陵，令百姓远弃先祖坟墓，破业失产，亲戚别离，人怀思慕之心，家有不安之意。是以东垂被虚耗之害，关中有无聊之民，非久长之策也。《诗》不云乎？'民亦劳止，迄可小康，惠此中国，以绥四方。'今所为初陵者，勿置县邑，使天下咸安土乐业，亡有动摇之心。布告天下，令明知之。"^②虽然汉元帝颁下了此诏，自己的陵墓没有设置陵邑，但继其之后的汉成帝在修建昌陵的同时还是修建了昌陵邑，并下诏令各郡国中拥有资产五百万以上的富商大贾五千户迁到昌陵邑，一些皇亲、近臣也迁到了昌陵邑，并"赐丞相、御史、将军、列侯、公主、中两千石冢地、第宅"^③。由此可见，韦氏能实现从纯粹的儒学之家到高官之门的转变，是汉代特定文化政策背景下儒学与政治联姻的结果，而从关东向关中的迁徙则是对秦汉一贯实行的"弱关东强关中"政策的被动适应。

三、从平陵到杜陵 —— 京兆韦氏的起源

在韦贤迁居平陵的时候，留有第三子韦舜留守邹鲁，为祖先守坟墓。其余长子韦方山，早逝；次子韦弘，历官太常丞、太山都尉、东海太守等职；少子韦玄成"少好学，修父业，……以明经擢为谏议大夫，迁大河都尉"^④。韦玄成承袭了父亲扶阳侯的爵位，并将韦贤所治《鲁诗》传承下来，成为韦氏家族中继韦贤之后又一个以儒学起家的人物。

汉宣帝即位后，继续尊崇儒学，"讲论《六艺》，招选茂异"，韦玄成

---

① 《汉书》卷八五《杜邺传》，北京：中华书局，1962 年，第 3476 页。
② 《汉书》卷九《元帝纪》，北京：中华书局，1962 年，第 295 页。
③ 《汉书》卷一〇《成帝纪》，北京：中华书局，1962 年，第 321 页。
④ 《汉书》卷七三《韦贤传》，北京：中华书局，1962 年，第 3108 页。

"以儒术进"①。宣帝甘露三年（前51）三月，在未央宫殿北石渠阁召开学术讨论会："诏诸儒'五经'同异，太子太傅萧望之等平奏其议，上亲称制临决焉。"②有资格出席会议的经学家主要有两类，一是现任博士官，二是经学造诣较深的其他官员，其中《鲁诗》学者就有淮阳中尉韦玄成参列其中，可见他经学造诣之深。在仕途上，韦玄成在汉宣帝时期还曾官历大河都尉、河南太守、未央卫尉、太常等职，已经进入高官阶层，并且还具备了列侯的资格。但是，韦玄成的仕途并没有其父韦贤那么顺畅，经过一次免官和削爵之后，韦玄成在汉宣帝统治末年才重新起家为淮阳中尉，之后在抚慰宪王保证太子刘奭顺利登基的政治变动中立下了功劳。刘奭即位后，是为汉元帝，他尤好儒术，开启了经学极盛时代。③韦玄成以较深的经学造诣和在政治上对汉元帝的扶持得到重用和提拔，由淮阳中尉相继迁为少府、太子太傅、御史大夫，永光年间被擢升为丞相，并恢复了扶阳侯的爵位，正所谓"复以明经位至丞相"④。韦玄成成为韦氏家族中以经学之士荣登相位的第二人。

汉宣帝即位后，为自己在长安城南建造了陵墓——杜陵，杜陵本属于京兆杜县，即古杜伯之封国所在地。元康元年（前65），宣帝以杜东原为初陵，更名杜县为杜陵，并于同年下令"徙丞相、将军、列侯、吏二千石、訾百万者杜陵"⑤，韦玄成在此诏令下达之后，从平陵迁居到杜陵。杜陵是汉宣帝特别喜欢游猎的地方。⑥

在汉元帝之前，诸陵总领于太常，之后，各依其地界属三辅。三辅即西汉治理京畿地区的三个职官的合称，亦指其所辖地区。汉初京畿官称内

---

① 《汉书》卷五八《公孙弘卜式儿宽传》，北京：中华书局，1962年，第2634页。
② 《汉书》卷八《宣帝纪》，北京：中华书局，1962年，第275页。
③ 皮锡瑞：《经学历史》，北京：中华书局，1959年，第101页。
④ 《汉书》卷七三《韦贤传附子玄成传》，北京：中华书局，1962年，第3107页。
⑤ 《汉书》卷八《宣帝纪》，北京：中华书局，1962年，第256页。
⑥ 在韦玄成的传记中提到，韦玄成在韦贤迁徙平陵时，韦玄成别徙杜陵，但如果韦贤迁徙平陵是在昭帝时的话，汉宣帝的陵墓杜陵还没投入建设，韦玄成也就不可能在昭帝时就迁徙杜陵，故韦玄成迁徙杜陵大致就是在上述诏令下达之后，而且当时的韦玄成也具备了列侯、二千石的资格。

史，景帝二年（前155）分置左、右内史，与主爵中尉（后改都尉）合称三辅。武帝太初元年更名主爵都尉为右扶风，右内史为京兆尹，左内史为左冯翊，治所皆在长安城中。[①] 故京兆尹是三辅之一，杜陵即在其管辖范围之内，韦玄成迁居杜陵后，晚年要求归葬于平陵[②]，但其子孙自此在杜陵繁衍生息，遂成京兆人[③]，京兆韦氏由此起源。

第二节　汉代韦氏关中世家的形成

　　随着韦贤和韦玄成父子先后迁徙到关中的平陵和杜陵，关中韦氏出现了平陵韦氏和杜陵韦氏两个分支，这两个分支在汉代政治舞台上皆有作为，共同成就了韦氏关中世家的地位。汉代之后，平陵韦氏逐渐退出政治舞台，杜陵韦氏成为关中韦氏的著支，从而也就成为汉代之后韦氏家族政治社会地位的主要体现者和京兆郡望的支柱支系。

一、平陵韦氏经学世家地位的确立

　　平陵是汉昭帝的陵墓，位于长安城西北七十里，其陵邑是韦氏迁居关中的第一站。有汉一代，平陵韦氏的成员将韦贤所创立的家学加以继承和发扬，多有以儒入仕而致显达者，已经具备了一个儒学世家的政治社会地位。

　　平陵韦氏的第一代韦贤即是邹鲁的大儒，以《鲁诗》教授汉昭帝，并将其传授给少子韦玄成。汉宣帝时，韦玄成以全国的大儒之一列席由皇帝亲自主持的最高级别的儒学讨论会，再次起家后为太子太傅，也就是汉成

---

① 参见何清谷：《三辅黄图校释》，北京：中华书局，2005年，第7～9页。

② 《汉书》卷七三《韦贤传附子玄成传》，北京：中华书局，1962年，第3107页。

③ （清）董诰等：《全唐文》卷七六四《萧邺·岭南节度使韦公（正贯）神道碑》，北京：中华书局，1983年，第7943页。

帝的老师。韦贤、韦玄成父子先后以通儒致相位，便有了传遍邹鲁的"遗子黄金满籝，不如一经"的谚语。所谓的"一经"就是指《鲁诗》，具体而言就是《鲁诗经韦氏章句》①。经过韦贤、韦玄成父子两代，《鲁诗》开始有了韦氏之学。汉哀帝为定陶王时，韦贤之孙韦赏又以《鲁诗》教授之，汉哀帝即位后，韦赏被擢升为大司马车骑将军，位列三公，赐爵关内侯，食邑千户。②到了东汉时期，韦赏的孙子韦彪也是当时的儒学大师，官至汉章帝时的大鸿胪，著书十二篇，号《韦卿子》。③

《鲁诗》创始于鲁人申培，汉文帝时立为博士，传至东汉，因东汉重古文经，被列于今文经的《鲁诗》逐渐衰微，亡于西晋。④从《武荣碑》⑤可知，此《鲁诗经韦氏章句》一直传承到汉末。对《鲁诗经韦氏章句》传承得比较好的几乎都是平陵韦氏成员，韦贤居于平陵，死后葬在了平陵；韦玄成尽管迁居到杜陵，但死后还是要求归葬于平陵；韦赏、韦彪在史籍中皆称为平陵人⑥。平陵韦氏为成就韦氏汉代经学世家起到了主要作用。

从韦贤、韦玄成父子都葬在平陵可以判断，自韦贤起，韦氏家族墓地已经逐渐由邹鲁转移到平陵，平陵成为韦氏家族的另一重心。东汉之后，可能受到今文经学自东汉以后衰落下去的影响，以治今文经《鲁诗》为家业的平陵韦氏逐渐在政治上衰落下去，被后起的杜陵韦氏所取代。

二、杜陵韦氏官宦世家地位的确立

杜陵是汉宣帝的陵墓，在长安城南五十里。韦玄成是韦氏家族中迁居杜陵的第一人，但真正将根扎在杜陵的是韦玄成的子孙。终汉一代，杜陵

---

①　李楠：《秦汉刻石选译》，北京：文物出版社，2009 年，第 261～266 页。
②　《汉书》卷七三《韦贤传附子玄成传》，北京：中华书局，1962 年，第 3118 页。
③　《后汉书》卷二六《韦彪传》，北京：中华书局，1965 年，第 920 页。
④　许道勋、徐洪兴：《中国经学史》，上海：上海人民出版社，2006 年，第 340 页。
⑤　李楠：《秦汉刻石选译》，北京：文物出版社，2009 年，第 261～266 页。
⑥　《后汉书》卷二六《韦彪传》，北京：中华书局，1965 年，第 920 页。

韦氏对家学的传承相对平陵韦氏要差得远，但在政治地位上却丝毫不逊色。

杜陵韦氏最大的优势在于对韦贤爵位的世袭，始于韦贤的扶阳侯爵位传给了其少子韦玄成，后又被韦玄成的子、孙、曾孙韦宽、韦育、韦谭所继承，传了三代，封国遂绝。据有的学者研究，"扶阳侯属于列侯一等，是汉代二十等爵制中的最高一等，秦代既已使用"。"尽管自汉代以来，爵位因泛授、买卖而贬值缩水，但二十等爵制中的最高两等即关内侯和列侯却依旧保留着原来的作用，经常被统治者用来褒奖官员。而且汉代的官僚们把封侯作为远大理想和人生目标，爵位仍然发挥着调节名位的辅助作用。侯作为爵位浸透着古老的贵族荣耀，在人们看来，一旦封侯，则跻身一个更高阶层，俨然世世祭祀不绝的世家。"[1] 根据汉代爵位继承制度，列侯可以世袭。具体到韦氏家族而言，列侯的爵位自韦贤开始受封，之后主要在杜陵韦氏这一支世袭，故使这一支保持了相对高的政治地位。

封国绝后的杜陵韦氏已经进入到东汉时期，其成员并没有表现出对入仕的积极态度，于政治地位相对西汉明显有所下降，却孕育出不少的名士，在社会上的名望日隆。最后一位继承扶阳侯爵位的韦谭任过尚书令，有三子。长子韦顺，字叔文，平舆令，有高名；次子韦豹，字季明，"数辟公府，辄以事去"，司徒刘恺征辟之，以年老身病为由来推脱，东汉安帝四巡，征拜议郎；少子韦义，初任州郡，由太傅桓焉辟举理剧，继为广都县长、甘陵、陈县县令。虽然官阶不高，却政绩卓著，为时人称颂，死后受到三县百姓的追念。韦豹子韦著，少时即以明经知名，曾被汉桓帝以隆礼征召，半途以病回，躲到云阳山采药不归；后来汉桓帝派京兆尹备厚礼前去延请，还是不就。汉灵帝即位后，中常侍曹节以陈蕃、窦氏既诛，海内怨望，欲借宠时贤以为名，汉灵帝急征韦著为东海相。[2] 不慕仕进，官阶不高，名望日隆是东汉杜陵韦氏政治社会地位的状况。

---

[1]　阎步克：《品位与职位 —— 秦汉魏晋南北朝阶官制度研究》，北京：中华书局，2002 年，第 119 ～ 120 页。

[2]　韦谭三子及孙皆参见《后汉书》卷二六《韦彪传》，北京：中华书局，1965 年，第 920 页。

　　然而关于韦氏，还有另外一句谚语，即"城南韦杜，去天尺五"。如果此谚语真如有的学者所认为的是出自成书于汉代的《辛氏三秦记》①，那么城南韦氏应该是指杜陵韦氏。如此，则反映了杜陵韦氏在汉代显赫的政治地位，与史书所记载的"宗族至吏二千石者十余人"②恰好相符。由此可以推断，杜陵韦氏有官位者并不仅仅限于以上所论。

　　综上所述，平陵韦氏和杜陵韦氏作为关中韦氏的两大分支，分别以经学世家和官宦世家的优势成就了汉代韦氏关中世家的政治社会地位。汉代以后，平陵韦氏因所治经学不合学术潮流而逐渐消沉，杜陵韦氏则因世代继承爵位奠定了雄厚的家底，封国绝后的杜陵韦氏不羡仕进，以治学修行为业，孕育出了不少的社会名士，而韦氏名士的出现正是杜陵韦氏社会名望日隆的体现，为其在魏晋以后成为京兆郡望，跻身于士族奠定了一定的基础。

第三节　韦氏京兆郡望的形成

　　汉代的京兆尹是三辅之一，始设于汉武帝太初元年（前104），当时其在名称上尽管不称为京兆郡，但实际上位高普通郡。这从京兆尹长官的禄

---

① 李浩《释"城南韦杜，去天尺五"》一文就采用了郑鹤声、岑仲勉关于《三秦记》出自辛氏的说法，并加以引申，认为："《三秦记》著者名字及时间虽不可确考，但所述皆为秦汉时关中山川宫室都邑故事，一般认为是汉代人所作。"详见李浩：《唐代关中士族与文学》，北京：中国社会科学出版社，2003年，第44页。王伟在其《〈诗〉诗互嬗：汉唐间长安韦氏家学转型与家族性质迁变》中也认为该书出于汉时人士之手笔，成书的时间应在汉代，载《唐史论丛》（第二十六辑），西安：三秦出版社，2018年，第191页；胡可先认为这一俚语出自唐人无疑，详见胡可先：《"城南韦杜"与"杜陵野老"释证》，《复旦学报》2014年第5期，第81～88页。
② 见《汉书》卷七三《韦贤传》，北京：中华书局，1982年，第3115页。范兆飞在其《胙土命氏：汉魏士族形成论》一文中认为，这种概念的出现，正是家族成员频繁担任二千石官职的反映，也是西汉士人官僚化的政治诉求，更是时人对某个家族多名成员连续担任高官的向往。大族成员通过"世吏二千石"，展现自己的政治能量和社会声望，《复旦学报（社会科学版）》2016年第3期，第5页。

秩状况可见一斑。作为三辅长官之一的京兆尹，秩中二千石，与九卿同，且有资格参与朝议，而其他郡守则秩为二千石，且不得参与朝议。东汉政权中心转移到洛阳以后，京兆尹的设置及所属并没有太大的变化，治所在长安，领杜陵等十县；三国时期的京兆尹隶属于雍州，治所在长安，领杜县等十一县。西晋始有京兆郡的称呼，隶属于雍州，治所在长安，领长安、万年、杜城等九县，户四万。① 从汉代至西晋，杜陵始终在京兆郡的管辖范围之内，杜陵韦氏从韦玄成迁居杜陵开始，才有了京兆韦氏的起源。但刚刚迁居到杜陵的韦氏不可能马上成为望族，须经过几代人政治社会地位的积淀，才能逐渐在杜陵一个县级地方成为望族，进而从县望成为郡望，故杜陵韦氏也需要经过这样一个过程。

一、京兆韦氏的形成

如前文所述，杜陵韦氏在西汉时期既因世袭爵位而成为贵族世家，封国绝后的政治地位虽然有所下降，但"瘦死的骆驼比马大"，东汉时期的杜陵韦氏孕育出多位名士即是其已经成为杜陵一县范围内的大姓的反映。正如唐长孺先生曾指出的，"东汉二百年来培养了具有高度文化修养的名士，这些名士多半是由社会经济较发达的地区的大姓中产生的"②。东汉末年的大姓、名士是魏晋士族的前身，但并不是所有的大姓名士都能成为士族③，那么，孕育出大姓、名士的杜陵韦氏是何以成为魏晋士族和京兆郡望的呢？关于一个家族何以成为郡望的标志目前学界尚无形成明确标准，笔者暂拟依据韦氏的具体情况试作阐释。

---

① 龙小峰：《京兆地名演变考》，《丝绸之路》2011 年第 2 期，第 10～11 页。
② 唐长孺：《魏晋南北朝史论拾遗》，北京：中华书局，2011 年，第 49 页。
③ 刘啸的《论汉末名士到魏晋士族的复杂历程——以汉末颍川荀、陈、钟三家为中心》一文以汉末颍川地区的荀、陈、钟三家为代表，考察了汉末名士成为魏晋士族的道路和特点，详见《许昌学院学报》2005 年第 6 期，第 23～28 页。

（一）体现于籍贯及称呼上

一个家族在某一地方成为望族的一个基本前提是这个家族首先在这个地方扎根，定居下来，成为这个地方的人，以此为前提，才有可能成为本地方的望族。因为对于一个迁居新地的家族来讲，籍贯的变化往往滞后于迁居的实际时间，故而籍贯变化了，通常也是一个家族在新居地方真正扎根的最实质性的标志。具体到韦氏而言，韦玄成迁居杜陵是在西汉宣帝时期，到东汉，杜陵韦氏的籍贯上已经开始冠以"京兆"郡名，如韦玄成的玄孙韦义，在其传记中被称为"京兆杜陵人"[①]了，这表明杜陵韦氏经过四代人的积累，已经开始在杜陵扎根。

到了韦玄成的五世孙韦著，已经被称为"京兆韦著"[②]。笔者推断这种称呼的出现可能不仅仅是修史者简化称谓的结果，更多的可能是杜陵韦氏到第五代开始在整个京兆颇有影响，成为京兆范围内望族在称呼上的体现。因为这种称谓同时也见于其他出身名门大姓的成员身上，如"扶风法真"[③]、"豫章徐稚"、"彭城姜肱"、"汝南袁闳"[④]等。据《后汉书》相关记载，法真是"扶风郿人，南郡太守雄之子也。好学而无常家，博通内外图典，为关西大儒。弟子自远方至者，陈留范冉等数百人"[⑤]。姜肱，"彭城广戚人，家世名族"；徐稚，豫章南昌人，"爰自江南卑薄之域，而角立杰出"；袁闳，"生出公族，闻道渐训"[⑥]。由此可见，京兆韦著能与以上几位出身大姓名门的士人并称，当是政治社会地位与之相当。他们皆为汉末名士，尝被汉桓帝和汉顺帝征召而不就。正如唐长孺先生所判断的："东汉名士固然不一定从大姓冠族中产生，但出于大姓冠族的恐怕要占颇大比例。"[⑦]而韦著显然是

① 《后汉书》卷二六《韦彪传附族子义传》，北京：中华书局，1965年，第923页。
② 《后汉书》卷五三《徐稚传》，北京：中华书局，1965年，第1749～1750页；《后汉书》卷八一《独行传·向栩传》，北京：中华书局，1965年，第2699页。
③ 《后汉书》卷二六《宋弘传附族孙汉传》，北京：中华书局，1965年，第908页。
④ 《后汉书》卷五三《徐稚传》，北京：中华书局，1965年，第1749～1750页。
⑤ 《后汉书》卷八三《逸民传·法真传》，北京：中华书局，1965年，第2777页。
⑥ 《后汉书》卷八一《独行传·向栩传》，北京：中华书局，1965年，第2699页。
⑦ 唐长孺：《东汉末期的大姓名士》，《魏晋南北朝隋唐史三论》，武汉：武汉大学出版社，1993年，第45页。

出身于世家冠族，对韦著的称呼是冠以"京兆"而非其所在的"杜陵"，则极有可能是其家族的名望在当时已经扩大到所在的整个郡，而这种现象并不仅仅出现在韦氏一家一族，反映了一些郡望可能在东汉末年已经开始形成。到了曹魏时期，这种在名字前冠以所在郡名的称呼继续存在，如京兆韦诞、河东卫觊[①]，则应当是郡望继续形成并存在的反映。

（二）体现于官方态度上

一个家族成为某地的地望以后，将会在地方上产生很大的影响力，统治阶层为了更好地稳定社会，建立其稳固的社会基础，将这些望族拉拢到其统治体系中无疑是明智的做法。反过来，能被统治者作为拉拢对象的也往往是一些在地方上出自名望家族的成员。故而从统治者拉拢的对象基本可以反映哪些家族是颇有地望的。汉末以来的京兆韦氏多有被统治者拉拢者[②]，韦义曾由东汉太傅桓焉辟举为蜀郡广都县长，为当地人称颂，受百姓追念；韦义之兄韦豹曾由司徒刘恺以御史之职相荐举；韦豹子韦著曾经被东汉桓帝以隆礼征召，后为汉灵帝急征为东海相；韦著孙韦胄被曹魏政权封为安城侯[③]。

在不明世系的京兆韦氏成员中，还有曹魏时期的韦端父子，韦端先后任凉州刺史、太仆卿。[④] 其长子韦康，曾经被曹操的谋士荀彧举荐代替其父为凉州刺史[⑤]，可见被器重一时。韦謏雅好儒学，先被前赵征为黄门郎，后被后赵任为太子太傅，并受封京兆公[⑥]，这是京兆韦氏成为郡望在官爵上的体现。京兆韦华在淝水之战的纷乱中流入东晋，后又返回，投奔到后秦，

---

① 《魏书》卷九一《江式传》，北京：中华书局，1974 年，第 1963 页。
② 以下韦义、韦豹及韦著皆参见《后汉书》卷二六《韦彪传附族子义传》，北京：中华书局，1965 年，第 923 页。
③ （清）董诰等：《全唐文》卷七六四《萧邺·岭南节度使韦公（正贯）神道碑》，北京：中华书局，1983 年，第 7943 页。
④ 《三国志·魏书》卷二五《杨阜传》，北京：中华书局，1982 年，第 700 页。
⑤ 《三国志·魏书》卷十《荀彧传》，北京：中华书局，1982 年，第 311 页。
⑥ 《晋书》卷九一《儒林传·韦謏传》，北京：中华书局，1974 年，第 2364 页。

受到姚兴的重用，被任为中书令。^①从这些京兆韦氏成员的入仕途径来看，多有被征召做官者。征召是皇帝采取特征与召聘的方式选拔某些知名度较高品学兼优之士并委以政事或为顾问，是任用社会名流贤达的主要方式。这些京兆韦氏的名贤之士成为各个政权拉拢的对象，反映出京兆韦氏在一方知名度和影响力之高，是成为名望之家的一个体现。

（三）联姻或社交于名望之家

"物以类聚，人以群分"、"门当户对"是中国古代传下来的社交和联姻的一些基本原则，因此，一个家族联姻或社交的对象往往能从一个侧面反映该家族的政治社会地位和文化品位，具体到韦氏而言，其联姻或社交的对象有弘农杨氏、杜氏、孔氏和王氏，由此可大致判断其社会名望的形成。

与弘农杨氏有密切交往的是韦玄成。据《汉书》记载，韦玄成与杨恽关系密切，杨恽被诛后，与其善者皆遭连累。而当时的韦玄成已担任了太常卿，也因此被免官。与之相善的杨恽是汉昭帝时丞相杨敞之子，杨敞深为霍光所厚爱。杨恽因其兄而入仕，后霍光谋反，杨恽告密给皇帝，因此受封平通侯，迁中郎将。后因所出言论常有讥讽当朝之嫌，被免官，废为庶人，因有怨望被诛。^②杨恽出自丞相之家，其母是司马迁之女，故杨恽称司马迁为太史公，也是当时的名门望族。韦玄成能与同为丞相之子的杨恽成为至交可反观当时京兆韦氏家族与弘农杨氏社会地位的相当。

与孔氏交往的是曹魏时期的韦端父子，据《三国志·荀彧传》裴松之注引《三辅决录》言及当时山东名士孔融曾给韦端书云："前日元将来，渊才亮茂，雅度弘毅，伟世之器也。昨日仲将又来，懿性贞实，文敏笃诚，保家之主也。不意双珠，近出老蚌，甚珍贵之。"^③因为是对韦康言及其两

---

① 《晋书》卷一一七《姚兴载记上》，北京：中华书局，1965 年，第 2980 页。
② 《汉书》卷六六《杨敞传附子恽传》，北京：中华书局，1962 年，第 2892 页。
③ 《三国志》卷十《荀彧传》，北京：中华书局，1982 年，第 312～313 页。

子，自然有夸奖的成分在里面，不管其内容实在与否，但有一点是可以肯定的，那就是孔融与韦端父子的来往是比较频繁的。据《后汉书》记载，孔融"性好学，博览群书"，是当时最有声望的名士之一，其父孔宙是孔子十九世孙，"少习家训，治严氏《春秋》"①，即严彭祖所传的《春秋·公羊》之学。韦端父子能与出身儒学世家的孔融有交往，反映韦端之家的儒学和文化素养非同寻常。另外从《孔宙碑》碑阴上所列原文②可以发现，孔宙的门生中有东平宁阳韦勋。东平是当时的东平国，属兖州刺史部，宁阳为东平国所属县③，韦勋与京兆韦氏的世系关系不详，但可能是韦贤长子的后裔。④这样京兆韦氏及邹鲁韦氏与孔融之家通过儒学建立起了一定的社会关系，可见孔氏对京兆韦氏家族文化名望的认可。

娶王氏之女的是前秦的韦罴，此处王氏即王猛。据史载，王猛是北海郡人，出身寒微，博学多识，颇有才干，入仕前秦后，开始就被苻坚任为中书侍郎，且一年之中连升五次官职，成为显赫人物。前秦"军国内外，万机之务，事无巨细，莫不归之"⑤。王猛将女嫁给了韦罴为妻。⑥韦罴有此岳丈为政治靠山，为其家族赢得了一定的庇护，同时也反映出京兆韦氏为政治地位显耀之家所认可的社会地位。

综上所述，杜陵韦氏经过汉末、魏晋至十六国的积淀，韦氏的社会名望在籍贯、称呼上已经有所体现，并获得了一定的社会认同和政治认同，但它是否已经成为京兆郡望了呢？毛汉光先生对郡望与士族的关系曾有论述："士族是具有时间纵度的血缘单位，其强调郡望以别于他族，犹如一家百年老店强调其金字招牌一般，故郡望与士族相始终。"⑦根据这一论述，郡

① 李楷：《秦汉刻石选译》，北京：文物出版社，2009年，第217～220页。
② 李楷：《秦汉刻石选译》，北京：文物出版社，2009年，第226页。
③ 《后汉书·郡国志三》"兖州"条，北京：中华书局，1965年，第3451页。
④ 详见本书第一章第一节第二部分相关内容。
⑤ 《晋书》卷一一四《苻坚载记下·王猛传》，北京：中华书局，1974年，第2932页。
⑥ 《魏书》卷四五《韦阆传附从叔道福传》，北京：中华书局，1974年，第1014页。
⑦ 毛汉光：《中古官僚选制与士族权力的转变——唐代士族之中央化》，《第二届中国社会经济史研讨会论文集》，台北：汉学研究资料及服务中心，1983年，第60页。

望的产生也即士族的形成。具体到韦氏而言，京兆韦氏跻身于士族也就意味着其京兆郡望的形成。那么京兆韦氏成为士族是在何时？根据唐长孺先生的研究，"士族的形成是在魏晋，只有在魏晋时获得政治地位的家族才有资格列于士族"[1]。那么京兆韦氏有没有跻身于魏晋士族的行列呢？魏晋时期的京兆韦氏有五人获得政治地位，分别是韦胄，也就是名士韦著之子，担任詹事一职，主要负责宫内之事，秩二千石；韦端曾任太仆卿、中二千石；韦康任凉州刺史，六百石，实比郡守；韦诞为侍中，比二千石；韦楷于西晋时期担任长乐、清河二郡守，二千石。[2]由此推断，魏晋时期的京兆韦氏是有一定政治地位的家族，跻身于士族之列应该是没有问题的。也就是说，京兆韦氏成为郡望应该是在魏晋时期。进入十六国时期，关中曾为前赵刘曜所控制，后赵的石勒灭掉前赵之后，将都城迁于邺城，对雍、秦二州望族进行了擢表，"自东徙已来，遂在戍役之例，既衣冠华胄，宜蒙优免，从之。自是皇甫、胡、梁、韦、杜、牛、辛等十有七姓蠲其兵贯，一同旧族，随才铨叙，思欲分还桑梓者听之。其非此等，不得为例"[3]。据此可推断，韦氏最迟于十六国的后赵时期，已经成为被政治力量所认同的雍州州望，实实在在地享有被免除兵役的特权和任官的优先权。雍州所辖在京兆郡之上，既然至此已经成为州望，那么至少在此之前已经成为京兆郡望。韦氏有韦范者，于后秦时期成为京兆太守，也表明韦氏在京兆一郡郡望的形成。[4]据《隋书·经籍志》史部谱系类后序中言及北魏孝文帝迁都洛阳后，"其中国士人则第其门阀，有四海大姓、郡姓、州姓、县姓"[5]。据唐长孺先生的考证，"隋志所说汉族士人有四海大姓和州、郡、县姓的四级制大致是可信的"[6]。在此，唐先生对《隋书·经籍志》所列的先郡姓后州姓的顺序进行了

---

[1] 唐长孺：《士族的形成和升降》，《魏晋南北朝史论拾遗》，北京：中华书局，2011 年，第 63 页。
[2] 韦胄、韦端、韦康、韦诞及韦楷出处见附表 1—1。
[3] 《晋书》卷一〇六《石季龙载记上》，北京：中华书局，1974 年，第 2773 页。
[4] 详见附表 1—1。
[5] 《隋书》卷三三《经籍志》。
[6] 唐长孺：《论北魏孝文帝定姓族》，《魏晋南北朝史论拾遗》，北京：中华书局，第 91 页。

互换。由此可知，汉人士族的门阀序列虽然自孝文帝迁洛之后才有四海大姓、州姓、郡姓和县姓等级之分和与之对应的名称，但这正是对之前士族存在序列之差史实的认可和总结。也就是说，韦氏在魏晋成为京兆郡望和于十六国的后赵时期成为新的雍州州望是完全有可能的。

二、韦氏京兆郡望形成的条件

正如有学者所指出的"士族与郡望互为唇齿，共生共灭"[①]。士族，作为魏晋以后出现的一个特权阶层，在与庶族相区别和士族内部分等级的时候很大程度上就是凭借郡望。一姓可以有多个郡望，比如崔氏有清河崔和博陵崔，一个郡也可以同时孕育多个望族，比如京兆郡有韦杜等姓望。那么，一个姓氏成为一个郡的郡望则是一个长期积淀的过程，同时，也是多种因素综合作用的结果，其中起主要作用的是强大的政治经济势力和深厚的文化底蕴。

（一）强大的政治经济势力

对于韦氏而言，其成员具备儒学素养是一个重要的主观基础，当这种素养与时代的需要相适应的时候，就能转化成入仕的媒介，为具备这一素养的人带来政治地位上的提高。在官本位的中国古代社会，政治地位的提高对一个家族名望的提高往往会起到最直接、最明显的推动作用。如前所述，到汉代，韦氏已经成为一个儒学兼官宦世家，宗族官至二千石者十余人。那么经过魏晋十六国时期，韦氏已经在整个京兆范围内享有一定名望，这其中与其成员一直保持比较高的政治地位有很大关系。据笔者统计，汉至十六国时期有官位记载的韦氏成员共 27 人，现将其政治地位分析如下，

---

① 范兆飞：《中古郡望的成立与崩溃 —— 以太原王氏的谱系塑造为中心》，《厦门大学学报》2013年第 5 期，第 28 页。

以更好地窥见其在政治序列中所处的位置。

官至丞相或者位比丞相者有 3 人，即西汉时期的韦贤、韦玄成和东汉时期的韦赏。汉代时期的丞相尽管自汉武帝起就成了执行一般政务的"外朝"的首长，但其在整个行政系统中还维持着基本的地位，这从汉武帝以后有关于丞相必封列侯的恩泽侯的规定可见一斑①。而韦赏所担任的大司马，是汉武帝罢太尉后无印绶的加官，属于掌握实权的中朝官②，而车骑将军的职责是掌宫卫、领禁兵，其地位比九卿要特殊些，也相当于公的地位，尤为尊崇③。

担任中朝官侍中的还有曹魏时的韦诞，吴时的韦曜和后赵时的韦謏。侍中本来是"入侍天子"之人，西汉作为加官，东汉时则作为秩比二千石的实职。且随着侍中地位日尊，能够成为侍中的人也是有严格的范围的，其中一类就是师儒重臣，或在某一方面有专长的儒学之士。韦诞是以书法专长被曹魏政权重用为侍中的，韦曜和韦謏则皆是以名儒分别为吴和后赵侍中的。

韦濬为两汉之际的尚书令，当时尚书的职权在汉武帝之后已呈逐渐扩大之势，地位日益提高。到汉成帝时，尚书已经正式组成宫廷内的政治机构，到东汉时，正式成为总理国家政务的中枢。④韦濬当时担任尚书令，已经具备一定的行政职权。

京兆韦华被后秦姚兴拜为中书令，实比宰辅，居于政治权力的中心。

居于九卿位的有韦安世、韦彪、韦端。韦安世、韦彪分别担任西汉元帝、东汉章帝时的大鸿胪，负责民族外交事宜，官秩皆为中二千石⑤；韦端

---

① 《汉书》卷一八《外戚恩泽侯表》，北京：中华书局，1962 年，第 680 页。
② 参见《汉书·刘辅传》注引孟康的说明："中朝，内朝也。大司马、左右前后将军、侍中、常侍、散骑、诸吏为中朝；丞相以下至六百石为外朝也。"
③ 安作璋、熊铁基：《秦汉官制史稿》，济南：齐鲁书社，2007 年，第 241～242 页。
④ 安作璋、熊铁基：《秦汉官制史稿》，济南：齐鲁书社，2007 年，第 261～262 页。
⑤ 参见《汉书》卷一九上《百官公卿表》，北京：中华书局，1962 年，第 733 页；《通典》卷三六《职官十八·后汉官秩差次》。

官至曹魏时的太仆卿，官秩二千石，负责舆马，是皇帝近臣。

曹魏时期的韦胄所担任的詹事属于皇后东宫官署，随其所在以名官，有太子詹事，皇太后、皇后那里称卿，秩二千石，主要负责宫内之事。后燕韦逴所担任的大长秋也是后宫官职，秩二千石，主要负责通宫外，而且像詹事、大长秋这样隶属皇后的高级官吏在汉初多用士人①。韦胄是名儒韦著的孙子，当是士人身份，韦逴是韦胄的五代孙，曾经任后燕的史部郎，可见也是士人，由此可以看出，皇后的高级官吏多用士人的传统一直延续到十六国时期。

韦氏成员不仅仅在中央各机构担任要官，而且还有一部分在地方上担任国相或刺史、郡守，统辖一方。东汉哀帝时期，韦著被征拜为东海相。汉代在地方上施行郡国制，国即诸侯王之国，东海在西汉初年是楚王国下辖的诸郡之一，后在汉景帝削藩政策下削出楚王国②，成为下辖三十余县的郡，是当时比较大的郡；至于到东汉时如何又成为王国待考。汉代天子代诸侯王置相，相当于一郡之郡守，总揽一国的所用事务，拥有对所辖地方的绝对权力，并且对诸侯王实行监督。西汉至昭宣之时，诸侯王相的地位还在郡守之上，后来随着王国的由盛而衰，诸侯王相的地位就降到郡守之下，其秩也在二千石。能够担任此职的一方面是要受到朝廷的重视，另一方面也必须是能独当一面的有才之士。

担任东海太守的先后有西汉韦弘和前秦的韦羆，秩为中二千石和二千石③。东汉担任梓童太守的韦豹，西晋担任长乐、清河二郡守的韦楷，后秦

---

① 安作璋、熊铁基：《秦汉官制史稿》，济南：齐鲁书社，2007年，第334～335页。

② 参见《汉书》卷一四《诸侯王表序》，北京：中华书局，1962年，第395页。

③ 据学者考证，东海郡太守秩级不明。谢桂华先生认为不会低于二千石，杨际平先生则认为应为真二千石或更高的中二千石；阎步克先生认为，东海郡有户二十六万，无疑属于大郡；依例太守应略高于都尉，那么东海太守很可能是中二千石。……西汉中期对列郡的等级管理，是用秩级把大小郡区分开来，东汉则一律二千石。此处暂从阎说。详见阎步克：《从爵本位到官本位：秦汉官僚品位结构研究》，北京：生活·读书·新知三联书店，2009年，第357～358页。

担任京兆太守韦范，皆官秩二千石①。汉代地方行政中，"郡尤为地方行政之重心。……郡守掌治一郡，诸凡民、刑、财、军诸权，无不综揽，实为一典型元首性地方长官，而于佐吏属县之控制，尤见权力之绝对性。故权任极隆，无所牵制，致当时民间有'州郡记，如霹雳；得诏书，但挂壁'之谚"②，可以想象其权力之重大。"东汉太守的职权较之秦和西汉则有显著增大，并形成地方割据势力。"③魏晋实行九品中正制以后，对地方郡守的选举权是一种侵夺，相对东汉整体影响力可能相对小一些。

韦康在曹魏时期担任了凉州刺史，此时的刺史一职已经成为郡以上的最高行政机构，由原来的秩六百石上升为二千石，对地方的控制权力也很大，而且凉州战略地位重要，是蜀汉北伐，"西和诸戎"方针之焦点，"且有战马、精兵、羌谷这些战争的主导资源，从来为有识者看重"。④韦端及其子韦康能在三国曹魏政权先后担任凉州刺史足见曹魏政权对韦氏之重视。

在汉代县级行政机构中有韦氏成员的影子，昭宣时期的韦安山担任过高寝令，东汉时的韦顺担任后平舆令，东汉顺帝时期的韦义担任过甘岭令和陈县令。据《汉书·百官公卿表》："县万户以上为令，秩千石至六百石。"据李昭君先生的统计，东汉县级长官中"令"约500个左右。⑤阎步克先生则认为，汉代千石令大概很少，像西汉的长安令、东汉的洛阳令大概才能千石。"令"的绝大部分应是六百石，其余为"长"。⑥三位韦氏成员皆是县令，由此推论，当秩为六百石。

从对西汉至十六国这一时段韦氏成员官职的梳理可以发现，从中央的

① 参见阎步克：《从爵本位到官本位：秦汉官僚品位结构研究》，北京：生活·读书·新知三联书店，2009年，第358页："西汉中期对列郡的等级管理，是用秩级把大小郡区分开来，东汉则一律二千石。"

② 严耕望：《中国地方行政制度史：秦汉地方行政制度》甲部，上海：上海古籍出版社，2007年，第3页。

③ 安作璋、熊铁基：《秦汉官制史稿》，济南：齐鲁书社，2007年，第54页。

④ 刘雁翔：《蜀汉北伐战略与凉州刺史设置》，《天水师范学院学报》2009年第6期，第22～27页。

⑤ 李昭君：《两汉县令、县长制度探微》，《中国史研究》2004年第1期，第47页。

⑥ 阎步克：《从爵本位到官本位：秦汉官僚品位结构研究》，北京：生活·读书·新知三联书店，2009年，第368页。

三公九卿、中朝官和宫官到地方的刺史郡守、诸侯王傅、相再到最低一级的行政长官县令，皆分布着韦氏成员，在官品上以二千石以上的高官为主，且多居于权力中心，是名副其实的高官家族。如果说，官品是政治地位高低的表征的话，那么爵位就是功绩大小和政治身份贵贱的体现。正如阎步克先生所指出的："二十等爵制在秦汉又再度发展为一种身份性品位。……当时，依然存在着一种深厚的社会需要，呼唤着以'爵'这种古老的品位形式维系身份。"[1] 西汉至十六国时期，关中韦氏家族中享有爵位者有九人，所涉及的爵位有扶阳侯、关内侯、京兆公、安城侯和高陵亭侯。其中除了韦赏的关内侯属于赐爵外，其余皆为封爵。杨光辉先生认为，"封爵制度有别于赐爵制度的最显著的标志是有封国食邑。……汉之列侯，并有封邑，且又规定相应的食邑户数"，且"列侯可世世承袭，传封邑于子孙后代"。如始于韦贤并传了五世的扶阳侯则属于列侯，食邑七百户。而属于赐爵的关内侯则"无国邑，特恩者乃得食邑，寄食在所县"，且"不能世袭，即使是特令食邑的关内侯亦如此"[2]。因此，处于两汉之际的韦赏被赏赐关内侯，且食邑，但其孙韦彪却不见有爵位。东汉时的列侯，分为县侯、乡侯、亭侯三级，授以位次不同的功臣。三国初期，魏、蜀、吴尚未自立，并依照东汉之制封侯。曹魏代汉侯，才设县侯爵；吴封县侯者也是少数[3]。韦胄被曹魏政权封邑安城侯，当属于列侯，而韦曜在吴国则被封以高陵亭侯，也在列侯之等。而后赵时期的韦謏则被封以京兆公，属于五等爵位的最高一等。

高官和贵族从经济的角度讲则意味着丰厚的经济基础。依上文所述，京兆韦氏的官品以二千石居多，那么根据柳春藩先生的推算，二千石禄秩的年俸约 1440 斛[4]，据《后汉书·百官志》，二千石在秩别中居第三位，可见，京兆韦氏通过官品所获取的经济利益起码在整个官员队伍中大约是居

---

[1] 阎步克：《从爵本位到官本位：秦汉官僚品位结构研究》，北京：生活·读书·新知三联书店，2009年，第63页。

[2] 参见杨光辉：《汉唐封爵制度》，北京：学苑出版社，2004年，第39～40页。

[3] 杨光辉：《汉唐封爵制度》，北京：学苑出版社，2004年，第43～44页。

[4] 柳春藩：《秦汉封国食邑赐爵制》，沈阳：辽宁人民出版社，1984年，第192页。

于第三位，处于上等。就爵位来说，京兆韦氏所享有的以列侯为主，就以韦贤当初受封时的食邑七百户为例，根据柳春藩先生的推算，如以三十税一计，每户百亩，亩产一石半，则食邑千户者收谷物 5000 石[①]，那么食邑七百户则收谷物 3500 石。即使按"六十税一"计算，也可收约 1800 斛，比二千石禄秩的年俸约 1440 斛还要多呢。也就是说，对没有爵位官居二千石的京兆韦氏而言，通常也就是每年约 1440 斛的粮食收入，如果是又有爵位者，则有两倍的粮食收入，已经是相当高的了。正如阎步克所比喻的"列侯、关内侯的爵位为官员提供了一张丰厚的长期饭票"[②]。

综上可以看出，韦氏尤其是京兆韦氏在汉晋十六国时期，在政治上是以高官的地位发挥着对政权的作用，其世代享有的高爵位又为京兆韦氏赢得了一定程度的贵族身份，而高官及爵位又为京兆韦氏强大的经济地位提供了保证，其在政治经济上所具有的优势是韦氏京兆郡望形成的坚实基础。

（二）深厚的家族文化底蕴

不同姓氏在一方成为望族的主导因素往往会有差异，有的以政治地位显耀，有的以经济势力称霸，有的则以文化素养闻达。具体到京兆韦氏而言，这是一个以文化入仕并显贵的家族。汉代的韦氏已经因传《鲁诗》而成为关中儒学世家，之后的魏晋十六国时期，还不断有通儒之士出现。曹魏时期的京兆韦端父子与山东名士孔融有往来[③]，表明其在当时儒学领域内享有一定的地位。十六国时期的京兆韦謏也是雅好儒学之士，曾事于前赵、后赵及冉魏政权。所述作及集记世事数十万言，其中《伏林》三千余言，《典林》二十三篇[④]。除了儒学，杜陵韦氏家族中还孕育出了韦诞这一书法

---

① 柳春藩：《西汉的食邑制度》，《西华师范学院学报》1984 年第 2 期，第 45～51 页。
② 阎步克：《品位与职位——秦汉魏晋南北朝阶官制度研究》，北京：中华书局，2002 年，第117 页。
③ 《三国志·魏书》卷十《荀彧传》，北京：中华书局，1982 年，第 311 页。
④ 《晋书》卷九一《儒林传·韦謏传》，北京：中华书局，1974 年，第 2364 页。

家。"当时台观榜题、宝器之铭，悉是诞书，咸传之子孙，世称其妙。"[1] 据史载："张芝、索靖、韦诞、钟会、二卫并得名前代，无以辨其优劣，唯见其笔力惊异耳。"[2] 韦诞在曹魏政权中任侍中一职，其研制的墨方很独到，常以"臣墨"自诩。他还著有《笔方》一书，在中国书法史上享有一定的地位。除了书法，韦诞还是传相法之重要一人。[3] 韦诞与其兄韦康，曾被孔融誉于"双珠"[4]，在后代的墓志铭中曾被提及[5]。综上可见，汉至十六国时期的关中韦氏在文化上是以经学和书法艺术见长，是具有一定的家学渊源的书香门第，这种文化上的优势是其成为名门望族的最为基本的要素。

本章小结

根据学人及韦氏后裔的建构，韦氏是因豕韦国而得名，远出自风姓，近出自彭姓。经过汉代韦孟、韦贤和韦玄成六代人的积淀，韦氏家族重心先后从彭城迁居邹鲁，再从邹鲁迁居关中平陵和杜陵，平陵韦氏和杜陵韦氏共同成就了韦氏关中世家的政治社会地位。后平陵韦氏随着其所治今文经学的衰落而衰微，杜陵韦氏成为东汉以后政治舞台上韦氏宗族的著支。京兆韦氏即源自杜陵韦氏，至东汉时期，韦氏成为京兆郡望在籍贯及称呼上已经有所体现，这是其郡望地位形成自我认同的体现；京兆韦氏成员被作为名贤之士受重于从东汉至十六国的各个政权及与名门大姓的联姻或交

---

[1] 《魏书》卷九一《术艺传·江式传》，北京：中华书局，1982年，第1963页。

[2] 《南齐书》卷三三《王僧虔传》，北京：中华书局，1972年，第597页。

[3] 《三国志·魏书》卷九《夏侯尚传附子玄传》引《相印书》，北京：中华书局，1982年，第304页。

[4] 《三国志·魏志》卷十《荀彧传》裴松之注引《三辅决录注》："前日元将来，渊才亮茂，雅度弘毅，伟世之器也。昨日仲将又来，懿性贞实，文敏笃诚，保家之主也。不意双珠，近出老蚌，甚珍贵之。"北京：中华书局，1982年，第312—313页。

[5] 《大唐故益州大都督府成都县令韦府君墓志铭并序》："彤云演庆，二川继踵于汉朝；黄星启绪，双珠接武于魏国。"详见周绍良：《唐代墓志汇编续集》，上海：上海古籍出版社，2001年，第299页。

往表明京兆韦氏的社会名望被政治力量和社会所认同，这是韦氏成为京兆郡望的重要体现。从学界关于士族与郡望关系以及士族形成的历史时期和条件可以推断，韦氏京兆郡望形成于魏晋时期。从具体的史料记载可见，至迟到十六国的后赵时期，京兆韦氏作为雍州州望得到了政治力量的认同，成为享有免除兵役及优先入仕特权的名副其实的士族和京兆郡望。

附汉至十六国时期韦氏世系如下[①]：

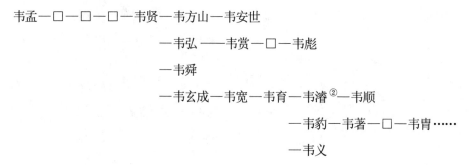

韦孟—□—□—□—韦贤—韦方山—韦安世

　　　　　—韦弘——韦赏—□—韦彪

　　　　　—韦舜

　　　　　—韦玄成—韦宽—韦育—韦潜[②]—韦顺

　　　　　　　　　　　　　—韦豹—韦著—□—韦胄……

　　　　　　　　　　　　　—韦义

韦胄—韦潜（西眷）

　　—韦憕—韦达

　　—韦穆（东眷）—□—□—韦楷—韦逖

　　　　　　　　—□—□—□——韦华—韦玄……

关于韦端的世系，在正史中并无记载，但依韩梦庆一文[③]，可以追溯如下：

韦孟……韦贤—韦元成—韦宣泽—韦明达—韦修—韦端—韦诞（元将）—韦少季[④]

　　　　　　　　　　　　　　　　　　　　　—韦康（仲将）……韦昶

① 依据《新唐书》卷七四上《宰相世系表》，北京：中华书局，1975 年，第 3045 页；《汉书》卷六〇《杜周传》，北京：中华书局，1962 年，第 2662 页；《汉书》卷七四《韦贤传》，北京：中华书局，1962 年，第 3104 页；《汉书》卷七四《韦贤传附子玄成传》，北京：中华书局，1962 年，第 3111 页；《后汉书》卷二六《韦彪传》，北京：中华书局，1965 年，第 920 页；《后汉书》卷三九《刘般传附子恺传》，北京：中华书局，1965 年，第 1309 页；《汉书》卷八五《杜邺传》，北京：中华书局，1962 年，第 3476 ～ 3484 页；《全唐文》卷七六四《萧邺·岭南节度使韦公神道碑》，北京：中华书局，1983 年，第 7943 页排出。
② 《汉书》卷七三《韦贤传》中继承韦育爵位的是"韦沈"，然《韦正贯神道碑》和《新唐书·宰相世系表》中皆为"韦潜"，"韦沈"与"韦潜"是兄弟关系还是同一人暂存疑。
③ 参见韩梦庆：《丹阳先贤韦昭和延陵韦氏历史文化》，韦氏宗亲网：http://weijiaren.com/?action-viewnews-itemid- 161。
④ 韦少季与韦昶分别见于张怀瓘：《书断》卷下，文渊阁四库全书影印本，第 812-68、812-69 页。

附表1-1：汉至十六国时期韦氏成员官爵表

名讳	入仕途径	最高官职	官品	爵位	所处时代	材料出处
韦孟		楚元王傅	二千石		汉高祖	《汉书》卷七三《韦贤传》
韦贤	《诗经》博士	丞相		扶阳侯（列侯）	汉昭宣帝	《汉书》卷七三《韦贤传》
韦方山		高寝令	千（六百）石		汉昭宣帝	《汉书》卷七三《韦贤传》
韦弘		东海太守	二千石		汉昭宣帝	《汉书》卷七三《韦贤传》
韦玄成	任子	丞相		扶阳侯（列侯）	汉元帝	《汉书》卷七三《韦贤传》
韦安世		大鸿胪、长乐卫尉	中二千石		汉元成帝	《汉书》卷七三《韦贤传》
韦赏	明诗经	大司马车骑将军	位比丞相	关内侯	汉哀帝	《汉书》卷七三《韦贤传》
韦宽				扶阳侯（列侯）		《汉书》卷七三《韦贤传》
韦育				扶阳侯（列侯）		《汉书》卷七三《韦贤传》
韦濬		尚书令		扶阳侯（列侯）		《汉书》卷七三《韦贤传》
韦彪	举孝廉	大鸿胪	中二千石		东汉章帝	《后汉书》卷二六《韦彪列传》
韦顺		平舆令	千（六百）石		东汉	《后汉书》卷二六《韦彪传附族子义传》
韦豹	征召	梓童太守	二千石		东汉安帝	《后汉书》卷二六《韦彪传附族子义传》
韦义	太傅荐举	甘陵陈县县令	千（六百）石		东汉顺帝	《后汉书》卷二六《韦彪传附族子义传》
韦著	征拜	东海相	二千石		东汉灵帝	《后汉书》卷二六《韦彪传附族子义传》
韦胄		詹事	二千石	安城侯（列侯）	曹魏	《全唐文》卷七六四，第7943页
韦端	征召	太仆卿	中二千石		曹魏	《三国志·魏书》卷二五《杨阜传》
韦康	荐举	凉州刺史	二千石		曹魏	《三国志·魏书》卷十《荀彧传》
韦诞		侍中	比二千石		曹魏	《三国志·魏书》卷二一《韦诞传》

续表

名讳	入仕途径	最高官职	官品	爵位	所处时代	材料出处
韦曜	丞相辟属	侍中	比二千石	高陵亭侯（列侯）	吴	《三国志·吴书》卷六五《韦曜传》
韦楷		长乐、清河二郡守	二千石		西晋	《新唐书》卷七四上《宰相世系表》
韦简		东平太守			西晋	《晋书》卷九《孝武帝纪》
韦辅		军祭酒			西晋	《晋书》卷三七《高密文献王泰传附略弟南阳王模传》
韦遒		大长秋卿	二千石		后燕	《新唐书》卷七四上《宰相世系表》
韦謏	征召	侍中	二千石	京兆公	后赵	《晋书》卷九一《韦謏传》
韦罴		东海太守	二千石		前秦	《北史》卷二六《韦道福传》
韦钟					前秦	《晋书》卷九《孝武帝纪》
韦华		中书令	（实比宰辅）		后秦	《晋书》卷一一七《姚兴载记上》
韦范		京兆太守	二千石		后秦	《晋书》卷一一五《苻登载记》
韦宗		尚书郎			后秦	《晋书》卷一二六《秃发傉檀载记》
韦高						《晋书》卷一一七《姚兴载记上》
韦祖思					大夏	《晋书》卷一三〇《赫连勃勃载记》

第二章　汉末魏晋南北朝京兆韦氏的播迁与分立

伴随着汉末魏晋十六国京兆韦氏形成的是中原政权的再度分裂与社会的动乱，紧接着是东晋十六国及南北朝的割据对峙，其中胡汉民族的冲突与交融、士庶阶层的对立与流动、中央与地方的拉锯、政治与社会的联袂都在这一时期的历史舞台上上演。京兆韦氏作为关中名门望族在不断更替的统治政权之间进行着艰难的抉择，有的选择了委曲求全，有的选择了避之他乡，因此，在这段长达三百余年的历史时期，关中京兆韦氏历经播迁，家族分立，形成了新的地望，不同地望的韦氏分支开始经历不同的命运轨迹，其尚儒之家学向着多元化方向发展，其家族特质也在整体上由偏重文质的书香门第转向了文武兼备的豪强之家。

第一节　南迁京兆韦氏的盛衰

东汉末年以后，南方虽然也有战乱发生，但相对于北方则比较稳定。京兆韦氏部分成员或出于对东汉政权的不认同，或出于对西晋政权的追随，或出于对平静生活的向往，他们选择了离开久居的乡里，迁徙到了南方，从而衍生出了延陵韦氏和襄阳韦氏新的地望，然也有势单力薄的韦氏成员似一只孤雁游离于雁群之外，趋于沉寂。

一、东汉末年韦昭一支的南迁与延陵韦氏

历史上的东汉政权是刘秀在南阳豪强地主的支持下建立的，在政治上

也明显体现着南阳豪强地主的利益。东汉定都洛阳，远离关中，京兆韦氏作为以关中为根基的经学世家，相对西汉时期已经远离了政治中心，再加上本家族成员对家学传承的重视显然要多于对仕宦的追求，故而相对西汉时期，东汉时期的京兆韦氏成员多淡于仕途。而东汉政权依旧想利用京兆韦氏的社会威望为其统治服务，故而积极加以笼络。在这种情况下，有的京兆韦氏成员勉为其难，姑且应下，而有的则只能以逃脱的方式回避矛盾，延陵韦氏的形成就是以此为背景的。

延陵韦氏并不见于《新唐书·宰相世系表》，现仅据《元和姓纂》和有关延陵韦氏家谱及其相关研究①的记载对其世系和南迁兴衰历程进行初步梳理。

据《云阳延陵韦氏宗谱》所记，"京兆之韦，兖州之始迁也，延陵之韦，京兆万年之再徙也"②。也就是说，延陵韦氏是由京兆韦氏分出去的支系。关于其始迁祖，在《元和姓纂》中记载为"其延陵诸韦并云承侍中昭"，也就是韦玄成的第九代孙韦昭，这可能是与韦昭曾经是这个家族中仕途最显达、最有文化成就者有关。《云阳延陵韦氏族谱》所收的《题延陵韦氏族谱旧序》中也称："韦自大彭豕韦之后，至于汉，通籍而仕者代有显人，为京兆万年右族，逮高陵侯昭仕吴，为吴名臣，居延陵，复为江南名族。"③将韦昭视为始迁祖。在明朝人韦学等人纂修的《延陵韦氏族谱》中则将韦玄成的玄孙也就是韦昭的祖父韦著视为始祖，"先世京兆人，为避汉桓帝征始卜迁延陵。著传日章，日章传昭，昭为三国著名学者。自昭而后，延陵韦氏长期不显，至陛，北宋大中祥符间举进士及第，其族稍稍复振"④。这与韩氏的研究基本相符。韦著此人，前文有论，曾屡次避征于朝廷，在

---

① 目前所能见到的延陵韦氏家谱主要有四部，其一，（清）韦华谟等重修：《延陵韦氏家乘》，清光绪四年（1878）崇德堂木刻活字印本二十册，现被收藏在中国国家图书馆古籍馆；其二，《纂修延陵韦氏族谱》八卷；其三，《先贤韦氏谱》三十四卷，《云阳延陵韦氏族谱》十二卷，皆藏于上图。韩梦庆：《丹阳先贤韦昭和延陵韦氏历史文化》（韦氏宗亲网：http://weijiaren.com/?action-viewnews-itemid-161）。
② 《云阳延陵韦氏族谱》十二卷本，清光绪十六年（1890）木活字本，电子版第 15 页。
③ 《云阳延陵韦氏族谱》十二卷本，清光绪十六年（1890）木活字本，电子版第 19 页。
④ （明）韦学等修：《延陵韦氏族谱》八卷本，明万历四十年（1612），刻蓝印本（纸质版）。

东汉灵帝时期担任过东海相，因受到从其祖父韦宣泽、父亲韦修时所形成的不乐仕途家风之影响，韦著最终还是选择了逃避。为了躲避东汉"三丁征二"的劳役政策和随时有可能来自朝廷的降罪，韦著的三弟韦端被其父留下来照顾老人，韦著与其另一兄弟韦芳率领族人和家丁迁居到延陵，并开始了在此地的繁衍生息。

韦著在延陵过上了逍遥自在的生活，卒后，由其子韦日章主持门户。韦日章也是一位能诗能文的博学之人，但也是不慕仕进，朝廷多次征拜，都被他拒绝。韦日章老来得子，为之取《孟子》中的"贤者，以其昭昭，使人昭昭"之义，取名为"昭"，也就是三国历史上有名的大学问家韦昭。

据《三国志·吴书·韦曜传》记载，韦曜即韦昭，为避西晋司马昭讳而改，字弘嗣，吴郡云阳人。云阳是吴国孙权统治时期由曲阿改称的县级行政区划[1]，为毗陵郡所辖，属扬州。延陵也在毗陵郡的所辖范围内[2]，当相距不是太远。

韦昭因博学好古，有记述之才，仕吴大帝孙权为尚书郎、太子左庶子。当时的太子是孙和，后来被废；孙亮即位后，诸葛恪执政，表荐韦昭为太史令，与华核、薛莹等同修《吴书》。孙休即位后，韦昭迁中书郎、博士祭酒，校订众书。后来，孙休想延请韦昭担任侍讲，但受到当时左将军张布的阻挠终究没能如愿。孙皓即位后，韦昭被封高陵亭侯，迁中书仆射、职省、侍中，常领左国史，相当于宰相，韦昭在吴国的仕途也达到了顶峰。从孙权至孙皓包括孙和，韦昭共事五主，可以说是吴国的"五朝元老"。但随着孙皓执政的腐败，听不进真言，韦昭作为一个直臣自然不会受到孙皓的宠幸。孙皓之父孙和本为太子，但在宫廷斗争中因失败而死于非命，孙皓即位后要为其平反昭雪，同时也为自己的即位征得合理性依据，故要求韦昭为他的父亲孙和立纪，韦昭以孙和没有立帝位不适合立纪为由拒绝这样做，由此得罪了孙皓。韦昭后来认识到自己处境的危险，提出要致仕以

---

① 《三国志·吴书》卷四七《吴主传》，北京：中华书局，1982 年，第 1143 页。
② 《晋书》卷一五《地理志下》，北京：中华书局，1974 年，第 463 页。

完成书业，孙皓并不同意，后来又找各种理由将韦昭收入狱中。与他同修《吴书》的华核为他屡次上书求情，言辞恳切，但最终还是无济于事，一代直书史臣就这样遭到了无端的践踏和诛杀，其家人被徙至湖南零陵。

韦昭的一生以学问著称，可谓著作等身。华核在向孙皓上书为韦昭求情时言："曜自少勤学，到老不倦，探综坟典，温故知新，及意所经识古今行事，外吏之中少过曜者。"[①] 就其史学成就可比汉代的司马迁和班固，就其礼学素养则仅次于汉代的叔孙通。考其流传下来的作品可见华核所论不虚。孙和为太子时，孙和的另一侍从萧颖好博弈，身边之人多效法他，孙和以为无益，令韦昭撰写《博弈论》以劝诫他们；孙亮在位时，同华核、薛莹同修《吴书》；孙皓即位后，韦昭鉴于古历注中多所舛误，作《洞纪》三卷；鉴于刘熙所作《释名》有所不足之处，成《官职训》和《辩释名》各一卷。除此，还有史学方面的《汉书音义》七卷[②]，儒学方面的《国语注》[③]、《孝经解赞》一卷[④]、《毛诗经答杂问》七卷[⑤] 等。可见史载韦昭"以其儒学，得于史官"的确不假。

韦昭除了是一位以史才而著称的学者外，还是一位填词名家。清朝丹阳人刘会恩编撰的《曲阿诗综》[⑥] 就收集了韦昭《吴鼓吹曲》十二首（录十首）。而韦昭之所以能留下这些诗歌作品，可能与曹操命文学家缪袭创作歌颂其功业的十二首魏鼓吹曲有关。吴国不甘落后，也命韦昭创作吴鼓吹曲十二首，其中所见的十首古诗都是歌颂吴国创建皇业的丰功伟绩的。其中《汉之季》歌颂乱世英雄孙坚，《摅武师》歌唱孙权接受父亲基业，建立东吴，《伐乌林》旨在宣扬孙权痛击曹操，粉碎其统一全国梦想的军事壮举[⑦]。

---

① 《三国志·吴书》卷六五《韦曜传》，北京：中华书局，1982 年，第 1463 页。
② 《隋书》卷三三《经籍志·史志二》，北京：中华书局，1973 年，第 956 页。
③ 《三国志·魏书》卷一六《杜畿传》注文，北京：中华书局，1982 年，第 450 页。
④ 《清史稿》卷一四五《艺文志一·经部条·孝经类条》，北京：中华书局，1976 年，第 4251 页。
⑤ 《隋书》卷三二《经籍志》，北京：中华书局，1973 年，第 916 页。
⑥ 刘会恩辑：《曲阿诗综》，文渊阁四库全书本。
⑦ 参见魏一峰：《〈伐乌林〉：赤壁诗歌之渊薮》，《时代文学》2012 年 1 月下半月，第 190～191 页。

　　韦昭的子孙得知其入狱的消息后，日夜不安，其子韦隆年纪已大，其孙韦德参军在外，为防株连家族，韦隆全家在京城诏书达到之前迁徙到其他地方以避祸。待吴政权亡后，全家又回到了延陵故居，从此才得以安稳度日。继韦隆之后，延陵韦氏又延续了三代至西晋时期，此后再有记载的人物则是在南朝起任中书侍郎的韦遵和入唐以后任兰陵令的韦元静[①]。这种状况与前引《延陵韦氏族谱》中"自韦昭之后，延陵韦氏长期不显"的记载基本相符。《云阳延陵韦氏宗谱》中对韦昭之后也没有记载，倒是其叔父韦芳有孙韦恒，"与始祖昭公韦从昆季，官拜大司空，孝友名震，忠顺著闻，可谓有功于家国，事实详史志"。韦恒子韦陉官授太子家令，韦陉子韦哲官淮海津都尉。[②] 可惜的是，此三人皆不见于正史，此后也少有显达者。

　　综上，延陵韦氏是京兆韦氏在东汉末年因躲避朝廷任官而南迁的一支，以韦著为始迁祖，以韦昭为标杆性人物。从韦著为躲避东汉政权的征召而逃之延陵到韦昭终因直书而被诛杀[③]，可见延陵韦氏依旧保持其原有的一个儒学世家的品性和特质，以学问为根基，对政治保持相对的独立性，将家学在传承儒学的基础上，延伸至史学、文学等方面，并占据了一席之地，然而也正是延陵韦氏的不慕仕进导致其后裔在政治地位上的不显，因而容易被正史等历史记忆方式所忽略。

附延陵韦氏的世系[④]：

---

① 林宝撰，岑仲勉校：《元和姓纂（附四校记）》卷二"韦氏"条，北京：中华书局，1992年，第191页。

② 《云阳延陵韦氏族谱》十二卷本，清光绪十六年（1890）木活字本，电子版第72页。

③ 唐燮军在其《韦昭〈洞纪〉考论》一文中则指出，韦昭所撰《吴书》并未彻底贯彻直书原则，且世传韦昭之史才是长于记述但拙于创新，详见《宁波大学学报》2013年第1期，第56～60页。

④ 版本一据《元和姓纂》卷二《韦氏》记载，版本二则据韩氏研究所得，版本三是据《云阳延陵韦氏宗谱》乾隆四十六年重修族谱引中的《先贤谱传》、《西安京兆谱传》、《西安京兆迁延陵谱传》，与前两种版本在内容上相差比较大。

版本一：韦孟……韦贤—韦玄成……韦昭……韦遵……韦元静

版本二：韦孟……韦贤—韦元成—韦宣泽—韦明达—韦修—韦端

　　　　　　　　　　　—韦著—韦暲—韦昭……

　　　　　　　　　　　—韦芳—韦日安

　　　韦昭—韦隆＋丁氏—韦德＋王氏—韦政

　　　　　　　　　　—韦发＋张氏

版本三：韦孟……韦贤—韦长弘

　　　　　　　—韦元成＋上官氏—韦宪文（字章甫）＋孔氏—韦机（字文锦）＋艾氏

——韦继和（字春台）＋叔孙氏—韦懋贤（字德基）＋孔氏—韦宁

　　　　　　　　　　　　　　—韦能—韦明洁＋上官氏—韦修本

——韦著（字达微）＋孙氏（迁延陵）—韦章—韦昭

——韦芳＋王氏—韦晏—韦恒（字性成）＋赵氏—韦陉＋包氏—韦哲

二、永嘉之乱后韦泓的南迁与沉寂

百余年来，各胡族社会的逐渐封建化、农业化和各胡族的逐渐内徙成为历史的发展趋势，东汉魏晋政权对此无力阻止。然西晋末年出现的"五胡乱华"，胡族驰骋中原的局面实发端于八王之乱后期成都王司马颖和东海王司马越的对抗。他们在诸胡族中各结党羽为援，司马颖所援引的是匈奴族刘渊、刘聪和羯人石勒等，司马越联盟的是鲜卑拓跋部、段部和追随司马越弟司马腾从并州迁至冀州就食的"乞活"。敌对双方阵线分明，冤冤相报，屠杀无已[①]，司马颖失势之后的永嘉元年（307）春，汲桑、石勒声言为司马颖复仇，先后杀司马腾及其子司马确。永嘉五年（311）刘聪遣石勒、王弥、刘曜等率军攻晋，在平城歼灭十万晋军，又杀太尉王衍及诸王公。旋攻入京师洛阳，俘获怀帝，杀王公士民三万余人，这就是历史上的"永

---

① 参见田余庆：《关于不与刘、石通使问题》，《东晋门阀政治》，北京：北京大学出版社，1989
年，第29～32页。

嘉之乱"。被俘虏的晋怀帝后遭到杀害，雍州刺史贾疋在长安拥立司马邺为帝，为晋愍帝。后来匈奴族刘聪的弟弟刘曜攻破长安，俘虏了晋愍帝，西晋王朝至此彻底灭亡。永嘉之乱中，长安城遭到战乱的清洗，更加残破不堪。生活在关中的士民更是深受其害，京兆韦泓的亲属即在这样的战乱环境中因遭受饥饿和疫病全部丧命。正如史载所言："初京兆韦泓丧乱之际，亲属遇饥疫并尽。……经寇丧资，一身特立，短褐不掩形，菜蔬不充朝。"[1] 在此境况下，韦泓客游到洛阳，投奔于当时素有名望的应詹之家。应詹于《晋书》有传，为汝南南顿人，是曹魏侍中应璩之孙，家富于财。其本人性质弘雅，以学艺文章称，曾被司徒何劭誉为君子，他待韦泓情同手足，且为之操办婚事，安置了家业。韦泓为报答应詹的生成之惠，在应詹于咸和六年卒后，遂制朋友之服，哭止宿草，追赵氏祀程婴、杵臼之义，祭詹终身。

司马睿移镇建业，建立东晋政权，称为晋元帝。韦泓在永嘉之乱后随同应詹南迁，后被应詹推荐给晋元帝，官至太府卿。应詹在上书中是这样评价韦泓的："自遭丧乱，人士易操，至乃任运固穷，耿介守节者鲜矣。伏见议郎韦泓，年三十八，字元量，执心清冲，才识备济，躬耕陇亩，不烦人役，静默居常，不豫政事。昔年流移，来在詹境，经寇丧资，一身特立，短褐不掩形，菜蔬不充朝，而抗志弥厉，不游非类。颜回称不改其乐，泓有其分。"[2] 可见，韦泓还保留着受其家族文化熏陶的儒者风范，在礼学方面也的确颇有素养[3]，但因韦泓家族势单力薄，其本人又是以文任职，故在东晋政治舞台上虽至中央高官却并没有产生太大的影响，其后裔也阙载，估计此支系至此之后即退出了政治舞台，趋于沉寂了。

韦泓家族的命运反映了关中士民在永嘉之乱后遭受到的打击，由于没有家族力量的支撑，像韦泓这样的儒学之士尽管也能在东晋政权有一席之

---

① 《晋书》卷七十："初京兆韦泓丧乱之际，亲属遇饥疫并尽。……经寇丧资，一身特立，短褐不掩形，菜蔬不充朝。"北京：中华书局，1974 年，第 1861 页。

② 《晋书》卷七十《应詹列传》，北京：中华书局，1974 年，第 1860 页。

③ 《旧唐书》卷二五《礼仪志》，北京：中华书局，1975 年，第 971 ～ 972 页，引用过韦泓在礼仪方面的认识。

地，但终究难以形成大的气候，对历史产生重大影响。

三、淝水之战后韦轨一支的南迁与盛衰

北方在永嘉之乱后步入了十六国时期，其中由氐人苻坚主政的前秦首先统一了北方，成为十六国中最为强盛的政权，与南方的东晋形成了南北对峙的局面。晋武帝太元八年（前秦建元十九年，383年），前秦在苻坚一意孤行的坚持下，发动了对东晋的统一战争——淝水之战。不料，前秦被东晋谢氏所统帅的北府兵击败，由此开始土崩瓦解。这次决定南北政权命运的最大规模的一次统一战争不仅改变了当时南北政治格局，也促使原事于前秦的部分关中士族南迁，京兆韦氏中的韦轨一支即是其中之一。

（一）韦轨一支世系考

据《梁书》卷一二《韦叡传附族弟爱传》，韦轨一支的世系可排列如下：韦广—韦轨—韦公循—韦义正—韦爱—韦乾向—韦翙—韦宏，但韦广的前世无法考证，如果仅仅依据"韦爱是韦阆族弟"的记载，则韦广的前世应是东眷韦穆的后裔。另据《韦彧墓志铭》[1]，韦广的官职为北平太守、享爵关内靖侯，与正史所记"晋后进将军、北平太守"基本一致，故可以断定是同一人，如此，则韦广的前世应为韦贤—韦玄成……韦敦—韦广，也就是说，韦爱很有可能不是东眷韦穆的后裔，与韦阆的关系已经超出了五服之内的家族关系，只能算是同宗关系。故韦广一支的世系应为：韦贤—韦玄成……韦敦—韦广—韦轨—韦公循—韦义正—韦爱—韦乾向—韦翙—韦宏—韦安仁。[2]

---

[1] 详见《韦彧墓志》，罗新、叶炜：《新出魏晋南北墓志疏证》，北京：中华书局，2005年，第128页。
[2] 《云阳延陵韦氏族谱》所收《京兆谱传》中记载，韦仲将有二子，其一为韦广，根据韦仲将仕与曹魏明帝推算，韦广作为其子有可能仕于西晋，而据《梁书》卷一二《韦叡传附族弟爱传》中提及的韦广官职即为"晋后进将军、北平太守"。如果是同一人，那么韦广的世系又将变成另一种版本，详见前文第一章依据韩梦庆的文章梳理的韦端一支的世系。

（二）韦轨一支的南迁与平稳过渡

韦轨在孝武帝太元初年，大约是在淝水之战以后，南迁至襄阳，事于东晋政权，担任过襄阳别驾和散骑侍郎。淝水之战后的襄阳归东晋所属，是梁州治所所在，有流民武装可用，是荆州的屏藩，因此也是意图朝廷的部分东晋权臣想牢牢控制的战略要地。而散骑侍郎则是皇帝内廷秘书处的机要人员，由此判断，韦轨是以文入仕东晋的，并兼职于中央和地方。

韦公循仕于宋，任义阳太守，韦义正，早卒。韦爱成为提升这个家族政治地位的重要一人。据史载，韦爱有孝悌之德，又笃志好学，长大之后，博学有文才，尤其精通《周易》和《春秋左氏》之义。袁顗担任雍州刺史，将韦爱辟为主簿，齐末萧衍任雍州刺史后，慕名将其征为襄阳令。据田余庆先生考证，雍州侨置虽始东晋之初，但并不常置，至孝武帝时适应秦雍流民南来的新高潮，始又宣布侨置雍州[1]。雍州作为侨州之一，自设置直到宋孝武帝大明中土断，长达 70 年之久，所辖京兆、始平、扶风、广平、河南、义城诸侨郡始终寄治襄阳及其附近地区，无些许境土，直到宋元帝元嘉二十六年（449），才割荆州之襄阳、南阳、新野、顺阳、随五郡为雍州，至是雍州始有实土。[2] 韦爱当时所担任的雍州长史当为有实土之时。萧衍代齐过程中，雍州空虚、魏兴太守颜僧都据郡反，韦爱率领乡人抵抗颜军，稳定了雍州的局势，立下卓著军功，为其在萧梁政权中赢得政治地位铺平了道路。萧衍建梁后，韦爱被授以辅国将军，升迁宁蜀太守，宁蜀为益州实郡，因益州侨郡县主要寄寓地是成都及今川北地区[3]，故而作为原实郡的实际统辖会受此影响而有缩减，因此作为其长官的太守的职权也不比以前。后韦爱在平叛刘季连的行军路上病笃身亡。

据《陈书》卷一八《韦载传附族弟翙传》，韦爱子韦乾向官至梁汝阴、钟离太守。汝阴属淮北，其归属在南北对峙时常有变化。据有的学者考证，

---

① 田余庆：《东晋门阀政治》，北京：北京大学出版社，1989 年，第 135 页。
② 《宋书》卷三七《州郡志三》"雍州"条，北京：中华书局，1974 年，第 1135 页。
③ 参见陈乾康：《论东晋南朝的侨州郡县》，《四川大学学报》1995 年第 2 期，第 103 页。

当其实归十六国时，东晋曾侨汝阴郡于合肥，领三县。刘宋时期，实有汝阴，于是将侨汝阴郡改为南汝阴郡，至宋孝武帝大明年间此侨郡已有实土。宋文帝泰始年间，淮北沦陷，汝阴重归北魏，又侨置汝阴郡于江淮之间，称西汝阴郡，领四县，齐时增至五县，梁时则仅领汝阴、宋二县。钟离郡则属南朝实郡，位于淮水南岸，是南朝梁政权的北方前哨重镇，所领县皆为侨县，数量由宋之三增至齐之五。[①] 由此可见，韦乾向虽名为一郡太守，地方大员，在特定时期，因受侨州郡县的影响，却有有名少实或者无实之嫌，但两地战略地位的重要也可反映其在梁朝所受重用的程度。

陈霸先代齐建陈之后，韦翙被征为征北参事，寻监义兴郡。义兴郡，属扬州实郡，刘宋时期，曾将其余同属扬州的晋陵及丹阳的侨琅琊郡割出设置为南徐州，治京口。[②] 永定元年（557），授贞毅将军、步兵校尉，迁骁骑将军，领朱衣直阁。骁骑之职，旧领营兵，兼统宿卫。自梁代以来，其任逾重，出则羽仪清道，入则二卫通直，临轩则升殿侠侍。韦翙素有名望，每大事常令夹侍左右。时人荣之，号"夹御将军"。寻出为宣城太守。天嘉元年（560），王琳之乱被平定，第二年，韦翙因协助平乱之功，被封清源县侯，食邑二百户，因为可以食租税，当不为虚封[③]，由此他也成为韦轨一支南迁成员中官爵最高的标杆性人物。其子韦宏，有文学，历官至永嘉王府咨议参军，陈亡入隋。

综上，自韦轨南迁到陈被隋所灭，本支共经历了七代人，在仕途上以韦爱和韦翙最为显著，总体上以文入仕为主，比较平稳。与同样仕于梁政权的韦叡一支相比，这一支并没有在侯景之乱中遭受太大的打击，对梁政权的依附性也没有韦叡一支强。陈代梁之后，韦轨的后裔也自然过渡到事于陈政权，并没有在政权更替中受到太大的影响，故而陈霸先对韦叡的后

① 详见胡腡：《东晋南朝安徽境内侨州郡县考略》，《安徽史学》1990 年第 2 期，第 9、12 页。
② 详见《宋书》卷三五《州郡志一》"南徐州"条，北京：中华书局，1974 年，第 1038 页。
③ 参见杨光辉：《汉唐封爵制度》，北京：学苑出版社，2004 年，第 74 页："虚封的真正含义是：既无实际封国，又不食租税，但有国号且又世袭，是属于封爵与赐爵系统之间的爵制。"

裔韦载进行招抚的时候，还派了韦载的同宗人韦爱前去。在政治地位升迁的过程中，韦轨一支逐渐走出襄阳，任职到中央和其他地方，官僚化加深，到隋灭陈，韦轨一支在南朝的最后一代韦宏也入隋①。进入隋唐后，此支系仅有韦安仁留有记载，曾担任著作郎，参与了唐代初年对《隋书》的修撰，自此之后，后裔阙载。

四、韦华一支的晚渡与襄阳韦氏的兴衰

淝水之战的结局宣告了北方少数民族政权企图进行南征而完成全国统一的失败，而对于南方的东晋政权来讲，也曾先后出现过由祖逖、桓温和刘裕主导的三次北伐，但"王、马朝廷居衮职而真正以'克服神州'为念的人，可说是绝无仅有。他们的最高愿望，只在于保境苟安，尽量避免刺激刘、石，而无其他"②。最终导致真正想北伐的祖逖因北伐成功无望，遂忧愤成疾，病发而死。而权臣桓温却要借此提高自己的威望，也以无果而终；唯有东晋末年刘裕领导的北伐攻入了北方后秦的都城所在长安，关中士族由此追随刘裕南迁者因为晚于永嘉之乱后的南迁者而被称为"晚渡士族"③，京兆韦氏中韦华一支即是这支晚渡士族中的一部分。

（一）韦华一支的南渡

韦华一支是东眷韦穆的后裔，可以追溯到韦穆的曾孙韦钟。据《新唐

① 韦宏入隋并没有明确的史书记载，笔者根据以下几种记载加以推测：第一，与韦轨一支为同宗关系的韦叡一支的后裔韦鼎在隋朝灭陈后北入长安，韦宏当时同样事于陈政权，被北迁的可能性很大；第二，隋朝灭陈后的开皇九年，曾将陈朝贵族北迁关中，当时韦宏作为南朝政权中享有爵位的韦翙之子，当也在北迁之列；第三，据《元和姓纂》卷二的记载，韦翙有孙韦安仁，在唐初担任著作郎，已经在长安城中无疑，尽管现有的材料，还不能确定韦安仁即是韦宏子，但起码表明韦轨这一支是北迁了，并没有在襄阳长居下去。
② 田余庆：《东晋门阀政治》，北京：北京大学出版社，1989年，第37～38页。
③ 参见陈琳国：《论南朝襄阳晚渡士族》，《北京师范大学学报》1991年第4期，第20～27页；张琳：《南朝时期侨居雍州的河东柳氏与京兆韦氏发展比较》，《武汉大学学报》2000年第2期，第229～234页。

书·宰相世系表》和《晋书》卷一一七《姚兴载记》，韦钟子韦华，在前秦政权担任过黄门侍郎，受到苻坚的信任和重用。淝水之战后，韦华在纷乱中流入东晋，目睹了东晋政权晋主被权臣架空和政出多门的局面后又返回了北方。当时主政关中的是继前秦之后由羌族人姚苌建立的后秦统治者姚兴，此人虚心纳谏，重儒兴学，韦华在此之时北返，受到了姚兴的热烈欢迎，被拜为中书令，后又担任司徒、尚书右仆射等职，位列宰辅，权重当时。东晋安帝义熙十三年（417），刘裕北伐攻入长安，灭掉后秦，韦华又跟随刘裕南迁仕于刘宋政权，居于襄阳县，为历史上襄阳韦氏的出现开启了历程。

韦华子韦玄是后秦时期的一名隐士，他博涉经史，长于作文，后秦主姚兴备礼致之，而韦玄仍不改其操，姚兴谨以高士相待。刘裕北伐入关，征拜韦玄为太尉行参军，琅琊王司马属官，不就。宋国初建，令曰："前太尉参军戴颙、辟士韦玄，秉操幽遁，守志不渝，宜加旌引，以弘止退。并可散骑侍郎，在通直。"[1] 也不起。在当时，入仕太尉属官，多是高门士族子弟入仕进身的终南捷径，韦玄虽有此资格，却对此毫无兴致。后来南匈奴的后裔赫连勃勃摆脱后秦的控制，入据长安，改称皇帝。赫连勃勃也听说韦玄有高名，遂欲召韦玄为太子庶子，不料韦玄爽快应命，赫连勃勃却由此大怒，曰："姚兴及刘公相征召，并不起，我有命即至，当以我殊类，不可理其故耶。"[2] 遂杀之。韦玄一代高士就这样毁在了野蛮异族统治者的手中。

（二）韦华一支在南朝的崛起

韦华虽是本支系南迁的第一代，但其子韦玄似乎并没有追随其南迁，真正在六朝有仕宦记载的是其孙辈的韦祖归和韦祖征，他们两人在刘宋政权分别担任宁远长史和光禄卿，能兼顾中央和地方，但并不显达。而改变

---

[1]《宋书》卷九三《隐逸传·戴颙、兄勃传》，北京：中华书局，1974 年，第 2280 页。
[2]《宋书》卷九五《索房传附竺夔、毛德祖、阳瓒、严冲、陈宪传》，北京：中华书局，1974 年，第 2334 页。

韦华一支政治社会地位的是韦华曾孙辈中的韦叡。据《梁书》卷一二《韦叡传》和《南史》卷五八《韦叡传》，韦叡是韦祖归的次子，字怀文。他不似其祖父甘为隐士，而是凭借其卓越的军事谋略积极投身于当时的征战中，成为以出奇制胜而著称的一代儒将，恰好应了其伯父韦祖征相对于内兄王憕、姨弟杜恽的评价：“汝文章或小减，学识当过之；然而干国家，成功业，皆莫汝逮也。”南朝局势动荡，而韦叡则能审时度势，在进退自如中求得自保。南朝宋永光初年，袁顗担任雍州刺史，将其辟为主簿，宋末皇族诸王夺位斗争剧烈，袁顗参与了邓琬拥戴刘子勋的政变，韦叡则主动要求到偏远的义成郡任职以避开其祸乱；南齐代宋之初，韦叡又求为上庸太守。直到萧齐末年，与皇室同宗的萧衍代理雍州府事之时，韦叡才真正寻到了理想中的人物，于是暗地里派二子前去结交，待萧衍起兵后，韦叡也起兵乡中，率郡人二千，马百匹赴萧衍，助其夺得南朝政权，即位梁武帝。韦叡被任为廷尉，封都梁子爵，邑三百户。天监二年（503），改封永昌，户邑如先。东宫建，迁太子右卫率，出为辅国将军、豫州刺史、领历阳太守。韦叡之所以坚决支持萧衍，可能与萧衍的家世及本人的素养有关。据《南史》卷六《武帝纪上》和《梁书》卷三《武帝纪》，萧衍为兰陵萧氏世家子弟，自幼好学，成年后博学多通，与沈约、谢朓、任昉等著名文士齐家，可谓“六艺备闲，棋登逸品，阴阳纬候，卜筮占决，并悉称善。……草隶尺牍，骑射弓马，莫不奇妙”。这使萧衍具备了其他人难以企及的社会威望，而韦叡之所以看好他，也正是基于此对他产生的认同。仕于梁武帝的韦叡因为深通兵法，在为维护南朝梁政权与北方割据势力的斗争中，屡出奇兵，多以巧胜，其军事才华得到体现。最为典型的是天监三年（504）的巧拔北魏小岘城和天监五年（506）智解钟离之围，后以功增封七百户，进爵为侯，征通直散骑常侍、右卫将军。晚年，出为平北将军、宁蛮校尉、雍州刺史，可谓荣归故里。普通元年（520）八月病卒于家，享年七十九岁，得以善终。高祖萧衍“即日临哭甚恸。赐钱十万，布二百匹，东园秘器，朝服一具，衣一袭，丧事取给于官，遣中书舍人监护。赠侍中、车骑将军、开府仪同三司。谥曰严"。韦叡凭借其卓越的军事才能和非凡的学识，不仅为自己赢得了圆满的人生，享尽了哀荣，也为其后人提供了较高的政治平台。

萧衍即位后，既重视对素族寒人的重用，也要恢复士族的权利，于天监五年（506）下诏："凡诸郡国旧族，邦内无在朝位者，选官搜括，使郡有一人"，并"于州郡县置州望、郡宗、乡豪各一人，专掌搜荐"[①]。可以推想，韦叡后裔作为乡望理当会继续享有较高的政治社会地位。

韦叡有四子，于文武各有所长。其中长子韦放继其父之遗风，文武兼备，袭封永昌县侯，是襄阳韦氏又一关键性人物。据《南史》卷五十八《韦叡传附叡子放传》和《梁书》卷一二《韦放传》，韦放，字元直，身长七尺七寸，腰带八围，容貌甚伟。南齐晋安王萧子懋于永明十一年（493）迁散骑常侍，中书监。未拜，仍为使持节、都督雍梁南北秦四州郢州之竟陵司州之随郡军事、征北将军、雍州刺史，韦放作为侨州雍州地望之家出身的成员，被迎为主簿。齐末萧衍代理雍州刺史时，又将其召为主簿。自天监元年至七年，韦放四为藩佐，先后曾为轻车晋安王也就是后来的简文帝萧纲中兵参军、齐末因留守襄阳而与韦氏建立起地缘联系的始兴王萧憺咨议参军和轻车南平王萧伟长史，普通四年（523），南康王萧绩征为侍中、云麾将军，领石头戍军事，韦放为长史。除此之外，韦放还担任过盱眙太守、襄阳太守、竟陵太守和寻阳太守，分别在当时的徐州南部和荆州境内，当为实郡，其在郡和理，为吏民所称。天监六年，雍州冯翊等沔东七郡降魏，梁以韦放为贞威将军，与胡龙牙会曹仲宗进军。第二年，夏侯詹攻黎浆不克，萧衍又派韦放率军自北道会于寿春城。然其最有战绩的是普通八年（即大通元年，527）围魏涡阳一战，因其与从弟韦洵联合率兵士殊死奋战，最终以少胜多，擒获魏大将费穆弟超，斩获略尽。韦放因此功升迁为太子右卫率、通直散骑常侍，不久出任都督梁、南秦二州诸军

---

① 《南史》卷六《武帝纪上》，北京：中华书局，1975 年，第 194 页。

事、二州刺史，后又徙督北徐州诸军事、北徐州刺史，增封食邑四百户，持节、将军如故，在镇三年后卒于五十九岁。据胡阿祥现实考证，梁、南秦二州是典型的实侨双头州，始于东晋安帝隆安二年（398）的郭铨，宋齐之世，吉翰、刘道产、萧思话、刘秀之、王玄载、崔慧景、曹虎诸人，皆曾为梁、南秦二州刺史，其治地在梁州汉中南郑[1]。但梁自天监四年失去汉中至中大通六年（534）才收复，那么梁州治所在此期间应该还有其他的地方，但不见胡阿祥先生所列的表格中[2]。北徐州即宋齐时侨置的徐州，治所为钟离，是宋废帝元徽元年，分南兖州之钟离、豫州之马头，又分秦郡之顿丘、梁郡之谷熟、历阳之酂，立新昌郡，置徐州，还治钟离。齐改名为北徐州[3]。在近边地带的侨州郡县中普遍存在着军政民政皆归督府管理的现象，带有比较浓厚的军事色彩，领这些侨州刺史、侨郡太守者，多带都督、监、督，加将军号，开府置佐[4]。由此可以判断，尽管侨州郡县整体上大多因有口无土或无口无土而使侨领郡县者往往"空受名领，终无实益"[5]，但韦放因持节加将军号是多少有一些实权的。就韦放所享有的爵位及食邑来看，可能属于虚封实食状况。据考，永昌县为南齐时设置的隶属于益州蜀郡的侨县，一度迁徙至广州新会郡，南梁时又属益州蜀郡[6]，侨郡多无有境土，即便有侨民，也多限于贫困，根本无法承担向政府缴纳租税，因此，韦放及其父韦叡享有的食邑极有可能是寄食于别郡县。据有的学者研究，寄食别郡的方式始于魏晋之后，未被南朝继续，却为北朝所采纳。[7] 但如果以韦叡父子情况来看，寄食于别郡的方式在南朝也是存在的。

---

① 胡阿祥：《东晋南朝侨州郡县与侨流人口研究》，南京：江苏教育出版社，2008 年，第 323 页。
② 胡阿祥：《东晋南朝侨州郡县与侨流人口研究》，南京：江苏教育出版社，2008 年，第 332 页。
③ 胡阿祥：《东晋南朝侨州郡县与侨流人口研究》，南京：江苏教育出版社，2008 年，第 248 页。
④ 胡阿祥：《东晋南朝侨州郡县与侨流人口研究》，南京：江苏教育出版社，2008 年，第 271 ～ 272 页。
⑤ 《南齐书》卷十四《州郡志上》"南豫州"条，北京：中华书局，1972 年，第 253 ～ 254 页。
⑥ 参见胡阿祥：《东晋南朝侨州郡县与侨流人口研究》，南京：江苏教育出版社，2008 年，第 452、455、473 页。
⑦ 杨光辉：《汉唐封爵制度》，北京：学苑出版社，2004 年，第 76 页。

综上可见，韦放在南梁曾多次为藩佐和实郡太守，是颇有实权的人物之一，且因家世和军功继续成为享有食邑的贵族，将其父所创建的家业加以壮大。

韦放的其他三个弟弟皆以文居官，其中韦正，字敬直，其人品如其名字，让人敬仰。据《南史》卷五八《韦叡传附诸子传》，韦正与东海王王僧孺关系友好，无论王僧孺是高居吏部郎还是被摈弃，韦正对他都依然如故，受到时人称赞。他本人曾官居襄陵太守，卒于给事黄门侍郎。韦棱，字威直，是其中学问做得最好的一个，史载其"性恬素，以书史为业，博闻强记，位至光禄卿。著有《汉书续训》三卷"。韦黯，字务直，少习经史，位太府卿。在侯景之乱之前的襄阳韦氏至此在家族势力的发展上达到了一个顶峰，不仅在政治地位上多有位居中央者，而且社会关系基本也得以巩固，在襄阳这个侨居之地又延续了其关中的地望。

韦叡之前的襄阳韦氏其社交和婚姻的对象主要是京兆杜氏、河东柳氏这些北方大族，随着韦叡在南梁军政地位的提升，襄阳韦氏开始与南方侨姓和吴姓大族建立起婚姻关系，跻身于南朝门阀社会之中。如韦叡娶王憕的妹妹为妻，尽管此处的王憕难以确定其出身，但按照当时门当户对的婚姻观念，韦叡所娶的王氏出身不会太低，估计要么是琅琊王氏要么是太原王氏，尽管这两个名门大姓皆在南朝走向了衰落，但其社会地位还是比较高的。而这门婚姻对韦氏来讲，最重要的是得到了南朝社会势力的认同，对韦氏在南朝政治社会的巩固和提升无疑是有裨益的。

到了韦放这一代，已经开始与吴姓大族建立起比较密切的社会关系。韦放与吴郡张率关系要好，并为未出生的孩子指腹为婚，结果两家男女未及长成，张率既已过世，韦放对张率的遗嗣孤弱经常看望抚恤，并拒绝请与之联姻的势族，兑现了当年的诺言。据《梁书》卷三三《张率传》记载，张率是吴郡士族，父祖三代皆是南朝高官。张率本人善于作文，因士族之身份，起家著作佐郎，是当时士族子弟通常的起家官，地望清美，而且升迁很快。梁高祖萧衍即位后，授其为秘书丞，其职位的性质正如梁武帝所言:"秘书丞天下清官,东南胄望未有为之者,今以相处,足为清誉。"① 由此可见,张率家族是名重东南的一流高门士族,韦放与之联姻并保持密切的社会关系反映韦叡家族被吴郡大族所接受和在南朝门阀社会地位的提高。

韦正所交往的王僧孺也是位当世高才,南梁名人,据《梁书》卷三三《王僧孺传》记载,王僧孺以文入仕,起家齐王国左常侍、太常博士,官至梁武帝天监年间的尚书左丞、拜中书、领著作、待诏文德省,晚年入值西省,知撰谱事,为后人留下了很多的谱书。韦放子韦粲则与同府的颍川庾仲容成为忘年交,据《梁书》卷五〇《文学传下·庾仲容传》记载,庾仲容的父祖分别事于齐、宋,有叔显达,本人以门荫入仕,博学多才,因此才被收到文学传中。

襄阳韦氏因韦叡父子遇主逢时,展其才用,终于通过军功跻身南梁的门阀社会中,然仔细分析其崛起的过程,就其主观方面来讲则主要在于韦华一支在侨居地襄阳特有的社会威望,而这种社会威望实际是对韦氏南迁之前在关中地望的继续和延伸。据史载,韦华家族"自汉丞相以后,世为三辅著姓"②,因而韦华能在南迁襄阳的流民中成为流民帅,在第一次南迁后,又"率襄阳流人叛,降于姚兴"③,韦祖征,"州里盛德,(柳)世隆虽已贵重,每为之拜"④。韦叡、杜恽等"并有乡里盛名"⑤。萧齐末年,政局动荡,陈显达、崔慧景等人拥兵自重逼近建康城,民心惶恐,不知所定,"西土之人谋之于叡"⑥,可见韦叡在"西土之人"中很有威望。梁武帝北伐涡阳城一战,命曹景宗与韦叡会合作战,对曹景宗说:"韦叡卿乡望,宜善敬之。"梁武帝之所以对韦叡礼遇有加,也是因为其社会名望影响之大。襄阳韦氏

---

① 《梁书》卷三三《张率传》,北京:中华书局,1973 年,第 478 页。
② 《梁书》卷一二《韦叡传》,北京:中华书局,1973 年,第 223 页。
③ 《晋书》卷一〇《安帝纪》,北京:中华书局,1974 年,第 254 页。
④ 《南史》卷三《柳元景传从子世隆附传》,北京:中华书局,1975 年,第 998 页。
⑤ 《南史》卷三《柳元景传从子世隆附传》,北京:中华书局,1975 年,第 998 页。
⑥ 《梁书》卷一二《韦叡传》,北京:中华书局,1973 年,第 223 页。

成就其名望之家靠的是其世代承袭的家族文化、结成以地缘和血缘为纽带的"乡族集团"以及与同为乡望的家族联姻。

襄阳韦氏基本保持了习文的传统，在文化上的优势不仅使这个家族一直具有士族的表征，也成为他们很快被南朝门阀士族所认可的一个重要原因。南迁之前的韦玄，博涉经史，长于作文①；韦纂，仕齐司徒记室，特进，沈约尝称纂于上曰："恨陛下不与此人同时，其学非臣辈也。"② 韦叡也好学，他的伯父对他的评价是文章略输于王憕和杜恽，但学识高于两者。韦叡虽以军功起家，老年不忘督促他的儿子学习，他的三子"韦稜，尤明经史，世称其洽闻，稜每坐使稜说书，其发所拯，稜尤弗之殆也"。他的诸子皆有经史之功（详见前文）。韦稜以书史为业，博物强记，当世之士，咸就质疑。著有《汉书续训》三卷③。韦载"少聪慧，笃志好学。年十二，随叔父稜见刘显，显问《汉书》十事，载随问应无疑滞，及长，博涉文史，沉稳有器局，仕梁为尚书三公郎"④。韦载弟韦鼎"少通晓，博涉经史，明阴阳逆刺，尤善相术"⑤。韦谅，"以学业被王叔稜所引，为中录事参军兼记室"⑥。据《梁书》卷三〇《裴子野传》载："子野与沛国刘显、南阳刘之遴、陈郡殷芸、陈留阮孝绪、吴郡顾协、京兆韦稜，皆博极群书，深相赏好。"共同的文化认同使得襄阳韦氏比较容易融入到南朝门阀社会中。

文化优势是襄阳韦氏名望得以延续的基础，但南北分裂的战乱环境还需要有一定的乡里宗族势力作为生存的基本保障。襄阳韦氏继续发扬了汉魏以来北人笃于亲族之谊的特征，厚家族，重亲亲，倡孝友，如韦祖征对其侄子韦叡视如己子，带他赴任所，为韦叡顺利步入仕途提供了政治环境

---

① 《南史》卷五八《韦叡传》，北京：中华书局，1975年，第223页。
② 《南史》卷五八《韦叡传附兄纂、阐传》，北京：中华书局，1975年，第1433页。
③ 《梁书》卷一二《韦叡传附子陵传》，北京：中华书局，1973年，第229页。
④ 《南史》卷五八《韦叡传附正子载传》，北京：中华书局，1975年，第1437页。
⑤ 《南史》卷五八《韦叡传附正子鼎传》，北京：中华书局，1975年，第1438页。
⑥ 《南史》卷五八《韦叡传附放子粲传》，北京：中华书局，1975年，第1435页。

和条件；韦阐"所得俸禄百余万，还家悉委伯父处分，乡里宗事之"①。韦叡"抚孤兄子过于己子，所得俸禄，皆散之亲故，家无余财"②。韦放"轻财好施，于诸弟尤雍睦。每将远别及行役初还，常同一室卧起，时人比之三姜"③。这样的家教凝聚了家族力量，加强了宗族纽带。同时，也招引了一些没有能力自保的散户依附随行，扩大了流徙集团。与侨居地土著进行生存的争夺又加强了宗主与依附人群彼此之间的依赖关系，从而逐渐凝结成一个不可解散的、牢固的整体，即所谓的"乡族集团"④，正是有了这个以地缘和血缘为主要纽带的共同体的存在，才使得襄阳韦氏在庇佑其他成员的同时掌握了一定的乡兵，具有了真正能对时局产生影响的群体力量。因此，当萧衍起兵之时，韦叡既已能"有众二千，马百匹"作为援引，萧衍见此状说"吾事就矣"。⑤

　　当然，襄阳韦氏的社会威望还需要来自婚姻家族的帮衬。晚渡的关中士族中，除了韦氏，还有同郡的杜氏。这些原同为关中地望的大姓在远离故土的他乡，难免生惺惺相惜之情，起相互扶持之意，而通婚则是联接两个家族最为合适的方式。于是，在刚刚南迁的东晋宋初，年仅十三岁的杜骥，即被韦玄看中，遂嫁女与他。⑥据王力平先生的考证，襄阳杜氏始祖为杜骥的曾祖杜耽，至杜坦、杜骥一代，还没有进入刘宋权力中枢，到杜骥子杜幼文，先后为散骑常侍、黄门侍郎等职，跻身权力中枢，后出任梁、南秦二州刺史，家族势力达到鼎盛。⑦也就是说，韦叡的姑姑是杜幼文的母亲，由此，我们在史籍中看到韦叡称杜幼文为外兄⑧。另从韦叡称杜恽为姨

---

① 《南史》卷五八《韦叡传附兄纂、阐传》，北京：中华书局，1975年，第1433页。
② 《南史》卷五八《韦叡传》，北京：中华书局，1975年，第1432页。
③ 《南史》卷五八《韦叡传附子放传》，北京：中华书局，1975年，第1434页。
④ 〔日〕安田二郎：《晋宋革命と雍州（襄阳）の侨民》，载《东洋史研究》42卷1号，1983年，对此概念有所论述。
⑤ 《南史》卷五八《韦叡传》，北京：中华书局，1975年，第1429页。
⑥ 《宋书》卷六五《杜骥传附兄坦传》，北京：中华书局，1974年，第1721页。
⑦ 王力平：《中古杜氏的变迁》，北京：商务印书馆，2006年，第70～76页，
⑧ 《南史》卷五八《韦叡传》，北京：中华书局，1975年，第1432页。

弟^①可以推测，韦叡的母亲与杜恽的母亲是姐妹关系，这一对姐妹又是出自何家？现据杜氏还同时与晚渡侨姓的王氏家族世代通婚的记载^②可推测，韦叡的母亲可能是出自王氏，而韦叡本人后来也是娶王氏为妻。另还可从韦粲称柳仲礼为外弟^③可推知，韦粲的姑姑是柳仲礼的母亲，也就是说，韦叡的一女嫁给了柳仲礼的父亲柳津为妻。据《南史》卷三八《柳津传附其子柳仲礼传》，柳仲礼是出自河东望族柳氏，其父柳津在晋安王也就是后来的简文帝担任雍州刺史时任长史，晋安王成为皇储后，柳津也随之入东宫，是简文帝的近臣；而韦粲的父亲韦放也曾担任车骑晋安王中兵参军，有可能正是因这层关系，韦放的姐妹之一才嫁给了柳津，建立起了两家的婚姻关系，侯景之乱发生，韦粲及柳仲礼还曾联合抗侯。可见，晚渡后的韦氏主要与晚渡的杜氏、王氏、柳氏建立了婚姻关系。杜幼文一支因势力的膨胀遭到刘宋政权的诛杀，仅有数人侥幸逃脱。^④但其兴盛之时也对韦氏形成了一定的映衬；韦氏能连续两代与王氏通婚，可见关系非同一般；柳氏则因与韦氏同为太子一系的属官在婚姻关系之外还有相同的政治立场。由此可见，襄阳韦氏与杜氏、王氏、柳氏已结成了一个婚姻圈，有了千丝万缕的关系，对彼此的影响是可想而知的。

（三）韦华一支在南朝的衰落

侯景之乱不仅是南梁政权的转折点，也是依附于此的襄阳韦氏家族命运的拐点。如果没有侯景之乱，简文帝继承皇位也可能是一个自然的过程，而与简文帝关系甚密的韦氏也将继续在南梁的荣盛。据《南史》卷五八《韦叡传附子放孙粲传》，韦氏自韦放起即与当时的晋安王（简文帝）建立了主从关系，韦粲继其父也曾为云麾晋安王（简文帝）行参军，及晋

---

① 《南史》卷五八《韦叡传》，北京：中华书局，1975年，第1432页。
② 《南史》卷七〇《杜骥传》，《南史》卷五八《韦叡传》，北京：中华书局，1975年，第1432页。
③ 《南史》卷五八《韦叡传附孙韦粲传》，北京：中华书局，1975年，第1433页。
④ 《宋书》卷六五《杜骥传》，北京：中华书局，1974年，第1722页；《宋书》卷九《废帝昱》，北京：中华书局，1974年，第187～188页。

安王为太子后，韦粲自记室迁步兵校尉，入为东宫领直，后袭永昌县侯，累迁左卫率、领直，成为太子的侍臣。大同时期，梁武帝身体不豫，皇太子以下并入侍疾，内外咸云帝崩。韦粲因露有喜色且问及大行幸前殿的长梯，被梁武帝知道后，考虑各为其主，仅将其出为衡州刺史，皇太子为他饯行，许诺不久即将他召回，但直到侯景之乱发生前夕才将其召还为散骑常侍。在抗击侯景之乱中，韦粲说服以年位高而不耻居下的裴之高，推其外弟司州刺史柳仲礼为大都督，并接受安排至青塘立营，结果侯景趁其军营未立，率锐卒来攻，韦粲兵败拒绝避贼，兵死略尽之后，他本人也见害。韦粲子尼及三弟助、警、构，从弟昂皆战死，亲戚死者数百人。简文帝闻之流涕，谓："社稷所重，唯在韦公，如何不幸，先死行阵。"诏赠护军将军。韦粲的叔父韦黯守城内西土山以应城外侯景，昼夜苦战，卒于城内。经此一乱，襄阳韦氏遭受了毁灭性打击，仅剩下韦载、韦鼎、韦谅及韦量。

侯景之乱中，梁宗室诸王和地方豪绅起兵割据，割据长江下游的王僧辩、陈霸先立萧方智为帝，后北齐与王僧辩接洽，逼王僧辩拥立萧渊明，但这样一来，梁政权实际归由北齐操纵，朝野极为不满，于是，陈霸先起兵京口，袭杀王僧辩，废渊明，再立方智，独揽大权。韦载因其家族与王僧辩为旧交，且本人曾追随王僧辩，于是，作为王僧辩的残余势力曾起兵抗击陈霸先，后被陈霸先派兵平定，为了免去韦载这一后顾之忧，陈霸先还派韦载的同宗韦爱前去说服。后韦载被陈霸先留在身边作谋议之臣。永定中，位散骑常侍，太子右卫率。晚年居于南徐州的江乘县白山，靠田十余顷，筑室而居，屏绝人事直至老死。

韦鼎在侯景之乱后，被其家族旧交王僧辩引为户曹，累迁中书侍郎。但韦鼎凭借其掌握的阴阳之学早就预见了陈霸先必将成王，因早奔于南徐州寄孥焉。等陈霸先即位后，拜韦鼎为黄门侍郎。太建年间（569～582），韦鼎以廷尉卿为聘周使，其间遇到了隋文帝杨坚，相其面不久即大贵，为杨坚所赏识。陈亡后，韦鼎被召入京，授上仪同三司，待遇甚厚。开皇十三年（593），除徐州刺史，镇土豪，神断案，道无拾遗。不久后入京，卒于长安，享年七十九岁。韦鼎在政局动荡之际及时转变政治立场，保全了性命，得以善终。

韦谅，以学业被陈始兴王叔陵所引，为中录事参军兼记室，结果，叔陵败亡后，韦谅伏诛。[①]韦量为韦纂之孙，从其分别担任过南梁和西魏、北周以及隋朝的政治职位可推断，他是襄阳韦氏中早于韦鼎北归的另一人，北归后的韦量似乎并没有回到关中，而是直接迁徙到了郑州阳武，通过其孙韦思谦进士及第并位居则天朝宰相再入住洛阳京城。[②]总之，韦良作为襄阳韦氏北归后的代表人物，使本支系的政治社会地位在西魏、北周以及隋朝得以延续，并发展成为唐代韦氏的著房之一 —— 小逍遥公房。

随着韦载迁居到南徐州、韦鼎北迁杜陵、韦谅在陈伏诛以及韦量北归阳武，韦华一支系在襄阳长达 200 年左右的历史走向了尾声，而他们各自的后裔除了韦量一支外皆不见于史载，已沉寂无声了。

纵观韦华一支在襄阳的发展轨迹，不难发现，襄阳韦氏的兴起得益于本家族早已形成的三辅望族的社会身份，凭借很高的社会威望，其成员韦叡改变本家族主要以文入仕的传统，在萧衍代齐的历史政治事件中抓住了机遇，通过军功跻身于南朝梁政权的上层。其后裔文武兼修，依旧保持着家族很高的政治社会地位，并通过与侨姓、吴姓大族的联姻融入南朝门阀社会。

随着韦氏成员的积极入仕，襄阳韦氏逐渐靠近萧梁政权的权力中心，与襄阳这一新的乡里社会逐渐脱离，任职于梁政权的中央地方各机构，成

---

① 《陈书》卷三六《始兴王叔陵传》，北京：中华书局，1972 年，第 499 页。
② 王伟在其《社会流动视域下南朝韦华家系势力迁转及其文化意义》一文中认为，韦量是在 554 年，西魏南掠之时，携子孙北迁关中。而据《新唐书·韦思谦传》"其先出雍州杜陵，后客襄阳，更迁徙为郑州阳武人"的记载，似乎韦良并没有回到关中，而是直接在郑州阳武定居下来，韦思谦作为韦良的孙子，其籍贯已经成为郑州阳武人，通常籍贯是其祖辈的定居之地，由此也可推断，韦良当是直接迁居阳武。韦量一支后来能发展成为唐代的著房之一 —— 小逍遥公房并不是主要依据关中乡里宗族基础，而是通过韦思谦科举进士及第并位居则天朝宰相。详见《陕西师范大学学报》2017 年第 4 期，第 143 页脚注和本章第二节"北归韦氏的韦纂一支"部分。

为寄生于梁政权的官僚，这也是襄阳韦氏在侯景之乱中誓死捍卫梁政权的根本原因，但侯景之乱却使韦氏遭到了毁灭性打击。而韦氏与梁政权的休戚与共也决定了韦氏在代梁而起的陈政权中再不会有如在梁朝的辉煌。随着南朝陈被隋所灭，襄阳韦氏失去了家族根基而陷于支离破碎，即便是重归关中故里的成员也因长期分离而不辨昭穆，与原宗族乡里已经相当疏远，最终在隋唐的历史舞台上不见了踪迹。

由襄阳韦氏一支的兴衰历程可见，六朝时期的士族要想维持其政治社会地位，宗族乡里和家族文化是其社会力量的两大源泉，尤其是前者，更是一个家族受重于当权者的重要砝码。然而，维持一个家族的声望光靠社会地位是远远不够的，还必须要保持政治地位的不衰。那么对于一个迁徙异地的家族而言，获得军功无疑是较快取得政治地位的有效途径，然而如此一来，家族成员在获得政治地位的同时，也必将走上一个由官僚化而中央化的路径，最终使得家族精英迁居京城或其他城市，从而脱离乡里宗族，失去社会性。在有限的城市空间中只能与其他同样官僚化的士族结成利益共同体，但这个利益共同体是相当脆弱的，因为他们都失去了原有的宗族乡里根基，且随着士族地位的巩固，往往走向彻底的文质。如唐长孺先生所云："事实上也只有寒人才能立军功，因为士族不但不服兵役，南朝时甚至已不能统帅军队，而且以立军功为耻。"[1] 如此一来，可以想象，这些彻底文质化的士族在社会动乱面前只能手足无措，任人宰割，最终往往因此而遭到覆灭性打击。这不仅是韦华一支的兴衰轨迹，更是其他进入隋唐以后整个士族群体演变的轨迹。这背后是皇权势力的伸张与地方势力的衰退，不仅为南朝所有，更是整个中古时期士族群体演变的内在机制之一。

---

[1] 唐长孺：《士人荫族特权和士族队伍的扩大》，《魏晋南北朝史论拾遗》，北京：中华书局，2011年，第69页。

附韦华一支世系：

韦穆（东眷）—□—□—韦钟—韦华—韦玄—韦祖征

　　　　　　　　　　　　　　　—韦祖归—韦纂—□—韦量—韦弘瑗

　　　　　　　　　　　　　　　—韦阐

　　　　　　　　　　　　　　　—韦叡—韦放—韦粲—韦尼

　　　　　　　　　　　　　　　　　　　　　　　—韦谅

　　　　　　　　　　　　　　　　　　　　—韦助

　　　　　　　　　　　　　　　　　　　　—韦警

　　　　　　　　　　　　　　　　　　　　—韦构

　　　　　　　　　　　　　　　—韦正—韦载

　　　　　　　　　　　　　　　　　　　—韦昂

　　　　　　　　　　　　　　　　　　　—韦鼎

　　　　　　　　　　　　　　　—韦稜

　　　　　　　　　　　　　　　—韦黯

　　　　　　　　　　　　　　　—韦洵（放从弟）

附表2-1：韦华一支婚姻关系表

序号	韦氏	嫁娶对象	对象郡望	所属阶层	备注
1	韦玄女	杜骥	襄阳杜氏	关中郡姓	《南史》卷五八《韦叡传》、《梁书》卷一二《韦叡传》、《宋书》卷六五《杜骥传附兄坦传》
2	韦祖归	王氏	不详	侨姓	《南史》卷五八《韦叡传》、《梁书》卷一二《韦叡传》
3	韦叡	王憕姊妹	不详	侨姓	《南史》卷五八《韦叡传》、《梁书》卷一二《韦叡传》
4	韦叡女	柳津	河东柳氏	关中郡姓	《南史》卷五八《韦叡传附孙粲传》
5	韦放子	张率女	吴郡张氏	吴郡大姓	《南史》卷五八《韦叡传附子放传》
6	韦放女	张率子	吴郡张氏	吴郡大姓	《南史》卷五八《韦叡传附子放传》

本节小结

东汉魏晋南北朝时期，京兆韦氏的南迁主要集中于四个时段的四个支系：其一为东汉末年的韦昭支系，此支系为了躲避朝廷征召而南迁延陵，并在此定居下来。由于本支家族成员不慕仕途，故于政治地位并不显达，自韦昭之后直到宋代韦陟以进士及第而稍有复振，成为今天的延陵韦氏。其二是永嘉之乱后的韦泓，韦泓家族遭逢永嘉之乱，家破人亡，本人因受到应詹的援助和荐举才得以生存并事晋元帝司马睿为太府卿，但终因家族势单力薄而并没有在东晋政治舞台上产生太大的影响。其三是淝水之战后韦轨一支迁居襄阳，此支系存续于六朝，从侨居地襄阳逐渐进入中央，仕途比较平稳，随着隋灭陈北迁，结束了在襄阳的寓居生活，其后裔零星散见于隋和唐初，并不再显达。其四是刘裕北伐后韦华一支的南迁，此支系与韦轨一支同样存续于六朝，但呈现大起大落之势，其影响远高于前三者。此支系得益于文武兼备的韦叡凭借其族望抓住萧衍代齐的历史机遇而迅速崛起，但也由此注定了与萧梁政权的休戚与共，随着其成员的入仕和向中央权力中枢的涉足，逐渐与乡里脱离，成为对梁政权依附性非常强的寄生官僚，最终在捍卫梁政权的对侯之战中遭到毁灭性打击，自此失去东山再起的基础，尽管有个别成员延续到了陈，但南迁韦氏家族的兴盛局面已一去不复返。活跃于隋唐历史舞台上的将是部分南迁北归和一直居留北方的韦氏[①]，南北韦氏宗族的政治格局发生了新的变化。以上四支南迁韦氏的演变轨迹反映了宗族乡里、家族文化以及政治地位对于维持一个家族政治社会地位的重要性，三者缺一，皆有可能导致声望不传。

---

① 宋艳梅《永嘉乱后京兆韦氏南迁江左考述》一文中的结论与此相似，《南京晓庄学院学报》
　　2009 年第 5 期，第 22～26 页。

第二节　北归京兆韦氏的命运

在屡次南迁的北方士族中，其中有的长期居于侨居地，形成了新的地望，如上文所述的襄阳韦氏，但也有一部分因各种原因又在隋朝完成南北统一之前主动北归了。因北方又经历了北魏后的东西分裂对峙，因而北归韦氏又要再次面临政治立场的抉择，不同的抉择也将因政治格局的变动而经历不同的命运。

在南迁的韦氏成员中，共有五支曾经北归，分别是韦罴一支、韦略一支、韦肃一支、韦惠度一支和韦纂一支。五支北迁的原因各异，所走的道路也有差别。韦罴一支到北魏时便退出政治舞台；韦肃一支和韦惠度一支从仕于北魏后分别仕东魏北齐和西魏北周，韦肃一支到东魏北齐时退出政治舞台，韦惠度一支则平稳过渡到隋唐，成为平齐公房的前身；韦纂一支较以上三支北归的时间要晚，进入北朝后不久就步入了隋唐，成为小逍遥公房的前身。

一、北归彭城的韦罴支系与韦略支系

据《魏书》卷四五《韦阆传附从叔道福传》和《北史》卷二六《韦阆传附从叔道福传》记载，韦罴是京兆韦氏东眷韦穆的后裔，曾仕于前秦政权，因受到苻坚丞相王猛的器重而成为其女婿，后官至东海太守。淝水之战前，东海乃前秦实辖地。淝水之战后，前秦土崩瓦解，韦罴南投江左，在南朝刘裕执政时期为辅国将军、秦州刺史。据考证，东晋元帝司马睿大兴三年（320），南阳王司马保为其下所杀，秦州地入前赵刘曜，以陈安为秦州刺史，镇上邽。自此秦州没。[①] 孝武帝后才正式在南方侨置，寄治在

---

① 胡阿祥：《东晋南朝侨州郡县与侨流人口研究》，南京：江苏教育出版社，2008年，第223页。

襄阳，可推见，韦罴担任的秦州刺史并无太大实权，与前秦的东海太守不可同日而语。韦罴子韦道福是个有志略的人，刘宋政权自文帝刘义隆之后，宗室诸王争权夺位，骨肉相残，严重削弱了统治力量，通过杀兄长而自立的孝武帝刘骏即位后，大量任用寒人掌握机要，加强皇权，引发多起叛乱。徐州刺史薛安道谋欲拥州内附北魏，韦道福也放弃了其盱眙、南沛太守，镇北府录事参军的职务，追随薛安道北归，以功除安远将军，赐爵高密侯。据考证，盱眙是守淮南的重镇之一，属刘宋实土[①]，而南沛是宋孝武帝大明五年，分广陵而侨置，治肥如县，如有实土。[②] 韦道福相比其父已经能在刘宋地方握有一定的实权。北归后享有的高密侯爵位，是属于赐爵制中的武功爵，高密虽是北魏实土，但赐爵往往是无封国，不世袭，不食租税[③]，因此象征意义大于实际意义。即使这样，韦道福还是选择了北归，成为本支系北归的领头人。大致韦罴南迁之时，即把家迁徙至彭城，待韦道福北归后，其家仍在彭城。按，彭城是徐州治所，刘宋明帝泰始年间，淮北没寇之后，才侨州徐州，治钟离。[④] 在此之前，徐州是刘宋所辖的实土，只是因徐州刺史的投北而使其所属发生了暂时性的改变，对于居家于此的韦罴家族而言则影响不大。而且彭城还是韦氏失掉豕韦国之后的第一个迁居地，在韦氏宗族变迁史上具有重要的地位，也许这也正是韦罴南迁选择彭城作为侨居地的深层次原因。

韦道福一子韦欣宗，也以归国勋别赐爵杜县侯，也是象征意义的有封国而无食邑的爵位。魏孝文帝初，韦欣宗官拜彭城内史，因当时彭城郡为王国，元勰为彭城王，故其行政长官称为内史，其职掌相当于太守。寻迁大将军、宋王刘昶咨议参军。据《魏书》卷五九《刘昶传》，刘昶是南朝刘宋文帝义隆第九子，先后担任南彭城太守和徐州刺史。前废帝刘子业即位后，昏聩残暴，想杀掉刘昶。景和元年（465），刘昶携妾吴氏等二十多人

---

① 胡阿祥：《东晋南朝疆域与政区研究》，北京：学苑出版社，2005 年，第 300 页。
② 胡戟：《东晋南朝安徽境内侨州郡县考略》，《安徽史学》1990 年第 2 期，第 9 页。
③ 杨光辉：《汉唐封爵制度》引言，北京：学苑出版社，2004 年，第 4 页。
④ 胡戟：《东晋南朝安徽境内侨州郡县考略》，《安徽史学》1990 年第 2 期，第 11 页。

北逃北魏，被任命为侍中、征南将军、驸马都尉，先后娶武邑公主、建兴长公主和平阳长公主。太平十七年（493），北魏孝文帝进行汉化改制，创建开国王爵、五等爵，封刘昶为齐郡开国公，加宋王之号，在北魏非宗室的王公大臣之中，地位相当隆显。其子刘承绪，曾娶魏孝文帝的第六妹彭城公主，但因其体弱早死，彭城公主又再嫁。最后刘昶也去世于彭城，可见彭城是刘昶长期任职和常居的根据地，韦欣宗因在彭城的地望而成为王府属官。广陵侯元衍为徐州刺史时，延请韦欣宗为长史，韦欣宗代元衍抚绥州境，甚得民和。可见，到韦欣宗时期，韦氏已在彭城具有一定的社会威望。北魏宣武帝时期，韦欣宗除通直散骑常侍，成为皇帝侍从官，寻转太中大夫，跻身于中央权力机构，卒后，赠龙骧将军、南兖州刺史，谥曰简。

韦欣宗的从父弟韦合宗，卒于东海太守。按，东海是自汉代以来京兆韦氏成员任职较多的地方[1]，可推见，韦氏家族与东海郡颇有渊源。

韦欣宗有两子在北魏孝明帝后期任官，其一韦元叡，是武定年间的颍州骠骑府长史，其二韦元恢在孝昌年间因阻止徐州刺史元法僧据州反叛而遭其所害。

综上，韦黑一支原来在北方前秦政权通过与当权家族的联姻确立了比较高的政治地位，淝水之战后南迁暂仕于刘宋政权。大致因彭城曾是韦氏宗族的聚居地之一而将家从关中迁徙至彭城。自韦道福北归后，仍定居于彭城，延续了三代，成为彭城一带颇有影响力的家族，是走的地方化的模式。尽管有个别成员跻身于北魏的中央权力机构，但终究没有成为非常显达的贵勋之家，最终因叛乱致其后裔成为牺牲品，自此便退出了历史舞台。

北朝时期居于彭城的韦氏除了上述韦黑一支外，还有一支"本京兆人，现居徐州之彭城县"的另外一支即韦略支系。韦略不见于正史记载，但从《韦略墓志铭》[2]中多少能窥见其家世的大概。韦略是京兆韦氏的后裔，不

---

① 详见前文所列表 1-1。
② 王其祎、周晓薇：《隋代墓志铭汇考·唐故行台侍郎韦君墓志并序》，北京：线装书局，2007年，第 263 页。

知在何时其家族南迁至徐州彭城。至北魏与南朝对峙之时，因彭城已属北魏所辖之地，故仕于北魏。其父韦昶曾任职于济阴府，韦略是其少子，字士明，是本支系相对显著的人物。据本人墓志铭文的记载，他"善与人交，好书史，便文牍，明解释义，言论入微。又习弓马，重任侠，文武之行，为东南之美"。北魏分裂为东西两政权后，韦略因家在北齐辖区而仕于北齐。文宣帝天保末年，尚书赵彦深为东南道行台，将韦略征为侍郎；天保七年（556），齐寿阳道行台左丞杨裴为徐州刺史，带东南道行台左丞，又将其辟为州都兼户曹参军。韦略"所居皆能称职，声誉甚芳。二使君深相待遇，并略常礼，复巾谈议，有如朋执"。孝昭帝皇建年间，大使巡省，举拔英俊，韦被征入都城邺，授殿内将军。据考证，殿中将军是武官，始置于三国魏，北魏继设，掌督守殿内。由此可推知，北齐的殿内将军即从北魏殿中将军沿革而言，孝文帝太和十七年（493）《职员令》定其秩为正五品中①。由此可判断，韦略身为汉人，虽没有跻身北齐以鲜卑人或鲜卑化人为主的主力军中，却成为捍卫殿内安全的警卫，成为当政者所信任的重要力量，由地方走向了中央。陈太建五年（北齐武平四年，573）三月至十二月，陈镇前将军吴明彻率军北伐，吴明彻部将程文季率敢死队，拔掉州前水障木栅，进围秦州，韦略即在当时情势下被尚书苏珍征辟从戎，战死于疆场。因"家无立子"，自此绝户，史无记载。北齐政权是以北镇鲜卑化的部落人民为其军事基础，为了防止汉族士大夫爬到他们的头上来，尽量维持强大的鲜卑化军队，因此而实行的是鲜卑人当兵、汉人务农的军事制度，即便是征发一些汉人，也主要是服兵役，而不能进入其主力军也就是骑兵当中，但对汉人中的一些地方大姓尤其是善于骑射的勇力绝伦者则吸收其进入了武官行列中②，韦略的被征从戎说明了北齐所尽量维持的非汉化状态也在逐渐改变。

---

① 俞鹿年：《北魏职官制度考》，北京：社会科学文献出版社，2008年，第154页。
② 参见唐长孺：《拓跋族的汉化过程》，《魏晋南北朝史论丛续编》，北京：中华书局，2011年，第171～172页。

韦略支系虽是从京兆南迁而来，却能受到北朝高官的礼遇，当与其在彭城的社会地位有关。同据《韦略墓志铭》的记载，韦略娶的是北魏时期被列为汉族四姓[①]之一的荥阳郑氏为妻，而郑氏的祖父担任过徐州主簿、州都奉朝请、宁朔将军、中散大夫，父亲为直阁将军。据考证，北魏时期的直阁将军是前期内侍官中武职内侍官职掌的延续，掌警卫门阁。孝文帝太和十七年（493）《职员令》定其秩为从三品。[②]可见韦略与其岳父都曾担任警卫系统的官职，其婚姻的结成也说不定正是因这层关系的存在。无论如何，郑氏显然在徐州具有一定的根基，且又任职中央，政治社会地位非同一般。因此，韦略在弱冠之时，便经常与州里的郑氏"郑子春、郑子信诸从兄弟契，濠上之游，甚得相怡"。韦略战死之后，郑子信亲笔为其撰写墓志铭文。此处郑氏兄弟估计是与其妻族有同宗关系。韦略家族除了与一流高门荥阳郑氏通婚外，还与彭城刘氏联姻，进一步提升了本家族的政治社会名望。韦略的大女嫁给了彭城刘孝融，刘孝融本人为徐州功曹参军，父亲为徐州主簿，祖父为秦州刺史；小女嫁给了彭城刘舍王，刘舍王的父亲也曾任徐州主簿，祖父曾任东太山郡守。由韦略家族的婚姻和社交对象就可大致明了其在徐州彭城是有一定政治社会基础的。韦略的任职从地方走向中央，虽然使其家族政治地位有所提升，但也面临同等的危机，为此付出了户绝的代价。

二、北归洛阳的韦肃支系

刘裕北伐取得了成功，灭掉了据于关中的后秦，关中暂时为东晋所控制。不久，刘裕的得力大臣刘穆之病死建康，刘裕遂以他十二岁的儿子刘义真镇守长安，自己匆匆南返。夏主赫连勃勃趁机攻取咸阳，刘义真撤离

① 所谓四姓，一说为中原汉族高门崔、卢、李、郑，一说为汉族甲、乙、丙、丁四种郡姓。
② 俞鹿年：《北魏职官制度考》，北京：社会科学文献出版社，2008年，第151页。

长安，关中复失。一部分关中士人跟随刘义真南渡，韦肃即是其中之一。

据《北史》卷二六《韦阆传附从子崇传》、《魏书》卷四五《韦阆传附从子崇传》和《北齐书》卷四五《文苑传·颜之推传附韦道逊传》，韦肃南渡后仕宋历官魏郡、弋阳二郡太守，豫州刺史，主要担任地方官职。韦肃在儿子韦崇十岁时去世，其妻郑氏携韦崇返回北魏，寓居洛阳。当时韦崇的舅父郑羲担任北魏兖州刺史，可能正是因为这层婚姻关系，韦崇被举为中书博士。魏孝文帝推行汉化改革，带头娶汉族大姓之女为嫔妃，在此背景下，韦崇之女被选为嫔妃，韦崇由此成为皇亲国戚，政治社会地位顿显。韦崇也先后被召为司州中正和河南邑中正。因为"到南北朝时门阀制度业已确立，九品中正制对其所起的巩固作用发挥到了顶点，士庶之别成为无可怀疑的原则；也在此时九品升降的重要性倒显得减少了。因为士族进身已不必关心中正给他的品第，问题只在于自己的血统，防止士庶混淆最好的办法乃是辨别姓族，企图享受特权也只有假造谱牒，中正品第只是例行公事，无足重轻"[1]。于是，中正的职能也随之发生了转变，北魏时期的州中正成为了定族姓的实际执行者，由他们将材料报送朝廷主管机构尚书省。在这个过程中，也会出现一些营私舞弊的现象，正所谓："中正买望于下里，主按舞笔于上台。"[2]但韦崇"频居衡品，以平直见称"。更何况他所担任的是胡人居住相对比较集中的司州和河南邑。后又出为乡郡太守，因受百姓爱戴被挽留在郡九年。晚年回到关中任华山郡太守。

韦崇的子辈因是皇亲，皆顺利入仕，且居中央。一子韦猷之，起家奉朝郎，转给事中，步兵校尉。稍迁前、后将军，卒于太中大夫；另一子韦休之，起家安州左将军府城局参军，既而转任给事中，进入中央，又担任河南邑中正，稍迁安西将军、光禄大夫。从韦崇两子的起家官、担任的官职及品秩来看，奉朝请、给事中皆属散骑省（后改为集书省）是皇帝的侍

---

① 唐长孺：《九品中正制度试释》，《魏晋南北朝史论丛（外一种）》，石家庄：河北教育出版社，2000 年，第 117～118 页。

② 《魏书》卷七八《孙绍传》，北京：中华书局，1974 年，第 1724 页。

从官，品秩分别为正六品下和从三品上；前后将军及安西将军秩均为正三品，太中大夫及光禄大夫品秩分别为从三品和正三品，由此可推断，韦崇子辈在北魏后期所担任多为亲要之职，在官僚秩序中位居高官行列。此后韦猷之支系子辈人丁兴旺，四子韦道逊、韦道密、韦道建及韦道儒并早以文学知名，仕于北魏末年至东魏北齐。韦道密，魏永熙中开府祭酒。因患恍惚，沉废于家；韦道建，东魏孝静帝武定末年，任定州仪同开府长史，带中山太守，于天保末年卒于司农少卿；韦道儒，仕北齐文襄王大将军府东阁祭酒，历中书黄门侍郎；韦道逊，武平初尚书左中兵，加通直散骑侍郎，入馆，加通直常侍。从他们多任职于中央学官和侍从官推断，这一支系是以文见长。其中并没有在征战中立下功勋者，随着北周灭掉北齐，依附于北齐的这一支洛阳韦氏也消沉匿迹了。"东魏北齐政权尽管在军事上努力维持其鲜卑化，但终究难以逃脱汉族的汪洋大海对其政权性质在其他诸多方面的浸润，而韦氏成员入居其中央机构并侍从皇帝只是其汉化的冰山一角。"[①]

综上，韦肃一支的南迁始于韦肃追随刘义真过江，其北归始于韦崇，进入北朝后经历了三代。对本支系的北归产生重大影响的则是其婚姻关系。首先，因韦肃娶荥阳郑氏女为妻，故北归后的韦崇母子才能受其舅舅的关照和提携，进入北魏中央政权，在洛阳安居；其次，韦崇的女儿成为孝文帝的嫔妃则直接改变了韦崇家族的身份和政治社会地位，这一皇亲国戚的身份影响到其子孙两代皆在政治上位居清流。韦肃家族因前者而提升了社会地位，因后者而拔高了政治身份，而韦崇及其子韦休之能先后担任中央官职则是他们家族在京城洛阳扎根的体现。韦罴、韦略两支及韦肃一支都没有回到关中故里，而是在他处生根发芽，所不同的是，前者走的是地方化的道路，而后者走的是中央化的道路；而相同的是，他们都因曾仕于东

① 详见黄寿成：《汉士族与东魏北齐政权》，《青岛大学师范学院学报》2011年第1期，第84～98页。

方的东魏北齐而随着所依附政权的覆亡趋于沉寂。

附表2-2：韦罴、韦略及韦肃三支系婚姻关系表

序号	名讳	嫁娶对象	对象政治社会地位	备注
韦罴支系	韦罴	王猛女	北海前秦权贵	《魏书》卷四五《韦阆传附从叔道福传》
韦略支系	韦略	郑氏	山东郡姓荥阳郑氏	《隋代墓志铭汇考》，第263页，〇六八《唐故行台侍郎韦君墓志并序》
	韦略女	刘孝融	彭城刘氏	《隋代墓志铭汇考》，第263页，〇六八《唐故行台侍郎韦君墓志并序》
	韦略女	刘舍王	彭城刘氏	《隋代墓志铭汇考》，第263页，〇六八《唐故行台侍郎韦君墓志并序》
韦肃支系	韦肃	郑氏	山东郡姓荥阳郑氏	《北史》卷二六《韦阆传附从子崇传》
	韦崇女	魏孝文帝	北魏皇室	《北史》卷二六《韦阆传附从子崇传》

附韦罴及韦肃支世系①：

韦穆（东眷）……韦罴—韦道福—韦欣宗—韦元叡

　　　　　　　　　　　　　　　—韦元恢

　　　　　　　—□□□—韦合宗

……□□—韦肃——韦崇——韦猷之—韦道逊

　　　　　　　　　　　　　　—韦道密

　　　　　　　　　　　　　　—韦道建

　　　　　　　　　　　　　　—韦道儒

　　　　　　　　　——韦休之

① 据《北史》卷二六《韦阆传附从子崇传》，北京：中华书局，1974年，第955～960页；《魏书》卷四五《韦阆传附从子崇传》，北京：中华书局，1974年，第1009～1018页；《北齐书》卷四五《文苑传·颜之推传附韦道逊传》，北京：中华书局，1972年，第626页。

三、北归关中乡里的韦瑱支系

据《北史》卷六四《韦瑱传》和《周书》卷三九《韦瑱传》，韦瑱，字世珍，京兆杜陵人也，世为三辅著姓。另据《元和姓纂》："西眷。潜八代孙周平齐公瑱，生师。"[①] 由此可推知，韦瑱是京兆杜陵西眷韦潜的八代孙，到韦瑱曾祖韦惠度时，仕后秦姚泓为尚书郎。后秦被刘裕灭掉后，随刘义真过江，仕南朝刘宋政权为镇西府司马、顺阳郡守、行南雍州事，后因襄阳归魏而仕于北魏，拜中书侍郎。据考证，中书侍郎一职，"北魏初年多由北方高门士人出任"[②]，但"在孝文帝改革以前似不为人所重。所以高允为侍郎，被说成地位'微贱'，是'小臣'；而且他一直当了二十七年侍郎，在古代历史上绝无仅有，正好反映人们对此官不感兴趣，无人钻营、竞争"[③]。可见韦惠度在北魏初年并没有受到重用，其子韦千雄及孙韦英，分别官至北魏略阳郡守和代郡太守。据考证，北魏时期的代郡因首都平城而设，迁都后改称代郡[④]，可推知，迁都之前的代郡战略地位是相当重要的，迁都之后则退为军事战略要地。不过，"北魏的郡太守秩仅七品，且不临民，与汉代的郡守地位相差甚远"[⑤]。可见，在韦瑱之前，其先辈中皆无居高官者，家族政治地位不显，韦瑱在仕途上的崛起则改变了这一局面。

据史载，韦瑱"笃志好学，兼善骑射"，颇受闾里的敬重。北魏肃宗孝明帝孝昌三年（527），韦瑱起家太尉府法曹参军，据《太尉公皇甫公石窟碑》，此时的太尉即北魏胡太后的舅父皇甫度，而其所担任的法曹参军极有可能是北魏后期于州军府所置法曹行参军的省称，掌刑法之事[⑥]。在北魏分裂之前，韦瑱又先后担任过雍州治中、防城州将和侍从官谏议大夫，文武

① 据林宝撰，岑仲勉校：《元和姓纂（附四校记）》，北京：中华书局，1994年，第126页。
② 俞鹿年：《北魏职官制度考》，北京：社会科学文献出版社，2008年，第83页。
③ 祝总斌：《两汉魏晋南北朝宰相制度研究》，北京：中国社会科学出版社，1998年，第355页。
④ 毋有江：《北魏政区地理研究》，复旦大学，2005届博士论文，第82页。
⑤ 俞鹿年：《北魏职官制度考》，北京：社会科学文献出版社，2008年，第185页。
⑥ 参见俞鹿年：《北魏职官制度考》，北京：社会科学文献出版社，2008年，第319页。

兼备，武散品从正六品上的明威将军到正四品下的镇远将军再到从三品的冠军将军，跻身武散品的高秩行列。

　　宇文泰掌握西魏政权之后，为战胜势力强大的东魏，实行了以地缘认同为基础的关中本位政策，对关中大族极力拉拢。且宇文泰是出自代郡武川，韦瑱的父亲曾出任过代郡太守，加上此层关系，原本即是关中著姓的韦瑱受到宇文泰的重用，其武散品加至正三品的前将军和从二品的抚军将军，文散品从三品的太中大夫加至正三品的光禄大夫。在职位上两次担任关西大行台左丞，使持节、都督南郢州诸军事、南郢州刺史，开始成为握有实权的人物，在爵位上封长安县男，食邑三百户。大统三年（537）高欢率20万大军进攻西魏，"太祖自弘农引军入关，导督左右禁旅，会于沙苑，与齐神武战，大破之"[1]。韦瑱因从复弘农，参与沙苑之战而被加正一品下，位次于仪同三司的卫大将军和正二品的左光禄大夫。后又从战河桥，进爵为子，增邑二百户。大统八年（542），高欢侵汾、绛，韦瑱跟从宇文泰加以抵御，军还之后，以本官镇蒲津关，带中浑城主，寻除蒲州总管府长史，不久，征拜鸿胪卿，进入中央政权机构中。

　　大统九年（东魏武定元年，543）邙山再败后，宇文泰政权所依恃的主力军损失巨大，于是才开始"广募关陇豪右，以增军旅"[2]，军事来源开始扩大。十二年（546），又以"望族"统乡兵，建立以大族为首领的地方武装。韦瑱"以望族，兼领乡兵，加帅都督。迁大都督、通直散骑常侍，行京兆郡事，进车骑将军、仪同三司、散骑常侍"，成为拥有一定武装力量，负责京兆一郡的实权派人物和皇帝的侍从近臣，居于本乡，也就是京兆杜陵。像韦瑱这样率领的"乡兵在北周时期虽无列于府兵的明文，但在隋初却已上番宿卫"[3]。而作为乡兵统帅的韦瑱在西魏恭帝二年（555）被赐

---

①　《周书》卷一〇《宇文导传》，北京：中华书局，1971年，第155页。
②　《周书》卷二《文帝纪》，北京：中华书局，1971年，第28页。
③　参见唐长孺：《魏周府兵制度辨疑》，《魏晋南北朝史论丛》，北京：生活·读书·新知三联书店，1955年，第266页。

姓宇文氏。三年，除瓜州诸军事、瓜州刺史，因"雅性清俭，兼有武略"，对"番夷赠遗，一无所受"。于是，"胡人畏威，不敢为寇"。任满还京，受到百姓恋慕。宇文觉自立为帝，进韦瑱爵位平齐县伯，增邑五百户。世宗宇文毓即位，又进授其为侍中、骠骑大将军、开府仪同三司，武成三年（561）卒于六十一岁。高祖宇文邕天和二年（567），又追封为公，增邑通前三千户。韦瑱以其关中望族身份，加之本人文武兼备，在西魏北周关中本位政策的大背景下爵至公位，散至最高，且居侍从官之首，食邑三千户，为子孙在北周的政治社会地位打下了基础，遂成为唐代平齐公房的房祖。

韦瑱子韦峻，世袭其父爵位，位至车骑大将军、仪同三司，在散品上仅次于其父。综合《隋书》卷四六《韦师传》、《北史》卷六四《韦瑱传附子师传》及《周书》卷三九《韦瑱传附子峻师传》的记载，韦峻弟韦师是北周时期一个颇具孝行、略涉经史、尤工骑射的至性之人。公元557年，宇文泰侄宇文护拥立宇文觉为孝闵帝后被拜大司马、晋国公，不久杀赵贵、独孤信后，升为大冢宰。韦师正是在当时被宇文护引为中外府记室而起家，后转宾曹参军。因韦师父韦瑱曾任瓜州刺史，与蕃夷多有往来，可能韦师受其影响，对诸蕃风俗及山川险易如视诸掌，使夷狄朝贡，无敢隐情。宇文护被周武帝设计除掉后，韦师作为其属官似乎并没有受到太大的影响，转为少府大夫，灭北齐后，徙为宾部大夫，安抚山东。隋文帝即位后，拜韦师为吏部侍郎，数年后，迁河北道行台兵部尚书，诏韦山东河南十八州安抚大使，可见，韦师是一个比较善于从事安抚工作的人。武帝建德末年，任蒲州总管府中郎，行河东郡事。因其第望，先后被北周齐王宇文宪、隋晋王杨广引为雍州主簿，杨广率兵平陈之后，将陈国府藏悉委于韦师，秋毫无所犯，称为清白。也是因其第望，韦师能跟随文帝幸醴泉宫，且能与左仆射高颎、上柱国韩擒虎等人享受皇帝的赐宴，并各叙旧事，以为笑乐。为进一步笼络韦师家族，隋文帝纳韦师之女与其长孙长宁王杨俨为妃，自此，韦师家族又多了一层皇亲国戚的身份。韦师卒于汴州刺史任上，终其一生，虽没立下赫赫战功，但官居中高层，并享赐爵井陉侯，食邑五百户。唐代隋后，关中仍为政治中心所在，韦峻、韦师的后裔凭借父祖所积累的政治资本和第望继续保持比较显达的政治地位，直到唐末，成为京兆韦氏活跃于唐代历史舞台上的重要一支。

附韦惠度一支世系：

韦潜（西眷）……韦惠度—韦千雄—韦英—韦瑱—韦峻……

—韦师……

四、北归阳武的韦纂支系

韦纂是前文所述南迁韦华的后裔，韦华先后在淝水之战和刘裕北伐后南迁，其后裔中有曾孙韦叡者，带领其族人在萧衍代齐中通过军功崛起，从此定居襄阳，成为襄阳韦氏，而韦华的另一曾孙，也就是韦叡的同父兄韦纂的后裔却在陈被灭之前回归到北方阳武，从而也就有了不同于韦叡一支的发展轨迹。

据《南史》卷五八《韦叡传附兄纂、阐传》及《梁书》卷一二《韦叡传附兄纂、阐传》，韦纂是韦祖归的长子，"仕齐司徒记室，特进。沈约常称纂于上曰：恨陛下不与此人同时，其学非臣辈也"。当时的名士沈约能对韦纂如此评价，可见其学业非同一般。另据相关墓志铭[①]的记载，韦纂的孙子韦量，曾仕于梁任中书黄门侍郎，但他也曾在北魏任散骑常侍，在北周任使持节抚军大将军、散骑常侍，并享汝南县开国子爵位，食邑三百户。从韦量的任官经历可以推知，韦纂一支的北归是始于韦量。据《新唐书》卷一一六《韦思谦传》"其先出雍州杜陵，后客襄阳，更徙为郑州阳武人"的记载可知韦量北归后并没有回到其原来的关中乡里，而是在关东的郑州

---

① 《韦思谦墓志铭》、《净光严墓志铭》收在吴钢主编：《全唐文补遗》第二辑，西安：三秦出版社，1995年，第6～7、15～16页；《韦希损墓志铭》收在周绍良、赵超：《唐代墓志汇编》上册，"开元〇九五"条，上海：上海古籍出版社，2001年。

阳武县扎根了。韦量子韦瑗继续在北周任冬官司金上士，并担任隋朝的阳武县令，世袭了汝南子的爵位，成为阳武之地的父母官，但这没有影响其后裔发展为唐代比较显达的小逍遥公房。

附韦纂支系世系①：

　　韦穆（东眷）—□—□—韦钟—韦华—韦玄—韦祖归—韦纂—□—韦量—韦弘瑗……

本节小结

　　综上所述，北归京兆韦氏可以依据北归时间的早晚分成两大类，一类是较早北归的，如韦罴一支、韦肃一支和韦瑱一支，这三支都是刚刚入仕于刘宋政权后就北归了，在南方还没有扎下根基，主要活动于北朝；另一类是较晚北归的，如韦华后裔中的韦纂一支，这一支在第二次南迁后一直仕于南朝政权，是在陈被隋灭掉之前北归的，在迁居地襄阳已经具有了一定的社会基础。

　　北归的四个支系在北归后经历了不同的发展轨迹，有的在北魏就退出了历史舞台，有的则延续至东魏北齐，而有的则一直持续到唐末。四个支系相比较，韦罴一支北归后迁居至彭城，通过与当地士族的通婚确立了在彭城的社会地位，但没有回到关中乡里，脱离了宗族基础，又远离北魏政治中心洛阳，没有与皇权建立密切关系，到北魏就在政治上消沉了。韦肃一支凭借婚姻关系，北归后迁居洛阳，也没有回到关中旧地，但靠近政治中心，且通过与皇室的联姻成为皇亲国戚和政治显贵，一直延续到东魏北齐，随着北齐被北周灭掉退出了政治舞台。韦瑱一支最大的优势是在北归后重新回到了关中旧地，确立了在乡里的威望，加入到西魏北周以来的关

---

① 综合《韦思谦墓志铭》、《净光严墓志铭》、《韦希损墓志铭》、《梁书》卷一二《韦叡传兄纂、阐传》、《南史》卷五八《韦叡传附兄纂、阐传》、《新唐书》卷一一二《韦思谦传》、《旧唐书》卷八八《韦思谦传》及《元和姓纂》卷二"韦氏"条相关记载梳理而成。

陇军事集团中，进入隋唐后，继续受到以关中为根据地的隋唐政权的青睐。韦瓒一支北归后的顺利发展得益于其既依据乡里又靠近政治中心。晚渡又晚归韦华一支的后裔中韦篡这一分支北归后没有回到关中旧地，而是居于郑州的阳武县，却能成为隋唐时期京兆韦氏的著房之一——小逍遥公房，究其原因则主要在于一直维持在士林中的声望，无论家学还是门风颇为社会所认可，最终以科举入仕，并至相位。由此可见，对北归士族来讲，要想保持政治社会地位的不衰，要么回归于旧地乡里，凭借宗族基础，通过强大的社会基础对政治产生影响；要么通过婚姻建立与皇权的紧密联系；要么通过文化优势立足于士林，如果没有其中之一的条件，政治社会地位的衰落将是必然的。

第三节　居北京兆韦氏的崛起

汉末魏晋南北朝特殊的政治社会环境引发了部分京兆韦氏的南迁和北归，但大部分京兆韦氏依旧留居北方，依托于关中乡里。在北方，先后有五个胡族政权入主关中，居北京兆韦氏成员有的参与到这些少数民族政权中，有的却遭到他们的迫害，居北京兆韦氏度过了一段不平凡的历史时期。鲜卑拓跋部族建立北魏并统一北方，施行了一系列汉化政策，对汉族士族加以拉拢，大大消除了汉族士族步入仕途的疑虑和困惑。一些胡族政权统治者尊崇提倡中原儒家文化的实际行动也使得汉族士族华夷之辨的观念发生了变化，两相结合，居北京兆韦氏重新受到统治者应有的礼遇和重视，从而开始了与北魏政权的合作。北魏分裂东西两个政权后，居北京兆韦氏以仕于西魏北周者居多，少数因特殊原因加入到东魏北齐政权中，不同的选择也将注定不同的发展轨迹。活跃在北朝政治社会中的京兆韦氏主要有四支：韦阆支系、韦珍支系、韦真憙支系和韦祐支系。

一、以地望而入仕的韦阆一支

依据《魏书》卷四五《韦阆传及其附传》和《北史》卷六二《韦阆传及其附传》，韦阆，字友观，京兆杜陵人，是京兆韦氏东眷韦穆的后裔，世为三辅冠族。韦阆的祖父韦楷，曾仕西晋为建威将军，任长乐、清河二郡太守。韦阆的父亲韦逵，担任后燕慕容垂时期的吏部郎、大长秋卿等职。韦阆主要经历后燕至北魏世祖太武帝拓跋焘时期，早年可能因追随其父任职后燕都城中山，396年，北魏出兵进围中山，慕容宝战败后逃奔龙城，而韦阆则避乱于原前秦都城所在蓟城。北魏统一北方后，太武帝拓跋焘征韦阆拜为咸阳太守，继任武都太守，并在郡太守任上长达十六年，甚得民望。太武帝太平真君六年（445）正月，酒泉公郝温反于杏城，杀守将王幡，县吏盖鲜率领宗族讨伐郝温，以郝温弃城逃走，家属伏诛而结束；同年十月，卢水胡盖吴又聚众反于杏城，关中受到惊扰，韦阆对自己所管辖的地方尽心抚纳，没有发生大的变动，为稳定北魏在关中的局势做出了贡献。

韦阆在北魏并没有担任中央官职，其子韦范尽管在文成帝拓跋浚时期被赐爵兴平男，从此成为有爵位的贵族，但并无实际食邑可享，曾任镇西大将军府属官司马、华山郡太守，仍然没有担任正式的中央官职，到其孙辈，以韦儁一支为著，韦昶、韦颢相对势弱。

同据上书，韦儁，字颖超，早有学识。少孤，事祖母以孝闻，性温和廉让，为州里所称。孝文帝太和年间世袭其父爵位，通过门荫步入仕途，除荆州治中、转梁州宁朔府长史。任满还至雍州，为太尉外兵参军、雍州中正，再迁都水使者，封高平贞男。中正一职在北魏时期地位显然不如从前，而都水使者是管理津桥事务的都水台长官，虽为中央官职，却不显要，仅为正四品中，可见，到韦儁一代，其家族的政治地位仍不显达，但从其与郭祚结为婚姻来看，还是颇有社会名望。据《魏书》卷六四《郭祚传》，郭祚是北魏车骑将军郭淮弟郭亮的后裔，出自太原名门郭氏，郭祚的祖父郭逸是北魏一流高门清河崔氏崔浩兄弟二人的岳父，郭祚的祖母则是出自同为名门的太原王氏，但其父郭洪之后坐崔浩事被诛，郭祚有幸逃脱，依赖其祖母侄太原王希彦共相周恤，得以饶振。郭祚长成之后，受到孝文帝的重用，成为助其迁都和推行汉化的得力大臣，历宣武时，继续受到重用，成为孝明帝老师，官至左仆射，出除使持节、散骑常侍、都督雍岐华三州诸军事、征西将军、雍州刺史。当时，同样为宣武帝所倚重的于忠官居门下省，总领宫中禁卫，把持朝政，权倾一时。郭祚心恶之，乃遣子太尉从事中郎郭景尚说高阳王元雍，令出于忠为州刺史。后于忠闻而大怒，矫诏杀郭祚。韦儁因与郭祚有婚姻关系而同时遇害。熙平元年（516），事清之后，被追赠为中垒将军、洛州刺史，谥曰贞。韦儁家族通过与郭祚的联姻而加入到清河崔氏、太原王氏这些一流高门大姓的婚姻圈内，提升了其社会地位，但也因此被卷入权力斗争的漩涡中，为家族带来了灾难性后果。所幸的是，韦儁的后裔却能凭借由其建立的政治社会地位的平台多有跻身中央权力机构者。

《魏书》卷四五《韦阆传附孙韦儁传》中记载韦儁"有子十三人"，但有名讳记载的仅五人，即韦荣绪（字子光）、韦荣茂（字子晔）、韦子粲（字晖茂）、韦荣亮（字子昱）、韦道谐和韦子爽。他们兄弟几人皆与萧宝夤有着或多或少的联系。据《魏书》卷五九《萧宝夤传》，萧宝夤是齐明帝萧鸾的第六子，萧衍代齐后，诛杀南齐诸王，萧宝夤逃奔至北魏，受到北魏宣武帝的礼遇，并将姐姐南阳公主嫁与他为妻，萧宝夤虽身在北魏，却时刻不忘复国之任，屡次请求赴任边地。孝明帝孝昌二年（526），朝廷为笼络萧宝夤，让他安心征战，加封萧宝夤为侍中、骠骑大将军，仪同三司，假大将军、尚书令（即宰相）。同年四月，北魏朝廷又任萧宝夤为征西将军、雍州刺史、开府、西讨大都督，自潼关以西都归他节制。韦荣绪世袭其父爵位，除侍从官员外散骑常侍，同时担任萧宝夤仪同开府属官，韦子粲被引为主簿，转录事参军，韦子粲可能也在其属官之列，同年，萧宝夤在长安杀郦道元反叛北魏，韦子粲与其弟韦子爽执志不从，相率逃免。从韦荣绪与弟韦荣茂皆在孝武帝永熙末年因战败殁于关西的记载可推测，他们在当时也没有追随萧宝夤。孝庄帝永安三年（530），萧宝夤被俘虏押送至京城洛阳，韦子粲因没有追随萧宝夤而被赐爵长安子。节闵帝普泰年间，累迁中书侍郎。北魏末年，孝武帝西奔入关，韦子粲历关西大行台左丞、南汾州刺史，而其少弟韦道谐则为镇城都督。因孝武帝时为宇文氏所掌控，所以，韦子粲与其弟因家在关中而仕于西魏，但后来两人皆在北齐神武帝高欢的攻伐战争中被俘虏，可能因其家族与祖籍为晋阳的郭氏有婚姻关系而被送于晋阳，后又仕于北齐并受到礼遇，韦子粲累迁南兖州刺史，封西燠县男，后卒于豫州刺史，也不知因何故被戏剧性地谥为忠。

韦荣茂以干局知名，历侍御史、尚书考功郎中，出为征虏将军、东秦州刺史，封爵始平县开国公①，与其兄韦荣绪皆殁于北魏末年的战乱中，有子韦惠，历北周至隋，淡泊名利，官至隋襄阳县令，大业十年，终于京城私第。②韦荣亮，博学有文才，德行仁孝，为时所重。历侍从官谏议大夫，武散至仅次于仪同三司正一品的卫大将军，是韦阆家族在北朝品秩最高者。有子韦纲，仕有操行才学，领袖雍州，调为中正，进入隋朝的开皇年间，位赵州长史。纲有子韦文宗、韦英宗，并知名。

综上可见，韦偁一支在北朝主要凭借关中著姓的社会名望而跻身仕途，这从本家族成员有与太原郭氏联姻者可见一斑，这也决定了其家族成员的任职多为地域性非常强的雍州主簿、中正等官职，虽也有位至中央者，但皆非显耀之职，也有被赐爵或封爵者，但皆不享食邑。这可能主要与该家族成员多是以文见长，缺乏立有赫赫战功者有关。进入隋唐后，本支系后裔中活跃于政治舞台上的是韦子粲和韦荣亮两支，其中以后者为著，支撑着隋唐京兆韦氏的阆公房。

韦范的另一子韦昶③一支的发展道路与韦偁一支不同，他们中间没有被

① 爵位见《韦惠墓志》，赵力光：《西安碑林博物馆新藏墓志续编》上，西安：陕西师范大学出版社，2014年，第45页。
② 韦惠不见于《新表》和《元和姓纂》，今据《韦惠墓志》补，详见赵力光：《西安碑林博物馆新藏墓志续编》上，西安：陕西师范大学出版社，2014年，第45页；拓片见于赵文成、赵君平：《秦晋豫新出墓志蒐佚续编》，北京：国家图书馆出版社，2015年，第213页。
③ 《元和姓纂》和《新唐书·宰相世系表》中记载韦师的曾祖为韦祖欢，但根据韦世师和韦崇礼的墓志铭，韦世师的曾祖为韦昶，两人是否为同一人，尚不确定，今从墓志铭，详见文后所附《世系表》校补部分。

俘经历者，一直是仕于以关中为根据地的西魏北周宇文氏政权，共延续了三代。韦昶及其子韦口雅先后在北魏任秦州刺史和洛州刺史，有从关中乡里向洛阳迁徙的迹象。到了第三代韦峻，进入到北周中央政权，担任御史中丞和司隶刺史。按，司隶即司州，北魏太和十七年（493）迁都洛阳后，改洛州为司州。北魏分裂后的永熙三年（534），高氏将东魏新都邺由相州改为司州，将原司州改为洛州。韦峻所担任的司隶刺史当指北魏由洛州所改的司州，而不可能是东魏由相州所改的司州，因为在承光元年（577）北周灭掉北齐后，即将北齐由相州所改的司州又改回了相州。而早在大统三年（537）东西魏之间的沙苑之战后，宇文泰几乎尽夺东魏河南之地，故而才有韦峻担任司隶刺史的可能。进入隋唐后的韦昶后裔很快城市化，将家族的重心转移到了洛阳，与关中乡里逐渐脱离，失去宗族基础。

　　韦范三子中的韦颢一支，仅有本人见于《元和姓纂》，此支系进入隋唐后仅延续了两代即已阙载。

附：韦阆一支在北朝的世系

韦穆—口—口—韦楷—韦遗—韦阆（友观）—韦范—韦儁① —荣绪（子光）

　　　　　　　　　　　　　　　　　　　　　　　　—荣茂（子晔）

　　　　　　　　　　　　　　　　　　　　　　　　—子粲（晖茂）……

　　　　　　　　　　　　　　　　　　　　　　　　—荣亮（子昱）……

　　　　　　　　　　　　　　　　　　　　　　　　—道谐

　　　　　　　　　　　　　　　　　　　　　—韦颢……

　　　　　　　　　　　　　　　　　　　　　—韦昶② —韦口雅—韦峻③ ……

---

① 《世系表》中为"法儁"，《魏书》卷四五《韦阆传附孙儁传》中为"儁"，今从正史。

② 韦昶不见于《元和姓纂》和《新唐书·宰相世系表》，今据赵君平、赵文成：《河洛墓刻拾零》，北京：北京图书馆出版社，2007年，第126页，《大唐故博州刺史韦府君（师）墓志铭并序》和《全唐文补遗》第七辑，西安：三秦出版社，2000年，第278页，《唐故洛州录事参军京兆韦君（崇礼）墓志铭》补。

③ 韦口雅、韦峻皆不见于《元和姓纂》和《新唐书·宰相世系表》，今据《唐故使持节怀州诸军事怀州刺史上柱国临都县开国男京兆韦公（泰真）墓志铭并序》补，详见吴钢主编：《全唐文补遗》第五辑，西安：三秦出版社，1998年，第198页。

二、军功稍显的韦珍一支

据《魏书》卷四五《韦阆传附族弟珍传》：韦珍是韦阆的族弟，但似乎不像韦阆是东眷韦穆的后裔，他们的共同先祖可追溯至韦珍的九世祖韦著[①]。另据《韦彧墓志铭》及《韦彪墓志铭》，韦珍七世祖韦敦，仕晋太常卿、上禄贞侯，六世祖韦广，仕晋北平太守、关内靖侯，五世祖缺载，高祖韦谌，仕西晋清河太守，高祖韦宣，仕后秦郎中。祖韦尚[②]，字文叔，曾在前后秦任职，后追随北魏太祖拓跋珪被征拜为中书博士[③]。高宗时，拓跋良世袭其父乐安王位，拜长安镇都大将、雍州刺史，为内都大官，韦尚任其安西府从事郎中，后官至雍州刺史，封杜县侯。卒后，获赠安西将军、雍州刺史，衣锦乡国，甚是荣耀。这种不离雍州的任职状况从韦珍起有所改变。

韦珍，字灵智。拓跋子推于太安五年（459）封京兆王，位侍中、征南大将军、长安镇都大将[④]，韦珍起家京兆王子推常侍，后转尚书南部郎。主要活动于孝文帝和宣武帝时期。孝文帝初年，韦珍协助东荆州刺史桓诞抚慰当地少数民族，改变其人祭陋习，凡招降七万余户，置郡县而还，因"奉使称职"被擢升为左将军、乐陵镇将、赐爵霸城子，成为能统率士马的武官。后在镇将位上时，接应南齐司州民户谢天盖内附的斗争巧渡淮水，破崔慧景攻围，拥降民七千余户内徙。移镇比阳后，相机而击退南齐来寇的陈显达部众，以功进爵为侯。后韦珍担任过北魏名将源怀卫大将军府长史、转太保、齐郡王元简长史、彭城王元勰长史，在地方上担任过郢州刺史、荆州刺史、鲁阳郡太守，武散秩至正三品的左将军，在鲁阳郡太守位

---

① 详见周伟洲等：《新出土的四方北朝墓志考释》附录一，《文博》2000 年第 2 期，第 69 页。
② 《北史》卷二六《韦阆传附族弟珍传》中作"子尚"，《韦彧墓志铭》及《韦彪墓志铭》中皆作"尚"，故《北史》记载有误，今从《魏书》和两方墓志铭。
③ 参见牟发松、盖金伟：《新出四方北朝韦氏墓志校注》，《故宫博物院院刊》2006 年第 4 期，第 48 页。
④ 《魏书》卷十九《景穆十二王列传》，北京：中华书局，1974 年，第 518 页。

上时，孝文帝崩于南伐行宫，秘匿而还，至韦珍任职的鲁阳郡才发大讳，可见，韦珍在当时当政者心目中的地位。韦珍终其一生，略有武功，起家雍州佐官，官至战略要地的地方大员，品秩正三品，虽家族重心依然在关中长安，但任职已不再限于乡里，终卒于永平元年，享年七十四岁。

韦珍有三子，以次子韦彧一支为著，三子韦朏一支次之，长子韦缵后裔阙载。

韦缵，字遵彦，受其父荫进入中央最高学府中书学学习，为博士李彪所称，起家秘书中散，后迁侍御中散，转侍从官散骑侍郎，后徙太子中舍人，仍兼黄门、司徒右长史、寻转长兼尚书左丞。宣武帝景明元年（500），晚渡的河东裴氏裴叔业内附，尚书令王肃出镇扬州，请韦缵为长史，加平远将军，带梁郡太守。王肃薨后，任城王元澄接任扬州刺史之前，由韦缵暂行州事，算是其独当一面之始，后继为长史。当时南朝政权与北魏常常因争夺领地而起战争，南齐政权趁元澄出征，袭击并攻破寿春城，韦缵仓卒失图，计无所出。幸亏元澄母亲孟氏调动守城将士的士气，得以保全城池。孟氏因此受到灵太后的嘉奖，曰"鸿功盛美，实宜垂之永年"。乃敕有司树碑旌美[1]。韦缵却因此被免官，仕途受挫，卒于世宗宣武帝朝，可见，韦缵虽以文见长，却无武略，这与其家风有一定的关系。

韦缵少弟韦朏，字遵显，却稍有战功。早年因第望为雍州主簿，起家太学博士，迁秘书郎中，稍迁左军将军，为荆郢和籴大使，后受南郢州刺史田夷启荐行南荆州事，可领荆州骁勇，开始带兵。肃宗末，除征虏将军、东徐州刺史，寻迁安东将军，加散骑常侍，担任过地方大员和皇帝侍从官。韦朏真正杀敌于战场，立下军功是在石羊纲破斩南梁萧衍所派田粗憘来寇部众，并因此功享爵杜县开国子，食邑二百户，魏孝庄帝永安三年（530）卒于东徐州任上。韦朏的后代延续至西魏，其长子韦鸿，字道衍，起家奉朝请，迁尚书令、吏部郎中、中书舍人。次子韦道植，西魏末武定年至仪

---

[1] 《魏书》卷九二《列女传·任城国太妃孟氏传》，北京：中华书局，1974年，第1986页。

同开府中兵参军。

　　韦彧，字遵庆，是兄弟三人中地位最显者，也以文入仕。北魏孝文帝迁都洛阳后推行门阀制度，令宋弁定诸州士族，亲简人门。太和十九年（495），孝文帝对仆射李思冲说，韦彧"才明如响，可除奉朝请，令优游道素，以成高器"①。韦彧由是起家奉朝请，后被广阳王元嘉奏为骑兵参军。任城王元澄在世宗初年任雍州刺史后，韦彧屈为治中，后转别驾，督京兆郡，行州府事，在乡端八载。后又依次拜司空中郎、司徒中郎、大将军中郎、散骑常侍。肃宗熙平元年（516），又兼太常卿，当时，广平王元怀因宣武帝逝世得以被解除软禁回到家中，韦彧屈为咨议参军，第二年，广平王逝世，韦彧寻除假节、督东豫州诸军事、平远将军、东豫州刺史。北魏东豫州位于今河南省息县，虽为较小之偏州，却是南北朝时期北魏与南朝梁、齐交汇之地，首任刺史为归降北魏世代蛮帅出身的田益宗，晚年，田益宗与诸子孙聚敛无度，被调至洛阳，田益宗之子鲁生、鲁贤等因此相继反叛降梁，东豫州处于动荡状态，中书舍人刘桃符暂接任刺史，后韦彧又继任②。自他到任后，鲁生等"咸笺启修敬，不复为害"。在任期间，建太学，兴武馆，导民以德，齐民以礼，朝廷以其声名为天下最，频降优旨。正光五年（524），诏令为大将军长史，又除散骑常侍、征虏将军。永昌元年前后，幽州一带为响应六镇起义的高平人胡琛所攻掠，故设行台，朝廷诏令韦彧都督征幽军事、兼七兵尚书、西道行台，为执掌当地军政事务的最高长官。除此，韦彧还因参与太和年间高祖大驾廓清樊、邓之功而被封开国男，食邑二百户。

　　韦彧娶河东柳氏柳敬怜为妻，生有七子三女。长子韦彪，字道亮，起家雍州主簿，历雍州治中，转别驾，蓝田郡守，世袭其父阴盘县开国男爵，后除征南将军、银青光禄大夫、东南道行台右丞，领太傅长史。北魏永熙

①　《魏书》卷四五《韦阆传附珍子彧传》，北京：中华书局，1974年，第1018页。
②　参见盖金伟、董理：《新出四方北朝韦氏墓志考补》，《考古与文物》2007年第5期，第85～86页。

三年（434），当孝武帝从洛阳奔长安投靠宇文泰时，韦彪追随入关，被赏频阳县开国侯，食邑八百户。北周建立后，韦彪又除正八命的车骑将军、廷尉卿，主刑狱，有功，除车骑大将军、仪同三司，位及一品大员。次子韦晔，字道夏，历京兆郡功曹、抚军府记事参军兼别驾。三子韦融，字道昶，起家员外散骑常侍，至安西将军，通直散骑常侍，以军功享爵长安伯。四子韦熙，字道升，官至车骑将军，晋雍二州刺史，享爵元寿县开国男。五子韦奂，字道泰，征西将军、帅都督，享爵山北县开国男。六子韦皡，字道扬，雍州主簿，冠军将军，中散大夫。七子韦龠，字道谐，大丞相府参军、都督。从韦彧子辈的任职和爵位看，本支系不仅人丁兴旺，且政治地位显达。如从其婚姻状况更可窥其社会地位的非同一般。

　　韦尚将女嫁于寇祖叹为妻。寇氏①其先为上谷人，到寇讚之时，因难迁徙冯翊万年，进入关中，逐渐成为关中具有一定社会威望的家族。京兆韦华为冯翊太守，召寇讚为功曹参军，建立了职位上的主从关系，而韦尚是韦华的同宗同辈兄弟。后秦灭亡，秦雍人千余家推寇讚为主，归顺北魏政权。寇讚担任魏郡太守后，秦雍之民万户来奔向北魏政权，可见其在关中的威望。韦尚之女所嫁正是寇讚之孙寇祖叹，曾任孝文帝时安南将军、东徐州刺史，世袭爵位河南公，也是高官之家。

　　韦彧娶柳敬怜为妻，其长子韦彪娶柳遗兰为妻，其季女韦季英嫁河东柳皓。据《韦彧妻柳敬怜墓志》、《韦彪墓志》及《韦彪妻柳遗兰墓志》，柳敬怜、柳遗兰皆为河东郡南解人，出自河东三大望族的柳氏。柳敬怜祖柳师子，鹰扬将军、襄阳男，父柳文明，雍州主簿。有学者根据其柳师子"襄阳男"的爵位推断，柳师子一家与曾经晚渡的襄阳柳元景及其家族有着密切关系，极有可能是在刘宋前废帝永光、景和年间柳元景及其家族成员

---

① 参见《魏书》卷四二《寇讚传》，北京：中华书局，1974 年，第 949 页；《魏故本郡功曹行高阳县省兼郡丞寇君（凭）墓志铭》、《魏故汝南太守寇府君（演）墓志铭》，详见赵超：《汉魏南北朝墓志汇编》，天津：天津古籍出版社，1990 年，第 105、106 页。

被杀之时北归的一支。^①柳遗兰之父柳元章的官职在正史与墓志的记载中多
有出入，基本一致的是相州中山王（平东府）长史，正平太守。此处的中
山王指的是元熙，据《魏书》卷十九下《景穆十二王·中山王元熙传》和
《魏书》卷四五《柳崇附柳元章传》，元熙起兵以抗刘腾、元又隔绝二宫，
矫诏杀对元熙兄弟亲昵的清河王元怿，作为元熙长史的柳元章则与魏郡太
守李孝怡等率诸城人鼓噪而入，杀元熙左右四十余人，执元熙置于高楼，
被元又遣尚书左丞卢同斩之于邺街，传首京师。柳元章因功赐爵猗氏伯，
除正平太守。后灵太后反政，削除其官爵，卒于家。此事件不仅将影响到
柳元章家族在北魏后期的政治地位，可能还会牵连到其联姻之家的韦彪兄
弟的仕途。河东柳皓，镇远将军、相府参军。韦彧连续两代三人皆与河东
柳氏联姻可见两姓关系的紧密。

　　韦彧第三子韦融娶赵郡李瑾女为妻。据《魏书》卷四九《李灵传附恢
孙瑾传》，李瑾出身北魏五大姓的赵郡李氏，是李灵曾孙。李灵以学优温谨
成为北魏高宗老师，李瑾起家魏孝文帝太和初年，官至西魏天平年间的车
骑将军、司农卿、殷州大中正。史书中对他的评价是"淳谨好学，老而不
倦"，是典型的士林中人。

　　韦彧长女伯英嫁给陇西辛粲，辛粲家世暂不详，本人历北魏雍州主簿、
别驾、北地太守、秦州刺史。西魏大统九年（543）任职于河东郡丞的辛粲
与相府户曹柳敏、行台郎中卢光相继举儒林中名士乐逊。^②在《魏书》卷
四五中主要记载的是北魏时期的几个大族韦杜裴柳辛中的显达人物。传末
附史臣之言：韦杜旧族，名亦不陨，裴辛柳氏，素业有资，器行仍世。估
计辛粲就出自其中的辛氏。

　　韦彧仲女仲英嫁给清河崔彦道。崔彦道家世暂不详，本人历北魏大鸿
胪卿，行淅州刺史。

① 详见盖金伟、董理：《新出四方北朝韦氏墓志考补》，《考古与文物》2007年第5期，第89页。
② 详见《北史》卷八一《儒林下·乐逊传》，北京：中华书局，1974年，第2746页；《周书》卷
　 四五《儒林传·乐逊传》，北京：中华书局，1971年，第814页。

韦彪女晖嫁给河南钜鹿魏景昌，世系不详，本人任北周使持节，开府仪同大将军，巴、和、卢三州刺史，享爵卢乡县开国侯。

综上所见，韦珍家族在北朝的婚姻对象都是高门大族，在郡望上既有山东郡姓也有关中郡姓，反映当时关中士族和山东士族因共同仕于北朝而打破了地域之限，其中多是在关中任职、颇有影响力的家族，韦珍与这些高门大族结成婚姻关系，为保持其家族的政治社会地位提供了坚实的社会基础。按照正常的发展，其后裔在西魏北周当会继续保持较高的政治社会地位，但事实是至西魏北周初年仅有韦融两子见于记载，到唐代更是不见了本支系后裔的踪影。其中的原因据有的学者认为或多或少与韦彧孙辈人丁不旺有关。① 这从《韦彪墓志》中"竟无男息，有女一人。……宗族痛恨，知故酸辛"② 的记载中可见一斑。然韦彧其他五子难道皆如长子韦彪这样因无子息而后裔缺载吗？似乎不太可能如此之巧。据笔者推测当与以下几种情况有关。一是元熙事件，按，元熙事件发生于孝明帝正光元年（520），五年后的孝昌元年（525），胡太后复临朝，杀江阳王元乂，韦彪的岳父柳元章被削除官爵，卒于家。而巧合的是，韦彧也是卒于孝昌元年，春秋五十一，因为柳元章在元熙事件中的所作所为是被当时人认定为反叛之举，故在相关的墓志中并不会言及；二是韦彧诸子中多有盛年早逝者。按，韦彧去世之年，诸子有官职记载者仅长子与次子，其他五子在其母柳氏去世的大统十五年（549）时，已都有官职记载，但次子、三子、四子和六子及长女和季女皆先柳氏而亡，其中次子和长女可能年过五十，其余当系盛年早逝；三是亡于非命。韦彧三子韦融，因怀疑其妻与章武王元景哲通好，于天平年间，"刺杀之，惧不免，仍亦自害"③。韦胐长子韦鸿，于孝静帝天平三年（536），坐泄漏，赐死于家，时年三十二。

北魏后期政治中心在洛阳，韦珍家族中也有任职中央机构者，但从韦

---

① 参见周伟洲等：《新出土的四方北朝墓志考释》附录一，《文博》2000 年第 2 期，第 68 页。
② 参见周伟洲等：《新出土的四方北朝墓志考释》附录一，《文博》2000 年第 2 期，第 72 页。
③ 《魏书》卷四五《韦阆传附韦融传》，北京：中华书局，1974 年，第 1015 页。

或卒于"长安城永贵里第"[①]的记载可推测，至少韦彧家族还将长安作为其常居之地，与其宗族聚居之地杜陵相距并不远。其家族成员卒后所葬之地还是在杜陵旧兆洪固乡畴贵里。也就是说，韦珍支系部分成员可能因任职需要而居住洛阳，但仍然有人常居长安城中，家族重心依旧在杜陵，保持着与宗族乡里的关联。也正是基于此，韦珍家族主要凭借地望受到北魏统治者的青睐和其他高门大族的重视，一度保持政治社会地位的显达，但其家族成员中整体多以文入仕，且有英年早逝，死于非命者，这直接影响到其人丁的兴旺和家族政治社会地位的延续，故而非正常地提前退出了政治历史的舞台。

附韦珍一支世系[②]：

韦贤—韦玄成……韦敦—韦广—□—韦谌—韦宣—韦尚—韦珍—韦缵

　　　　　　　　　　　　　　　　　　　—韦彧……

　　　　　　　　　　　　　　　　　　　—韦朏—韦鸿

　　　　　　　　　　　　　　　　　　　　　—韦道植

韦彧—韦彪（道亮）

　　—韦晔（道夏）

　　—韦融（道昶）

　　—韦熙（道升）

　　—韦奂（道泰）

　　—韦嶂（道扬）

　　—韦龠（道谐）

---

① 参见周伟洲等：《新出土的四方北朝墓志考释》附录一，《文博》2000 年第 2 期，第 71 页。

② 参见周伟洲等：《新出土的四方北朝墓志考释》附录一，《文博》2000 年第 2 期，第 69 页。

附表2-3：韦珍一支婚姻关系表

序号	名讳	嫁娶对象	对象政治社会地位	材料出处
1	韦尚女	寇祖叹	冯翊郡关中望族	《汉魏南北朝墓志汇编》，第106页，《魏故汝南太守寇府君墓志铭》
2	韦彧	柳敬怜	关中郡姓河东柳氏	《韦彧妻柳氏（敬怜）墓志铭》
3	韦彪	柳遗兰	关中郡姓河东柳氏	《韦彪妻柳氏（遗兰）墓志铭》
4	韦融	李瑾女	山东郡姓赵郡李氏	《魏书》卷四五《韦阆传附族弟珍传》
5	韦伯英	辛粲	陇西辛氏	《韦彧妻柳氏（敬怜）墓志铭》
6	韦仲英	崔彦道	清河崔氏	《韦彧妻柳氏（敬怜）墓志铭》
7	韦季英	柳皓	关中郡姓河东柳氏	《韦彧妻柳氏（敬怜）墓志铭》

三、德功两立的韦真憙一支

据《魏书》卷四五《韦阆传附兄子真喜传》，韦真喜（憙）是东眷韦穆的后裔，韦阆的兄子，起家北魏中书博士，是典型的以文入仕的人物，后迁中书侍郎、冯翊太守，再历扶风郡守，卒后曾泾州刺史，可谓"清规雅量，见重于缙绅"[1]。韦真憙有三子见于记载，即韦祉、韦祯和韦旭，以韦旭一支最著，不仅有多人官至北朝高层，享有爵位，且后裔一直有显著人物延续至隋唐，韦旭的两子韦孝宽和韦敻，一个文武兼备，积极于事功，一个智慧逍遥，怡情于坟籍，分别成为唐代郧公房和逍遥公房的房祖；韦祯一支在北朝相对显达，但进入隋唐则沉寂下去；韦祉一支在北朝并不显著，但其后裔则成为唐代大小雍州房，为韦氏在唐代的房望之二。

（一）仕途

韦祉，卒于太府少卿，子义远，出帝元修时，为岐州刺史，后似乎还担任过北周的雍州刺史[2]，与韦阆的曾孙韦荣绪、韦荣茂一同殁于关西。

---

① 戴应新：《韦孝宽墓志》，《文博》1991年第5期，第54页。
② （唐）林宝撰，岑仲勉校：《元和姓纂（附四校记）》，北京：中华书局，1994年，第155页记载为"周雍州刺史"，为《魏书》中所不载。

韦祯起家侍从官奉朝请，历尚书郎中、司徒主簿、太子中书舍人、廷尉少卿、给事黄门侍郎、光禄大夫，子韦文殊，历侍从官员外散骑常侍，早卒。

韦旭，主要活动于北魏孝庄帝时期，担任过武威郡守。建义初年，为大行台右丞，加辅国将军、雍州大中正。永安二年（529），拜右将军、南豳州刺史。时氐贼数为抄窃，韦旭随机招抚，并即归附。寻卒官，赠司空、冀州刺史，谥曰文惠。据《北史》卷二〇《穆亮传》：高祖孝文帝曰："司州始立，未有僚吏，须立中正，以定选举。然中正之任，必须德望兼资者。世祖时，崔浩为冀州中正，长孙嵩为司州中正，可谓得人。公卿等宜自相推举，必令称允。"[1] 据学界的研究，北魏时期的九品中正制分为中央和地方两大系统，州郡县均有中正，凡中央所任中正则称"某州大中正"，郡则称"某郡中正"，地方自辟的中正官则称为"州都"。[2] 北魏时期州中正的权望尽管已不比从前，但仍需在本地德望兼备者，而韦旭"道风素望、蔚为世翊"的政治社会地位恰是不二人选。

韦旭见于记载的有三子，即长子韦夐、次子韦孝宽和三子韦孝固。韦孝固，官至吏部郎中、早殁无子，卒后赠雍州刺史、安平县子[3]；韦夐与韦孝宽主要活动于西魏北周，两人在北朝皆有名望，但人生追求迥异，经历的人生道路也完全不同。

据《周书》卷三一《韦孝宽传附韦夐传》和《北史》卷六四《韦孝宽附韦夐传》，韦夐，字敬远，是北朝时期的高士。志安放逸，不干世务，前后十次被征辟，皆不应命，北周明帝即位，礼敬愈厚，以诗文的形式征求韦夐是否愿意出仕，韦夐表示"愿时朝谒，周明帝大悦，敕有司日给河东酒一斗，号之曰逍遥公"。逍遥公"怡神坟籍，养素丘园"，以体道会真为务，受到当朝统治者的重视。周武帝"以佛、道、儒三教不同，诏夐辨其优劣。夐以三教虽殊，同归于善，其迹似有深浅，其致理如无等级。乃著

① 《北史》卷二〇《穆亮传》，北京：中华书局，1974 年，第 742 页。
② 段锐超：《十六国北朝九品中正制的发展演变》，《北华大学学报》2012 年第 4 期，第 62 ～ 67 页。
③ 详见宋英、赵小宁：《北周〈宇文瓘墓志〉考释》，《碑林集刊》（第八辑），西安：陕西人民美术出版社，2002 年，第 49 ～ 56 页。

《三教序》奏之。帝览而称善"。周宣帝在东宫时，曾经送书信与韦敻，并派自己所乘的马去迎接，向他请教立身之道，韦敻对曰："《传》不云乎，俭为德之恭，侈为恶之大。欲不可纵，志不可满。并圣人之训也，愿殿下察之。"韦敻对周宣帝所言之立身之道，并不是仅仅对他人的说教而已，也为他本人所身体力行。周武帝与韦敻共同夜宴之后，赏赐韦敻缣帛大匹，并派专人给他送回家，但韦敻仅取了一匹表示承旨而已，并不贪多。韦敻的弟弟韦孝宽担任延州总管时，韦敻前去看望，临走，韦孝宽将自己装扮华丽的马送给韦敻，也被韦敻拒绝。

最难得的是韦敻已经修炼到完全将生死置身外的境地，对自己亲人的死表现得非常淡漠。韦敻的儿子韦瓘担任随州刺史期间，因疾病而亡；当天，韦孝宽的儿子韦总又在并州战殁，家人悲痛不已，但韦敻神色自若，谓之曰："'死生命也，去来常事，亦何足悲！'援琴抚之如旧。"颇有魏晋士人的风度。韦敻"又雅好名义，虚襟善诱，虽耕夫牧竖，有一介可称者，皆接引之"。与族人韦处玄及安定梁旷为放逸之友。周弘正被南朝陈派去出使北朝，素闻韦敻名望，征得朝廷的同意，与韦敻相见畅谈，颇有相见恨晚之感。河东薛裕慕其恬静，数载酒肴候之，谈宴终日。韦敻遂以从孙女妻之。薛裕尝谓亲友曰："大丈夫当圣明之运，而无灼然文武之用为世所知，虽复栖遑，徒为劳苦耳。至如韦居士，退不丘壑，进不市朝，怡然守道，荣辱弗及，何其乐也。"

韦敻之人生追求有其个人因素，也与时代有关。魏晋南北朝时期可以说是思想文化领域的第二次"百家争鸣"，但在思想文化上的收获，远远要比春秋战国时期深刻和丰富得多。"在人们的思想意识及其关系结构这一文化最高层次上，人们已冲破了两汉时期定儒学于一尊的思想束缚，转而更深入的研究和探讨'天人之际'的相互关系。儒家的伦理济世之学，玄学家的宇宙本源之学、佛学家的思辨哲学、道教徒的养生之学，以及杨泉的物理论、郭象的独化论、裴頠的崇有论、范缜的神灭论和杨朱的人生哲学等学说，错综复杂地活跃在整个历史舞台上，织成了一幅幅色彩斑斓的图画。这些不同的意识形态和学说，经过冲突与较量、改造与糅合，逐渐形成了以儒学为主体的'三教同源'的新学说。"①这些文化因子及其交融恰好在韦夐身上得到了充分的体现。

韦夐尽管没有入仕，但这并没有影响到其后裔的入仕与建立功业。首先是因为韦夐的父祖韦旭和韦真憙皆是北朝高官，具有一定的政治地位作为基础；其次是韦夐的弟弟韦孝宽在北朝立有赫赫战功，足以影响到韦夐子孙的仕途。因此，韦夐的六个儿子即长子韦洸、次子韦世康、三子韦瓘、四子韦艺、五子韦冲、六子韦世约皆先后入仕，历经西魏北周至隋朝，位居中高层官职。

韦洸，字世穆，性情刚毅，有器干。少时便习武，以门荫入仕于北周，起家直寝上士。数从征伐，累迁开府，赐爵卫国县公。隋文帝为丞相后，随从其叔父②韦孝宽出击尉迟迥于相州，以功拜柱国，进襄阳郡公。后因击破突厥寇边，拜江陵总管，俄拜安州总管。隋朝建立后，伐南朝陈之战役中，为行军总管。陈朝被平定后，拜江州总管。略定九江，遂进图岭南。韦洸至广州，岭表都表示降服。隋文帝闻而大悦，许以便宜从事。韦洸所绥共二十四州，拜广州总管。后番禺夷王仲宣反叛，以兵围韦洸，韦洸拒之，中流矢卒。赠上柱国，赐绵绢万段。韦洸历经北周至隋朝，在击破尉迟迥反叛、突厥寇边和南伐陈朝、绥靖岭南中都立有功勋，是真正以军功立身的。

次子韦世康，十岁即被辟为雍州主簿，弱冠为直寝，封汉安县公。因其叔父韦孝宽的战功而娶魏文帝女襄乐公主为妻，与西魏王室建立起了婚姻关系，成为皇亲国戚，被授以仪同三司。入北周后，从孝武帝平齐，授司州总管长史。进入隋朝，尉迟迥作乱，韦世康被隋文帝委以绛州刺史的重任，以雅望镇之，阖境清肃，因奏课连最被擢为礼部尚书，后进爵上庸郡公，转吏部尚书。开皇七年，隋将用兵于江南，拜为襄州刺史，历安州

---

① 罗宏曾：《魏晋南北朝文化史》，成都：四川人民出版社，1989 年，第 28 页。
② 《北史》卷六四《韦孝宽传附兄子洸传》，北京：中华书局，1974 年，第 2274 页中作"季父"，但《宇文瓘墓志》中称其季父为"孝固"，宇文瓘与韦洸为同父兄弟，故其季父当为同一人，因韦孝固无子，故将宇文瓘过继给孝固为子，因此在墓志中被格外提及，其他叔父则都不见记载，今从《宇文瓘墓志》，将韦孝宽改为韦洸之叔父，详见宋英、赵小宁：《北周〈宇文瓘墓志〉考释》，《碑林集刊》（第八辑），西安：陕西人民美术出版社，2002 年，第 49～56 页。

总管、信州总管。六年后，复拜吏部尚书，后出任四大总管之一的荆州总管，时论以此为美，卒于州。本传中对韦世康无任何贬斥之词，仅有"坐事免"简单三字能透漏出一点他在仕途上的不畅，至于其原因难究其详，但《隋书》卷四六《韦师传》所呈现出韦世康的另一面形象或许能提供一些线索。"其族人世康，为吏部尚书，与师素怀胜负。于时，晋王为雍州牧，盛存望第，以司空杨雄、尚书左仆射高颎并为州都督，引师为主簿。而世康弟世约为法曹从事。世康恚恨不能食，又耻世约在师之下，召世约数之曰：'汝何故为从事？'遂杖之。"[1] 这段记载反映了韦世康不能容忍同宗人韦师在仕途上超越他本族成员，缺乏气度，他的被免或许正是因此事闻于上。[2] 但在本传中却形容他"性恬素好古，不以得丧干怀"，由此可见，正史中传记在本传中多有饰美之词。

第三子韦瓘[3]，字世恭，与韦洸、韦世康并从戎役，主要活动于西魏北周。起家大将军中山公府兵曹参军，俄转中外府记室曹。从其墓志记载可知，韦瓘的季父韦孝固因早殁无子，故将韦瓘过继给其季父为嗣子，因此，韦瓘得以继承韦孝固的安平县子之爵位，俄授帅都督御伯下大夫，又转小御正。不久又迁大都督，车骑大将军、仪同三司，在地方上官至安州总管府长史。"此州控隋、郧之沃壤，扬沔汉之清波，民半左夏，地邻疆场"。可见其颇受重视。北周武帝建德六年遘疾薨于随州刺史任上，享年四十三岁[4]。其子孙后裔有见于隋唐历史记载者。

第四子韦艺[5]，字世文，历北周至隋朝，周武帝时，以军功位上仪同，赐爵修武县侯，授左旅下大夫，出为魏郡太守。及隋文帝为丞相，从季父

---

① 《隋书》卷四六《韦师传》，北京：中华书局，1973 年，第 1257 页。

② 王伟在其《中古士族家支分蘖与仕途奔竞的政治文化因由 —— 以韦世约、韦师起家官之争为中心的考察》一文中详细分析了韦世约与韦师起家官产生的原因，认为《北史·韦瑱传》所载之韦世约与韦师因起家官引发的矛盾，实是韦瑱与韦孝宽关于韦氏家族主导权与代表权之争的显现。

③ 宋英、赵小宁：《北周〈宇文瓘墓志〉考释》，《碑林集刊》（第八辑），西安：陕西人民美术出版社，2002 年，第 49～56 页。

④ 《韦俊墓志铭》中将韦瓘的官职记为仕隋安州总管府长史，稍迁随州刺史，封安平子，赠建安伯，因疾物故，从其本人的墓志可见，他薨于北周末年，不可能任职于隋朝，故《韦俊墓志铭》记载有误。

⑤ 《北史》卷六四《韦孝宽传附复子艺传》，北京：中华书局，1974 年，第 2277 页。

韦孝宽出击尉迟迥，以功进位上大将军，改封武威县公，以修武县侯别封一子。文帝受禅，进封魏兴郡公，拜齐州刺史。后迁营州总管，期间大修产业，与北夷进行贸易，家资巨万，卒官。

第五子韦冲①，字世冲，以名家子在北周起家卫公府礼曹参军。周武帝天和二年（567），元定在接应陈湘州刺史华皎举州归附时，为陈人所虏，所部众军亦被囚虏，送诣丹阳。居数月，忧愤发病卒。韦冲也在被虏之列，因有辞辩，被周武帝先以币赎还，后又以马千匹使陈，赎开府贺拔华等五十人及元定之柩而还，奉使称旨。累迁小御伯下大夫，加上仪同，拜汾州刺史。隋文帝即位后，征韦世冲为兼散骑常侍，进位开府，赐爵安固县侯。以安抚被遣去北筑长城而中途逃亡的南汾州胡人而受到隋文帝劳勉，寻拜石州刺史，甚得诸胡欢心。在南宁州总管抚慰南蛮有功，受到褒奖，后因其兄子韦伯仁掠人之妻受到牵连，被免官。

第六子韦世约，是韦夐诸子中最为穷困者。杨广为晋王时，曾担任雍州牧，辟韦世约为法曹参军，其兄韦世康当时已经为吏部尚书，对其屈于同宗不同房支的韦师之下将其杖打。②韦世冲担任南宁州总管时，其兄子韦伯仁行为不端，放纵士卒，隋文帝知道后，令蜀王杨秀处理此事，益州长史元岩认为韦世冲难逃其咎，韦世冲因此被免官。于是，担任太子洗马的韦世约便在皇太子面前诬陷元岩，隋文帝对太子说，韦世约好比沽来的酸酒，只适合于喂狗，在你身边只会连累你。韦世约因此被除名。③为了照顾他，其兄韦世康将其父留下的田宅都让给了韦世约，以示孝友。④

综上，韦夐诸子在其父祖和韦孝宽的庇佑和影响下，走上了与其父截然不同的人生道路，主要以军功跻身于关陇贵族行列，且有与皇室联姻者，政治地位很是显达，但其文质明显减弱，与北朝之前主要以经史名于士林的京兆韦氏在家风上已经大有不同。

---

①　《北史》卷六四《韦孝宽传附夐子冲传》，北京：中华书局，1974 年，第 2277 页。
②　《隋书》卷四六《韦师传》，北京：中华书局，1973 年，第 1257 页。
③　《北史》卷六四《韦孝宽传附夐子冲传》，北京：中华书局，1974 年，第 2278 页。
④　《北史》卷六四《韦孝宽传附夐子世康传》，北京：中华书局，1974 年，第 2276 页。

　　韦孝宽是京兆韦氏在北朝军功最为显著者，也是本支系的标杆性人物。综合《北史》、《周书》的本传及其墓志可知，韦孝宽，字叔裕，生于北魏宣武帝永平二年（509），在其二十岁左右之时，萧宝夤作乱关右，乃诣阙，请为前驱，因立功秦地被拜国子博士。魏孝武帝初年，宇文泰从原州赴雍州，命镇守彭原县的韦孝宽随军东行，收为腹心，继宇文泰为大行台左丞。后宇文泰把持西魏政权，与操纵东魏的高欢相抗衡。高欢派遣窦泰将军入寇潼关，韦孝宽追随宇文泰击之。担任弘农太守后，与独孤信并力克洛阳，进取豫州。在宇文泰掌权的西魏时期，韦孝宽已经在征战中与宇文氏、独孤氏家族建立了一定的联系，为其将来在仕途上的扶摇直上奠定了人脉基础。

　　韦孝宽一生最为辉煌的战绩当推其在晋州刺史任上的玉璧保卫战的胜利。玉璧城是西魏东道行台王思政所建，位于山西稷山县西南，是坐镇晋阳的高欢进窥关中的严重障碍。大统十二年（东魏武定四年，546），高欢倾山东之众，亲围玉璧，苦战两个月，损兵折将，无功而撤，忧愤发疾而死。韦孝宽在玉璧保卫战中充分显示了其对敌的灵活战术，以此殊功，迁为骠骑大将军、开府仪同三司、进爵位建忠郡公。

　　恭帝元年（554），韦孝宽参与了大将军于谨围攻江陵之战，俘虏了梁元帝萧绎，并驱江陵男女数万口入长安，以功封穰县公，尚书右仆射。保定初年，于玉璧城置勋州，任孝宽为总管，再镇汾隰。周武帝建德四年（575），韦孝宽献伐齐三策，助武帝于 577 年顺利灭北齐。579 年，为徐州总管，行军元帅，徇地淮南，攻克寿阳，使淮南之地尽归北周所有。隋文帝辅政为相，镇守相州的尉迟迥对杨坚的专权极为不满，杨坚令韦孝宽前去代替尉迟迥，结果尉迟迥拒代举兵反，韦孝宽领兵与之战于邺城南，尉迟迥兵败自杀，此次对尉迟迥作战的成功捍卫了杨坚在北周末年的统治地位，为其顺利代北周建立隋朝扫除了一定的障碍。大象二年（580），韦孝宽结束其征战的一生，死于京第，春秋七十二。

　　综上，韦孝宽生逢乱世，其文武兼备的素质迎合了当时局势的需要，顺利通过军功入仕，与宇文泰私人关系密切为其在西魏的仕途显达打下了基础；玉璧守卫战的成功使韦孝宽真正进入到关陇军功集团，能与独孤信这样的关陇军功贵族成为同僚；在北周末年战胜尉迟炯又为杨坚建立隋朝、巩固统治扫除了一定障碍，韦孝宽卓越的功绩不仅有利于其所仕的政权，更为其家族在隋唐两代继续保持高显地位奠定了基础。

韦孝宽七子一女，从北周经隋进入到唐代，几乎都位居高官，享有高爵。

长子韦那罹早丧，赠使持节、仪同三司、中品县开国公，与长女长英，皆为韦孝宽的原配杨侃女所生。韦长英被封以普安郡公主，适开府少保新蔡郡开国公解斯恢。

次子韦谌[①]，字奉忠，使持节、仪同大将军，陵、蓬二州刺史，襄县开国公，过继给韦孝宽的四弟韦子迁以承其后。

三子韦总[②]，韦孝宽夫人荥阳郑氏所生，字善会，聪敏好学，曾任骠骑大将军、开府仪同三司、纳言、京兆尹。因其兄长韦那罹早丧，韦谌过继给韦孝宽四弟，韦总成为世子。不幸的是，大业十三年，他在跟随北周武帝东征中战死疆场，年仅二十九岁，赠上将军，被追封为河南郡公。后又被重赠柱国、蒲陕熊忠义五州刺史。

四子韦寿[③]，韦孝宽夫人荥阳郑氏所生，字世龄，曾任京兆尹。周武帝征伐北齐，韦寿被委以处理后方之事，因其父功，赐爵永安县侯。后因其父韦孝宽讨平尉迟迥有功被拜为仪同三司，并进封滑国公。隋文帝时期，韦寿先后任恒、毛二州刺史，颇有能名，后因疾征还，卒于家，谥曰定。隋文帝为其孙晋王杨昭纳韦寿女为妃，韦寿因此而成皇亲国戚。韦寿有一女嫁给了弘农杨氏杨岳[④]，杨岳之父为杨敷，母亲是杨敷的第三任妻子，为兰陵萧氏梁武帝之孙。杨玄感的父亲杨素即是杨岳的同父异母兄弟。据有的学者

① 《周书》卷三一《韦孝宽传》，北京：中华书局，1971年，第547页；《北史》卷六四《韦孝宽传》，北京：中华书局，1974年，第2271页；戴应新：《韦孝宽墓志》，《文博》1991年第5期，第54页。

② 《北史》卷六四《韦孝宽传附子总传》，北京：中华书局，1974年，第2271页；戴应新：《韦孝宽墓志》，《文博》1991年第5期，第54页。

③ 《北史》卷六四《韦孝宽传附子寿传》，北京：中华书局，1974年，第2271页。

④ 杨岳的两方墓志，详见胡戟、荣新江主编：《大唐西市博物馆藏墓志》，第二四、五三方，北京：北京大学出版社，2012年，第52～53、112～115页。

研究，杨岳所在的家族，与萧氏、韦氏、贺若氏联姻，名将名臣辈出，是一个势力雄厚的集团。杨岳因杨玄感叛乱而遭到诛杀，其族人后来被免从坐，子孙之辈继续受到重用。[①] 韦寿之女作为杨岳之妻，当其丈夫因杨玄感叛乱而丧命之后，作为重要联姻之家的韦氏郧公房可能也会受此牵连。

五子韦霁[②]，为韦孝宽夫人河南拓跋氏所生，字开云，曾任官太常少卿，享爵安邑县侯。

六子韦津[③]，隋大业末为民部侍郎，大业十三年（617），隋炀帝幸江都，敕韦津与段达、元文都等留守洛阳，仍检校民部尚书事。李密逼东都，韦津拒战于上东门外，兵败，为李密所囚，及王世充杀元文都等，韦津独免其难。李密败后，韦津归东都，王世充僭号，深被委遇。及洛阳平，唐高祖与韦津有旧，征授谏议大夫，检校黄门侍郎。出为陵州刺史，卒。从相关墓志的记载可以判断，韦津还担任过太仆少卿，并先后被封以寿光男和武阳郡开国公。[④]

七子韦无漏[⑤]，被封以永安县开国侯。

韦孝宽的子辈人丁兴旺，且基本上都能享受到韦孝宽所带给他们的荫泽，与皇室的联姻又拉近了他们与皇权的距离，此代的显达成为本房支在仕途上的一个高潮。随着隋朝统一战争的结束和和平时代的到来，韦孝宽诸子中到韦津已经基本上开始恢复到以文入仕，担任文职。始于韦孝宽的主要以武入仕的风气开始逐渐转变，但还没有担任学官者，表明其文质特征并不明显。

此支系似还有韦舒、韦鲜玉等成员[⑥]，据《韦舒墓志》，韦舒曾祖父韦

① 详见黄正建：《从〈杨岳墓志〉看杨氏在唐前期的浮沉》，收入吕建中、胡戟主编：《大唐西市博物馆藏墓志研究续一》，西安：陕西师范大学出版社，2013 年，第 62 ~ 67 页。
② 戴应新：《韦孝宽墓志》，《文博》1991 年第 5 期，第 54 页。
③ 《旧唐书》卷九二《韦安石传》，北京：中华书局，1975 年，第 2958 页；戴应新：《韦孝宽墓志》，《文博》1991 年第 5 期，第 54 页。
④ 吴钢主编：《全唐文补遗》第二辑《韦金墓志铭》，西安：三秦出版社，第 5 页；吴钢主编：《全唐文补遗》第三辑《韦最墓志铭》，西安：三秦出版社，1996 年，第 64 ~ 65 页；吴钢主编：《全唐文补遗》第七辑《韦勉墓志铭》，西安：三秦出版社，2000 年，第 368 页；董诰等：《全唐文》卷二九三《故韶州司马韦府君墓志铭并序》，北京：中华书局，1983 年，第 2970 ~ 2971 页。
⑤ 仅见于戴应新：《韦孝宽墓志》，《文博》1991 年第 5 期，第 54 页。
⑥ 关于韦舒、韦鲜玉的墓志考证可参考段毅：《北朝两方韦氏墓志释解》，《碑林集刊》（第二十一辑），西安：三秦出版社，2015 年，第 1 ~ 6 页。

庆世，曾任魏尚书左丞、关西大中正。其祖父韦敬元，曾任北魏雍州主簿、散骑常侍，历守北地、冯翊，赠仪同三司、凉州刺史。父韦徽远，任大丞相府参军事、帅都督。韦鲜玉是韦敬元的长女，也即韦舒的姑姑。这一支的世系前无所查，根据韦夐，字敬远和此处的韦敬元仅一字之差，似乎应该有一定的联系，但两者经历又迥异，绝不是同一人。韦夐的从父弟有韦义远者[1]，北周时为雍州刺史，是唐代大雍州房的房祖，两者名字也是只有一字之差，且都任职雍州，在家族关系上应该比较近，而且是雍州范围内的著姓无疑。但还没有确切的证据证明此支系与逍遥公房的关系。

综上所述，韦真憙一支在北朝政治舞台上共经历了四代，仕途上皆非常显达。既有担任中央官职又兼关中地方大员的韦真憙，也有德高望重担任雍州大中正的韦旭，更有以军功显赫位极一品的韦孝宽，还有以体道会真为务，为士林所钦挹的高士韦夐，他们共同成就了韦真憙支系在北朝的名望。以此为基础，韦夐及韦孝宽的子孙在北朝的发展主要还是通过军功和与皇室的联姻保持政治地位的整体显达。

（二）婚姻

韦真憙家族政治社会地位还能通过其婚姻对象窥见一斑，据现有材料所见，本支系成员的婚姻对象有河东薛氏、弘农杨氏、荥阳郑氏、西魏皇室和享有高官爵位的解斯恢。

河东薛氏：韦夐的从孙女嫁给了薛裕。薛裕出自关中郡姓河东薛氏，曾祖薛洪隆任河东太守，洪隆兄洪阼尚魏文成帝女西河公主，有赐田在冯翊，洪隆子也就是薛裕的祖父薛麟驹迁徙过去居住，从此在冯翊的夏阳安家。薛麟驹举秀才，拜中书博士、兼主客郎中、赠河东太守。薛裕父薛英集，通直散骑常侍。薛裕以孝悌闻于乡里，少游太学，后来仰慕韦夐的生活方式，常常与之交游，韦夐便将从孙女嫁给了薛裕。[2]

---

[1]　参见本节所附的韦真憙一支世系。

[2]　《周书》卷三一《韦孝宽传附韦夐传》，北京：中华书局，1971 年，第 547 页；《周书》卷三五《薛端传附弟裕传》，北京：中华书局，1971 年，第 623 ～ 625 页。

弘农杨氏：韦孝宽娶杨侃女[1]，杨侃出身华阴杨氏，为关中望族。其父杨播是北魏孝文帝外亲，祖六世之内皆为高官，至北魏已经"贵满朝廷"。杨侃，颇爱琴书，尤好计画，在平叛雍州刺史萧宝寅叛乱中立功，后参与孝庄帝图谋尔朱荣的密谋，至侍中，加卫将军、右光禄大夫。尔朱荣专擅朝政，进入洛阳，杨侃幸好逃脱。尔朱荣堂侄尔朱天光利用杨侃子妇父韦义远招抚之，杨侃堂兄怕殃及整个家族，力劝杨侃答应尔朱天光之招抚，结果入关中即被杀。由此可见，杨侃之家族与韦孝宽家族婚姻关系密切，也即是说，韦孝宽娶杨侃女为妻，杨侃子又娶韦孝宽堂兄女为妻，杨侃一女一子皆与韦真憙支系有婚姻关系。

荥阳郑氏：韦孝宽妻郑氏，乃荥阳郑氏僧覆之女，曾祖为郑祖育，是北魏时郑羲从父兄郑德玄子。郑羲在北魏时，弱冠举秀才，娶尚书李孝伯之女，其女则被文明太后选为北魏高祖孝文帝之嫔，与皇室结为姻亲关系，本人被征为秘书监。韦孝宽之妻荥阳郑氏的曾祖郑祖育，因同魏孝文帝弟元禧逆反，伏法。[2]

西魏皇室：韦世康尚西魏文帝女襄乐公主，西魏文帝即被宇文泰拥立的西魏政权的第一位皇帝，是受控于宇文泰的傀儡。当时，西魏文帝想把襄乐公主嫁给韦孝宽的长子，被韦孝宽让以兄子韦世康。宇文泰与韦世康的叔父韦孝宽关系密切，这种婚姻关系反而更有利于加强韦氏与宇文氏的关系。

解斯恢：韦孝宽长女所嫁之人，其世系不详，但从其"开府少保新蔡郡开国公"的官爵判断当是关陇军功贵族集团成员。

综上，韦真憙家族的婚姻对象包括皇室、山东郡姓、关中郡姓或当朝显达的家族，与这些一流高门的通婚既能巩固韦氏的政治地位，也能提升其社会威望，同时，也可窥见韦真憙家族当时政治社会地位的显达。

附韦真憙一支隋前的世系：

① 参见戴应新：《韦孝宽墓志》，《文博》1991 年第 5 期，第 54 页；《北史》卷四一《杨播传附子侃传》，北京：中华书局，1974 年，第 1487 页。
② 郑氏家世参见戴应新：《韦孝宽墓志》，《文博》1991 年第 5 期，第 54 页和《魏书》卷五六《郑羲列传》及其附传，北京：中华书局，1974 年，第 1240～1260 页。

　　　　　　　　　　　　　—韦真憙①—韦旭……
　　　　　　　　　　　　　　　—韦祉—韦义远②（大雍州房）
　　　　　　　　　　　　　　　　　—韦晖业（小雍州房）
　　　　　　　　　　　　　　　—韦祯—韦文殊

韦穆（东眷）—□—□—韦楷—韦遽—韦阆（友观）

韦旭—韦夐③——韦洸（世穆）

　　　　　　——韦□（世康）

　　　　　　——韦瓘（世恭）

　　　　　　——韦艺（世文）

　　　　　　——韦冲（世冲）

　　　　　　——韦约（世约）

　—韦孝宽④—韦那罹

　　　　　—韦谌（奉忠）

　　　　　—韦总（善会）

　　　　　—韦寿（世龄）

　　　　　—韦霁（开云）

　　　　　—韦津

　　　　　—韦无漏

　—韦孝固⑤

---

① 《魏书》卷四五《韦阆传附兄子真喜传》，北京：中华书局，1974年，作"真喜"，《北史》卷六四《韦孝宽传》，北京：中华书局，1974年，第2271页则作"直善"，从两者皆有冯翊太守的任职可推为一人。《韦孝宽墓志》则作"真憙"，今从墓志。其三子同据以上材料综合而排出。

② （唐）林宝纂，岑仲勉等校：《元和姓纂（附四校记）》卷二"韦氏"条，北京：中华书局，1994年，第157页作"逍遥公从父义弟远"，按四校记则应为"逍遥公从父弟义远"，逍遥公即韦夐，与《魏书》卷四五《韦阆传附兄子真喜传》中的记载恰好符合。

③ 《世系表》中称韦夐有八子，相关正史中仅提到韦夐六子的名讳。据赵超：《新唐书宰相世系表集校》，北京：中华书局，1998年版和笔者的考证，韦仁基确实不是韦夐子，韦颐是否为其子，岑仲勉先生表示怀疑。另据《韦应物墓志》也称，韦夐有六子。故笔者暂不将两人列入。宋英、赵小宁在《北周〈宇文瓘墓志〉考释》一文中又将两人列入，详见《碑林集刊》（第八辑），西安：陕西人民美术出版社，2002年，第49～56页。

④ 《北史》卷六四《韦孝宽传》中作六子，但有名讳记载的仅为谌、总、寿、霁和津，《元和姓纂》卷二142页中多一人"静"，《世系表》中与《元和姓纂》所记相符。而《韦孝宽墓志》则作七子一女，其中七子名讳并无"静"，多"那罹""无漏"两人，且长子为"那罹"，与《北史》中所记长子"谌"不符，故今从墓志排出韦孝宽七子顺序。

⑤ 详见宋英、赵小宁：《北周〈宇文瓘墓志〉考释》，《碑林集刊》（第八辑），西安：陕西人民美术出版社，2002年，第49～56页；另在《韦孝宽墓志》中称韦孝宽次子"谌"继第四弟子迁后，由此推知，韦孝宽至少有兄弟四人，"子迁"与"孝固"是否为同一人暂存疑。

附表2-4：韦真憙一支婚姻关系表

序号	韦氏	嫁娶对象	对象政治社会地位	材料出处
1	韦敻从孙女	薛裕	关中郡姓河东薛氏	《周书》卷三五《薛端传附弟裕传》
2	韦孝宽	杨侃女	关中郡姓弘农杨氏	《北史》卷六四《韦孝宽传》
	韦孝宽	郑僧覆女	山东郡姓荥阳郑氏	《韦孝宽墓志》，《文博》1991年第5期，第54～78页
	韦孝宽	拓跋氏	皇室河南拓跋氏	《韦孝宽墓志》，《文博》1991年第5期，第54～78页
3	韦世康	襄乐公主	皇室西魏文帝女	《北史》卷六四《韦孝宽传》
4	韦长英（韦孝宽女）	斛斯恢	不详	《韦孝宽墓志》，《文博》1991年第5期，第54～78页
5	韦寿女	杨岳	关中郡姓弘农杨氏	《大唐西市博物馆藏墓志》，第52～53、112～115页，《杨岳墓志》

四、关中豪侠韦祐一支

据《北史》卷六六《韦祐传》和《周书》卷四三《韦祐传》，韦祐，字法保，京兆山北人[①]，州郡著姓，其世系难考。仅记其父韦义，曾为上洛郡守，西魏大统年间，因韦祐功绩卓越，被追赠为秦州刺史。

韦祐不同于其他京兆韦氏成员，并不以文见长，但性豪侠，所交之人多是侠肝义胆之人。当时伊川人李长寿就是这样一位性格雄豪、与蛮酋往来的人，韦祐羡慕李长寿的为人，娶其女为妻，与之结为姻亲，寓居在阙南。[②]

北魏孝明帝年幼即位，其母胡太后临朝听政，正光年间发生了胡太后与拥立孝明帝朝臣之间残酷的政治斗争，许多王公大臣都逃亡他处避难，

---

① 王仲荦：《北周地理志》（上）卷一《关中篇》云："山北县为姚兴所置，天和三年废。"北京：中华书局，1980年，第6页。

② 李长寿及其子李延孙参见《周书》卷四三《李延孙传附父长寿传》，北京：中华书局，1974年，第776～777页。

逃亡韦祐处的多得以全济，他也由此受到王公贵族的青睐。孝武帝为摆脱高欢的控制，逃亡关中，韦祐赴行所在，被封为固安县男。

韦祐的岳父李长寿后来被朝廷招安，在抵御蛮夷中发挥了重要作用。孝武帝入关后，李长寿仕于西魏，担任鲁阳太守，后来在东魏攻打鲁阳城时因城陷而被侯景所杀。李长寿死后，他的儿子李延孙接收了父亲的旧部，继续抵御东魏。朝廷同时派韦祐领兵前去援助，后来韦祐和李延孙同时被宇文泰召回，大加封赏，韦祐被封河南尹。大统四年（538），李延孙被其长史杨伯兰所害，朝廷让韦祐接收李延孙的部队，屡次抗阻东魏的进攻，终被加骠骑大将军、开府仪同三司，不久又晋爵为公。韦祐在一次偷袭东魏运粮队的行动中被流箭所中而卒，赠谥号为"庄"。韦祐的后裔阙载。

综上，韦祐身上浓厚的豪侠尚武之气是从其他京兆韦氏成员身上难以看到的，这其中除了个人性格因素之外，可能与该房已渐渐成为地方豪强，[①]且与当时关中屡有胡族入侵而浸染胡风有关，从中可以看出居北京兆韦氏在当时胡汉文化的交融中呈现出家风的多元化。

本节小结

要之，居北京兆韦氏因为一直没有离开关中旧地，故而凭借在关中的宗族和乡里基础为北朝统治者所拉拢利用，很快参与到北朝政权中，在政治上开始崛起。在居北的几个支系中，活跃在北魏政治舞台上的主要是韦阆一支和韦珍一支，北魏分裂为东西两政权后，除了韦阆一支的部分后裔仕于东魏北齐外，其余皆因宗族旧地在关中仕于西魏北周，但根据他们所担任的官职来看，似乎并没有加入到关陇集团中，隋唐历史舞台上的阆公房和彭城公房皆从韦阆支系衍化而来；而韦真憙一支主要凭借韦孝宽父子

① 参见毛汉光：《关中郡姓婚姻关系之研究》，《唐代文化研讨会论文集》，台北：文史哲出版社，1991年，第97页。

和韦夐诸子进入到关陇军功集团中，成为居北京兆韦氏在西魏北周历史上的著支，并将京兆韦氏的政治社会地位提高到自汉代以来的又一个高潮。进入隋唐后，本支系后裔保持旺盛的政治生命力，成为京兆韦氏在隋唐历史舞台上重要的四个房支即逍遥公房、郧公房、大雍州房和小雍州房。

本章小结

汉末魏晋南北朝时期特殊的政治社会环境促使京兆韦氏多次南迁，南迁京兆韦氏中有的一直留居于南方，成为新的地望；有的则南迁后又北归于关中或迁居他处，聚居关中杜陵的京兆韦氏经此播迁发生了严重的分化，走上了绝然不同的发展道路。南迁京兆韦氏中的某些支系凭借已有的强大社会基础，主要通过军功改变政治上的低落处境，并通过与南方大族的通婚和原有的文化优势跻身于南朝门阀士族行列，但随着门阀士族在南朝的整体衰落和南朝政权被北朝政权所灭，南迁的京兆韦氏也趋于沉寂，之后再没有重新崛起。相比之下，北归京兆韦氏的部分支系和一直留居北方的京兆韦氏则凭借强大的社会基础受到北朝统治者的拉拢和重用，通过军功或文化跻身于关陇集团，成为北朝政权中的高官或勋贵，开始了新的崛起，他们的后裔则一直活跃在隋唐历史舞台上，成为京兆韦氏的著支。京兆韦氏南北两大支系之所以会有如此不同的发展命运，从其主观方面来讲主要取决于是否具有宗族乡里基础，顺应时局转变家风；从其客观方面来讲，则与东西、南北对峙政权的政治斗争格局有着直接的关系。

第三章　隋唐关陇婚姻圈中的京兆韦氏

一个姓氏郡望的形成是长时间多种因素综合作用的结果，一旦形成，将会使该姓氏成员形成一种内在的自我认同。在汉末魏晋南北朝政局动荡的历史时期，这种认同感的增强将有助于播迁他处的成员形成新的地望，从而使某一姓氏进入到一个郡望分立的时期。随着隋唐统一王朝的建立和中央集权的加强，同一姓氏的不同郡望又被逐渐打破，京城成为各地郡望成员共同向往的地方，大家各凭自己的优势尽量与政治权力保持密切关系，以维持政治社会地位的不衰。因此，这一历史时期，对一个姓氏来讲，强调地缘关系的郡望固然也很重要，但侧重血缘关系的房望则更为关键[1]，这从唐人撰写的《元和姓纂》和宋人编写的《新唐书·宰相世系表》的体例上可见这种趋势。汉魏以来的世家大族逐渐从郡望时代进入到房望时代。本章重点探讨的即是隋唐时期主要凭借婚姻而维持其政治社会地位的三个房望即郧公房、驸马房和彭城公房的兴衰历程。

第一节　郧公房

郧公房房祖是北朝时期功勋卓著的韦孝宽，其后裔因其爵位郧国公而称为郧公房。本房支在隋唐政治舞台上延续了十代，直到唐末僖宗时期。因韦孝宽在北朝的勋贵身份，其家族成员也多以军功起家，跻身于关陇军

---

① 毛汉光：《中古山东大姓著房之研究》，《中国中古社会史论》，上海：上海书店出版社，2002年，第189页。

功贵族行列，故而郧公房是从北朝关陇军功贵族过渡到隋唐的典型代表。

韦孝宽本人主要活动于西魏北周，从其诸子始，本房支进入了隋唐历史，在韦孝宽的七子中，有后裔记载的仅韦总、韦寿和韦津。其中按规模和影响从大到小依次为韦津支系、韦总支系和韦寿支系。

一、韦总支系

韦总是韦孝宽的第三子，29 岁已战死疆场，留下三子，长子韦圆成，次子韦匡伯，三子韦圆照，其后裔皆有与隋唐皇室联姻者，将韦总一支和整个郧公房的政治地位推向一个高潮。

（一）韦圆成一支

韦圆成官至陈、沈二州刺史，开府仪同三司[1]，作为世子之长子，继承了郧国公这一爵位，因他没有留下子嗣，这一爵位又被其弟韦匡伯继承。韦圆成的一女嫁给了阿史那苏，据《阿史那忠墓志铭》，阿史那苏自唐初便结款于唐太宗，官至左骁卫大将军、宁州都督，且被封以怀德元王[2]；另一女韦珪在贞观元年被册拜为唐太宗贵妃，高宗永徽元年（650）正月廿九日被册拜纪国太妃。麟德二年薨于河南敦行里第，春秋六十九，乾封元年陪葬于昭陵[3]。由韦圆成两女的婚姻对象可见其在政治立场上属于唐太宗集团中人，韦圆成尽管没有子嗣，但其两女足以使其家族因外戚身份荣耀一时。附韦圆成一支世系：

韦孝宽—韦总—韦圆成—韦氏 + 阿史那苏

　　　　　　　　　—韦氏 + 唐太宗

---

[1] 参见吴钢主编：《全唐文补遗》第一辑《阿史那忠墓志铭》，西安：三秦出版社，1994 年，第 50～51 页；吴钢主编：《全唐文补遗》第二辑《韦珪墓志铭》，西安：三秦出版社，1995 年，第 1～3 页。

[2] 参见吴钢主编：《全唐文补遗》第一辑《阿史那忠墓志铭》，西安：三秦出版社，1994 年，第 5～51 页。

[3] 参见吴钢主编：《全唐文补遗》第二辑《韦珪墓志铭》，西安：三秦出版社，1995 年，第 1～3 页。

（二）韦匡伯一支

韦匡伯受其父祖的荫泽，十二岁便被封以黄瓜县开国公，后世袭郧国公爵位，食邑万户。隋大业年间，随征辽左，授朝散大夫，后迁尚衣奉御。大业十二年（616），追随隋炀帝去江都，第二年因疾薨于江都行所在，可见韦匡伯在隋朝依旧受到统治者的重视。唐武德二年（619），王世充建郑，韦匡伯的长女被选为太子妃，其本人则被王世充封赠为大将军舒懿公[①]，其墓志铭即为郑开明二年（武德三年，620）所制[②]；次女归于隋尚书左丞、国子祭酒弘农杨汪第五子幽州范阳县令杨政本，三十多岁，即丧所天，以永隆二年（681）八月一日终于永宁里，春秋七十有四[③]；另一女韦尼子，武德四年以良家女受选为太宗昭容，显庆元年终于崇圣宫，春秋五十，其年十月陪葬昭陵[④]。韦匡伯三子，韦思言官至胜州司马[⑤]；韦思齐，龙朔二年（662）任太府少卿[⑥]，官至司稼正卿；韦思仁，与其父同任殿中省的尚衣奉御，三子官皆至五品以上，主要负责农林市仓经济领域。韦思言子韦逞，官至光禄卿，其第四女韦宝宝于唐太宗贞观十八年（644）嫁给了南朝陈高祖霸先的玄孙[⑦]。韦思齐子韦纪，官至卫尉卿，负责京城武库和保卫京城安全，地位重要，享爵怀宁公。据《大唐周王府主簿韦君妻故城德县主墓志铭》[⑧]，韦思齐还有一子，名讳不详，不知与韦纪是否为同一人，此人娶得唐

① 参见吴钢主编：《全唐文补遗》第六辑《韦匡伯墓志铭》，西安：三秦出版社，1999 年，第 234 页；《旧唐书》卷九二《韦安石传附从祖兄子巨源传》，北京：中华书局，1975 年，第 2966 ～ 2970 页。王伟：《〈韦匡伯墓志〉及其婚姻关系考论》，《求索》2010 年第 10 期，第 244 ～ 250 页。
② 李明《韦匡伯墓志抉疑》一文，对《郑修隋韦匡伯墓志》、《唐修韦匡伯墓志》两合墓志作以校勘和考证，纠正了传世的《郑修隋韦匡伯墓志》的历史谬误，载《文物研究》2017 年第 4 期，第 79 ～ 86 页。
③ 陆增祥：《八琼室金石补正》卷三十九《范阳令杨政本妻韦氏墓志》，北京：文物出版社，1985 年，第 262 页。
④ 吴钢主编：《全唐文补遗》第二辑《韦尼子墓志铭》，西安：三秦出版社，1995 年，第 141 ～ 142 页。
⑤ 《世系表》中官职阙载，今据赵君平：《邙洛碑志三百种·大唐故韦夫人墓志》补，北京：中华书局，2004 年，第 71 页。
⑥ （宋）王溥：《唐会要》卷六六，北京：中华书局，1955 年，第 1153 页。
⑦ 赵君平：《邙洛碑志三百种·大唐故韦夫人墓志》，北京：中华书局，2004 年，第 71 页。
⑧ 详见赵君平：《新出唐墓志百种》，杭州：西泠印社，2010 年，第 20 页。

高宗之堂妹为妻，这样，韦匡伯连续子孙两代与皇室联姻者三人，皇亲国戚的地位一直延续到唐高宗时期。

韦思仁子韦巨源，官至则天朝宰相，因与韦后同宗，被编入属籍，韦后之乱中，为乱兵所杀。[①] 韦巨源子韦明皦，开元十八年（730）自右清道府率授，迁赵州刺史，还曾任华州刺史、赵州刺史。韦巨源弟韦液，官职阙载，韦液孙韦寡悔，官职阙载。此后韦匡伯这一支系便突然退出了政治舞台。

韦匡伯一支虽仅延续了五代，但曾经宠贵一时。其中婚姻起到了至关重要的作用，从其五代中有三女子分别联姻于唐皇室、王世充家族和南朝旧皇室陈霸先家族就可见韦匡伯家族在隋末唐初成为各政权拉拢的对象。进入唐代的后裔中，大多居于九卿之位，甚至还有的担任了负责京城安全的核心职位，更有甚者居于宰相。但盛极必衰的规律在本支系的发展轨迹上得到了体现，唐玄宗以后的政治舞台上已经不见了本支系后裔的踪影，其中最主要的因素是韦后之乱，本支系中官位至则天朝宰相的韦巨源因曾经参与并协助了韦后谋逆的计划和行动而被乱兵所杀，其家人的命运也可想象。

附韦匡伯一支世系：

    韦总—韦匡伯—韦思言—韦逞
                —韦氏＋陈霸先玄孙
            —韦思齐—韦纪
            —韦思仁—韦巨源—韦明皦
                    —韦液—□—韦寡悔
            —韦氏＋王世充子
            —韦尼子＋唐太宗

（三）韦圆照一支

韦圆照，受重于隋朝，曾尚隋文帝孙女丰宁公主。[②] 其子韦观，官职

---

① 《旧唐书》卷九二《韦安石传附从祖兄子巨源传》，北京：中华书局，1975年，第2966～2970页。
② 参见戴应新：《隋丰宁公主杨静徽驸马韦圆照墓志笺证》，《故宫学术季刊》第十四卷第2期，1996年，第159～170页。

阙载。韦观子韦爽，官至太仆少卿。韦爽两子，长子韦润，官职阙载；次子韦湜，曾任颍王府司马，按，此处颍王当为唐玄宗十三子李璬，他于开元十三年（725）被封颍王①，故由此推测韦湜任职于其府当在开元十三年之后，官至齐州刺史，赠陈州刺史②。韦湜有两子，长子韦昭信，官至沧州长史，后裔阙载。故而此后韦圆照的后裔主要以韦湜次子韦昭训一支为主，也是从韦昭训开始，韦圆照家族通过与皇室的联姻再次隆达。

韦昭训，唐玄宗时为左卫郎将③，还曾任太子仆，卒后赠工部尚书④。韦昭训娶吴王李恪次子信安王李祎女为妻⑤，与李唐宗室又开始了联姻。韦昭训六子二女，长子韦光宰，官至太府少卿；次子韦光裔，字叔阳，德宗建中年间任汝州刺史，不任官，以李元平代之⑥，官至太府监。贞元十一年（795）前卒，十一年立碑⑦；第三子韦光弼，元和年间官至大理少卿，赠刑部侍郎，其一女韦懿仁嫁给了河南于氏家族中于代德间任京兆尹、御史大夫的于顾元子于申，本人进士高第，清贯累登⑧；第四子韦光胄，官至太常少卿；第五子韦光辅，代宗大历十年任太府少卿⑨，贞元三年（787）任衢州刺史⑩，其一女嫁给了世代为官的严绶，本人是代宗大历年间的进士，历代、德、顺、宪、穆五朝，至穆宗时为太子少傅，位极人臣⑪。第六子韦光

---

① 《旧唐书》卷一〇七《玄宗诸子》，北京：中华书局，1975 年，第 3263 页。

② 吴钢主编：《全唐文补遗》第七辑《韦懿仁墓志铭》，西安：三秦出版社，2000 年，第 78 页。

③ （宋）司马光编著，（元）胡三省音注，"标点资治通鉴小组"校点：《资治通鉴》卷 215 "天宝三载冬十二月癸酉"条，北京：中华书局，1956 年，第 6862 页。

④ 周绍良：《唐代墓志汇编》下册，建中〇一一，《大唐泾王故妃韦氏墓志铭并序》，上海：上海古籍出版社，1992 年，第 1828 页。

⑤ （清）董诰等：《全唐文》卷四五三《严绶·刺史韦公镌外祖信安郡王诗记》，北京：中华书局，1983 年，第 4635 页。

⑥ （宋）王钦若等：《册府元龟》卷六九八《牧守部·懦劣》，北京：中华书局，1982 年，第 8327 页。

⑦ （宋）陈思：《宝刻丛编》卷七引《京兆金石录》、《唐太子宾客韦光裔碑》，北京：中华书局，1985 年，第 207 页，丛书集成初编本。

⑧ 韦光弼及其女的婚姻皆见吴钢主编：《全唐文补遗》第七辑《韦懿仁墓志铭》，西安：三秦出版社，2000 年，第 78 页。

⑨ （宋）王溥：《唐会要》卷六六，北京：中华书局，1955 年，第 1153 页。

⑩ （宋）陈思：《宝刻丛编》卷一三《唐韦公镌信安郡王登石桥诗记》，北京：中华书局，1985 年，第 355 页。

⑪ （清）陆增祥：《八琼室金石补正》卷六十六，北京：文物出版社，1985 年，第 455 页。

宪，德宗贞元二年（786）春，拜连山牧[①]，官至太子少詹事，还曾任光禄卿[②]，其一女嫁给了李唐宗室成员李道古。韦昭训六子大部分任职于九卿正副长官，分布于司法、财政、礼仪、出纳各部门。韦昭训一女，在唐玄宗纳杨太真后，被选为寿王李瑁妃；韦昭训的另一女嫁给了唐肃宗子泾王李侹为王妃。韦昭训家族连续三代皆有与李唐宗室联姻者，对本家族在政治上的显达起到了直接的推动作用。

韦昭训祖孙三代是韦圆照家族也是韦总这一支系在仕途上的又一个高潮，这其中主要与皇室的联姻有关。自此之后，韦昭训的孙辈在政治上有明显下降。其中，有官职记载的仅有 5 人，即韦光裔子韦廙，官至太原府参军；韦光弼子韦庇，元和年间曾任秘书郎、殿中侍御史、河南府司录、讲掾南康，后来移治枝江县[③]；韦光宪三子中的韦赓官至京兆府万年县主簿[④]，娶乐安孙氏家族中的孙嗣初女孙阿眉为妻[⑤]；韦廑，历德宗文宗两朝，文宗开成二年（837）官至武宁军节度判官、朝散郎检校尚书祠部郎中兼侍御史。因其在德宗贞元年与太原王氏家族中王修本有旧，故将其兄韦赓的女儿嫁给了唐大理评事、江南东道都团练推官长子王修本[⑥]；韦庸，曾任黔南观察使、扬子令[⑦]，娶琅琊王氏家族中王媛，王氏家世显赫，曾祖王瑶，任太子詹事，尚永穆大长公主。祖王谅，任鸿胪少卿，袭琅琊郡公。父王鄂，时任渠州刺史[⑧]。其他诸孙六人皆官职缺载，可见已没有显达人物。总起来

---

① （清）董诰等：《全唐文》卷四五三《严绶·刺史韦公镐外祖信安郡王诗纪》，北京：中华书局，1983 年，第 4635 页。

② 吴钢主编：《全唐文补遗》第四辑《唐故太原王府君（修本）夫人韦氏墓志铭并序》，西安：三秦出版社，1997 年，第 216 页。

③ （清）董诰等：《全唐文》卷六八六《皇甫湜·枝江县南亭记》，北京：中华书局，1983 年，第 7027 页。

④ 《世系表》中阙载，据吴钢主编：《全唐文补遗》第四辑《唐故太原王府君（修本）夫人韦氏墓志铭并序》，西安：三秦出版社，1997 年，第 216 页补。

⑤ 周绍良：《唐代墓志汇编》下册，咸通〇五三《口州崑山县令乐安孙（嗣初）公府君墓志铭》，上海：上海古籍出版社，1992 年，第 2418 页。

⑥ 韦廑本人及官职在《世系表》中阙载，今据《王修本墓志铭》补，吴钢主编：《全唐文补遗》第一辑，西安：三秦出版社，1994 年，第 314～315 页。

⑦ 韦庸本人及官职《世系表》中阙载，今据吴钢主编：《唐故太原王府君（修本）夫人韦氏墓志铭并序》补，《全唐文补遗》第四辑，西安：三秦出版社，1997 年，第 216 页。

⑧ 参见吴钢主编：《全唐文补遗》第七辑《大唐故（韦庸妻）王夫人（媛）墓志铭并序》，西安：三秦出版社，2000 年，第 87 页。

看，韦昭训的孙辈中官至五品以上者寥寥可数，到地方藩镇中担任属官成为个别成员的选择。到韦昭训的曾孙辈则仅韦赓子韦元实有官职记载，宣宗大中十二年（858）为宣德郎、守都水使者[①]，秩为正五品上。

综上，韦圆照延续了八代，大致到宣宗以后即在政治上趋于沉寂。这一支系在政治社会地位上演变的轨迹是唐初势微，唐玄宗以后开始崛起，代、德、顺、宪时期最为显达，之后至宣宗衰落下去。究其原因，本支系的显达主要依恃的是与李唐宗室的婚姻，而不是家族成员自身的才能，这能使家族骤然显贵，也会因政治变动而顿然消沉，不能长久维持。

附韦圆照一支世系：

韦孝宽—韦总—韦圆照—韦观—韦爽—韦润

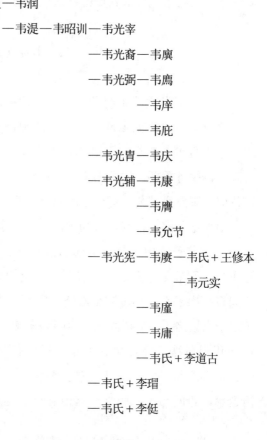

—韦湜—韦昭训—韦光宰

—韦光裔—韦廙

—韦光弼—韦鹰

—韦庠

—韦庇

—韦光胄—韦庆

—韦光辅—韦康

—韦膺

—韦允节

—韦光宪—韦赓—韦氏+王修本

—韦元实

—韦廑

—韦庸

—韦氏+李道古

—韦氏+李瑁

—韦氏+李侹

① 韦元实本人及官职《世系表》中阙载，今据吴钢主编：《全唐文补遗》第四辑《唐故太原王府君（修本）夫人韦氏墓志铭并序》，西安：三秦出版社，1997年，第216页补。

综上所述，韦总有三个支系，共经历了九代，到唐宣宗以后退出政治舞台。开元以前，该支系主要凭借韦圆成和韦匡伯两支系与李唐皇室或宗室的联姻而宠贵，但韦圆成一支因无嗣子故而仅能维持一时；韦匡伯一支则因卷入韦后之乱遭受牵连；故而开元以后，主要凭借韦圆照一支系来支撑门户，至其玄孙韦昭训又开始兴起，连续三代通过与皇室的再次联姻和与进士家族的通婚达到鼎盛。至此之后，韦总一支开始走向衰落，到第九代便在政治上销声匿迹了。由此可见，韦总一支政治地位的两次提升主要是靠婚姻来实现的，其家族成员尽管有个别成员担任过诸如秘书郎、太府少卿之类的文质性比较强的官职，但并不见有通过科举入仕者，这也就意味着本家族政治地位的长期维持缺乏源自自身素质的强大动力。

二、韦寿支系

韦寿是韦孝宽的第四子，本人以门荫入仕，因其女嫁隋文帝孙杨昭而联姻隋皇室，这为其家族政治地位的提高奠定了一定基础。故韦寿的两子中长子韦保銮，官至右卫副率，为太子亲卫，从四品上，掌东宫兵仗羽卫之政令，职务重要；次子韦义节，高祖武德初，官至虞州刺史[1]，还曾任刑部侍郎、享爵襄城公，皆至五品以上高官。

韦保銮子阙载，其孙韦知远，官至监察御史。

韦义节子辈中仅据《韦慎名墓志铭》可知其一子韦某曾官游击将军、左千牛，武散至从五品下，在禁卫军之列。韦某三子中，长子韦慎行，官职阙载；次子韦慎惑，官至右骁卫将军，为从三品的高级军官，职位重要；第三子韦慎名[2]，字藏器，以门荫为孝敬皇帝李弘挽郎，调原州参军事，先后转邛州司法、绛州司仓参军，后出任封丘县令加朝散大夫，除温王府录、詹事府丞、太子洗马、左赞善大夫、都水使者、郢王府司马，又迁右清道率，正四品上，职掌东宫内外昼夜巡警，无何拜梓州刺史又历彭州刺

---

① （宋）王钦若等：《册府元龟》卷四五○《将帅部·谴让》，北京：中华书局，1982年，第5340页。
② 韦义节某一无名讳之子和韦慎名皆参见陕西省考古研究所、西安市文物保护考古所：《唐长安南郊韦慎名墓清理简报》，《考古与文物》2003年第6期，第26～39页。

史，开元十五年（727）终，享年七十六岁。韦慎名娶彭城刘氏家族中刘约为妻，彭城刘氏为唐代望族，其父刘延祐①，才识渊博。刘延祐伯父刘胤之，永辉初年以著作郎、弘文馆学士身份，参与编写《次国史并实录》，刘约的堂兄是著名历史学家刘知幾，所著《史通》是史学经典。可见，刘约所生活的家族是一个有着深厚家学渊源的文化世家，受此环境的熏陶，刘约"好学不倦，览经籍，尤明诗礼，文章学业，为海内所称"②，韦慎名的家族虽然不及刘约家族文化氛围如此浓厚，但从韦慎名能担任太子官署司经局内的太子洗马和左赞善大夫可以推断，韦慎名本身也是颇有文化素养的。

　　韦慎行有两子，韦潜，官至沣州刺史；韦涣，官至嘉州刺史，皆五品以上。

　　韦慎名有两子③，长子韦涟，开元二十二年（734），其母刘约去世时，韦涟为晋州临汾县尉；次子韦浑，官职阙载。

　　综上所述，韦寿支系经历了五代，有官职者尽管人数不多，但几乎每代皆有五品以上者。尤为值得关注的一点就是，本支系家族成员中连续三代有四人担任过武职，可见其武质特点比较明显。但因为该支系除了韦寿，再没有与皇室联姻者，文化上不见优势，故而在开元以后就淡出了政治舞台。

附韦寿一支世系：

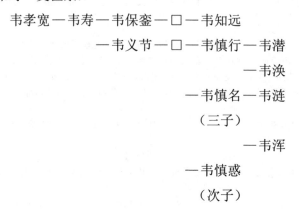

```
韦孝宽—韦寿—韦保銮—□—韦知远
        —韦义节—□—韦慎行—韦潜
                        —韦涣
        —韦慎名—韦涟
        （三子）
                —韦浑
        —韦慎惑
        （次子）
```

① 《新唐书》卷二〇一《文艺传上·刘延祐传》，北京：中华书局，1975年，第4997页。
② 参见吴钢主编：《全唐文补遗》第八辑《大唐故银青光禄大夫彭州刺史韦府君故夫人彭城刘氏墓志铭并序》，西安：三秦出版社，2005年，第377～378页。
③ 韦慎名两子《新唐书·宰相世系表》中阙载，据吴钢主编：《全唐文补遗》第八辑《大唐故银青光禄大夫彭州刺史韦府君故夫人彭城刘氏墓志铭并序》，西安：三秦出版社，2005年，第377～378页补。

三、韦津支系

韦津是韦孝宽第六子，由隋入唐，官至黄门侍郎，享武阳郡开国公爵位，为其后代的仕途奠定了一定基础。韦津五子一女，长子韦全璧，唐初任路易二州别驾[①]；次子韦琬，曾任职方员外郎、潞王府司马、成州刺史、封寿光县开国男，赠同州刺史、礼部尚书[②]；第三子韦琨，字玄理，高宗永辉二年（651）曾任太常少卿[③]，还曾任太子詹事，封武阳贞侯，咸亨四年（673）以前卒[④]，赠秦州都督[⑤]。第四子韦璨，官至仓部员外郎[⑥]；第五子韦瑜，官至歙州刺史。韦津女嫁给了王师忠，王氏世系无考，贞观四年、九年（630、635），先后被诏为静州诸军事静州刺史和石州诸军事石州刺史，贞观十五年卒，封饶安县男[⑦]。韦津的子女主要活动于唐太宗高宗时期，五子皆至五品以上高官，两人享有爵位。韦津五子中仅有韦全璧、韦琬、韦琨有后裔记载，其中以韦琬一支为著支。

（一）韦全璧一支

韦全璧五子，长子韦悦，官至给事中，太史令[⑧]；次子韦忻，官至兵

① 《世系表》中韦全璧官职阙载，今据吴钢主编：《全唐文补遗》第七辑《唐故长安县尉韦公（讽）墓志》，西安：三秦出版社，2000 年，第 12 页；吴钢主编：《全唐文补遗》第七辑《唐故朝请大夫使持节复州诸军事守复州刺史京兆韦府君（勉）墓志铭并序》，西安：三秦出版社，2000 年，第 368 页；吴钢主编：《全唐文补遗》第三辑《大周故朝散大夫行洛州陆浑县令韦府君（憎）墓志铭并序》，西安：三秦出版社，1996 年，第 29 页补。
② 《世系表》中仅记官职为成州刺史，今据吴钢主编：《全唐文补遗》第三辑《韦最墓志铭》，西安：三秦出版社，1996 年，第 64～65 页补。
③ 王溥：《唐会要》卷三七，北京：中华书局，1955 年，第 670 页。
④ 陈思：《宝刻丛编》卷八引《京兆金石录》，《唐赠秦州都督韦琨碑》，北京：中华书局，1985 年，第 222 页，立于咸亨四年，可判断韦琨终于此年前。
⑤ （清）董诰等：《全唐文》卷二五八《苏颋·刑部尚书韦抗神道碑》，北京：中华书局，1983 年，第 2616 页。
⑥ 《世系表》中为郎中，但《旧唐书》卷九二《韦安石传》，北京：中华书局，1985 年，第 2958～2959 页，为员外郎，且《郎官石柱题名考》中并不见记载，故该为员外郎。
⑦ 赵君平：《邙洛碑志三百种·唐故员外散骑常侍石州刺史饶安县男王使君墓志铭》，北京：中华书局，2004 年，第 66 页。
⑧ 吴钢主编：《全唐文补遗》第七辑《唐故朝请大夫使持节复州诸军事守复州刺史京兆韦府君（勉）志铭并序》，西安：三秦出版社，2000 年，第 368 页补太史令一职。

部郎中；第三子韦季重，官职阙载；第四子韦憺，官至定州长史；第五子韦憕，字志廉，唐高宗乾封三年（668），起家授沛王府参军，咸亨二年（671）授雍王府兵曹参军，后授太子通事舍人兼知典膳局事，累迁苏州吴县令，蜀州武隆县令。神功元年（697），制授洛州陆浑县令，未之任得病。圣历元年（698）终于神都崇业里，春秋七十。[①]这一代人大致的活动时间在高宗则天朝，仅有两人官至五品以上。

韦悦两子，长子韦勉，字进业，始以明经高第，拜岐州参军官至复州刺史。开元十二年（724）终于官舍，享年六十五[②]；次子韦干，官职阙载。

韦忻四子中，有官职记载者仅为次子韦奂，官至虞部郎中，后裔阙载。长子韦希先官至比部郎中。韦希先有子韦讽[③]，斋郎出身，解褐任宋州虞城县尉。秩满，再任汴州浚仪县尉，寻转三原县尉，又迁长安县尉。上元元年（674）卒于长安县嘉会坊私第。享年五十七。韦讽有子韦何，官职阙载。

韦季重有子韦烈，官至都官员外郎，娶赵郡李氏为妻，李氏世系无考，邑号为赞皇县君，终于文宗开成二年，从其大中二年（848）与夫合祔判断，韦烈卒于宣宗大中二年前[④]。韦烈子官职皆阙载。

韦憺有子韦千里，名昂，官至白水丞。韦千里子官职阙载。

韦憕有四子，韦颙、韦颖、韦颢和韦𫖳[⑤]，官职皆阙载。

综上，韦全璧一支延续了五代，但有官职记载者仅有十人，五品以上者五人，最高地方官至正四品下的复州刺史，最高中央官至从五品上的兵部郎中，其他还有在刑部、工部者三人，秘书省一人，没有三品以上的高

① 《世系表》中韦憕阙载，今据吴钢主编：《全唐文补遗》第三辑《大周故朝散大夫行洛州陆浑县令韦府君（憕）墓志铭并序》，西安：三秦出版社，1996年，第29页补。
② 参见吴钢主编：《全唐文补遗》第七辑《唐故朝请大夫使持节复州诸军事守复州刺史京兆韦府君（勉）墓志铭并序》，西安：三秦出版社，2000年，第368页。
③ 《世系表》中韦讽及其子韦何皆阙载，据吴钢主编：《全唐文补遗》第七辑《韦讽墓志铭》，西安：三秦出版社，2000年，第12页补。
④ 周绍良：《唐代墓志汇编》，大中〇〇二《韦烈夫人赵郡李氏墓志铭》，上海：上海古籍出版社，1992年，第2254页。
⑤ 《世系表》中韦憕四子阙载，今据吴钢主编：《全唐文补遗》第三辑《大周故朝散大夫行洛州陆浑县令韦府君（憕）墓志铭并序》，西安：三秦出版社，1996年，第29页补。

官，政治地位比较平稳。究其原因，从其成员入仕途径看，有门荫和明经者，但不见有进士出身者，表明本支系不以文化见长，其婚姻关系中虽有赵郡李氏这样的一流高门，但没有与皇室联姻者。这就决定了本支系不可能骤然显贵，也不可能在士林中享有高望，这都会影响其政治社会地位。

附韦全璧一支世系：

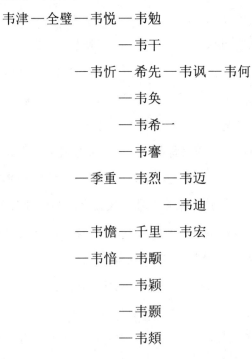

韦津—全璧—韦悦—韦勉
　　　　　　　—韦干
　　　　　—韦忻—希先—韦讽—韦何
　　　　　　　—韦夬
　　　　　　　—韦希一
　　　　　　　—韦騫
　　　　　—季重—韦烈—韦迈
　　　　　　　　　　—韦迪
　　　　　—韦憺—千里—韦宏
　　　　　—韦憛—韦颙
　　　　　　　—韦颖
　　　　　　　—韦颢
　　　　　　　—韦颣

（二）韦琬一支

韦琬一支人丁兴旺，规模庞大。韦琬六子中，按政治地位的显达程度由强至弱依次为三子韦安石一支、次子韦叔夏一支、四子韦才绚一支、六子韦季弼一支、长子韦令则一支、三子韦季良一支。

1. 韦令则分支

韦令则一支仅有其子韦晟，官至棣州刺史。

2. 韦叔夏分支

韦叔夏一支则以其父子礼学修养而著称，史载其少而精通《三礼》，是郧公房成员中第一个真正将汉代以来京兆韦氏的家学继承下来的人，因此其叔父太子詹事韦琨尝谓曰："汝能如是，可以继丞相业矣。"[①] 举明经入仕，主要活动于则天朝，调露年间，累除太常博士。后属高宗崩，山陵旧仪多废缺，韦叔夏与中书舍人贾太隐、太常博士裴守贞等草创撰定，由是授春官员外郎。则天将拜洛及享明堂，皆别受制，共当时大儒祝钦明、郭山恽撰定仪注。凡所立议，众咸推服之。累迁成均司业。久视元年，特下制曰："吉凶礼仪，国家所重，司礼博士，未甚详明。成均司业韦叔夏、太子率更令祝钦明等，博涉礼经，多所该练，委以参掌，冀弘典式。自今司礼所修仪注，并委叔夏等刊定讫，然后进奏。"长安四年，擢春官侍郎。神龙初，转太常少卿，充建立庙社使。以功进银青光禄大夫。三年，拜国子祭酒。累封沛国郡公。卒时年七十余。撰《五礼要记》三十卷，行于代。赠兖州都督、修文馆学士，谥曰文。韦叔夏子韦绍，继承家学，于开元九年（721），除国子司业，历卫尉少卿、太常少卿。至二十三年迁太常卿，天宝九载三月，除太子少师[②]，历任礼官和学官。按常理，像韦叔夏这样以礼学而著称的家族其后裔当多少能继承家学，维持门第之不衰，但事实是，韦绍的两子韦弘、韦协义皆无官职阙载。究其缘由，通过他们所处的时代来推断可能与安史之乱有关。附韦叔夏一支世系：

　　韦琬—韦叔夏—韦绍—韦弘

　　　　　　　　　　—韦协义

3. 韦才绚分支

韦才绚一支人丁比较兴旺，虽没有位居显赫地位者，但在有记载的四代中，每代皆有官至五品以上者。韦琬曾任昭陵令（从五品上），官至郇王府司马（从四品下），赠太府少卿。长子韦求，官职阙载。

次子韦回，临汝郡别驾。长子韦正名，官职阙载；次子韦正己[③]，字励

① 《旧唐书》卷一八九下《儒学传·韦叔夏传》，北京：中华书局，1975 年，第 4967 页。
② （宋）王溥：《唐会要》卷三七，北京：中华书局，1955 年，第 670 页。
③ 《世系表》阙载，今据吴钢主编：《全唐文补遗》第八辑《大唐故华阴郡参军韦府君（正己）墓志铭并序》，西安：三秦出版社，2002 年，第 390 页补。

初，门荫入仕，挽郎出身，解褐授华阴郡参军事。以天宝三载（744）卒于西京道政里私第，春秋卅三。

三子韦由，官至金吾将军，为从三品高官，掌宫中及京城昼夜巡警之法，职位重要。有子韦士英，官至监察御史（正八品上）。

四子韦韶，官至明州刺史，为从三品高官。有子韦囝，官职阙载。

五子韦婴，官至郑县令。有子韦士南，官至万州刺史；另一子韦士文，又名韦士伋、韦士宗，曾官至秘书少监（从四品上），德宗贞元年间，曾由洋州刺史（从三品）任黔中观察使，因残酷驭下，为夷獠所逐[1]，可见其治理一方不具儒者风范，可能与家风有关。

六子韦最，以官品子补崇文馆生，对策登第，授岐州岐阳县尉，转绛州龙门主簿，复调补京兆府富平县尉、长安县尉，开元二十五年（737）终于道政里之私第，享年五十[2]。韦最尽管是以科举入仕，但仕途并不显达，其子辈中也无官职记载者，倒是从其娶河东裴氏为妻可见其家族社会地位之高。韦最一孙女韦修，可能是韦最兄韦由担任金吾将军一职之故，嫁给了德宗贞元年间昭武校尉守左金吾卫将军的李唐宗室成员李道古。

附韦才绚一支世系：

韦琬—韦才绚—韦求

　　　　　—韦回—韦正名

　　　　　　　—韦正己

　　　　　—韦由—韦士英

　　　　　—韦韶—韦囝

　　　　　—韦婴—韦士南

　　　　　　　—韦士文

　　　　　—韦最—韦士伦

　　　　　　　—韦士佺—韦修＋李道古

---

① 《旧唐书》卷一三《德宗本纪下》，北京：中华书局，1975年，第394～397页；《旧唐书》卷九八《裴耀卿传附孙佶传》，北京：中华书局，1975年，第3087页。

② 吴钢主编：《全唐文补遗》第三辑《韦最墓志铭》，西安：三秦出版社，1996年，第64～65页。

4. 韦安石分支

韦安石一支相对其他诸支因文化底蕴深厚，不仅有冠于士林的才望，也有位及丞相的仕达，其中以韦安石为标杆性人物，文化对本支系政治社会地位的提升起到了根本作用。

韦安石[①]是韦琬第五子，以明经登第，则天永昌年间受到文昌左相苏良嗣的荐举擢拜膳部员外郎、永昌令、并州司马。长安年间拜相，兼太子左庶子。后几任近臣，与崔神庆等同为侍读。神龙年间，代张柬之为中书令，封郇国公，赐实封三百户，又兼相王府长史。中宗李显即位后，因与韦后同宗，继续受到重用，中宗与韦后常夜幸其第，赏赐无数，其仕途达到最高峰。中宗被毒死后，秘不发丧，韦后召集韦安石等十九人入禁中会议，删削中宗让相王辅政的遗言。韦后之乱平定后，韦安石当时并没有受到多大的牵连，但终究还是成为其仕途的最大隐患。睿宗即位后，韦安石被拜为太子少保，改郇国公。当时的政治局势非常紧张，太平公主和太子李隆基各有势力，韦安石并没有接受太平公主的拉拢，但在与睿宗的对话中透漏出对太子李隆基的赞赏，睿宗自此之后便不再重用韦安石，韦安石的仕途开始走向下坡。加之韦安石的妻子薛氏因怀疑其女死因，将其女婿的一个宠婢处死，韦安石因此遭贬为蒲州刺史。在蒲州刺史任上时，太常卿姜皎有事请托，遭到韦安石的拒绝，到姜皎弟姜晦任御史中丞后，以韦安石参与韦后之乱对其进行弹劾，韦安石遭贬沔州别驾，之后，又被弹劾贪赃。开元初，韦安石激愤而卒，时年六十四。韦安石以明经登第，历任三朝宰相，还曾与礼部侍郎祝钦明、尚书右丞苏瓌、兵部郎中狄光嗣等删定《垂拱格》后至神龙元年以来的制敕，为《散颁格》七卷。可见韦安石主要还是依靠自身的能力立足于官场之中的。为人正直和参与韦后之乱成为葬送其仕途的直接原因。

---

① 《旧唐书》卷九二《韦安石传》，北京：中华书局，1975年，第2959～2960页；《旧唐书》卷五〇《刑法志》，北京：中华书局，1975年，第2152页。

　　韦安石娶荥阳郑氏为妻[1]，有三子一女，即韦斌、韦陟和韦玢。其中韦玢官至司农卿，但后裔阙载，故韦安石后裔在仕途上的人物主要出在韦斌和韦陟两个分支中。

　　韦陟是韦安石长子，字殷卿，十岁，便因父为中书令而拜温王府东阁祭酒，加朝散大夫，累迁秘书太常丞。韦陟多有文采，擅长隶书，当时的秀士、辞人多与之交游。开元初，丁父忧之后，杜门不出八年，与弟韦斌相劝励，探讨典坟，不舍昼夜，文华当代，俱有名望。当时的才名之士王维、崔颢、庐象等常与之唱和游处，可见其在当时文苑中的名望。一代辞宗张说为中书令，引为中书舍人，与孙逖、梁涉同掌文诰，时人以为美谈。后为礼部侍郎，为尽量让选人发挥出各自特长，改革考试制度，在常试之前先令选人按各自所擅长为文，由此不至于埋没人才，受到好评。但非常不幸的是，由于其才望极高，先后遭到权臣李林甫和杨国忠的排挤，连遭贬黜。接着安史之乱发生后，他这样的文采之士也没有了用武之地。肃宗即位后，房琯自恃才能，请兵平叛安史之乱，结果连遭战败，乾元元年遭到贬黜。[2]杜甫上表论房琯有大臣度，真宰相器，圣朝不容，辞旨荒诞。肃宗令崔光圆与韦陟、颜真卿同讯之，结果韦陟入奏曰："杜甫所论房琯事，虽被贬黜，不失谏臣之体。"[3]从此被肃宗疏远。常郁郁不得志，遘疾，上元元年卒于虔州，时年六十五。韦陟多有才望，但生不逢时，先遭权臣排挤，后遇安史之乱，其才不得尽展，郁郁而终。

　　韦斌[4]，景云初其父韦安石为宰辅时，授太子通事舍人。尚文艺，与兄陟齐名。开元十七年，韦斌以才地娶司徒薛王李业女平恩县主，也因这层婚姻关系迁秘书丞。天宝初，转国子司业。徐安贞、王维、崔颢，当代辞人，特为推挹。天宝中，拜中书舍人，兼集贤院学士，兄韦陟先为中书舍

---

① 《旧唐书》卷九二《韦安石传》，北京：中华书局，1975 年，第 2959～2960 页。
② 《旧唐书》卷一一一《房琯传》，北京：中华书局，1975 年，第 3323～3326 页。
③ 《旧唐书》卷九二《韦安石传附子陟传》，北京：中华书局，1975 年，第 2961 页。
④ 《旧唐书》卷九二《韦安石传附子斌传》，北京：中华书局，1975 年，第 2965 页。

人，未几迁礼部侍郎，韦陟在南省，韦斌又掌文诰，改太常少卿。天宝五载，右相李林甫构陷刑部尚书韦坚，韦斌以亲累贬巴陵太守，移临安太守，加银青光禄大夫。天宝十四载（755），安禄山反，陷洛阳，韦斌为贼所得，伪授黄门侍郎，忧愤而卒。及克复两京，肃宗乾元元年（758），赠秘书监。韦斌因其才历任学官和清要官，同其兄韦陟遭遇相似，先受害于李林甫，后遭遇安史之乱。

韦陟两子，长子韦士赡，官职阙载，后裔也阙载，估计在政治上已经衰落；次子韦允，官至吏部员外郎、颍州刺史。韦允有三子，韦同元、韦同训官职阙载，后裔也阙载；韦承素官至昭义节度判官。韦允女嫁给了赵郡李巽①，赵氏曾仕于宪宗元和时，官至银青光禄大夫、守吏部尚书兼御史大夫、充诸道盐铁转运等使、上柱国。韦承素三子，韦璜，官至国子祭酒；韦璡，字礼卿，进士出身，官职无考，娶乐安孙嗣初女②，孙氏官至河南洛阳县尉；韦琡，官至工部尚书、少府卿。琡有一子韦绂，官至都水使者。韦陟颇有文采，但仕途不得志，其后裔经历了四代，大致宣宗以后逐渐退出政治舞台，其中仅有其曾孙韦璜还担任了国子祭酒这样的学官，韦璡以进士出身，似乎在文化上稍有起色，但再也没恢复韦陟一代在士林中的名望。

韦斌八子二女，有官职记载者限于六人。长子韦衮③，曾任驾部员外郎、司门郎中、眉州刺史。娶范阳卢氏为妻，有子女八人，但见于记载的仅有三子一女，韦同宪曾任河阴令和南郑令，其余官职缺载；一女皈依佛门，法号契义，元和年恬然化灭，报年六十六。

斌次子韦逢仅有一子韦同翊，字启之，为乡贡进士，但官职后裔阙载。

---

① （清）董诰等：《全唐文》卷五〇五《权德舆·李巽墓志铭》，北京：中华书局，1983年，第5134页。
② 吴钢主编：《全唐文补遗》第四辑《唐河南府洛阳县尉孙嗣初妻京兆韦夫人墓志铭并序》，西安：三秦出版社，1997年，第221～222页。
③ 韦衮及其子女和侄韦同翊皆见（清）陆心源：《唐文拾遗》卷二五《韦同翊·唐故龙花寺内外临坛大德韦和尚墓志铭并叙》，北京：中华书局，1983年，第10650页。

斌第四子韦汎①，洛阳县令，华州司马，赠工部尚书，与戴叔伦有交往②。有子韦同则，任大理卿致仕，赠右仆射，娶河东裴通女为妻，裴通官任穆宗时少府监，是玄宗朝给事中、代宗朝礼部尚书、礼仪使裴士淹子③，以儒术著世，清规素范，表率士风。韦同则一女嫁给了弘农杨氏家族中的杨汉公，是杨虞卿之弟，杨汉公一族自杨虞卿起两代以进士登第者十四人④，可谓进士之家，且世居靖恭坊，故有"靖恭杨家"之称⑤。

斌第五子韦襄，官至膳部员外郎，有女与从兄弟韦允女先后嫁给了赵郡李巽⑥。

斌第七子韦凛，官至朗州刺史，后裔阙载。

斌第八子韦况⑦，字士仪，年少时便与孔述睿同隐居王屋山，德宗即位，举逸民，孔述睿以谏议大夫征。贞元二年（786），孔述睿荐韦况为右拾遗，没有赴任，后先后被授以起居郎、司封员外郎。元和初至谏议大夫，期间韦况还同其侄女婿李巽一同举荐山人李渤⑧。但到任只数月便辞官，以太子左庶子致仕。德宗时期儒林名士梁肃与韦况还有交往，为其作《送韦拾遗归嵩阳旧居序》；诗人戎昱与韦况有交往⑨；德宗时谏官李约与韦况相善⑩；权

① 韦汎及其子女皆见吴钢主编：《全唐文补遗》第六辑《杨汉公夫人韦媛墓志铭》，西安：三秦出版社，1999 年，第 199 页。
② （清）彭定求等：《全唐诗》卷二七三《戴叔伦·暮春沐发晦日书怀寄韦功曹汎李录事从训王少府纯》，北京：中华书局，1960 年，第 3086 页。
③ 《旧唐书》卷九《玄宗本纪下》，北京：中华书局，1975 年，第 232 页；《旧唐书》卷一一《代宗本纪》，北京：中华书局，1975 年，第 287、299 页。
④ 《旧唐书》卷一七六《杨虞卿传及各附传》，北京：中华书局，1975 年，第 4564 ～ 4567 页。
⑤ （宋）宋敏求：《长安志》卷九《靖恭坊》，北京：中华书局，1991 年，丛书集成初编本，第 118 页。
⑥ （清）董诰等：《全唐文》卷五〇五《权德舆·李巽墓志铭》，北京：中华书局，1983 年，第 5134 页。
⑦ 参见（清）董诰等：《全唐文》卷五一八《梁肃·送韦拾遗归嵩阳旧居序》，北京：中华书局，1983 年，第 5266 页；《旧唐书》卷一五《宪宗本纪》，北京：中华书局，1975 年，第 421 页。
⑧ 《旧唐书》卷一七一《李渤传》，北京：中华书局，1975 年，第 4440 页。
⑨ （清）彭定求等：《全唐诗》卷二七〇《戎昱·赠韦况徵君诗》，北京：中华书局，1960 年，第 3012 页。
⑩ （清）彭定求等：《全唐诗》卷三〇九《李约·赠韦况诗》，北京：中华书局，1960 年，第 3496 页。

德舆的母亲是韦斌女，故权德舆称韦况为老舅，在其作品中经常提及①。

　　韦斌一女嫁给了权德舆的父亲权皋②，另一女嫁给王遘③，王氏玄宗朝曾任南昌令，官至金部郎中，苏、楚二州刺史，兼御史中丞。其曾祖王崇基，皇主爵员外郎。祖王茂时，皇洛州武临令。父王焘，皇给事中，赠工部尚书，是世代官宦之家。权皋客洪州，有中人过洪州，求取无厌，王遘欲按之，谋之于权皋。④王遘之所以与权皋商讨对策，应当归于两人是连襟关系。

　　综上，韦安石分支延续了六代，至德宗以后逐渐淡出政治舞台。在政治地位上，一波三折。韦后之乱以前，曾因与韦后同宗而盛极一时；韦后之乱使其家族主要成员韦安石仕途受挫，最终一蹶不振；开元盛世时期，本家族成员韦陟凭借才望而闻名于士林，结果也正是因此才遭到李林甫的嫉妒和构陷，郁郁而终；天宝年间的安史之乱使韦斌为贼所得，忧愤而卒。安史之乱以后，本支系成员还有通过科举入仕者，但也有因此而隐居者以避仕途。

附韦安石一支世系：

韦琬—韦安石—韦陟—韦士赡

　　　　　　—韦允—韦同元

　　　　　　—韦同训

　　　　　　—韦承素—韦瑝

　　　　　　　　　　—韦珪

　　　　　　—韦琡—韦纮

① 参见（清）董诰等：《全唐文》卷四九一《权德舆·送韦起居老舅假满归嵩阳旧居序》，北京：中华书局，1983年，第5010页下；（清）董诰等：《全唐文》卷四九一《奉送韦十二丈长官赴任王屋序》，北京：中华书局，1983年，第5015页上。
② （清）董诰等：《全唐文》卷四九一《权德舆·送韦起居老舅假满归嵩阳旧居序》，北京：中华书局，1983年，第5010页下；《旧唐书》卷九二《韦安石传附子斌传》，北京：中华书局，1975年，第2965页。
③ 吴钢主编：《全唐文补遗》第四辑《唐故鄂岳都团练判官将仕郎试大理评事太原王公（谭）墓志铭并序》，西安：三秦出版社，1997年，第231～232页。
④ 《旧唐书》卷一四八《权德舆传》，北京：中华书局，1975年，第4004页。

```
　—韦斌—韦衮—韦同懿
　　　　　—韦同休
　　　　　—韦同宪
　　—韦逢—韦同翊
　　—韦曼
　　—韦汎—韦同则
　　—韦襄
　　—韦勇
　　—韦凛
　　—韦况
—韦玢
```

5. 韦季彃分支

韦季彃是韦琬第六子，官至太仆寺主簿。有子韦廉，曾任左补阙、起居郎、考功员外郎，至库部郎中。韦廉有两子：长子韦肃，官职阙载；次子韦端，字正礼，官历率更寺主簿，下邽县主簿，下邽、阳翟二县丞，国子监主簿。凡五仕三为色养，二为孤幼，皆非公之志也。自是之后，萧然杜门。淮夷削平之明年，皇帝在宥，天下方宏孝理，诏百辟父母存有显擢，殁有褒赠。时韦缜为工部郎中，由是拜公朝散大夫，秘书省著作郎致仕，元和十四年终于长安新昌里之私第，享年八十有三。[①] 韦端娶太原王氏王毗女。[②] 王毗，京兆府奉先县丞；父王怡，河南尹东都留守；祖王真行，汝州叶县令。

韦端五子，长子韦缜，乡贡进士及第，任工部郎中、太子庶子、秘书监、工部尚书、太子宾客，活了八十多岁，位至六尚书[③]，后赠太常卿；次

---

① 韦端及其父、祖和诸子皆见周绍良：《唐代墓志汇编》下册，元和一四一《韦端玄堂志》，上海：上海古籍出版社，1992年，第2048页。

② 周绍良：《唐代墓志汇编》下册，贞元〇二五《大唐华州下邽县京兆韦公夫人墓志铭并序》，上海：上海古籍出版社，1992年，第185页。

③ （清）彭定求等：《全唐诗》卷三五七《刘禹锡·伤韦宾客》，北京：中华书局，1960年，第4023页。

子韦系，官至阳翟县尉；三子韦练为乡贡进士；四子韦纾，德宗贞元十八年进士，文宗大和五年（831），由同驾员外除处州刺史①。开成二年（837），官大理少卿。还曾任山南西道节度判官、将仕郎、大理司直、殿中侍御史；五子韦绚，门荫入仕，太庙斋郎出身，曾历校书郎、吏部员外郎、司封员外郎。

韦季弼一支延续了四代，大致到文宗以后便逐渐退出政治舞台。入仕途径上，门荫和科举并举，尤其到韦季弼玄孙这一代，时处安史之乱后至文宗这一时段，通过科举进士科入仕者增多，反映其成员依靠自身文化素质步入仕途的观念增强。在任职部门上集中于尚书工部、吏部、兵部郎官，也有选择藩镇属官者。从其成员所任官职有起居郎、秘书监、校书郎等文职看，主要是以文入仕。在婚姻上也没有与皇室通婚者，仕途整体比较平稳。附韦季弼一支世系：

韦琬—韦季弼—韦廉—韦肃

　　　　　　　—韦端—韦缜

　　　　　　　—韦系

　　　　　　　—韦练

　　　　　　　—韦纾

　　　　　　　—韦绚

综上，韦琬一支作为郧公房韦津支系的一个重要分支，共延续了七代，大致宣宗以后便在政治上沉寂了。支撑本支声望的主要是以礼学见称的韦叔夏父子和因才望而扬名于士林的韦安石父子，但韦后之乱、李林甫和杨国忠执政及安史之乱先后对本支系家族的仕途造成了不同程度的打击。安史之乱以后的中兴时期，本支系继续凭借家族文化优势而有积极以科举入仕者，但也有一些成员因此而生隐居之念。入仕者中有位居六部郎官和六部尚书者，整体上处于官僚机构的中上层。因本支具有才望之故，其成员的交游对象和婚姻对象也多是出自享誉士林的文化之家，这些社会关系也

---

① （清）董诰等：《全唐文》卷六一三《韦纾·栝郡厅壁记》，北京：中华书局，1983年，第6194页。

在映衬着韦琬一支的政治社会地位。

（三）韦琨一支

韦琨有五子，长子韦畅，官至司农丞，赠金州刺史[①]；次子韦默[②]（展），官至少府监主簿；三子韦幼平，官至金部员外郎；四子韦调，官职阙载；五子韦翼[③]，字从善，官至银青光禄大夫、秘书少监、太府卿、申王成义傅、封武阳平公，是五子中仕途最显达者。五个支系仕途发展很不平衡，其中韦幼平一支规模最大，延续时间最长，其他依次为韦翼一支、韦畅一支、韦展一支、韦调一支。

1. 韦畅分支

据《旧唐书》卷九二《韦安石传附从父兄子抗传》和《刑部尚书韦抗神道碑》[④]，韦畅有三子，长子韦揖，《世系表》中阙载，据《元和姓纂》和《韦抗神道碑》补。次子韦抗，八岁精通《易》，十五岁读《春秋》，明经入仕，累转吏部郎中，开元八年（720）代王晙为御史大夫，兼按察京畿，当时韦抗弟韦拯为万年令，兄弟同领本部，时人荣之。开元十一年（723），入为大理卿，代陆象先为刑部尚书，受到当时赵国李乂、吴郡陆象先、陇西李朝隐、武功苏颋四公的赏识。开元十四年（726）薨于洛之永义里，享年六十。诏赠太子太傅，其墓志文就是苏颋为他撰写的；三子韦拯，开元年间官至左司郎中、万年令、泽州长史。

韦抗娶清河崔氏为妻，有三子。长子韦载，开元年任京兆士曹参军；次子韦翘，入昭文馆为生徒，官至同州刺史；三子韦某，名讳不详。韦拯

---

① 《世系表》官职阙载，今据（清）董诰等：《全唐文》卷二五八《苏颋·刑部尚书韦抗神道碑》，北京：中华书局，1983 年，第 2616 页补。

② 据《韦孟明墓志》是韦默，但《世系表》和《元和姓纂》中皆为韦展，两人官职不相符，暂从墓志。

③ 张安兴：《唐〈韦英墓志〉考释》，《碑林集刊》（第十一辑），西安：陕西人民美术出版社，2005 年，第 129～133 页。

④ （清）董诰等：《全唐文》卷二五八《苏颋·刑部尚书韦抗神道碑》，北京：中华书局，1983 年，第 2616 页。

有子韦演，官职阙载。

综上，韦畅支系延续了三代，大致到唐玄宗以后便在政治上衰落了，尽管有韦抗这样精通儒学之士来支撑家族的名望，但随着战乱的到来，单纯的文质是不能适应时局的需要的。如开元八年，"河曲叛胡康待宾拥兵作乱，诏韦抗持节抚慰，韦抗素无武略，被寇所惮，在路上迟留不敢进，因坠马称疾，竟不至胡所而还"[1]，所幸，韦抗没有经历安史之乱便去世了。

附韦畅一支世系：

韦琨—韦畅—韦抗—韦翘

　　　　　—韦拯—韦演

2. 韦展分支

据《韦昊及夫人柳氏墓志》，韦展有子韦昊[2]，官至秦州成纪县令，娶河东柳氏为妻；另有一子，名讳不详，官至韶州司马[3]。韦昊有子韦瀚，官至阆州刺史。据《韦孟明墓志铭》[4]，韦瀚至少有四子，长子韦汶，元和年至华阴县丞；第四子韦孟明，弱冠举明经，调补左内率府兵曹，官至同州澄城县主簿，元和三年（808）终于虢之逆旅，春秋三十有九。韦孟明娶宪宗年间京兆府奉先县令、虢州刺史元义方之长女，后魏景穆皇帝之十代孙。高祖元万颂，任凤阁侍郎集贤殿学士修国史，曾祖元徇倩任永阳郡司马；祖官至大理司直摄监察御史赠秘书少监，是北朝以来连续四代显达的官宦之家。

综上，韦展支系延续了四代，终于宪宗时期。本支系成员的任官多在秦东地区，其婚姻对象也是曾任职于秦东的大族，可想本支系在该地域有一定的社会地位；但不见有任职于京城的中央官，在官僚体系中处于低官档次。文化优势也不显，婚姻对象中有像河东裴氏这样一流的关中郡姓和

①《旧唐书》卷九二《韦安石传附从父兄子抗传》，北京：中华书局，1983年，第2963页。

②《世系表》和《元和姓纂》阙载，据吴钢主编：《全唐文补遗》第四辑《唐故同州澄城县主簿韦府君（孟明）墓志铭并序》，西安：三秦出版社，1997年，第150～151页补。

③（清）董诰等：《全唐文》卷二九三《故韶州司马韦府君墓志铭》，北京：中华书局，1983年，第2970～2971页。

④ 吴钢主编：《全唐文补遗》第四辑，西安：三秦出版社，1997年，第150～151页。

世代官宦的河南元氏，但没有皇室成员，故而社会地位能维持，但政治地位的确不高。

附韦展一支世系：

韦琨—韦展—韦昊—韦瀚—韦汶
　　　　　　　　　　—□
　　　　　　　　　　—□
　　　　　　　　—韦孟明
　　　　　　—□

3. 韦幼平分支

韦幼平有子韦抱贞，官至梓州刺史，有三子，长子韦鲠，官职阙载，其子辈中仅有长子韦磻，官至司封郎中、太原河东行军司马，长孙韦滂，官至汝州录事参军，延续了三代之后，便在政治上销声匿迹。三子韦熊，隐居紫阁山①，后裔亦阙载。故次子韦政一支成为著支，其本人官至汉州洛县丞，早卒，赠虢州刺史，故官位不高，但其子韦丹却是唐代有名的循吏，为家族赢得了名望。

据《韦丹墓志铭》和《新唐书》卷一九七《循吏传·韦丹传》，韦丹，字文明，少孤。因其母是颜真卿之女，故少时便从其外祖颜真卿学习，深受颜真卿的喜爱。后举明经第，选授峡州远安令，以让其庶兄，入紫阁山，事其从父韦熊。再以通五经登科，历校书郎、成阳尉。张献甫任邠宁节度使，辟韦丹为佐官。按，校书郎虽为九品小官，但是个美官，前景美好。中晚唐以后，校书郎有三种类型，其一为先在京城校书一段时间，然后才被幕府辟为从事②，而韦丹应数此种类型。后自监察御史为殿中侍御史，征拜为太子舍人，迁起居郎。德宗贞元十五年（799），陈许节度使曲环病死，淮阳节度使吴少诚趁机扩大疆土，出兵攻掠临颍县，包围许州。这时

① 《世系表》中阙载，据（清）董诰等：《全唐文》卷五六六《韩愈·江西观察使韦公（丹）墓志铭》，北京：中华书局，1983年，第5725～5727页补。
② 赖瑞和：《唐代基层文官》，台北：联经出版事业公司，2005年，第69页。

朝廷下诏削夺了他的官爵，分遣十六道兵马前来讨伐，韦丹被拜为行军司马。吴少诚死后，改为驾部员外郎。后以司封郎中兼御史中丞前往新罗吊祭新罗君，还被拜为容州刺史、邕管经略招讨使。在此置屯田二十四所，诏加太中大夫。顺宗即位后，又拜郑滑行军司马，因勤于政务，不阿权贵，睪然有直名，遂有"才臣"之号，连任剑南西川节度使二十一年的韦皋在顺宗年暴卒后，副使刘辟自行继任，后反叛，围梓州，诏韦丹为东川节度使御史大夫。而韦丹上疏言，容州、梓州在被围中，守方尽力，不可易将，遂被征还议蜀事。刘辟从梓州撤走后，以梓州让与高崇文，韦丹被拜晋慈隰等州观察使，自扶阳县男进封武阳郡开国公，食邑二千户。后主动要求到要害之地，被拜洪州刺史、江南西道观察使。韦丹赴任后，采取了一系列措施改变当地的生活环境，造福一方。教当地人盖瓦屋、制陶器、置南北市，岁旱季节，募人下种入土，结果人不病饥；为长衢，筑堤捍江，长十二里，疏为斗门，以走潦水。公去位之明年，江水平堤，老幼泣而恩曰：无堤，吾其流入海矣。灌陂塘五百九十八，得田方两千顷，居三年，于江西八州无遗。

韦丹在江南西道巡察使任上时，有一卒违令当死，韦丹将其杖打后赶走，结果此人恩将仇报，反上告韦丹有不法行为。朝廷估计韦丹为名臣能才，治功闻天下，下诏暂罢官留江西待辩，派使前去查办，结果使者还没到，韦丹因病而薨于元和五年（810），春秋五十八。使者到达后，查清卒人所告皆非属实，下诏笞卒一百，流放岭南。韦丹能名益显，是唐德宗、顺宗、宪宗时期少有的循吏之一。

韦丹娶清河崔氏，故枝江县令崔讽之女，有子曰寊，十五明经及第，嗣其家业。后娶兰陵萧氏，是中书令萧华之孙，殿中侍御史萧恒之女，有女一人。

韦丹次子韦宙[①]，颇有其父之风范，以门荫而调河南府录事参军，被李

① 《新唐书》卷一九七《循吏传·韦丹传附宙传》，北京：中华书局，1975年，第5631页；（唐）裴庭裕：《东观奏记》卷上，《唐宋史料笔记丛刊》，北京：中华书局，1994年，第78页。

珏荐为河阳观察判官。宣宗大中年间，周墀为相，因其父韦丹为循吏，令
速与其子好官，韦宙于是被迁侍御史。后历任度支郎中、太原节度副使、
吏部郎中、永州刺史、大理少卿、监察御史。在江南西道观察使任上时，
逢江西都将反，韦宙乘传抵山南发兵，山南东道节度使徐商命部将韩季友
以捕盗营士往。贼平之后，韦宙上表留韩季友所部为纲纪。^① 不久迁岭南东
道节度使，刘知谦避乱客封州，为清海牙将，韦宙以兄韦寊女妻之，众人
皆以为不可，韦宙曰："若人状貌非常，吾以子孙托之。"后来刘知谦在黄
巢之乱中被任封州刺史，招募流亡，养士卒，至精兵万人，多有战绩，境
内肃然。^② 韦宙有四子，长子韦蒙，官至河南府司录参军；次子韦临，官至
京兆府司录参军；另有韦泽、韦升仕宦不详。韦宙有女嫁给了李尧，李氏
世系不详，其先人旧庐在开平里。李尧时为平齐公房懿宗朝丞相韦保衡所
委，干预政事，号为李八郎^③。

韦丹第三子韦审，官至大理评事。有两子，长子韦瓒，官至胙城县尉；
次子韦政实，官至河中府士曹参军。

韦丹第四子韦岫^④，字伯起，曾任主客员外郎，库部郎中，唐僖宗年间
任泗州刺史、福建观察使。

综上，韦幼平一支延续了七代，直至唐末。第三代中韦政娶颜真卿之女
为妻，为韦丹的成长乃至成为有唐一代有名的循吏提供了重要的家教基础，
经韦丹父子两代人适应局势变化，文武兼备，能至坐镇一方，成为握有一定
实权的地方大员。且在地域上偏重于东南，这为唐末以后京兆韦氏家族重心
整体向东南迁移做了一定的铺垫。在其婚姻对象中固然还是以高门大姓为
主，但一些寒门在唐代中后期的崛起也在逐渐打破这些旧有世家大族的婚姻
圈，这从韦宙为其兄女选择不是士族门第出身的刘知谦可见一斑。

---

① 《新唐书》卷一一三《徐有功传附商传》，北京：中华书局，1975 年，第 4192 页。

② 《新唐书》卷一九〇《刘知谦传》，北京：中华书局，1975 年，第 5493 页。

③ （宋）李昉等：《太平广记》卷一百八十三《贡举六》，北京：中华书局，1961 年，第 1365 页。

④ 《新唐书》卷一九七《循吏传·韦丹传附岫传》，北京：中华书局，1975 年，第 5632 页。

附韦幼平一支世系：

韦琨—韦幼平—韦抱贞—韦鲠—韦清—韦磻—韦滂

　　　　　　　　　　　　　　　—韦潘

　　　　　　　　　　　　　—韦政—韦丹—韦寊

　　　　　　　　　　　　　　　—韦宙—韦蒙

　　　　　　　　　　　　　　　　—韦临

　　　　　　　　　　　　　　　—韦审—韦瓒—韦镡

　　　　　　　　　　　　　　　　—韦政实

　　　　　　　　　　　　　　　—韦岫—韦说

　　　　　　　　—韦熊

4. 韦调分支

韦调支系规模最小，韦调有子，名讳不详，娶信安王李祎女，生有韦
崟[1]。韦崟约代宗大历时为殿中侍御史兼陇州刺史，卒。韦崟有女嫁给了唐
玄宗子陈王李珪，在安史之乱中为逆胡所害。[2] 韦崟从父妹嫁给了郑六，世
系不详，其人早行武艺，贫无家，托身于妻族。[3]

附韦调一支世系：

韦琨—韦调—□—韦崟

5. 韦翼分支

韦翼娶清河崔氏为妻，有四子，长子韦英[4]，字慎习，以门家子补崇文
馆学生。因为近臣之族，选充南郊斋郎，调补率更寺主簿。唐玄宗即位后，
授左领军卫录事参军。开元四年，丁平公忧，除服，授尚直长，后加上柱
国袭封武阳郡公。转光禄寺主簿，迁门下省符宝郎，制加朝散大夫，又迁
左卫率府郎将，迁千牛中郎。开元二十五年（737），丁内忧，服阙，除右

---

① （宋）李昉等：《太平广记》卷四百五十二《任氏》，北京：中华书局，1961 年，第 3692 页。

② 《旧唐书》卷一〇《肃宗本纪下》，北京：中华书局，1975 年，第 246 页。

③ （宋）李昉等：《太平广记》卷四百五十二《任氏》，北京：中华书局，1961 年，第 3692 页。

④ 韦英官职及子《世系表》中均阙载，今据《韦英墓志铭》补，参见张安兴：《唐〈韦英墓志〉墓志考释》，《碑林集刊》（第十一辑），西安：陕西人民美术出版社，第 129 ～ 133 页。

卫率府郎将，迁右卫中郎，又拜太中大夫，行仪王府司马，阙制加通议大夫。天宝九载薨于西京长乐里第，享年七十二。娶清河崔氏为妻，有子韦适、韦迅。

韦翼次子韦恂如[1]，官至左威卫仓曹参军，娶吴郡陆氏陆伯玉之长女为妻，陆伯玉开元年间官至岐州刺史。韦恂如有女韦美美，十七岁，于开元二十一年（733）卒于西京常乐里第。三子韦悟微，四子韦新[2]，官职皆阙载。

综上，韦翼支系延续了三代，至开元年间退出政治舞台。在仕途上，仅有韦英、韦恂如有官职记载，虽然不见有科举出身者，但他们两人却依旧可凭门第至卫队将领或属官，反映出开元之前京兆韦氏门望之高。其婚姻对象则有清河崔氏、吴郡陆氏这样的高门大族。

附韦翼一支世系：

韦琨—韦翼—韦英（慎习）—韦适

　　　　　　　　　　—韦迅

　　　　—韦恂如

　　　　—韦悟微

　　　　—韦新

本节小结

郧公房是从北朝过渡到隋唐的典型的关陇军功豪族，凭借其关中望族之政治社会地位，进入隋唐后的郧公房先是主要靠门荫和与皇室的联姻而保持政治上的优势地位，并不以文化见长；伴随着武则天以后关陇贵族趋向衰落，郧公房家族中逐渐意识到自身文化修养对维持家族政治社会地位的重要，于是，出现了诸如韦夏卿父子和韦安石父子以礼学或文学艺术而

① 韦恂如的官职及其婚姻、女儿皆据吴钢主编：《全唐文补遗》第五辑《左威卫仓曹参军韦恂如长女（美美）墓志铭并序》，西安：三秦出版社，1998年，第359页。
② 《世系表》中韦新阙载，今据《韦英墓志铭》补，参见张安兴：《唐〈韦英墓志〉墓志考释》，《碑林集刊》第十一辑，西安：陕西人民美术出版社，2005年，第129～133页。

著名的人物，从而使本支系在士林中又有了一定的地位，文化特质趋于明显。韦后之乱、李林甫杨国忠先后执政的天宝时代和随后的安史之乱对郧公房仕途打击非常大；遭受过几次打击后的郧公房在安史之乱至宪宗时期，有成员开始通过科举进士科入仕，向着新士族转变，其婚姻和交游的对象中也出现了以进士为出身的新士族；宣宗以后，整体上不比前期，但有部分成员因成为地方藩镇节度使而适应了唐代后期政局的需要，从而将家族威望延续至唐末，与此同时，家族成员的士族自我认同观念逐渐淡化，这从其婚姻对象中出现了刘知谦这样的寒门和郑六这样的贫困无家、托身于妻族的人士可见一斑。

附表3-1：郧公房成员入仕途径及官居五品以上者统计表

代际	名讳	入仕途径	最高或终官官爵	品秩	时代
1	韦孝宽		大司空、郧国公		北周
2	韦谌		仪同大将军、陵蓬二州刺史、襄县开国公		北周
	韦总		使持节骠骑大将军开府仪同三司大都督纳言，雍州京兆尹柱国蒲陕熊义五州刺史，河南贞公		北周
	韦寿		恒、毛二州刺史，滑国公		北周
	韦霁		太常少卿、安邑县伯		
	韦津		内史侍郎、户部侍郎，判尚书事武阳郡开国公、唐太仆少卿、陵州刺史、寿光男		隋
3	韦圆成		开府仪同三司，陈、沈二州刺史，郧国公		隋
	韦匡伯		尚衣奉御、郑大将军、舒国懿公		隋
	韦保峦		右卫副率	从四品上	
	韦义节		刑部侍郎，襄城公	正四品下	唐高祖
	韦全璧		唐潞、易二州别驾	从四品下	
	韦琬		潞王府司马、成州刺史、寿光县开国男	正四品下	
	韦琨		太子詹事、武阳贞侯	正三品	唐高宗
	韦璲		仓部郎中	从五品上	唐高宗
	韦瑜		歙州刺史	正四品上	

代际	名讳	入仕途径	最高或终官官爵	品秩	时代
4	韦思言		胜州司马	从五品下	
	韦思齐		司稼正卿	从三品	
	韦思仁		尚衣奉御	从五品上	
	韦悦		给事中	正五品上	
	韦忻		兵部郎中	从五品上	
	韦憺		定州长史	从五品上	
	韦叔夏	明经	国子祭酒、裴国郡公	从三品	唐中宗神龙初
	韦才绚		通议大夫、金乡县男	正四品下	
	韦安石	明经	则天朝宰相	正三品	武则天
	韦翼		太府卿、武阳平公	从三品	
5	韦逞		光禄卿	从三品	
	韦纪		卫尉卿、怀宁公	从三品	
	韦巨源		则天朝宰相、尚书左仆射、舒国公	从二品	
	韦爽		太仆少卿	从四品上	
	韦慎名	门荫	彭州刺史	从三品	
	韦慎惑		右骁卫将军	从三品	
	韦慎习	崇文馆生	仪王府司马	从五品上	
	韦勉	明经	复州刺史	正四品下	
	韦希先		比部郎中	从五品上	
	韦夬		虞部郎中	从五品上	
	韦晟		棣州刺史	从三品	
	韦缘		太子少师	从二品	唐玄宗开元年
	韦由		金吾将军	从三品	
	韦韶		明州刺史	正四品下	
	韦陟	门荫	礼部侍郎	从三品	唐肃宗
	韦斌	门荫	临汝太守	从三品	唐玄宗
	韦玢		司农卿	从三品	
	韦廉		库部郎中	从五品上	
	韦抗	明经	刑部尚书	正三品	唐玄宗开元年

续表

代际	名讳	入仕途径	最高或终官官爵	品秩	时代
5	韦拯		万年令	正五品上	
	韦抱贞		梓州刺史	从三品	
6	韦明敷		华州刺史	从三品	
	韦湜		齐州刺史	从三品	唐玄宗
	韦潜		沣州刺史	从四品上	
	韦涣		嘉州刺史	正四品上	
	韦士南		万州刺史	正四品上	
	韦士文		秘书少监	从四品上	
	韦允		颍州刺史	正四品上	
	韦衮		眉州刺史	从三品	
	韦汎		洛阳令	正五品上	
	韦凛		朗州刺史	正四品下	
	韦况		太子左庶子	正四品上	唐宪宗元和初
	韦翘		同州刺史	从三品	
	韦鉴		陇州刺史	从四品下	约唐代宗
7	韦昭信		沧州长史	从五品上	
	韦昭训		太子仆	从四品上	唐玄宗天宝年
	韦同则		大理卿	从三品	
	韦缜	乡贡进士	工部尚书、太子宾客	正三品	
	韦纾	进士	处州刺史	从三品	唐文宗
	韦瀚		阆州刺史	正四品上	
	韦丹	明经	御史大夫、洪州刺史	从三品	唐顺宗、宪宗
8	韦光宰		太府少卿	从四品上	
	韦光宪		光禄卿	从三品	唐德宗
	韦光裔		太子宾客	正三品	唐代宗
	韦光弼		大理卿	从三品	
	韦光胄		太常少卿	正四品上	
	韦光辅		衢州刺史	从三品	
	韦瑝		国子祭酒	从三品	

代际	名讳	入仕途径	最高或终官官爵	品秩	时代
8	韦琡		工部尚书、少府卿	从三品	
	韦磻		司封郎中、太原河东行军司马	从五品上	
	韦宙		永州刺史	正四品下	唐宣宗、懿宗间
9	韦纮		都水使者	正五品上	
	韦岫		泗州刺史	正四品下	唐僖宗

附表3-2：郿公房婚姻关系表

序号	名讳	嫁娶对象	身世或郡望	时代	出处
1	韦孝宽	杨侃女	弘农杨氏	北魏孝庄帝永安年间	《周书》卷三一《韦孝宽传》
2		郑氏（郑僧覆女）	荥阳郑氏	西魏大统十三年	戴应新：《韦孝宽墓志》，《文博》1991年第5期
3		河南拓跋氏		北魏孝文帝改革前	戴应新：《韦孝宽墓志》，《文博》1991年第5期
4	韦长英（孝宽长女）	解斯斛	开府少保新蔡郡开国公		戴应新：《韦孝宽墓志》，《文博》1991年第5期
5	韦圆照	杨静徽（隋丰宁公主）	杨隋宗室	隋文帝	戴应新：《隋丰宁公主杨静徽驸马韦圆照墓志笺证》，《台湾故宫学术季刊》，第十四卷第1期，第10页
6	韦总女	杨昭（元德太子）	杨隋宗室	隋炀帝	《全唐文补遗》（六），第234页，《郑故大将军舒懿公（韦匡伯）之墓志铭》
7	韦津女	王师忠	员外散骑常侍石州刺史饶安县男	隋唐之际	《邙洛碑志三百种》，第66页，《唐故员外散骑常侍石州刺史饶安县男王使君墓志》
8	韦珪（圆成女）	唐太宗	李唐宗室	唐武德年间	《全唐文补遗》（二），第1～3页，《大唐太宗文皇帝故贵妃纪国太妃韦氏（珪）墓志铭并序》
9	韦圆成女	阿史那苏	左骁卫大将军，宁州都督，怀德元王	唐武德年间	《全唐文补遗》（一），第50～51页，《唐故右骁卫大将军兼检校羽林军大将军荆州大都督上柱国薛国公阿史那贞公墓志铭并序》
10	韦匡伯女	皇太子妃（王世冲子）		唐武德初	《全唐文补遗》（六），第234页，《郑故大将军舒懿公（韦匡伯）之墓志铭》
11	韦檀特（韦匡伯女）	杨政本	弘农杨氏	唐武德六年	《唐代墓志汇编》，永隆〇一七，《大唐故幽州范阳县令杨府君夫人韦氏墓志铭并序》

续表

序号	名讳	嫁娶对象	身世或郡望	时代	出处
12	韦尼子（韦匡伯女）	唐太宗	李唐宗室	唐武德四年	《全唐文补遗》（二），第141～142页，《大唐故文□□容韦氏（尼子）墓志铭并序》
13	韦宝宝（韦思言女）	陈氏	原南朝皇室陈氏	太宗贞观十八年	《邙洛碑志三百种》，第71页，《大唐故韦夫人墓志》
14	韦安石	薛氏	河东薛氏	高宗乾封年	《旧唐书》卷九二《韦安石传》
15	韦金（韦琬女）	元琰	河南元氏	约高宗咸亨年	《全唐文补遗》（二），第5页，《大唐前安州都督府参军元琰妻韦（金）墓志铭并序》
16	韦最	裴观女	河东裴氏	则天神龙年前后	《全唐文补遗》（三），第64～65页，《唐故京兆府长安县尉韦府君（最）墓志铭并序》
17	韦慎名（藏器）	刘约	彭城刘氏	则天光宅年	《全唐文补遗》（八），第377～378页，《大唐故银青光禄大夫彭州刺史韦府君（慎名）故夫人彭城刘氏（约）墓志铭并序》
18	韦英（慎习）	崔氏	清河崔氏	约则天圣历年间	张安兴：《唐〈韦英墓志〉考释》，《碑林集刊》（十一），第129～133页
19	韦抱贞	颜真卿姊妹	琅琊颜氏	约睿玄之际	《全唐文》卷五六六，第5725～5727页，《江西观察使韦公墓志铭》
20	韦翼	崔氏	不详	玄宗开元年前	《全唐文补遗》（五），第359页，《左威卫仓曹参军韦恂如长女（美美）墓志铭并序》
21	韦恂如	陆伯玉女	吴郡陆氏	玄宗开元年间	《全唐文补遗》（五），第359页，《左威卫仓曹参军韦恂如长女（美美）墓志铭并序》
22	韦斌	李业女	李唐宗室	玄宗开元十七年	《全唐文》卷三二六，第330页，《王维·大唐故临汝郡太守赠秘书监京兆韦公神道碑铭》
23	韦安石女	李元澄	太常主簿		《旧唐书》卷九二《韦安石传》
24	韦衮	卢氏	范阳卢氏	玄宗天宝年间	《唐文拾遗》卷二五，第10650页，《韦同翊·唐故龙花寺内外临坛大德韦和尚墓志铭并叙》
25	韦崟父	李祎（信安王）女	李唐宗室	约唐玄宗时	《太平广记》卷四百五十二《任氏》，第3692页
26	韦崟从父妹	郑六		约玄宗天宝年间	《太平广记》卷四百五十二《任氏》，第3692页
27	韦崟女	唐玄宗子（陈王）李珪	李唐宗室	约唐玄宗时	《旧唐书》卷一〇《肃宗本纪》；《唐大诏令集》卷四十，第169页

序号	名讳	嫁娶对象	身世或郡望	时代	出处
28	韦昭训	李祎（信安郡王）女	李唐宗室	约玄宗肃宗时期	《八琼室金石补正》第454页
29	韦昭训女	唐玄宗子（李瑁）	李唐宗室	唐玄宗	《资治通鉴》卷二一五，天宝三载冬十二月癸酉条
30	韦端	王毗女	太原王氏	玄宗肃宗之际	《唐代墓志汇编》贞元〇二五，第1855页，《大唐华州下邽县京兆韦公夫人墓志铭并序》
31	韦楚器女	许授	常州义兴尉湖州武康城	代宗广德二年	《全唐文》卷五〇四，第5132页，《湖州武康县丞许君夫人京兆韦氏墓志铭并序》
32	韦光辅女	严绶	太子少傅	约代宗永泰年间	《八琼室金石补正》，第454页
33	韦昭训女	唐肃宗子李侹（泾王）	李唐宗室	约代宗永泰年间	《唐代墓志汇编》建中〇一一，第1828页，《大唐泾王故妃韦氏墓志铭并序》
34	韦懿仁（韦光弼女）	于申	河南于氏（尚书屯田员外郎）	代宗大历四年	《全唐文补遗》（七），第78页，《唐故尚书屯田员外郎于府君（申）夫人京兆韦氏（懿仁）墓志铭并序》
35	韦斌女	王遒	太原王氏（银青光禄大夫楚州刺史兼团练营田等使御史中丞赠尉卫卿）	约德宗建中年前后	《唐代墓志铭汇编》大和〇一五，《唐故知盐铁福建院事监察御史裹行王府君（师正）墓志铭并序》
36	韦斌女	权皋	天水权氏（不仕）	约唐玄宗时	《全唐文》卷四九一，第5010页下，《权德舆·送韦起居老舅假满归嵩阳旧居序》；《旧唐书》卷九二《韦安石传附子斌传》
37	韦媛（韦同则女）	杨汉公	弘农杨氏（司封郎中）	德宗贞元十年	《全唐文补遗》（六），第199页，《杨汉公夫人韦媛墓志铭并序》
38	韦孟明	元氏（元义方女）	河南元氏（京兆府奉先县令）	德宗贞元十五年	《全唐文补遗》（七），第150～151页，《唐故同州澄城县主簿韦府君（孟明）墓志铭并序》
39	韦烈	李氏	赵郡李氏	德宗贞元年间	《唐代墓志汇编》大中〇〇二，《韦烈夫人赵郡李氏》
40	韦修（韦士佺女）	李氏（李道古）	李唐宗室	德宗贞元年间	《全唐文》卷五六三，第5698页，《昭武校尉守左金吾卫将军李公墓志铭》
41	韦襄女	李巽	赵郡李氏	代宗至元和四年前	《全唐文》卷五〇五，第5134页，《李巽墓志铭》
42	韦允女	同上	同上		《全唐文》卷五〇五，第5134页，《李巽墓志铭》
43	韦丹	崔氏（崔讽女）	清河崔氏（枝江令）	代宗至宪宗间	《全唐文》卷五六六，第5725～5727页，《江西观察使韦公墓志铭》

续表

序号	名讳	嫁娶对象	身世或郡望	时代	出处
44	韦丹	萧氏（萧恒女）	兰陵萧氏（殿中侍御史）	同上	《全唐文》卷五六六，第5725～5727页，《江西观察使韦公墓志铭》
45	韦昊	柳氏	河东柳氏		《韦昊及夫人柳氏墓志》
46	韦光宪女	李氏（李道古）	李唐宗室	唐德宗至穆宗间	《全唐文》卷五六三，第5698页，《昭武校尉守左金吾卫将军李公墓志铭》
47	韦同则	裴通女	河东裴氏（少府监）	约唐穆宗时	《全唐文补遗》（六），第199页，《杨汉公夫人韦媛志铭并序》
48	韦廙女	王修本	太原王氏	唐敬宗宝历元年	《全唐文补遗》（四），第216页，《唐故太原王府君（修本）夫人韦氏墓志铭并序》
49	韦琏	孙氏（孙嗣初女）	乐安孙氏（河南府洛阳县尉）	唐宣宗大中十三年前	《全唐文补遗》（四），第221～222页，《唐河南府洛阳县尉孙嗣初妻京兆韦夫人墓志铭并序》
50	韦廙	孙阿眉	乐安孙氏		《唐代墓志汇编》咸通〇五三《口州崑山县令乐安孙嗣初公府墓志铭》
51	韦孝宽七代孙	高元裕	渤海高氏（吏部尚书）	唐德宗贞元年至大中四年	《全唐文》卷七六四，第7943页，《大唐故吏部尚书赠尚书右仆射渤海高公神道碑》
52	韦宙女	李尧		唐末	《太平广记》卷一八三《贡举六》，第1365页
53	韦宙从女	刘知谦	封州刺史	唐懿宗时	《新唐书》卷一九七《韦丹传附岫传》、《新唐书》卷一九〇《刘知谦传》
54	韦颛	萧虔古女	兰陵萧氏（晋州襄陵县令）	？	《全唐文补遗》（八），第216页，《唐故朝请大夫京兆少尹上柱国孟府君（璪）夫人兰陵萧氏（威）墓志铭》

第二节　驸马房

驸马房是东眷韦穆的后裔，其先祖可以追溯到韦穆的四代孙韦自璧，韦自璧的四代孙中有韦延宾，韦延宾有三子——韦璋、韦福和韦议，而驸马房主要成就于韦议支系中韦温诸子数人为驸马都尉，以韦玄贞的女儿成为皇后并导致宫闱之乱达到政治地位上的顶峰，韦后之乱被平定后，本房后裔几乎皆被铲除，故从《新唐书·宰相世系表》中不见有韦温诸子的记载。婚姻尤其是与皇室的联姻成为决定该家族政治沉浮的最主要因素，这也就决定了该房支在政治上的骤起骤落。

一、仕宦

韦璋一支延续了五代，前四代中仅有其孙韦岌，为朝散大夫、雅州别
驾，曾孙韦玄诞官至朝散大夫、洋州司马，卒后赠绛州刺史，不仅入仕者
人数少，且官位低，但这种状况到第五代却发生了很大的转变，居官者数
量大增，且官位普遍为五品以上，兹列举如下：韦玄郁子韦璿[1]，为职方郎
中（从五品上）。韦玄谔一子韦婴，左金吾卫将军（从三品）；另一子韦觊，
太子仆（从四品上）。韦玄诞一子韦瑗，司勋郎中（从五品上），一子韦瑅，
宗正少卿（从四品上），一子韦璬，官至太子洗马（从五品下）。共六人皆
至五品以上，分布的部门有东宫、负责皇家家族事物的宗正寺、尚书省的
吏部和兵部以及护卫京城的卫队，可谓显达。从这一代人与韦玄贞女儿同
辈份来分析，他们在政治上的突起可能与韦玄贞的女儿被选为太子妃有关。
但随着韦后之乱的被平叛，他们也几乎被斩尽杀绝，又骤然从政治舞台上
消失，《新唐书·宰相世系表》中继第五代后再没有后裔记载，唯存有韦璬
一女是嫁给了杨若虚为妻[2]

附韦璋支世系：

　　韦璋—□—韦岌—韦玄郁—韦璿
　　　　　　　—韦玄谔—韦婴
　　　　　　　—韦觊
　　　　　　　—韦玄诞—韦瑗
　　　　　　　　　　　—韦瑅
　　　　　　　　　　　—韦璬

---

① 《世系表》中为韦濬，据（唐）林宝撰，岑仲勉校记：《元和姓纂（附四校记）》，北京：中华
　书局，1994年，第181页改。
② 韦璬《世系表》中阙载，据《韦璬墓志铭》补，其女婚姻情况见吴钢主编：《全唐文补遗》第
　六辑《唐故太子洗马韦公（璬）墓志铭并序》，西安：三秦出版社，1999年，第5页。

　　韦议一支延续了七代，是本房的著支，在韦玄贞的女儿成为太子妃之前，此支系有韦仁（材）①，仕隋任仪同三司、左武侯骠骑将军、坊州刺史，封恒安县开国伯。其后，韦仁（材）四子中仅有韦弘表有官职记载，韦弘表由隋入唐，在隋起家千牛备身，到唐任右清道率（正四品上）②，从这两代人有勋品或任太子卫官推断，本支系在隋末唐初的政治地位较高，为其后裔的仕途奠定了重要基础。韦弘表有两子，长子韦玄俨③，历工部郎中、河南县令，高宗末官至许州刺史，韦后当政之时，赠户部尚书鲁国公。次子韦玄贞在女儿被选为太子妃后，自普州参军被擢升为豫州刺史。④此次政治婚姻对韦氏产生了积极的作用，但过犹不及，中宗还想让韦玄贞为侍中，结果遭到裴炎的反对，武则天得知后，责怪他将大权落于外戚手中，降中宗为庐陵王。⑤此次中宗的遭贬也直接影响了韦后家族的政治命运。韦玄贞配流钦州而死，妻崔氏为蛮首宁承所杀；四子韦洵、韦浩、韦洞和韦泚同死容州；韦后的两个妹妹逃还京师。⑥经过这次政治事变，韦后最亲近的家人几乎全部丧命。驸马房还有一人即韦玄祚，曾担任右卫长史，从目前的信息只能判定他与韦后的父亲是亲兄弟或堂兄弟，他有一女嫁给了武氏武思元，也就是武则天的堂兄，但从此人的仕途并不顺畅可推断，武思元并没有因与武后的亲属关系而受到格外关照⑦，由此也可基本推断，这门婚姻的结成对京兆韦氏而言的积极意义并不是很大。不过，由此可基本判定陈

---

① 《世系表》中为韦仁，但据吴钢主编：《全唐文补遗》第三辑《大唐故赠荆州大都督上蔡郡王（韦泚）墓志铭并序》，西安：三秦出版社，1996年，第39～42页为韦材，两者官职相近，估计是同一人。

② 《世系表》中韦弘表的官职为曹王府典军，今据吴钢主编：《全唐文补遗》第一辑《大唐赠卫尉卿并州大都督淮扬郡王京兆韦府君（洞）墓志铭并序》，西安：三秦出版社，1994年，第86～87页校补。

③ 《世系表》中官职为邢州刺史，据吴钢主编：《全唐文补遗》第二辑《大唐故金乡君夫人京兆韦氏（顺仪）墓志铭并序》，西安：三秦出版社，1995年，第551页校补。

④ 《旧唐书》卷一八三《外戚传·韦温传》，北京：中华书局，1975年，第4746页。

⑤ 《旧唐书》卷八七《裴炎传》，北京：中华书局，1975年，第2846～2848页。

⑥ 《旧唐书》卷一八三《外戚传·韦温传》，北京：中华书局，1975年，第4746页。

⑦ 据《武思元暨妻韦氏墓志》，详见《西安碑林博物馆新藏墓志续编》（上），西安：陕西师范大学出版社，2014年，第192～193页和傅清音：《新见武则天堂兄〈武思元暨妻韦氏墓志〉》，《文博》2014年第5期，第66～72页。

寅恪先生所提出的"李武韦杨婚姻集团"确实是存在交叉的关系网络，其中任两姓之间都有直接的联姻。

神龙元年（705），武则天继任皇位 15 年后，在张柬之领导的政变中被迫还位于中宗李显。中宗在遭贬黜的二十多年间，韦后始终陪伴着他，并对他加以鼓励。在这种落魄的境况下，两人相濡以沫，感情加深。中宗的复位对韦氏家族意味着政治生命的第二次机遇。中宗复位后的韦后"优宠亲疏，内外封拜，遍列清要"[1]。韦后的从父兄韦温，神龙中累迁礼部尚书，封鲁国公。弟韦湑，左羽林将军，封曹国公。韦后的两个妹妹在家人遭受打击的时候逃还京师，其妹夫陆颂为国子祭酒；冯太和为太常少卿，太和寻卒，又适嗣虢王李邕。韦湑子韦捷，尚成安公主；韦温从祖弟韦濯，尚定安公主，皆拜驸马都尉。从这个时候开始，驸马房才算是名副其实了。景龙三年（707），韦温迁太子少保、同中书门下三品，仍遥授扬州大都督。韦温等"既居荣要，熏灼朝野，时人比之武氏"[2]。

武则天成为中国历史上唯一一位真正登上皇帝宝座的女皇帝，这种开先河之举对古人男尊女卑观念产生了很大的冲击。继她之后，有多位统治阶层的女性也曾萌生干政之志甚至觊觎皇帝之位，韦后就是其中之一。

韦后受上官婉儿的蛊惑，欲效法武则天临朝听政。为了满足其权力欲望，韦后与其女儿安乐公主共同将中宗毒死。中宗暴崩后，秘不发丧，韦后与兄太子少保韦温定策，立温王李重茂为皇太子，召诸府兵五万人屯京城，分为左右营，然后发丧。少帝即位，尊韦后为皇太后，临朝摄政。韦温总知内外兵马，守援宫掖。驸马及韦捷、韦濯分掌左右屯营。武延秀及韦温从子韦播、族弟韦璿、外甥高崇共典左右羽林军及飞骑、万骑。李唐皇室的政权似乎要掌握在韦武家族的手中了，但这一局面很快就随着临淄王李隆基率领禁军诛杀韦后及其亲族而改变了。据史载，"临淄王率薛崇简、钟绍京、刘幽求领万骑及总监丁夫入自玄武门，至左羽林军，斩将军

① 《旧唐书》卷五一《后妃·韦庶人传》，北京：中华书局，1975 年，第 2174 页。
② 《旧唐书》卷一八三《外戚传·韦温传》，北京：中华书局，1975 年，第 4746 页。

韦璿、韦播及中郎将高崇于寝帐。分遣万骑诛其党与韦温、温从子韦捷及族弟韦婴，韦氏武氏宗族，无少长皆斩之。枭韦后及安乐公主首于东市"①。韦璪"以韦后微亲，见累，遇害于布政坊西街"②。及韦温等被诛之际，韦涉也被乱兵所杀。③韦后有妹七姨，嫁给将军冯太和，权倾人主，曾经为豹头枕以辟邪，白泽枕以辟魅，伏熊枕以宜男。太和死后，再嫁嗣虢王李邕，及唐玄宗诛杀韦后，虢王斩七姨首以献。④韦后效法武则天以失败告终，也为此付出了沉重的代价，其族人几乎全部丧命于此事变中。

当初中宗刚刚复位，韦后为了弥补对其家人所造成的损害，先追赠其父韦玄贞为上洛郡王，寻又追赠为太师、雍州牧、益州大都督。韦后叔父韦玄俨被追赠为特进、并州大都督、鲁国公，并遣使迎韦玄贞及崔氏丧枢归京师。等到韦玄贞等灵柩快到京师的时候，唐中宗与韦后登上长乐宫，望丧而泣。后来又加赠韦玄贞为酆王，谥曰文献，仍号其庙曰褒德，陵曰荣先，各置官员，并给户一百人守卫洒扫。韦后的诸位弟弟都在中宗被废黜之后跟随韦玄贞流放到容州而死，中宗复位后，韦后诸弟皆被追赠官爵，韦洵为吏部尚书、汝南郡王；韦浩为太常卿、武陵郡王；韦洞为卫尉卿、淮南郡王；韦泚为太仆卿、上蔡郡王，并遣使迎其丧枢于京师，为他们选择当时一流高门的女子完成冥婚，以王礼诏葬并赐"东园秘器"⑤，其中石椁的使用则彰显了韦后当政所带给家人的特殊礼遇⑥，其阵势可谓壮大⑦。等到

① 《旧唐书》卷五一《后妃韦庶人传》，北京：中华书局，1975年，第2174页。
② 吴钢主编：《全唐文补遗》第六辑《唐故太子洗马韦公（璪）墓志铭并序》，西安：三秦出版社，1999年，第5页。
③ 《旧唐书》卷八五《张文瓘传》，北京：中华书局，1975年，第2819页。
④ 《旧唐书》卷三七《五行志》，北京：中华书局，1975年，第1380页。
⑤ 西安市文物保护考古所、王自力、孙福喜：《唐金乡县主墓》，北京：文物出版社，2002年，第102页。
⑥ 李杰：《勒石与勾描——唐代石椁人物线刻的绘画风格学研究》，北京：人民美术出版社，2012年，第72～79页。
⑦ 参见吴钢主编：《全唐文补遗》第三辑《大唐故赠荆州大都督上蔡郡王（韦泚）墓志铭并序》，西安：三秦出版社，1996年，第39～42页；吴钢主编：《全唐文补遗》第一辑《大唐赠卫尉卿并州大都督淮扬郡王京兆韦府君（洞）墓志铭并序》，西安：三秦出版社，1994年，第86～87页；《碑林集刊》（第九辑）《韦洵墓志铭并序》，西安：陕西人民美术出版社，2003年，第176～181页。

韦后之乱被李隆基平叛，睿宗即位，仍令削平韦玄贞及韦洵等坟墓。韦后
当年为她的家人所做出的补偿又毁于一旦。

从现有的材料来看，此房仅有韦会、韦藏锋和韦会女生存下来。天宝
十载（751），唐玄宗宠臣王鉷召术士问自己能王否，术士害怕躲避起来，
王鉷怕他将此事泄漏出去，将其暗杀。韦会恰为王府司马得知此事并说与
私庭，被人告于王鉷，王鉷遣贾季邻收韦会于长安狱，入夜缢杀之①。天宝
十四载（755），韦藏锋的官爵是太中大夫守巴川郡太守、真宁县开国男、
上柱国、赐紫金鱼袋。② 韦会女成为德宗妃。③

此政变也有韦氏其他同宗成员的参与，这些驸马房的同宗韦氏成员
尽管当时并没有受到太大的打击，但终究因参与此事结束了各自的政治生
命。景龙四年（710），"中宗崩，秘不发丧，韦庶人召诸宰相韦安石、韦巨
源、萧至忠、宗楚客、纪处讷、韦温、李峤、韦嗣立、唐休璟、赵彦昭及
璨等十九人入禁中会议"④。其中韦安石是郧公房成员，则天朝宰相，在蒲州
时，太常卿姜皎有所请托，遭到韦安石的拒绝。开元二年（714），姜皎弟
姜晦为御史中丞，"以安石等作相时，同受中宗遗制，宗楚客、韦温削除相
王辅政之辞，安石不能正其事，令侍御史洪子舆举劾之"⑤。韦安石因此被贬
为沔州别驾。韦巨源是韦安石从祖兄子，则天朝宰相，协助韦后行效法武
则天事，"附入韦后三等亲，叙为兄弟，编在属籍。……及韦庶人之难，家
人令巨源逃匿，巨源曰：'吾国之大臣，岂得闻难不赴？'乃出，至都街，
为乱兵所杀。"⑥ 韦嗣立，属小逍遥公房，因与韦后同宗，中宗特令编入属
籍，也参与了韦后组织的政变，韦后之乱中，也险些为乱兵所杀，因与睿
宗有姻亲关系才得以幸免，但后来还是被人弹劾"中宗遗制睿宗辅政，宗

---

① 《旧唐书》卷一〇五《王鉷传》，北京：中华书局，1975年，第3233页。
② （宋）王象之：《舆地碑记目》卷四《合州祭龙多山题名》，北京：中华书局，1985年，丛书集
　成初编本。
③ （宋）王溥：《唐会要》卷三，北京：中华书局，1955年，第34页。
④ 《旧唐书》卷八八《苏瓌传》，北京：中华书局，1975年，第2882页。
⑤ 《旧唐书》卷九二《韦安石传》，北京：中华书局，1975年，第2960页。
⑥ 《旧唐书》卷九二《韦安石传附从祖兄子巨源传》，北京：中华书局，1975年，第2966页。

楚客、韦温等改削藁草，嗣立时在政事，不能正之"。贬为越州别驾，很久才被迁陈州刺史，与韦嗣立有一定姻亲关系的刘知柔为其辩白，未待诏命下而卒。[①] 由此可见，韦后为争夺权力，争取了其他同宗不同房成员的支持，而这些韦氏成员对韦后的支持反映出当时韦氏成员在特定政治环境下宗族观念的萌生，但整体上，京兆韦氏各房之间的关系正如有的学者所认为的："关系疏远，互不往来，相互只是同族而已，不是一个紧密的宗族。另外，各房韦氏很少利用同姓关系在政治上结成联盟。显示出宗族关系的淡薄，甚至是多有摩擦。"[②]

附韦议一支世系：

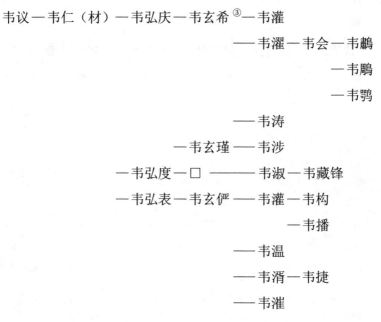

韦议—韦仁（材）—韦弘庆—韦玄希[③]—韦灌

　　　　　　　　　　　　　—韦濯—韦会—韦鶺

　　　　　　　　　　　　　—韦鶀

　　　　　　　　　　　　　—韦鹗

　　　　　　　　　　—韦涛

　　　　　　—韦玄瑾—韦涉

　　—韦弘度—□————韦淑—韦藏锋

　—韦弘表—韦玄俨——韦灌—韦构

　　　　　　　　　—韦播

　　　　　—韦温

　　　　　—韦湝—韦捷

　　　　　—韦灌

① 《旧唐书》卷八八《韦思谦传附韦嗣立传》，北京：中华书局，1975 年，第 2868 页。
② 参见黄利平：《长安韦氏宗族论述》，《陕西历史博物馆馆刊》第一辑，西安：三秦出版社，1994 年，第 70 页。
③ 据郑旭东：《唐韦玄晞墓志释读》一文的考释，韦玄希应为韦玄晞，韦玄晞生前官职不高，卒时正值武则天当政，后一族几经磨难，尚未得势。同时或有其他原因，其只能权窆杜陵。中宗复位后，韦后对其家人大加封赐，对已殁者追赠官爵，赏赐财物，命史官文人撰写墓志。韦玄晞也得到恩惠，被追赠一二品官爵，超规格的财物赏赐，以及由专掌碑志的官员撰写的墓志。其三子分别为长子韦灌、次子韦濯和少子韦涛，与传统文献记载有出入，现依志文，见《文博》2016 年第 2 期，第 78～83 页。

—韦玄贞 —— 韦洵
—— 韦浩
—— 韦洞
—— 韦泚
—韦弘素—韦玄昭 —— 韦濬

韦福一支仅延续了三代，人丁不旺，居官位者仅有其孙韦昌，位居左骁卫大将军（正三品），封普安公，是他们这一代人中官位最高者，因此也应是支撑门户的关键性人物。

附表3–3：驸马房成员入仕及官及五品以上者统计表

代际	名讳	入仕途径	最高或终官官爵	品秩	所处时代
1	韦璋				
	韦议				
	韦福				
2	韦仁（材）		仪同三司、左武侯骠骑将军、坊州刺史，封恒安县开国伯		隋朝
3	韦岌		雅州别驾		
	韦弘表		右清道率	正四品上	隋唐
	韦昌		左骁卫大将军	正三品	唐
4	韦玄诞		洋州司马		唐高宗后期
5	韦璿		职方郎中	从五品上	武则天后期
	韦婴		左金吾卫将军	从三品	
	韦觊		太子仆	从四品上	
	韦瑗		司勋郎中	从五品上	
	韦琨		宗正少卿	从四品上	
	韦瓛		太子洗马	从五品下	
	韦玄俨		工部郎中、河南县令、许州刺史		
	韦玄贞		豫州刺史		

续表

代际	名讳	入仕途径	最高或终官官爵	品秩	所处时代
6	韦温		总知内外兵马		唐中宗
	韦濯		左右屯营		
	韦播		左右羽林军		
	韦璿		左右羽林军		
7	韦捷		左右屯营		唐玄宗
	韦会		王鈇府司马		
	韦藏锋		巴川郡太守、真宁县开国男、上柱国、赐紫金鱼袋		

二、婚姻

驸马房的婚姻非常有特点，其中之一就是政治色彩浓重，婚姻对家族的政治命运产生了重大的影响。除了韦玄贞的女儿嫁给了唐中宗并成为皇后外，本房的韦温诸子中还有尚公主者数人，但这些人的名讳尚不清楚。另外与皇室通婚者还有四人，是陈寅恪先生所提出的"李武韦杨婚姻圈"[1]中的重要组成部分。驸马房之所以能形成如上所述的气候，除了韦氏与李唐皇室的联姻外，武氏家族也发挥了重要的作用。

武则天时期，由张柬之等五大臣发动的政变尽管除掉了武则天的宠臣张氏兄弟，但没有将武则天的娘家势力铲除。所以武则天退位后，韦氏与武氏成为干预朝政的两大势力。在四大家族婚姻圈中，韦、武两家并没有直接联姻，但都通过与李唐皇室的联姻被捆绑在了四大家族的婚姻网络中。李武之间的联姻主要是武则天希望李武两家共掌朝政的结果。继武则天后，李武联姻者还有六例，其中有武崇训尚安乐公主、武延基尚永泰郡主，而安乐公主与永泰郡主皆是中宗与韦后所生，这样，通过李唐皇室，两姓成为李武韦杨四婚姻网络中的重要环节，除此之外，武则天的堂兄武思元与

---

① 详见陈寅恪：《论唐代之李武韦杨婚姻集团》，《历史研究》1954 年第 1 期，后收入《金明馆丛稿初编》，上海：上海古籍出版社，1980 年。

京兆韦氏驸马房还建立起了直接的婚姻关系，从而为韦、武两家共同发动政变建立了一定的基础。此次政变被李唐皇室的李隆基平叛后，韦武两大势力从此退出了政治舞台，唐朝政权重新回到了李姓手中。

另外，值得注意的一个现象是，韦后在中宗复位后大张旗鼓地为他的诸弟举办丧礼，并将他们与出身山东郡姓的女子结为冥婚，比如韦洫娶荥阳郑氏郑锐思女，韦洞娶清河崔氏崔道猷女，韦后妹嫁给荥阳郑氏郑进思男。毛汉光先生在《关中郡姓婚姻关系之研究 —— 隋至唐前半期》一文中得出的结论是："关中五郡姓没有与山东五大姓通婚（除了东西魏分裂时已入关之少数山东五大姓房支以外），这种现象与关陇集团诸王朝相似，于婚姻圈角度观之，关陇集团自王室以致关中五郡姓，与山东五大姓之间，在安史之乱前仍存在着界限。"[1] 李睿主要根据韦后妹及两弟的冥婚对毛汉光先生的论点提出了异议。[2] 笔者现将这几个家族稍作考察，以作进一步阐释。据《韦洫墓志铭》，郑锐思其曾祖为隋高密令郑道援，祖为唐沣州司马郑怀节，父为唐贝州清河尉，兄郑万钧，尚睿宗女代国公主李华[3]。郑万钧子郑潜曜尚睿宗女临晋公主。[4] 此家族与韦氏联姻者两例，与李唐皇室联姻者两例，是否是东西魏分裂以来就入关的呢？《隋书》卷三八《郑译》中记载，荥阳郑氏有郑道邕一支是在东西分裂后入关的，其先郑州荥阳人，北周司空。从郑道援与郑道邕名讳推断，两人可能是同辈人，但即使是同辈也难以确定韦氏和李唐皇室所联姻的共同对象郑氏是否是东西魏分裂时入关的。崔道猷为太子家令，根据毛汉光先生《从士族籍贯迁移看唐代士族的中央化》一文中对清河崔氏向两京迁徙的统计，清河崔氏中的著支没有在隋唐前既入关者。另据毛汉光《关陇集团婚姻圈之研究 —— 以王室婚姻关系为

① 详见毛汉光：《关中郡姓婚姻关系之研究 —— 隋至唐前半期》，《唐代文化研讨会论文集》，台北：文史哲出版社，1991 年，第 87 ～ 139 页。
② 详见李睿：《世系、婚姻、佛教 —— 唐代韦氏家族之研究》，北京大学，2002 届硕士论文，第 29 页。
③ 《新唐书》卷八三《睿宗十一女传》，北京：中华书局，1975 年，第 3658 页。
④ 《新唐书》卷一九五《孝友传·郑潜曜传》，北京：中华书局，1975 年，第 5581 页。

中心》①一文的研究，清河崔氏在隋之前根本没有与王室通婚者，到了隋朝，才有杨素重视崔儦的门第，为子娶了崔儦的女儿，而崔儦的父亲是仕于北齐的，为高阳太守。崔儦也是在齐地举秀才，仕于齐政权。待齐亡之后，才归于乡里。②故而可以判断，崔儦之所以与杨素家族建立婚姻关系，是以隋朝统一全国为政治背景的，而崔儦一支也不是在北魏分裂后从关东迁徙至关西的，由此可以看出，关陇集团的王室与山东五大姓之间在婚姻上确实存在着界限，但这种界限直到唐代前期也不是绝对没有被突破。同样，关中郡姓与山东大族之间的婚姻关系也是如此。另外韦后选择山东郡姓作为联姻对象，反映出京兆韦氏驸马房在婚姻观念上是非常注重门第的，并不单单是所谓的"尚阀阅"。

　　驸马房的其他婚姻对象还有河东柳氏、吴郡陆氏、兰陵萧氏这样的文化世家。韦璬夫人河东柳氏，唐故朝请大夫、相州内黄县令刘憬之第二女③，柳憬官职不高，但确实是关中郡姓。韦温大妹嫁给陆颂，陆颂因此迁国子祭酒，韦后得志之时，曾幸其宅第，封陈国公。④韦洵的冥婚对象是唐银青光禄大夫、行中书侍郎同中书门下三品，监修国史、上柱国、酆国公萧至忠之第三女。⑤驸马房本身家族成员似乎不以文化见长，仅有韦璬担任东宫属官司经局的太子洗马，韦捷任秘书少监，但其婚姻对象中却有河东柳氏、吴姓陆氏和兰陵萧氏这样以文化见长的书香门第，反映出驸马房对这种文化世家的向往和唐代前期政治权贵与文化世家的联袂。

①　《"中央研究院"历史语言研究所集刊》1990年第61本第1分册（抽印本），第119～192页。
②　《隋书》卷七六《文学传·崔儦传》，北京：中华书局，1973年，第1736页。
③　吴钢主编：《全唐文补遗》第六辑《唐故太子洗马韦公（璬）墓志铭并序》，西安：三秦出版社，1999年，第5页。
④　《旧唐书》卷一八三《外戚传·韦温传》，北京：中华书局，1975年，第4746页；《旧唐书》卷八《中宗睿宗纪》，北京：中华书局，1975年，第148页。
⑤　吴钢主编：《全唐文补遗》第三辑《大唐故赠荆州大都督上蔡郡王（韦洵）墓志铭并序》，西安：三秦出版社，1996年，第39～42页。

附表3-4：驸马房婚姻关系表

序号	名讳	嫁娶对象	对象郡望	时代	出处
1	韦玄贞	崔氏		唐高宗前	《旧唐书》卷一八三《韦温传》
2	韦玄贞女	唐中宗	李唐皇室	唐中宗	《新唐书》卷七六《后妃传》
3	韦泚	郑锐思女	荥阳郑氏	唐中宗景龙年	《全唐文补遗》（三），第39～42页，《大唐故赠荆州大都督上蔡郡王（韦泚）墓志铭并序》
4	韦洞	崔道猷女	清河崔氏	唐中宗景龙年	《全唐文补遗》（一），第86～87页，《大唐赠卫尉卿并州大都督淮扬郡王京兆韦府君（洞）墓志铭并序》
5	韦洄	萧至忠女	兰陵萧氏	唐中宗景龙年	《碑林集刊》（九），第176～181页，《大唐赠吏部尚书、益州大都督、汝南郡王韦府君墓志铭并序》；《新唐书》卷一二三《萧至忠传》
6	韦玄晞	薛元王易	河东薛氏	武则天时期	郑旭东：《唐韦玄晞墓志释读》，《文博》2016年第2期，第78～83页
7	韦玄贞女	郑进思男	荥阳郑氏	唐中宗景龙年	《全唐文补遗》（七），第26页，《大唐赠韦城县主韦氏墓志铭并序》
8	韦玄贞女	陆颂			《旧唐书》卷一八三《韦温传》
9	韦玄贞女	冯太和			《旧唐书》卷一八三《韦温传》
10		李邕	李唐王室		《旧唐书》卷一八三《韦温传》
11	韦濯	安定公主	李唐皇室	唐中宗	《新唐书》卷八三《诸帝公主传》
12	韦捷	成安公主	李唐皇室	唐中宗	《唐会要》卷六，第64页
13	韦璇	柳氏	河东柳氏	唐中宗神龙、景龙年间	《全唐文补遗》（六），第5页，《唐故太子洗马韦公（璇）墓志铭并序》
14	韦璇女	杨若虚			《全唐文补遗》（六），第5页，《唐故太子洗马韦公（璇）墓志铭并序》
15	韦玄俨女	高嵩父			《旧唐书》卷五一《后妃传·韦庶人传》
16	韦会女	唐德宗	李唐宗室	唐德宗	《唐会要》卷三，第34页

本节小结

综上所述，驸马房的先祖在隋朝似乎也有建功立业而被封爵位者，但整体上不似郧公房有数人皆以军功显达，但与之相似的是，婚姻在该房支的政治命运中起到了非常重要的作用，尤其是通过与皇室的联姻加入到"李武韦杨婚姻圈"中，成为唐代韦氏宗族中最为接近政治权力中心的一个房支，也因此对唐代政局产生了一定影响。最为后人所诟病的是，韦后与安乐公主为笼络人心而滥封官爵，破坏了朝廷任官封爵制度，扰乱了朝纲；

贬黜并秘密杀害反对韦后临朝听政的五大臣张柬之、桓彦范、敬晖、袁恕己和崔玄暐，并将其子弟十六岁以上者全部流放岭南[①]，对这些名臣及其家族子弟的迫害使李唐王朝遭受了重大的人事上的损失。

韦氏驸马房家族之所以能在这个历史时段有谋权的举动，从其主观方面来看，则是韦氏宗族势力的强大，像郧公房、小逍遥公房皆有位高权重人物的参与。从客观方面来看，则一方面受到武则天当皇帝的影响，一方面在于李唐皇室在唐太宗之后至唐玄宗之间没有出现强势人物，不能对日益嚣张的外戚势力加以限制。当然韦后与唐中宗之间曾经共患难的私情也使李显对韦后采取了纵容态度，最终酿成政乱身亡的悲惨下场。而韦后之乱最终被镇压下去也带有一定的必然性。其一，韦后想步武则天后尘，本身就是对传统男性政治的再次挑衅，但她缺乏武则天那样的政治才能，在不能为他姓朝臣所认同的情况下，也不能以铁腕手段使其臣服；其二，韦后为达政治目的，不惜毒死自己的丈夫，违背伦理道德，不得人心；其三，像韦氏这样的世家尽管在唐代的政治社会中还颇具影响力，但远非东晋门阀政治之局面，他们在乡里已不拥有私人武装力量，其政治经济势力的取得是以身居官位为前提的，故而其独立性已大大减弱，如果想再造"王与马共天下"的局面已非易事。无论如何，驸马房曾经使韦氏在唐代前期的政治舞台达到一个高潮，但随着韦后及其家族势力的被诛，驸马房基本彻底地退出了唐朝的政治舞台，并对其他关联房支成员的政治生命也造成了一定的打击，唐代京兆韦氏由此转入暂时的政治低潮期。

第三节　彭城公房

据《世系表》中"淹生云起，封彭城公，因号彭公房"的记载，彭城公房的房祖是韦云起，因他北方封彭城公而得名，但《世系表》中也有韦

---

① 《新唐书》卷一二〇《桓彦范传》，北京：中华书局，1975 年，第 4308 ~ 4309 页；《新唐书》卷一二〇《张柬之传》，北京：中华书局，1975 年，第 4321 ~ 4323 页。

澄即韦云起的叔父已经为彭城敬公的记载。另据《韦顼墓志铭》，韦澄死后被赠彭城县开国公，谥曰敬①，与《世系表》中所记也相符，但韦澄的爵位是死后所赠，并封生前所封，故而其后裔当以所封爵位为荣，推韦云起为房祖。但不可否认，韦澄也是奠定本房的重要人物，他是北魏韦阆次子韦道真的曾孙，因此隋唐历史上的彭城公房与阆公房宗族关系非常密切。

据前文所述，阆公房在北朝主要凭借关中望族的社会地位而参与到北朝政权中，并不以军功显达，而是以文职为主，但也有获得戎号或勋品者，如韦澄曾祖韦道真，北魏威远将军、扶风冯翊二郡守；祖父韦邕，北魏奉朝请大著作；父亲韦鸿胄（字休业），北魏大丞相府东阁祭酒，冯翊、扶风、宜阳三郡太守，北周仪同三司、雍州大都督、封新丰昭公。从韦澄的家世可以判断，彭城公房是从北魏既兴起的一个房支，北魏分裂后，仕于西魏北周，故而应被纳入到宇文氏"关中本位政策"实施的对象范围内，跻身于关陇集团中，为该房步入隋唐继续保持较高的政治社会地位奠定了基础。

一、仕宦

自韦泓胄的两子韦澄和韦淹起，该房支步入了隋唐。韦淹官职阙载，袭封新丰公爵位。② 有女嫁给了琅琊王氏王约，王约曾祖王冲之母为梁武帝的妹妹新安穆公主，亡于齐世。为此，梁武帝对其外甥王冲格外关爱，起家秘书郎，官至梁尚书左仆射、侍中，入陈任丹阳尹、南徐州大中正、太子少傅之职；王约之祖王琰在陈担任中书侍郎、御史中丞、都官尚书，陈亡，应当随迁入北。由此可见唐代南北人等通婚情况。③ 韦澄成为本家族进入隋唐后的第一个关键人物。据《韦顼墓志铭》可知，韦澄经隋朝进入

---

① 吴钢主编：《全唐文补遗》第一辑《大唐故银青光禄大夫卫尉卿扶阳县开国公护军韦公（顼）墓志铭并序》，西安：三秦出版社，1994 年，第 100 ～ 101 页。

② 韦淹爵位据《王约墓志》，参见胡戟、荣新江：《大唐西市博物馆藏墓志》，北京：北京大学出版社，2012 年，第 151 页。

③ 参见《魏晋南北朝南人北迁及相关史迹释读》，收入吕建中、胡戟编：《大唐西市博物馆藏墓志研究续一》（上），西安：陕西师范大学出版社，2013 年，第 29 页。

唐朝，在隋朝曾担任大丞相府法曹、东京兵部侍郎、尚书左丞、国子司业，官居四品，进入唐朝，曾担任越王府记事、国子祭酒、使持节绵州诸军事绵州刺史，跻身于三品高官行列，撰有《女诫》传于时。从韦澄所任官职可以判断，韦澄已经进入到隋唐的中央机构，从其在隋唐两朝先后担任国子司业、国子祭酒这样的学官可以反映韦澄继承了其父祖善于文教的传统，从其撰《女诫》并传于时可反映该房支对礼教的重视。

韦澄八子中，除了韦庆祚官职阙载，其余皆入仕途，多至尚书郎官者。其中韦庆嗣为太子家令；韦庆植曾任秦国公府录事参军、秦王府司马、仓部郎中、魏王府长史、舒密二州刺史[1]；韦庆余，官至兵部郎中；韦庆俨，官至库部员外郎；韦庆本，为洪府长史；韦庆暕，官至户部员外郎；韦庆俭，事于太子[2]。此处的太子当指李建成，而秦王则是李世民，故而韦澄诸子是分仕于后来刀兵相见的兄弟两人，为以后家族命运的分裂设下了伏笔。

韦淹三子也是各各显达。韦云起，隋开皇初即以明经举，经隋文帝女婿柳述的荐举至通事舍人。隋炀帝时期，利用突厥而平契丹立下功劳，被隋炀帝亲自擢升为治书御史。隋朝末年，隋炀帝幸扬州，韦云起告归长安，后转向唐王朝，官至唐初的益州行台兵部尚书。[3]韦云表，字之玄，官至秘书监，世袭晋阳公爵位，受材料所限，此一爵位不知起于何人。韦云平，为度支郎中。

综上可见，玄武门之变前的彭城公房政治地位比较显赫，与权力中心非常接近，但也正因此而被卷进了唐朝初年最大的政治事变玄武门之变中。此次集中于太子李建成和秦王李世民之间争夺最高统治权的政变以李建成、李元吉被杀害，李渊被迫让位，李世民当上皇帝而告终，彭城公房的成员

---

[1] 韦庆植的官职《世系表》中仅记为魏王府长史，《韦铣墓志》也记载为魏王府长史，详见赵文成、赵君平：《秦晋豫新出墓志蒐佚续编》，北京：国家图书馆出版社，2015年，第544页；今从吴钢主编：《全唐文补遗》第一辑《大唐故银青光禄大夫卫尉卿扶阳县开国公护军韦公（顼）墓志铭并序》，西安：三秦出版社，1994年，第100～101页补其他官职。

[2] 韦庆俭在《世系表》中阙载，但据《旧唐书》卷七五《韦云起传》，北京：中华书局，1975年，第2634页有子韦庆俭，且事于太子。

[3] 《旧唐书》卷七五《韦云起传》，北京：中华书局，1975年，第2634页。

在此次事变中，有的成为受害者，有的则成为受益者，仕途发生了严重分化。成为受害者的是韦庆嗣、韦庆俭，以及韦庆嗣两子韦正礼、韦正道还有韦云起。前四人皆为东宫属官，为太子党，是直接受到牵连的对象。因此，他们的后裔也在仕途上受阻，《世系表》中对韦正礼的后裔仅记有一代，而韦正道的后裔阙载或许正是因此变故所致。而发生政变之时，韦云起还远在益州担任行台兵部尚书，位高权重，当诏书传至益州行台后，韦云起不信，要见诏书，若在平常，这样的要求也无可厚非，但恰在非常之时，又逢与韦云起颇为不和的仆射窦轨传诏，窦轨担心韦云起因其从兄弟韦庆俭、庆嗣及亲族皆事太子，知道此消息会有变，故做好警备防范好后，才告诉韦云起，当韦云起要求见诏书之时，恰好被窦轨所利用，以韦云起为太子李建成党而执杀之。韦云起就这样成为此次政治斗争的牺牲品。

但李世民对韦庆嗣的子孙并没有进行太严厉的惩治，除了与太子李建成有直接关系的两子外，韦庆嗣的其他诸子中还有韦正己官至工部员外郎，韦正履为颖州司马，韦正矩还娶了太宗女新城公主，为殿中监、驸马都尉。这可能与这个家族中还有事于秦王李世民，在秦王府中担任官职的韦庆植有关。但在整体上，彭城公房的政治地位已经明显下降。玄武门之变后，韦庆植的后裔相对韦庆嗣的后裔在仕途上稍显顺当些。

韦澄八子除了韦庆俭、韦庆本后裔阙载，其余各为支系，形成了六大分支。韦淹三子也各为支系，形成了三大分支。故玄武门之变后，活跃在唐代政治舞台上的彭城公房就以这九大分支为主。

附：彭成公房北朝至隋唐初期世系：

韦阆（阆公房）—韦范

　　　　—韦道珍—韦邕—韦鸿胄—韦澄（彭城公房）—韦庆嗣

　　　　　　　　　　　　　　　　　　　　　　　　—韦庆植

　　　　　　　　　　　　　　　　　　　　　　　　—韦庆余

　　　　　　　　　　　　　　　　　　　　　　　　—韦兢（庆俨）

　　　　　　　　　　　　　　　　　　　　　　　　—韦庆祚

```
                              ─韦庆暕
                              ─韦庆俭
                 ─韦淹──────────韦云起
                      ──────────韦云表
                      ──────────韦云平
```

（一）韦庆嗣支系

韦庆嗣有八子，其中长子韦正礼一支，因受到玄武门之变的牵连，只延续了两代，官职阙载；四子韦正道，因曾任太子通事舍人同样后裔阙载。

次子韦正德一支也延续了两代，仅两子韦广宗和韦守素分别官居丹阳丞、绛州司功参军，皆为六品以下低官。

三子韦正名，为东海令，有两子，韦元昭，官至渭州司法参军；韦元晖，官至恒王府咨议参军，居五品，刚刚入列中官。韦元昭有一子韦善虚，官至都水丞品级反而不比父辈。韦元晖的三子虽皆入官，但无一人在五品以上，长子韦迥，监察御史；次子韦邈，校书郎；三子韦遵，云阳尉。三子后裔更无一人居官，由此可见，这一小分支整体在仕途上是走下坡路。

五子韦正己，官至工部员外郎。有两子，韦怀撝，官至彭原尉；韦怀构，官至申王府咨议参军。韦怀撝有子韦东箭，官职阙载。韦怀构有两子，韦绍和韦仿，先后为郃阳县令。

六子韦正象，仅有其孙韦璆，官至左卫中郎将，其余官职皆阙载。

七子韦正履，官至颍州司马，两子韦齐物和韦千龄皆无官职记载，有一女嫁给了尔朱家族中的尔朱皋[1]，尔朱皋家世不详，仅据其夫人韦氏墓志铭得知，其在则天朝任洛阳县尉，虽为京县，但品级也不高。韦齐物有子韦伯镶，为著作郎。韦伯镶有两子，韦彪，宪宗元和年间任永州刺史，与

---

[1] 吴钢主编：《全唐文补遗》第七辑《大周洛阳县尉尔朱公（昊）夫人韦氏墓志铭》，西安：三秦出版社，2000年，第23页。

当时贬在永州的柳宗元有往来，穆宗初任唐州刺史，后宦久年高，授王府长史[1]；韦彤[2]，继承了其父重视文化的家风，在儒学方面颇有成就，治《礼》，德宗贞元九年至十四年时为太常博士，著有《五礼精义》十卷，《开元礼仪释》二十卷，传至宋代。韦彤有孙韦中立，在韦彤刺永州时，曾前去省亲，向柳宗元请教，柳宗元有《答韦中立论师道书》[3]。韦中立有子韦慎枢，韦慎枢子韦欲讷，官职皆阙载。韦千龄有两子，韦峻，任秦王府仓曹参军；韦岘，为南阳主簿。

八子韦正矩，娶唐太宗之女新城公主，为殿中监，驸马都尉，这本来是可以提升本家族政治地位的一桩政治婚姻，但不知是出于新城公主为改嫁缘故[4]，还是对皇室文化地位的不认同，韦正矩却对这位公主不加礼遇，后来公主于龙朔三年暴薨，高宗下诏三司杂治，韦正矩不能辩解，伏诛。唐太宗的另一女东阳公主在韦正矩被杀后，"坐婚家，斥徙集州"[5]。按，东阳公主所嫁为高士廉长子高履行，高宗显庆三年，坐与长孙无忌亲累，左授洪州都督，转永州刺史，卒于官。[6]据现有材料，虽不见东阳公主与韦正矩联姻的记载，但既然是"婚家"，当存在两家子女通婚之事，故而才在政治上因婚姻而互相牵连和影响。这桩有些强加意味的婚姻最终酿成的是悲剧性的后果，给彭城公房所带来的不是常理上显赫的政治地位，而是灾难。

综上，韦庆嗣一支系延续了五代，活跃至唐德宗时期，官至五品以上者9人，以韦庆嗣子孙两代为高潮，个别支系因受到玄武门之变的牵连而在仕途上遭受了挫折。在婚姻上，尽管有与皇室联姻者，但似乎因有强加

[1] 韦彤的仕宦据林宝撰，岑仲勉校：《元和姓纂（附四校记）》卷二，北京：中华书局，1994年，第173～174页补。
[2] （宋）王溥：《唐会要》卷一八，第361页；卷二〇，第399页；《新唐书》卷二〇〇《韦彤传》，北京：中华书局，1975年，第5708页。
[3] （清）董诰等：《全唐文》卷五七五《柳宗元·答韦中立论师道篇》，北京：中华书局，1983年，第5813页。
[4] 新城公主先嫁长孙诠，长孙诠显庆四年获罪流放巂州后，改嫁韦正矩。
[5] 《新唐书》卷三《高宗皇帝纪》，北京：中华书局，1975年，第66页；《新唐书》卷八三《太宗二十一女传》，北京：中华书局，1975年，第3646～4649页。
[6] 《旧唐书》卷六五《高士廉传附子高履行传》，北京：中华书局，1975年，第2445页。

意味不仅不美满，反而酿成恶果，终致该房仕途再次受挫。直至安史之乱以后的代德中兴之时，本房才因个别成员在文化尤其是礼学方面的造诣而显明于士林，文质特征增强，但无进士科举及第者，故而还没能跻身新兴科举士族行列，很快淡出政治舞台。

附韦庆嗣一支世系：

韦庆嗣 — 韦正礼 — 韦承彦

　　　　 — 韦正德 — 韦广宗

　　　　　　　　 — 韦守素 — 韦忻

　　　　　　　　　　　　 — 韦协

　　　　 — 韦正名 — 韦元昭 — 韦善虚

　　　　　　　　 — 韦元晖 — 韦迥 — 韦镇

　　　　　　　　　　　　 — 韦邈 — 韦彭侯

　　　　　　　　　　　　　　　 — 韦成侯

　　　　　　　　 — 韦遵 — 韦公举

　　　　　　　　　　　 — 韦公安

　　　　　　　　　　　 — 韦公侯

　　　　 — 韦正道

　　　　 — 韦正己 — 韦怀㧑 — 韦东箭

　　　　　　　　 — 韦怀构 — 韦绍

　　　　　　　　　　　　 — 韦仿

　　　　 — 韦正象 — 韦元震 — 韦璆

　　　　　　　　　　　　 — 韦玢

　　　　　　　　　　　　 — 韦玠

　　　　 — 韦正履 — 韦千龄 — 韦峻

　　　　　　　　　　　　 — 韦岘

　　　　　　　　 — 韦齐物 — 韦伯镶 — 韦彪

　　　　　　　　　　　　　　　　 — 韦彤

　　　　 — 韦正矩

（二）韦庆植支系

据《韦顼墓志铭》，韦庆植在唐初曾担任秦王府司马，玄武门政变后又进入了魏王府。魏王李泰是长孙皇后所生三子之一，因为后来受到李世民的恩宠，潜怀夺嫡之计，因此对太子李承乾的皇储之位构成了一定的威胁。太子为自保，先是派人暗杀魏王不成，又联合汉王李元昌、兵部尚书侯君集、左屯卫中郎将李安俨、洋州刺史赵节、驸马都尉杜荷等谋反，将纵兵入西宫。事后，太子被废为庶人，迁徙至黔州。唐太宗为了防止魏王对其皇位构成威胁，在李承乾被废后不久，也将魏王迁徙至均州郧乡县。作为魏王府长史的韦庆植结局如何暂不得知。

韦庆植有十子①，无官职记载者三人，其他七子中官至中央者有韦顼，工部尚书；韦瑶②，驾部员外郎；韦琘，仓部员外郎，分属于工、兵、户三部。还有一子韦琰为皇帝侍从近身的左千牛，其他三人皆为县令，即韦琳，溵水令；韦珣，曾任秦（幽）二州户曹参军、贝州清河县令③；韦璿，三原令；其中韦琳、韦瑾和韦琇后裔阙载。

1. 韦瑶一支

韦瑶有四子，长子韦钧④，字季和，其墓志铭中称"以亲累授果州司马，寻改汉州司马"。其中的"以亲累"可能就是其祖父韦庆植因任魏王府长史受到牵连。开元十一年（723）终于汉州之官舍，春秋六十有四。有六子⑤，韦尚舍和韦直长官职皆阙载；韦悦然，晋州长史；韦怡然，赞善大夫，韦

---

① 《世系表》中韦庆植有九子，并不载韦琘，据赵君平：《河洛墓刻拾零》下册，《唐故京兆府武功县令蔡府君韦夫人墓志铭并序》，北京：北京图书馆出版社，2007 年，第 445 页补。

② 《世系表》中为韦璠，（清）董诰等：《全唐文》卷二九五《韦钧·赠邠州刺史韦公（钧）神道碑》，北京：中华书局，1983 年，第 2989 ～ 2991 中为韦瑶，今从本神道碑。

③ 韦珣官职据《韦铣墓志》补秦（幽）二州户曹参军，详见赵文成、赵君平：《秦晋豫新出墓志蒐佚续编》，北京：国家图书馆出版社，2015 年，第 544 页。

④ 韦钧及其女婚姻皆据（清）董诰等：《全唐文》卷二九五《韦钧·赠邠州刺史韦公（钧）神道碑》，北京：中华书局，1983 年，第 2989 ～ 2991 页。

⑤ 《世系表》中不载韦钧子尚舍和直长，但（清）董诰等：《全唐文》卷二九五《韦钧·赠邠州刺史韦公（钧）神道碑》（以下简称《韦钧神道碑》），北京：中华书局，1983 年，第 2989 ～ 2991 页中却提及，且在韦怡然之前，故排行当在其前，《世系表》中所载其他三子仅有韦悦然在其前，也有可能韦悦然是韦尚舍和韦直长中的一个，暂不将其作为同一人。

忻然，大理丞；韦怿然，鄂州别驾。韦钧第四女还被选为王妃，具体是唐玄宗的第几子暂不能详知。韦钧家族人丁兴旺，四子为官，一女为王妃，成为韦瑶支系中的著支。

韦悦然有子韦遄，武宗会昌六年时任鄜坊丹延等州节度掌书记、监察御史里行，并为左卫大将军兼御史中丞契苾公妻何氏撰写了墓志铭。[①]

韦怡然有子韦巡，绛州录事参军。[②]韦巡有四子，长子韦冰，字祥风，明经上第，既会常调，判入高等，受太子正字，其父受冤被贬建溪，为父申冤三十日，终被特徙荥阳郡司户，后转京兆府咸阳县主簿，秩满叙虢州录事参军，后拜大理评事，换同州录事参军，于文宗大和元年（827）终于位，享年五十四；次子韦凝为安邑县主簿，与其兄韦冰"切磋道义，同业异时，迤逦登第，名问相磨，婚官相次"。韦巡其他两子官职皆阙载。韦怡然子孙三代虽有明经及第者，但终其一生，难入五品以上高官行列，可见，到唐代中后期，对于一些韦氏成员来讲，在其墓志铭中所记的"冠冕清高，为关中茂族"[③]的赞誉的确有些饰美之嫌。

韦瑶的其他三子中次子韦铉，虞部郎中，有子韦莹，司门郎中；三子韦默，神乌县令；四子韦邃，左武卫骑曹参军，分布于中央的工部、刑部和卫队中。

附韦庆植支系韦瑶一支世系：

韦庆植—韦瑶—韦钧—韦悦然—韦遄

—韦遇

—韦怡然—韦巡—韦冰

—韦凝

---

① 韦遇官职《世系表》中阙载，今据吴钢主编：《全唐文补遗》第四辑《唐左卫大将军兼御史中丞契苾公妻何氏墓志并序》，西安：三秦出版社，1997年，第180页作者韦遇自署官职补。

② 《世系表》中韦巡官职及其子官职皆阙载，据吴钢主编：《全唐文补遗》第三辑《唐故同州录事参军京兆韦府君（冰）墓志铭并序》，西安：三秦出版社，1996年，第189～190页补。

③ 参见吴钢主编：《全唐文补遗》第三辑《唐故同州录事参军京兆韦府君（冰）墓志铭并序》，西安：三秦出版社，1996年，第189～190页。

> —韦凭
>
> —韦澌
>
> —韦忻然—韦迪
>
> —韦怿然—韦遘
>
> —韦铉—韦莹
>
> —韦默
>
> —韦邃

2. 韦珣一支

韦珣有三子，韦鈌，官职阙载；韦键，临颍令；韦铣，景云至开元初为润州刺史[1]，还曾任魏州刺史，河北采访使，于开元五年（717）终于邢州刺史官舍，享年五十六岁，去世之时，三品至银青光禄大夫，军权上为使持节邢州节度使，爵位为汶阳县开国男，勋品为上柱国。娶清河张氏为妻，父张某曾任江州刺史，双方从官位上来讲基本在同一档次，可谓门当户对。[2]

韦鈌有子韦至诚，吴县尉；韦至诚有子韦密，县安丞。

韦键有子韦千秋，乐寿丞。韦千秋有三子，官职皆阙载。

韦铣支系是韦珣支系中最显达者，有三子，韦蓝，秘书郎；韦鉴，著作郎；韦銮，颍王府司马。韦蓝有两子，韦微，河中府户曹参军；韦宣，左千牛。韦宣曾孙韦宥[3]尚德宗女唐安公主，唐安公主是唐德宗长女，为昭德皇后所生，性聪敏仁孝，上所钟爱。下诏尚韦宥后，婚未成而遭遇朱泚之乱，公主追随至城固而薨。公主薨后，唐德宗想为之厚葬，遭到大臣反对，后赠谥号为庄穆，公主赠谥就是从唐安公主开始的，可见德宗对她的宠爱。可由此推想，如果韦宥能与她结为夫妻，对韦氏家族政治地位的提升无疑是大有裨益的。可惜的是，这些都随着唐安公主的去世而成为幻想。元和中，韦宥先后出为温州刺史、宣州刺史。

---

① （宋）李昉等：《太平广记》卷一六九《引明皇杂录》，北京：中华书局，1961 年，第 1239 页。
② 韦铣的官职及婚姻可见其墓志，收入赵文成、赵君平：《秦晋豫新出墓志蒐佚续编》，北京：国家图书馆出版社，2015 年，第 544 页。
③ 《新唐书》卷八三《德宗十一女传》，北京：中华书局，1975 年，第 3664 页；（宋）李昉等：《太平广记》卷四二二引《集异记》，北京：中华书局，1961 年，第 3439 页。

附韦庆植支系韦珣一支世系：

韦庆植—韦珣—韦鈇—韦至诚—韦密

　　　　　—韦键—韦千秋—韦去泰

　　　　　　　　　—韦去奢

　　　　　　　　　—韦去甚

　　　—韦铣—韦蓝——韦微

　　　　　　　　　——韦宣—□—□—韦宥

　　　　　—韦鉴

　　　　　—韦銮

3. 韦斑一支

韦斑有三子，韦镐，兴州司马；韦铦，徐州别驾；韦锷，濩泽令。

韦镐有两子，韦万春，果毅；韦诜，荆府士曹参军。

韦铦有三子，韦俌，密州录事参军；韦倚，光禄少卿；韦伦，莒县令。

韦锷两子，韦侨，河池郡司马；韦倩，临洮主簿。

附韦庆植支系韦斑一支世系：

韦庆植—韦斑—韦镐—韦万春

　　　　　　　—韦诜

　　　　　—韦铦—韦俌

　　　　　　　—韦倚

　　　　　　　—韦伦

　　　　　—韦锷—韦侨

　　　　　　　—韦倩

4. 韦璿一支

韦璿四子官职皆阙载。

附韦庆植支系韦璿一支世系：

韦庆植—韦璿—韦涣

　　　　　—韦滔

　　　　　—韦清

　　　　　—韦济

5. 韦顼一支

韦顼[①]，字励己。年卅五，起家秦州都督府户曹参军事，后迁宜州同官县令，转雍州三原县令。先后迁宗正少卿、光禄少卿、卫尉少卿加银青光禄大夫。开元四年薨于京师永宁坊之私第，春秋八十一。娶河东裴觉为妻[②]，据《裴觉墓志铭》，裴觉父为裴怀炅，仕唐燕然都护府司马、幽州大都督府长史、忠州诸军事、忠州刺史；祖裴师武，隋蜀王府记事参军；曾祖裴鸿智，后魏龙骧将军、雍州长史、高邑县开国男，食邑二百户，北周车骑大将军，仪同三司，赠邑三百户，襄州道大总管，进爵高邑侯，赠使持节，遂资等州刺史。可见裴觉家族是从北朝就起家的关中郡姓，在北周时加入到关陇军功集团中，家世非常显赫。

韦顼至少有两子，长子不详；次子韦鏚娶唐中宗女永寿公主，散品至银青光禄大夫，享爵彭城县开国公，勋品上柱国，官至右金吾卫将军、卫尉卿，后左迁歙州别驾。韦鏚有六子，长子韦友谦，陈王府长史；次子韦友信，泉、吉、婺三州刺史；第三子韦友谅，右卫将军；韦友柔，太子舍人；韦友刚，漳州刺史；韦友顺，山阴县令。

韦友谦三子，韦续，天兴令；韦绣，徐城令；韦纵，左金吾卫兵曹参军。

韦友信五子，韦缜、韦缯官职阙载；韦缋，试金吾卫长史；韦绶[③]，字子章，初为长安县尉，遭遇朱泚之乱后，乔装改扮，骑乘小驴奔赴奉天，当时于頔镇襄阳，将其辟为僚佐。后入朝为工部员外郎，转屯田郎中。元和十年，改职方郎中，充太子诸王侍读。因教授内容不当，被宪宗罢掉侍读之职，出为虔州刺史。穆宗即位后，因与穆宗有师友之谊，召为尚书右丞，兼集贤院学士，出入禁中。重阳节之日，赐宰臣百官曲江宴，韦绶请

---

① 韦顼及其子韦鏚皆据吴钢主编：《全唐文补遗》第一辑《韦顼墓志铭并序》，西安：三秦出版社，1994年，第100～101页。

② 裴觉及其家世见吴钢主编：《全唐文补遗》第五辑《大唐故魏国太夫人河东裴氏（觉）墓志并序》，西安：三秦出版社，1998年，第296页。

③ 韦绶《世系表》中不载，据《元和姓纂（附四校记）》，《世系表》中韦缓即韦绶，另据吴钢主编：《全唐文补遗》第六辑《唐韦氏小女子（豸娘）墓志铭并序》，西安：三秦出版社，1999年，第491页可确证，其事迹见《旧唐书》卷一六二《韦绶传》，北京：中华书局，1975年，第4247页。

求与集贤院学士别聚一会。后转礼部尚书，判集贤院事。长庆二年（822），检校户部尚书、兴元尹、山南西道节度使，卒后赠右仆射。韦绶有子韦洙[①]和韦元弼[②]。韦洙，懿宗朝任尚书主客员外郎、东渭桥给纳使，娶河南于氏为妻，生有三子一女，长曰隗，次曰粲，季曰鸣，官职皆阙载；女小字豸娘，懿宗咸通十年终。

韦友谅两子，韦约，官职阙载；韦绰，相州参军。

韦友柔两子，韦总，胜州刺史；韦绛，襄州司法参军。

韦友刚三子中仅韦蕴，检校太子詹事，娶得王氏为妻，其父曾任侍御史抚州刺史，王氏之兄弟之一王璠曾娶京兆韦氏为妻，而王氏之母即河东裴氏，家世显赫，其祖上多与范阳卢氏、陇西李氏等联姻者[③]，由此可见关中郡姓与山东五大姓之间也是结为婚姻关系网的，这与唐前期的两大地域的地方大姓存在明显的界限不同，笔者以为是士族中央化所带来的结果。其余官职阙载。

韦友顺本身官居五品以下，其后裔阙载。

附韦庆植支系韦顼一支世系：

韦庆植—韦顼—□

　　　　—韦鑯—韦友谦—韦续

　　　　　　　　　—韦绣

　　　　　　　　　—韦纵

　　　　—韦友信—韦缜

　　　　　　　　—韦缋

　　　　—韦绶—韦洙—韦隗

---

① 韦洙及其子女《世系表》中均阙载，今据吴钢主编：《全唐文补遗》第六辑《唐韦氏小女子（豸娘）墓志铭并序》，西安：三秦出版社，1999年，第491页补。

② 韦元弼《世系表》不载，据《旧唐书》卷一六二《韦绶传》，北京：中华书局，1975年，第4247页，韦绶有子韦元弼，官职不详，与韦洙是否一人暂不能确定。

③ 韦蕴的婚姻状况详见《王君夫人裴氏墓志》，收入赵文成、赵君平编选：《新出唐墓志百种》，杭州：西泠印社，2010年，第274页。

       —韦粲

      —韦鸣

     —韦元弼

   —韦友谅—韦豹

     —韦绰

   —韦友柔—韦总

     —韦绛

  —韦友刚—韦蕴

    —韦绾

    —韦绍

 —韦友顺

6. 韦琰一支

韦琰有两子，韦宁，绛州录事参军；韦宽，通事舍人。

7. 韦珪一支

韦珪有一女嫁给了蔡政客，蔡政客世系不详，官至京兆府武功县令。[1]

  综上，韦庆植支系是韦澄诸子中支系最为庞大的一支，延续了八代，直至唐末懿宗。其中，韦瑶、韦珣和韦顼三支相对显达。尤其是韦顼支系，连续三代五人任职于卫官或卫尉寺长官，这其中可能与韦顼子韦镦娶唐中宗女有关。一直到唐代中后期，支撑本支系门户还是韦镦的子孙，其中韦绶在宪宗时荣居太子诸王侍读，终至集贤院学士，出入禁中，恩宠一时，但自此便在政治上走向了衰落。这从韦绶出为兴元尹、山南节度使前因家穷向穆宗乞求赏赐，并直接向皇帝为其子韦元弼要官可见一斑。[2]

---

[1] 赵君平：《河洛墓刻拾零》下册《唐故京兆府武功县令蔡府君韦夫人墓志铭并序》，北京：北京图书馆出版社，2007 年，第 445 页。

[2] 参见《旧唐书》卷一六二《韦绶传》，北京：中华书局，1975 年，第 4247 页。

（三）韦庆余支系

韦庆余有八子，人丁比较兴旺，但仕途上位居高官者寥寥无几。八子中三子官职阙载，其他韦玄真，校书郎；韦玄宝，安州司法参军；韦玄锡，台州刺史，是韦余庆八子唯一位居三品者。其孙辈中唯有韦履惇，婺州法曹参军；韦元寂，楚丘令；韦元泚，襄阳令；韦元清，商州司户参军，还有一人名讳不详，曾任巴陵县令，皆在低官行列。其余数人更是无官职记载。此支系既无与皇室联姻者，也无科举进士及第者，更无立下赫赫战功者，无论文武、婚姻皆无优势可言，故仕途也比较平淡。

附韦庆余支系世系：

韦庆余—韦玄真—韦元一
　　　—韦玄昱—韦履恬
　　　　　　—韦履惇
　　　　　　—韦履悟
　　　　　　—韦履恪
　　　　　　—韦履协
　　　—韦玄符
　　　—韦玄直—韦玄寂
　　　　　　—韦元覃
　　　—韦玄胤—韦黄冠
　　　—韦玄宝—韦从一
　　　　　　—韦彦谈
　　　　　　—韦仲良
　　　　　　—韦寂良
　　　—韦玄锡—韦元寂
　　　　　　—韦元泚
　　　　　　—韦元清—□
　　　　　　—□————□—□—韦必复①

① 韦必复及其父、祖《世系表》中阙载，父名讳、官职皆不详，祖名讳不详。

（四）韦兟支系

韦兟有子韦巨山，官职阙载。娶陆颂姊妹为妻，生有三子。

长子韦元旦[①]，擢进士第，补东阿县尉，迁左台监察御史。不知如何与武则天的宠臣张易之建立了姻亲关系，韦元旦借此在仕途上得以升迁，但张易之兄弟很快被铲除，韦元旦也因此被贬感义县尉。但很快他就又召为主客员外郎，迁中书舍人，因为唐中宗即位后，韦氏重新得势，更为重要的是，韦元旦的舅母还是韦后的妹妹。因此，又是凭借这层婚姻关系，韦元旦得以在仕途上败而复进。可见婚姻对其仕途的影响有多大。韦元旦虽是进士及第，但除了在则天垂拱年间，撰有《唐美原神泉诗序》[②]外，别无他称。其后裔亦阙载。

次子韦元晔，司勋员外郎，后裔阙载。

三子韦元晨，则天朝后期任河东主簿，撰写有《六绝纪文》[③]，后为殿中侍御史。[④]两子中韦登，官至秘书郎兼监察御史[⑤]，孙辈中韦颢，洋州刺史；韦力仁，驸马都尉，所娶公主不详；韦万，忠州刺史（正四品下）；韦俛官职阙载，但其女却嫁给了太原郭氏汾阳王郭子仪的令孙，时任国子监丞的郭口，官至兴州刺史，从郭口的任职可推断，此时的郭氏门风已经由武而转文，这门婚姻的结成使京兆韦珏还享有了扶风县君的荣誉[⑥]，为韦珏撰写墓志的人韦孝立自称是墓主人的堂侄。按，韦珏的堂兄有二，其一为韦颢，其二为韦力仁，韦孝立究竟是谁之子现还无从考证，其余官职皆阙载。

综上，韦兟支系延续了六代，大致唐中宗以后便在政治上衰落了。从

---

① 《新唐书》卷二〇二《文艺传中·李适传附韦元旦传》，北京：中华书局，1975年，第5752页。
② （宋）赵明诚撰，刘晓东、崔燕南点校：《金石录》卷四，第七百五十一，济南：齐鲁书社，2009年，第32页。
③ （清）胡聘之：《山右石刻丛编》卷五，太原：山西人民出版社，1988年。
④ 据《郭口妻韦珏墓志》可进一步证实《新表》关于此官职记载的准确，详见赵力光：《西安碑林博物馆新藏墓志续编》下，西安：陕西师范大学出版社，2014年，第667页。
⑤ 韦元晨两子官职皆阙载，今据《郭口妻韦珏墓志》补，详见赵力光：《西安碑林博物馆新藏墓志续编》下，西安：陕西师范大学出版社，2014年，第667页。
⑥ 韦珏的婚姻状况详见赵力光：《西安碑林博物馆新藏墓志续编》下，西安：陕西师范大学出版社，2014年，第667页。

个别成员的仕途推测，本支系有的成员直接与皇室联姻而为驸马都尉，有的则通过婚姻与同宗韦氏驸马房又建立了姻亲关系，而驸马房又与皇室直接联姻，故而本支系是关陇婚姻圈中的重要组成部分，婚姻在本支系的政治命运中发挥着至关重要的作用。从文化地位上看，本支系虽有进士及第者，但有名不副实之嫌，可见不以文化见长，缺乏长久支持门户的基础。

附韦兢支系世系：

韦兢—韦巨山—韦元旦

　　　　　—韦元晔

　　　　　—韦元晨—韦涵—韦颢

　　　　　　　　　　　—韦力仁

　　　　　—韦登—韦万

　　　　　　　—韦顺

　　　　　　　—韦俛

　　　　　　　—韦颙

（五）韦庆祚支系

韦庆祚官职阙载，有子韦颖，宋州刺史。韦颖有三子，韦行详，官职阙载；韦行诚，著作郎；韦行诠，韦后在位时，担任太仆少卿，韦后第八妹六岁夭折后，曾作为归葬护送人之一[1]，由此推断，作为彭城公房的韦行诠与驸马房的韦后集团关系比较亲密，终于尚书右丞赠礼部尚书。

韦行诚一支，延续了六代，有官职记载者从其孙及五世孙。其中孙韦干，官至太子詹事，为正三品高官，其余皆为低官。分别为韦子文，德明皇帝庙令；韦器，字器，富平县尉；韦公右，约广德年间任华阴县令[2]，还

---

[1] 吴钢主编：《全唐文补遗》第七辑《大唐赠韦城县主韦氏墓志铭并序》，西安：三秦出版社，2000年，第26页。

[2] 据（唐）林宝撰，岑仲勉校：《元和姓纂（附四校记）》卷二，北京：中华书局，1994年，第178页。

曾任昭应县令；韦及，三原令。

韦行诠一支则相对显达，一子韦利见于肃宗乾元元年任岭南节度使，广州奏大食国、波斯国兵众攻城，作为刺史的韦利见却弃城而遁。但这似乎并没有影响到其后代的入仕，其子韦明宸，还官至从三品的剑州刺史，这可能与当时正值安史之乱后需要用人的特殊形势有关。韦行诠有女嫁给了濮阳杜氏杜宾客。[①] 开元初年（713）杜宾客多次奉命征讨吐蕃，以军功封濮阳公。其子杜台贤进士出身，次女被册封为越国王妃，从杜宾客"云麾将军右武卫大将军东京副留守上柱国濮阳郡开国公"的官爵可知其政治地位显赫。

综上，韦庆祚一支延续了七代，大致到安史之乱后代德时期就在政治上消沉了。与驸马房关系比较亲密对本家族政治地位的提升曾起到过一定作用，但由此推论当也会受制韦后之乱。故而本支再次在政治上有所起色是在安史之乱后，虽没有因军功赫赫而居达官者，但也有连续五代皆有至五品以上官职的历史。况且能与以军功起而致显赫的濮阳杜氏家族的联姻也能反映其政治社会地位不在低层。

附韦庆祚一支世系：

韦庆祚—韦颖—韦行详

　　　—韦行诚—□

　　　　　—韦子文—韦器—韦公右—韦及

　　　—韦行诠—韦良宰

　　　　　—韦利见—韦良宸

韦行诠女儿的婚姻据吴钢主编：《全唐文补遗》第三辑《有唐故云麾将军右武卫大将军东京副留守上柱国濮阳郡开国公杜府君夫人扶风郡夫人京兆韦氏墓志铭并序》，西安：三秦出版社，1996年，第121～122页补。杜宾客据王力平：《中古杜氏家族的变迁》，北京：商务印书馆，2006年，第200页考证出。杜宾客的事迹可参见《旧唐书》卷八《玄宗本纪上》，北京：中华书局，1975年，第176、195页；《旧唐书》卷九三《薛讷传》，北京：中华书局，1975年，第2987页；《旧唐书》卷九九《薛嵩传》，北京：中华书局，1975年，第3097页；《旧唐书》卷一〇三《王忠嗣传》，北京：中华书局，1975年，第3200页。

（六）韦庆睐支系

韦庆睐有子韦升，泽州刺史，从三品；韦升曾孙韦明宗，左赞善大夫，正五品上，以经教授诸郡王，是学官。韦庆睐支系仅延续了五代，有记载者三人，官至五品以上者两人。

附韦庆睐一支世系：

韦庆睐—韦升—□—□—韦明宗

（七）韦云起支系

韦云起虽然被执杀于玄武门之变中，但导致其死亡的根源却是与仆射窦轨的不和。因此，他的后裔在仕途上并没有因此受到太大的影响，其子韦师实，则天垂拱年间，曾任秦州都督，官至华州刺史、太子詹事，封扶阳公[①]，是三品以上高官。韦师实有两子，其中韦方质官至则天朝宰相，修改《垂拱格式》损益有当，为时人所颂[②]，但不幸的是，因得罪了武则天的娘家武承嗣和武三思而家破人亡，而直接的导火线则是韦方质在有病告假期间，对前来看望的武承嗣没有下床加以接待，这在当时朝中宰相多倾附武氏的情势下，显然会得罪武承嗣，故被记恨在心，最终遭到周兴、来子珣等人的陷害，被流配儋州，籍没全家，直到神龙初才洗雪。韦方质的同胞弟韦方直，则官至兵部郎中（从五品上），估计也受到其兄事件的牵连，他们的后裔皆没有官职记载。

附韦云起一支世系：

韦云起—韦师实—韦方质
　　　　　　—韦方直

（八）韦云表支系

韦云表一支见于记载者三代人，但唯其两子居官，韦师经，齐王府司马

---

① 《旧唐书》卷七五《韦云起传》，北京：中华书局，1975 年，第 2636 页。
② 《旧唐书》卷七五《韦云起传附孙方质传》，北京：中华书局，1975 年，第 2636 页。

（从四品下）；韦师庄，著作郎（从五品上），其后代有此作为政治起点，当不至于再无一人入仕。究其原因，可能与韦师经曾担任齐王府司马有关。此处的齐王当是李元吉。玄武门之变中，李元吉被李世民属下所杀，而韦师庄作为齐王府的司马其后裔在仕途上可能会受到牵连，故而才导致政治上的衰落。

附韦云表一支世系：

韦云表—韦师经—韦友道

　　　　—韦侠客

　　　　—韦真客

　　　　—韦楚客

　—韦师庄—韦昉

　　　　—韦暄

　　　　—韦晙

（九）韦云平支系

韦云平有子韦师贞，官职阙载；但从其孙开始此支系重新崛起。韦师贞有两子，韦元晟，绵州刺史；韦元珪[①]，开元七年（719）为兖州刺史，为河南道巡查刘知柔所荐，曾经从太子典膳监授通事舍人，终于宗正卿，散品为银青光禄大夫。

韦元晟有子韦汪，岷州刺史（正四品下）。

韦元珪有一子韦坚和两女，长女嫁给睿宗子惠宣太子，次女嫁给了后来的肃宗，借此与皇室的联姻，韦元珪支系宠贵一时。韦坚，因其姊妹与皇室通婚，妻为玄宗宠臣楚国公姜皎女，中外荣盛，故早从官叙。[②] 开元

---

① 参见《旧唐书》卷一〇五《韦坚传》，北京：中华书局，1975 年，第 3225 页；（清）毕沅、阮元《山左金石志》卷一二《修阙里孔子庙碑》，《石刻史料新编》初辑，19 册，台北：新文丰出版公司，1982 年，第 14518 页；（宋）王钦若等：《册府元龟》卷六五八《奉使部·论荐》，北京：中华书局，1960 年，第 7880 页；（宋）李昉等：《文苑英华》卷三八三《中书制诰》，北京：中华书局，1966 年，第 1956 页。

② 《旧唐书》卷一〇五《韦坚传》，北京：中华书局，1975 年，第 3225 页。

二十五年（737），为长安令，以干济闻名。为了探听皇帝的心思，韦坚拉拢皇帝身边的人，通过办理漕运，转运江淮租赋讨得唐玄宗的认可和宠幸。韦坚的女儿嫁给了吏部侍郎、扬州大都督府长史赠礼部尚书扬州大都督王易从的儿子王定。据《旧唐书》卷一七八《王徽传》，王定的祖上是在秦灭东方魏国之后，被迁徙至霸陵进入关中的。其七世祖王罴是北周太尉、尚书令。以勋劳阀阅，为藩卫威重，死后葬于咸阳之凤岐原，子孙因家至京兆杜陵。高祖王明进在隋历邢孟洺相等七州刺史，曾祖王喜沃为河西县令，祖父王庆为蒲州刺史赠礼部郎。父亲王易从，天后朝登进士第。王易从的从弟明从、言从，睿宗朝并以进士擢第。昆仲四人，开元中三至凤阁舍人，故时号"凤阁王家"。其后，王易从子定，定子逢，逢弟仲周，定兄密，密子行古，行古子收，收子超，皆以进士登第。王氏自易从以降，至大中朝登进士科者一十八人，登台省，历牧守、宾佐者三十余人。可见王定家族是当时因科举而兴盛的科举之家，王定本人是这十八人之一，官至太子右庶子集贤院学士。[①]韦坚本人仕途的得意以及其家族婚姻对象政治地位的显赫，使韦坚家族在当时确实是隆贵一时。

韦坚仕途的蒸蒸日上，对嫉贤妒能的李林甫构成了很大的威胁，成了李林甫的眼中钉。李林甫对韦坚的构陷还是从皇位继承事件开始的。武惠妃曾是玄宗的宠妃，李林甫为了得到武惠妃对他的关照，曾帮助武惠妃子寿王争取太子地位，但玄宗有意于忠王，即后来的肃宗，最终忠王被立为太子，李林甫觉得忠王为太子对己极为不利，暗地里想扳倒太子。为了对付李林甫，太子也在悄悄地培植私人势力，韦坚因是太子妃兄，故而是太子集团中的重要人物。正是因为与太子的这层关系，韦坚才成为了李林甫扳倒太子的第一个目标。结果，肃宗被迫主动与韦妃绝离，以避开此祸。但韦坚一家却由此遭到灭顶之灾。

[①]　（清）董诰等：《全唐文》卷五〇〇《权德舆·故太子右庶子集贤院学士赠左散骑常侍王公神道碑铭》，北京：中华书局，1983年，第5091页。

天宝五载（746），李林甫构陷韦坚、皇甫惟明私见太子，韦坚被玄宗贬为缙云太守，后又被长流岭南临封郡。韦坚的弟弟将作少匠韦兰、鄠县令韦冰、兵部员外郎韦芝、儿子河南府户曹韦谅都被贬到远处。后来都被李林甫派监察御史罗希奭追杀。韦坚妻子姜氏，李林甫以其久遭轻贱，同时也顾及与她的姻亲关系，特放还本宗。韦坚的妹妹韦妃与肃宗离婚后，遂削发为尼，居禁中佛舍。安史之乱中，西京失守，韦妃也陷贼，至德二年（757）薨于京城。惠宣太子妃随嗣薛王李琄坐贬夷陵别驾，徙置夜郎、南浦。安史之乱后，回到京师。韦坚还有一子韦证[①]，为果州刺史，约德宗贞元年间，在果州刺史任上以坐赃废，可以判断这是韦坚家族唯一幸存的成员。

为了赶尽杀绝，李林甫将所有与韦坚关系相善的人加以处置，以防止这些人对其构成威胁。同族人中，郧公房成员韦斌，"以亲累贬巴陵太守，移临安太守"[②]。韦坚的女婿王定，也坐累贬至地方[③]，幸亏受到与其关系不错的元载的提用。与韦坚关系不错的同僚也深受其害，陇右节度使皇甫惟明、户部尚书裴宽、京兆尹韩朝宗、御史大夫李适之、第五琦、房琯、殿中侍御史郑钦说、仓部员外郎郑章、监察御史豆卢友、监察御史杨惠等，李林甫皆中伤之，构成其罪，相继放逐[④]；后皇甫惟明被杀于黔中，财产籍没；卢幼临、裴敦复、李邕等与韦坚同被罗希奭杀死于贬所；李适之被贬为宜春太守后，惧怕于韦坚等相继被杀于贬所，仰药自杀，连累者数十人，从这里也可以反映出韦坚在当时的政治社会中的确具有非常深厚的根基，影响力非常大。

---

① 不见于正史，载于《世系表》，另据（宋）王溥：《唐会要》卷五八，北京：中华书局，1955年，第1009页补。

② 《旧唐书》卷九二《韦安石传附子斌传》，北京：中华书局，1975年，第2965页。

③ （清）董诰等：《全唐文》卷五〇〇《权德舆·故太子右庶子集贤院学士赠左散骑常侍王公神道碑铭》，北京：中华书局，1983年，第5091页。

④ 参见《旧唐书》卷九九《李适之传》，北京：中华书局，1975年，第3104页；《旧唐书》卷一一《房琯传》，北京：中华书局，1975年，第3323～3326页；《旧唐书》卷一〇五《韦坚传》，北京：中华书局，1975年，第3225～3226页；《新唐书》卷二〇〇《儒学传下·赵东曦传附郑钦说传》，北京：中华书局，1975年，第5704页；《旧唐书》卷一〇〇《裴漼传附从祖弟宽传》，北京：中华书局，1975年，第3132页；《旧唐书》卷一二三《第五琦传》，北京：中华书局，1975年，第3519页。

韦元珪家族本来可以凭借与皇室的婚姻在政治上显达一时，但不幸的是，却正是因此而家破人亡，而使他们遭受此打击的幕后人正是与韦坚有一定姻亲关系的李林甫。韦坚妻为楚国公姜皎之女，而李林甫是姜皎的外甥[1]，故韦坚是李林甫的表姐夫或表妹夫，但李林甫为了自己的仕途，却毫不顾及此姻亲关系。

综上，随着韦元珪家族的破灭，韦云平一支也退出了唐朝的政治舞台。这一支共延续了五代，除了第二代外，其余几代皆至显达，曾因与皇室的联姻显赫一时，但终究受其所累，遭到灭顶之灾，大致到德宗以后便在政治上消沉了。

附韦云平一支世系：

韦云平—韦师贞—韦元晟—韦汪

　　　　　　　—韦元珪—韦坚—韦谅

　　　　　　　　　　　　　—韦证

　　　　　　　　　—韦兰

　　　　　　　　　—韦冰

　　　　　　　　　—韦芝

附表3-5：彭城公房成员官居五品以上者统计表

代际	名讳	入仕途径	最高或最后官职	官品	所处时代
1	韦澄		国子祭酒、绵州刺史	从三品	隋唐之际
2	韦庆嗣		太子家令	从四品上	唐高祖
	韦庆植		舒密二州刺史	从三品	唐高祖
	韦庆余		兵部郎中	从五品上	唐高祖
	韦庆本		洪府长史	从四品上	唐高祖
	韦云起		司农卿益州行台仆射	从三品	隋唐之际
	韦云表		秘书监	从三品	唐高祖
	韦云平		度支郎中	从五品上	唐高祖

---

[1]　《旧唐书》卷五九《姜谟传附皎子庆初传》，北京：中华书局，1975 年，第 2340 页。

代际	名讳	入仕途径	最高或最后官职	官品	所处时代
3	韦正礼		太子舍人	从五品下	唐太宗
	韦正履		颍州司马	从五品下	唐太宗
	韦正矩		殿中监	从三品	唐太宗至高宗
	韦珽		仓部郎中	从五品上	
	韦顼		工部尚书	正三品	唐玄宗
	韦玄锡		台州刺史	从三品	
	韦颖		宋州刺史	从三品	
	韦昇		泽州刺史	从三品	
	韦师实		秦州都督	正三品	武则天
	韦师经		秦王府司马	从四品下	
	韦师庄		著作郎	从五品上	
4	韦元晖		恒王府咨议参军	正五品上	
	韦怀构		申王府咨议参军	正五品上	
	韦钧		汉州司马	从五品下	唐玄宗
	韦铉		虞部郎中	从五品上	
	韦铣		魏州刺史	从三品	
	韦铦		徐州别驾	从四品下	
	韦鐩		太子少保	正二品	唐中宗
	韦元旦	擢进士第	中书舍人	正五品上	武则天
	韦行诚		著作郎	从五品上	
	韦行诠		尚书右丞	正四品下	
	韦方质		凤阁侍郎、同凤阁鸾台平章事（丞相）	正三品	武则天
	韦方直		兵部郎中	从五品上	
	韦元晟		绵州刺史	从三品	
	韦元珪		宗正卿	从三品	唐玄宗
5	韦璆		左卫郎中	正四品下	
	韦伯矿		著作郎	从五品上	
	韦悦然		晋州长史	从五品下	
	韦怡然		赞善大夫	正五品上	
	韦怿然		鄂州别驾	从四品下	

续表

代际	名讳	入仕途径	最高或最后官职	官品	所处时代
5	韦鉴		著作郎	从五品上	
	韦銮		颍王府司马	从四品下	
	韦万春		果毅	从五品下	
	韦倚		光禄少卿	从四品上	
	韦友谦		陈王府长史	从四品上	
	韦友信		泉州刺史	从三品	
	韦友谅		右卫将军	从三品	
	韦友柔		太子舍人	正五品下	
	韦友刚		漳州刺史	正四品下	
	韦利见		岭南节度使		唐肃宗
	韦汪		岷州刺史	正四品下	
	韦坚	门荫	刑部尚书	正三品	唐玄宗
	韦兰		将作少监	从四品下	
6	韦彪		唐州刺史	从三品	唐宪宗至穆宗
	韦彤		太常博士		唐德宗
	韦缓		屯田郎中	从五品上	
	韦绶		兴元节度使		唐德宗至穆宗
	韦惣		胜州刺史	从三品	
	韦蕴		检校太子詹事	正三品	
	韦颢		洋州刺史	从三品	
	韦万		忠州刺史	正四品下	
	韦幹		太子詹事	正三品	
	韦明宸		剑州刺史	从三品	
	韦明宗		左赞善大夫	正五品上	
	韦证		果州刺史	正四品上	
9	韦宥		宣州刺史	从三品	唐德宗

二、婚姻

　　彭城公房的仕宦与婚姻关系密切，上有所述。与皇室联姻者七人，通过与皇室的联姻，彭城公房屡次与皇权接近，对彭城公房的仕宦和家族命运的作用是双重的，在给彭城公房带来显赫政治地位的同时，也将这个房支的家族成员推入危险的境地，韦坚一族的兴衰就是最好的例证。

除了皇室，彭城公房的婚姻对象还涉及河东裴氏、京兆杜氏这样一流的关中郡姓，陆氏这样的吴姓大族，还有因科举而兴盛的京兆王氏，与这些大族的联姻进一步巩固了彭城公房的政治社会地位。

还有一个现象就是，彭城公房的婚姻对象中不见有山东高门大族。隋朝统一全国后，山东高门大族也进入到隋朝政权中。隋朝大业年间，本房的韦云起曾经上疏隋炀帝说"今朝廷之内多山东人，而自作门户，更相郑荐，附下罔上，共为朋党"[1]。于是，隋炀帝下令大理推究，少数山东人因之免官流配。韦云起的父祖是从西魏北周过渡到隋唐的，曾经是关陇集团中的人。隋朝的统一，将原本因政治而有一定隔阂的关陇集团和山东集团笼络到一起，彼此间的融合还是需要一定的时间的，故而韦云起对进入隋政权的山东士人的做法颇有不满才上疏隋炀帝，他对山东士人的这种态度估计也会影响到其后裔，故而在婚姻对象的选择上，韦云起的后裔并没有与山东士人通婚者，这与毛汉光先生提出的"关陇集团自王室以至于关中五郡姓，与山东五大姓之间，在安史之乱前仍存在着界限"[2]的观点是相符的。

附表3-6：彭城公房婚姻关系表

序号	名讳	娶嫁对象	对象郡望	所属阶层	时代	出处
1	韦淹女	王约	琅琊王氏	梁武帝外甥之曾孙	唐初	《大唐西市博物馆藏墓志》，第 151 页，《王约墓志》

① 《旧唐书》卷七五《韦云起传》，北京：中华书局，1975 年，第 2631 页。
② 参见毛汉光：《关中郡姓婚姻关系之研究 —— 隋至唐前半期》，《唐代文化研讨会论文集》，台北：文史哲出版社，1991 年，第 135 页。

续表

序号	名讳	娶嫁对象	对象郡望	所属阶层	时代	出处
2	韦正矩	新城公主	太宗女	李唐皇室	唐太宗	《新唐书》卷八三《诸帝公主传》
3	韦顼	裴觉	河东裴氏	关中郡姓	唐高宗初年	《全唐文补遗》（一），第100～101页，《韦顼墓志铭并序》
4	韦正履女	尔朱皋	河南尔朱氏		唐高宗仪凤年间	《全唐文补遗》（七），第23页，《朱公（杲）夫人韦氏墓志铭并序》
5	韦巨山	陆颂姊妹	吴郡陆氏	吴姓大族	唐中宗睿宗	《新唐书》卷二〇二《文艺传中·李适传附韦元旦传》
6	韦坚	姜皎女	天水姜氏		唐睿宗玄宗	《旧唐书》一〇五《韦坚传》
7	韦元珪女	惠宣太子	李唐皇室		唐睿宗	《旧唐书》一〇五《韦坚传》
8	韦玄宝女	张氏	清河张氏		约唐玄宗以前	《唐代墓志汇编》天宝二二一《唐故太中大夫守新定郡太守张朏公墓志铭》
9	韦元珪女	唐肃宗	李唐皇室		唐玄宗	《新唐书》卷七七《后妃传》
10	韦行诠女	杜宾客	濮阳杜氏		唐玄宗开元八年左右	《全唐文补遗》（三），第121～122页，《杜府君夫人扶风郡夫人京兆韦氏墓志铭并序》
11	韦元清子	李元卿女	李唐皇室		约开元年间	《洛阳新出土墓志释录》，第261页
12	韦坚女	王定	京兆杜陵	关中郡姓	唐玄宗	《全唐文》卷五〇〇《权德舆·故太子右庶子集贤院学士赠左散骑常侍王公神道碑铭》
13	韦氏	李氏			唐代宗大历年间	《唐代墓志汇编》大历〇三九《唐故韦氏墓志铭》
14	韦宥	唐安公主	李唐皇室		唐德宗	《新唐书》卷八三《德宗十一女传》
15	韦洙	于氏	河南于氏	房姓	唐末	《全唐文补遗》（六），第491页，《韦豸娘墓志铭并序》
16	韦迪女	杜济	京兆杜氏	关中郡姓		《唐代墓志汇编》大历〇五五《唐京兆尹兼中丞杭州刺史剑南东川节度使杜济公墓志铭》
17	韦力仁	李唐公主	皇室			《新唐书·宰相世系表》卷七四上
18	韦俛女	郭	太原郭氏		唐末	《西安碑林博物馆新藏墓志续编》下，第667页，《郭妻韦珏墓志》
19	韦璮女		蔡政客			《河洛墓刻拾零》下册，第445页，《唐故京兆府武功县令蔡府君夫人墓志铭并序》

本节小结

彭城公房也是关陇婚姻圈中的重要组成部分，在政治上延续了九代，至唐末懿宗时期。该房支在不同时段皆有成员跻身权力中枢或与皇室联姻，但屡遭政乱或迫害，终至政治命运一波三折。隋至唐初，支撑门户的一文一武的韦澄和韦云起，尤其是韦云起在隋炀帝时期利用突厥的力量成功地平定契丹，得到隋炀帝的亲自奖赏。进入唐朝后，韦云起继续受到重用，在政治立场上靠近太子李建成，韦澄的个别子孙为东宫属官，如果没有玄武门之变，李建成顺利继承皇位，韦云起及韦澄的后代皆将在仕途上有更稳固的基础，但不幸的是，玄武门之变不仅宣告了李建成政治命运的结束，也使彭城公房重要成员受此牵连，尤为可叹的是韦云起在此次政变中成为牺牲品，这也是本房进入唐朝后在政治上遭受到的第一次打击。

太宗时期，本房成员韦正矩尚太宗女新城公主，但这次与皇室的联姻并没有对韦氏家族的仕途起到积极作用，反而使韦正矩因此丧命。

高宗武则天时期，韦云起子孙发展壮大，韦方质修订《垂拱格式》，受到时人称颂，担任则天朝宰相，使本房支在政治上再次显达。但不幸的是，因韦方质得罪当权的武氏成员遭到陷害，全家也因此籍没，直到神龙初才洗雪，这是彭城公房遭受到的第二次打击。

中宗睿宗时期，韦氏中驸马房再次崛起，因与韦后集团有宗亲加婚姻关系的韦元旦以进士出身，并主要凭借姻亲关系立足于仕途，支撑该房支的门户。另有与韦后集团关系密切的韦行诠家族也显达一时，再加韦鐬尚中宗女永寿公主，使其诸子整体上皆位居高官，也对本房支的仕途起到了积极的作用。

玄宗时期，韦钧的女儿被选为玄宗子王妃，韦元珪的两个女儿分别嫁给了睿宗子惠宣太子和后来的肃宗，与皇室的联姻使彭城公房的仕途再次显达。韦坚因漕运有功成为玄宗的宠臣，韦坚之妻是玄宗朝宠臣和世代官宦的姜皎之女，韦坚之女嫁给了同样世代官宦且进士出身的王定，这些都促成韦元珪家族势力的膨胀，也可以说是彭城公房最显赫的时期，但"木秀于林，风必摧之"，这个日益显赫的家族恰恰遭遇嫉贤妒能的李林甫，韦元珪家族短时间内经历了政治命运的冰火两重天。这是彭城公房仕途上遭受的第三次也是最致命的一次打击。

安史之乱后的彭城公房再也没有恢复到之前的显达。德宗朝，韦宥尚唐安公主再次与皇室联姻，但婚未成而遭遇朱泚之乱，唐安公主薨，韦宥出为宣州刺史，此次与皇室的联姻并没有给彭城公房带来政治上的积极影响。韦彤因精通礼学在儒林中享有一席之地，为彭城公房在士林中赢得了名望。宪宗朝，韦绶因为担任过穆宗的老师，在穆宗即位后入为尚书右丞、集贤院学士，并在当时的士林中享有一定地位。但从后来韦绶出为兴元尹、山南节度使时，向穆宗请求赏赐和为儿子韦元弼要官可以反映，此房支已经完全成为唐朝政权的寄生官僚。自此之后，彭城公房再没出现支撑门户的显赫人物，逐渐在政治上趋于衰落。纵观该房的整个兴衰过程，可发现婚姻尤其是与皇室的联姻成为影响其政治命运的关键因素，几次与权力中枢接近，又几次成为政治斗争的牺牲品，也由此反映出作为重要社会力量的韦氏与唐代政治关联的紧密性。

本章小结

进入隋唐历史的京兆韦氏著房中，有主要凭借与皇室的联姻而维持其政治社会地位者。这些房支往往是凭借自西魏北周以来的军功而跻身关陇集团的，杨隋李唐皇室作为关陇集团中的组成部分，在取得政权后继续与之保持婚姻关系，符合各自的需要。隋唐王朝统治阶层通过婚姻联合关中郡姓以形成对山东郡姓的打击和排斥，京兆韦氏不仅是关陇婚姻圈的重要组成部分，且是唐代李武韦杨婚姻集团的重要一分子，从彭城公房的婚姻圈来看，入隋以后的关中郡姓与山东五大郡姓之间确实存在一定的隔阂；

但从驸马房的婚姻关系来看，这种界限到唐代中宗时期已有被打破的迹象；而京兆韦氏则凭借与皇室的联姻长时期维持着皇亲国戚的政治地位，使家族成员快速跻身于中央政权，带动了家族成员从杜陵乡里到两京城市的迁徙，在提高其家族政治地位的同时也在弱化其社会性。唐中宗时期的韦后想凭借其在朝的宗族势力发动政变，最终还是以失败告终，这在一定程度上反映了京兆韦氏对乡里宗族基础的严重弱化甚至是失去。与权力中心的接近使京兆韦氏更容易受到政权动荡的影响，政治地位呈现出骤起骤落的特点。

第四章　隋唐京兆韦氏中的书香门第

安史之乱以前，隋唐京兆韦氏政治社会影响力的维持主要是靠婚姻尤其是与皇室的联姻，跻身于关陇婚姻圈使京兆韦氏中的郿公房、驸马房和彭城公房都曾有过一段政治上的辉煌期。然而三个房支也都因为婚姻而在政治上骤起骤落，极不稳定。随着出身非关陇贵族的武则天的掌权和当上皇帝，起家于北朝宇文氏时代的关陇贵族遭受到一定打击，出身于关陇贵族已难以保证家族政治地位的不衰，故而有些房支开始重视自身的文化修养。安史之乱以后的中兴时代，重视个人才能的科举进士科受到士人重视，通过科举跻身于新兴的科举士族行列成为能否支撑门户的关键，故而京兆韦氏中的有些房支则适应了这种选官制度，成为以书香门第而著称的房望，正是这些房支将京兆韦氏的政治社会地位提升到另一个高度，一直延续至唐末。本章重点探讨的即是主要以文化科举仕进的逍遥公房、平齐公房、龙门公房和郿城公房四个房支的兴衰历程。

第一节　逍遥公房

逍遥公房是居北京兆韦氏韦真憙一支的后裔，其房祖韦夐是北朝时期的高士，终生没有入仕，但其子孙却在北朝建功立业，成为关陇军功集团中的重要组成部分，在政治上非常显达。进入隋唐后的逍遥公房整体上家风从武质向文质转变，有的房支甚至成为书香门第。逍遥公房因为适应了新时代的需要，继续保持了在隋唐政治舞台上的显达，成为京兆韦氏宗族中活跃在隋唐政治历史舞台上的重要一支。进入隋唐历史的逍遥公房是韦夐六子的后裔，分六大支系，是诸房中规模最大的一支。

一、韦世穆支系

韦世穆是韦夐长子，在北朝以军功起家，是关陇军功集团中的重要一员。进入隋唐后的韦世穆子孙皆能适应时代的需要，转向以习文为主，在家风上发生了很大的转变。

韦世穆子韦协[①]，字钦仁，好学有雅量，位至秘书郎。隋文帝时期，韦世穆进图岭南，进到广州，领表降服，因此功劳，隋文帝命韦协赍诏书劳问，结果在韦协到达之前，韦世穆中流矢而卒。韦协以其父为王事而卒，被拜为柱国，先后历定、息、秦三州刺史，有能名。卒官。

自韦协子开始进入唐代，之后共经历了七代，大致到德宗建中年后逐渐销声匿迹。官至五品以上者仅有第一代韦仲锐，至金部郎中（从五品上）；第三代韦良嗣[②]，开元中为校书郎，还曾担任左史，是典型的文职，天宝四载为给事中（正五品上）；第四代韦祯，从建中元年（780）的司勋郎中至三年的京兆少尹（从四品下）[③]，德宗时期发生四镇叛乱，为了供应军需，朝廷决定强行向京师富商借钱，韦祯作为京兆少尹，负责督办此事，据说，他非常严厉，致使"京师嚣然如被贼盗"[④]。第五代之后就没有官位显达者的记载了，表明在政治上走向了衰落。

附韦世穆一支世系：

---

① 《北史》卷六四《韦孝宽传附夐子世康传》，北京：中华书局，1974年，第2274页。
② 参见（唐）李阳冰：《李阳冰书三坟记》，成都：巴蜀书社，1987年，第10页；吴钢：《千唐志斋藏志》六五二《唐故朝议郎德州司仓郑（元璙）志墓志铭并序》，西安：三秦出版社，2006年，第652页。
③ （宋）王钦若等：《册府元龟》卷一六二《帝王部·命使二》，北京：中华书局，1960年，第1957页；《册府元龟》卷五一〇《邦计部·重敛》，北京：中华书局，1960年，第6113页。
④ 《旧唐书》卷一三五《卢杞传》，北京：中华书局，1975年，第3716～3721页。

韦世穆—韦协—韦仲锐

　　　　—韦叔锐—韦文彦—韦良嗣—韦祯—韦极—□—韦光远

附表4-1：韦世穆一支官居五品以上者统计表

代际	名讳	最高或最后官职	品阶	时代
1	韦世穆	江州总管襄阳郡公		北周隋文帝
2	韦协	秘书郎、柱国		隋朝
3	韦仲锐	金部郎中	从五品上	唐初
5	韦良嗣	校书郎、左史，给事中	正五品上	唐玄宗开元、天宝间
6	韦祯	京兆少尹	从四品下	德宗建中年间

二、韦世康支系

韦世康是韦敻次子，与西魏王室联姻，并在隋朝担任吏部尚书、荆州总管，是握有实权的关陇贵族，有三子韦福嗣、韦福奖和韦福子，其中韦福子后裔阙载。以韦福嗣和韦福奖支系为著支。

（一）韦福嗣一支

韦福嗣，韦世康次子[1]，与同郡杜淹为莫逆之交，曾经为了擢居美职，投隋文帝用嘉遁之所好，遂共入太白山，扬言隐逸，实欲邀求时誉，结果适得其反。[2]后韦福嗣位至隋朝内史舍人，在平叛杨玄感叛乱中被俘，被杨玄感委以腹心。但他心持两端，后趁杨玄感将西入，逃回东都，被车裂于高阳。[3]韦福嗣有两子，韦憬和韦憕，皆为五品以上高官。韦憬在贞观年间曾任治书侍御史、尚书右丞[4]，后裔阙载。韦憕官至吏部郎中，有子

---

① 《北史》卷六四《韦孝宽传附敻子福嗣传》，北京：中华书局，1974年，第2276页。
② 《旧唐书》卷六六《杜如晦传附叔淹传》，北京：中华书局，1975年，第2473页。
③ 《旧唐书》卷五三《李密传》，北京：中华书局，1974年，第2210～2228页。
④ （宋）王溥：《唐会要》卷四〇，北京：中华书局，1955年，第722页作"尚书左丞"，吴钢主编：《全唐文补遗》第三辑《王大礼墓志铭》，西安：三秦出版社，1996年，第415～416页为尚书右丞，因墓主终于开元二十三年，距离贞观十四年很近，当比较可靠，故依墓志铭。

韦宾①，官至萧县令，孙辈阙载。至其曾孙韦希元，官至潞州上党县尉，赠谏议大夫②，在仕途上才开始重新崛起，尤其是韦希元的次子韦肇及其后裔，充分认识到文化优势对于家族名望的重要意义，先后有数人通过科举及第，位居清望官直到唐末。

韦希元长子韦启，官至左补阙，后裔官职皆阙载，仕途不达。三子韦班，官至衡州刺史，与"诗圣"杜甫颇有交情③。有子韦汭，官职阙载。安史之乱以后，本支活跃于政治舞台上的主要是韦肇的后裔。

韦肇，代宗大历中为中书舍人，屡次上书言得失，为元载所恶，左迁京兆少尹。元载卒后，大历九年（774）十二月，自秘书监为吏部侍郎，后来代宗欲以之为相，不及拜，卒，赠太尉。④韦肇有三子，皆通过科举入仕，官居清要，扬名于士林，也把本家族在士林中的名望推向一个高潮。

长子韦绶，德宗朝为翰林学士，贞元之政，多参决与内署，韦绶所发的议论，常常能合中道，但因畏慎致伤，晚年得心疾，故不得极用。临终告诫其子，万万不要做皇帝近臣。⑤

次子韦贯之⑥，字正理。少举进士，德宗贞元初，登贤良科，授校书郎。顺宗即位后，始授监察御史。宪宗元和三年（808），与户部侍郎杨于陵、左司郎中郑敬、都官郎中李益同为策考官，韦贯之奏居上第者三人所作的策文皆言辞恳切，直指时弊，结果被出为果州刺史，道中贬为巴州刺史。后被征回，受到裴垍举荐，元和四年（809）为宰相，在镇压藩镇叛乱中颇有见地。韦贯之任相时，严身律下，以清流品为先，故门无杂宾。后来因

① 《世系表》中阙载，名讳及其官职皆据吴钢主编：《全唐文补遗》第五辑《故洺州司马陇西辛公夫人扶阳郡君韦氏（宪英）墓志铭并序》，西安：三秦出版社，1998 年，第 350 页补。

② （唐）杜佑：《樊川文集》卷八《唐故宣州观察使御史大夫韦公墓志铭并序》，上海：上海古籍出版社，1978 年，第 127 页。

③ （唐）杜甫：《杜工部集》卷二四《凭韦少府班觅松树子诗》；卷一六《于韦班处乞大邑瓷碗诗》；卷二一《涪江泛舟送韦班归京诗》，上海：上海书店，1989 年，四部丛刊初编本，第 11、3、26 页。

④ 《旧唐书》卷一一《代宗本纪》，北京：中华书局，1975 年，第 309 页；（清）董诰等：《全唐文》卷七五五《杜牧·唐故宣州观察使御史大夫韦公墓志铭》，北京：中华书局，1983 年，第 7829 页。

⑤ 《旧唐书》卷一五八《韦贯之传附兄绶传》，北京：中华书局，1975 年，第 4178 页。

⑥ 《旧唐书》卷一五八《韦贯之传》，北京：中华书局，1975 年，第 4176 页。

得罪宪宗宠臣张宿，被张宿构陷，诬为朋党，罢为吏部尚书，不久出为湖南观察使。受此牵连者数人，韦贯之的弟弟韦纁，时任虢州刺史，被贬远郡；与他同房支的韦处厚也因与之善，被出为开州刺史；南皮公房的韦顗因与之善，也被出为陕州刺史。穆宗即位后，韦贯之被擢为河南尹，征拜工部尚书，长庆元年终于东都，历重位二十余年，身殁之后，家无余财，有文集二十卷。

三子韦纁，有精识奥学，为士林所器，"闺门之内，名教相乐。累官到太常少卿。故韦氏兄弟令称，推于一时"①。

韦肇的三子皆以科举入仕，提升了家族的政治社会地位，最值得羡慕的是，他们各自的后裔并没有坐享其父之成的观念，继续发扬了父辈们依靠自身素质的提高、通过科举考试来进入仕途的自强精神，从而使这个家族的显达一直持续到唐朝末年昭宗时期。

韦绶子韦温②，字弘育，十一岁，就以举两经及第，以拔萃高等补咸阳尉。唐文宗时，李德裕任宰相，擢韦温为礼部员外郎。韦温谨记其父韦绶不得任近职的训诫，拒绝做翰林学士，出为陕虢观察使。凤翔节度使郑注欲引为副使，也被韦温拒绝，从而避免了在"甘露之变"中受到牵连。武宗时期，迁吏部侍郎，李德裕想荐引韦温一同辅政，也被拒绝，卒于给事中。韦温因与杨嗣复、李珏相善，曾经劝他们与李德裕消除瓜葛，可见韦温在朋党之争中基本处于中立立场，尽量避免被卷入唐后期的朋党之争，与不以尘事自蒙的萧祐关系很好，韦温常呼其为"山林友"③。可见，韦温完全具备入居清要官职的资质和条件，但由于慑于其父韦绶的遗诫和自身的志向所在，终究没有进入侍臣之列。他的四子中，长子韦礭，官至四门助教，是学官。但其他诸子皆官职阙载，后裔不再显达，估计与韦温的仕途观念有关。

---

① 《旧唐书》卷一五八《韦贯之传附弟纁传》，北京：中华书局，1975 年，第 4278 页。
② 《旧唐书》卷一六八《韦温传》，北京：中华书局，1975 年，第 4380～4382 页；（清）董诰等：《全唐文》卷七五五《杜牧·唐故宣州观察使御史大夫韦公墓志铭》，北京：中华书局，1983年，第 7829 页。
③ 《旧唐书》卷一六八《韦温传附萧祐传》，北京：中华书局，1975 年，第 4383 页。

韦贯之之子韦澳[①]，进士及第，又擢宏辞科，其兄韦温好友高元裕欲荐用之，不答。后擢考功员外郎、史馆修撰。岁中知制诰，召为翰林学士。累迁兵部侍郎，进学士承旨，受到宣宗礼遇。后出为河阳节度使累年。曾为宣宗编写题为《处分语》的一本介绍各州郡风俗的书。懿宗立，徙平卢军，入为吏部侍郎，复出为邠宁节度使。坐吏部时史盗簿书为奸，贬秘书监，分司东都。就迁河南尹，辞疾不拜，归于樊川。一年后，以吏部侍郎召，不起。卒。韦贯之之另一子韦潾[②]也登进士第，因早卒，无官职记载。

韦缋子韦泂[③]，字上流，明经擢第，历官八任，终于宣宗大中年间的华州司马。享年五十七。有子韦琢[④]，为进士业，其余三子韦璆、韦瓓和韦琛官职皆阙载。

韦澳有子韦庚[⑤]和韦瑝[⑥]皆是乡贡进士，僖宗年间，黄巢起义，唐僖宗幸蜀，韦庚追随唐僖宗，官至刑部侍郎判户部事。车驾还京，充顿递使，到凤翔病卒。

韦潾四子[⑦]，长子韦攒，因父早卒，从小被伯父韦澳所抚养，与韦澳子韦庚等自小相亲，人无间言。常常相敦劝曰："我之家世，咸以词华入仕，今吾徒群从非少，以文求进者十无一二。与汝等当各率励，无坠门风。"[⑧] 于是请于伯父，欲从乡荐。但因病重，以年仅二十六岁卒于河阳官舍。韦潾的其他子韦序、韦雍和韦郊皆登进士第。韦序、韦雍官至尚书郎。韦郊文学尤高，累历清显，自礼部员外郎知制诰，正拜中书舍人。昭宗末，召充

---

① 《旧唐书》卷一五八《韦贯之传附子澳传》，北京：中华书局，1975 年，第 4178 页。

② 《旧唐书》卷一五八《韦贯之传附子澳传》，北京：中华书局，1975 年，第 4178 页。

③ 吴钢主编：《全唐文补遗》第七辑《唐故华州司马韦府君（泂）墓志铭并序》，西安：三秦出版社，2000 年，第 130 页。

④ 据吴钢主编：《全唐文补遗》第七辑《唐故华州司马韦府君（泂）墓志铭并序》，西安：三秦出版社，2000 年，第 130 页补。

⑤ 《旧唐书》卷一五八《韦贯之传附子澳传》，北京：中华书局，1975 年，第 4178 页；吴钢主编：《全唐文补遗》第七辑《唐故乡贡进士韦府君（攒）墓志铭并序》，西安：三秦出版社，2000 年，第 137 页。

⑥ 吴钢主编：《全唐文补遗》第七辑《唐故乡贡进士韦府君（攒）墓志铭并序》，西安：三秦出版社，2000 年，第 137 页。

⑦ 韦潾诸子均见《旧唐书》卷一五八《韦贯之传附子澳传》，北京：中华书局，1975 年，第 4178 页。

⑧ 《旧唐书》卷一五八《韦贯之传附子澳传》，北京：中华书局，1975 年，第 4178 页。

翰林学士，累官户部侍郎、学士承旨，卒。自此之后，仅有韦庠子韦华有记载，但官职阙载，大致到唐末，韦福嗣一支便退出了政治舞台。

综上，韦福嗣一支是韦世康诸子中政治最显达的一支，从韦福嗣至韦华，延续了十代，历隋朝至唐昭宗时期。因为有父祖们在北朝所建立的功业，为刚刚进入隋唐的韦福嗣一支提供了很高的仕途起点，本支系一直到唐太宗时期都比较显达，此后的很长一段时间在政治上几乎销声匿迹。安史之乱后，又重新崛起，并且连续三代通过科举入仕者达十一人，完全成为一个科举世家，故而此支系在政治上一直到唐昭宗时期都有入居翰林学士、承旨学士这样的清要官者。

韦福嗣的父亲韦世康在北朝隋以军功起家后，其后裔都逐渐转向以文入仕，以担任文职为主。尤其是此支系在唐代安史之乱后的入仕者几乎都是通过科举考试的途径，从而使本支系在政治上的显达一直持续到唐末。从他们科举的科目有孝廉科、明经科、进士科可以看出，此支系对儒学和文学的并重。韦温女续《曹大家女训》十二章，士族传写，行于时[1]，反映此支系对礼法的重视。从韦洄劝说其堂兄弟的话"我之家世，咸以词华入仕，今吾徒群从非少，以文求进者十无一二。与汝等当各率励，无坠门风"[2]可以反映，文辞已经在科举进士科逐渐受到青睐的推动下为士族成员所重视，士族的家学门风也为之发生转变。

根据现有的材料看，进入隋唐的韦福嗣一支没有与皇室联姻者，可见，此支系政治上的显达主要依靠其自身素质的提高和与科举制的结合而跻身于唐代科举士族之列。此支系的婚姻对象有琅琊王氏、兰陵萧氏、河东裴氏、河东薛氏、陇西李氏等这些高门大族。韦洄[3]先后娶琅琊王氏王长文女和兰陵萧氏萧君澈女为妻，王长文官至太子宾客，萧君澈官至尚书职方员

---

① 《旧唐书》卷一六八《韦温传》，北京：中华书局，1975年，第4380～4382页。
② 吴钢主编：《全唐文补遗》第七辑《唐故乡贡进士韦府君（攒）墓志铭并序》，西安：三秦出版社，2000年，第137页。
③ 韦洄及其女儿的婚姻关系均见吴钢主编：《全唐文补遗》第七辑《唐故华州司马韦府君（洄）墓志铭并序》，西安：三秦出版社，2000年，第130页。

外郎。韦洄的女儿嫁给了张休符，家世不详。韦澳娶河东裴氏为妻。[1] 韦温娶陇西李氏李怂女为妻[2]，李怂官至赞善大夫。韦温一女嫁给了河东薛氏薛蒙[3]，薛蒙与宣宗时崔铉、杨绍复、郑鲁、段瓌相善，当时四人颇参议论，时语曰："郑、杨、段、薛，炙手可热。欲得命通，鲁、绍、瓌、蒙。"帝闻之，题于扆[4]，可见薛蒙当时政治地位之显达，薛蒙能与弘文馆大学士崔铉、《续会要》的修撰者之一杨绍复交往也可反映其文化素养。韦温将女儿嫁给薛蒙也可反映韦温家族的家学门风。韦温另一女嫁给了张复鲁[5]，张氏世系不详，但从其所任太常寺协律郎一职可以反映当具一定文化艺术素养。

总之，韦福嗣一支在其父祖于北朝隋建立的政治地位的基础上，在唐代初期继续保持了政治的显达，经过一段时间的消沉后，在安史之乱后通过科举进入到科举士族之列，其婚姻对象也多是有文化素养之高门大族，可见此支系主要是通过自身素质的提高和与高门大族的通婚保持了其政治地位的长盛不衰。

（二）韦福奖一支

韦福奖，韦世康第三子，因其父韦世康在北朝至隋朝的显赫功绩，官至隋通事舍人、洛州司法。两子中次子韦孝忠[6]（字寡悔）一支有官职记载仅两人，且都处于低官行列，即其本人官至丰州永丰县令，乾封二年（667）终于永丰县之廨舍，春秋六十有八。其子韦琪，字元珶，起家潭沧二州参军事，有"杨子云之笔札，贾太傅之瑰奇"之称，官至邛州火井县丞，垂拱四

---

① 吴钢主编：《全唐文补遗》第二辑《唐杜陵韦氏侧室李氏（越客）墓志铭并序》，西安：三秦出版社，1994年，第69～70页。

② （清）董诰等：《全唐文》卷七五五《杜牧·唐故宣州观察使御史大夫韦公墓志铭》，北京：中华书局，1983年，第7829页。

③ 《旧唐书》卷一六八《韦温传》，北京：中华书局，1975年，第4380～4382页。

④ 《新唐书》卷一六〇《崔元略传附铉传》，北京：中华书局，1975年，第4974页。

⑤ （清）董诰等：《全唐文》卷七五五《杜牧·唐故宣州观察使御史大夫韦公墓志铭》，北京：中华书局，1983年，第7829页。

⑥ 《世系表》和《元和姓纂》皆阙载，据吴钢主编：《全唐文补遗》第七辑《大唐故丰州永丰县令京兆韦府君（孝忠）墓志铭并序》，西安：三秦出版社，2000年，第282页补。

年终于宣阳坊之别业，春秋六十有一。① 这父子两代皆与京兆杜氏通婚，韦
寡悔娶的是杜乾福的女儿，而韦瑱娶的是杜乾福的孙女②，也就是说，韦瑱
与其婚姻对象是姑舅表兄妹关系，是近亲结婚，由此可见两家关系之亲密。

　　韦福奖长子韦寡尤一支在政治上相对显达，为著支。韦寡尤官至洋州
刺史，两子中长子韦璋，历太宗高宗时期，高宗显庆五年（660）自少府监
授湖州刺史，卒官。③ 次子韦珍，官至雍州刺史，后裔阙载。韦璋长子韦籝
金，官至河南府参军；次子韦南金④，天宝八载（749）自睦州刺史任湖州刺
史，后迁梁州刺史，其后裔阙载。韦籝金子韦黄赏，肃宗乾元元年（758）
自昇州刺史为苏州刺史、浙西节度使⑤，上元中终于衢州刺史⑥，与李白有诗
赠往来⑦。韦黄裳子韦旻，官至河南府参军。韦旻子韦博⑧，字大业，进士及
第，迁殿中侍御史，官至京兆尹，因与御史中丞不和皆得罪，下除卫尉卿，
后出为平卢节度使，检校礼部尚书、终于昭义节度使。韦博四子，长子韦
郅，官至监门率府录事参军；次子韦鲁，官至径州营田判官；第三子韦承
裕，字天赐；第四子韦承贻，字贻之，官职皆阙载。

　　综上，韦福奖一支在政治上延续了八代，大致唐宣宗以后退出政治舞台，
以韦寡尤一支为著支，仕途的高潮期集中唐太宗至唐肃宗，连续几代人皆位
至江南经济重心所在的苏湖一带任州刺史，甚至也有担任一方大员的军镇节度
使。究其原因，并不见有与皇室联姻者，从个别成员与李白有诗赠往来和进士

① 《世系表》和《元和姓纂》皆阙载，据吴钢主编：《全唐文补遗》第七辑《唐故宣议郎行邛州火
　井县丞骁骑尉韦府君（瑱）墓志铭并序》，西安：三秦出版社，2000 年，第 312 页补。
② 吴钢主编：《全唐文补遗》第七辑《大唐故丰州永丰县令京兆韦府君（孝忠）墓志铭并序》，西
　安：三秦出版社，2000 年，第 282 页；吴钢主编：《全唐文补遗》第七辑《韦寡悔夫人杜氏墓
　志铭和韦瑱夫人杜氏墓志铭》，西安：三秦出版社，2000 年，第 333 页。
③ （宋）谈钥：《嘉泰吴兴志》卷一四，吴兴丛书线装本，民国三年（1914 年），第 22 页。
④ 《世系表》中阙载，《岑校》中存疑，今据（宋）李昉等：《太平广记》卷三七七引《广异记》，
　北京：中华书局，1961 年，第 3002 页中载，韦广济与韦黄裳为从兄弟，而《世系表》中不载
　韦黄裳的从父，故暂推测韦南金即其从父，而韦广济是韦南金子，确切状况还有待考察。
⑤ 《旧唐书》卷一〇《肃宗纪》，北京：中华书局，1975 年，第 257 页。
⑥ （宋）李昉等：《太平广记》卷三七七引《广异记》，北京：中华书局，1961 年，第 3002 页。
⑦ （清）彭定求等：《全唐诗》卷一六八《李白·赠韦侍御黄裳二首》，北京：中华书局，1960
　年，第 1734 页。
⑧ 《新唐书》卷一七七《韦博传》，北京：中华书局，1975 年，第 5289 页。

及第可推测，本支系主要凭借家族成员自身素质适应时局的变化支撑了门户。

附韦世康子韦福嗣一支世系：

韦世康—韦福嗣—韦惊

        —韦憬—韦宾—□—希元—韦启—韦靓

              —韦肇—韦绶——韦温—韦碻

                    —韦珍

                    —韦瓖

                    —韦琛

            —韦贯之—韦澳—韦庾

                  —韦瑝

          —韦潾—韦庠—韦华

              —韦攒

              —韦序

              —韦雍

              —韦郊

       —韦纁—韦泂——韦琢

附韦世康子韦福奖一支世系：

韦福奖—韦寡尤—韦璋—韦籯金—韦黄裳—韦旻—韦博—韦郅

                              —韦鲁

                              —韦承裕

                              —韦承贻

           —韦南金—韦广济

        —韦寡悔—韦珍—韦拯

        —韦无逸 [①]

---

① 韦瑱子《世系表》和《元和姓纂》皆阙载，今据吴钢主编：《全唐文补遗》第七辑《唐故宣议郎行邛州火井县丞骁骑尉韦府君（瑱）墓志铭并序》，西安：三秦出版社，2000 年，第 312 页补。

附表4-2：韦世康一支入仕途径及官居五品以上者统计表

代际	分支	名讳	入仕途径	最高或最后官职	品秩	时代
1		韦世康	征辟	吏部尚书、荆州总管		隋文帝
3	韦福奖	韦寡尤		洋州刺史	正四品下	
4		韦璋		湖州刺史	从三品	太宗末高宗前期
		韦珍		雍州刺史	从三品	
5		韦南金		湖州刺史	从三品	
6		韦黄裳	进士及第	浙西节度使，终于衢州刺史	从三品	唐肃宗
8		韦博	进士及第	左谏议大夫、京兆尹，终于昭义节度使	从三品	唐宣宗
3	韦福嗣	韦福嗣		内史舍人	从五品	隋
4		韦悰		尚书右丞	正四品下	唐太宗贞观
		韦憬		吏部郎中	从五品上	
8		韦班		衡州刺史	正四品上	
		韦肇		吏部侍郎	正四品上	
9		韦绶	举孝廉擢明经	左散骑常侍	从三品	唐德宗
		韦贯之	少举进士登贤良科	宪宗朝宰相		唐宪宗
		韦纁	太常少卿		正四品上	
10		韦温	举两经及第	吏部侍郎	正四品上	唐武宗
		韦澳	进士及第，擢宏词科	兵部侍郎	正四品上	唐宣宗
		韦潾	登进士第			
		韦洞	进士及第	华州刺史	从五品下	唐宣宗
11		韦庚	乡贡进士	刑部侍郎	正四品上	唐僖宗
		韦序	登进士第	尚书郎	正五品上	
		韦雍	登进士第	尚书郎	正五品上	
		韦郊	登进士第	户部侍郎	正四品下	唐昭宗
		韦琢	为进士业			

三、韦世恭支系

韦世恭，韦夐三子，从北周以军功起家。据现有的材料考证，韦世恭应该有四子①，分别是韦万顷、韦仁基、韦仁祚和韦孝基。韦万顷，隋太子直阁祭酒、秘书丞赠秘书监、开府仪同三司；韦仁基，任隋清淇、偃师二县令，济北郡丞，进入唐朝后，检校龙州刺史，赠宋州刺史；韦仁祚，官至宋州刺史；韦孝基，官至中书舍人。这是此支系在整体上仕途比较显达的时期，主要集中在隋末唐初。

（一）韦万顷一支

韦万顷有子韦元整②，唐初为城门郎，历太中大夫、通曹二州刺史，上柱国。娶太原王氏王婉③为妻，王琬父亲是王韶，母亲是长孙晟女，太宗长孙皇后的同胞姐，与皇室比较靠近。有六子一女。六子中除了韦综高尚不仕，其余皆入仕途。

长子韦缄，坊州司马，后裔阙载。

次子韦缵，恒州司户参军、上津县令。

三子韦綝④，太宗文武圣皇帝挽郎出身，高宗永淳年官至益州大都督府成都县令，垂拱四年（688）卒于成都至公馆，春秋五十有七。有两子韦旻和韦景，韦旻后裔阙载；韦景⑤官至广平郡肥乡县令，子韦琼，"书剑两全，蓂郊洗之登科，慕班超之投笔"。可惜未至达官，便于天宝四载终于潒阳郡九陇县之私第，春秋四十六。韦琼子韦署，官职后裔阙载。

四子韦绎，官至交州交阯县令、潭州衡山县令，后裔阙载。

六子韦绩，官至雍州奉天县令，娶纪王李慎女、高宗侄女江陵县主为

---

① 韦世恭子情况《世系表》中多有讹误，参见文后所附《宰相世系表校补》部分。

② 韦元整的官职据王钦若等：《册府元龟》卷九二二《总录部·妖妄二》，北京：中华书局，1960年，第10889页；吴钢主编：《全唐文补遗》第三辑《大唐故曹州刺史韦府君夫人晋原郡君王氏（婉）墓志铭并序》（以下简称《王婉墓志铭》），西安：三秦出版社，1996年，第23～24页总结。

③ 王婉及其子女主要依据吴钢主编：《全唐文补遗》第三辑《大唐故曹州刺史韦府君夫人晋原郡君王氏（婉）墓志铭并序》（以下简称《王婉墓志铭》），西安：三秦出版社，1996年，第23～24页补。

④ 韦綝及其子皆据吴钢主编：《全唐文补遗》第三辑《大唐故益州大都督府成都县令韦府君（綝）墓志并序》，西安：三秦出版社，1996年，第26～27页。

⑤ 韦景及其子韦琼皆据周绍良：《唐代墓志汇编》下册，天宝二六八《唐故武部常选韦府君（琼）墓志铭并序》，上海：上海古籍出版社，1992年，第1718～1719页补。

妻^①，李慎为高宗皇弟、左卫大将军荆州大都督上柱国。有子韦晃^②，字重光，以懿亲随调，起家冀州参军，代满，迁婺州司仓参军事。开元十年（722）终于京师静安之里第，春秋五十有二，娶太原王氏为妻。

韦元整女嫁给了弘农杨氏家族中的杨崇敬^③，是杨雄子杨师道的从兄子，官至太子詹事。杨雄在隋，因与皇室同姓而宠贵。到唐武德后，与皇室联姻者数人，杨恭仁兄弟尤盛。到武则天时期，因是外戚之族受宠，一家之内，驸马三人，王妃五人，赠皇后一人，三品以上者二十余人，遂为盛族。^④

综上，韦万顷一支系经历了六代，大致到天宝年以后就衰落了。在仕途上以门荫入仕为主，六代人仅有两人官至五品以上，并不显达。在文化上也不见长，但本支系尤其是韦元整及其子女的婚姻对象却几乎都是与皇室联姻者，是当时的显赫之家。故本支系政治社会地位的维持可能与这些显赫大族的通婚有一定的关系。

（二）韦仁基一支

韦仁基有三子，韦元祚、韦俊和韦哲。

韦元祚官至丹州刺史，子孙阙载，其曾孙韦霸，官至吏部郎中、汝州刺史，比较显达。韦霸次子韦介，门荫入仕，起家左卫率府兵曹参军，历大理评事，改河东县主簿，永泰年间终于任上，享年三十岁。由其担任京兆少尹的从兄韦肇为其撰写的墓志文。^⑤后裔阙载。

韦俊，字英彦，官至常州长史，高宗龙朔二年（662）卒，春秋五十五。有子韦晖，官职阙载。^⑥

① 吴钢主编：《全唐文补遗》第三辑《大唐故曹州刺史韦府君夫人晋原郡君王氏（婉）墓志铭并序》（以下简称《王婉墓志铭》），西安：三秦出版社，1996年，第23～24页。
② 吴钢主编：《全唐文补遗》第三辑《大唐故曹州刺史韦府君夫人晋原郡君王氏（婉）墓志铭并序》（以下简称《王婉墓志铭》），西安：三秦出版社，1996年，第23～24页。
③ 吴钢主编：《全唐文补遗》第三辑《大唐故曹州刺史韦府君夫人晋原郡君王氏（婉）墓志铭并序》（以下简称《王婉墓志铭》），西安：三秦出版社，1996年，第23～24页。
④ 《旧唐书》卷六二《杨恭仁传附师道兄子思玄传》，北京：中华书局，1975年，第2387页。
⑤ 韦介史无记载，今据《韦介墓志》补，参见赵力光：《西安碑林博物馆新藏墓志续编》下，西安：陕西师范大学出版社，2014年，第359页。
⑥ 《世系表》中阙载，据吴钢主编：《全唐文补遗》第七辑《大唐故常州长史韦君（俊）墓志铭并序》，西安：三秦出版社，2000年，第270页补。

韦哲五世孙韦厚叔官至宪宗时期户部郎中。

韦仁基一女嫁给了河东裴氏裴惇[1]，裴惇官至齐州刺史，其祖上三代是自北魏以来的高官，曾祖裴澄，后魏著作郎、谏议大夫散骑常侍、金紫光禄大夫汾州刺史；祖后魏给事中、风车都尉、通直散骑常侍、赠辅国将军、随州刺史；父裴之隐，隋侍御史、上仪同三司、驾宪二部侍郎、扶风河南二郡、赞治皇太仆司农少卿、武安郡太守、始州刺史、通直散骑常侍、益州长史、会稽县开国男。

综上，韦仁基一支经历了七代，到宪宗以后在政治上衰落下去，官至五品以上者三人，韦仁基女与自北魏以来三代皆至高官的河东裴氏结为婚姻关系，对提升其家族政治社会地位有所裨益。

（三）韦仁祚一支

韦仁祚两子，韦旅和韦晔。韦晔官职后裔阙载。韦旅官至坊州司马，韦皎官至徐州司马，韦懿官至渭南主簿，韦商伯官至兖州金乡县尉。韦商伯有两子，长子韦伟[2]，官职不详；次子韦儹，秘书省著作郎、睦州刺史，与萧颖士的高门戴叔伦有诗赠往来[3]，可反映韦儹的词学功底。韦商伯的季女于广德二年（764）嫁给了河南独孤氏家族中独孤及弟[4]，名讳不详，官至左骁卫兵曹参军，独孤及为韦氏撰写了墓志铭。

综上，韦仁祚支系经历了六代，大致到代宗以后就在政治上沉寂了，自韦旅五代四人官至五品以上，相对其他三支是仕途上最显达的。其成员中到第六代，还有至秘书省著作郎者，反映其家族的文化特质。韦商伯的

---

① （清）董诰等：《全唐文》卷二八二《李迥秀·唐齐州长史裴府君惇神道碑》，北京：中华书局，1983年，第2861页上。

② 韦伟官职《世系表》中为著作郎，今据（清）董诰等：《全唐文》卷三九一《独孤及·前左骁卫兵曹参军河南独孤公故夫人韦氏墓志》，北京：中华书局，1983年，第3976页，著作郎官职是其弟韦儹职务，据改。

③ 《全唐诗》卷二七三《戴叔伦·赠韦评事儹》，第3082页。

④ （清）董诰等：《全唐文》卷三九一《独孤及·前左骁卫兵曹参军河南独孤公故夫人韦氏墓志》，北京：中华书局，1983年，第3976页；（清）董诰等：《全唐文》卷三九一《殇子韦八墓志》，北京：中华书局，1983年，第3977页。

女儿嫁给了独孤及弟，事迹不详。独孤及是代宗时期的太常博士，独孤及的另一弟独孤憕"秉性颖悟，过目成诵"，且好学不倦，尤其擅长书画和音律①，可推知该家族是一个文化世家。

韦孝基后裔阙载，有女嫁给了北平荣氏荣怀节②，官至睢阳县令。

综上所述，韦世恭一支自北周进入隋唐，延续了八代，大致到唐宪宗以后便消沉了。此支系无与皇室联姻者，无科举进士及第者，无立有赫赫战功者，但却与当时一流显赫高门保持着婚姻关系，这在当时"重门第、尚阀阅"婚姻观念的时代背景下，也能反衬韦世恭一支在当时政治社会中还是颇具名望的。

附韦世恭一支世系：

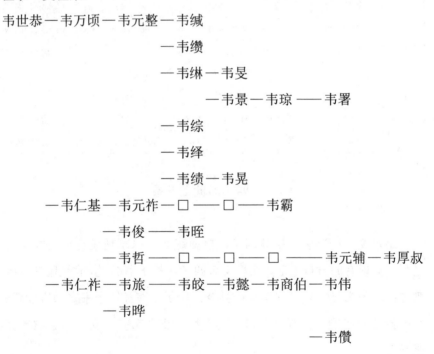

韦世恭—韦万顷—韦元整—韦缄
　　　　　　　　　　　—韦缵
　　　　　　　　　　　—韦絑—韦旻
　　　　　　　　　　　　　　—韦景—韦琼 —— 韦署
　　　　　　　　　　　—韦综
　　　　　　　　　　　—韦绎
　　　　　　　　　　　—韦绩—韦晃
　　　　　　　—韦仁基—韦元祚—□ —— □ —— 韦霸
　　　　　　　　　　—韦俊 —— 韦旺
　　　　　　　　　　—韦哲 —— □ —— □ —— □ —— 韦元辅—韦厚叔
　　　　　　—韦仁祚—韦旅 —— 韦皎—韦懿—韦商伯—韦伟
　　　　　　　　　　—韦晔
　　　　　　　　　　　　　　　　　　　　—韦僭
　　　　　—韦孝基

---

① （清）董诰等：《全唐文》卷三九一《独孤及·唐故颍川长史赠秘书监独孤公第三子憕墓志》，北京：中华书局，1983 年，第 3977 页。

② 周绍良：《唐代墓志汇编》上册，开元四六四《大唐安国寺故大德惠隐禅师塔铭并序》，上海：上海古籍出版社，1992 年，第 1476 ～ 1477 页。

附表4-3：韦世恭一支入仕途径及五品以上官职表

代际	名讳	入仕途径	最高或最后官爵	品秩	时代
1	韦世恭		安州总管府长史随州刺史，安平子		隋朝
2	韦万顷		秘书丞		隋朝
	韦仁基		龙州刺史	正四品下	隋末唐初
	韦仁祚		宋州刺史	从三品	隋末唐初
	韦孝基		中书舍人	从五品上	隋末唐初
3	韦元整		曹州刺史	从三品	唐高祖、太宗
	韦元祚		丹州刺史	从三品	唐初
	韦旅		给事中	正五品上	
	韦俊		常州刺史	从三品	唐太宗、高宗
4	韦缄		坊州司马	从五品下	唐太宗、高宗
	韦𬘡	门荫	益州大都督府成都县令		唐高宗
	韦皎		徐州司马	从五品下	
6	韦霸		吏部郎中	从五品上	
7	韦儹		秘书省著作郎、睦州刺史	从三品	唐玄宗
8	韦厚叔		户部郎中	从五品上	唐宪宗

四、韦世文支系

　　韦世文，即韦艺，韦夐四子，自西魏北周以军功跻身于关陇军功贵族之列。据现有的材料考证，韦世文有四子：长子韦彤[1]，官至隋齐、陵二州刺史；三子韦晏字宣，官至马岭县令；次子韦彧和四子韦宣敏官职皆阙载。其政治社会影响力由强至弱依次为韦彤一支、韦晏一支、韦宣敏一支、韦彧一支。

---

[1] 韦彤《世系表》阙载，今据吴钢主编：《全唐文补遗》第八辑《唐故中大夫使持节原州诸军事检校原州都督群牧都督副使赐紫金鱼袋赠太仆卿上柱国修武县开国男京兆韦府君（衡）墓志铭并序》，西安：三秦出版社，2005年，第40～42页补。

（一）韦彤一支

韦彤有两子，韦彦师和韦彦方，韦彦师官至抚州刺史，有子韦承徽，官至忠州刺史，皆至三品以上高官，但仅传两代，后裔阙载。故韦彤的后裔以韦彦方一支为著支。

韦彦方，官至苏州长史、享爵修武县开国男。[①] 有两子一女，韦徵和韦同，韦徵官至棣州蒲台县令，袭修武县开国男，娶和顺县主为妻[②]；韦同官至洪州都督。韦彦方女嫁给了江西黄氏[③]，黄氏世系不明，可能不是高门士族。

韦彦方两子中，韦同因居州都督，是位居三品以上的高官，故其子韦衍，官至从三品的右骁卫将军，其孙韦少华，官至从三品的太府卿，但不知因何故，后裔皆阙载。故以韦徵一支为著支。

韦徵有三子，长子韦衡，次子韦衍，三子韦衢又各成支系，其中以韦衍一支为著支。

1. 韦衡分支

韦衡[④]，母亲为和顺县主，为李唐皇室人员。武则天时期，李唐皇室遭到压制和迫害，韦衡作为和顺县主之子，受其连累，多年不得入仕。中宗复位后，皇权又重新回到李唐皇室，韦氏以外戚身份在政治上开始抬头。韦衡以韦后的同姓亲戚入仕，起家宣州参军。所任官职多与唐代马政有关系，是继张万岁、王毛仲、张景顺之后又一位对唐代马政做出突出贡

---

① 韦彦方官职阙载，今据吴钢主编：《全唐文补遗》第八辑《唐故中大夫使持节原州诸军事检校原州都督群牧都副使赐紫金鱼袋赠太仆卿上柱国修武县开国男京兆韦府君（衡）墓志铭并序》，西安：三秦出版社，2005 年，第 40～42 页补。

② 韦徵官职阙载，其官职与婚姻据吴钢主编：《全唐文补遗》第八辑《唐故中大夫使持节原州诸军事检校原州都督群牧都副使赐紫金鱼袋赠太仆卿上柱国修武县开国男京兆韦府君（衡）墓志铭并序》，西安：三秦出版社，2005 年，第 40～42 页补。

③ （清）董诰等：《全唐文》卷五二二《梁肃·外王父赠秘书少监东平吕公神道铭》，北京：中华书局，1983 年，第 5301 页。

④ 韦衡事迹及其子辈和婚姻据吴钢主编：《全唐文补遗》第八辑《唐故中大夫使持节原州诸军事检校原州都督群牧都副使赐紫金鱼袋赠太仆卿上柱国修武县开国男京兆韦府君（衡）墓志铭并序》，西安：三秦出版社，2005 年，第 40～42 页补。

献者。① 张说奉敕所作的《大唐开元二十三陇右监牧颂德碑》颂扬了王毛仲主持马政时代陇右各牧监的政绩，其中韦衡被列于其中，当时的职衔为陇州别驾、修武县男、东宫监牧。张景顺和王毛仲遭贬之后，唐玄宗以韦衡久于马政之职，拜其为原州都督，兼群牧都督使，在此任上二年后于开元二十载（732）十月九日，寝疾终于东京政平里之私第，春秋五十八，赠太仆卿。

韦衡先娶樊氏为妻，后续谯郡夏侯氏秘书监夏侯端之孙女。夏侯端，武德年随唐高祖李渊起家，至秘书监，终于贞观元年（627）。② 夏侯氏有子三人，长子韦交云，袭修武县开国男；次子交邑，获守前祀，未至大官；季子韦寂，曾任武德县丞，官至司农太府少卿。韦寂有四子，官职皆阙载，仅有韦嶷女娶琅琊王氏王虔畅，官至滑州匡城县令③，世系无考。

韦衡支系自韦彤延续了六代，大致玄宗以后便在政治上沉寂了，影响该支政治命运主要是与李唐皇室的联姻和与韦后的宗亲关系，前者使该支系荣辱参半，后者使一些成员得以门荫入仕，但本支系不以文化见长，没有科举出身者，影响了该支系政治社会地位的维持和提升。

2. 韦衍分支

韦衍④，官至太中大夫、太子右赞善大夫，有两子，长子韦（交、处）晏、次子韦新。韦新一支有官职记载者三代三人，且居官不高，其中韦新，官至陈州别驾。子韦伦，官至坊州宜君县令。韦伦四子一女中，仅次子韦挺⑤入官，字梦楚，起家荆襄郢邑令尹，后任青州毗赞，改摄司录，敬宗宝历元年宦殁于北海郡，享年五十六。韦挺仅有两女，长兄韦揆命仲子韦行

---

① 参见赵振华：《〈韦衡墓志〉与盛唐马政》，《碑林集刊》（第八辑），西安：陕西人民美术出版社，2002 年，第 215 ～ 222 页。
② 《旧唐书》卷一八七上《忠义传·夏侯端传》，北京：中华书局，1975 年，第 4867 页。
③ 吴钢主编：《全唐文补遗》第一辑《唐故滑州匡城县令王公（虔畅）墓志铭并序》，西安：三秦出版社，1994 年，第 398 ～ 399 页。
④ 韦衍支系世系及官职参见文后世系校补。
⑤ 韦挺及其婚姻据吴钢主编：《全唐文补遗》第三辑《唐故青州户曹参军京兆韦府君（挺）墓志铭并序》，西安：三秦出版社，1996 年，第 187 ～ 188 页及吴钢主编：《全唐文补遗》第三辑《唐故青州司户参军韦君（挺）夫人柏氏（若）墓志铭并序》，西安：三秦出版社，1996 年，第 233 页。

宣，过继给韦挺为嗣子。可见人丁不旺，但婚姻对象却很显达。韦挺娶龙武将军柏良器之季女为妻。柏良器，德宗朝神策大将军，祖柏睿，为邓州刺史，高祖柏篡，为工部尚书，是历代高官之家。韦挺一女嫁给了宣宗朝户部郎中李荀[①]，李荀曾与崔龟从、韦澳、张彦远及蒋偕等分年撰次《续唐历》二十二卷。懿宗朝，以左散骑常侍检校工部尚书、滑州刺史、义成军节度、郑滑观察等使。韦伦一女嫁给了张台父，故韦挺为张台之元舅[②]，因此，张台给韦挺夫人柏氏也就是其舅母撰写了墓志铭。

长子韦（交、处）晏一支相对其弟韦新一支则显达得多。韦（交、处）晏，升州司户参军赠给事中。有三子，长子韦著，试右内率府胄曹参军；次子韦应，字士荣，曾试右领军卫兵曹参军，娶荥阳郑氏为妻，终于德宗贞元二年（628），裴绍为其撰写了墓志铭。韦万，官至江陵节度参谋、监察御史里行、赠仆射；[③] 第三子韦京，富平令，后裔阙载。

韦著有子韦埙[④]，字导和，文宗大和开成中，天子知公吏理明干，处剧若闲，严明清贞，注意重用。起家后，累历难官，诸侯争请者无数。入迁仓部员外判户部案，又转长安令，官至明州刺史，娶太原温氏温造女温瑗为妻[⑤]。温造历德宗至文宗，曾历尚书右丞、兴元尹、山南西道节度使、东都留守，终于文宗时期的礼部尚书，有文集八十卷。温造父温辅国，官至

---

① 《旧唐书》卷一九上《懿宗本纪》，北京：中华书局，1975 年，第 657 页；《新唐书》卷五八《艺文志》，北京：中华书局，1975 年，第 1463 页；《新唐书》卷一三二《蒋乂传附偕传》，北京：中华书局，1975 年，第 4535 页。
② 吴钢主编：《全唐文补遗》第三辑《唐故青州司户参军韦君（挺）夫人柏氏（苕）墓志铭并序》，西安：三秦出版社，1996 年，第 233 页。
③ 《新表》中韦（交、处）晏的次子为韦万，此据《韦应墓志》改为韦应，从两人官职记载没有重合之处可推断应不会是同一人，那么韦万究竟是谁，排行第几，还有待进一步考证。《韦应墓志》详见赵文成、赵君平编：《秦晋豫新出墓志蒐佚续编》，北京：国家图书馆出版社，2015 年，第 1002 页。
④ 韦埙事迹及其婚姻据吴钢主编：《全唐文补遗》第四辑《唐故朝议郎使持节明州诸军事守明州刺史上柱国赐绯鱼袋韦府君（埙）墓志铭并序》，西安：三秦出版社，1997 年，第 162～163 页及吴钢主编：《全唐文补遗》第八辑《唐故明州刺史御史中丞韦公夫人太原温氏墓志铭》，西安：三秦出版社，2005 年，第 172 页。
⑤ 《旧唐书》卷一六五《温造传》，北京：中华书局，1975 年，第 4317～4320 页。

太常丞，祖温瑗。温瑗生有八子三女，其中长子韦承诲，登孝廉科，授汝州临汝尉；次曰承裕，亦登孝廉科。其余六人并修进勤苦。可见韦著家风不似唐玄宗以前的韦衡支系，非常重视家族成员的文化或礼教修养。

韦万有子韦处厚[①]，宪宗元和初，登进士第，应贤良方正，擢居异等，授秘书省校书郎。历宪宗、穆宗、敬宗、文宗四朝。裴垍以宰相监修国史，奏以本官充直馆，改咸阳县尉，迁右拾遗，并兼史职。韦处厚通五经、博览史籍，与蒋义、樊绅、林宝、独孤郁等同撰《德宗实录》五十卷。穆宗以其学有师法，召入翰林，为侍讲学士，与侍讲学士路随于太液亭讲《毛诗·关雎》、《尚书·洪范》等篇，并同撰《六经法言》三十卷。换谏议大夫，改中书舍人，侍讲如故。与杜元颖、路隋监修《宪宗实录》二十卷；另别撰《顺宗实录》三卷；《大和国计》二十卷，《翰苑集》二十卷，并有《韦处厚集》七十卷，刘禹锡为其集子作序[②]。韦处厚经史文兼修，以文饰身，位及文宗朝宰相，是京兆韦氏家族中颇有文化成就者之一，为撰修唐史做出了很大的贡献。韦处厚在家事继母以孝闻[③]；在官场上，以清正闻名，曾为多个大臣请言于皇帝面前。敬宗朝，李逢吉辅政，裴度拜兴元节度使，为宰相李逢吉所排挤，不带平章事。韦处厚与李程每天为裴度论于上前，故有是命。[④] 李绅遭李逢吉构陷被贬，"正人腹诽，无敢有言，唯翰林学士韦处厚上疏，极言逢吉奸邪，诬擿绅罪"[⑤]。然他对奸邪之臣则毫不留情，文宗朝刘栖楚，"恃权宠，常以词气凌宰相韦处厚"，结果被出为桂州观察使。韦处厚还将"因缘薄伎，偷冀亵幸"的前乡贡进士熊望贬为漳州司马[⑥]。韦

① 参见《旧唐书》卷一七上《敬宗纪》，北京：中华书局，1975年，第513页；《旧唐书》卷一七三《李绅传》，北京：中华书局，1975年，第4502页；《旧唐书》卷一五九《韦处厚传》，北京：中华书局，1975年，第4185页；《新唐书》卷六〇《艺文志》，北京：中华书局，1975年，第1472、1478、1513、1607、1616页。
② （清）董诰等：《全唐文》卷六〇五《刘禹锡·唐故中书侍郎平章事韦公集序》，北京：中华书局，1983年，第6109页。
③ 《旧唐书》卷一五九《韦处厚传》，北京：中华书局，1975年，第4185页。
④ 《旧唐书》卷一七上《敬宗纪》，北京：中华书局，1975年，第513页。
⑤ 《旧唐书》卷一七三《李绅传》，北京：中华书局，1975年，第4502页。
⑥ 《旧唐书》卷一五四《熊望传》，北京：中华书局，1975年，第4111页。

处厚是逍遥公房所出的宰相之一，其在文化及政治上的成就为其房支和整个京兆韦氏宗族赢得了名望。

综上，韦衍支系自韦彤延续了七代，主要活跃于代宗至文宗时期，相对其他支系是最有文化特质的。安史之乱后，开始有以科举孝廉科登第者，而支撑门户的主要是宪宗年间以进士科登第，成为翰林学士，且至文宗朝宰相的韦处厚。

3. 韦衢分支

韦衢[①]，字藏之，是和顺县主最小的儿子，十四岁以门荫入仕。先后担任陇右支度使奏支度判官，成州司马。凉府员外司马、河西支度营田副使，转正员司马，旋奏授凉府长史，又迁凉府别驾。据《新唐书》卷四〇《地理志三·陇右道》，凉州是中都督府，即隋朝时期的武威郡，是国之西门，是推重镇。韦衡在此任职十多年后迁沧州刺史。后迁入中央，任陈王府长史、闲厩宫苑等副使，最后迁殿中少监、闲厩宫苑等使，赐紫金鱼袋。天宝六载（747），迁殿中大监、加群牧都使。韦衡因早年在陇右一带的政绩进入中央后还是担任了与马政有关的职务，与其兄韦衡共同为唐玄宗时期马政的兴盛做出了贡献。

韦衢所任官职并非清要文官，在当时的士族群体中并不入流。但其家族成员的婚姻对象却有弘农杨氏、博陵崔氏这样的关中郡姓和山东郡姓。韦衢有子名讳不详，娶弘农杨氏杨慎名女为妻。杨慎名是弘农杨氏隋炀帝的玄孙，开元年间任洛阳县令，其兄杨慎矜以聚货得权，同宇文融、韦坚和王鉷同为开元之幸人，担任御史中丞[②]。韦衢有女嫁给了博陵崔氏崔迥，时任河南府伊阙县丞，崔迥的父亲崔慎先娶京兆韦氏小逍遥公房韦思谦的女儿为妻，故而博陵崔氏与京兆韦氏还保持相当密切的婚姻关系。[③]

---

① 韦衢官职及其子婚姻据吴钢主编：《全唐文补遗》第八辑《大唐故正议大夫殿中监闲厩使群牧都使贬南平郡司马韦府君（衢）墓志铭并序》，西安：三秦出版社，2005年，第398页。

② 《旧唐书》卷一〇五《杨慎矜传》，北京：中华书局，1975年，第3228～3230页。

③ 周绍良、赵超：《唐代墓志汇编续集》天宝〇七八《唐故河南府伊阙县丞博陵崔府君墓志铭并序》，上海：上海古籍出版社，2001年，第639页。

　　不幸的是，韦衢家族与弘农杨氏的婚姻关系使韦衢的仕途受挫。天宝六年（747），韦衢仕途达到了一个顶峰。同年，御史中丞杨慎矜为李林甫、王銶构陷得罪，杨慎矜与其弟杨慎名皆被赐死，韦衢因其儿媳是韦慎矜侄女、杨慎名女儿也受到牵连，被贬南平郡司马，以天宝七载终于南平郡公馆，享年六十有四。韦衢后裔阙载。

　　综上，韦衢支系自韦彤延续了五代，自韦衢凭借门荫入仕，官至从三品的殿中监，联姻弘农杨氏、博陵崔氏这样的关中郡姓和山东郡姓，并与之结成婚姻圈，但不幸的是因其婚家受害于李林甫而受牵连，再无科举入仕者，从此在政治上一蹶不振。

　　综上所述，韦彤支系延续了八代，至唐武宗以后退出政治舞台。安史之乱前，本支系主要凭借门荫入仕，与皇室或一流高门结为婚姻，维持较高的政治社会地位，然武则天压制李唐皇室和李林甫对韦氏婚家的迫害都使本支政治命运遭受沉重打击。安史之乱以后，支撑门户的主要是个别以科举仕进的成员，尤其是以进士科及第并位居文宗朝宰相的韦处厚。由此也可见门荫与科举在唐代前后期对世族子弟仕途在前后期影响的大为不同。

附韦彤一支世系：

韦世文—韦彤—韦彦师—韦承徽

　　　　　—韦彦方—韦徵—韦衡—韦交云

　　　　　　　　　　　　—韦交邕

　　　　　　　　　　—韦寂——韦岘

　　　　　　　　　　　——韦屿

　　　　　　　　　　　——韦岵

　　　　　　　　　　　——韦嵫

　　　　　　　　　—韦衍—韦交晏—韦著—韦埙—韦承诲

　　　　　　　　　　　　　　　　　　　　—韦承裕

　　　　　　　　　　　　　　　　　　　　—韦承休

　　　　　　　　　　　　　　　　　　　　—韦嵩儿

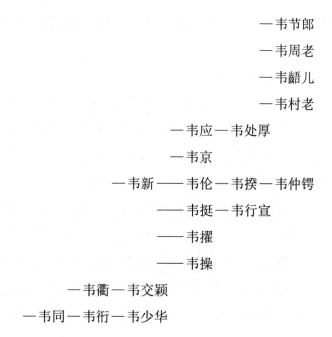

（二）韦彧一支

韦彧，《新表》官职阙载，据《唐韦余庆及妻裴氏墓志》，韦彧曾担任隋千牛、享有安吉公爵位，当是以门荫入仕①，有一子韦元方，贞观十四年（640）曾担任司门员外郎，后被出为华阴令②，因官至礼部郎中。韦元方有子韦余庆，生于贞观四年（630），卒于上元元年（674），弱冠任上台引驾，恭惟卫禁，并终于此任，享年四十四岁。韦元方虽然官位不高，但所娶之妻河东裴氏家世颇高，其祖父裴思庄曾任眉亳二州刺史，父亲裴辉曾任中书舍人、万年县令，其母为唐太宗侄女新野县主。从韦余庆官位不显可判断这桩婚姻并

---

① 参见张婷：《唐韦余庆及妻裴氏墓志考释》，《碑林集刊》（第十六辑），西安：三秦出版社，2011 年，第 16～17 页。

② （宋）王溥：《唐会要》卷 65《内侍省》，北京：中华书局，1990 年，第 1132 页；《唐故夏侯氏河东裴夫人墓志》中记为韦元房，是韦彧孙，参见赵君平：《河洛墓刻拾零》下册，北京：北京图书馆出版社，2007 年，第 643 页；而《新表》和《韦余庆墓志》中则为韦彧子，参见张婷：《唐韦余庆及妻裴氏墓志考释》，《碑林集刊》（第十六辑），西安：三秦出版社，2011 年，第 15 页。现依《韦余庆墓志》和《新表》。

没有对其仕途起到多大的正面作用，其后裔阙载，由此可推断无官位显达者。

（三）韦晏一支

韦晏有子韦鼎，官至将作监丞（从六品下）。韦鼎有两子，长子韦希仲，官至太常卿，封扶阳公；次子韦希扎[1]，字季，是玄宗介弟薛王友，薛王与韦希扎关系善，对其礼同家人[2]。可见，韦鼎父子两代皆位居中央官职，与皇室宗亲有私人交往，关系非同一般。

韦希仲的后裔在政治上又延续了两代，大部分位居中央，其中韦景先，官至湖州刺史；韦敫先，官至拾遗；韦胄先，官至殿中侍御史，后裔皆阙载；韦象先，官职阙载，有子韦珣官至将作少监、通事舍人。

韦希扎有五子，人丁兴旺，但在仕途上并不显达，大部分居于六品以下低官。其中韦袭先，官至蜀州参军；韦奉先，官至岐山令；韦令先，官至翼州参军；韦宗先，官至易州参军；韦昭先，官职阙载。五子中除了韦令先，其余后裔皆阙载，而韦令先后裔仅有韦河，早岁以资荫补太庙斋郎，选右司御录事，换洪州南昌丞。出入数年，更历四职。兼吏职者七任，元和八年（813），终于河南府偃师县主簿，享年四十七。韦河娶吴郡陆氏殿中侍御史陆倚之女，有子韦友直，门荫补三卫出身，官至莒县主簿，娶高平徐氏沣阳县令之女为妻，文宗大和七年终于徐氏訾城之里第，享龄四十。韦友直有庶子三人，女一人，自此以后阙载。

综上，韦晏支系史载有六代，大致到文宗以后衰落下去。此支在玄宗年间仕途稍显，安史之乱后，几乎无支撑门户的强势人物出现，依旧以门荫平流仕进，官至微品，终至离以科举或军功仕进的房支越来越远。随之在经济上也出现了"家无数亩之田"的拮据之状，故而反映了唐代中后期士人通过门荫入仕已难以至显达清要之官。

---

[1]　韦希扎一支世系据《韦友直墓志铭》、《韦河墓志铭》校补《世系表》而成，详见后文附录中《新唐书·世系表》校补第七则。

[2]　吴钢主编：《全唐文补遗》第八辑《韦河墓志铭》，西安：三秦出版社，2005年，第118页。

附韦晏分支世系：

　　韦世文—韦晏—韦鼎—韦希仲—韦景先

　　　　　　　　　　　　　—韦敫先

　　　　　　　　　　　　　—韦胄先

　　　　　　　　　　　　　—韦象先—韦珣

　　　　　　　　　—韦希扎—韦袭先

　　　　　　　　　　　　　—韦奉先

　　　　　　　　　　　　　—韦令先—韦浼—韦河—韦友直—韦多郎

　　　　　　　　　　　　　　　　　　　　　　　　　—韦小多

　　　　　　　　　　　　　—韦宗先

　　　　　　　　　　　　　—韦昭先

（四）韦宣敏一支

　　韦宣敏一支延续了四代，有记载者五人，居官者有其子韦峤，秋官侍郎，一孙韦友直，司门郎中，一曾孙韦郯，坊州刺史。

　　综上，韦世文支系共延续九代，历北周至唐宣宗时期，该支系于隋唐之际和唐初凭借自北周以来的关陇军功贵族的身份继续保持较高的政治社会地位。然武氏对关陇贵族的打击尤其是李唐皇室的压制也使该支系政治命运受到明显影响。随后韦后专权为该支系在政治上的崛起提供了契机，但很快又因韦后之乱被镇压，李林甫迫害其婚家而再次在政治上受挫；安史之乱以后，支撑门户的则是凭借自身文化素质通过科举而在政治上崛起的士人，这些新型科举士人虽对门户支撑起到重要作用，但终究不能保证其子孙也同样以科举及第入仕，故而，即便是宰相之后，也往往达不过三代。

附韦宣敏一支世系：

　　韦世文—韦宣敏—韦峤—韦友直

　　　　　　　　　—韦友清—韦郯

附表4-4：韦世文一支入仕途径及官居五品以上者统计表

代际	名讳	入仕途径	最高或最后官职	品秩	时代
1	韦世文		营州总管		隋朝
2	韦彤		齐、陵二州刺史		隋朝
3	韦彦师		抚州刺史	正四品上	唐初
	韦彦方		苏州长史、修武县开国男	从五品上	唐初
	韦元方		吏部郎中	从五品上	唐太宗
	韦峤		秋官侍郎	正四品下	
4	韦承徽		忠州刺史	从三品	
	韦同		洪州刺史	从三品	
	韦希仲		太常卿、扶阳公	正三品	
	韦友直		司门郎中	从五品上	
5	韦衡	门荫	原州都督	正三品	唐中宗、唐玄宗
	韦衢	门荫	天宝六载殿中监	从三品	唐中宗、唐玄宗
	韦衍		太子右赞善大夫	正五品上	
	韦衍		右骁卫将军	从三品	
	韦景先		湖州刺史	从三品	唐玄宗
	韦敫先		宣州长史	从五品上	
	韦郯		坊州刺史	从三品	
6	韦寂		左司郎中、太府少卿	从四品上	
	韦新		陈州别驾	从四品下	
	韦少华		太府卿	从三品	
	韦珣		将作少监、通事舍人	从四品下	
	韦河	门荫	河南府偃师县主簿		
8	韦埙		明州刺史	从三品	唐文宗
	韦处厚	登进士第，举贤良方正	唐宪宗朝宰相		唐宪宗

五、韦世冲支系

韦世冲，韦夐五子，事于北周隋朝，颇有政绩，后因其兄子韦伯仁掠人之妻受到牵连被免官。韦世冲有两子，韦挺和韦德运。韦德运有两子，韦山甫，武后初年为屯田郎中；韦吉甫①，武后年间任司门郎中，尝为鄜州刺史，卒于仪凤三年（678）。韦德运支系仅仅延续了两代，后裔便阙载了，故而韦挺支系成为唐代韦世冲支系中的著支。

韦挺在政治上的崛起得益于与太子李建成非同寻常的私人关系。据《旧唐书》卷七七《韦挺传》，韦挺"少与隐太子善，及高祖平京城，引为陇西公府祭酒。武德中，累迁太子左卫骠骑、检校左率，太子遇之甚厚，宫臣罕与为比"。与太子李建成的关系如此亲密，也注定了韦挺会卷入李建成、李元吉与李世民之间的权力政治斗争中。

唐朝建立后，李建成作为太子需要坐镇长安，平定山东诸方势力的任务主要是由李世民为军事统帅完成的，在这个过程中，李世民利用职务之便结党营私，扩充自己的势力集团，从而对太子李建成的皇储地位构成了极大的威胁，李建成不能坐以待毙，也采取了诸多措施来扩充自己的势力。李世民与李建成的矛盾越来越明显。

武德七年（624），发生了齐州刺史杨文干叛乱事件，此人"尝宿卫东宫，建成与之亲厚"，这个事件的发生对李建成极为不利。当时高祖避暑仁智宫，于是有人上书言"太子使杨文干举兵，欲表里相应"，高祖或许意识到此举是李世民集团中人所为，故对此事件并没有追究下去，但却把李世民和李建成不合的责任推到了各自属官的身上，结果太子中允王珪、左卫率韦挺及秦王天策兵曹杜淹等，并被流放巂州。②

李世民即位后，原为太子属官的韦挺继续受任以主爵郎中一职，并在王珪的表荐下迁刑部尚书，进拜御史大夫，封扶阳县男。唐太宗还将韦挺女纳为齐王李佑妃，从而进一步巩固了韦挺家族与李世民政权的关系。之后，韦挺与房玄龄、王珪、戴胄等俱成顾问，成为皇帝近臣。贞观初年，韦挺被太宗命同吏部尚书高士廉、中书侍郎岑文本、礼部侍郎令狐德棻等及四方士大夫谙练门阀者修《氏族志》，勒成百卷，升降去取，时称允当，

---

① 《新唐书·宰相世系表》阙载，今据王钦若等：《册府元龟》卷一三八《帝王部·旌表二》，北京：中华书局，1960 年，第 1674 页补。

② 《旧唐书》卷六四《隐太子建成传》，北京：中华书局，1975 年，第 2417 页。

颁下诸州，藏为永式。①

韦挺很快又卷进了李世民诸子的权力斗争中。李世民即位后立长孙皇后所生的长子李承乾为太子，但在魏王李泰渐渐受到李世民的爱重后，李承乾感到了自己地位的不保，对魏王李泰心怀妒忌，而魏王李泰也潜怀夺嫡之心。当时韦挺为黄门侍郎，与"工部尚书杜楚客相继摄泰府事，二人俱为泰要结朝臣，津通赂遗，各有附讬，自为朋党"②。可以说是对当时的诸子权力之争起到了推波助澜的作用。贞观十七年（643），齐王李祐叛乱，李承乾欲乘此机会谋反，结果事败，李承乾被废为庶人，魏王李泰也被降低爵位，徙居均州之郧乡县。韦挺作为李祐的岳父和魏王李泰集团的要员，在仕途上必然会受到牵连。但唐太宗对杜楚客处置之后，却原谅了韦挺，并将其迁为太常卿。

太宗末年，将伐辽东，韦挺督办军粮，唐太宗对韦挺给予厚望，为他提供了诸多便利，结果韦挺以天寒办事不力，被免官。对辽东作战中，韦挺被命统兵镇守盖牟城，颇有怨望，被贬为象州刺史，卒。韦挺对李世民来讲，非亲非旧非勋，韦挺自己也很清楚③，但唐太宗还是多次对他加以厚遇和重用，这其中的一个因素，有学者认为是韦挺等人被唐高祖流放因此而避开了玄武门之变，在太子与秦王阵营冲突最严重的时刻不在现场。④然而笔者认为，这可能是与韦挺世为关中望族，在关中颇有地望有关。李世民在与李建成争夺皇位的时候，所利用的主要是山东人。但他当上皇帝之后，由于政权所在地是关中，还有李世民对山东郡姓犹自矜伐的反感，使他对关中郡姓尤其重视。这在《旧唐书》卷七八《张行成传》中有所反映，"太宗尝言及山东、关中人，意有同异"，作为山东人的张行成奏曰："臣闻天子以四海为家，不当以东西为限。若如是，则示人以隘狭。"⑤也就是说，李世民即位后

① 《旧唐书》卷八二《李义府传》，北京：中华书局，1975年，第2772页。
② 《旧唐书》卷七七《韦挺传》，北京：中华书局，1975年，第2669页。
③ 《旧唐书》卷七七《韦挺传》：唐太宗升其为御史大夫时，韦挺谢曰："臣驽下，不足以辱陛下高位。且臣非勋非旧，而超处藩邸故僚之上，臣愿后之，以勿立功者。"第2670页。
④ 孟宪实：《论玄武门事变后对东宫旧部的政策》，《唐研究》第17卷，北京：北京大学出版社，2011年，第199～220页。
⑤ 《旧唐书》卷七八《张行成传》，北京：中华书局，1975年，第2703页。

在用人上有关中本位政策的痕迹，韦挺屡次受重用就是一个反映。

韦挺有五子，长子韦待价以门荫入仕，初为左千牛备身。唐高宗初期，发生了以房遗爱等为首的谋反叛乱，高宗令长孙无忌、褚遂良前去查办。长孙无忌、褚遂良趁此将素与之不协的江夏王李道宗牵连进来，称其与房遗爱有结交。李道宗在房遗爱伏诛后也被配流象州，病卒于道中。韦待价娶李道宗女为妻，因此得罪而左迁卢龙府果毅。高宗年间伐高丽时，将军辛文陵遭到高丽的袭击，韦待价和薛仁贵前去救援，结果韦待价遭受重伤，非但没有被记功，反以有疾被免官。韦待价后以数次抗御吐蕃而守边有功，被征拜右武卫将军、并检校右羽林军事，复封扶阳侯，完全凭借军功重新跻身于仕途。则天朝，位及宰相。韦待价因以武职起家，不善文政，故垂拱元年又被授以燕然道行军大总管以御突厥，后被拜以安息道行军大总管，都督三十六州军事，抗御吐蕃中因天寒逗留高昌被除名，配流绣州而卒。①

次子韦履冰，官职后裔阙载。

第三子韦兴宗，朝散大夫，司属寺（宗正寺）长史。②

第四子韦万石③则颇有学业，尤善音律，故与其兄韦待价走的是完全不同的仕途。肃宗上元中，以吏部郎中迁太常少卿，与太史令姚玄辩负责当时郊庙乐调及燕会杂乐，时人以为称职。后迁吏部，负责铨选，卒官。

第五子韦几，字敬舆，小字惠子。待韦挺被出为象州刺史后，随父到任所，因气候卑湿，得病，贞观二十年（646）卒于官舍，与故太子仆崔思默亡女俭葬④，崔思默父为崔君肃，在窦建德大夏政权中曾任兵部侍郎、侍中，武德中为黄门侍郎、鸿胪卿。⑤

韦挺五子中，有后裔记载的仅有长子韦待价和四子韦兴宗。

① 《旧唐书》卷七七《韦挺传附子待价传》，北京：中华书局，1975年，第2671页。
② 韦兴宗官职阙载，今据吴钢主编：《全唐文补遗》第四辑《唐故朝议郎行扬州大都督府法曹参军京兆韦府君（署）墓志文》，西安：三秦出版社，1996年，第99～100页补。
③ 《旧唐书》卷七七《韦挺传附弟万石传》，北京：中华书局，1975年，第2675页。
④ 吴钢主编：《全唐文补遗》第二辑《大唐象州使君第六息故韦君（几）墓志铭》，西安：三秦出版社，1995年，第338页。
⑤ 《旧唐书》卷五四《窦建德传》，北京：中华书局，1975年，第2241页；《新唐书》卷一一四《豆卢钦望传附崔元综传》，北京：中华书局，1975年，第2926页。

（一）韦待价一支

韦待价在高宗武则天时期以守卫边疆立有军功，长子韦令仪继其父担任武职，任梁州都督，散品至银青光禄大夫、袭扶阳公，然其后裔则骤转文学艺术和礼学，家风为之大变。次子韦烈，官职阙载，后裔中也有以科举入仕支撑门户者，但名望不及韦令仪一支。

1. 韦令仪分支

韦令仪六子，长子韦鉴，擅长绘山水画①，后裔阙载。次子韦銮，官至宣州司法参军，在绘画方面也颇有造诣，其"善图花鸟山水，俱得其深旨。可为边鸾之亚"。他的作品被朱景玄分列为能品上等。②

韦銮至少有三子，韦应物是其第三子，字义博，十四岁，以门荫补三卫，为唐玄宗的御前侍卫。安史之乱后，撤出三卫，入太学读书。后起家洛阳丞，官至中央比部员外郎。至德宗时期，先后出为滁州、江州、苏州刺史，入为尚书左司郎中，贞元七年（791）卒于苏州刺史任上，享年五十五岁。③他在唐代诗坛是颇有名的田园派诗人，传有 10 卷本《韦江州集》、2 卷本《韦苏州诗集》、10 卷本《韦苏州集》，散文仅存一篇。

韦应物娶河南元氏元苹④为妻，生有一男⑤两女。子韦庆复⑥，乳名玉斧，其母去世时未满周岁，其父去世时年方十五岁，当时"庆复克荷遗训，词赋已工，乡举秀才，策居甲乙"。韦庆复志文称："少孤终丧，家贫甚。……困饥寒伏。编简三年，通经传子史而成文章。贞元十七年（801）举进士及第，时以为宜。二十年会选，明年以书词尤异，受集贤殿校书郎。

---

① （唐）张彦远：《历代名画记》卷十，北京：人民美术出版社，1963 年，第 197 页。
② （唐）朱景玄撰，温肇桐注：《唐朝名画录》，成都：四川美术出版社，1985 年，第 29 页。
③ 见《西安碑林博物馆新藏墓志续编》（下）一三九《唐故尚书左司郎中苏州刺史京兆韦君（应物）墓志铭并序》，第 420～421 页。
④ 见《西安碑林博物馆新藏墓志续编》（下）一二六《故夫人元氏（苹）墓志铭》，第 385～386 页。
⑤ 《世系表》中韦应物另有一子韦厚复，《元和姓纂》中不载，《元苹墓志铭》中也不载，今从墓志铭。《世系表》中韦厚复是韦庄的曾祖，但一说韦庄是南皮公房玄宗朝宰相韦见素之后，据现有的资料尚不能定论，本房支中不取。
⑥ 见《唐故监察御史里行河东节度判官赐绯鱼袋韦府君（庆复）墓志》，收入赵力光：《西安碑林博物馆新藏墓志续编》（下），西安：陕西师范大学出版社，2014 年，第 463 页。

顺宗皇帝元年召天下士，今上（宪宗）元年试于会府，时文当上心者十八人，公在其间，诏授京兆府渭南县主簿。"元和二年（807），韦庆复为监察御史里行，跟随兵部尚书李墉。元和四年（809）以本官加绯，为河东节度判官，当年七月病逝于渭南县灵岩寺，享年三十四岁。韦应物长女嫁给了弘农杨氏杨凌，次女因父卒而早丧。

韦庆复娶河东裴氏裴棣[①]，生两子一女，长子早丧，次子韦退之在裴棣的教养下，以明经换进士及第，女儿嫁给河南于氏于球。[②]

韦令仪第三子韦锜于景云元年任左千牛中郎将[③]，后裔阙载。

韦令仪第四子韦镕，官职阙载，有子韦系，官至岳州刺史。

韦令仪第五子韦镒举进士，宏词制策，皆入殊科，又判入高等。累任畿赤名尉，自监察御史迁至中书舍人、给事中，礼、吏、户三部侍郎，肃宗朝监选黔中，也列名藩及列卿之清者。有子韦武[④]，以门荫补右千牛，循性为学，深于礼服，与颜真卿、萧复为忘年之交。德宗朝泾原之乱前为太常博士。朱泚之乱后，曾出为遂州、晋州刺史，入为京兆尹，所撰家祭仪三卷，文集一十五卷，凡著述数万言，并行于代。韦武娶博陵崔氏为妻，是京兆尹御史大夫邺国公崔昭女，有子韦延亮，为某官。韦武一女嫁给了陇西李氏李云允，另一女嫁给了陇西李氏李景俭。

韦令仪还有一子韦莹，不知排行第几，终于开元十九年（731），享年五十八岁，官至陇州司仓参军，娶元氏为妻，生有阳曦等子嗣。[⑤]

韦令仪的子孙后裔主要以文化见长，顺应了科举仕进的潮流，于代德

① 《唐故河东节度判官监察御史京兆韦府君（庆复）夫人闻喜县太君玄堂志》，《西安碑林博物馆新藏墓志续编》（下），第 578～579 页。

② 《唐故河东节度判官监察御史京兆韦府君（庆复）夫人闻喜县太君玄堂志》，《西安碑林博物馆新藏墓志续编》（下），第 578～579 页。

③ 《世系表》中官职阙载，见（宋）司马光编著，（元）胡三省音注，"标点资治通鉴小组"校点：《资治通鉴》卷 209 "景云元年夏五月己卯"条，北京：中华书局，1956 年，第 6642 页。

④ 韦镒、韦武婚姻及其子女皆据陆心源：《唐文拾遗》卷二七《吕温·唐故银青光禄大夫京兆尹兼御史大夫上柱国赠吏部尚书京兆韦公（武）神道碑》，北京：中华书局，1983 年，第 10671 页。

⑤ 详见《唐韦莹墓志》，收入赵文成、赵君平：《秦晋豫新出墓志蒐佚续编》，北京：国家图书馆出版社，2015 年，第 612 页。

年间培养出了进士及第而居清要之职者，从而跻身于新兴科举士族之列。其婚姻对象也多为科举出身者。

韦镒娶颍川陈氏陈宣鲁姊妹为妻，陈宣鲁为乡贡进士①。

韦镒女嫁给天水赵氏赵涉，天水赵氏，在汉号六郡良家，魏晋分裂之后，世仕北朝，轩冕相继。九代祖静，封晋陵公于元魏，八代祖鉴，袭爵于高齐，国朝已来，位卑而儒风，婚媾不替。②赵涉是其成员之一，进士擢第，累佐藩府，至朝散大夫检校著作郎兼侍御史。其子赵伉等自建中至元和，伯仲五人登进士第，时号卓绝。故赵伉称韦应物为堂舅，两人道义相契，篇什相知。舅甥之善，近世少比。

韦武女儿所嫁陇西李云允，为桂管观察支使太常寺协律郎③，是精通乐律的艺术人才；李景俭④，德宗贞元十五年（799）进士，博闻强记，通于文史，但太过自负，荡而无名节，与李绅、元稹善，醉酒后谩骂当朝宰臣，卒于宪宗朝，其弟李景儒、李景信、李景仁皆有艺学，景信、景仁皆登进士第，是当时的科举士族之家。

韦应物娶河南元氏元苹⑤为妻，元苹曾祖元延祚，中唐时任尚舍奉御，从五品。祖元平叔，官简州别驾，从五品下，赠太子宾客。父元挹，官尚书吏部员外郎，从六品下，是北魏以来的世家大族。

韦应物长女嫁给了弘农杨氏杨凌⑥，杨凌与其兄杨凭、杨凝，大历年间

---

① 吴钢主编：《全唐文补遗》第四辑《唐故乡贡进士颍川陈君（宣鲁）墓志》，西安：三秦出版社，1997年，第155～156页。
② 赵涉及其子赵伉家世皆据吴钢主编：《全唐文补遗》第四辑《唐故处州刺史赵府君（璜）墓志》，西安：三秦出版社，1997年，第227页。
③ （清）陆心源：《唐文拾遗》卷二七《吕温·唐故银青光禄大夫京兆尹兼御史大夫上柱国赠吏部尚书京兆韦公（武）神道碑》，北京：中华书局，1983年，第10671页。
④ 参见（清）陆心源：《唐文拾遗》卷二七《吕温·唐故银青光禄大夫京兆尹兼御史大夫上柱国赠吏部尚书京兆韦公（武）神道碑》，北京：中华书局，1983年，第10671页；《旧唐书》卷一七一《李景俭传》，第4458～4459页。
⑤ 元苹家世据《故夫人元氏（苹）墓志铭》，见赵力光：《西安碑林博物馆新藏墓志续编》（下），西安：陕西师范大学出版社，2014年，第385～386页。
⑥ 参见《唐故尚书左司郎中苏州刺史京兆韦君（应物）墓志铭并序》，见赵力光：《西安碑林博物馆新藏墓志续编》（下），西安：陕西师范大学出版社，2014年，第420～421页。

相继进士及第，号为"三杨"①，是既有门第又有才学名望的世家大族。韦庆复娶河东裴棣，其子韦退之"受业皆不出门内"，主要受教于其母裴棣，终也以进士及第，由此可反映裴氏所出必定为书香门第。韦庆复女所嫁河南于球也是进士出身，曾参与修撰《续会要》②。据有的学者研究，韦后专权时，刻意培植"诸韦"势力，韦应物祖父、父辈因此仕途颇顺。"唐隆政变"中，韦后集团被铲除，韦应物家族遭受连带打击，骤然衰微。此后，韦应物的父亲韦銮闲居 20 余年，以绘事自娱，至开元后期始再度出仕。但未及门庭复振，就因病去世，数年后由嗣子韦宰安葬。韦应物作为庶出幼子，未能参与安葬事宜。③

2. 韦烈分支

韦烈分支中，韦弘景是历德宗至穆宗时期的名卿，其祖韦嗣立，宣州司户参军，其父韦尧，兴道县令，皆为五品以下低级官员。韦弘景于德宗贞元年间以进士及第，改变了这一局面。进士及第后的韦弘景至宪宗时被召为集贤殿学士，转左补阙、寻入翰林学士。元和八年（813），李吉甫会暴疾卒，有司谥曰敬宪，时任度支郎中的张仲方非之，宪宗怒，贬张仲方。韦弘景因与张仲方善，也被出为绵州刺史。宰相李夷简出镇淮南后，将韦弘景表为副使，入为京兆少尹，迁给事中。韦弘景为人清正，不佞权幸。云安公主驸马刘士泾因交通邪幸，穆宗欲用为太仆卿，被韦弘景力谏不行，结果韦弘景被穆宗怒出南方宣慰。而当时韦弘景反对的理由是，刘士泾戚里常人，以父任将帅，家富资财，声名不在于士林，行义不闻于朝野，让其担任此职，有渎官常。这一方面反映韦弘景不阿权贵，另一方面也反映其士族观念的强烈。在韦弘景看来，以武力和资财为表征的刘士泾家族显然是不在士族之列的。韦弘景负责吏部铨选，不敢干以非道，任尚书左丞，驳吏部授官不当者六十人。其历官行事，始终以直道自立，议论操持，无

① 《旧唐书》卷一四六《杨凭传》，北京：中华书局，1975 年，第 3970 页。
② 《新唐书》卷五九《艺文志三》，北京：中华书局，1975 年，第 1562 页。
③ 详见赵生泉：《韦应物家世释疑》，《社会科学战线》2014 年第 6 期，第 114～121 页。

所阿附，当时风教，尤为依赖。文宗大和五年（831）终，时年六十六。①

综上，韦待价"自武职而起，居选部，素无藻鉴之才，既铨综无叙，甚为当时所嗤"，但其后裔却以文化见称，门风已经发生了很大转变；入仕途径也从门荫向科举尤其是进士科转变；婚姻对象从原来的皇室和以军功起家的家族向文化科举进士家族转变，且随着自身及婚姻对象的科举士族化，他们当中的一些成员对非士族出身的政治新贵则持排斥态度，表明士庶之分的对立观念依旧根深蒂固，这从韦挺对出身寒门的马周不以礼待和韦弘景反对以武功起家的刘士泾担任太仆卿可见一斑。

（二）韦兴宗一支

韦兴宗一支系相对韦待价一支系规模小的多，韦兴宗有三子，长子韦令望、次子韦令悌官职皆阙载，仅有第三子韦令裕，官至屯田员外郎。

韦令望有子韦叔卿官至丹州刺史，韦瀚至代宗广德年间昭应令，韦涤至户部员外郎。

韦令悌，有子韦泛至江州刺史。

韦令裕有子韦传经，官至议郎京兆府鄠屋县尉。韦传经至少有四子，第四子韦署②，门荫入仕，元和十四年（819），至扬州大都督府法曹参军，穆宗长庆元年终于扬州法云寺之官舍，娶荥阳郑氏司仓员外郎郑澍女。

综上所述，韦世冲以名家子在北周入仕，进入隋朝，以功享有爵位。进入唐朝的韦挺因与唐初太子李建成私人关系密切而受到重用，玄武门之变后，韦挺凭借其关中望族出身继续受到太宗李世民的礼遇和拉拢，其后代历经四、五、六、七、八代，自高宗至文宗时期保持仕途的显达，自此之后便在政治上处于沉寂状态。在这个过程中，本支系除了韦待价主要以武职起家，韦锜担任左千卫中郎将外，其余成员主要是以文入仕，在家风

① 《旧唐书》卷一五七《韦弘景传》，北京：中华书局，1975年，第4153页。
② 吴钢主编：《全唐文补遗》第四辑《唐故朝议郎行扬州大都督府法曹参军京兆韦府君（署）墓志文》，西安：三秦出版社，1997年，第99～100页。

上发生了很大的转变，从任武职到以文化见长；在入仕途径上，从以门荫入主逐渐向科举进士科转变；在婚姻对象上，从原来的皇室和以军功起家的家族向文化进士家族转变。其成员中有"深于礼服"、担任太常博士的韦武，有精通音律的韦万石，有以绘画闻名于史的韦鉴兄弟及其后裔，有以清逸诗词闻于文学史的中唐诗人韦应物，有居集贤殿学士和翰林学士的韦弘景，可以说是一个既讲求礼法，又充满文学艺术气息的书香门第，可能也正是因为其士族特点明显，故而本支系成员的士族观念非常强烈，对非士族成员带有很大的歧视和排斥性。

附韦世冲一支世系：

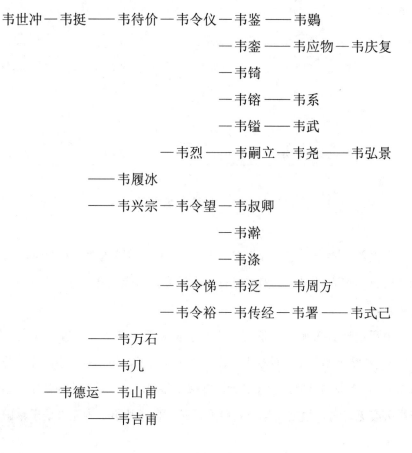

韦世冲—韦挺——韦待价—韦令仪—韦鉴——韦鹦

　　　　　　　　　　　—韦銮——韦应物—韦庆复

　　　　　　　　　　　—韦锜

　　　　　　　　　　　—韦镕——韦系

　　　　　　　　　　　—韦镒——韦武

　　　　　　　　—韦烈——韦嗣立—韦尧——韦弘景

　　　　——韦履冰

　　　　——韦兴宗—韦令望—韦叔卿

　　　　　　　　　　　—韦澣

　　　　　　　　　　　—韦涤

　　　　　　　—韦令悌—韦泛——韦周方

　　　　　　　—韦令裕—韦传经—韦署——韦式己

　　　——韦万石

　　　——韦几

　—韦德运—韦山甫

　　　——韦吉甫

附表4-5：韦世冲一支入仕途径及官居五品以上者统计表

代际	名讳	入仕途径	最高或最后官爵	品秩	时代
1	韦世冲	门荫	南宁州总管		隋文帝
2	韦挺		御史大夫、扶阳县男	从三品	唐太宗时
3	韦待价	门荫	安息道行军大总管		武则天时
	韦万石		太常少卿	正四品上	唐高宗上元中
	韦山甫		为屯田郎中	从五品上	武后初
	韦吉甫		司门郎中、鄜州刺史	从三品	武后时
4	韦令仪		梁州都督	正三品	
5	韦锜	门荫	左千牛中郎将	正四品下	唐睿宗景云年间
	韦镒	进士及第	礼、吏、户三部侍郎	正四品上	
	韦銮		某少监	从四品下或正五品上	
	韦叔卿		丹州刺史	从三品	
6	韦武	门荫	京兆尹	从三品	唐德宗朝
	韦应物	门荫	苏州刺史	从三品	唐德宗贞元年间
	韦系		岳州刺史	正四品下	
	韦泛		江州刺史	正四品上	
7	韦弘景	进士及第	尚书左丞	正四品上	唐文宗时

六、韦世约支系

韦世约，韦夐六子，是其诸兄弟中仕途最不显达者，有两子，韦克己和韦后己，官职皆阙载。韦克己有子韦遥光，官至万年令（正五品上），后裔阙载。

韦后己曾孙韦诚奢，事于玄宗时，官至殿中侍御史，曾于天宝十四载（755），被贬于始安郡，重杖五十。[1] 韦晊有五子，韦公素，字复礼，曾任右司郎中[2]；韦公肃是以儒学起家者，宪宗元和初，为太常博士兼修撰，鉴于籍田礼久废无可考，根据《礼经》参采开元、乾元故事，为先农坛于藉田。元

---

① 《旧唐书》卷一八六下《酷吏传·吉温传附罗希奭传》，北京：中华书局，1975年，第5915页。
② （唐）李翱：《李文公集》卷一四，上海：上海书店，四部丛刊初编本，1985年，第116页。

和十一年（816），又录开元以后礼文，损益为《礼阁新仪》三十卷。"有诏中书门下召礼官、学官议，咸曰宜如公肃所请。"[1]可见其在当时礼学方面的造诣颇深。敬宗时为秘书省著作郎，注太宗所撰《帝范》十二篇进，特赐锦彩百匹。韦公肃是韦世约后裔中以通礼而见称的儒士。韦公肃有孙韦荷[2]，字敬止，唐僖宗时，以吏部侍郎检校礼部尚书、广州刺史、岭南东道节度使。

综上，韦世约支系大致延续了十一代，历北周隋朝直到唐僖宗时期，其仕途的显达期主要是在德宗以后，有以通礼而著称的韦公肃支撑其在士林中的地位。

附韦世约一支世系：

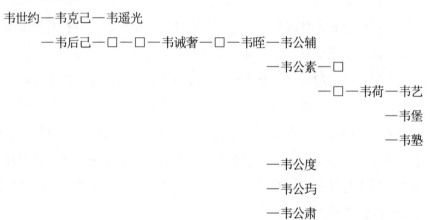

韦世约—韦克己—韦遥光
　　　　—韦后己—□—□—韦诚奢—□—韦晊—韦公辅
　　　　　　　　　　　　　　　　　　—韦公素—□
　　　　　　　　　　　　　　　　　　　—□—韦荷—韦艺
　　　　　　　　　　　　　　　　　　　　—韦堡
　　　　　　　　　　　　　　　　　　　　—韦塾
　　　　　　　　　　　　　　　—韦公度
　　　　　　　　　　　　　　　—韦公玓
　　　　　　　　　　　　　　　—韦公肃

附表4-6：韦世约一支入仕途径及官居五品以上者统计表

代际	名讳	入仕途径	最高或最后官爵	品秩	时代
4	韦遥光		万年令	正五品上	
7	韦晊		兵部郎中	从五品上	唐德宗
8	韦公素		右司郎中	从五品上	唐代宗至唐武宗
	韦公肃		著作郎	从五品上	唐宪宗
10	韦荷		广州刺史、岭南节度使	正三品	唐僖宗

① 《新唐书》卷二〇〇《韦公肃传》，北京：中华书局，1975年，第5721页。
② 《旧唐书》卷一九下《僖宗本纪》，北京：中华书局，1975年，第694页；《新唐书》卷一八五《郑畋传》，北京：中华书局，1975年，第4633页。

本节小结

综上所述，逍遥公房的房祖是著名的隐士，然其子孙在其弟韦孝宽的影响和带领下大部分通过军功跻身为宇文氏政权所认同的关陇军功贵族之列。进入隋唐后的本房后裔在隋唐之际和唐初，主要凭借父祖的影响维持较高的政治社会地位，但随着他们的父祖的逐渐离去和关陇贵族在武则天以后遭受打击，本房成员面临着寻找重振家族威望的新途径还是平流仕进的选择，于是，在同一房支内，也因为选择的不同而出现了不同命运的支系。根据以上六大分支内各个小分支的剖析，可以发现，进入隋唐后的逍遥公房在仕进和保持政治社会地位的途径各有侧重，主要有两种类型：第一种，像韦世康支系中韦福嗣一支和韦世冲支系中韦待价一支那样，在安史之乱后，树立起依靠自身素质进入仕途的观念，连续几代通过科举进士科入仕，跻身新兴的科举士族之列。随着其家族成为科举士族之家，其婚姻对象也转向有文化素养之高门大族，从而保证其政治社会地位兴盛至唐末。第二种类型是，像韦世恭支系中的韦万顷一支和韦仁基一支那样，本身并不以文化见长，虽然不能通过文化优势进入科举士族之列，但能通过婚姻保持较高的社会地位。

附表4-7：逍遥公房婚姻关系表

序号	名讳	嫁娶对象	对象郡望或家世	时代	出处
1	韦世康	襄乐公主	西魏王室	西魏文帝	《隋书》卷四七《韦世康传》
2	韦约女	元虔盖		待考	《全唐文补遗》（七），第248页，《隋故万金府鹰扬郎将元君（虔盖）墓志铭并序》
3	韦世冲女	于氏	河南于氏	隋文帝	《唐代墓志汇编续集》武德〇〇二《韦耶书墓志铭》
4	韦仁基女	裴惇	河东裴氏	隋炀帝	《全唐文》卷二八二《李迥秀·唐齐州长史裴府君惇神道碑》
5	韦寡悔	杜大德	京兆杜氏	唐高祖	《全唐文补遗》（七），第298页，《韦孝忠夫人杜氏（大德）墓志铭并序》
6	韦元整	王婉	太原王氏	唐高祖	《全唐文补遗》（三），第23～24页，《韦府君夫人晋原郡君王氏（婉）墓志铭并序》

序号	名讳	嫁娶对象	对象郡望或家世	时代	出处
7	韦元整女	杨崇敬	弘农杨氏	唐太宗高宗之际	《全唐文补遗》（三），第23～24页，《韦府君夫人晋原郡君王氏（婉）墓志铭并序》
8	韦几	崔思默女	崔氏	唐贞观廿一年	《全唐文补遗》（三），第338页，《韦几墓志铭》
9	韦瑱	杜氏	京兆杜氏	唐太宗贞观末年	《全唐文补遗》（七），第333页，《韦瑱墓志铭并序》
10	韦余庆	裴氏	河东裴氏	高宗永徽年初	《唐韦余庆及妻裴氏墓志考释》，《碑林集刊》（十六），第15～18页
11	韦宪英（道蕴）	辛氏	陇西辛氏	唐高宗	《全唐文补遗》（五），第350页，《韦宪英墓志铭并序》
12	韦孝基女	荣怀节	北平荣氏	唐高宗	《唐代墓志汇编》开元四六四，《大唐安国寺故大德惠隐禅师塔铭并序》
13	韦绩	皇侄女江陵县主	李唐皇室	唐高宗	《全唐文补遗》（三），第23～24页，《韦府君夫人晋原郡君王氏（婉）墓志铭并序》
14	韦徽	和顺县主	李唐皇室	唐高宗	《全唐文补遗》（八），第67页，《韦衡墓志铭》
15	韦彦芳女	黄氏	江西黄氏	约唐高宗	《全唐文》卷五二二，第5301～5302页，《梁肃·吕公表》
16	韦衡	夏侯端孙女	谯郡夏侯氏	武则天	《全唐文补遗》（八），第67页，《韦衡墓志铭并序》
17	韦莹	元氏	不祥	武则天长寿年间	《秦晋豫新出墓志蒐佚续编》，第612页，《唐韦莹墓志铭》
18	韦衢女	崔迥	博陵崔氏	约唐玄宗	《唐代墓志汇编续集》天宝〇七八，《唐故河南府伊阙县丞博陵崔府君墓志铭并序》
19	韦銮女	赵涉	天水赵氏	约唐肃宗	《全唐文补遗》（四），第227页，《唐故处州刺史赵府君（璜）墓志》
20	韦镒	陈宣鲁姊	颍川陈氏	约唐玄宗肃宗之际	《全唐文补遗》（四），第155～156页，《唐故乡贡进士颍川陈君（宣鲁）墓志》
21	韦署	郑澍女	荥阳郑氏	唐代宗	《全唐文补遗》（四），第99～100页，《韦署墓志文》
22	韦商伯女	独孤氏	河南独孤氏	唐代宗广德二年	《全唐文》卷三九一，第3976页，《独孤及故夫人韦氏墓志》
23	韦武	崔氏	博陵崔氏	约德宗贞元年	《唐文拾遗》卷二七，第10671页，《吕温·韦武神道碑》
24	韦武女	李允元	陇西李氏	唐德宗至宪宗之间	《唐文拾遗》卷二七，第10671页，《吕温·韦武神道碑》
25	韦武女	李景俭	陇西李氏	唐德宗至宪宗之间	《唐文拾遗》卷二七，第10671页，《吕温·韦武神道碑》
26	韦挺	柏良器		唐德宗	《全唐文补遗》（三），第187～188页，《韦挺墓志铭并序》
27	韦挺女	张氏			《全唐文补遗》（三），第187～188页，《韦挺墓志铭并序》
28	韦挺女	李荀			《全唐文补遗》（三），第187～188页，《韦挺墓志铭并序》
29	韦埙	温瑗（温造女）	太原温氏	唐宪宗	《全唐文补遗》（八），第172页，《韦公夫人太原温氏墓志铭》

序号	名讳	嫁娶对象	对象郡望或家世	时代	出处
30	韦洄（上流）	王长文女	琅琊王氏	唐宪宗	《全唐文补遗》（七），第 130 页，《唐故华州司马韦府君（洄）墓志铭并序》
		萧澈女	兰陵萧氏	唐宪宗至文宗	《全唐文补遗》（七），第 130 页，《唐故华州司马韦府君（洄）墓志铭并序》
31	韦洄女	张休符		唐宪宗至宣宗	《全唐文补遗》（七），第 130 页，《唐故华州司马韦府君（洄）墓志铭并序》
32	韦友直	徐氏	东海徐氏	唐宪宗	《全唐文补遗》（八），第 150 页，《韦友直墓志铭并序》
33	韦夐八代孙	庾叔颖	新野庾氏	约唐宪宗	《全唐文补遗》（四），第 230～231 页，《苗绅妻故新野县君庾氏夫人墓志铭并序》
34	韦温	李氏	陇西李氏	唐宪宗	《全唐文》卷七五五，第 7829 页，《吕温·唐故宣州观察使御史大夫韦公（温）墓志铭》
35	韦温女	张复鲁		穆宗至武宗间	《全唐文》卷七五五，第 7829 页，《吕温·唐故宣州观察使御史大夫韦公（温）墓志铭》
36	韦温女	薛蒙	河东薛氏	同上	《旧唐书》卷一六八《韦温传》
37	韦澳	李越容		唐宣宗大中八年	《全唐文补遗》（二），第 69～70 页，《唐杜陵韦氏侧室李氏（越客）墓志铭并序》
		裴氏	河东裴氏	唐宣宗大中八年之之前	《全唐文补遗》（二），第 69～70 页，《唐杜陵韦氏侧室李氏（越客）墓志铭并序》
38	韦贯之女	柳仲郢	河东柳氏	约唐宣宗	《旧唐书》卷一五八《韦贯之传附子澳传》
39	韦嶬女	王虔畅	琅琊王氏	待考	《全唐文补遗》（一），第 398～399 页，《唐故滑州匡城县令王公（虔畅）墓志铭并序》
40	韦元方女	裴思谦	河东裴氏	唐僖宗	《河洛墓刻拾零》下册，第 643 页，《唐故夏侯氏河东裴夫人墓志》
41	韦应	郑氏	荥阳郑氏	唐代宗广德年间	《秦晋豫新出墓志蒐佚续编》，第 1002 页，《韦应墓志》

第二节　平齐公房

　　平齐公房是京兆韦氏东眷韦穆的后裔，韦穆的曾孙韦惠度曾经在后秦被刘裕灭亡后南迁，但又很快北归，是隋唐前北归韦氏的重要一支。此支北归后因韦瑱以军功加入到关陇集团中而使家族在政治上开始崛起，他的后裔即以其封爵平齐公为号，成为平齐公房。韦瑱次子韦师由北周过渡到隋朝，成为隋朝京兆韦氏家族中的显赫人物之一，并由此受到逍遥公房韦世康的嫉羡，将居于韦师之下的弟弟韦世约杖打一气。关于本支系在北朝的情况可参见前文第二章第二节。

韦瑱及其两子在北朝的政治地位为其子孙在隋唐的入仕奠定了一定的基础。自此，平齐公房以韦瑱的两子韦峻和韦师为祖，分成两大支系，其中以韦峻支系为著支。

一、韦峻支系

韦峻，韦瑱长子，世袭其父平齐县公之爵位，位及北周车骑大将军、仪同三司，进入关陇军功贵族集团之列。韦峻有子韦贞，字德政，隋监辽东城西面军事，大业中仕至给事郎。从韦贞子进入到唐代，有三子，韦怀敬、韦怀辩和韦怀质，另有韦匡素是韦怀质的堂弟，故而可以判断，韦贞还有兄弟，但名讳不详。其中韦怀敬，官至左领军将军，担任武职；韦怀辩，开府；韦匡素官至和州刺史。

韦怀质，太宗年间，曾担任繁畤县令，属河东道代州，中县，至太常卿。逍遥公房的韦挺在唐太宗时期受到重用，太宗伐辽之前，派韦挺前去辽东督办军粮，结果韦挺以天寒漕渠被冻而打算来年春天再运军粮。唐太宗知道后大怒，派了韦怀质前去韦挺官所支度军粮、检覆渠水。结果韦怀质回来后向唐太宗上奏曰："挺不先视漕渠，辄集工匠造船，运米即下。至卢思台，方知渠闭，欲进不得，还复水涸，乃便贮之，无达平夷之日。又挺在幽州，日致饮会，实乖至公。陛下明年出师，以臣度之，恐未符圣策。"[1] 结果，韦挺被免职。韦怀质尽管是韦挺的同宗，唐太宗并没有因此而不派他前去监督韦挺，而韦怀质也并没有因此而为韦挺隐情，如实向唐太宗进行了汇报，结果导致韦挺被免职。由此事件可以反映，同时代的平齐公房与逍遥公房之间宗族关系比较淡漠。韦贞的子辈有的担任武职，有的担任文职，韦怀质还能担任太常卿这样的礼官，表明这个家族到唐太宗时

---

① 《旧唐书》卷七七《韦挺传》，北京：中华书局，1975 年，第 2672 页。

期在家风上开始转型。

韦贞的四子中，韦怀敬的后裔仅有韦知艺见于记载，官至襄州刺史。据其墓志所提供的信息，韦知艺于唐高宗龙朔三年（663）以门荫入仕，初任左卫勋卫，在任期间，参与了乾封元年（666）的泰山封禅活动。唐高宗晚年，担任了扬州大都督府录事参军，为正七品上，期间颇有政绩，以清白升进。唐中宗光宅元年（684），因柳州司马李敬业举兵于扬州而因亲受到牵连，被贬为道州司马。之后，历任吉州司马、洪州都督府司马以及润州长史。韦知艺还曾担任岭南道选补史，最高至箕州刺史。在任箕州刺史的路上病倒，后回到洛阳家中休养，并于长安四年（704）三月二十四日死于洛阳道德坊。韦知艺娶弘农杨氏杨弘武之女[①]，杨弘武在两《唐书》皆有传，为隋尚书令杨素的侄子，杨弘礼之弟。弘礼贞观年间任中书舍人，太宗征辽东时拜为兵部侍郎。[②]韦怀辩后裔阙载；韦匡素后裔延续了四代，子阙载，孙韦洽，唐玄宗年间，宇文融实施括户以增加中央财政收入，为此，宇文融招徕了一批人为劝农判官，假御史，分按州县，括正丘亩，招徕户口而分业之，韦洽正是这二十九人中的一员[③]，后至考功郎中。韦匡素曾孙韦收，字仲成[④]，为殿中侍御史，在唐肃宗年间担任东川节度判官，当时有名严震者，世为田家，以财雄于乡里，肃宗至德乾元年间常以财资边军，入仕。韦收将严震推荐给节度使严武，严震遂授合州长史。[⑤]韦收能将严震这样以财起家的人士加以推荐，一方面反映安史之乱以后朝廷因财政之需放宽了对富人入仕的限制，同时也反映了韦怀质对非士族出身人士的认同，并不像唐初的韦挺那样对寒门出身的马周加以轻视。韦收与开天年间的文

① 参见王双怀、王昊斐：《唐韦知艺墓志考释》，《兰州大学学报（社会科学版）》2014年第6期，第14～18页。《韦知艺墓志》拓片可见赵文成、赵君平：《秦晋豫新出墓志蒐佚续编》，北京：国家图书馆出版社，2015年，第478页。
② 《新唐书》卷一百六《杨弘礼传附弘武传》，北京：中华书局，1975年，第4045页。
③ 《新唐书》卷一三四《宇文融传》，北京：中华书局，1975年，第4556页。
④ （清）董诰等：《全唐文》卷三一七《李华·三贤论》，北京：中华书局，1983年，第3215页。
⑤ 《旧唐书》卷一一七《严震传》，北京：中华书局，1975年，第3407页。

学名士萧颖士常有往来[1]，反映韦收也应该是颇有文学素养之人。

　　韦怀质的后裔则延续了九代，直到唐朝末年。因此，韦怀质一支是韦贞诸子中的著支。韦怀质至少有两子[2]，一子名讳不详，生有韦颢，官至阴平太守。另一子韦希缄，为江都令，此后主要是韦希缄的后裔活跃在唐代的政治舞台上。

　　韦希缄有子韦澹，官至临汾主簿。韦澹有两子，韦渐和韦淡。韦渐，陵州刺史，还曾任太仆卿，卒后赠太子少保[3]；韦淡官职阙载。韦怀质的子、孙、曾孙三代在仕途上皆不显达。从韦怀质的玄孙开始，此支系的部分成员开始通过科举进士科入仕，家族的政治地位得以重振。

（一）韦渐一支

　　韦渐有四子，韦本立[4]、韦宗礼、韦文恪和韦审规[5]。

　　韦本立，字全道，是韦渐的长子，德宗年间举进士，登甲科，辟军府，署决曹。顺宗永贞元年（805）终于长安升平里之私第，其墓志铭由其季弟韦文恪为之撰写。韦本立娶天水权氏为妻，生有两子两女，两子分别为思复、嗣初。韦本立去世时，诸子女皆未成年，故官职阙载。

　　韦宗礼，陕虢观察支使。

　　韦文恪，字敬之，顺宗年间的乡贡进士[6]，曾担任将作监、充内作使，穆宗年间，韦文恪为司门郎中前往魏博藩镇宣慰节度使史宪诚，受到史宪

---

① 《新唐书》卷二〇二《文艺传中·萧颖士传》，北京：中华书局，1975年，第5767页。
② 根据《元和姓纂》的记载，韦怀质子辈名讳不详，现据《宰相世系表》和吴钢主编：《全唐文补遗》第七辑《唐故灵武节度推官将仕郎试秘书省校书郎京兆韦府君（本立）墓志铭》，西安：三秦出版社，2000年，第76页补充。
③ （唐）元稹：《元氏长庆集》卷五十《韦审规父渐赠官》，上海：上海书店，1985年，四部丛刊初编本，第3页。
④ 《世系表》中阙载，现据吴钢：《全唐文补遗》第七辑《唐故灵武节度推官将仕郎试秘书省校书郎京兆韦府君（本立）墓志铭》，西安：三秦出版社，2000年，第76页补。
⑤ 《世系表》中韦审规是韦淡子，但据（唐）元稹：《元氏长庆集》卷五十《韦审规父渐赠官》，上海：上海书店，1985年，四部丛刊初编本，第3页。
⑥ 参见吴钢主编：《全唐文补遗》第七辑《唐故灵武节度推官将仕郎试秘书省校书郎京兆韦府君（本立）墓志铭》，西安：三秦出版社，2000年，第76页。

诚的冷遇 ① 。韦文恪有子韦从易，官职阙载。

韦审规，穆宗长庆元年（821），宰相段文昌为剑南西川节度使，韦审规被授以副使以辅佐段文昌 ② 。长庆三年（823）为京兆少尹 ③ ，还曾担任寿州刺史。韦审规有子韦发，字知人，工部员外郎。韦发子韦究，字继山，右谏议大夫。

韦渐这一支延续了三代便退出了唐朝的政治舞台。韦淡一支则成为平齐公房在唐代后期的主要体现者。

（二）韦淡一支

韦淡本人官职阙载，其子韦象为殿中侍御史，韦象的后裔连续有几代科举进士及第者，再加与皇室的通婚，故在政治舞台上一直活跃至唐末。韦象长子韦元贞 ④ ，进士及第，官职阙载；韦元贞子韦悫，字端士，为武昌军节度使，文宗大和初登进士，宣宗大中年至礼部侍郎。五年选士，颇得名人。有唐人支叔向者，字子正，其先琅琊人，始居云阳。西晋末年，遁累叶于江表。先考支竦，官至鸿胪卿，支叔向即鸿胪卿之仲子，过弱冠荫补盛唐主簿。廉使尚书京兆韦悫，深畴才能，几至前席，假手宰蒲圻县，官至鄂州司士参军。 ⑤

韦悫七子，其中以韦保衡和韦保乂最为清显。韦保衡，懿宗咸通五年登进士第，累拜起居郎。又娶同昌公主，与皇室联姻，两年之间，从起居郎至宰相，享有扶风县开国侯之爵位，食邑二千户。韦保乂，也以进士登

---

① 《新唐书》卷二一〇《藩镇魏博传·史宪诚传》，北京：中华书局，1975 年，第 5937 页；《旧唐书》卷一八一《史宪诚传》，北京：中华书局，1975 年，第 4688 页。

② （唐）元稹：《元氏长庆集》卷三一《韦审规授四川节度副使御史中丞制》，四部丛刊初编本。

③ （宋）王钦若等：《册府元龟》卷九六五《外臣部·封册三》，北京：中华书局，1960 年，第 11354 页。

④ 韦贞本人及子孙事迹皆依据《旧唐书》卷一七七《韦保衡传》，北京：中华书局，1975 年，第 4605 页；《新唐书》卷一八四《韦保衡传》，北京：中华书局，1975 年，第 5398 页。

⑤ 周绍良：《唐代墓志汇编》大中一一一《唐故鄂州司士参军支府君墓志铭并序》，上海：上海古籍出版社，1992 年，第 2338 页。

第，充翰林学士，历礼户兵三侍郎，学士承旨。韦悫的另外五子，其中韦保范和韦保合分别为邠宁节度副使和邠宁观察支使。另外三子韦德邻，为信州刺史；韦保殷，为长安令；韦慎思，为泰宁节度判官。韦悫诸子的显达与各自的素质有关，但与皇室的联姻也是一个重要因素。同昌公主为唐懿宗宠妃郭淑妃所生，出降之日，礼仪甚隆。同昌公主薨后，唐懿宗为此杀医官，其家属宗枝下狱者三百人。可见同昌公主在唐懿宗心目中的地位有多高。随着同昌公主的去世，韦保衡恩礼渐薄。由于韦保衡在位期间对不和者加以贬斥，咸通末年，桂林戍卒起义后，原来受其排斥者，皆揭发其所为，韦保衡被赐死。韦保乂坐韦保衡被免官，此支系经历了仕途上的骤起骤落。可能受此影响，韦悫的诸孙中仅有韦保乂一子韦肃，字内庄，为洺州团练副使；韦慎思一子韦璨，为秘书郎。大致到唐懿宗以后就在政治上消沉下去了。

　　韦象次子韦方宪一支延续了四代，本人官至台州刺史。有六子，皆入仕途，且有任学官者。其中韦钧，福建观察判官；韦从易，国子太学博士；韦询，滁州刺史；韦从龟，左庶子；韦铎，乌程令；韦铃，屯田郎中。这六子中，仅有韦钧有后裔记载。韦钧有两子，韦赞，字致雍，官职阙载；韦允之，襄州录事参军。韦允之有两子，韦仁济，陈州录事参军；韦襄，秘书丞。

　　综上，韦峻一支在隋唐之际和唐初凭借自北周以来的关陇军功贵族身份继续保持一定的政治地位，但没有加入到与皇室联姻的婚姻圈中，因此，并不是皇室有意拉拢的对象，故在政治上并不显达，这种状况一直持续到安史之乱以后；而改变这种状况的是自德宗以后通过科举进士及第的几个成员，是他们将本支系的政治社会地位提高到另一个层次。另外，科举及第者韦保衡娶唐懿宗所宠爱的女儿同昌公主又使本支在科举士族的文化地位之外增添了皇亲的政治身份，崇贵一时，但毕竟"夕阳无限好，只是近黄昏"，再辉煌的家势也抵不住其所依恃的政权走向垮台，唐懿宗以后，唐朝走向了衰落，本支系也再没有在政治上崛起。

附韦峻一支世系：

韦峻—韦贞 ── 韦怀敬—韦知艺

　　　　── 韦怀辩

　　　　── 韦怀质—□ ── 韦颢

　　　　　　　　—韦希缄—韦渐⋯⋯

　　　　　　　　　　　—韦淡⋯⋯

韦渐—韦本立

　　—韦宗礼

　　—韦文恪—韦从易

　　—韦审规—韦发 ── 韦究

韦淡—韦象 ── 韦元贞—韦悫—韦保衡

　　　　　　　　　　—韦保乂—韦肃

　　　　　　　　　　—韦保范

　　　　　　　　　　—韦保合

　　　　　　　　　　—韦德邻

　　　　　　　　　　—韦保殷

　　　　　　　　　　—韦慎思—韦璆

　　　　── 韦方宪—韦钧—韦赞

　　　　　　　　　　—韦允之—韦仁济

　　　　　　　　　　　　　　—韦襄

　　　　　　　—韦从易

　　　　　　　—韦询

　　　　　　　—韦从龟

　　　　　　　—韦铎

　　　　　　　—韦铃

二、韦师支系

韦师，韦瑱次子，自北周进入隋朝，是平齐公房在隋朝的显达人物之一。但他的子辈史无记载，有孙韦弘敏，则天即位前曾任左散骑常侍，则天即位后的光宅元年，以左散骑常侍为太府卿、同中书门下，成为宰相，但他的这一宰相位还没有做到一年便被贬为汾州刺史[①]，故而对政治并没有产生多大的影响。

韦师后裔的世系非常混乱，《元和姓纂》与《新唐书·宰相世系表》互相矛盾。现据《世系表》和《韦楚和墓志铭》[②]稍作梳理。韦弘敏至少还有四个兄弟，两个名讳不详，另两个分别是韦仁爽和韦素立。韦仁爽，曾担任凤州刺史；韦素立为主爵郎中，分别在地方和中央。韦仁爽兄子韦容成，至骁卫将军[③]，担任武职。韦素立兄孙韦瑶，至果州刺史，另据《旧唐书·王铧传》，玄宗天宝年间，故鸿胪少卿邢璹子邢缙潜构逆谋，高力士领飞龙小儿甲骑四百人讨之，邢缙为乱兵所斩，其党善射人韦瑶被擒。[④]其中的韦瑶当是玄宗时人，《世系表》中的韦瑶与同房的韦洽是同一代人，而韦洽也是玄宗时人，由此可推断，《王铧传》中所言及的韦瑶极有可能就是平齐公房的韦瑶。如果推断无误，那么韦瑶参与到以邢缙为首的谋逆集团中，自然会对家族的政治命运产生很不利的影响。《世系表》中韦瑶的后裔阙载，估计与此有关。

韦师支系中还有一支是韦弘敏的二代侄孙韦震一支。韦震为安定郡参军事，其子韦屺，为光禄卿、宋郑虢三州刺史。有子五人，长子韦楚材，为监察御史；次子韦楚望[⑤]，于太和年间官至潮州刺史，宣宗大中年间终于

---

① 《新唐书》卷六一《表第一·宰相上》，北京：中华书局，1975年，第1650页。
② 《韦楚和墓志》全称《唐故右监门卫胄曹参军故夫人京兆韦氏墓铭》，见周绍良、赵超主编：《唐代墓志汇编续集》长庆〇一六，上海：上海古籍出版社，2001年，第868页；也见于吴钢主编：《全唐文补遗》第四辑，西安：三秦出版社，1997年，第106页。
③ 《元和姓纂》中为邛州刺史，今从《新表》。
④ 《旧唐书》卷一百五《王铧传》，北京：中华书局，1975年，第3231页。
⑤ 白艳妮考证出韦楚望为韦屺次子，其婚姻子嗣皆详见白艳妮：《新见唐潮州刺史韦楚望墓志考释》，《文博》2016年第6期，第75～80页。但据《韦楚客墓志》，韦屺五子中长子是韦楚材，这与《韦楚望墓志》和《新表》中记载一致，但次子并不是韦楚望，而是韦楚相，如此，则韦屺的次子究竟是哪一个存在分歧，真相有待进一步考证。详见赵文成、赵君平：《秦晋豫新出墓志蒐佚续编》，北京：国家图书馆出版社，2015年，第1050页。

循州刺史任上；三子韦楚卿，官至殿中拾遗，四子韦楚客，于元和九年终于长安常乐里，得年廿八岁，五子韦楚老，可能早亡；[1] 有女韦楚和[2]，年二十五，于长庆二年（822）嫁给了扶风马氏马文同，两年后去世。马文同官至右监门卫胄曹参军，是关中次一级士族；另一女嫁于柳氏为妻，为柳庭实之母。韦楚望娶京兆杜氏曾任黄州刺史的杜义符之女为妻，生有五男，去世之时可能还都没有出仕，故而没有官职记载。

综上，韦师一支自韦师在北周至隋朝进入到关陇贵族集团后，延续了六代。官至则天朝宰相的韦弘敏弥补了韦峻一支在此时期政治上的缺失。玄宗时期，极有可能因韦瑶参与到邢𫄸的谋逆中影响了本房支在此时期的仕途，韦峻一支在这一段时期政治上的消沉估计也与此有关。相对韦峻一支，韦师一支似乎没有以科举入仕者，也没有与皇室通婚者，加之有参与谋逆者，故而本房支大致在安史之乱后便逐渐在政治上衰落了。

附韦师一支世系：

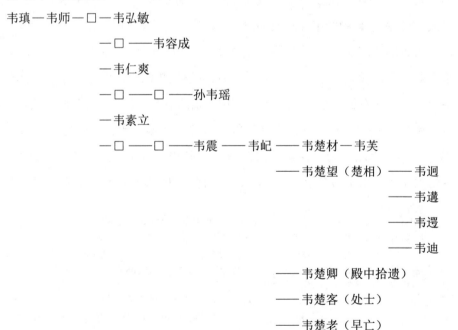

韦瑱—韦师—□—韦弘敏
　　　　　　—□——韦容成
　　　　　　—韦仁爽
　　　　　　—□——□——孙韦瑶
　　　　　　—韦素立
　　　　　　—□——□——韦震——韦屺——韦楚材—韦芙
　　　　　　　　　　　　　　　　　　——韦楚望（楚相）——韦迥
　　　　　　　　　　　　　　　　　　　　　　　　　　——韦遘
　　　　　　　　　　　　　　　　　　　　　　　　　　——韦遚
　　　　　　　　　　　　　　　　　　　　　　　　　　——韦迪
　　　　　　　　　　　　　　　　　　——韦楚卿（殿中拾遗）
　　　　　　　　　　　　　　　　　　——韦楚客（处士）
　　　　　　　　　　　　　　　　　　——韦楚老（早亡）

---

① 韦屺三子、四子和五子皆不见于《新表》，今据《韦楚客墓志》补。

② 吴钢主编：《全唐文补遗》第四辑，西安：三秦出版社，1997年，第106页。

本节小结

平齐公房自北周以关陇军功贵族步入隋唐，且在隋初政治地位显赫，故而进入唐朝后的仕途起点高，继续在唐初保持较高的政治地位，但并没有被纳入到皇室联姻的对象范围内，故而政治地位并不显赫。韦后当政及韦后之乱似乎对本支系也没有产生太大影响，倒是进入则天时期，有成员位居宰相，尽管时间很短，但一定程度上支撑了门户。唐玄宗时期，因有参谋逆者，使本支系仕途受到一定影响，有的支系直接从此在政治上一蹶不振；德宗以后，才有成员通过科举进士科及第跻身科举士族行列，重振门户和房望，加之与皇室联姻，故政治地位一直持续到唐末。

附表4-8：平齐公房成员入仕途径及官居五品以上者统计表

代际	分支	名讳	入仕途径	最高或最后官职	品秩	时代
1		韦瑱		侍中，骠骑大将军		北周
2		韦峻		车骑大将军，开府仪同三司		北周
3		韦贞		给侍郎		隋大业中
4		韦怀敬		左领军将军		唐初
		韦怀质		光禄卿		唐初
		韦怀辩		开府		唐初
		韦匡素		和州刺史		唐初
5	韦峻	韦知艺		襄州刺史	从三品	
6		韦颢		阴平郡太守	正四品下	
7		韦渐		陵州刺史		
8		韦宗礼		陕虢观察支使		
		韦本立	举进士，登甲科			唐德宗、顺宗
		韦文格	乡贡进士	将作监、司马郎中	从五品上	唐顺宗、穆宗
		韦审规		京兆少尹、象州刺史	从三品	唐穆宗
9		韦方宪		台州刺史	从三品	约唐穆敬时期

续表

代际	分支	名讳	入仕途径	最高或最后官职	品秩	时代
10	韦峻	韦究		右谏议大夫	正五品上	
		韦悫	进士及第	武昌节度使、礼部侍郎	正四品下	唐文宗至宣宗
		韦询		滁州刺史	正四品下	
		韦从龟		左庶子	正四品上	
		韦铃		屯田郎中	从五品上	
11		韦德邻		信州刺史	从三品	
		韦保衡	进士及第	懿宗朝宰相		唐懿宗
		韦保殷		邠宁节度副使		
		韦保乂	进士及第	翰林学士、兵部侍郎	正四品下	唐懿宗
		韦保合		邠宁观察支使		唐懿宗
2	韦师	韦师		汴州刺史	从三品	
3		韦仁爽		凤州刺史	正四品下	
4		韦弘敏		太府卿、平章事，相武后		武则天
		韦容成		容州刺史	从三品	
5		韦瑶		果州刺史	正四品上	
6		韦屺		光禄卿、宋郑虢三州刺史	从三品	
		韦洽		考功郎中	从五品上	

附表4-9：隋唐平齐公房婚姻关系表

序号	名讳	嫁娶对象	对象郡望或家世	所处时代	备注
1	韦师女	杨俨	隋朝皇室	隋文帝	《隋书》卷四六《韦师传》
2	韦本立	权氏	天水权氏	唐德宗	《全唐文补遗》（七），第76页，《韦本立墓志铭》
3	韦楚和（韦屺女）	马文同	扶风马氏	穆宗长庆二年	《全唐文补遗》（四），第106页，《韦楚和墓铭》
4	韦楚望	杜义符女	京兆杜氏	元和末年	白艳妮：《新见唐潮州刺史韦楚望墓志考释》，《文博》2016年第6期，第75～80页
5	韦保衡	同昌公主	李唐皇室	唐懿宗	《新唐书》卷八三《懿宗八女传》

第三节　龙门公房

龙门公房可以上溯至韦玄成的第七代孙韦胄的次子韦愔，愔生达，达六世孙韦挺杰进入到北周，担任抚军将军、平州刺史。韦挺杰有两子，韦遵和韦通，韦遵，曾任骠骑大将军、晋州大总管府长史，封龙门县公，故其后裔有龙门公房之称；韦通官至隋朝的晋州长史、封龙门公[①]，兄弟两人先后皆任职于晋州，封龙门公，是当时的贵族。尽管此房的房祖是韦遵，但其后裔不见于记载，因此，是韦通的后裔支撑着本房在隋唐政治舞台上的地位。

韦通有子韦善嗣，为上谷郡太守。韦善嗣有子韦崇德，为太子喻德，因时代难断，故此太子所指难以详知。韦崇德有两子，韦会和韦弼。韦会官职阙载，韦弼，字国桢，曾任主客郎中，后任莱、济、商三州刺史[②]，与沈佺期有交往，韦弼从尚书郎转任州刺史后，沈佺期还有《送韦商州弼》一诗云："闻君监郡史，暂罢尚书郎"[③]。自此龙门公房分成两大支系，韦会支系和韦弼支系。

一、"二王八司马事件"与韦会支系

韦会官职阙载，但从韦会子开始，本支系开始在政治上崛起。韦会有三子，长子韦仲昌官至京兆少尹；次子韦叔昂，左司郎中；三子韦伯详，开元二十三年（735）曾任泾阳县令，官至考功郎中，三子皆官至五品以上，可谓显达。

---

① 韦通官职《世系表》中阙载，今据《新中国出土墓志》河南卷三《千唐志斋》一一九《唐故汾州隰城县裴府君（兰）夫人京兆韦氏墓志铭》补，北京：文物出版社，2008 年，第 89 页。

② 此官职另据（唐）吕温：《吕衡州文集》卷六《韦夏卿神道碑》，北京：中华书局，1985 年，丛书集成初编本补。

③ （清）彭定求等：《全唐诗》卷九十七《沈佺期·送韦商州弼》，北京：中华书局，1960 年，第 1049 页。

韦会三子中韦伯详后裔阙载，故自此以韦仲昌和韦叔昂两支为主。其中韦叔昂后裔延续了五代，其子韦汎与张翔的姊妹联姻①，张翔家世无考。韦汎子韦万，曾任河南寿安县主簿。②此后后裔皆阙载，故韦仲昌一支成为著支。

韦仲昌有两子，韦渐和韦浼。韦渐官职后裔阙载；韦浼一名莓，巴州刺史。自此主要是韦浼的后裔活跃在唐代政治舞台上，韦浼的两子韦执中和韦执谊将本支系的政治地位推向一个高潮。

韦执中，元和五年（810）时为河南令，与时任都官郎中的韩愈、洛阳令的窦牟关系不错，曾一同寻刘尊师，此人为谁暂不详知。从《全唐诗》中还可见到韦执中与李益的联句。③据《新唐书·李益传》，李益是故宰相李揆族子，于诗尤所长。德宗贞元末，名与宗人李贺相埒。建中末年，李益与路泌、韦绶等书判同居高第。文宗时，李益以左散骑常侍为礼部尚书致仕。④另据《旧唐书·窦牟传》，窦牟，贞元二年（786）登进士第，试秘书省校书郎、东都留守巡官。其弟窦巩能五言诗，昆仲之间，与窦牟诗俱为时所赏重。可见，韦执中所交之人皆以诗文著称，由此可反映韦执中的文学素养。韦执中两子⑤，韦韶曾任左武卫兵曹参军；韦楷，乡贡进士，年仅三十四岁便辞世。韦执中还有一女，跟随韦执中到泉州任上，年仅十七岁便去世了。⑥韦执中一支到唐宪宗以后便阙载了。

提升本家族政治地位的另一成员是以进士擢第并位及宰相的韦执谊，

① 《千唐志斋藏志》九四一《大唐故朝议郎行殿中侍御史赐绯鱼袋安定张府君（翔）墓志铭并序》，北京：文物出版社，1989年。
② 《千唐志斋藏志》九四一《大唐故朝议郎行殿中侍御史赐绯鱼袋安定张府君（翔）墓志铭并序》，北京：文物出版社，1989年。
③ （清）彭定求等：《全唐诗》卷七八九《李益·天津桥南山中各题一句》，北京：中华书局，1960年，第8890页。
④ 《旧唐书》卷一五九《路随传附父泌传》，北京：中华书局，1975年，第4193页。
⑤ 赵君平：《邙洛碑志三百种》二六一《唐故乡贡进士韦府君墓志铭并序》，北京：中华书局，2004年，第308页。
⑥ 赵君平：《邙洛碑志三百种》二三五《唐韦三娘墓志》，北京：中华书局，2004年，第279页；也见于吴钢主编：《全唐文补遗》第八辑，西安：三秦出版社，2005年，第124页。

此人曾因"二王八司马事件"被定性为"永贞革新"而颇具正面形象，那么事情究竟如何？笔者根据相关研究成果[①]和正史记载略陈如下：韦执谊是以进士擢第进入仕途的，并在制策中居于高等，拜为右拾遗，后被召入翰林为学士，受到唐德宗的宠遇，与裴延龄、韦渠牟等出入禁中，略备顾问，俨然是唐德宗时期的近臣。韦执谊卷进"二王八司马事件"是从结识王叔文开始的。

据载，唐德宗载诞日，皇太子也就是后来的顺宗，给唐德宗献佛像，唐德宗令韦执谊作画像赞，并令太子以缣帛赏赐韦执谊，韦执谊到太子东宫答谢太子，因太子言及王叔文，从此韦执谊与王叔文结识并交往甚密。王叔文并非高门大族出身，以皇太子棋待诏身份事于东宫，并得到太子的赏识。皇太子的侍读王伾尽管得不到太子的尊重，但也被卷进了此集团中。王叔文密结当代知名之士中欲侥幸速进者，与韦执谊、陆质、吕温、李景俭、韩晔、韩泰、陈谏、柳宗元、刘禹锡等十数人，定为死交，成为朋党。

顺宗即位后，这些侍从近臣相应得到重用，韦执谊与王叔文相善，请用为宰相。韦执谊被用为宰相后，原来与之相善之人士大多得以升迁，宰相韩滉之族子韩晔，有俊才，依附韦执谊，累迁尚书司封郎中。[②]陆质素与韦执谊善，由是征为给事中、皇太子侍读，仍改赐名质。[③]据史载，顺宗刚刚即位后的政局是"时同在相位，杜佑以宿旧居上，而韦执谊由朋党专柄。是时政事，王叔文谋议，王伾通导，李忠言宣下，韦执谊奉行"[④]。王叔文集团确实也掌权了一段时间。但这种局面没有坚持多久，就因宪宗的即位而告终。这其中一个关键性的人物还是京兆韦氏宗族中郿城公房的韦皋，韦皋在唐德宗在位的二十一年的时间里一直担任剑南东川节度使，是朝廷特别倚重的一方诸侯。顺宗即位后，王叔文集团掌权，韦皋派副使刘辟前往

① 黄永年：《所谓"永贞革新"》，《青海社会科学》1986 年第 5 期，第 60～71 页。
② 《旧唐书》卷一三五《王伾传》，北京：中华书局，1975 年，第 3739 页。
③ 《旧唐书》卷一八九下《儒学传下·陆质传》，北京：中华书局，1975 年，第 4980 页。
④ 《旧唐书》卷一四七《高郢传》，北京：中华书局，1975 年，第 3978 页。

京师"将韦皋之意于叔文,求都领剑南三川,谓叔文曰:'太尉使某致微诚于公,若与其三川,当以死相助;若不用,某亦当有以相酬。'"结果,王叔文大怒,将斩刘辟,韦执谊坚决不同意。韦皋知道"王叔文人情不附,又与韦执谊有隙,自以大臣可议社稷之计,乃上表请皇太子监国"①。由此,韦皋成为拥立宪宗推翻王叔文集团的首先发难者。韦执谊尽管与王叔文后来有了诸多矛盾,但仍旧是王叔文集团中的一份子,所以唐宪宗的即位也基本上宣告了韦执谊政治生命的结束,彭城公房韦会一支也由此退出政治舞台。

　　唐宪宗即位后,王伾、王叔文既逐,韦执谊被贬崖州司马,卒于贬所。韦执谊娶京兆杜氏杜黄裳女为妻②,生有五子,其中仅有两子有官职记载,韦瞳,字宾之,官至郑州刺史;韦静,承务郎,汝州叶县尉,此后再没有官职记载者,表明此系已经从政治舞台上退出了。

　　王叔文集团之所以能笼络这么多人,韦执谊在其中起了很大的作用。因为王叔文尽管是顺宗侍臣,但并非高门士族出身,仅仅是以棋待诏的身份成为宠臣的,故而仅凭他本人不可能笼络如此众多有文学素养的人士。但是王叔文笼络住了出身士族之家的韦执谊,他出身官宦世家,本人又通过进士及第步入仕途,故在当时的士林中是颇具影响力的人物,这可以通过他交往的人多是文学士人得到证明。吕温,"贞元末登进士第,与翰林学士韦执谊善"③。刘禹锡,"世为儒,第进士、博学宏词科、工文章。素善韦执谊,刘禹锡以名重一时,为王叔文引用,与柳宗元所言必用"④。柳宗元,"第进士、博学宏词科,顺宗即位,王叔文、韦执谊用事,尤奇待宗元"⑤。李景俭,"贞元十五年登进士,博闻强记,颇阅前史,韦执谊、王叔文东宫用事,尤重之,待以管、葛之才"⑥。陆质,出身四大吴姓之一,是以儒学见

① 《旧唐书》卷一四〇《韦皋传》,北京:中华书局,1975年,第3824页。
② 《旧唐书》卷一三五《韦执谊传》,北京:中华书局,1975年,第3735页。
③ 《旧唐书》卷一三七《吕渭传附子温传》,北京:中华书局,1975年,第3771页。
④ 《旧唐书》卷一六〇《刘禹锡传》,北京:中华书局,1975年,第4213页。
⑤ 《旧唐书》卷一六〇《柳宗元传》,北京:中华书局,1975年,第4217页。
⑥ 《旧唐书》卷一七一《李景俭传》,北京:中华书局,1975年,第4458～4459页。

称的吴姓士族，本人被列为儒学传中，与韦执谊善。[①] 而使王叔文集团得以瓦解的则又是韦氏宗族的另一人物韦皋，由此可以反映，韦氏家族在唐德宗、顺宗、宪宗时期对政局的变动产生了非常大的影响。

　　综上，韦会一支延续了五代，从韦会三子开始在政治上崛起，到德宗、顺宗时，以韦执谊通过进士及第进入仕途并达宰相之位而使家族的政治地位达到了一个高潮。韦执谊以科举士人的身份笼络了大批文士，从而为王叔文集团的壮大起到了很大的推动作用。但这样的局面维持了很短的时间，随着王叔文集团整体性地退出政治舞台，韦执谊的仕途也进入低谷，韦会一支系因此受到影响，从此一蹶不振。

二、韦弼支系

　　韦弼一支在政治上的崛起始于韦弼诸子。韦弼四子一女，长子韦伯阳，字春，曾任万年令、仓部郎中、北都留守。次子韦仲长，官职阙载；第三子韦叔将，豫州刺史；第四子韦季庄，扶阳郡太守。一女嫁给了河东裴氏裴元兰[②]，家世不详。诸子中有后裔记载者仅长子韦伯阳，是韦弼一支的著支。

　　韦伯阳三子，长子韦建，字正封，生于开元初，天宝中为河南令。[③] 德宗贞元五年（789），以太子詹事为秘书监致仕[④]，当时的太子即后来的顺宗，由此可推断，韦建也曾加入到了王叔文集团中。韦建与刘长卿有交往，当年韦建赴任河南令时，刘长卿还作有《送韦九赴河南》一诗。[⑤] 韦建与萧颖

① 《旧唐书》卷一八九下《儒学传下·陆质传》，北京：中华书局，1975 年，第 4980 页。
② 乔栋、李献奇、史家珍编著：《洛阳新获墓志续编》一五〇《裴元兰墓志铭并序》，北京：科学出版社，2008 年，第 387 页。
③ （清）董诰等：《全唐文》卷三七五《韦建小传》，北京：中华书局，1983 年，第 3813 页。
④ （宋）王溥：《唐会要》卷六七，北京：中华书局，1955 年，第 1174 页。
⑤ （清）彭定求等：《全唐诗》卷一五〇《刘长卿·客舍赠别韦九建赴任河南韦十七造赴任郑县就便觐省》，北京：中华书局，1960 年，第 1549 页。

士最善①，萧颖士出自兰陵萧氏，是自南朝以来的文学世家。次子韦迢，检校都官郎中、岭南节度行军司马。从杜甫的诗文中还可知，韦迢曾任韶州刺史，与杜甫有往来，故杜甫作有《送韦员外迢牧韶州诗》。②三子韦造，曾任郑县县令，官至大理评事，也与刘长卿有交往，当时他任郑县县令之时，刘长卿曾为此作有《送韦十七造赴任郑县》诗③。韦伯阳的三子皆入仕途，并且与当时的文学名士多有交往，这反映出韦伯阳家族成员颇具文学素养，充满文化气息。此三子中，韦迢后裔阙载，韦建原本无子，以其从祖韦季庄的孙子过继过来为嗣子，官至侍御史、户部员外郎。故而韦迢的后裔成为著支。

韦迢有三子韦夏卿、韦周卿和韦正卿，其中韦夏卿仕途最显。据《旧唐书》卷一六五《韦夏卿传》记载，韦夏卿字云客，通过苦学，在大历年间与弟韦正卿同年应制举，同时策入高等，授高陵主簿，后累迁刑部员外郎。时久旱蝗，下诏于郎官中选赤畿令，改奉天县令，韦夏卿以课最第一，转长安令。后改吏部员外郎，转本司郎中，拜给事中。坐交诸窦，出为常州刺史。韦夏卿深于儒术，所至招会礼通经之士。当时处士窦群寓于郡界，韦夏卿以其所著史论，存之于朝，遂为门人。后改苏州刺史。德宗贞元十六年（800），徐州张建封卒，初授韦夏卿徐州行军司马。寻授徐泗濠节度使。还未等韦夏卿至，张建封子张愔已被军人立为留后，因授旄钺。故而朝廷又征韦夏卿为吏部侍郎，转京兆尹、太子宾客，检校工部尚书、东都留守，迁太子少保。卒时年六十四，赠左仆射。

韦夏卿有风韵，善谈谑，与人同处终年，而喜愠不形于色。抚孤侄，恩逾己子，早有时称。其所与游辟之宾佐，皆一时名士，为政务通适，不喜改作。始在东都，倾心辟士，颇得才彦，其后多至卿相，世谓之知人。

---

① （清）董诰等：《全唐文》卷三一七《李华·三贤论》，北京：中华书局，1983年，第3215页。
② （清）彭定求等：《全唐诗》卷二三三《杜甫·潭州送韦员外迢牧韶州诗》，北京：中华书局，1983年，第2570页。
③ （清）彭定求等：《全唐诗》卷一五〇《刘长卿·客舍赠别韦九建赴任河南韦十七造赴任郑县就便觐省》，北京：中华书局，1983年，第1549页。

在其《神道碑》中记载，"今吏部郎中扶风窦群、抗迹毗陵，退身进道，今右司郎中敦煌段平仲，仓部员外郎安定皇甫镈、礼部员外郎清河张贾、洎京兆尹韦词、陇西李景俭、中山卫中行、平阳路随皆群彦之秀，出一时之高选，可以观其所任也"①。

韦夏卿尽管出身官宦之家，但并不坐享其成，通过苦学科举考试进入仕途，这一方面反映了韦夏卿的自强意识，同时也一定程度上反映了安史之乱后士族子弟通过门荫入仕后仕途的暗淡，科举已经成为入仕的正途和进入高官阶层的主要途径。自韦夏卿和其弟韦正卿通过科举入仕后，韦正卿的两子韦珩和韦瓘皆先后通过科举进士科入仕。韦珩，历德顺宪穆敬文六朝，贞元二十一年（805）进士，元和年制科及第，元和十五年（820）为左拾遗；长庆元年，官河阳节度参谋兼监察御史，开成年间为台州刺史，大和五年（831）自江州刺史拜，未视事卒。②韦瓘，字茂弘，贞元十九年（803）入关，应进士举，二十一年进士状头，敕下除左拾遗，瓘以左拾遗守右补阙，充史馆修撰；大和中，自中书舍人谪康州，宣宗大中初罢楚州刺史。③后裔阙载。

综上，韦弼一支延续了五代，自韦弼这一代算起，连续五代皆有显达者，特别是从韦夏卿这一代开始，入仕观念发生了很大转变，自此本支系向科举士族转变。本支系成员的交往对象多是有文学素养的人士，反映韦弼一支的家学也有向文学转变的倾向。这从韦弼一支系的婚姻对象也有所反映。韦夏卿娶河东裴氏玄宗朝宰相裴耀卿的孙女为妻④，韦正卿的女儿嫁

---

① （唐）吕温：《吕衡州文集》卷六《韦夏卿神道碑》，北京：中华书局，1985年，丛书集成初编本，第60页。
② 参见（宋）王溥：《唐会要》卷七六，北京：中华书局，1955年，第1390页；（宋）王钦若等：《册府元龟》卷五〇一；（宋）谈钥：《吴兴谈志》卷一四，吴兴丛书线装版，1914年，第29页；（宋）赞宁撰，范祥雍点校：《宋高僧传》下册卷三〇《唐天台山禅林寺广修传》，北京：中华书局，1985年，中国佛教典籍选刊（第一辑），第742页。
③ （宋）王溥：《唐会要》卷五六，北京：中华书局，1955年，第972页。
④ （唐）吕温：《吕衡州文集》卷六《韦夏卿神道碑》，北京：中华书局，1985年，丛书集成初编本，第60页。

给了河南独孤氏家族中的独孤密[①]，父亲独孤愐，为尚书右司郎中赠工部侍郎，本人官至商州刺史充本州防御使。韦迢的女儿嫁给了河南元氏元積[②]，元積为穆宗朝宰相，翰林学士[③]，是与张籍、白居易等名士相交游的文才之士。除此之外，本支系的婚姻对象中也有以战功起家的段氏，韦夏卿在夫人裴氏过世后，又娶武威段氏为妻，武威段氏为武威名族，其四代族为享有褒国公爵位的扬州大都督段志玄，有战功记于国史。其曾祖段弘珪为宣州长史、祖父段怀本为鄘州刺史，父亲段岌为衢州司田参军。段氏为段岌之第二女，生有一子韦珮，起家左千牛备身。段氏于元和四年（809）因暴疾终于私第，由韦夏卿的妹（姐）夫时任监察御史的元積为其撰写了墓志铭。[④]

附龙门公房一支世系：

韦玄成……韦胄—韦愔—韦达—韦挺杰—韦遵

—韦通—韦善嗣—韦崇德—韦会……

—韦弼……

韦会—韦仲昌—韦渐

—韦浼—韦执中—韦韶

—韦楷

—韦执谊

—韦叔昂—韦汎—韦万

—韦伯详

韦弼—韦伯阳—韦建

—韦迢——韦夏卿—□[⑤]

① 吴钢主编：《全唐文补遗》第三辑《幼妹娥娘墓志》，西安：三秦出版社，1996年，第190～191页。

② （唐）韩愈：《韩昌黎集》卷二四《监察御史元君其京兆韦氏夫人墓志铭》，北京：商务印书馆，1985年，第78～79页。

③ 《旧唐书》卷一六六《元稹传》，北京：中华书局，1975年，第4330页。

④ 韦夏卿与段氏的婚姻详见《韦夏卿妻段夫人墓志》，收入《新出唐墓志百种》，杭州：西泠印社，2010年，第264页。

⑤ 根据《韦夏卿妻段夫人墓志》可知，韦珮是韦夏卿的幼子，由此可推知，韦夏卿与裴氏还育有其他子，但名讳不详。

```
                    —韦珮
              —韦周卿
              —韦正卿—韦珩
                        —韦瑾
              —韦造
        —韦仲长
        —韦叔将
        —韦季庄
```

本节小结

综上所述，龙门公房是以北朝关陇贵族身份步入隋唐历史的，仕途起点比较高，但在政治上的活跃期不在唐前期，而是在安史之乱以后的德宗至宣宗时期。这可能跟本支系主要不是靠与皇室联姻而是靠自身成员文化素质提升政治地位有关，龙门公房由此实现了从关陇贵族向新兴科举士族的成功转型，也将家族的政治社会地位提升到一个新的高度，而与之联姻或社交的家族多是以文学而著称的书香门第，从这也可窥见该房家族浓厚的文化气息。

附表4-10：龙门公房成员入仕途径及官居五品以上者统计表

代际	名讳	入仕途径	最高或最后官爵	品阶	所处时代
1	韦遵		骠骑大将军、晋州大总管府长史、龙门县公		北周至隋
	韦通		晋州长史、龙门公		隋朝
2	韦善嗣		上谷郡太守	从三品	唐初
3	韦崇德		太子谕德	正四品下	
4	韦弼				

代际	名讳	入仕途径	最高或最后官爵	品阶	所处时代
5	韦仲昌		中散大夫、京兆少尹	从四品下	唐前期
	韦叔昂		左司郎中	从五品上	
	韦伯祥		考功郎中	从五品上	
	韦伯阳		仓部郎中、北都副留守	从五品上	
	韦季庄		扶风郡太守	从三品	
	韦叔将		豫州刺史	从三品	
6	韦建		秘书监	从三品	唐玄宗开元至唐德宗贞元
	韦迢		以都官郎中为岭南节度行军司马、韶州刺史	正四品下	
	韦洗		巴州刺史		
7	韦执中		河南令		
	韦执谊		宰相		唐穆宗
	韦夏卿	应贤良制举策入高等	工部尚书、东都留守，太子少保	正二品	唐玄宗天宝至宪宗元和
	韦正卿	应贤良制举策入高等			
8	韦暲		郑州刺史	从三品	
	韦弼		主客郎中莱济商三州刺史	正四品上	
	韦珩	进士制科及第状元	台州刺史	从三品	唐德宗至文宗
	韦瑾	进士	中书舍人	正五品上	唐德宗至宣宗

附表4-11：龙门公房婚姻关系表

序号	名讳	嫁娶对象	对象郡望	时代	出处
1	韦夏卿	裴皋女	河东裴氏	唐肃宗宝应年	《吕衡州文集》卷六《韦夏卿神道碑》
		段氏	武威段氏	唐德宗建中初年	《新出唐墓志百种》，第264页，《韦夏卿妻段夫人墓志》
2	韦正卿女	独孤密	河南独孤氏		《全唐文补遗》（三），第190～191页，《幼妹娥娘墓志》
3	韦汜	张翔姊妹	无考		《千唐志斋藏志》九四一《大唐故朝议郎行殿中侍御史赐绯鱼袋安定张府君（翔）墓志铭并序》

序号	名讳	嫁娶对象	对象郡望	时代	出处
4	韦弼女	裴元兰	河东裴氏		《洛阳新获墓志续编》一五〇，第387页，《裴元兰墓志铭并序》
5	韦执谊	杜黄赏女	京兆杜氏	顺宗	《旧唐书》卷一三五《韦执谊传》
6	韦迢女	元稹	河南元氏	穆宗	《韩昌黎集》卷二四《监察御史元君妻京兆韦氏夫人妻志铭》

第四节　郿城公房

郿城公房是东眷韦穆的后裔，其房祖是东眷韦穆的八代孙韦范，字元礼，有勋于周隋之间，仕周为车骑大将军，入隋为太常卿、淅州刺史，封郿城郡公，其后裔即以其爵位为称，为郿城公房。郿城公房作为唐代京兆韦氏的一个重要房支，并不见于《新唐书·宰相世系表》，但根据《元和姓纂》、目前出土的墓志材料及正史记载，都可以肯定郿城公房确实存在，且人才辈出。本节将在已有研究成果基础上重点对本房的世系做详细考订，并对其仕宦、婚姻加以考查，以进一步探索本房支在隋唐历史上的演进脉络。

一、世系考辨

关于郿城公房的世系，曾有张蕴先生在释读《韦昱墓志铭》、《韦甫墓志铭》和《韦行全墓志铭》的基础上补充了韦弘挺之子韦昱，韦恒之另一子韦甫及韦甫三子，韦皋之一子韦行全，其贡献自不待言。[1] 然依据笔者对郿城公房世系的梳理和综合研究，发现张文的结论尚存在值得商榷之处，现将其整理如下，以与先生共勉，以期对该房世系的梳理有所裨益。

---

[1] 张蕴：《西安南郊毕原出土的韦氏墓志考（二）：阆公房成员》，《考古与文物》2005年第3期，第84～90页。

1. 阆公房的韦范与郿城公房房祖韦范应为不同的两个人

张文的第一个问题是，误将韦穆的六代孙韦范与韦穆的八代孙范（元礼）作为同一人。基于此，作者将郿城公房并入阆公房世系中。

关于韦穆的六代孙范的记载主要有四处：

其一，《世系表》（3051 页）：穆曾孙楷，生逞，生阆，生范。表中范生法僔、颢、祖欢，世系为：穆—□—□—楷—逞—阆—范，范为穆的六世孙。

其二，《元和姓纂》（153 页）：穆五代孙关①，后魏殿中尚书，生范。范生法僔、颢、祖欢。据此，范也应是穆的六代孙，与《世系表》相一致。

其三，《魏书·韦阆传》（1018 页）：子范，历镇西大将军府司马，试守华山郡。

其四，《北史·韦阆传》（966 页）：子范，试守华山郡，赐高平男。

关于韦穆的八代孙范（元礼）的记载主要有十处：

其一，《元和姓纂》（166 页）：穆八代孙郿城公元礼，隋司农少卿；生孝恪，侍御史。

其二，《旧唐书·韦机传》（4795 页）：祖元礼，隋浙（淅）州刺史。父恪，洛州别驾。

其三，《新唐书·韦弘机传》（3944 页）：祖元礼，隋浙（淅）州刺史。父恪，洛州别驾。

其四，《旧唐书·韦渠牟传》（3731 页）：六代祖范，魏西阳太守，后周封郿城公。

其五，《权载之文集》卷十二《韦公先庙碑铭》："自扶阳重侯用明经致宰相，积十六叶至公六代祖范，字元礼，以字行于代，入隋为沂州刺史②，

---

① 诸校皆以"关"应为"阆"，见（唐）林宝撰，岑仲勉等校：《元和姓纂（附四校记）》卷二，北京：中华书局，1994 年，第 153 页。

② 据（唐）林宝撰，岑仲勉等校：《元和姓纂（附四校记）》卷二，北京：中华书局，1994 年，第 166 页，沂当作浙。

启土郿城，易名曰庄，实生孝恪。"

其六，《全唐文》卷七六四《萧邺·岭南节度使韦公神道碑》：贤封扶阳后徙平陵。及子元成，别徙杜陵，子孙家焉。遂为京兆人。元成生宽，宽生育，育生后汉尚书令浚，浚生梓潼太守豹，豹生东海相著，著孙胄，仕魏为詹事，胄少子曰穆，后著号为东眷。八世至隋郿城庄公讳元礼。

其七，《权载之文集》卷二十三《韦聿墓志铭》：君讳聿，字某，京兆杜陵人。六代祖郿城庄公范。

其八，《大唐故泸州都督府参军韦君（昱）墓志铭并序》①：字照容，京兆杜陵人。曾祖元礼，隋任太常卿、淅州刺史、郿城郡公。祖恪，袭爵郿城郡公。

其九，《韦行全墓志铭》②：字灵宝，京兆万年人。至隋淅州刺史府君讳范字元礼，始封郿城公。

其十，《韦道冲墓志铭》③：六代祖孝恪，袭封郿城公。

关于两个范是否为同一人，岑仲勉先生已经在《元和姓纂》（四校记）中认为，两个范是同名异人。兹从世系、官职及后裔记载情况进一步证明此两范不是同一人。

首先从世系来看：阆公房的韦范是韦穆的六世孙，导致将两个韦范混为一谈的一个主要原因是，如果根据《韦皋先庙碑》，郿城公房的韦范也是韦穆的六世孙，《韦皋先庙碑》记载：从韦贤至韦范是十六世，那么根据相关记载，韦贤至韦穆是十世，这也就意味着韦范（元礼）是韦穆的六世孙。这就很容易被误认为两个韦范是同一人。但实际上，郿城公房的韦范应该是韦穆的八世孙。根据《毗陵集》卷一〇："从丞相贤后九世至本州大中正穆"

① 张蕴：《西安南郊毕原出土的韦氏墓志考（二）：阆公房成员》，《考古与文物》2005 年第 3 期，第 85 页。
② 张蕴：《西安南郊毕原出土的韦氏墓志考（二）：阆公房成员》，《考古与文物》2005 年第 3 期，第 85 页。
③ 贺华：《唐〈韦道冲墓志〉略考》，《碑林集刊》（第十二辑），西安：陕西人民美术出版社，2006 年，第 70 页。

和《元和姓纂》："孟元孙贤，生元成，七代孙胄，生二子，穆号'东眷'。"
从韦贤至韦穆共十世。另据《韦正贯碑》，所列世系为韦贤—元成—宽—
育—浚—豹—著—□—胄—穆—□—□—□—□—□—□—□—元
礼，即从贤至穆为十世，至元礼应为十八世，也即元礼为穆的八世孙。与
《元和姓纂》所记也相符。故而笔者暂且认为是《韦皋庙碑》有误记，郿城
公房的范与阆公房的范并不是穆的同代后裔，故而不可能是同一人。

其次从官职来看：两个韦范存在着很大差异。作为阆公房的韦范其官
爵在《世系表》中记载为"后魏高平男"。《魏书》卷四五《韦阆传》记载
为：子范，历镇西大将军府司马，试守华山郡。《北史》卷二六《韦阆传》：
子范，试守华山郡，赐高平男。由此可见，阆公房的韦范事于北魏，曾试
华山郡守，高平男爵。郿城公房的韦范（元礼）的官职从以上所列出的材
料可以发现，一般都会提到其郿城公的爵位，即便爵位不提，也会提到其
在隋朝任淅州刺史。故而两个韦范的官职存在很大差异，无任何重合之处，
故而不可能是同一人。

最后从其后裔来看，阆公房的韦范在《世系表》和《元和姓纂》中都
记载有三子，分别为法僔、颢、祖欢。而郿城公房的韦范（元礼）仅有一
子恪（孝恪）。

综合以上分析，韦氏宗族中存在两个韦范，一个为穆的六世孙，属
阆公房，一个为穆的八世孙，属郿城公房。阆公房韦范的世系在《新唐
书·宰相世系表》中列出。但属郿城公房的韦范（元礼）及其世系并没有
在《世系表》中列出，张文将两个韦范混淆，故将属于郿城公房的成员韦
孝恪的世系排列在阆公房下。

2. 韦岳子和韦景骏应为兄弟关系而非父子关系

张文的第二个问题是误将兄弟关系的韦岳子、韦景骏列为父子关系。
关于两者之间的关系主要有七处。

其一，《元和姓纂》：孝恪生弘机，弘机生余庆，余庆生岳子、景骏、

景林。①

其二，《旧唐书》卷一八五上《韦机传》：余庆子岳，岳子景骏。②

其三，《新唐书》卷一〇〇《韦弘机传》：孙岳子、景骏。③

其四，《新唐书·韦机传附子景骏传》：韦景骏，司农少卿弘机孙。④

其五，《权载之文集》卷十二《韦皋先庙碑铭》：洛州生司马府君讳机，为第一室。以夫人陇西郡君配司农生坊州府君讳余庆为第二室，以夫人武功苏氏配坊州赠太子少保府君讳岳子为第三室。即岳子为弘机（机）孙。⑤

其六，《韦聿墓志》：机之孙赠太子少保岳。⑥

其七，《韦甫墓志铭》：公讳甫，字至。京兆万年人。公皇朝司农卿讳机之玄孙，赠坊州刺史讳余庆之曾孙；殿中少监，陕州刺史赠太师讳岳子之孙。⑦

综合以上材料可以证明，韦岳子与韦景骏同为韦弘机（机）之孙，韦余庆之子，为同父兄弟，《元和姓纂》（附四校记）中已指出此问题。⑧ 而张一文则仅仅依据《旧唐书》记载误为父子关系。

3. 韦聿、韦皋的父亲可证为韦贲

第三个问题是，张蕴一文对韦聿、韦皋父亲缺考。关于两者父亲的记载有四处。

其一，《元和姓纂》：岳子，生晋、恒、渐、贲、损、益、丰。贲，蓝田尉，生聿、晕、皋、肇。皋，太尉、中书令、剑南节度、南康王。

① 据（唐）林宝撰，岑仲勉等校：《元和姓纂（附四校记）》卷二，北京：中华书局，1994年，第166～167页。

② 《旧唐书》卷一八五上《韦机传》，北京：中华书局，1975年，第4797页。

③ 《新唐书》卷一〇〇《韦弘机传》，北京：中华书局，1975年，第3945页。

④ 《旧唐书》卷一〇〇《韦机传附子景骏传》，北京：中华书局，1975年，第5626页。

⑤ （唐）权德舆撰，郭广伟校点：《权德舆诗文集》上册卷十二《韦皋先庙碑铭并序》，上海：上海古籍出版社，2008年，第196—199页。

⑥ （唐）权德舆撰，郭广伟校点：《权德舆诗文集》上册卷十二《韦皋先庙碑铭并序》，上海：上海古籍出版社，2008年，第196—199页。

⑦ 张蕴：《西安南郊毕原出土的韦氏墓志考（二）：阆公房成员》，《考古与文物》2005年第3期，第86～87页。

⑧ 据（唐）林宝撰，岑仲勉等校：《元和姓纂（附四校记）》卷二，北京：中华书局，1994年，第168页。

其二,《韦聿墓志》:机之孙赠太子少保岳,八子为两千石,皆有风绩,生赠太子太师贲,仕至蓝田尉,有才子四人,君为冢嗣,承少保太师,终于右庶子。

其三,《韦皋先庙碑铭》:范仕周为车骑大将军,入隋为沂州刺史,启土郿诚易名曰庄,实生孝恪,武德初为洛州别驾。洛州生司马府君讳机,为第一室。以夫人陇西郡君配司农生坊州府君讳余庆为第二室,以夫人武功苏氏配坊州赠太子少保府君讳岳子为第三室,以夫人扶风郡夫人窦氏配少保生赠太子太保府君讳贲为第四室,自牧历蓝田尉。

其四,《韦行全墓志铭》:公讳行全,字灵宝。唐殿中监,赠太子少保君之曾孙,蓝田县尉、赠太子太保府君之孙、太尉、中书令、成都尹、南康郡王,赠太师府君之第二子。据韦皋庙碑铭:行全的曾祖是岳子,据《姓纂》、《韦皋先庙碑铭》及《韦聿墓志》,蓝田县尉是贲,也即行全的祖父。据《姓纂》,行全的父亲南康王是韦皋。故韦聿、韦皋的父亲可证为贲,也即职为蓝田县尉、赠太子太保者。

故自岳子至行全的世系应该是:岳子—贲—皋—行全。

4. 韦聿一支的世系可据墓志材料补充,仅据正史有误

关于韦聿一支世系的记载有两处:

其一,《唐右庶子韦公(聿)夫人故荥阳县君郑氏墓志铭并序》:夫人有子三人,有女四人,长曰行俭,早岁以词雄学优登进士甲科。无何贬朗州司户参军。次曰行素,次曰行修,皆能于文章,攻乎艺术。如姬之子□人:曰行敦,操坚强立,举明经第。次曰行余,次曰王九,次曰省郎。如姬之女有三人,幼童。次子行素书。

其二,《韦聿墓志》:介弟太尉南康忠武王,夫人荥阳县君政氏,嗣子行俭,进士第,自协律郎移朗州司户,次子行修,次某等专经术,某等尚幼,女子有行者四人,三人在褓褓中。

此两方墓志可清楚记载韦聿的后代为七子七女,其长幼顺序为:行俭—行素—行修—行敦—行余—王九—省郎。张文据正史并没有将韦聿

的世系排列出来，仅将行式、行素列于其后。但实际上行式为皋之子，非聿之子。

5. 韦皋一支的世系考证不够全面

关于韦皋一支世系的记载有五处：

其一，《元和姓纂》（168 页）：生行立，工部郎中。

其二，《韦皋先庙碑铭》：嗣子工部员外郎行立。

其三，《韦行全墓志铭》：太尉、中书令、成都尹、南康郡王，赠太师府君之第二子。

其四，《新唐书》卷五八《韦皋传》：韦皋兄聿，弟平。平子正惯，字公理，少孤。韦皋子行式。

其五，《旧唐书》卷一四〇《韦皋传》：兄聿，从兄平及禽……皋侄行式。

综合以上材料，韦皋有三子，即行立、行全、行式。行式在《旧唐书》中为皋侄，在《新唐书》中为皋子。据《姓纂》和《韦皋庙碑铭》，皋兄弟四人，聿子已经很清楚，并无行式，其余弟兄的后代暂无记载。故从《新唐书》为皋子。张文误将行式列为韦聿子，行素并不确定。

综合以上考释，现将郿成公房的世系重新排列如下：

韦范（元礼）—韦孝恪—韦弘楷

　　　　　　　　　—韦弘机—韦余庆—韦岳子……

　　　　　　　　　　　　　　　—韦景骏……

　　　　　　　　　　　　　　　—韦景林……

　　　　　　　　—韦弘挺—韦昱

　　　　　　　　　　　　—韦旭

韦岳子—韦晋

　　　—韦豫

　　　—韦恒—韦平—韦正贯—韦参文

　　　　　　　　　　　　—韦温文

　　　—韦甫—韦劢

```
                    —韦庚力
                    —韦青力
        —韦渐
        —韦贲—韦聿—韦行俭、行素、行修、行敦、行余、王九、省郎
                —韦晕
                —韦皋—韦行立、行全、行式
                —韦肇
        —韦损—韦彝、异、羿、弇、弁、□、□、契
        —韦丰
        —韦益
韦景骏—韦述—韦州平
            —韦都宾—韦道冲—韦勤
                        —韦劬
                        —韦勔
        —韦迪—韦宅相
            —韦夏有
            —韦启强
            —韦婴齐
            —韦柏尼—韦諲
                —韦汉仪
                —韦缤
                —韦赞（再从弟）
        —韦起
        —韦逌
        —韦巡
        —韦冰（达）——□
                ——韦渠牟—韦博古
```

　　　　　　　　　　　　　　　　—韦近古

韦景林—韦咸—韦罩—韦本仁—韦逢

　　　　—韦复—韦准—韦广——韦卓

　　　　　　　　　　　　　　——韦庠

二、仕宦

　　既然韦范是鄜城公房的房祖，那么也就意味着他对本房的开创意义。
从韦范的仕途经历判断，此房是通过韦范加入到关陇贵族集团中开始在北
周崛起的。韦范子韦孝恪世袭其父爵位，事唐初武德年间，历洛州别驾、
侍御史、金部郎中。[①] 韦孝恪三子韦弘楷、韦弘机和韦弘挺。其中韦弘楷，
饶州刺史；韦弘挺上护军、昌乐令[②]；韦弘机[③]，历太宗、高宗两朝，唐太宗
时期，以左千牛胄曹参军出使西突厥，册拜同俄设为可汗，会石国叛，道
路梗塞，三年不得归。韦弘机将自己的衣服撕裂下来记录沿途的风俗人情，
待回归后献给唐太宗，由此擢朝散大夫，累迁殿中监。高宗显庆年间，担
任檀州刺史，兴学办教，使当地风化淳厚。突厥契苾何力讨伐高丽之时，
驻扎在滦水，因水暴涨，师留三日，韦弘机因输给资粮有功，迁司农卿。
太子李弘薨后，所治陵墓不当，高宗令重修，韦弘机利用在司农卿上积累
的钱财不作多改，如期完成，由此兼将作、少府两官，督办营缮。初作宿
羽、高山等宫，徙洛中桥于长夏门，废利涉桥，人便之。因家人犯盗罪，
被弹劾免官。后高宗想重新启用韦弘机，让他以白衣检校园苑，但因为韦
弘机曾经因一个名叫朱钦遂的方士得罪了武后，故而此次没被启用，终于

---

① 韦孝恪的官职参见（唐）权德舆：《权载之文集》卷十二《唐故光禄大夫检校太尉兼中书令成
　都尹剑南西川节度副大使知节度事兼管内支度营田观察处置统押近界诸蛮夷西山八国云南安
　抚等使上柱国南康郡王赠太师韦公先庙碑铭并序》，上海：上海书店，四部丛刊初编本，1989
　年，第 7～10 页。
② 韦弘挺的官职《元和姓纂》中阙载，今据王素：《新中国出土墓志》河南卷三《千唐志斋》
　一五九《唐故常州武进县尉刘府君妻韦夫人墓志铭》，北京：文物出版社，1994 年，第 14 页补。
③ 《新唐书》卷一〇〇《韦弘机传》，北京：中华书局，1975 年，第 3944 页。

检校司农少卿一职。

韦孝恪的三子中，韦弘楷后裔阙载，韦弘挺娶王氏为妻，生有韦昱和韦旭。韦昱①，以明经举第，射策高第，授陇州行参军，停家积年之后，乃授泸州都督府参军，永淳二年（683）终于泸州之馆舍，春秋三十有八。韦旭②，富平令。韦弘机娶陇西辛氏为妻，生子韦余庆，官职阙载，卒后赠坊州刺史。③自此本房支活跃在唐代舞台上的主要是韦余庆的后裔。

韦余庆三子韦岳子、韦景骏和韦景林。

韦岳子④，历武后睿宗时期，武后时为汝州司马，以办治称，诏授尚舍奉御，得到武后的赏识。可能是因为韦岳子祖父韦弘机当初因为方士之事没有被重新启用，武后想以此对其孙有所补偿。后来被出为太原令，韦岳子以不习武为由固辞，因此被出为宋州长史。后历任庐、海等州刺史，颇有政绩。睿宗即位后，被召为殿中少监，恩遇尤异。唐玄宗即位后的先天年，窦怀贞等同太平公主联合起来，借用羽林军与唐玄宗争夺权力，结果以失败告终，窦怀贞被诛，韦弘机因早先与窦怀贞有交往被姜皎弹劾，贬渠州别驾，后起陕州刺史，终官。

韦景骏⑤，明经入仕，历武则天、中宗时期，先后任肥乡令、贵乡令，与清漳令冯元淑、临洺令杨茂谦共为当时名令。后为官赵州长史，历肥乡，受到当地人的敬重。终于房州刺史，是唐代有名的循吏之一。

韦景林⑥，朝散大夫，殿中监。

韦余庆三子皆有后裔，形成三个支系。

---

① 参见《大唐故泸州都督府参军韦君墓志铭并序》，收在张蕴：《西安南郊毕原出土的韦氏墓志考（二）：阆公房成员》，《考古与文物》2005 年第 3 期，第 84～90 页。

② 韦旭官职据王素：《新中国出土墓志》河南卷三《千唐志斋》一五九《唐故常州武进县尉刘府君妻韦夫人墓志铭》，北京：文物出版社，1994 年，第 14 页补。

③ 《韦玄存墓志铭》，《全唐文又再补》，第 15 页。

④ 《新唐书》卷一〇〇《韦弘机传附岳子传》，北京：中华书局，1975 年，第 3945 页。

⑤ 《旧唐书》卷一八五下《良吏传下·杨茂谦传》，北京：中华书局，1975 年，第 4821 页；《新唐书》卷一九七《循吏传·韦景骏传》，北京：中华书局，1975 年，第 5626 页。

⑥ 吴钢主编：《全唐文补遗》第九辑《故平卢军散兵部使银青光禄大夫检校太子宾客上柱国京兆韦公广墓志铭并序》，西安：三秦出版社，2007 年，第 404 页。

（一）韦岳子支系

韦岳子有八子，即韦晋、韦豫、韦恒、韦渐、韦贲、韦损、韦丰和韦益。除了韦晋、韦丰和韦益无官职记载外，其余皆有官职记载。

韦豫[①]，字仲宁，继其父好学之家风，大其精力，好学强记，能究经史之精华。以门荫入仕，以南郊斋郎选授邛州参军，转剑州司兵。其间结交贤豪，招讶宾友，闲赋咏于谈笑，杂壶博于玄歌。后优游闾里，凡经数载。后属年谷失稔，牵疾赴选，被当时司空杨公奏授普安郡司马，天宝十三载（754）六月九日终于延康之私第，春秋六十五。

韦恒，扶风太守、京兆少尹河北采访使[②]；韦贲，蓝田尉，赠太子太保[③]。韦渐，京兆府金城县令[④]；韦损[⑤]，自弱冠入仕，至于大理。先后任毗陵守、丹阳守。到毗陵任上不久，就出现了"政平人阜，南土是保"的局面，朝廷以他毗陵政绩优异，将之转迁丹阳太守。据《新唐书》卷四一《地理志五》载，"润州丹阳县有练塘，周八十里，永泰中刺史韦损因废塘复置，以灌溉丹阳、金坛、延陵之田，民刻石以颂之"。《全唐文》收录李华《润州丹阳县复练塘颂并序》一文即是因韦损的这一政绩而作。代宗大历年间刘晏以吏部尚书为江淮转运使，旌表韦损之政绩，被诏加银青光禄大夫、封冯翊县开国男之爵。代宗大历二年（767），丹阳政成，韦损被拜为大理少卿，终于大历六年（771）。韦损是韦氏家族中永泰、大历年间的循吏。韦岳诸子中除了韦渐，其余皆有后裔记载。

---

① 陈安利：《西安新出两方唐志考释》，《碑林集刊》（第一辑），西安：西北大学出版社，1993年，第160～163页。

② （清）董诰等：《全唐文》卷七六四《萧邺·岭南节度使韦公（正贯）神道碑》，北京：中华书局，1983年，第7943页。

③ 参见《唐故京兆韦府君（行全）墓志铭并序》，收在张蕴：《西安南郊毕原出土的韦氏墓志考（二）：阆公房成员》，《考古与文物》2005年第3期，第88页。

④ 吴钢主编：《全唐文补遗》第七辑《唐魏郡临黄县尉卢之翰妻京兆韦氏墓志铭并序》，西安：三秦出版社，2000年，第51页。

⑤ 李举纲：《唐大历才子苗发〈韦损墓志〉考释》，《碑林集刊》（第十三辑），西安：陕西人民美术出版社，2007年，第105～108页。

1. 韦恒一支

韦恒有两子，韦平和韦甫。韦平[①]，衡州别驾；韦甫[②]，字至，开元末明经擢第，天宝初起家绛州大平县主簿。安史之乱后，勋臣举旧，奏授青州北海县丞。代宗广德元年（763），转泸州录事参军，专知当州营田。永泰元年，被时任东都河南转运使、户部尚书的刘晏奏授为大理评事，兼充转运使下巡官，分巡江西道。大历五年（770），又奏授试大理司直，兼越州诸暨县令。十四年调补河南府洛阳县丞。德宗建中四年，再调河南府田曹参军。虽以超等累迁，未展弘度。直到德宗贞元六年（790），才被剑南东川节度观察使王公辟为本道营田副使，仍奏授殿中侍御史内供奉。贞元八年（792），奏授权知普州事，贞元十七年（801），奏兼剑南西川节度副使，赏紫金鱼袋。贞元十八年（802），薨于郡之官舍，春秋八十一。其同僚王良士为其撰写了墓志铭。

韦平有子韦正贯[③]，字公理。季父太尉公韦皋特别器重他，认为他将来必能大其家门，故名之曰臧孙。因为韦皋有大功于国家，韦氏子姓可以坐掇朱青，但韦正贯却深自惩刻，不愿坐享其成。以门荫入仕后的长庆初年，遂弃官改名，对贤良极谏，策登乙卯科。通过制举再次入仕后授太子校书。敬宗时，又以华原县尉再登详贤吏理科，迁万年主簿。又考京兆进士，能第上下，颇得一时之俊。历任泽州、泗州、普州刺史，司农卿、均州刺史、京兆尹、同州刺史、长春宫使，加左散骑常侍兼御史大夫。终于宣宗大中年间，春秋六十八，天子为之不视朝一日，赠工部尚书。韦正贯两子[④]，长

---

① 《元和姓纂》中阙载，今据（清）董诰等：《全唐文》卷七六四《萧邺·岭南节度使韦公（正贯）神道碑》，北京：中华书局，1983 年，第 7943 页补。

② 参见《唐故朝仪郎使持节晋州诸军事守普州刺史赏紫金鱼袋京兆韦府君（甫）墓志铭》，收在张蕴：《西安南郊毕原出土的韦氏墓志考（二）：阆公房成员》，《考古与文物》2005 年第 3 期，第 86～87 页。

③ 参见（清）董诰等：《全唐文》卷七六四《萧邺·岭南节度使韦公（正贯）神道碑》，北京：中华书局，1983 年，第 7943 页；《新唐书》卷一五八《韦皋传附正贯传》，北京：中华书局，第 4937 页。

④ 《元和姓纂》阙载，据（清）董诰等：《全唐文》卷七六四《萧邺·岭南节度使韦公（正贯）神道碑》，北京：中华书局，1983 年，第 7943 页补。

曰参文，太子校书；次曰温文，华州参军。

综上，韦恒一支延续了四代，政治上的高潮期主要集中在韦恒祖孙三代，其中以明经及第的韦甫和制举及第的韦正贯为支撑门户的显著人物，大致到唐宣宗以后就退出了政治舞台。

2. 韦贲一支

韦贲四子，韦聿、韦晕、韦皋和韦肇。韦聿[①]，门荫入仕，起家南陵尉，宪宗元和三年（808）终于太子右庶子。韦晕，屯田员外郎赠邓州刺史；[②] 韦肇，德宗贞元十三年（797）担任剑南运粮使，后至太子左庶子兼御史大夫赠左散骑常侍[③]。韦皋[④]，以门荫入仕，代宗大历初，以建陵挽郎补华州参军，被出为凤翔陇右节度使的张镒表为营田判官，得殿中侍御史，权知陇州行营留事，开始掌握地方军权。德宗建中四年（783），发生泾原兵变，张镒被杀，陇州刺史郝通投奔到楚琳处，叛归朱泚。朱泚派使者说服韦皋一同叛唐，韦皋智灭留在陇州的朱泚势力和使者，显示了对李唐王室的忠心，被德宗下诏授予御史大夫、陇州刺史，并置奉义军节度以示旌表。德宗从奉天还京后，韦皋以竭诚王室有功被迁为左武卫大将军，从此韦皋在仕途上平步青云。

德宗贞元元年（785），韦皋检校户部尚书兼成都尹、御史大夫，代张延赏为剑南西川节度使。蜀地历来富庶，是唐王朝财赋的主要来源地之一。剑南西川节度使更是肩负着镇守西南边陲的重任。在韦皋担任剑南西川节度使二十一年的时间内，他"服南诏、摧吐蕃"，立下了赫赫战功，使"南诏入贡，西戎寝患"。

---

① 参见（唐）权德舆撰，郭广伟校点：《权德舆诗文集》（上册）卷二十三《韦聿墓志铭并序》，上海：上海古籍出版社，2008年，第347—349页。

② 参见（唐）权德舆撰，郭广伟校点：《权德舆诗文集》（上册）卷二十三《韦聿墓志铭并序》，上海：上海古籍出版社，2008年，第347—349页。

③ 参见（宋）王溥：《唐会要》卷七八，北京：中华书局，1955年，第1440页；（唐）权德舆：《权载之文集》卷十二《韦皋先庙碑铭并序》，上海：上海书店，1989年，四部丛刊初编本，第7～10页。

④ （唐）权德舆撰，郭广伟校点：《权德舆诗文集》上册卷十二《韦皋先庙碑铭并序》，上海：上海古籍出版社，2008年，第196—199页；《新唐书》卷一五八《韦皋传》，北京：中华书局，1975年，第4933页；《旧唐书》卷一四〇《韦皋传》，北京：中华书局，1975年，第3824页。

南诏本来是在唐王朝支持下建立的地方民族政权，但天宝末年，杨国忠为了获得在西南的地方权力，错误地发动了对南诏的两次战争，迫使南诏从此投向吐蕃一边，成为唐王朝在西南的重要边患。韦皋去了蜀地后，充分认识到南诏在平定吐蕃中的巨大作用，采取以招抚为主，用武为辅，争取西南民族以孤立吐蕃的办法，使南诏重新与唐王朝建立和平交往关系，成为共同对付吐蕃的重要力量，并且他还废除了强迫南诏子弟入京城做"人质"的制度，帮助南诏人民发展地方的经济文化。

同时，韦皋还对其他西南少数民族加以招抚，真正实现了对吐蕃贵族的孤立。在后来对吐蕃的几次战役中，韦皋借用少数民族和南诏力量，毫无后顾之忧地痛击吐蕃，彻底解决了西南边疆的困扰。韦皋在西南二十一年，因治理蜀地颇有政绩，被赐第崇仁里，并以功加检校司徒兼中书令封南康郡王。

韦皋在临终之前，还促成了唐宪宗的即位。史载，顺宗即位后，王叔文、王伾等实际掌握朝政，韦皋先是派节度副使刘辟前往朝廷拉拢王叔文集团，要求王叔文答应尽占剑南三川，结果遭到王叔文的拒绝。于是韦皋上书曝王叔文、王伾之阴谋，要求太子监国，加之裴均、严绶笺表继之，结果唐宪宗即位，王叔文集团被逐。当年，韦皋暴卒，享年六十一，废朝五日。

韦皋以其赫赫功绩不仅为维护唐王朝西南边陲的安定做出了贡献，也为其家族赢得了荣耀，在他的碑铭中这样记载："汉称扶阳，唐有南康。"[①]此处的扶阳是韦氏宗族中的开创性人物韦贤，是汉宣帝时期的宰相，被封以扶阳侯，权德舆在韦皋的碑铭中如此记载，反映出韦皋对韦氏宗族的重大意义所在。他的功绩也确实为家族成员的入仕提供了便利，在《韦正贯墓志铭》中有如是记载："太尉有大功于国家，韦氏子姓可以坐掇朱青。"[②]

① （唐）权德舆撰，郭广伟校点：《权德舆诗文集》上册卷十二《韦皋先庙碑铭并序》，上海：上海古籍出版社，2008年，第196—199页。
② （清）董诰等：《全唐文》卷七六四《萧邺·岭南节度使韦公（正贯）神道碑》，北京：中华书局，1983年，第7943页。

本房的韦平，在德宗贞元六年以前，几乎都在低级官员间转迁，直到德宗贞元六年（790）才被奏授剑南西川节度副使，而这个时候，韦皋已经担任剑南西川节度使六年了，韦平的升迁估计与韦皋有关系；另外，韦肇也就是韦皋的叔父，德宗贞元十三年（797），曾担任剑南运粮使，估计也与韦皋有关系。南皮公房的韦羽，广德二年（764），弘文馆明经出身，在京兆府法曹一职满秩待选之时，"薄游西蜀，太尉韦公皋奉为上客，遂摄华阳令"。不久又被奏授"户部员外郎兼职侍御史，赐绯鱼袋，领南道粮料使"①。这显然是韦皋出于同宗关系对韦羽施以关照。

韦皋在任期间，受其表授和引用的还有数人，"段文昌，荆州人，节度使裴胄知之而不能用。韦皋镇蜀，表为校书郎。穆宗后曾任西川节度使，出入将相，泊二十年"②。崔从"贞元初，进士登第，西川节度使韦皋开西南夷，置两路运粮使，奏从掌西山运务，后权知邛州事"。刘辟欲反，谋之与从，从以书喻之，刘辟之乱被平叛后，崔从独因与之反而存③；"韦皋镇西川，王纬、司空曙、独孤良弼、裴浣居幕府。"④其中司空曙为"大历十才子"之一。林蕴"世通经，西川节度使韦皋辟推官"；⑤许季同"署西川韦皋府判官"⑥，这表明韦皋经过在剑南西川二十多年的经营，已经在此形成了一个相对独立的实力集团，成为坐镇一方为朝廷倚重的大员。

韦贲的四子中，仅有韦聿和韦皋有后裔记载。韦聿七子，其中韦行俭，进士及第，自协律郎移朗州司户。⑦韦行素、韦行修，皆能于文章，攻乎艺术。韦行敦，操坚强立，举明经第。

---

① 陆扬：《从新出墓志再论 9 世纪初剑南西川刘辟事件及其相关问题》，《唐研究》17 卷，北京：北京大学出版社，2011 年，第 331～356 页。
② 《旧唐书》卷一六七《段文昌传》，北京：中华书局，1975 年，第 4371 页。
③ 《旧唐书》卷一七七《崔慎由传附父从传》，北京：中华书局，1975 年，第 4580 页。
④ 《新唐书》卷一七七《韦表微传》，北京：中华书局，1975 年，第 5274 页。
⑤ 《新唐书》卷二〇〇《儒学传·林蕴传》，北京：中华书局，1975 年，第 5719 页。
⑥ 《新唐书》卷一六二《许孟容传附季同传》，北京：中华书局，1975 年，第 5001 页。
⑦ 《元和姓纂》阙载，据（唐）权德舆撰，郭广伟校点：《权德舆诗文集》上册卷二十三《韦聿墓志铭并序》，上海：上海古籍出版社，2008 年，第 347—349 页。

韦皋有三子，韦行立、韦行全和韦行式。韦行立，宪宗元和年间为朝仪郎守尉卫少卿赐绯鱼袋[1]，还曾任处州刺史[2]，终于工部员外郎[3]；韦行全[4]，字灵宝，官职阙载，元和十二年（817），年仅三十一岁便去世了。韦行式官职阙载，其妻子是与刘辟相善的卢文若的妹妹，韦皋死后，节度副使刘辟自为留后并向唐宪宗要求都领三川，以与之相善的幕府卢文若为东川节度使，后来刘辟之乱被平叛。受此牵连，韦行式的妻子没官，韦皋兄韦聿下狱，后皆被释放。[5]

3. 韦损一支

韦损娶河南元氏为妻，有子八人，人丁兴旺，但不知因何故，官职皆阙载，但"悉务儒学，克荷严训"，保持着良好的家风。

综上，韦岳子一支系延续了四代，以德宗时期为仕途的高潮期。究其原因，主要在于这一时期不仅涌现出了以明经科和制举及第者，而且还有以泾原兵变为契机而崛起成为剑南西川节度使的实力派人物韦皋，由此为其他成员的仕途铺平了道路，带动了整个家族的荣盛。然韦皋的暴卒和刘辟的叛乱，使该支系的政治地位一落千丈。尽管有韦皋其兄韦聿的后裔以文学艺术而立足于士林，但再无出现实力派人物，故而，该支系大致于宪宗以后便在政治上衰落下去。

（二）韦景骏支系

韦景骏六子，为韦述、迪、起、逌、巡、冰（达），其中最有文化成就

---

① 韦行立为其弟韦行全撰写墓志铭时自署官职，《韦行立墓志铭》，收在张蕴：《西安南郊毕原出土的韦氏墓志考（二）：阆公房成员》，《考古与文物》2005 年第 3 期，第 88 页。

② （唐）元稹撰，冀勤点校：《元稹集》（下册）卷四十八《制诰·韦行立处州刺史》，北京：中华书局，1982 年，第 515 页。

③ （唐）权德舆撰，郭广伟校点：《权德舆诗文集》上册卷十二《韦皋先庙碑铭并序》，上海：上海古籍出版社，2008 年，第 196—199 页。

④ 参见《唐京兆韦府君（行立）墓志铭并序》，收在张蕴：《西安南郊毕原出土的韦氏墓志考（二）：阆公房成员》，《考古与文物》2005 年第 3 期，第 88 页。

⑤ 《旧唐书》卷一四〇《韦皋传》，北京：中华书局，1975 年，第 3824 页。

的就是韦述。韦述[①]，少举进士，登科之前，其姑子元行冲对他产生了很大的影响。元行冲是后魏常山王元素连之后，少孤，为外祖韦弘机抚养，博学多通，尤善音律及训诂之书，举进士。韦景骏是元行冲的舅舅，任肥乡令到任上，韦述随父至任所，元行冲当时任洺州刺史，是当时大儒，常载书数车自随，为韦述提供了很好的学习条件。进士及第后，韦述在唐玄宗开元五年仅担任过短时间的栎阳县尉便开始了著书的生活。

秘书监马怀素受诏编写图书目录，韦述奉命与元行冲等二十六人参与其中，同入秘阁编录四部书目，历时五年，共编写目录二百卷。在秘阁检索书目之时，他还见过柳冲所撰的《族姓系录》二百卷，一时爱不释手。于是，在抄写书目之余，又手抄该书，然后带回家仔细整理考订。一年之后，韦述竟在柳冲书的基础上，别撰《开元谱》二十卷。该书比柳冲的《族姓系录》内容更为翔实，对当时社会上的姓氏源流析分得更加详细，韦氏也因此在谱学领域扬名。

开元十三年（725），宰相张说将韦述引为集贤院学士，又迁起居舍人，继续其在登科前著史的工作。萧嵩主持集贤院期间，韦述与贾登、李锐共同撰成了《唐六典》。开元十八年（730），兼知史馆事。二十七年，转国子司业，后充集贤学士。天宝初，历左右庶子，天宝九载，兼充礼仪使。韦述在史馆书府四十余年，长期担任修史工作。鉴于唐之国史从令狐德棻到吴兢虽屡有修撰，但始终未成一家之言。到韦述任史官后，始定体例，并拾遗补缺，检校史实，编成《国史》一百三十卷、《史例》一卷，文简而事详，充分体现了韦述的良史之才。当时的萧颖士还曾把韦述与著名史学家谯周和陈寿相提并论。

韦述不仅喜欢著书，还喜欢藏书，他自己存书两万余卷，被列为中国古代历史上的藏书家之一。除了书，他还收藏字画、碑帖、古器图谱，可

---

① 《旧唐书》卷一〇二《韦述传》，北京：中华书局，1975 年，第 3186 页；《新唐书》卷一三二《韦述传》，北京：中华书局，1975 年，第 4529 页；（清）董诰等：《全唐文》卷三〇二《韦述小传》，北京：中华书局，1983 年，第 3063 页。

谓种类繁多。正当他尽心展开学术工作的时候，安史之乱爆发了。唐玄宗逃亡蜀地，韦述因家在长安留了下来，携带《国史》藏到终南山中，后来被叛军抓获，被迫接受了伪职。唐军收复长安后，韦述以投敌之罪被流放渝州，受到渝州刺史薛纾的困辱，绝食而死。安史之乱的爆发打断了韦述的学术进程，也葬送了韦述的生命，成为中国史学界的一大损失。

代宗广德二年（764），韦述的外甥萧直借向皇帝奏事之机，为韦述申辩前事，请求能以其保存《国史》之功，弥补过失，代宗准诏，追赠韦述为右散骑常侍。

韦述一生所著除了《国史》和《开元谱》外，还有《唐职仪》三十卷、《高宗实录》三十卷、《御史台记》十卷、《两京新记》五卷，皆刊行于当时，至今已多有散佚。

韦景骏并不以文化见长，所任官职也不高，但韦述兄弟六人却皆以词学登科，除了韦述这一史学大家外，韦迤[①]，学业亚于韦述，尤精《三礼》，与韦述对为学士；韦迪[②]，同为礼官，时人荣之，累迁考功员外郎，国子司业，终于太子中书舍人；韦冰，著作郎兼苏州司马。当时的赵东曦兄弟六人也是皆以词学登科，为此张说曰："赵、韦昆季，今之杞梓也。"韦景骏一支经过其六子的努力，成为一个以经学和文学见长的科举士族之家。

韦景骏的六子中，仅有韦述、韦迪和韦冰有后裔记载。

1. 韦述一支

韦述有两子，韦州平，水部郎中；韦都宾[③]，主要活动于德宗年间。安史之乱后，唐朝形成藩镇林立的局面，割据型藩镇主要集中在河朔以及河南地区，其中河朔三镇是独立性最强和最顽固的。[④] 他们拥兵自重，节度使

---

① 《旧唐书》卷一〇二《韦述传附弟迤、迪传》，北京：中华书局，1975 年，第 3188 页。
② 《旧唐书》卷一〇二《韦述传附弟迤、迪传》，北京：中华书局，1975 年，第 3188 页。
③ 参见《旧唐书》卷一二《德宗本纪》，北京：中华书局，1975 年，第 335 页；《新唐书》卷五二《食货志二》，北京：中华书局，1975 年，第 1351 页；《新唐书》卷二二三下《奸臣传下·卢杞传》，北京：中华书局，1975 年，第 6352 页。
④ 张国刚：《唐代藩镇研究》，长沙：湖南教育出版社，1987 年，第 81 页。

职位父死子继或由部下拥立，中央朝廷只能事后追认。这种局面到了唐德宗时期继续存在。德宗建中元年以来实施的两税法，增加了中央的财政收入，使中央具备了一定的抵抗这些割据型藩镇的财政基础。于是，建中二年（781），成德节度使李宝臣死后，其子李惟岳自己继任节度使之位，并要求朝廷追认。但唐德宗这次却没有答应，引发了李惟岳联合魏博镇田悦等共同对抗中央的四镇之乱，由是河北、河南连兵不息。当时担任度支使的杜佑估计国库所存根本无法满足军费开支，如果能得五百万贯，就能支撑半年，可是钱从何来？于是以户部侍郎赵赞判度支，赵赞亦计无所施。时任太常博士的韦都宾是赵赞好友，于是联合卢杞等谋划从京城富商那里借钱来供给军费支用，德宗答应后，并与富商约好，罢兵后，以公钱还。敕令颁下之后，京兆少尹韦祯督责颇峻，长安县尉薛萃搜人财货，意其不实，即行榜箠，人不胜冤痛，或有自缢而死者，京师嚣然如被贼盗。结果搞得怨声载道，才勉强征了二百八十万，后德宗废弛此令。韦都宾等人为平叛四镇之乱所献的计策也以失败告终。

韦都平子韦道冲[①]，射策不中，门荫入仕，授江夏椽。官历太子通事舍人、永丰军从事、大理评事。元和年间，为殿中内供奉、京兆府仓曹参军、司录参军、端州司户。终于穆宗长庆二年（822），春秋五十二。韦道冲三子，韦勤、韦劼和韦勔，除了韦勤为安邑丞外，其余官职皆阙载。

综上，韦述分支延续了四代，以韦述兄弟的经学或文学成就突出而著名于士林，成为科举士族。然其后裔在文化成就上已远不及前辈，也无进士及第者，政治地位普遍不高，仕途也不显达，大致到穆宗以后就在政治上消沉了。

2. 韦迪一支

韦迪有五子，至少有两女。五子中韦夏有，终于考功郎中；韦婴齐[②]，

_____

① 韦道冲及其三子皆见贺华：《唐〈韦道冲墓志〉略考》，《碑林集刊》（第十二辑），西安：陕西人民美术出版社，2006年，第70页。
② 《元和姓纂》中官职阙载，据《全唐文又再补》第15页《韦玄存墓志铭》补。

曾任富平县令，终于卫尉卿。韦柏尼①，起家授试左内率府兵曹参军，后除华州下邽县尉历左金吾卫仓曹参军，换京兆府兴平县丞，调选泾阳县丞。韦宅相和韦启强官职皆阙载。

韦迪长女名讳不详，第二女韦玄存，字平仲，嫁给京兆杜济。德宗贞元十年，终于长安崇贤里之私第，享年五十九。韦迪五子，仅有韦柏尼有后裔记载，韦柏尼三子两女，其中仅韦諲，官至沂州刺史，其余官职阙载。韦柏尼长女韦玄操，从道修律；次女适著作佐郎于佶。

综上，韦迪一支延续了三代，仕途上比较平稳，无显著人物，任职或在京城，或在地方，但主要集中于关中一带，大致到唐德宗以后便退出了政治舞台。

3. 韦冰一支

韦冰担任的是学官著作郎，其子韦渠牟受家庭文化的熏陶，成为家族中又一个文化大家。据《旧唐书》卷一三五《韦渠牟传》，韦渠牟十二岁时，便善赋诗著书，未及弱冠，已经博及古今。且尤精史籍，力行过人。于是"传心印之法于金陵，授谷神之道于华阳，或为尘外子，或为遗名子，其达观也，不名一行，其元同也，会归三教"②。

德宗贞元二年（786），韦渠牟起家拜校书郎，五年转左武卫骑曹椽，皆为知己者从事。八年，大成均表其名径可领学徒，迁四门博士。十二年夏，承诏与近臣名儒缁黄大士讲议于麟德殿，上以为能，拜秘书郎，寻献诗七百字，极其文采。岁中历右补阙、左谏议大夫，闲一岁迁太府卿，又闲一岁迁太常卿。

韦渠牟敏于歌诗，大凡文集若干卷，《新唐书·艺文志》载有《韦渠牟诗集》十卷。其对儒释道三家皆有研究，撰《庄子会释》、《老子金刚经

---

① 韦柏尼及子女皆见吴钢主编：《全唐文补遗》第七辑《韦柏尼墓志》，西安：三秦出版社，2000年，第94页。

② 《旧唐书》卷一三五《韦渠牟传》，北京：中华书局，1975年，第3731页；《新唐书》卷一六七《韦渠牟传》，北京：中华书局，1975年，第5109页。

释文》、《孝经维摩经疏》、《三教会宗图》共十余万言。又奏修《贞元新集开元后礼》二十卷，诏下有司，令行于代。韦渠牟因此受到颜真卿的宠荐，鲁公尝称遗名子洞徹三教，读佛书、儒书、道书向三万卷，又多言其神奇之迹。韦渠牟有子博古、近古，官职皆阙载。[①]

综上，韦冰支系延续了三代，大致到德宗以后便退出了政治舞台。主要通过韦冰父子的文化成就显名于士林，尤其是韦渠牟不仅善于诗赋，而且会通三教，反映德宗时期思想领域儒释道三家的融合。

（三）韦景林支系

韦景林两子，韦咸和韦复。韦咸[②]，官至尚书司勋郎中；韦复[③]，中散大夫，守太子右庶子致仕。韦咸子韦覃，为长安县令，庐楚等州刺史；韦覃子韦本仁，越州录事参军、润州延陵县令；韦本仁有子韦逄，官职阙载。

韦复子韦準，陕州夏县令、历信颍二州刺史。韦準有子韦广，字致远，以弱冠之年，早富才略，尝览西汉书，见班超立功西域，为公宗臣，每叹曰："大丈夫处世当如此，岂能终日伏膺坟籍，吾不为也。"韦广立志从戎，追随王公讨袭狂狡。身为先锋，所向披靡，累以军功加阶迁秩。至大和初，王公改牧齐郡，及转濮阳，公为爪牙，颇见亲信。寻迁军事押衙。后为平卢节度使颍川陈公所重视，署为讨击使，此处陈公所指何人暂不详知[④]，以大中四年终于北海郡之私第，享年六十四。韦广子二人，长曰卓，次曰庠，官职阙载；女一人适太原王景□。

---

① 正史关于韦渠牟的记载与《韦渠牟墓志铭文》基本一致，两子在其墓志中提及，详见《唐故太常卿赠刑部尚书韦公墓志铭并序》，收入赵力光：《西安碑林博物馆新藏墓志续编》下，西安：陕西师范大学出版社，2014 年，第 430 ～ 431 页。

② 韦咸一支皆据吴钢主编：《全唐文补遗》第四辑《唐河南府洛阳县尉孙嗣初妻京兆韦夫人墓志铭并序》，西安：三秦出版社，1997 年，第 221 ～ 222 页。

③ 韦复一支皆据吴钢主编：《全唐文补遗》第九辑《故平卢军散兵部使银青光禄大夫检校太子宾客上柱国京兆韦公广墓志铭并序》，西安：三秦出版社，2007 年，第 404 页。

④ 宋卿：《唐代平卢节度使略论》，《中国边疆史地研究》2010 年第 2 期，第 45 ～ 52 转 149 页。文中对平卢节度使的统计中并不见有陈姓者，故由此可进一步查证以作补充。

综上，韦景林一支延续了四代，仕途上有居尚书郎官者，也有任地方刺史者，地域不限于关中。在家学家风上应以文为表征，故而其成员中韦广慕西汉班超之立有事功，明确表示不愿像其前辈们埋首于典籍，毅然从戎，通过军功进入仕途，活跃于唐代中后期藩镇割据的政局中。

附表4-12：郿城公房成员入仕途径及官居五品以上者统计表

代际	名讳	入仕途径	终官或最高官职	官品	时代
1	韦范		隋淅州刺史郿城郡公	从三品	周隋
2	韦孝恪		洛州别驾袭爵郿城郡公	从四品下	唐武德初
3	韦弘楷		饶州刺史	从三品	唐初
3	韦弘机	门荫	司农卿、檀州刺史	从三品	唐太宗至武则天
4	韦昱	明经			
5	韦岳子		陕州刺史	从三品	武则天睿宗
5	韦景骏	明经	房州刺史	从三品	武则天中宗
5	韦景林		殿中监	从三品	
6	韦豫	门荫	普安郡司马	从五品下	唐玄宗天宝十三载终
6	韦恒		华州刺史	从三品	
6	韦损	门荫	润州刺史	从三品	唐代宗大历六年终
6	韦述	进士	工部侍郎	正四品下	至德二载终
6	韦迪	进士	国子司业	从四品下	安史之乱前后
6	韦逈	进士			同上
6	韦起	进士			同上
6	韦迥	进士			同上
6	韦巡	进士			同上
6	韦冰		著作郎兼苏州司马	从五品上	
6	韦咸		司勋郎中	从五品上	
6	韦复		太子右庶子	正四品下	
7	韦平		衡州别驾	从四品下	
7	韦甫	明经	普州刺史	正四品上	唐德宗贞元十八年终
7	韦聿	门荫	太子右庶子	正四品下	唐宪宗元和三年终

续表

代际	名讳	入仕途径	终官或最高官职	官品	时代
7	韦皋	门荫	剑南西川节度使、中书令、南康郡王	正三品	唐顺宗永贞元年终
	韦肇		太子左庶子兼御史大夫	从三品	
	韦州平		水部郎中	从五品上	
	韦夏有		考功郎中	从五品上	
	韦婴齐		卫尉卿	从三品	
	韦渠牟		太常卿	从三品	
	韦覃		楚州刺史	从三品	
	韦準		颍州刺史	从三品	
	韦表微	进士	户部侍郎	正四品上	唐文宗时期终
8	韦正贯	进士	京兆尹，岭南节度使	从三品	唐宣宗大中五年终
	韦行俭	进士			约唐顺宪宗时期
	韦行敦	明经			同上

三、婚姻

根据目前所掌握的材料，郿城公房的婚姻对象涉及张氏、河东裴氏、京兆杜氏、安定皇甫氏、兰陵萧氏、范阳卢氏、河南许氏、河南元氏、乐安孙氏、赵郡李氏、荥阳郑氏、博陵崔氏、太原王氏、扶风窦氏、彭城柳氏、陇西辛氏、武功苏氏、安定胡氏、东海徐氏、天水阎氏等家族，其中与范阳卢氏、河东裴氏、京兆杜氏、安定皇甫氏、乐安孙氏关系最为密切，有的出现了三代通婚的现象。兹将其婚姻对象中能考查者论述如下：

1. 河东裴氏

郿城公房与河东裴氏有联姻两桩，其一是韦贲女嫁给裴倩。据《新唐书》卷七一上《宰相世系一》，裴倩，官至度支郎中，曾祖裴行俭，祖裴光庭，子裴均，是宪宗朝宰相。韦贲是韦聿子，韦皋是韦聿同父兄弟，故而裴均是韦皋的外甥。顺宗即位后，王叔文集团专权，韦皋曾上疏尽暴二王之阴谋，要求太子监国，而裴均、严绶笺表继至，由是政归太子，尽逐伾、文之党。由此可见，唐宪宗的即位和"二王八司马"事件的发生与韦皋及裴均有着直接的关系。裴均在宪宗朝以结交权幸受到同僚的轻视，卢坦拿代德时期的诤臣姚南仲比裴均以讥讽之，被裴均罢为左庶子。[①] 京兆韦氏逍遥公房韦贯之也是宪宗朝宰相，对裴均的行为也极为反感，故裴均子持万缣请他撰写先人墓志铭文时，他说"吾宁饿死，岂能为是哉"[②]。韦贯之以唐宪宗时期的刚正之臣闻名，他对裴均持此态度基本能反映裴均的为人。其二是韦景骏娶裴守真女，为玄宗朝宰相裴耀卿姊妹，故裴耀卿为韦述的舅舅，韦述在玄宗朝仕途的顺达当与之有关。

2. 皇甫氏

韦景骏的女儿嫁给齐州刺史皇甫胤[③]，皇甫氏祖父是洛阳丞、赠兵部侍郎皇甫寡过，父亲是唐州刺史皇甫乾遂，其少子皇甫澈官至剑南西川副使。为其撰写墓志铭的是剑南西川节度掌书记王良士，从《旧唐书·房琯传附从子式传》可知，韦皋于永贞元年暴卒后，刘辟与卢文若反，宪宗即位后派高崇文前去平叛，当高崇文到成都后，房式与王良士、崔从、卢士玫等白衣跣衔土请罪，高崇文对他们加以宽恕和礼待。房式是被韦皋表荐为"云南安抚使"的。皇甫澈是韦述的外甥，韦述与韦皋的父亲是同祖兄弟，故而韦皋与皇甫澈是同辈，几乎处在同一个时代，由此可以推测，皇甫澈担任剑南西川副使与曾任剑南西川节度使的韦皋或许有一定的关系。另外，韦迪的女儿韦玄存嫁给杜济后所生四女中的三女即嫁给了皇甫澈。韦迪与韦述又是同父兄弟，故而皇甫澈既是韦迪的外甥，又是韦迪的外甥女婿，即皇甫澈既该称韦迪为舅，又该称韦迪为外祖父。郿城公房韦氏与皇甫氏之间的婚姻关系圈见"京兆杜氏"条下图示。

---

① 《新唐书》卷一五九《卢坦传》，北京：中华书局，1975 年，第 4958 页。
② 《旧唐书》卷一五八《韦贯之传》，北京：中华书局，1975 年，第 4176～4177 页。
③ 吴钢主编：《全唐文补遗》第八辑《唐故剑南西川节度副使检校尚书吏部郎中兼御史中丞安定黄甫公（澈）墓志铭并序》，西安：三秦出版社，2007 年，第 108 页。

3. 京兆杜氏

杜济[①]，京兆杜陵人，主客郎中杜续之曾孙，明堂令杜知让之孙，赠太子少保杜惠之第三子。据相关传记记载[②]，代宗时，杜济以遂州刺史为剑南东川节度观察等使，还曾任京兆尹，坐典选，出为杭州刺史，以太府卿于顾代之。永泰元年五月，严武卒，杜济为西川行军司马，权知军府事。从其所任官职可以判断，杜济是安史之乱后代宗期间的高官，政治地位很高。示图如下：

韦景骏—韦迪 + 太原王氏—韦玄存（女）+ 杜济

　　　　—杜氏

韦景骏女 + 皇甫胤—皇甫澈

杜氏（杜济女）+ 皇甫澈

杜氏（杜济姊妹）+ 韦氏—韦氏女 + 张滂

通过这个婚姻关系示意图可以发现：京兆韦氏与京兆杜氏两代三人有姻亲关系。郿城公房韦迪女嫁给杜济后所生四女，长适陇西李宣，次适范阳卢少康，次适安定皇甫澈，次适河东薛技[③]，皆是高门大姓。通过杜济，郿城公房成员加入到陇西李氏、范阳卢氏、皇甫氏和河东薛氏等家族建立起来的婚姻圈中。

4. 范阳卢氏

郿城公房与范阳卢氏联姻三桩，其一为韦渐女嫁给卢之翰，有子卢纶；韦渠牟与韦渐女是同曾祖关系，故卢纶称韦渠牟为舅，韦渠牟得幸于德宗，常在德宗前表荐卢纶，卢纶得以被召见禁中，成为大历十才子之首。[④] 卢之

① （唐）颜真卿：《颜鲁公集》卷十《唐京兆尹兼中丞杭州刺史剑南东川节度使杜公（济）墓志铭》，上海：上海古籍出版社，1992 年，第 68 页。
② 《旧唐书》卷一一《代宗本纪》，北京：中华书局，1975 年，第 290、305 页；《旧唐书》卷一一七《崔宁传》，北京：中华书局，1975 年，第 3400 页；《旧唐书》卷一四六《于顾传》，北京：中华书局，1975 年，第 3968 页。
③ 《全唐文又再补》，第 15 页，《韦玄存墓志铭》。
④ 《旧唐书》卷一六三《卢简辞传》，北京：中华书局，1975 年，第 4271 页。

翰①，以明经登第，调署魏州临黄县尉，终于至德二载，享年四十一。曾祖监察御史讳旭，祖蒲州永乐县令讳钊，父济州司马讳祥玉。卢之翰家族的官位并不是特别显达，但其家族成员连续三代皆通过科举入仕，卢纶四子在文宗时期皆以进士擢第。② 可见其家族是以文化见长。卢氏世系如下：

卢旭—卢钊—卢祥玉—卢之翰—卢纶

其二为韦行式娶卢文若妹。韦行式是剑南西川节度使韦皋子，卢文若是韦皋幕府，与刘辟相善，韦皋暴卒后，刘辟与卢文若反叛。后反叛被平，韦皋兄韦聿坐累下狱，韦行式妻卢氏没官，后皆得释放。

其三为韦道冲娶范阳卢氏，但其家世不详。

5. 乐安孙氏

韦本仁女嫁给乐安孙嗣初，孙嗣初，崑山县令，父讳仕竭，任苏州长洲县令，咸通四年（863）薨，弟孙奭，太常博士。韦氏所生一女嫁给了京兆郧公房韦璡。京兆韦氏与乐安孙氏是二代世婚。

韦正贯镇岭南日，以乐安孙景裕为其"外戚姻旧，奏转协律，充节度推官。"据两唐书《孙逖传》③ 和《孙景裕墓志铭》，孙景裕是孙逖的四代孙，世系为：孙逖—孙宿—孙公器—孙简—孙景裕。孙逖四代单传，没有近亲属。历玄宗、肃宗时期，善文，为集贤院修撰。任职考功员外郎，与颜真卿、李华、萧颖士、赵骅，皆海内名士，终于上元年间的太子少詹事。其子孙成，通经术，从信州刺史至代宗时期的邕管观察使；孙宿，至华州刺史；孙公器，历穆宗至武宗时，也以信州刺史至邕管经略使。公器子孙简和孙范，并举进士，孙简历河中、兴元、宣武节度使；孙范为淄青节度使，世推显家。到孙景裕以门荫入仕，官至孟州司马，期间受到姻亲韦正

① 吴钢主编：《全唐文补遗》第七辑《唐古魏州临黄县尉范阳卢府君（之翰）玄堂记》，西安：三秦出版社，2005年，第69页。

② 《新唐书》卷二〇三《卢纶传》，北京：中华书局，1975年，第5785页。

③ 《旧唐书》卷一九〇中《文苑传中·孙逖传附子成传》，北京：中华书局，1975年，第5047页；《新唐书》卷二〇二《文苑传·孙逖传附成传附简传》，北京：中华书局，1975年，第5761页。

贯的表荐。孙景裕与孙嗣初皆为乐安孙氏，其宗族关系尚不清楚。

6. 兰陵萧氏

韦景骏的女儿嫁给萧直父。故萧直为韦述外甥。韦述在安史之乱中，抱国史藏于南山，后陷贼，逼授伪官。至德二载（757），三司议罪，被流放渝州，为刺史薛纾困辱，不食而卒。广德二年（764），萧直上疏为韦述辩解，说他能在仓惶之际，保存国史，可以以功补过。韦述才由此在政治上得以清白，被代宗赠右散骑常侍。

7. 河南许氏

韦道冲姊妹所嫁许志伦是河南许氏，世系为：许叔冀—许季常—许仲言—许志伦，其中，许叔冀在安史之乱中降于史思明、许季常先跟随其父降于史思明，后在德宗年间的泾原兵变中，又降于朱泚，被委以京兆尹。[①]

8. 河南元氏

韦弘机女嫁给元行冲父，元行冲是玄宗开元年间的大儒，是韦述父亲韦景骏的姑子，韦景骏任官到任上，常载书数车自随，为韦述的学习提供了很好的文化资源。

9. 张氏

韦皋的夫人是张氏，赠魏国夫人，世系郡望皆不详，根据《韦皋先庙碑铭》，"其祖与外王父皆秉国，均为天下华腴"，受材料所限，其祖与外父名讳不详，但从墓志铭所记，应该是高门之家。

10. 苗氏

苗发为大历十才子之一，曾经为韦损撰写墓志铭，在志文中，称其"忝为姻亲"，但究竟是怎样的联姻关系尚不清楚。

11. 东海徐氏

徐澹，韦彝嫁给徐澹，本人为杭州司兵参军；祖宝承，袁州刺史，赠国子祭酒；父徐岱，德宗贞元中为给事中，顺宗皇帝侍读，赠礼部尚书，

太子少保。徐澹官职不高，但从祖、父所任官职来看，是具有一定文化优
势的官宦之家。

附表4-13：鄠城公房婚姻关系表

名讳	娶嫁对象	对象郡望	时代	出处
韦弘机	辛氏，陇西郡君	陇西辛氏	太宗至武则天	《权载之文集》卷十二《韦皋先庙碑铭》
韦弘挺	王氏		唐初	《考古与文物》2005（3），第85页
韦余庆	苏氏	武功苏氏		《权载之文集》卷十二《韦皋先庙碑铭》
韦岳子	窦氏，扶风郡夫人	扶风窦氏	武则天至睿宗	《权载之文集》卷十二《韦皋先庙碑铭》
韦旭女	刘氏	彭城刘氏	睿玄之际	《新中国出土墓志》河南卷（三）《千唐志斋》，一五九《唐故常州武进县尉刘府君妻韦夫人墓志铭》
韦景骏	裴耀卿姊妹	河东裴氏	武则天中宗	《旧唐书》卷一〇二《韦述传》
韦贲	段氏，凉国太夫人			《权载之文集》卷十二《韦皋先庙碑铭》
韦损	于氏，东海县君	河南于氏	约开元年间	《碑林集刊》（十二），第105～106页
韦景骏女	皇甫胤	安定皇甫氏		《全唐文补遗》（八），第108页，《皇甫澈墓志铭并序》
韦景骏女	萧直父	兰陵萧氏		《全唐文》卷三〇二《韦述小传》
韦迪	王氏	太原王氏		《全唐文又再补》卷《韦玄存墓志铭》
韦平	刘亦麟女	彭城刘氏		《全唐文》卷七六四《韦正惯碑铭》
韦甫	李氏	陇西李氏		《考古与文物》2005（3），第86～87页
韦渐女	卢之翰	范阳卢氏	天宝元年	《全唐文补遗》（七），第11页，《卢志翰妻韦氏墓志》《新唐书》卷二〇三《文艺传下·卢纶传》
韦津	郑氏	荥阳郑氏	代宗广德元年	《权载之文集》卷二十三《韦津墓志》
韦贲女	裴倩	河东裴氏		《权载之文集》卷二十三《韦津墓志》
韦皋	张氏，赠魏国夫人		约代宗广德元年前	《权载之文集》卷十二《韦皋先庙碑铭》
韦贲女	张弈	清河张氏		《唐代墓志汇编》贞元一一二《唐故清河张氏女殇墓志铭》，第1919页
韦都宾	李昌岵女			《碑林集刊》（十二），第70页
韦柏尼	卢氏	范阳卢氏		《全唐文补遗》（七），第94页，《韦柏尼墓志》
韦玄存（韦迪女）	杜济	京兆杜氏	天宝年间	《全唐文补遗》（七），第94页，《韦柏尼墓志》

续表

名讳	娶嫁对象	对象郡望	时代	出处
韦广	胡氏	安定胡氏	元和年间	《全唐文补遗》（九），第 404 页，《韦广墓志铭》
韦正贯	崔升女	博陵崔氏	约代宗前期	《全唐文》七六四《韦正贯碑铭》
韦聿女	崔铦	博陵崔氏		《全唐文补遗》（七），第 79 页，《韦聿夫人荥阳郑氏墓志铭》
韦聿女	李及	陇西李氏		《全唐文补遗》（七），第 79 页，《韦聿夫人荥阳郑氏墓志铭》
韦聿女	李宗衡	陇西李氏		《全唐文补遗》（七），第 79 页，《韦聿夫人荥阳郑氏墓志铭》
韦聿女	房夷则	清河房氏		《全唐文补遗》（七），第 79 页，《韦聿夫人荥阳郑氏墓志铭》
韦行式	卢文若妹	范阳卢氏	德宗时期	《新唐书》卷一五八《韦皋传附聿传》
韦彝女	徐澹	东海徐氏	德宗时期	《全唐文补遗》（六），第 156 页，《徐澹季女墓志铭并序》
韦道冲	卢氏	范阳卢氏	约德宗贞元年间	《碑林集刊》（十二），第 70 页，《韦道冲墓志铭》
韦道冲	郑氏	荥阳郑氏		《碑林集刊》（十二），第 70 页，《韦道冲墓志铭》
韦道冲妹	许志伦			《碑林集刊》（十二），第 70 页，《韦道冲墓志铭》
韦柏尼女	于佶	河南于氏		《全唐文补遗》（七），第 94 页，《韦柏尼墓志》
韦諲	李氏	赵郡李氏		《全唐文补遗》（四），第 209 ~ 210 页，《赵郡李府君夫人郑秀实墓志铭并序》
韦本仁	阎氏	天水阎氏		《全唐文补遗》（四），第 221 ~ 222 页，《孙嗣初妻京兆韦夫人墓志铭并序》
韦本仁女	孙嗣初	乐安孙氏	文宗时期	《全唐文补遗》（四），第 221 ~ 222 页，《孙嗣初妻京兆韦夫人墓志铭并序》
韦本仁女	敬氏			《全唐文补遗》（四），第 221 ~ 222 页，《孙嗣初妻京兆韦夫人墓志铭并序》
韦广女	王氏	太原王氏		《全唐文补遗》（九），第 404 页，《韦广墓志铭》
韦氏	苗氏			《碑林集刊》（十二），第 105 ~ 108 页
韦氏（男）	杜济姊妹	京兆杜氏		《全唐文又再补》，第 15 页，《韦玄存墓志铭》
韦氏（女）	张潒	清河张氏		《全唐文又再补》，第 15 页，《韦玄存墓志铭》
韦表微	何抚			《全唐文补遗》（八），第 136 页，《何抚墓志铭并序》

本节小结

综上所述，郿城公房有史记载者延续了十代，在仕途上以安史之乱前的唐玄宗时期和中兴的唐德宗时期为高潮。隋唐之际及唐初，本房支没有与皇室联姻者，故不能通过婚姻直接靠近权力中心，仕途比较平稳，因为有婚家参与到太平公主与唐玄宗的权力斗争中而遭受到一定挫折；安史之乱前的本房成员有数人通过科举及第而闻名于士林，且有位居丞相之位的婚家为援引，故而在仕途上比较顺畅，位居清要官者多人；安史之乱打乱了本房一些成员的正常生活，因被迫委以安史政权伪职而受到唐廷的清算，由此在政治上蒙上了阴影；安史之乱平定后至代德时期，本支系既有科举及第者，又有借泾原之乱而崛起的一方节度使，故而带动了整个家族的荣盛，但随着标杆性人物的退出，该房很快也就走向了衰落，大致到宣宗以后便退出了政治舞台。在本房支政治命运的沉浮兴衰中，虽然没有与皇室联姻而起直接作用，但与一些山东郡姓、关中郡姓的通婚使本房一直保持比较高的社会地位，且本房的联姻已经完全打破了关陇婚姻圈所具有的排外性，这表明随着各地郡望的世家大族向京城的迁徙，逐渐形成了以京城为共同生活空间的新的婚姻圈。

本章小结

本章所涉及的四个房望不像第三章所涉及的三个房望那般通过婚姻保持与皇室的紧密关系，因此在唐代前期，他们大多能与权力的中心保持一定的距离，受到政局变动的影响相对要小一些，政治地位比较平稳。但在整体上也已经官僚化和城市化，对京城这一生活空间已经有着强烈的认同，这从个别房支深受安史之乱的影响就能窥见一斑，比如郿城公房的韦述正是因为家在京城而不愿意离开才被委以伪职的，当然，此房的政治地位也因此受到了比较严重的影响。

安史之乱后的京兆韦氏各房望之间以及房望内部的不同支系间开始发生比较严重的分化，其中名望维持最长的是平齐公房的韦峻一支，直到唐懿宗时期，其主要的原因在于有连续三代通过进士科入仕且能与皇室联姻，而名望维持最短的也是平齐公房的韦师一支，在安史之乱以后便从政治舞台上退出了，原因在于既没有通过科举入仕者，也没有与皇室联姻者，其婚姻关系也主要是关中的次等士族。在失去了关陇贵族的地缘优势之后，京兆韦氏的各房望能否及时在家学主体上进行积极的转型以适应科举进士科的需要成为能否继续维持家族房望的一个重要因素，而这正是国家在文化上占据主导权的重要表现。伴随着京兆韦氏诸房望内部不同支系跻身于科举士族，他们又一次具备了接近权力中心的资格，龙门公房的韦执谊就是一个典型的代表，韦执谊以进士擢第而位及宰相，成为唐顺宗时期"二王八司马事件"的核心人物，直接进入权力中心，但很快便随着"王叔文集团"的瓦解而陷入仕途上的低谷，其支系也因此而一蹶不振。由此可见，以文化见长的京兆韦氏诸房望相对于主要依附与皇室联姻的诸房望在政治社会地位上能维持相对更久远，但通过科举进士科跻身于新型士族行列，重新成为政治的宠儿也是以其丧失文化上的主导权为代价的，且以这种方式再次接近权力中心也更加深了京兆韦氏各房望的官僚化和对政权的依赖性，从而使其政治地位深受政局的影响。

第五章 仕宦命运各不同的隋唐京兆韦氏诸房望

在隋唐京兆韦氏诸房望中，各房仕进兴衰历程既有相似之处，也各有其特点。有些房支是以婚姻维持政治社会地位，一般会骤起骤落，不能长久；有些房支是以文化见称，通过科举跻身新兴士族之列，在士林中享有清望；但有些房支既不以婚姻为特征，也无文化上的优势，或者进入隋唐时仕途起点比较特别，或者在唐代的政局变动中因祸得福。总之，他们的仕途演进路径难以进行归类，故本章将对这些房望进行一一梳理，各显其特点。

第一节 平流仕进的阆公房

阆公房的房祖是北魏时期的贤臣韦阆，是居北京兆韦氏在北朝崛起的领军人物，其子韦范在北魏开始享有爵位，韦范的后裔在北朝主要分成了三个分支，即韦儁一支、韦昶一支和韦颢一支，各个支系在北朝尤其是北魏分裂后经历了不同的发展轨迹，详见前文第二章第三节。进入隋唐统一王朝后，活跃在政治舞台上的阆公房成员主要还有四个分支，即韦儁的两子韦子粲和韦荣亮两个分支，韦昶的曾孙韦师一支和韦颢的曾孙韦薈一支。在这四个支系中，韦子粲一支和韦颢一支仅仅延续了两代便在政治上沉寂了。故进入隋唐后的阆公房是以韦荣亮一支和韦师一支为著支，这两支也成为阆公房在隋唐政治社会地位的主要体现者。

一、韦子粲支系

　　韦子粲在北魏末年爆发的萧宝夤之乱中幸免于难，北魏政权分裂为东西两政权后，韦子粲先事于西魏，但在东魏的西侵战争中被俘，从此仕于东魏北齐，由于遭受了萧宝夤之乱和被迫离开关中旧地，韦子粲一支进入隋唐后仅仅延续了两代，从任集州刺史、凤林郡守的韦孝謇到任并州祁县令的韦处乂。韦处乂有一女韦爱道[1]，嫁给了弘农杨氏的某个成员，其夫早夭后，皈依佛门，中宗景龙三年终于洛州永昌县毓德里第，除此再没有其他后裔的记载。由此推测，韦子粲这一支最晚到韦爱道已经入居洛阳城中，大致到唐中宗以后就在政治上衰落了。从韦爱道的墓志铭中仍然看到其"生于贵族，出自名家"的记载，可见此支系在当时的社会上还有一定的名望。

附韦子粲一支世系：[2]

　　韦子粲—韦孝謇—韦处乂

二、韦荣亮支系

　　韦荣亮在北魏末年的萧宝夤之乱中同韦子粲幸存下来，从韦荣亮曾担任"北齐大将军"基本可以判断，韦荣亮在北魏政权分立后站在了东魏北齐一方，与韦子粲一支的政治立场是一致的，但这一支的命运却与韦子粲一支完全不同，进入隋唐后，韦荣亮一支又延续了八代，大致到宣宗以后才衰落下去。

---

[1]　吴钢主编：《全唐文补遗》第八辑，《唐故天女寺尼韦氏（爱道）墓志铭并序》，西安：三秦出版社，2005年，第13页。

[2]　详见文后所附《新唐书·宰相世系表》校补部分。

（一）仕宦

刚刚进入隋唐的韦荣亮一支在政治上并不显达，第一代韦纲，官至从五品上的隋赵州长史，任职于地方。第二代是韦纲的两子韦文宗和韦文杰，官职皆阙载。这可能是与这一支原来事于东魏北齐有关，北齐延续了近三十年，在这三十年的时间里，由于政治立场是站在东魏北齐一方，也使韦荣亮一支被迫与旧地乡里疏远，失去了宗族基础，但从其后裔中韦元诚"葬于少陵原先茔"，韦元曾"卜葬于旧茔"和韦识"窆于京兆府万年县义善乡凤栖原"的记载判断，韦荣亮一支进入隋唐统一王朝后，家族的重心又回归到了关中旧地，这可能是其成员在政治上重振的原因。

本支系在政治上开始有所上升是从第三代开始的，即从韦德敏和韦德基开始，任职从地方开始进入中央，分别官至从四品上的太府少卿和从五品上的金部郎中。

有了第三代在政治地位上的基础，第四代将本支系的政治地位推向一个高峰。其中，韦德敏的四子除了韦瑗官职阙载外，其余三人皆至显达，至中央四品以上官职。韦璆，官至衡州刺史，并封鲁县康公；韦琪，曾至庆王傅员外置同正员、散品至银青光禄大夫、勋品至上柱国、封扶阳郡开国公，从孙逖的判书中可知，玄宗年间，韦琪官至光禄卿员外置同正员；韦玢，官至太常少卿，散品至正议大夫，封爵薛县开国男。从苏颋所书制文中可知，玄宗年间，韦玢还兼司农少卿、分司东都。《唐李昂妻韦氏墓志》中则记载为给事中、尚书左丞，当是终官。[①] 韦德基一子韦琳，官至广州都督，韦文杰一孙韦玠，官至荣州刺史。总之，第四代见于记载的七人，官至三品以上的五人，享有爵位者三人。其成员的任职开始有向南方转移的倾向，可能与安史之乱有关。

第五代是本支人口最兴旺的一代，但在仕途上并不比他们的父辈显达，见于记载的有十二人，官至五品以上者四人。主要通过韦璆的三子韦元贲、

---

① 详见赵文成、赵君平：《秦晋豫新出墓志蒐佚续编》，北京：国家图书馆出版社，2015年，第933页。

韦元诚、韦元曾，韦玢子韦元甫，韦琳子韦延安，韦球子韦之晋，韦玠子韦（枭支）体现出来的。

韦元贲，官至荣王府参军。荣王①即李琬，曾名滉，玄宗年间任京兆牧，天宝十五载（756），安史之乱爆发后，李琬被命为讨贼元帅，由此推断，韦元贲也经历了安史之乱。安史之乱后，两京士族多逃亡江淮避乱，从其子韦儆担任扬州江阳县令，估计韦元贲的后裔也暂时任职到南方。

韦元诚②，少时为坊州参军，历襄州司法，试授枣阳县令，真授蒙城令，迁至范阳仓曹，恰值安史之乱爆发，死于安史之乱，于死后十年的永泰二年归葬于少陵原。

韦元曾③，字颖叔，天宝五载（746），起家邠州新平县尉，参佐使者五，入御史府者三，一居专城，六为尚书郎。大历二年（767），以吏部郎中终于京师靖恭里之故宅，春秋五十有五。韦元诚无子，以兄子某为嗣，大历三年正月，卜葬于旧茔，诏赠给事中。

韦元甫④，从少年时代起便敏于学行，步入仕途后，先任滑州白马县尉，以吏术知名。当时郧公房韦安石子韦陟，因有才能遭到李林甫的排挤，被出为襄阳太守，后徙为河南采访使。韦元甫作为同宗成员受到韦陟的器重，被奏荐为支使，与同幕判官员锡齐名。当时韦元甫精于简牍，员锡则详于讯覆，韦陟对其推心置腹，时谓"员推韦状"。因韦元甫有器局，所莅有声，至永泰年间，累迁苏州刺史、浙江西道都团练观察等使。大历三年六月，宰臣杜鸿渐首荐之，征为尚书右丞。同年闰六月，会淮南节度使缺，杜鸿渐又荐堪当重寄，遂授扬州长史兼御史大夫、淮南节度观察等使。在

---

① 《旧唐书》卷一〇七《静恭太子琬传》，北京：中华书局，1975 年，第 2149 页。

② （清）董诰等：《全唐文》卷三九二《唐故范阳郡仓曹参军京兆韦公墓志铭》，北京：中华书局，1983 年，第 3985 页。

③ （清）董诰等：《全唐文》卷三九二《唐故吏部郎中赠给事中韦公墓志铭》，北京：中华书局，1983 年，第 4984 页。

④ 《旧唐书》卷一一五《韦元甫列传》，北京：中华书局，1975 年，第 3379 页；《旧唐书》卷一四七《杜佑传》，北京：中华书局，1975 年，第 3981 ～ 3984 页；《新唐书》卷一二二《韦安石传附子陟传》，北京：中华书局，1975 年，第 2961 页。

扬州三年，政尚不扰，事亦粗理。大历六年（771）八月，以疾卒于位。韦元甫是这一代家族成员中在政治上最显达者。

韦延安①，代宗广德年间任鄂州刺史，李华在《登头陀寺东楼诗人序》中称韦延安"威清江汉"，还曾经代张祎之为寿州刺史。

韦之晋②，肃宗上元二年（761）为苏州刺史，当时朝廷有事于淮西，韦元甫号召江淮八大州刺史联合起来戮力同心对付叛军，韦之晋就是当时的八大使之一，以苏州刺史的身份前往，这一盛大集会被独孤及以《上元二年豫章冠盖盛集记》一文加以记载。代宗大历四年二月，韦之晋自湖南都团练观察使、衡州刺史为潭州刺史。

韦（臬支），至金部员外郎。

综上，第五代是经历安史之乱的一代，本家族成员有的在安史之乱中成为牺牲品，有的得以幸存，有的则积极参与了对叛军的平定，总之，安史之乱对世家大族命运的不同影响在本家族成员的身上得到了充分体现。受此战乱的影响，本支在仕途上有所衰落，韦氏成员任职几乎都转向南方，代表了当时官员和世家大族在安史之乱后南迁的一个倾向。

到了第六代，见于记载的仅有五人，官至五品以上者三人，担任高官的人数明显减少了，反映韦荣亮一支在唐代政治舞台上已经开始衰落。任职于南方的迹象依旧存在，除了韦悦又回到关中任长安令外，韦徽弱冠以名经擢第后，授河南府录事参军、京兆府鏊至尉、楚州录事参军、扬府户曹，终于江阳县令任上③，韦彤任属于江南道的澧州刺史，赠左散骑常侍，韦愃任属于山南道的巴州刺史。

---

① （唐）元结：《元次山集》卷七《别王佐卿序》，北京：中华书局，1960 年；（清）董诰等：《全唐文》卷三一五《李华·登头陀寺东楼诗人序》，北京：中华书局，1983 年，第 3199 页；（清）董诰等：《全唐文》卷三一六《李华·寿州刺史厅壁记》，北京：中华书局，1983 年，第 3208 页。

② （清）董诰等：《全唐文》卷三八九《独孤及·上元二年豫章冠盖盛集记》，北京：中华书局，1983 年，第 3952 页。

③ 韦徽的任官经历见吴钢：《全唐文补遗》第八辑《唐故兴元府城固县丞京兆韦府君（识）墓志铭并序》，西安：三秦出版社，2005 年，第 190 页；张彦：《新出唐韦徽及夫人王氏、杜氏墓志考释》，《碑林集刊》（第十五辑），西安：三秦出版社，2009 年，第 146 页。

　　第七代是本支系有官职记载的最后一代，主要是通过韦儆的子嗣来体现的。[①] 韦儆先后娶太原王氏和京兆杜氏为妻，王氏生有一子四女，一子即韦子谅，王氏去世时担任同州白水县尉，后至御史府属；京兆杜氏生有五子，任官者四人，即次子韦讷，任过前太常郊社丞、江西从事，官至将作监丞；三子韦诣，曾任河中临晋尉；四子韦讽，曾担任湖州长城尉，官至监察御史、知盐铁桂阳监，有子韦沼，乡贡进士；五子韦识[②]，字不惑，弱冠，取明经第。起家授河中府文学，后又调任金州录事参军事。金州刺史李弘庆疾殁后，暂时代理金州刺史。武宗会昌初年，授凤翔军事，又调兴元城固县丞。任职期满后，因为无钱归家于关中，打算客游西蜀，结果行至利州，因有疾而还。宣宗大中七年（853）殁于城固县，享年五十有五。仅有两女，其兄韦讽出资，由其侄子韦沼为其主办丧事。韦彤之子韦翊，任秘书省著作佐郎，是这一代典型的文职官员，娶范阳县君卢氏为妻。[③]

　　第八代成员中，有韦讽子韦沼有记载，是乡贡进士，受其父嘱托，为其叔父韦识办理丧事。韦翊之子韦濛，于宣宗大中二年（848）终于万年县胄盖乡乐儿里别业，并无官职记载，与其以明经登第的弟弟韦涯皆以孝友闻名。从其墓志可推断，韦濛还有两个姐妹，皆死于他之前。[④]

　　综上所述，韦荣亮一支从进入隋唐后，又重新回到关中，建立起了与宗族的联系，从第三代在政治上开始崛起。到第四代，也就是在安史之乱前，达到一个高峰，第五代因经历安史之乱政治地位开始衰落。到第六代，政治地位的衰落更加明显，从第七代开始已经没有高官的记载，甚至出现了像韦识这样因为担任低品官而致家贫无法归葬的现象。到第八代，大致

---

① 参见张彦：《新出唐韦儆及夫人王氏、杜氏墓志考释》，《碑林集刊》（第十五辑），西安：三秦出版社，2009年，第146～153页。

② 吴钢主编：《全唐文补遗》第八辑《唐故兴元府城固县丞京兆韦府君（识）墓志铭并序》，西安：三秦出版社，2005年，第190页。

③ 韦翊在《新表》中阙载，今据《韦濛墓志》补及其婚姻，详见赵力光：《西安碑林博物馆新藏墓志续编》下，西安：陕西师范大学出版社，2014年，第602页。

④ 韦濛及其弟韦涯在《新表》中皆阙载，今据《韦濛墓志》补，详见赵力光：《西安碑林博物馆新藏墓志续编》下，西安：陕西师范大学出版社，2014年，第602页。

宣宗以后就在政治上沉寂了。由于受安史之乱的影响，本支成员的任职向南方转移的倾向从第四代的个别成员身上已经有所体现，这种现象一直持续到第六代。从第七代家族成员韦识"以大中九年窆于京兆府万年县义善乡凤栖原"的记载来看，此支系有的成员虽然任职于南方，但家族的重心依旧在北方的关中。但是可以想象，像韦识这样因为官品低而无力回归宗族旧地，从此定居于所任官职之地的现象定不在少数。

（二）婚姻社会关系

韦荣亮一支的婚姻对象见于史籍的有赵郡李氏、京兆杜氏、范阳卢氏、河东薛氏、河东裴氏、太原王氏、新野庾氏和河南独孤氏，都是高门士族。韦玢的小女儿嫁给了赵郡李氏时任仓部员外郎的李昂，李昂的家世还是比较显赫的，据《唐韦昂妻韦氏墓志》，曾祖为曾任尚书仓部郎中的李思谅，祖父为曾任许王府参军的李敬忠，父亲为曾任正议大夫、都水使者的李暕，母亲为清源县君王氏，内外亲族皆为盛门。[①] 韦璆所娶独孤氏是独孤及的姊妹，故韦元曾称独孤及为舅舅，韦元曾和韦元诚的墓志铭都是出自独孤及之手。[②] 独孤及在天宝末年以道举入仕，被代宗召为左拾遗，后迁太常博士。"大历、贞元之间，文字多尚古学，效扬雄、董仲舒之述作，而独孤及、梁肃最称渊奥，儒林推重。"[③] 其文彰明恶善，长于议论，有《毗陵集》二十卷留于后世。[④] 韦元曾的父亲能与被儒林如此推重的家族人士结为婚姻，也反映韦氏家族的文化底蕴，同时对于提升韦氏家族在士林中的名望多有裨益。

韦儆先后娶太原王氏和京兆杜娩妻，太原王氏曾祖为王翁庆，曾任绛

① 详见赵文成、赵君平：《秦晋豫新出墓志蒐佚续编》，北京：国家图书馆出版社，2015年，第933页。
② （清）董诰等：《全唐文》卷三九二《唐故吏部郎中赠给事中韦公墓志铭》，北京：中华书局，1983年，第4984页；（清）董诰等：《全唐文》卷三九二《唐故范阳郡仓曹参军京兆韦公墓志铭》，北京：中华书局，1983年，第3985页。
③ 《旧唐书》卷一六〇《韩愈传》，北京：中华书局，1975年，第4198页。
④ 《新唐书》卷六〇《艺文志四》，北京：中华书局，1975年，第1605页；《新唐书》卷一六二《独孤及传》，北京：中华书局，1975年，第4989页。

州司法参军；祖父王新，曾任沂州费县令；父王子建，曾任左骁卫长史，官品都不是很高；京兆杜氏的家世相对显达一些，曾祖杜敬同，曾任中书舍人、鸿胪寺卿、袭封东阳公，最高品至从三品；祖杜从则，银青光禄大夫、工部侍郎、蒲州刺史，为文散官品从三品；父杜浩，官至左卫录事参军，正八品上。据有的学者考证，杜氏出自京兆杜氏的著支杜如晦房支，这一房支因杜如晦受到唐太宗的重用而声名显赫一时，但贞观末年因杜如晦弟杜楚客和杜如晦子杜荷参与到立嫡之争而遭到致命性打击，从此一蹶不振，消沉多年。[①] 杜�之父作为杜如晦的同堂兄弟，必然受此牵连，在家族中衰之际，与韦氏的联姻，也没有给韦儆的仕途带来多大的正面影响。[②]

韦儆的三个女儿分别与河东裴氏裴凭、齐孝浮和新野庾氏庾承宣结为婚姻，河东裴氏虽为关中郡姓，但裴凭的职位为奉天县尉，家世不高的齐孝浮也是高陵县尉，官位都比较低，而新野庾承宣是相对职位比较高的，曾任郓州节度使，谓"中外辉映，显荣姻族"[③]。可见对韦儆一族名望是起到了映衬作用。

韦识所娶河东薛氏，是薛昌运女，官至监察御史，与曾为监察御史的韦识兄有同僚之谊。另外，本支系与京兆杜氏的关系还非同一般，除了韦儆与京兆杜氏有婚姻关系外，还在政治上互相提携。韦元甫曾两次受到杜鸿渐的提携，《杜佑传》中又曾记载，杜佑的父亲杜希望曾经有恩于韦元甫，韦元甫担任润州刺史期间，杜佑路过润州刺史，韦元甫以故人之子待他，并不加礼遇。但后来发现其颇有断疑案之才，将其奏为司法参军。后来，韦元甫担任浙西观察、淮南节度使，皆辟杜佑为从事，深所委信。这可能就是在知情情况下的报恩之举了。

韦荣亮一支能与这些高门士族建立婚姻关系，反映当时韦氏家族的士

---

① 王力平：《中古杜氏的变迁》，北京：商务印书馆，2016 年，第 144 页。
② 参见张彦：《新出唐韦儆及夫人王氏、杜氏墓志考释》，《碑林集刊》（第十五辑），西安：三秦出版社，2009 年，第 151 页。
③ 参见张彦：《新出唐韦儆及夫人王氏、杜氏墓志考释》，《碑林集刊》（第十五辑），西安：三秦出版社，2009 年，第 147 页。

族地位，同时这样的婚姻关系也为彼此在政治上的提升和巩固起到了作用，韦荣亮一支政治社会地位的维持与此有很大关系。

附韦荣亮一支世系：

韦荣亮—韦纲—韦文宗—韦德敏—韦璆—韦元赍—韦儆—韦子谅
　　　　　　　　　　　　　　　　　　　—韦师
　　　　　　　　　　　　　　　　　　　—韦讷
　　　　　　　　　　　　　　　　　　　—韦诣
　　　　　　　　　　　　　　　　　　　—韦讽—韦沼
　　　　　　　　　　　　　　　　　　　—韦识—韦赵娘
　　　　　　　　　　　　　—韦元济
　　　　　　　　　　　　　—韦元诚—韦彤—韦沂
　　　　　　　　　　　　　　　　　　　—韦翊—韦濛
　　　　　　　　　　　　　　　　　　　　　　—韦涯
　　　　　　　　　　　　　—韦元曾
　　　　　　　　　　　—韦珙—韦元方
　　　　　　　　　　　　　—韦元志
　　　　　　　　　　　—韦玢—韦元甫—韦悦
　　　　　　　　　　　　　—韦元怿—韦愃
　　　　　　　　　　　—韦瑗
　　　　　　　　—韦德基—韦琳—韦裕
　　　　　　　　　　　　　—韦延安
　　　　　　　　　　　—韦球—韦之晋
　　　　　—韦文杰——□——韦玠—韦（枭支）

三、韦謩支系

韦謩是北朝韦颢之孙，是进入隋朝的第一代，官至从三品的蒲州刺史，且享有普安郡公的爵位。到第四代韦士让，官职为从五品上的罗州别驾。此后阙载。

附韦颢一支世系表：

韦颢—□—韦蕃—韦士让

四、韦师支系

韦师是北朝韦昶的曾孙，韦师的父祖在北朝仕于西魏北周，其祖韦雅先后在北魏任秦州刺史和洛州刺史，其父韦峻进入北周中央担任御史中丞，在地方上任司隶刺史，任职于政治中心，政治社会地位很高。按常理，进入隋唐的韦师一支在入仕上有着比较优越的家族背景，但事实是，本支在隋唐政治舞台上仅仅延续了四代，大致到唐开元以后就逐渐沉寂了。

（一）仕宦

韦师是本支进入隋唐的第一代人，关于他的事迹仅见于新出的墓志铭："韦师，字玄摸，隋大业年起家斋王府典签。唐朝武德二年（619），授益州新郡县令，天恩顾及，迁度支郎中。五年迁仓部郎中，其年仍兼益州行台左丞之务。贞观四年（630），授洛州都督府司马兼知留守，十年除虢王府司马兼虢州别驾，十一年，授汉王府长史兼检校梁州都督府长史，十二年授扬州刺史，十三年授博州刺史，贞观十五年（641）薨于洛州温柔坊之私第，春秋七十有六。"[1]

韦师有三子，长子韦崇礼、次子韦泰真、三子韦崇操，皆以门荫入仕，其中以韦泰真最为显达。

韦崇礼[2]，起家太穆皇后挽郎，益州参军，累迁左武卫候铠，岐、洛二

---

[1] 赵君平：《河洛墓刻拾零》上《大唐故博州刺史韦府君墓志铭并序》，北京：北京图书馆出版社，2007 年，第 126 页。

[2] 吴钢主编：《全唐文补遗》第七辑《唐故洛州录事参军京兆韦君（崇礼）墓志铭》，西安：三秦出版社，2000 年，第 278 页。

州录事参军。乾封三年（668）终于洛州温柔里第，春秋五十二。

韦泰真①，字知道，起家为太宗文武圣皇帝挽郎，寻授梁州城固县丞，转绛州司户参军事，先后受到梁州都督蒋王李恽和绛州刺史越王李贞的礼遇。越王李贞对韦泰真尤其重视，龙朔三年（663），将其奏授为记事参军事。乾封中，韦泰真被高宗授以通事舍人，成为皇帝身边的侍臣。隋唐以来，随着经济重心的南移，政治中心与经济重心分隔南北两地，由于关中的长年开发和经济地位的衰退，有唐一代，常常出现关中缺粮的现象，高宗咸亨初年，关中又一次出现缺粮现象，当时唐高宗就打算从江淮运粮以充实关中，但是认为对吴越之地征粮不容易实现，于是派了韦泰真前去江南转运粮食，估计韦泰真是圆满完成了此次重任，在短短的七年时间内，升迁为户部郎中。调露初，韦泰真除兵部郎中。但其主要的功绩还是在为朝廷解决租赋问题，当时高宗"将幸太原，国用难给，命公收租赋以实之"。因此韦泰真被优诏特加三阶，授度支郎中，寻除户部侍郎。之后高宗"将有事于中岳，营奉天宫，诏公修造，不费资于府库，不创于力役"。又以此功诏公加等，授中大夫。嗣圣元年，授大中大夫，又加上柱国、临县开国男。高宗病危，韦泰真被委以将作大匠与吏部尚书韦喜价驰赴乾陵，积劳成疾。光宅元年，乾陵修好后，韦泰真先后为洛州长史、雍州长史。之后病重，于垂拱三年（688）正月薨于神都崇政坊私第，春秋六十一。

韦崇操，官至高宗时通事舍人，仪凤三年奉使吐蕃未还。

韦师三子中，韦崇礼后裔阙载，故本支系的第三代主要是韦泰真和韦崇操的后裔。韦泰真有子韦琼之②，官至考功郎中，官至五品以上，但到了韦光俗③，就降低为冯翊郡朝邑县令了。韦泰真一支在政治上的衰落呈明显

---

① 吴钢主编：《全唐文补遗》第五辑《唐故使持节怀州诸军事怀州刺史上柱国临都县开国男京兆韦公（泰真）墓志铭并序》，西安：三秦出版社，1998年，第198页。
② 吴钢主编：《全唐文补遗》第二辑《大唐前延王府户曹参军李瑶故妻京兆韦夫人墓志之铭并序》，西安：三秦出版社，1995年，第561页。
③ 吴钢主编：《全唐文补遗》第二辑《大唐前延王府户曹参军李瑶故妻京兆韦夫人墓志之铭并序》，西安：三秦出版社，1995年，第561页。

趋势。

韦崇操有三子，长子韦月将[①]，是中宗朝谏臣。则天朝后期，武三思恃宠执权，韦月将上书讼武三思潜通宫掖，将会是祸患之渐。武三思为报复韦月将，指使相关部门上奏他大逆不道，结果韦月将被中宗下诏诛死。幸亏宋璟为他力争，免以极刑，但被流放发配岭南，韦月将因此而卒。次子韦晶，官至眉州刺史。第三子韦忠，开元年间官至普州刺史，热衷于佛教，曾于开元十年（722）作有《唐西岩禅师受戒序》[②]。可能受韦月将事件的影响，本支系到此后裔阙载。

综上，韦师一支步入隋唐后的仕途高潮主要集中于唐初至开元年间，其成员多以门荫入仕，虽不及高官显位，但也有居尚书省郎官和地方大员者。则天中宗时期，本支系因有成员得罪当权的武氏而在仕途上遭受挫折，并殃及后裔，从此在政治上一蹶不振。

（二）婚姻

韦师一支没有与皇族通婚者，见于记载的有蒋氏、贾氏、李氏。

韦师娶蒋氏[③]，蒋氏世系不详。

韦泰真的女儿嫁给武威姑藏贾敦实子贾伯卿，贾敦实与兄贾敦颐都是太宗高宗年间的良吏[④]，贾敦实与韦泰真都曾任洛州长史、怀州刺史，有着地缘和同僚关系，估计韦泰真女与贾伯卿的婚姻就是因此促成的。姑藏贾氏并不是唐代的高门，但属于三品以上高官。

韦光俗的女儿在唐玄宗天宝年间嫁给唐前延王府户曹参军李瑶，正史

---

① 参见《旧唐书》卷九六《宋璟传》，北京：中华书局，1975 年，第 3034 页；《旧唐书》卷一〇〇《尹思贞传》，北京：中华书局，1975 年，第 3113 页；《旧唐书》卷一〇〇《苏珦传》，北京：中华书局，1975 年，第 3119 页；《旧唐书》卷一〇二《徐坚传》，北京：中华书局，1975 年，第 3178 页。

② （宋）王象之：《舆地碑记目》卷四，北京：中华书局，1985 年，丛书集成初编本，第 94 页。

③ 赵君平：《河洛墓刻拾零》上，《大唐故博州刺史韦府君墓志铭并序》，北京：北京图书馆出版社，2007 年，第 126 页。

④ 《旧唐书》卷一八五上《贾敦颐传附弟敦实传》，北京：中华书局，1975 年，第 4751 页。

中并无李瑶传记。通过一些相关记载①，可知，李瑶父为李再春，在德宗年间是博州刺史。德宗年间，魏博节度使田悦反后，朝廷命马燧前去镇压，李再春及子李瑶以博州降马燧。韦光俗的祖父在天宝十三载（754）任博州刺史，而天宝十三载正好是韦光俗女儿终葬之年，也就是说，韦师任博州刺史之前，韦光俗的女儿已经嫁给了李再春的儿子李瑶。两家何以结为婚姻关系不得考证，但李再春在韦师担任博州刺史之后继任或许与两家是婚家有关。

（三）家族重心向洛阳的转移

韦师是北朝韦阆的后裔，韦阆是京兆杜陵人，也就是说，韦师一支的宗族基础是在杜陵。关于韦师一支家族重心向洛阳的转移始于何时受材料所限不得而知，但最晚从韦师开始已经将居所迁到洛阳城中，葬地也迁到洛阳城附近，也就是将家族重心完全从杜陵转移到了洛阳。

韦师的墓志铭记载，"贞观十五年薨于洛州温柔坊之私第"，"其年殡于午桥之南，垂拱四年正月十三日与夫人蒋氏合葬于河南县崇邙之山也"。②可见，韦师贞观年间已经居于洛阳城中，死后葬在了河南县崇邙山，没有归葬关中乡里，生活空间已经以洛阳为重心。

韦崇礼的墓志铭记载，"乾封三年终于洛州温柔里第"，"窆于伊水乡"。③韦泰真的墓志铭记载，"嗣圣三年正月，薨于神都崇政坊私第"，"垂拱四年葬于洛州河南县平乐乡安善里"。④可见韦师的后代也是将生活的重心转移至洛阳城中。另外，在贾伯卿的墓志铭中记载，韦泰真的女儿与丈

---

① 《旧唐书》卷一三四《马燧传》，北京：中华书局，1975 年，第 3697 页；《新唐书》卷二一〇《魏博传·田承嗣传附悦传》，北京：中华书局，1975 年，第 3845 页。

② 赵君平：《河洛墓刻拾零》上，《大唐故博州刺史韦府君墓志铭并序》，北京：国家图书馆出版社，2007 年，第 126 页。

③ 吴钢主编：《全唐文补遗》第七辑《唐故洛州录事参军京兆韦君（崇礼）墓志铭》，西安：三秦出版社，2000 年，第 278 页。

④ 吴钢主编：《全唐文补遗》第五辑《唐故使持节怀州诸军事怀州刺史上柱国临都县开国男京兆韦公（泰真）墓志铭并序》，西安：三秦出版社，1998 年，第 198 页。

夫贾伯卿合葬在了"河南县西卬之北原"①，韦氏婚姻对象原籍是武威姑藏，从此墓志铭可见他们实际的生活地是洛阳，归葬地也移到了洛阳附近，韦氏婚姻对象是居于洛阳城中人士，也反映出，随着韦氏家族重心向洛阳城的转移，社会关系也在发生变化。在这个过程中，韦师一支逐渐与关中乡里脱离，不见与其他同宗成员的提携互助之举，基本失去宗族基础。

附：韦师一支世系表：②

韦范—韦昶—韦雅—韦峻—韦师—韦崇礼

　　　　　　　　　　　—韦泰真—韦仰孝

　　　　　　　　　　　　　　—韦琼之—韦光俗

　　　　　　　　　　　　　　—韦修业

　　　　　　　　　　—韦崇操—韦月将

　　　　　　　　　　　　　　—韦晶

　　　　　　　　　　　　　　—韦忠

本节小结

综上所述，进入隋唐后的阆公房成员以韦子粲、韦荣亮、韦师三个支系为主，韦子粲一支从仕于东魏北齐过渡到隋唐，由于受到战乱打击和脱离乡里，在唐中宗以后已经不见于记载。韦荣亮一支虽然也是从仕于北齐过渡到隋唐，但依然归葬于关中旧地，表明很快建立起与宗族乡里的联系，并没有完全脱离乡里。且随着做官进入中央，与高门大族结为婚姻，提升了其家族名望，一直延续了八代，大致到宣宗以后才消沉下去。韦师一支是从仕于西魏北周过渡到隋唐的，进入隋唐后的韦师父子几乎全是通过门荫入仕，尽管也有入居三品的高官，但家族成员没有以文化见称者，这使得本家族在仕途上失去了后劲。在婚姻上，韦师一支既没有与皇室联姻，

① 吴钢主编：《全唐文补遗》第五辑《唐故使持节怀州诸军事怀州刺史上柱国临都县开国男京兆韦公（泰真）墓志铭并序》，西安：三秦出版社，1998 年，第 198 页。
② 参见文后所附《新唐书·宰相世系表》校补部分。

也没有与高门大族联姻，因此也不利于本家族政治社会地位的巩固与维持。随着本家族成员的入仕，逐渐将家族重心转移至洛阳城中，与宗族旧地彻底脱离，成为纯粹的以城市为生活空间的寄生官僚，故而韦师一支尽管家族基础不错，但进入隋唐后仅仅延续了四代便销声匿迹了。从以上三个支系的发展轨迹可以看出，保持与乡里旧地的联系和与高门大族的婚姻关系是世家大族保持其政治社会地位的重要因素。

附表5-1：阆公房成员居官情况表

代际	名讳	官职	品阶	时代	出处
	韦阆	咸阳、武郡太守	从三品	北魏太武帝	《魏书》卷四五《韦阆传》；《北史》卷二六《韦阆传》
	韦范	镇西大将军府司马、华山郡太守	从三品	北魏	《魏书》卷四五《韦阆传》；《北史》卷二六《韦阆传》
	韦（法）儁	雍州中正、都水使者		北魏宣武帝	《魏书》卷四五《韦阆传附孙儁传》
	韦荣绪	东秦州刺史、征虏将军		北魏	《魏书》卷四五《韦阆传附孙儁传》
	韦子粲	豫州刺史		东魏北齐	《魏书》卷四五《韦阆传附孙儁传》
	韦荣亮	左卫大将军		北齐	《魏书》卷四五《韦阆传附孙儁传》
	韦昶	秦州刺史		北魏	《全唐文补遗》（七），第278页，《唐故洛州录事参军京兆韦君（崇礼）墓志铭》
	韦口雅	洛州刺史		北魏	《全唐文补遗》（五），第198页，《唐故使持节怀州诸军事怀州刺史上柱国临都县开国男京兆韦公（泰真）墓志铭并序》
1	韦孝骞	集州刺史	正四品下	唐初	《全唐文补遗》（八），第13页，《唐故天女寺尼韦氏（爱道）墓志铭并序》
	韦纲	赵州刺史	从五品	隋	《元和姓纂》卷二；《新唐书·宰相世系表》
	韦峻	御史中丞、司隶刺史		北周	《元和姓纂》卷二；《新唐书·宰相世系表》
	韦薔	蒲州刺史	从三品		《元和姓纂》卷二；《新唐书·宰相世系表》
2	韦处义	并州祁县令	正六品上	唐初	《元和姓纂》卷二；《新唐书·宰相世系表》

代际	名讳	官职	品阶	时代	出处
2	韦（世）师	扬、博州刺史	正三品	唐贞观年	《河洛墓刻拾零》，第126页，《大唐故博州刺史韦府君墓志铭并序》
	韦士让	罗州别驾	从五品上		《河洛墓刻拾零》，第126页，《大唐故博州刺史韦府君墓志铭并序》
3	韦德敏	太府少卿	从四品上	唐初	《河洛墓刻拾零》，第126页，《大唐故博州刺史韦府君墓志铭并序》
	韦德基	金部郎中	从五品上	唐初	《河洛墓刻拾零》，第126页，《大唐故博州刺史韦府君墓志铭并序》
	韦崇礼	洛州录事参军	从九品上	唐高宗年	《全唐文补遗》（七），第278页，《唐故洛州录事参军京兆韦君（崇礼）墓志铭》
	韦泰真	使持节怀州诸军事、怀州刺史、临都县开国男	从三品	太宗至武则天垂拱年	《全唐文补遗》（五），第198页，《唐故使持节怀州诸军事怀州刺史上柱国临都县开国男京兆韦公（泰真）墓志铭并序》
	韦崇操	同事舍人	从六品上	高宗仪凤年	《河洛墓刻拾零》，第126页，《大唐故博州刺史韦府君墓志铭并序》
4	韦璆	衡州刺史，鲁县康公	从三品		《全唐文》卷三九二，第4984页，《唐故吏部郎中赠给事中韦公墓志铭》
	韦玪	荣州刺史	正四品		《元和姓纂》卷二；《新唐书·宰相世系表》
	韦琳	广州都督	正三品		《元和姓纂》卷二；《新唐书·宰相世系表》
	韦修业	水部员外郎	从六品上		《元和姓纂》卷二；《新唐书·宰相世系表》
	韦琼之	考功郎中	从五品上		《元和姓纂》卷二；《新唐书·宰相世系表》
	韦畠	眉州刺史	从三品		《元和姓纂》卷二；《新唐书·宰相世系表》
	韦忠	普州刺史	正四品下	玄宗开元年	《舆地碑记目》卷四《唐西岩禅师受戒序》
5	韦元诚	范阳郡仓曹参军	正七品下	安史之乱前后	《全唐文》卷三九二，第3985页，《唐故范阳郡仓曹参军京兆韦公墓志铭》
	韦元曾	吏部郎中	从五品上		《全唐文》卷三九二，第4984页，《唐故吏部郎中赠给事中韦公墓志铭》
	韦（皋支）	金部员外郎	从六品上		《新唐书·宰相世系表》
	韦元甫	尚书右丞、淮南节度使	从三品上		《旧唐书》卷一一五《韦元甫传》
	韦延安	寿州刺史、鄂州刺史	正三品		《次山集》卷七《别王佐卿序》、《全唐文》卷三一五《李华·登头陁寺东楼诗序》、卷三一六《李华·寿州刺史厅壁记》
	韦之晋	苏、衡、潭州刺史	正三品		《旧唐书》卷一一《代宗纪》
	韦光俗	冯翊郡朝邑县令	从六品上		《全唐文补遗》（二），第561页，《大唐前延王府户曹参军李瑶故妻京兆韦夫人墓志之铭并序》

代际	名讳	官职	品阶	时代	出处
6	韦悦	长安令	正五品上		《元和姓纂》卷二；《新唐书·宰相世系表》
	韦徼	扬州江阳县令			《全唐文补遗》（八），第190页，《唐故兴元府城固县丞京兆韦府君（识）墓志铭并序》
	韦彤	澧州刺史	从三品		《元和姓纂》卷二；《新唐书·宰相世系表》
	韦恒	巴州刺史	正四品下		《元和姓纂》卷二；《新唐书·宰相世系表》
7	韦讷	将作监丞	从六品下		《全唐文补遗》（八），第190页，《唐故兴元府城固县丞京兆韦府君（识）墓志铭并序》
	韦讽	监察御史	正八品下		《全唐文补遗》（八），第190页，《唐故兴元府城固县丞京兆韦府君（识）墓志铭并序》
	韦识	兴元府城固县丞	正八品下		《全唐文补遗》（八），第190页，《唐故兴元府城固县丞京兆韦府君（识）墓志铭并序》

附表5-2：阆公房婚姻关系表

序号	名讳	嫁娶对象	对象郡望	时代	出处
1	韦儁	郭祚		北魏	《魏书》卷四五《韦阆传附孙儁传》
2	韦世师	蒋氏		隋朝	《河洛墓刻拾零》，第126页，《大唐故博州刺史韦府君墓志铭并序》
3	韦爱道（韦处义女）	杨氏	弘农杨氏	高宗咸亨年	《全唐文补遗》（八），第13页，《唐故天女寺尼韦氏（爱道）墓志铭并序》
4	韦泰真女	贾伯卿	武威贾氏	高宗	《河洛墓刻拾零》，第236页，《唐故朝议大夫陈州长史贾君墓志铭并序》
5	韦元曾	独孤及姊妹	河南独孤氏	约开天	《全唐文》卷三九二，第4984页，《唐故吏部郎中赠给事中韦公墓志铭》
6	韦元诚	卢氏	范阳卢氏	约开天	《全唐文》卷三九二，第3985页，《唐故范阳郡仓曹参军京兆韦公墓志铭》
7	韦徼	杜氏	京兆杜氏	约德宗顺宗期	《全唐文补遗》（八），第190页，《唐故兴元府城固县丞京兆韦府君（识）墓志铭并序》
		王氏	太原王氏	约代宗德宗之际	《新出唐韦徼及夫人王氏、杜氏墓志考释》，《碑林集刊》（十五），第146～153页
8	韦识	薛氏（薛昌运女）	河东薛氏	约宪宗穆宗期	《全唐文补遗》（八），第190页，《唐故兴元府城固县丞京兆韦府君（识）墓志铭并序》

序号	名讳	嫁娶对象	对象郡望	时代	出处
9	韦俶女	裴凭	河东裴氏		《韦俶夫人杜氏墓志》，张彦：《新出唐韦俶及夫人王氏、杜氏墓志考释》，《碑林集刊》（十五），第147页。
10	韦俶女	齐孝浮	不详		《韦俶夫人杜氏墓志》，张彦：《新出唐韦俶及夫人王氏、杜氏墓志考释》，《碑林集刊》（十五），第147页。
11	韦俶女	庚承宣	新野庚氏		《韦俶夫人王氏墓志》，张彦：《新出唐韦俶及夫人王氏、杜氏墓志考释》，《碑林集刊》（十五），第147页。
12	韦翊	卢氏	范阳卢氏		《西安碑林博物馆新藏墓志续编》（下），第602页，《韦濛墓志》

附表5-3：阆公房居所归葬地表

名讳	居所	归葬地	出处
韦处义	终于洛州永昌县毓德里第		《全唐文补遗》（八），第13页，《唐故天女寺尼韦氏（爱道）墓志铭并序》
韦元鲁	终于京师靖恭里之故宅	卜葬于旧茔	《全唐文》卷三九二，第4984页，《唐故吏部郎中赠给事中韦公墓志铭》
韦元诚		葬于少陵原先茔	《全唐文》卷三九二，第3985页，《唐故范阳郡仓曹参军京兆韦公墓志铭》
韦俶		归葬于京兆府万年县义善乡凤栖原旧茔	《新出唐韦俶及夫人王氏、杜氏墓志考释》，《碑林集刊》（十五），第146页
韦俶夫人王氏		同上	《新出唐韦俶及夫人王氏、杜氏墓志考释》，《碑林集刊》（十五），第147页
韦俶夫人王氏		同上	《新出唐韦俶及夫人王氏、杜氏墓志考释》，《碑林集刊》（十五），第147页
韦识		窆于京兆府万年县义善乡凤栖原	《全唐文补遗》（八），第190页，《唐故兴元府城固县丞京兆韦府君（识）墓志铭并序》
韦濛	终于万年县胄盖里盖儿乡别业	万年县义善乡凤栖原旧茔	《西安碑林博物馆新藏墓志续编》（下），第602页，《韦濛墓志》
韦师	薨于洛州温柔坊之私第	夫人蒋氏合葬于河南县崇邙之山	《河洛墓刻拾零》，第126页，《大唐故博州刺史韦府君墓志铭并序》
韦崇礼	终于洛州温柔里第	其月窆于伊水乡	《全唐文补遗》（七），第278页，《唐故洛州录事参军京兆韦君（崇礼）墓志铭》
韦泰真	薨于神都崇政坊私第	葬于洛州河南县平乐乡安善里	《全唐文补遗》（五），第198页，《大唐故使持节怀州诸军事怀州刺史上柱国临都县开国男京兆韦公（泰真）墓志铭并序》
韦泰真女	卒于河内县越	与夫贾伯卿合葬于河南县西印之北原	《河洛墓刻拾零》，第236页，《唐故朝议大夫陈州长史贾君墓志铭并序》

第二节　晚渡北归中央化的小逍遥公房

小逍遥公房是唐代京兆韦氏宗族中一个比较特别的房支，这个房支的先祖韦华曾经追随刘义真南渡襄阳，韦华后裔中的韦纂一支仕于南朝宋齐梁三个政权后北归仕于北朝，并加入到北周关陇军功集团中，是晚渡北归士族的典型代表，参见前文第二章第二节。进入隋唐后，此支系继续保持了旺盛的政治生命力，成为唐代京兆韦氏宗族中的一个重要房支，涌现出了一批颇有影响力的人物。本节将对小逍遥公房加以剖析以探讨晚渡北归士族的独特发展道路。

一、从襄阳到京城的迁徙

从韦华南渡襄阳至韦纂一支中的韦量北归，韦纂一支在襄阳生活了一百年左右，与关中乡里的宗族已经因为空间的隔离而变得陌生。故而北归后的韦量并没有直接回到关中旧地，而是暂时在关东的郑州阳武县定居下来。韦量子韦瑗是本支系进入隋朝统一王朝的第一人，在隋朝担任的就是阳武县令。韦瑗子韦思谦的籍贯还是郑州阳武。随着韦思谦通过进士及第并位及则天朝宰相，韦思谦迁居到洛阳城中的承义坊中，从此也开始了本支系在京城的生活。韦思谦的两子韦承庆和韦嗣立迁居到洛阳归德坊。因为唐朝的两都制度，韦承庆和韦嗣立在长安还各有居所。本房其他成员的居所可考者还有韦嗣立的儿子韦济迁居到长安兴化坊。韦瑗的另一子韦知止的曾孙韦希损，迁居到长安新昌坊。可见，韦纂一支北归后主要通过韦思谦的入仕将家族的生活重心从北归后的暂居地郑州阳武迁徙至两京，这个房支从此逐渐成为一个以京城为主要生活空间的官僚之家。

经过韦思谦先祖们的几经波折，这个房支从京兆杜陵迁居到了襄阳，又从襄阳迁徙到郑州阳武，再从阳武通过韦思谦的入仕迁徙到两京，向京城尤其是向长安的迁徙使这个房支在空间上再次接近了关中乡里，此房支开始与其他房支的韦氏成员建立了某些联系。郿城公房的韦述作为韦济的族叔，曾经为韦济撰写墓志铭。① 韦嗣立与驸马房的韦后宗属疏远，中宗特令编入属籍。② 这种通过政治力量追回宗族观念的做法尽管恰恰反映了小逍遥公房与驸马房关系的疏远，但毕竟通过这样一种方式将两个房支捆在了一起。另外，韦孚的外甥女嫁给了郿公房的韦颙③，也就是说，韦孚的外甥女婿也是他的宗亲。这种婚姻关系的形成可能跟两个房支宗亲关系相对密切有关。这些材料反映出，小逍遥公房与宗族内的某些房支还存在着同宗之谊。小逍遥公房北归后的葬地几乎都集中在雍州万年县义丰乡铜人原。从韦思谦的墓志铭中将铜人原称作旧茔可以推测，韦思谦之前已经有族人葬在此地方了，那么此旧茔可能是这一支系迁居南方前的祖坟所在地。如果是这样的话，小逍遥公房北迁后的葬地又回归了关中乡里。但同时也不难发现，这一房支没有与其他房支杂葬的现象，从现有的统计看，从韦思谦到韦逢子共五代人，都集中在万年县义丰乡铜人原，这也反映出韦纂一支北归后尽管还有一定的乡里宗族观念，但房望的观念已经比较强烈，与宗族内的其他房支已经有所疏远。

综上，韦纂一支北归后并没有直接回到关中乡里，而是通过向京城尤其是向长安的迁徙重新接近了关中乡里，此房支归葬于关中乡里和与其他房支建立了一定的联系反映出此房北归后关中乡里观念的恢复，但归葬地的相对集中以及不与其他房支杂葬的现象反映出此房支房望观念的强烈和与其他房支整体上的隔阂。

---

① 吴钢主编：《全唐文补遗》第二辑《大唐正议大夫行仪王傅上柱国奉明县开国子赐紫金鱼袋京兆韦府公（济）墓志铭并序》，西安：三秦出版社，1995 年，第 25～26 页。
② 《旧唐书》卷八八《韦思谦传附子嗣立传》，北京：中华书局，1975 年，第 2868 页。
③ 吴钢主编：《全唐文补遗》第八辑《唐故朝请大夫京兆少尹上柱国孟府君（璿）夫人兰陵萧氏（威）墓志铭》，西安：三秦出版社，2005 年，第 216 页。

附表5-4：小逍遥公房成员居所表

名讳	居所	时代	出处
韦篡	襄阳	宋梁	《梁书》卷一二《韦叡传》
韦瑷	阳武	隋朝	《全唐文补遗》（二），第6～7页，《大唐故纳言上轻车督尉博昌县开国男韦府君（仁约）墓志铭》
韦思谦	阳武	唐朝	《旧唐书》卷八八《韦思谦传》
	洛阳承义坊	唐贞观至永昌元年	《增订唐两京城坊考》（修订版），卷五，第385页
韦承庆	洛阳归德坊	唐龙朔至神龙二年	《增订唐两京城坊考》（修订版），卷五，第308页
	长安大宁坊	同上	《增订唐两京城坊考》（修订版），卷三，第115页
韦嗣立	洛阳归德坊	唐永隆至开元七年	《增订唐两京城坊考》（修订版），卷五，第308页
	长安宣阳坊	同上	《增订唐两京城坊考》（修订版），卷三，第91页
	骊山别业	同上	《唐代园林别业考录》，第43页
	龙门北溪庄	同上	《唐代园林别业考录》，第101页
韦恒	东山别业	开元初至天宝初	《唐代园林别业考录》，第45页
韦济	长安城南东郊山居	开元初至天宝初	《唐代园林别业考录》，第45页
	长安兴化坊	同上	《增订唐两京城坊考》（修订版），卷四，第180页
韦希损	长安新昌坊	仪凤年至开元七年	《增订唐两京城坊考》（修订版），卷三，第161页
韦逢子	昭应县骊山故里	德、顺、宪宗朝	《全唐文补遗》（二），第40页，《唐故辰州参军韦府君墓志铭》

附表5-5：小逍遥公房成员归葬地表

名讳	归葬地	出处
韦思谦（仁约）	载初元年迁葬于雍州万年县铜人原旧茔之后	《全唐文补遗》（二），第6～7页，《大唐故纳言上轻车督尉博昌县开国男韦府君（仁约）墓志铭》
韦思谦夫人王婉	归祔于雍州万年县铜人原之旧茔	《全唐文补遗》（二），第8～10页，《大周故纳言博昌县开国男韦府君夫人琅琊郡太原王氏（婉）墓志铭》
韦承庆	迁葬于雍州万年县义丰乡铜人原	《全唐文补遗》（三），第37～39页，《大唐故黄门侍郎兼修国史赠礼部尚书上柱国扶阳县开国子韦府君（承庆）墓志铭并序》
韦济	安葬于铜人原	《全唐文补遗》（二），第25～26页，《大唐正议大夫行仪王傅上柱国奉明县开国子赐紫金鱼袋京兆韦府公（济）墓志铭并序》
韦逢子	归葬万年铜人原	《全唐文补遗》（二），第40页，《唐故辰州参军韦府君墓志铭》
韦希舟	葬于万年县义丰县铜人原	《全唐文补遗》（二），第18页，《唐故朝议大夫怀州长史上柱国京兆韦公（希舟）墓志铭并序》

二、仕宦

根据目前所掌握的材料，此房进入隋唐后共延续了九代。进入隋朝的第一代是韦弘瑗，他在当时的北归地郑州阳武担任了县令，虽然官品不高，但却在自己生活的乡里为行政长官，可以说，已经扎根于此地。韦弘瑗两子，韦德伦和韦知止。韦德伦担任任丘县令，继续在地方基层为官，而韦知止已经进入中央，成为五品以上的库部郎中。

虽然韦德伦的官品不高，但"高尚四十余年，道在礼义"，为其后裔树立了良好的家风，他的后裔很快通过科举入仕，高居宰相之位，使家族的政治地位得到了很大的提升，而韦知止的后裔则相对平稳，故而韦德伦一支成为此房的著支。

（一）韦德伦支系

韦德伦有两子韦思谦和韦仁慎，其中韦仁慎官至驾部郎中，有子韦奉先，为金部郎中，孙韦潜为梓州刺史，皆五品以上高官，延续了三代便消沉了。韦思谦一支则延续了七代，成为著支。

韦思谦①，字仁约，历唐太宗至武则天时期。年甫弱冠，举国子进士，射策甲科，补幽州昌平县尉。太宗时期，先后受到杜楚客和高季辅的举荐，从安州应城县令到监察御史。高宗即位后，朝中由长孙无忌和褚遂良辅政，中书令褚遂良"贱市中书译语人"，韦思谦弹劾之。褚遂良由此左迁同州刺史。待褚遂良复位后，韦思谦不得进用，被出为清水令，由此可见，韦思谦不为权贵折腰的品质。

韦思谦被贬官后，又被检校沛王府长史的皇甫公义引为沛王府仓曹，

---

① 《旧唐书》卷八八《韦思谦传》，北京：中华书局，1975年，第2864页；吴钢主编：《全唐文补遗》第二辑《韦仁约墓志铭》，西安：三秦出版社，第6～7页。

后累迁左司郎中。高宗永淳中，历尚书左丞、御史大夫。在任期间，主持公道，不阿权贵。武侯将军田仁会因与侍御史张仁祎不协在高宗面前奏诬之，高宗于是责问张仁祎，张仁祎因惶遽应对失次，韦思谦主动为张仁祎辩解，伸张正义。且从不对权贵施以拜礼。

武则天即位后，韦思谦转宗正卿，因官名改易，为司属卿。光宅元年（684），分置左、右肃政台，韦思谦为右肃政台。垂拱初，封博昌县开国男，食邑三百户。迁凤阁鸾台三品，成为宰相。垂拱二年（686），代苏良嗣成为纳言。韦思谦任相三年便告退了。永昌元年卒于神都承义里第，春秋七十有九，赠幽州都督。

韦思谦历任太宗至武则天时期，期间统治集团内部最大的一个变动就是西魏北周以来的关陇贵族集团逐渐退出政治舞台，而韦思谦通过科举进士及第使家族的立足之本进行及时有效的转变，故而在此变动中，仕途并没有受到太大的影响。

韦思谦在政治上的崛起为其子辈进入仕途奠定了基础。韦思谦三子，韦承庆、韦嗣立和韦淑，皆入仕途。其中韦淑，为安州都督，后裔阙载；韦思谦的后裔中活跃在唐代政治舞台上的主要是韦承庆和韦嗣立两支。

1. 韦承庆分支

韦承庆[①]，字延休，是韦思谦的长子，为韦思谦的前妻崔氏所生。因有父为宰相，韦承庆得以进入太学这样的贵族学校，以太学进士为出身，对策高第，由此"价重天下，声高海内"。起家雍王府参军，累迁至则天朝宰相。期间先后出任乌程县令、顿丘县令、沂州刺史、虢州刺史、辰州刺史。因其学问修养，先后担任的文职主要有太子文学司议郎、礼部员外郎、太子谕德、秘书少监兼修国史并判礼部侍郎事。先后修成《则天圣后实录》、《则天圣后纪圣文》，被授银青光禄大夫兼赐紫服。寻除黄门侍郎，神龙二

---

① 《旧唐书》卷八八《韦思谦传附子承庆传》，北京：中华书局，1975年，第2868页；吴钢主编：《全唐文补遗》第三辑《韦承庆墓志铭并序》，西安：三秦出版社，1996年，第37～39页。

年（706）终于京师万年县大宁里第，春秋六十有七。韦承庆的仕途非常顺当，除了其父为其提供的家庭背景外，良好的自身素质也是重要的一个方面，从他在位期间屡次担任文职并修撰国史可见一斑。两方面的结合，成就了韦承庆的仕途，同时也反映出此房支一直保持着自韦纂以来的良好的习文传统，是个以文化见称的家族。

韦承庆两子，韦晋和韦长裕。韦晋官至常州刺史，从三品。韦长裕，曾任开元年间的祠部员外郎，从六品上。韦长裕有子韦当，为富平令。韦承庆一支延续了三代，其成员所任官品逐代下降，大致唐玄宗以后便在政治上消沉了。

2. 韦嗣立分支

韦嗣立①，韦思谦的次子，为韦思谦的后妻王婉所生。字延构，少举进士，起家双流县令，三迁莱芜令。武则天时期，其兄韦承庆因疾去职凤阁舍人，韦嗣立代之。在位期间，针对当时官学废弛和刑法滥施的状况向武则天上书，建议广开庠序，大敦学校，尊尚儒师，切勿滥施刑法，以致怨气冲天。韦嗣立所指皆为当时社会时弊，其上书之后，此种种社会弊端是否有所改善待考，但表明韦嗣立为官所持有的正义感。此后迁为秋官侍郎，三迁为凤阁鸾台平章事，成为宰相。武则天统治时期，重内官、轻外职，所遣外人，多是累贬之人，以致风俗不澄。为此，纳言李峤和夏官侍郎唐休璟曾上书谏议，妙简贤良，分典大州。韦嗣立自告奋勇检校汴州刺史。后先后检校魏州刺史、洺州刺史。不久即被召回担任吏部选事，其兄韦承庆卒后，代为黄门侍郎，转太府卿、加修文馆学士。中宗即位后，韦嗣立因与韦后同宗，被编入属籍，从此受到中宗的恩顾。韦嗣立在骊山构筑别业，中宗亲幸并赐韦嗣立为逍遥公，因韦氏宗族中还有一逍遥公韦夐，故而韦嗣立的后裔称为小逍遥公房。

---

① 《旧唐书》卷八八《韦思谦传附子嗣立传》，北京：中华书局，1975年，第2868页；（清）董诰等：《全唐文》卷二三二《张说·中书令逍遥公墓志铭》，北京：中华书局，1983年，第2349页。

韦嗣立在中宗即位后转为兵部尚书，继任宰相。中宗时期，崇饰寺观，且滥封食邑，导致国库亏虚，韦嗣立上书谏奏。韦后之乱发生后，韦嗣立险些被乱兵所害，幸亏宪王以韦嗣立为其从母之夫，被搭救下来。睿宗即位后，韦嗣立为中书令，并以定册尊立睿宗有功被赐食邑一百户。但随着睿宗的退位和唐玄宗的即位，原来参与到韦后之乱中的韦嗣立再次被人揭发，贬为岳州别驾，后为陈州刺史。尽管有姻亲关系的刘知柔曾上书为之辩白，但没等到诏命下达便于开元七年（719）薨于归德里，有诏赠兵部尚书，谥曰孝，春秋六十。

韦嗣立的显达一是靠家庭背景、二是靠自身的文化优势，三是靠与韦后的宗亲关系，与韦后的宗亲关系使韦嗣立的仕途登峰造极于一时，但很快便随着韦后之乱的被镇压而在政治上消沉下来，韦嗣立仕途的变化受到了自武则天后至唐玄宗即位之间政治变动的影响。

韦嗣立四子，除了韦央①官职阙载外，其余三子皆入仕途。韦孚，曾任晋州赵诚县丞，卒于左司员外郎；韦恒，主要活动于唐玄宗时期，官至三品高官。开元二十三年（735），担任给事中的韦常（恒）曾巡视关内道。②从孙逖所书的制文中可知，在此之后，韦恒又被授以太常少卿一职③，在此之前，韦恒散品至朝议大夫，封爵郑县开国男。到开元二十九（741）年，韦恒以太常卿的身份分行天下④，可知，韦恒在开元二十三年至二十九年从太常少卿官至太常卿。天宝十载（751），韦恒又以京兆少尹的身份祭河渎。⑤韦恒还曾被授以陈留太守，但未到任就去世了⑥，故而《世系表》中所

---

① 《世系表》中为韦史，现据（清）董诰等：《全唐文》卷二三二《张说·中书令逍遥公墓志铭》，北京：中华书局，1983年，第2349页改。
② （宋）王钦若等：《册府元龟》卷一六二《帝王部·使命二》，北京：中华书局，1960年，第1955页。
③ （清）董诰等：《全唐文》卷三〇九《孙逖·授韦恒太常少卿制》，北京：中华书局，1983年，第3135页。
④ 《世系表》中为韦史，现据（清）董诰等：《全唐文》卷二三二《张说·中书令逍遥公墓志铭》，北京：中华书局，1983年，第2349页改。
⑤ 《唐郊祭录》卷八，文渊阁四库全书本。
⑥ （宋）李昉等：《太平广记》卷一四七引《定命录》，北京：中华书局，1961年，第1062页。

记应该是韦恒的卒官。

韦济[①]，同韦恒一样，主要活动于唐玄宗时期。初以弘文明经拜太常寺奉礼郎，迁鄠县尉。后先后担任鄄城令、醴泉令。丁忧服除，历太子司议屯田、兵部员外、库部郎中。因括户受到唐玄宗重用的宇文融是韦济的姑子，宇文融"举不失亲，屡有闻荐，寻而宇文失位，君亦以此不迁"。岁余，出为棣州刺史。未及到任，又以内忧免官。礼阙，除幽州大都督府司马，迁恒州刺史，入为京兆少尹。未几，又迁户部侍郎。视事六载，迁太原尹，仍充北京留守。天宝七载，转河南尹、兼水陆运使。天宝九载（750），迁尚书左丞、累加正议大夫、封奉明县子。十一载，出为冯翊太守。在守无几，又除唐玄宗第十二子仪王李璲傅。晚年的韦济在霸陵骊阜之东俗，成皋严邑之西原，建立了两所别墅，在此筑场开圃，育树莳药。天宝十三载（754）终于京城之兴化里第，春秋六十七。《韦济墓志铭》将其仕途记载得非常清楚，由此可以澄清岑仲勉先生在《〈元和姓纂〉四校记》中关于韦济仕途的疑惑。韦济家底深厚，又得到姻亲的举荐，仕途顺畅，官至三品高官，从韦恒不仅仅在长安城内有居所，还在城南建有两所别墅可见韦恒家族产业的雄厚。

韦嗣立的四子中，仅有韦恒和韦济有后裔记载。这一代人主要活动于安史之乱后的代、德时期。韦恒有子韦懿，韶州刺史。自此后裔阙载。韦济有四子，韦士模、韦逢、韦士勋和韦澳（奥），皆入仕途。韦士模，彭州刺史；韦逢，虞部员外郎；韦士勋，德宗贞元二十一年（805）自金州刺史拜河南少尹[②]；韦澳[③]，德宗贞元年间曾任夏县令，留有《唐夏县令韦公遗爱颂》[④]，立于贞元二年（786），卒于邵州刺史。

韦恒四子中，仅有韦逢有后裔记载。韦逢三子，长子韦贞伯、次子韦

①　吴钢主编：《全唐文补遗》第二辑《大唐正议大夫行仪王傅上柱国奉明县开国子赐紫金鱼袋京兆韦府公（济）墓志铭并序》，西安：三秦出版社，1995年，第25～26页。

②　（宋）陈公亮：《严州图经》卷一，北京：中华书局，1985年，丛书集成初编本，第58页。

③　《世系表》中为韦涵，据《元和姓纂（附四校记）》为韦澳。

④　（宋）赵明诚撰，刘晓东、崔燕南点校：《金石录》卷八，济南：齐鲁书社，2009年，第75页。

成季、少子名讳不详。韦贞伯，德宗贞元二年为蓝田县令，三年五月迁舒州刺史①；贞元九年（793）为御史中丞②，卒于给事中。韦贞伯有子韦尚敬，字执勇，官职阙载。韦成季，德宗贞元十一年（795）为司封郎中③，卒于兵部郎中。韦逢少子④，秘书少监王礎镇黔中时，将其表授辰州刺史参军，元和四年（809）终于昭应县骊山之故里，享年五十九。其墓志铭由其侄子韦待敬撰文，子韦公宿书写。从韦贞伯子中有韦尚敬者可以推测，韦待敬极有可能是韦贞伯子，具体情况如何还有待更有力的材料佐证。

综上，韦德伦一支主要依靠韦思谦父子三人皆以科举入仕并连续担任宰相将家族的政治地位提高到一个顶峰。正如史载所言："长寿中，嗣立代承庆为凤阁舍人。长安三年（703），承庆代嗣立为天官侍郎，顷之又代嗣立知政事。及承庆卒，嗣立又代为黄门侍郎，前后四职相代。又父子三人第，皆至宰相。有唐已来，莫与为比。"但随后的韦后之乱和安史之乱却对小逍遥公房的政治命运造成了比较严重的打击。韦后之乱中，受到牵连的仅仅还是韦嗣立个人，对其后裔的仕途并没有构成太大的影响。而安史之乱对韦恒一支的打击非常大。安史之乱中，两京先后被叛军攻克，皇室向蜀地逃跑。一些士族跟随皇室奔走，但还有一些就因家在京城留了下来，并被迫委任于叛军政权中。安史之乱被平叛后，唐玄宗被迎回，原来降于叛军的三十九人却遭到了肃宗的严惩。史载肃宗"以岁除日行刑，集百官临视，家属流窜"⑤。与韦济有交游的范阳张均兄弟，先前与房琯、韦述等在安史之乱后"行至城南十数里山寺，均、垍同行，皆以家在城中，逗留不进，琯独驰蜀路"⑥。留下来做了伪政权的宰相，结果张垍在大理寺狱被赐自

---

① （宋）王钦若等：《册府元龟》卷七〇一《令长部·褒异》，北京：中华书局，1960年，第8363页。
② （宋）王溥：《唐会要》卷七四，北京：中华书局，1955年，第1347页。
③ （清）董诰等：《全唐文》卷四七九《许孟容·祭杨郎中文》，北京：中华书局，1983年，第4900页。
④ 吴钢主编：《全唐文补遗》第二辑《唐故辰州参军韦府君墓志铭》，西安：三秦出版社，1995年，第40页。
⑤ 《新唐书》卷五六《刑法志》，北京：中华书局，1975年，第1416页。
⑥ 《旧唐书》卷一一一《房琯传》，北京：中华书局，1975年，第3323页。

尽；张均被引至独柳树下，免死流合浦郡；韦氏家族的韦恒遭到腰斩。韦氏的姻亲独孤朗同张垍一同被赐自尽。韦恒一支的后裔仅仅延续了一代，估计与此有关。经安史之乱后，韦德伦一支中仅有韦济的后裔延续了三代，大致到唐德宗以后便在政治上消沉了。

附韦德伦一支世系：

韦弘璥—韦德伦—韦思谦—韦承庆—韦晋

　　　　　　　　　　　　—韦长裕—韦当

　　　　　　　　　—韦嗣立—韦孚

　　　　　　　　　—韦恒——韦懿

　　　　　　　　　—韦济——韦士模

　　　　　　　　　　　　——韦逢—韦贞伯—韦尚敬（执勇）

　　　　　　　　　　　　　　　—韦成季

　　　　　　　　　　　——韦士勋

　　　　　　　　　　　——韦澳

　　　　　　　　—韦央（史）

　　　　　　　　—韦淑

　　　　　　—韦仁慎—韦奉先—韦潘

（二）韦知止支系

韦知止一支相对韦德伦一支并不显达，延续了五代。韦知止有子韦仁俭，终于太子洗马。韦仁俭有子韦嗣业，官至秘书郎。[1]

韦嗣业有三子，长子名讳不详，早殁；次子韦希损[2]，起家国子擢第，补汴州城固主簿，秩满。历渭南蓝田二县尉。时京兆尹河东薛旭伟君之才，

---

[1]　韦仁俭、韦嗣业官职阙载，今据吴钢主编：《全唐文补遗》第二辑《唐故朝议大夫怀州长史上柱国京兆韦公（希舟）志铭并序》，西安：三秦出版社，1995 年，第 18 页补。

[2]　韦嗣业长子及次子见周绍良：《唐代墓志汇编》上册，开元〇九五《大唐故朝议郎京兆府功曹上柱国韦君墓志铭并序》，上海：上海古籍出版社，1992 年，第 1219 页。

引为四部尉，后诏除京兆府功曹，开元七年（719）倾于新昌里第之中堂，享年六十三。有子璞玉、浑金。

韦嗣业第三子韦希舟①，字言满，起家卫州新乡县尉，转洺州洺水县丞，又迁杭州司户、蒲州司法。又历城门郎、司农寺丞。除潞华等四郡司马，及怀相二州长史。开元十四年（726）终于官舍，春秋六十二。有子韦骋。

韦知止的后裔没有通过科举进士科入仕者，仕途平稳，不至显达。延续了五代便在政治上消沉了。

附韦知止一支世系表：

　　韦弘瑗—韦知止—韦仁俭—韦嗣业—□

　　　　　　　　　　　　　　　　　　—韦希损

　　　　　　　　　　　　　　　　　　—韦希舟

附表5-6：小逍遥公房成员入仕途径及居官表

代际	名讳	入仕途径	所至官职	官爵	时代
	韦量		散骑常侍	汝南县开国子食邑三百户	北周
1	韦瑗		阳武令	汝南县开国子	隋
2	韦德伦		瀛州任丘县令	从六品上	唐前期
	韦知止		幽州刺史、库部郎中	从五品上	唐前期
3	韦思谦	国子进士及第	宰相	博昌县开国男，食邑三百户	唐太宗则天朝
	韦仁慎		驾部郎中	从五品上	唐前期
	韦仁俭		太子洗马	从五品下	唐前期
4	韦承庆	太学进士及第	凤阁侍郎兼知政事	正二品	唐龙朔至神龙二年
	韦嗣立	科举进士及第	凤阁銮台平章事	食邑一百户	唐永隆至开元七年
	韦淑		安州都督	正三品	唐前期

---

① 参见吴钢主编：《全唐文补遗》第二辑《唐故朝议大夫怀州长史上柱国京兆韦公（希舟）志铭并序》，西安：三秦出版社，1995年，第18页。

代际	名讳	入仕途径	所至官职	官爵	时代
5	韦奉先		金部郎中	从五品上	唐前期
	韦嗣业		秘书郎	从六品上	唐前期
	韦晋		常州刺史	从三品	
	韦长裕		祠部员外郎	从六品上	唐玄宗开元年间
	韦孚		左司员外郎	从六品上	约唐玄宗
	韦恒		陈留太守	郑县开国男，从三品	开元天宝之际
	韦济	弘文明经及第	尚书左丞，太原尹、河南尹	奉明县子从三品	唐玄宗开元天宝
6	韦潡		梓州刺史	正四品下	
	韦希损	国子明经擢第	京兆府功曹参军	正七品下	唐高宗至开元初
	韦希舟		怀州长史	从五品上	则天朝至开元末
	韦当		富平令	正五品上	
	韦懿		韶州刺史	正四品下	
	韦士模		彭州刺史	从三品	
	韦逢		虞部员外郎	从六品上	
	韦士勋		河南少尹	从四品下	唐德宗贞元年间
	韦澳		邵州刺史	正四品下	
7	韦贞伯		给事中	正五品上	唐德宗贞元年间
	韦成季		兵部郎中	从五品上	唐德宗贞元年间
	韦逢子		辰州参军事	从八品上	唐德、顺、宪宗朝

三、政治社会交往

一个世家大族保持政治社会地位不仅要靠家族成员自身的文化优势或以往的名望，还需要广泛而密切的政治社会交往关系作为援引。在重视门第和等级的中古时代，一个世家大族的政治社会交往关系不仅体现着本族政治社会地位的高低，也影响着其政治社会地位的变动。小逍遥公房的政治社会交往对其政治社会地位即产生了一定的影响。

（一）政治交往

对此房有过举荐和提携之助的有杜楚客、高季辅、皇甫公义、薛旭等。

杜楚客，唐太宗名相杜如晦的弟弟，被太宗拜为给事中，后历魏王府长史，官至工部侍郎。摄魏王李泰府事，曾经协助魏王行贿并在太宗面前美言，事发被废。韦氏逍遥公房的韦挺与杜楚客同事于魏王府。杜楚客担任魏王府长史之时，曾举擢韦思谦，授安州应城县令。杜楚客举荐韦思谦的动因是否与韦思谦是韦挺的同宗有关暂不详知[①]。

高季辅，从太宗时期的太子右庶子至高宗时期的侍中兼太子少保，其担任高宗的吏部尚书时，曾选授韦思谦。韦思谦因弹劾褚遂良被出为清水县令后，又被检校沛王府长史的皇甫公义引为仓曹参军。

本房支的韦希损被薛旭引为四部尉，薛旭为谁暂不详知。[②]

秘书少监王礎镇守黔中时，韦逢兄弟（托）公表授韦逢子为辰州刺史参军。[③]

新安词人吴少微，进士及第，调吏部，受到韦嗣立的称荐，任右台监察御史。小逍遥公房的多个成员在仕途中皆受到了一些官僚的举荐和提拔，本房支的成员也对有才之人加以引用。

（二）社会交往

《韦济墓志铭》曾经对韦济的交往对象有过比较明确的记载："其所游者，若吴郡陆景融、范阳张均、彭城刘升、陇西李升明、京兆田宾庭、陇西李道邃、邃之族子李岘、河东裴侨卿、范阳卢僎，皆一时之彦。"在这些人物中，除了陇西李升明不明身份外，其他皆有正史记载。通过这些人物

---

① 《旧唐书》卷六六《杜如晦传》，北京：中华书局，1975 年，第 2470 页；吴钢主编：《全唐文补遗》第二辑《韦仁约墓志铭》，西安：三秦出版社，1995 年，第 6～7 页。

② 周绍良：《唐代墓志汇编》上册，开元〇九五《韦希损墓志并序》，上海：上海古籍出版社，1992 年，第 1219 页。

③ 吴钢主编：《全唐文补遗》第二辑《唐故辰州参军韦府君墓志铭》，西安：三秦出版社，1995 年，第 40 页。

的郡望基本可以反映当时韦济家族的交往对象皆为当时的高门。

吴郡陆景融：吴郡大姓。父陆元方，苏州吴兴人，世为著姓，则天朝宰相。兄陆象先，睿宗朝宰相，监修国史。兄景倩，历监察御史；景融，历大理正、荥阳郡太守、河南尹、兵吏部侍郎、左右丞、工部尚书、东都留守、襄阳郡太守、陈留郡太守，并兼采访使。景献，历殿中侍御史、屯田员外郎。景裔，河南令、库部郎中。皆有美誉。僧一行少时，尝与陆象先昆弟相善，常谓人曰："陆氏兄弟皆有才行，古之荀、陈，无以加也。"其为当时所称如此。①

范阳张均：其先范阳人，代居河东，后又徙家洛阳。三朝宰相张说子，张说擅长文学，掌文学之任三十年。尤长于碑文、墓志当代无能及者。兼修国史并为集贤院学士知院事。其子张均、垍俱能文，有《张均集》二十卷。②张说在中书时，兄弟已掌纶翰之任。张均为中书舍人，弟张垍尚宁亲公主，拜驸马都尉，又特授张说兄庆王傅张光为银青光禄大夫，家世显赫。③《旧唐书·文艺传中·萧颖士传》载："于时裴耀卿、席豫、张均、宋遥、韦述皆先进。"

彭城刘升：祖刘德威，尚平寿县主。父刘审礼，自乡里负载祖母元氏渡江避乱，及乱平，始还长安。官至高宗工部侍郎。高宗末年与吐蕃战败，被俘，死于蕃中。刘升，开元中至中书舍人，太子右庶子。④

京兆田宾庭：祖田仁会，在太宗征辽中立功起家。高宗年至太常正卿，右卫将军。父田归道，中宗朝殿中少监、右金吾将军，是中宗朝良吏之一；田宾庭，开元中为光禄卿。⑤

陇西李道邃：陇西李氏。李道邃是宗室成员，其祖父是高祖十九子李

① 《旧唐书》卷八八《陆元方传附子象先传》，北京：中华书局，1975 年，第 2879 页。
② 《新唐书》卷六〇《艺文志四》，北京：中华书局，1975 年，第 1603 页。
③ 《旧唐书》卷九七《张说传附子均、垍传》，北京：中华书局，1975 年，第 3060 页。
④ 《旧唐书》卷七七《刘德威传及附传》，北京：中华书局，1975 年，第 2679～2681 页。
⑤ 《旧唐书》卷一八五上《良吏传上·田仁会传附子归道传》，北京：中华书局，1975 年，第4797 页。

灵夔，在太宗时期被封为鲁王，为太子太傅。武则天登立皇位过程中，遭到了李唐皇室成员的反对，博州刺史、琅琊王冲据博州起兵后，其父越王李贞举兵于豫州，相应李冲。此次起兵被武则天镇压后，与越王有牵连者皆遭到诛杀。李灵夔曾经接应越王，事泄之后，自缢而亡。李道邃的父亲是李灵夔的次子，有兄李道坚。李道邃嗣鲁王，封戴国公，以恭默自守，修山东婚姻故事，频任清列。天宝中为右丞、大理卿、卒于宗正卿。[①]

陇西李岘：陇西李氏。太宗子吴王恪之孙，安史之乱中与其兄李峘皆以勋力有功，同制授封。代宗时为宰相。[②]

河东裴侨卿：河东裴氏，关中郡姓。裴侨卿，曾任起居郎、开元中郑县尉，著有《微言注集》二卷[③]。兄裴幼卿，洛阳尉。

范阳卢僎：范阳卢氏，山东郡姓。吏部尚书卢从愿三从叔，从闻喜县尉至集贤院学士，是开元中稍著名的儒士之一，终于吏部员外郎。有兄卢僑，官至秘书少监。[④]

综上，韦济所交往的这些人物要么政治地位显赫，要么文化修养很高，小逍遥公房与这些家族成员的交往一方面彰显着韦氏的政治社会地位；另一方面，这些交往的对象与韦氏也是比较牢固的社会关系，在维持韦氏政治社会地位中起着非常重要的作用。韦嗣立因参与韦后之乱在唐玄宗时期被人揭发，彭城刘氏的刘知柔就曾为他上奏辩白，社会交往的对象在此也影到了韦氏的政治命运。

（三）婚姻关系

小逍遥公房的婚姻对象包括了陇西李氏、琅琊王氏、彭城刘氏、博陵崔氏、兰陵萧氏、河东柳氏、河东裴氏、弘农杨氏、河南独孤氏和河南宇

① 《旧唐书》卷六四《鲁王李灵夔传》，北京：中华书局，1975年，第2416页；《旧唐书》卷一〇五《杨慎矜传》，北京：中华书局，1975年，第3230页。
② 《新唐书》卷七〇下《表第一〇下·宗室世系下》，北京：中华书局，1975年，第2057页。
③ 《新唐书》卷五七《艺文志》，北京：中华书局，1975年，第1446页。
④ 《新唐书》卷二〇〇《儒学传下·赵东曦传附卢僎传》，北京：中华书局，1975年，第5705页。

文氏等世家大族，涉及关中郡姓、山东郡姓、侨姓和虏姓。

陇西李氏：李唐宗室，韦德伦娶陇西李氏为妻，家世不详。韦济交游的对象中有陇西李氏成员，由此判断，逍遥公房与陇西李氏的关系非常密切。

彭城刘氏：是唐代的文学世家，且与韦氏为世婚关系。韦嗣立娶彭城刘氏为妻，彭城刘氏的侄女又嫁给了她的儿子韦济。彭城刘氏是唐开府仪同三司赠太傅刘延景的女儿。刘延景的另一女儿嫁给了睿宗李旦，是肃明皇后。也就是说，韦嗣立与睿宗李旦是连襟关系。这样的婚姻关系使得韦嗣立在韦后之乱中得以逢凶化吉，重振政坛。韦济所娶彭城刘氏是刘延景孙，刘琛女，是韦济母亲彭城刘氏的侄女。韦济所交游的人员中，有彭城刘升，刘升是彭城刘易从子，刘易从的父亲刘审礼与刘延景是同父异母兄弟。可见，韦济与彭城刘氏延续了自父辈以来的关系，不仅仅限于婚姻，还是交游的对象。与刘升为同宗关系的刘知柔在韦嗣立受到弹劾的时候还为他上奏辩白。可见婚姻对韦嗣立家族政治命运的影响力有多大。

河东裴氏：关中郡姓，韦嗣立女嫁给均州刺史裴叔猷父裴沔，尚舍直长。

琅琊王氏：侨姓。继崔氏之后嫁给韦思谦，生韦嗣立和韦淑。魏尚书令宣简公王肃之玄孙女。曾祖王辑，南齐著作郎，北归后在北齐任徐州大中正、太常卿、冀州刺史，封琅琊郡开国公。祖王令思，在隋朝担任梁郡围城县令、吕亳二州别驾。父王元慎，在唐朝担任复州司户参军、博州堂邑县令。伯父王元楷，越州长史。叔父王元寿为吏部郎中。琅琊王氏是侨姓大族，南朝时期已经衰落，北归后已经失去了往日的政治地位，但仍旧是旧姓大族。小逍遥公房的先祖们也曾南迁后北归，南迁后的韦氏曾与王氏家族建立了良好的关系。北归后依旧保持婚姻关系，可能与此有关。

兰陵萧氏：侨姓，文学世家。梁武帝的后裔，后北归。在隋唐时期出现过短暂的复兴。以家族文化的传承受到皇室及社会的重视。隋文帝统一全国后，南朝大族几乎全部被迁往关中长安。在此背景下，一部分萧氏子弟迁居长安。兰陵萧虔古不明世系，娶了京兆韦孚的女儿，生萧威与妹两女、萧瓘等两男。长女萧威嫁给京兆少尹孟璨，次女嫁给京兆郿公房的韦颙。兰陵萧氏与韦氏的关系不仅仅限于某个房支，这样韦氏的小逍遥公房与郿公房通过兰陵萧氏在宗族关系的基础上又有了间接的婚姻关系，这对宗族关系的维系也起到了积极的作用。另外，韦孚与他的女婿萧虔古都曾在晋州下属的不同县任官。韦孚的同父弟韦恒在天宝年间担任过京兆少尹，而韦孚的外甥女婿孟璲也曾担任京兆少尹。从辈分上分析，孟璲任京兆少尹在韦孚之后。

京兆韦氏、彭城刘氏、兰陵萧氏与之间的婚姻圈图示如下：

$$韦嗣立 + 刘延景女 = 韦孚 + \square = 韦氏 + 萧虔古 = 萧威 + 孟璲（京兆少尹）$$

$$= 萧氏 + 韦颙（郿公房）$$

$$= 韦恒（京兆少尹）$$

$$= 韦济 + 刘琛女$$

河南独孤氏：虏姓。韦贞伯女嫁给独孤及子，独孤郁弟独孤朗。独孤及，天宝末与李华、萧颖士等齐名。独孤郁，文学有父风，李德裕女婿。宪宗时期充史馆修撰、判馆事，预修《德宗实录》，后被召入翰林院。独孤朗文不及父兄，但也在宪宗时期任史官，历宪、穆、敬、文宗时期，先后任谏议大夫、御史中丞、工部侍郎、福建观察使。文宗时于大理寺赐自尽。[1] 韦贞伯的女儿通过与独孤朗的婚姻关系与李德裕的女儿成了妯娌关系。

河南宇文氏：韦嗣立一姊妹嫁给了宇文融的父亲宇文峤，宇文峤官至莱州长史，峤父宇文节，贞观中为尚书右丞。宇文融是玄宗时期的国相，是韦济的外兄，《韦济墓志铭》载宇文融对韦济"举不失亲，屡有闻荐"，"既而宇文失位，君亦以此不迁"。开元初年，担任御史中丞的宇文融"尝密荐恒有经济之才，请以己之官秩回授，擢为殿中侍御史"[2]。韦氏通过与宇文峤的婚姻关系建立了与宇文氏家族的社会关系，这种婚姻关系对韦氏的仕途起到了很大的积极作用。

---

① 《旧唐书》卷一六八《独孤郁传》，北京：中华书局，1975 年，第 4384 页。
② 《旧唐书》卷一〇五《宇文融传》，北京：中华书局，1975 年，第 4556 页；《旧唐书》卷八八《韦思谦传》，北京：中华书局，1975 年，第 2864 页。

博陵崔氏：山东郡姓。韦仁约的女儿嫁给崔慎先，崔慎先世系不详。

弘农杨氏：关中郡姓。韦仁慎的女儿净光严嫁给弘农杨氏，世系不详。

崔氏：郡望不详。嫁韦思谦，生韦承庆。

王氏：郡望不详。韦逢娶王琚女，据《旧唐书·王琚传》，王琚为怀州河内人，叔父王隐客，则天朝凤阁侍郎。得数与贵近交。青年时期与驸马王同皎关系善，及王败亡，逃亡江都，寄于富商家，富商知道其非佣者，将女儿嫁给他，后迁长安。玄宗为太子时，游城南韦杜间，王琚杀牛招待，后玄宗每往韦杜，辄就其庐。在唐玄宗与太平公主的权力斗争中赢得玄宗的重用，被拜为银青光禄大夫、户部尚书、赵国公，食邑五百户。并多次受到皇帝的赏赐，晚年受到李林甫的妒忌遭到其迫害，后自缢身亡。王琚性豪奢，好玄象合链之学。是见重于睿宗、玄宗时期的高官厚禄者。不属于高门大姓，受宠重于玄宗时期。

综上，在这些逍遥公房的婚姻对象中，除了王琚不是高门大姓之外，其余全是世家大族，且与韦氏相似的是，他们基本上都有一定的家族文化传统。另外，这一支韦氏之所以能与这些大族建立其婚姻关系，一方面可能是因为有的家族与韦氏曾经都是关中郡姓，具有一定的地缘关系，如河东裴氏、河东柳氏、弘农杨氏。还有的家族可能是因为与韦氏有相似的南迁北归经历，如河东裴氏、河东柳氏。像兰陵萧氏、琅琊王氏尽管与韦氏的南迁经历不同，但他们都曾经在南方定居过，且都有过北归的经历。实际上，促成这种婚姻关系的另一个重要前提是这些家族向两京的迁徙。小逍遥公房经过几次迁播，逐渐成为以两京为主要生活空间的官僚士族。随着隋唐统一王朝的建立和巩固，以及科举制的持续施行，不同郡望的士族经历了一个向两京迁徙的过程，毛汉光先生以"中央化"[1]称之。这个过程使得不同郡望的士族因生活在以两京为主的共同的生活空间内拉近了距离，从而也为不同郡望士族间婚姻关系的建立提供了空间上的条件。

---

[1]　详见毛汉光：《从士族籍贯迁移看唐代士族之中央化》，《中国中古社会史论》，上海：上海书店出版社，2002年，第234～333页。

附表5-7：小逍遥公房婚姻关系表

序号	名讳	嫁娶对象	对象郡望	时代	出处
1	韦德伦	李氏	陇西李氏	唐初年	《全唐文补遗》（二），第8～10页，《大周故纳言博昌县开国男韦府君夫人琅琊郡太原王氏（婉）墓志铭》
2	韦仁约（思谦）	崔氏		唐初年	《全唐文补遗》（二），第8～10页，《大周故纳言博昌县开国男韦府君夫人琅琊郡太原王氏（婉）墓志铭》
3	韦仁约	王元慎女琬	琅琊王氏	唐太宗	《全唐文补遗》（二），第8～10页，《大周故纳言博昌县开国男韦府君夫人琅琊郡太原王氏（婉）墓志铭》
4	韦嗣立	刘氏	彭城刘氏	约唐高宗	《全唐文补遗》（二），第21，《唐故彭城县君刘氏（茂）墓志铭并序》
5	韦思谦女	崔慎先	博陵崔氏	约唐高宗	《唐代墓志汇编续集》，天宝〇七八《唐故河南府伊阙县丞博陵崔府君墓志铭并序》
6	韦承庆女	柳氏	河东柳氏	约唐高宗	《邙洛碑志三百种》，第141页，《大唐故常州无锡县令柳府君夫人韦氏墓志铭并序》
7	净光严（韦仁慎女）	杨氏	弘农杨氏	唐高宗咸亨	《全唐文补遗》（二），第15～16页，《大唐故司勋郎中杨府君韦氏（净光严）扶阳郡墓志铭并序》
8	韦思谦女	宇文峤	河南宇文氏	约唐睿、玄宗	《新唐书》卷一一六《韦思谦传》
9	韦济	刘琛女茂	彭城刘氏	唐玄宗开元	《全唐文补遗》（二），第21，《唐故彭城县君刘氏（茂）墓志铭并序》
10	韦嗣立女	裴叔猷父	河东裴氏	约唐玄宗	《全唐文补遗》（二），第21，《唐故彭城县君刘氏（茂）墓志铭并序》
11	韦逢	王琚女		约唐玄宗	《全唐文补遗》（二），第40页，《唐故辰州参军韦府君墓志铭》
12	韦孚女	萧虔古	兰陵萧氏		《全唐文补遗》（八），第216页，《唐故朝请大夫京兆尹上柱国孟府君（璲）夫人兰陵萧氏（威）墓志铭》
13	韦贞伯女	独孤朗	河南独孤氏	唐德宗贞元	《全唐文》卷六三九，第6449页上
14	韦小孩	李君			《唐代墓志汇编》天宝一六六《大唐故汝州刺史李府君夫人邓国夫人韦氏墓志铭》

本节小结

综上所述，小逍遥公房作为晚渡北归士族的典型代表，经历了不同于其他房支的发展轨迹。陈迪宇在他的硕士论文《北朝时期北归士族研究》

中将北归士族的发展轨迹分为四种类型：中央化、土著化、既没有中央化也没有土著化、既中央化又土著化。[①] 那么小逍遥公房基本属于偏重于中央化但又能与旧的乡里宗族建立起若即若离的关系，所以是比较特殊的一种类型。小逍遥公房最大的特点是始终保持着汉代以来韦氏的习儒传统，以文治家，以文入仕，并保持着良好的家风，士族所应该具备的最本质的特征没有丢掉。凭着这样的文化优势，通过科举入仕，连续两代三人荣登宰相之位，所谓"十数年间，一门三相。衣冠之美，振古难俦"，将家族的政治地位提高到一个顶峰，从而也成为士林中的佳话。因为小逍遥公房成员本身颇有文化素质，故其交游和婚姻的对象也多是些有文化传统的世家。通过与这些家族的联姻，小逍遥公房士族的政治社会地位得以长期维持。随着小逍遥公房的北归和向两京的迁徙，本房支逐渐成为以两京为主要生活空间的寄生官僚，尽管曾经显达多时，但还是随着安史之乱和唐朝的灭亡消沉下去。

第三节　受益于安史之乱的"郎官韦家"南皮公房

南皮公房是韦冑次子韦惜后裔中的一支，与龙门公房在宗族关系上最为亲近。韦惜七代孙韦景略仕后周骠骑将军、右光禄大夫、青州刺史。本房的房祖即是韦景略子韦瓒，他仕于隋朝，官至仓部侍郎、尚书右丞、司农卿，封南皮县伯，其后裔即以其官爵而称南皮公房。据《韩和贵墓志铭》[②] 和《韦凑神道碑》[③]，韦瓒在隋朝开皇三年（583）的官爵是仪同三司、司农少卿、大使、南皮县开国伯，其主要的政绩是在开皇年间受诏监督河漕

---

① 陈迪宇：《北朝时期北归士族研究》，华东师范大学，2005 届硕士论文。

② 罗新、叶炜：《新出魏晋南北朝墓志疏证》一二七《韩和贵墓志》，北京：中华书局，2005 年，第 352 页。

③ （清）董诰等：《全唐文》卷九九三《唐太原节度使韦凑神道碑》（以下简称《韦凑神道碑》），北京：中华书局，1983 年，第 10287 页。

之运，以实关中，利国济人，得以名书隋史。[1]本房进入唐朝后，与其他诸房在政治命运上最大的不同即是在安史之乱中因祸得福，成就了家望，因成员中位居郎官者多人而被誉为"郎官韦家"，在唐代的政治舞台上扮演了重要角色。

一、仕宦

南皮公房的房祖是韦瓒，但南皮公房的成员不仅仅限于韦瓒的后代。据《新唐书·宰相世系表》，平齐公房主要包括四个支系，因韦瓒的三子[2]中，长子季武后裔阙载，故所谓的四个支系分别是韦瓒的三子韦叔谐支系，韦叔谦支系，韦元逊支系和韦述支系，其中以韦叔谐和韦叔谦两支为著支。

（一）韦叔谐支系

韦叔谐，韦瓒次子，贞观年间担任过蒲州刺史、员外郎、散骑常侍、库部郎中。贞观初年，"奉使招夷越之酋，以清岭外，息兵殷土，事具实录"[3]。韦瓒有两子，韦玄福和韦玄奖。韦玄福，高宗永辉中为城门郎，为外姻所累，贬授桂州都督府长史，赠润州刺史。[4]韦玄奖官职阙载。韦玄福一支相对韦玄奖一支在政治上显达。

1. 韦玄福一支

韦玄福子韦凑[5]，字彦宗，历高宗永淳元年至开元年间，起家婺州司兵

---

① （清）董诰等：《全唐文》卷三九〇《独孤及·唐故朝议大夫申王府司马上柱国赠太常卿韦公（缜）神道碑铭并序》（以下简称《韦缜神道铭》），北京：中华书局，1983年，第3970页。

② 《世系表》中韦瓒有四子，但据（清）董诰等：《全唐文》卷九九三《唐太原节度使韦凑神道碑》，北京：中华书局，1983年，第10287页，韦瓒有三子，并无季贞，今从神道碑。

③ （清）董诰等：《全唐文》卷九九三《唐太原节度使韦凑神道碑》，北京：中华书局，1983年，第10287页。

④ 据（清）董诰等：《全唐文》卷九九三《唐太原节度使韦凑神道碑》，北京：中华书局，1983年，第10287页校补。

⑤ 参见（清）董诰等：《全唐文》卷九九三《唐太原节度使韦凑神道碑》，北京：中华书局，1983年，第10287页。

参军，受到廉察使房昶的表荐，拜为扬州法曹参军。武则天时期，官至职方郎中，成为中央政务官。中宗睿宗时期，先后任中央事务官司农少卿、鸿胪少卿和贝州刺史。唐玄宗即位后，韦凑先后出任陕、汝、岐三州刺史，后迁将作大匠，重新进入中央事务官行列。开元六年（718）充东都留守，八年迁右卫大将军。唐玄宗对韦凑说："皇家故事，诸卫大将军共尚书交互为之，近日渐贵文物，轻此职。卿声实俱，故暂用卿，以光此官，勿辞也。"可见唐玄宗开元年间因尚文风气之盛导致武职地位下降，唐玄宗为提升右卫大将军这一武职而任用颇有声望的韦凑，以此来提升此官。三年后，迁河南尹，累封彭城郡公，跻身贵族行列。开元十年（722）以属官有犯，出为杭州刺史，十一年转汾州刺史，其年又迁太原尹、仍充太原以北节度大使、北都留守河东道支度营田大使，并检校北都军器监，成为握有实权的一方大员。开元十一年薨于太原之官舍，春秋六十有五，下诏赠可持使节都督幽州诸军事幽州刺史，谥为文，《世系表》中记载为彭城文公。

韦凑的政治地位为其子入仕奠定了一定的基础，其子韦见素因家族名望、个人才能和历史机遇，成为唐玄宗天宝年间的宰相。据《旧唐书》卷一〇八《韦见素传》，韦见素，字会微，以登科入仕，起家于唐中宗景龙年相王府参军，当时的相王也就是后来的睿宗李旦。丁父忧后起为大理寺丞，世袭其父彭城郡公的爵位，之后除了被出为坊州司马之外，韦见素的仕途一直比较顺畅，历任诸尚书郎官、黜置使、给事中、工部侍郎、尚书右丞，天宝五载（746）官至吏部侍郎，"典选累年，铨叙平允，人士称之"[1]。天宝十三载（754），韦见素在杨国忠的间接推荐下，成为安史之乱前夕的唐朝宰相，韦见素之所以能登上宰相之位，还是当时国相杨国忠与藩镇势力安禄山之间矛盾斗争的结果。

唐玄宗统治后期，杨国忠凭借外戚身份掌权。另有左相陈希烈，但慑于杨国忠权宠，不敢用事，对此唐玄宗颇有不满，估计也想找机会另择贤

---

① 《旧唐书》卷一〇八《韦见素传》，北京：中华书局，1975年，第3278页。

臣。天宝十三载的大雨使京师坊垣坍塌殆尽，唐玄宗将之归于宰辅不称职所致，命杨国忠精求端士。本来担任兵部侍郎的吉温方承宠遇，是宰相的最佳人选，但杨国忠却以吉温曾为安禄山的宾佐加以排斥，征求了窦华和宋昱两人的意见，他们共同推荐了韦见素，说韦见素柔而能制。唐玄宗也因为韦见素曾经是其父为相王时的属官同意了韦见素代陈希烈为左相。这样杨国忠实际上对韦见素有了再造之恩，故而，在安史之乱爆发前的杨国忠与安禄山的斗争中，韦见素从未置一词以延缓事态的发展，作为宰相确有失职之嫌。

安史之乱爆发后，唐玄宗因杨国忠为剑南节度使，向蜀地逃亡。当时扈从唐玄宗的朝士就只有杨国忠、韦见素和御史大夫魏方进。到马嵬坡禁军发生政变，杀死诸杨，魏方进也为乱兵所杀，韦见素当时在逃亡中被士兵认出，获免。这样韦见素成为当时唯一一个陪在唐玄宗身边的朝士，至巴郡时，唐玄宗让他兼左相，为武部尚书。到达蜀郡后，韦见素被加以金紫光禄大夫、封豳国公，与一子五品官。获此殊荣，韦见素可能有点受宠若惊，贾至曾有《为韦相让豳国公表》一文[1]，就是以此为背景的。韦见素一族因祸得福，成为安史之乱的受益者。

李亨在灵武即位后，唐玄宗派韦见素和房琯赍传国宝玉册奉使灵武，宣传诏令，便行册礼。临行前，唐玄宗特地嘱咐韦见素和房琯以宗社为重，尽心辅佐李亨。但韦见素因为曾附杨国忠，受到李亨的冷遇，被罢宰相之职，以苗晋卿代为左相。及唐玄宗被迎回京师后，李亨顾及唐玄宗的感受，对有奉佐之功的韦见素加开府仪同三司，食实封三百户。韦见素善终于宝应元年，享年七十六，赠司空，谥曰忠贞，丧事官给。韦见素的仕途在安史之乱前可以说是一帆风顺，安史之乱中因祸得福，安史之乱后虽然没受到重用，但总算是因追随唐玄宗幸蜀地之功而得以善终，并享有忠贞之谥号，这对韦见素家族成员的仕途将是一个很重要的政治资本。

---

[1] （清）董诰等：《全唐文》卷三六七《贾至·为韦相让豳国公表》，北京：中华书局，1983年，第3734页。

　　韦见素四子，因其父宰相之职和在安史之乱中的突出表现，皆入仕途。其中韦偲和韦谔皆至给事中①，韦谔在追随唐玄宗幸蜀地途中因抚慰士兵有功，到达蜀地后，给予五品官②。韦益，曾任工部员外郎，终于代宗年间的刑部员外郎，世袭灵昌公。③ 韦哲，曾任光禄少卿，终于秘书丞。四子中仅有韦偲和韦益有后裔记载，皆延续了三代。

　　韦偲有子韦颂，库部郎中，韦颂子韦损，初名谌，官职阙载。

　　韦益子韦颙④，字周仁，少以门荫补千牛备身，自鄠县尉判入等，授万年令。官至敬宗时的吏部侍郎，与宰相裴垍、李绛、崔群等友善。史载，"其后进浮华之士多游其门，以是称名于时"。及李逢吉驾朋党以专权，韦颙附丽之，为时人所讥。韦颙善阴阳推算之学，著有《易蕴解》，颇有奥义，卒于敬宗宝历元年（825），赠礼部尚书。韦颙有子韦辽，字鹏举，官职阙载。

　　综上，韦玄福分支延续了六代，连续五代皆仕途显达，以韦见素任相于唐玄宗后期为高潮，大致到唐文宗以后便在政治上消沉了。

　　2. 韦玄奖一支

　　韦玄奖官职阙载，有子韦光乘，曾任朔方节度使、卫尉卿，是实权派人物。韦光乘三子韦偲、韦伦和韦俛。韦偲，主要活动于唐玄宗、肃宗时期。唐玄宗时期，唐王朝与南诏关系恶化，发动了对南诏的两次战争，死伤无数，用事于剑南的杨国忠为了征集兵力，以司驾员外郎韦偲为司封郎中，充淮南行军司马兼招募使召集兵力⑤。因为杨国忠对韦偲的同曾祖兄韦见素有提携之恩，故而在当时的一些事情上韦偲还是依附于杨国忠，韦偲还曾以御史身份出使南诏⑥，也是受委于杨国忠。代宗上元元年（674），刘

①　《旧唐书》卷一〇八《韦见素传附子谔、益传》，北京：中华书局，1975 年，第 3281 页。

②　《旧唐书》卷一〇八《韦见素传》，北京：中华书局，1975 年，第 3278 页。

③　（唐）王谠撰：《唐语林》卷一，1985 年，丛书集成初编本，第 22 页。

④　《旧唐书》卷一〇八《韦见素传附益子颙传》，北京：中华书局，1975 年，第 3281 页。

⑤　（清）董诰等：《全唐文》卷三六六《贾至·授韦環司封郎中制》，北京：中华书局，1983 年，第 3724 页。

⑥　（宋）李昉等：《太平广记》卷二六九《宋昱韦環》引《谭宾录》，北京：中华书局，1961 年，第 2109 页。

展反乱之时，韦儇以节度观察副使领润州刺史。[①] 韦儇还曾任江西观察使[②]，可能是其终官。

韦伦[③]，历唐玄宗、肃宗、代宗、德宗四朝，以门荫入仕，累授蓝田县尉。唐玄宗时期，韦伦被杨国忠署为铸钱内作使判官，也是依附于杨国忠。安史之乱中，幸驾蜀川，得以迁升至御史大夫，剑南节度行军司马，并充置顿使。寻改屯田员外，兼侍御史。韦伦治理蜀川有功，并在平叛荆、襄二州之乱中因征租庸钱圆满复命升为卫尉卿。肃、代宗年间，韦伦先后任数州刺史，德宗时期拜太常少卿兼御史中丞。还曾两次出使吐蕃，皆奉使称旨，后迁太常卿兼御史大夫，加银青光禄大夫。后改太子少保，累加开府仪同三司。以太子少师致仕，封郢国公，终于贞元十四年（798），春秋八十三。

韦俛，德宗贞元元年为鸿胪少卿[④]，《世系表》中记为卫尉卿，或许是其终官。

韦光乘三子各有后裔，都延续了一代，《世系表》中皆无官职记载，据相关资料，仅韦伦子韦徵曾任蜀州录事参军[⑤]，估计与其父任职于蜀川有关。

综上，韦玄奖一支延续了六代，支撑门户的主要是韦光乘父子四人，其中三人皆曾担任掌控两京武库的枢要职。此支与韦福奖一支同样在仕途上对唐玄宗后期主政的杨国忠具有一定的依附，这也决定了安史之乱中该支系成员的政治抉择和所任官职皆与蜀地有关。但可幸的是，该支系并没有因马嵬之变与杨国忠的关系受到多大的牵连，继续在安史之乱后的代、

---

① （宋）史弥坚修，卢宪纂：《嘉定镇江志》卷一四，（清）道光二十二年（1842）丹徒包氏刻本，第 13 页。

② 参见《新唐书·宰相世系表》；（宋）王钦若等：《册府元龟》卷八〇四《总录部·义四》，北京：中华书局，1960 年，第 9557 页；《旧唐书》卷一八七《赵晔传》，北京：中华书局，1975 年，第 4909 页。

③ 《旧唐书》卷一三八《韦伦传》，北京：中华书局，1975 年，第 3783 页；《新唐书》卷一四三《韦伦传》，北京：中华书局，1975 年，第 4687 页。

④ （宋）王钦若等：《册府元龟》卷一四四《帝王部·弭灾二》，北京：中华书局，1960 年，第 1753 页。

⑤ 《金石丛编》卷七引《访碑录》、《蜀州录事参军韦徵墓志铭》立于贞元九年，与《世系表》中韦伦是同时代，估计是同一人。

德时期维持较高的政治地位。此支系大致德宗以后便退出了政治舞台。

附韦叔谐一支世系：

韦叔谐—韦玄福—韦凑 —— 韦见素—韦偶—韦颂—韦损

　　　　　　　　　　 —— 韦谔

　　　　　　　　　　 —— 韦益 —— 韦觊—韦辽

　　　　　　　　　　 —— 韦晳

　　　　　 —韦玄奖—韦光乘—韦儇 —— 韦良

　　　　　　　　　　　　　　 —— 韦放

　　　　　　　　　 —韦伦 —— 韦敦

　　　　　　　　　　　　 —— 韦徵

　　　　　 —韦俛 —— 韦正己

（二）韦叔谦支系

　　韦叔谦①，历唐太宗时期吏部、考功郎中，贞观二年（628）为刑部员外郎。韦叔谦子韦知人，事唐太宗，历司库员外郎兼司戎大夫②，开元二十年（732）立有《韦知人碑》，职官为职方郎中③，由此判断，职方郎中是其终官。

　　韦知人五子④，韦维、韦缜⑤、韦纵、韦纲和韦绲。除了韦纵官职阙载外，其余四人皆至高官，仕途显达。韦维，举进士，主要活动于唐睿宗、玄宗时期，事睿宗为吏部郎中⑥，唐玄宗开元元年为京兆少尹⑦，官至太子右庶

---

① 参见（清）董诰等：《全唐文》卷三九〇《独孤及·韦缜神道铭》，北京：中华书局，1983年，第985页；《唐会要》卷五七，第985页。

② 《新唐书》卷一一八《韦凑传附知人传》，北京：中华书局，1975年，第4270页。

③ （宋）陈思：《宝刻丛编》卷七引《京兆金石录》，《唐职方郎中韦知人碑》，北京：中华书局，1985年丛书集成初编本，第201页。

④ 《世系表》中为四子，阙韦绲，今据吴钢主编：《全唐文补遗》第七辑《有唐东都安国寺故上座韦和上（圆净）墓志铭并序》，西安：三秦出版社，2000年，第65页补。

⑤ 《新唐书·世系表》中韦缜为韦知人第三子，据（清）董诰等：《全唐文》卷三九〇《独孤及·韦缜神道铭》，北京：中华书局，1983年，第985页应为仲子，今据改。

⑥ 参见（清）董诰等：《全唐文》卷三一三《孙逖·东都留守韦虚心神道碑》，北京：中华书局，1983年，第3178～3179页。

⑦ （宋）王溥：《唐会要》卷六七，北京：中华书局，1955年，第1186页。

子①，赠绛州刺史。韦缜②，乡举经行，吏部登贤能，拔秘书省校书郎，亲累从官，再迁至亳州临涣县令、薛王府文学，转秘书郎，历代佐濮、徐、仙三州，入为申王府司马。开元十二年（724），寝疾终于位。韦纲，字纲，初名绍，陈王府傅。韦绲，唐朝散大夫、丹州别驾。韦知人五子皆有后裔，其中以韦维一支最为显达，其次韦纵、韦缜、韦纲和韦绲四支。

1. 韦维一支

韦维有两子，韦虚心和韦虚舟。韦虚心，出身国子生，国子博士范颐尝与君礼，举孝廉，被吏部考公员外郎李迥秀擢为高第，从大理司直到御史中丞，再从尚书郎至工部尚书，还曾担任太原尹和东都留守，负责铨选，期间除了曾在开元年间张嘉贞任相时被贬为荆州长史和扬州长史外，一生仕途顺畅，所历之官职皆为大任。开元二十九年（741）遘疾薨于东都宁仁里之私第，赠扬州大都督府印绶，谥曰贞。韦虚舟，亦举孝廉，自御史累官至郎官，历户部、司勋郎中，开元末年移左司郎中，后入为刑部侍郎，终大理卿。

韦虚心有子韦有方，为左司员外郎。在《太平广记》中记载，韦虚心三子皆被怪引投井事。③ 韦虚舟子韦有象，官职阙载。

综上，韦维一支延续了三代，主要活动于安史之乱前唐睿宗、玄宗时期，两代三人皆居郎官。

2. 韦纵一支

韦纵一支延续了两代，韦纵有两子，韦虚受和韦昭理。韦虚受，天宝九载任通州刺史；韦昭理曾任常州刺史和润州刺史，皆在江南。

---

① 韦维的终官有左庶子和右庶子两种记载，今从（宋）欧阳棐撰：《集古录目》跋，卷六《唐太子左庶子韦维碑》，上海：上海书店出版社，1994 年，丛书集成续编本，第 17974 页。
② （清）董诰等：《全唐文》卷三九〇《独孤及·韦缜神道铭》，北京：中华书局，1983 年，第 985 页。
③ （宋）李昉等：《太平广记》卷四四四引《广异记》和《纪闻记》，北京：中华书局，1961 年，第 3634 页。

3. 韦缜一支

韦缜四子①，孟子韦幼成，博见利器，铿若金锡。天宝十载（751）自兵部郎出守汉中，兼山南西道采访处置使，移典河内，河内人至今颂之；仲子幼卿，洛阳县丞；叔子幼奇，宋州楚邱县令；季子幼章，有贞干密职，恭宽而明，前后八执宪而再起草，自兵部郎中持节典泗楚二州。赐金印紫绶，咨以屯田，赡军食，如汉营平侯故事。

韦缜四子中，仅有韦幼卿有后裔记载。韦幼卿子韦翃，为殿中侍御史。②韦翃子韦词，字践之。少以两经擢第，判入等，授秘书省校书郎。仕于德宗、顺宗、宪宗、穆宗、敬宗、文宗六朝。历任户部员外郎、刑部郎中、户部郎中、吏部郎中。贞元末，为东都留守韦夏卿辟为从事，元和九年（814）自蓝田令拜侍御史。穆宗、文宗时期，先后受到韦处厚的推荐和引用，至穆宗时期的吏部郎中。文宗时与李翱同拜中书舍人，与李翱特相善，俱擅高才。晚年出为潭州刺史、湖南观察使。韦词子韦宪，字持之，幼小习礼，举孝廉第，宣宗大中年，调补国庠史。③官职阙载。据由郑肃撰，范传庆书的《韦羽墓志》可知，韦羽是韦幼卿的另一子，其仕途相对其兄韦翃一支要卑微得多。韦羽广德二年（764），由弘文馆明经出身，十一年后才踏入仕途。在五十出头的贞元中期，官至京兆府法曹。秩满待选期间，为尽快解决生计问题，决定入川投奔同宗韦皋，结果被韦皋"器为上客，遂摄华阳令"，因政绩不错，被韦皋举授户部员外郎兼侍御史，赐绯玉袋，领南道运粮使，后改摄成都令。韦羽这看似顺遂的仕途被韦皋的病故和刘辟的擅自接替所打破，元和元年（806）三月，当朝廷大军开始压境而刘辟不得不组织强力抵抗时，作为负责军粮等后勤的僚佐，韦羽可说被逼入了

---

① 参见（清）董诰等：《全唐文》卷三一三《孙逖·东都留守韦虚心神道碑》，北京：中华书局，1983年，第3178～3179页。

② （宋）赵明诚撰，刘晓东、崔燕南点校：《金石录》卷二九《跋尾十九》、《唐殿中侍御史韦翃墓志》，济南：齐鲁书社，2009年，第247页。

③ 韦词及其子韦宪皆参见《旧唐书》卷一六〇《韦辞传》，北京：中华书局，1975年，第4217页。

两难的境地，无奈之中，死亡成了保全家人的唯一方法。①韦羽有子韦谊，长女适太原王莓，早卒；次女嫁给了郑肃。从韦羽仕途经历可见，韦羽之所以在生计有困难的时候投奔到韦皋之处，说明他对韦皋身为同宗关系的认同，而韦皋将其委以重任，虽然是因韦羽本身的经历，但对其同宗关系身份的认同自然也是重要的因素之一。来自韦皋的委任将韦羽的仕途推向了一个相对高的层次，但也正是因为韦皋的推举，使其陷入了无法预料的政治旋涡当中，由此导致其以自杀来保全家人的结局。韦羽的经历反映出一个藩镇的文职僚佐在唐代后期藩镇与中央对抗中的无奈和卑弱。

综上，韦缜分支主要依靠韦幼卿一支延续了五代，在政治上主要活跃于安史之乱前后，任郎官者数人，分布于兵部、户部、刑部、吏部等诸部，安史之乱后重视经学习礼，大致到唐宣宗以后衰落下去。

4. 韦纲一支

韦纲曾任陈王傅，可见颇有文化素养，但其四子皆无官居五品以上者。韦豫，麟游县尉；韦巽，三水主簿；韦咸，汴州司户参军；韦观，洛阳县尉。四子的后裔中仅有韦豫子韦弯，为魏州参军；韦巽子韦沇为缑氏尉。

综上，韦纲支系延续了三代，从韦纲担任陈王傅的职位判断，此支系是有文化传统的，估计是淡于仕途或者没有通过科举入仕者，故而在政治上并不显达。

5. 韦绲一支

韦绲子韦安时，亳州永城县丞。有女年十四岁入道，法号圆净，为唐东都安国寺上座。②此支系延续了三代，就仕途而言，是诸分支中最不显达者。

---

① 《韦羽墓志》即《唐故宣德郎检校尚书户部员外郎兼侍御史赐绯鱼袋充剑南西川南道运粮使韦公墓志铭并序》，收入胡戟、荣新江主编：《大唐西市博物馆藏墓志》，北京：北京大学出版社，2012年，第807页；对韦羽仕途的描述参考了陆扬：《从新出墓志再论9世纪初剑南西川刘闢事件及其相关问题》一文中对《韦羽墓志》的考释，见《唐研究》第17卷，北京：北京大学出版社，2011年，第311—356页。韦羽子女及婚姻状况皆见《韦羽墓志》。
② 韦安时及其女皆参见吴钢主编：《全唐文补遗》第七辑《有唐东都安国寺故上座韦和上（圆净）墓志铭并序》，西安：三秦出版社，2000年，第65页。

附韦叔谦一支世系：

```
韦叔谦—韦知人—韦维—韦虚心—有方
                —韦虚舟—有象
            —韦缜—韦幼成
                —韦幼卿—韦翃—韦词（辞）—韦宪
                              —韦羽—韦谊
                —韦幼奇
                —韦幼章
            —韦纵—韦虚受
                —韦昭理
            —韦纲—韦豫 —— 韦弯
                —韦巽 —— 韦沇
                        —— 韦潚
                —韦咸 —— 韦武
                —韦观
            —韦绲—韦安时
```

（三）韦元逊支系

韦元逊官职阙载，其子韦玄泰，度支郎中、陕州刺史。玄泰两子韦光和韦坚，韦光，资州刺史；韦坚官职阙载。韦坚子韦佶，舒州刺史，连续三代皆有至五品以上高官者，但仅延续了四代，便在政治上消沉了。

附韦元逊一支世系：

```
韦元逊—韦玄泰—韦光
            —韦坚—韦佶
```

（四）韦述支系

韦述官职阙载，其子孙皆阙载，从其曾孙韦铿开始政治地位提高，韦铿为考功郎中。韦铿两子韦少游和韦少华，韦少游[1]，肃宗至德年间为左补阙，直弘文馆，曾检校祠部员外郎，终于吏部郎中；韦少华[2]官至中书舍人，宝应元年，史朝义尚在河洛，韦少华以中书舍人身份充元帅判官兼掌书记，同雍王李适等前往陕州黄河北会见回纥登里可汗，以联合对付史朝义。但当时回纥已倒向史朝义一方，故而雍王等一行遭到回纥可汗的羞辱，并要求雍王李适在回纥可汗前行舞蹈礼，双方为此僵持很久，韦少华等随行人员遭到棒捶一百，当夜死去。韦少游子韦复，曾任建州刺史。韦少华后裔阙载。

综上，韦述一支系延续了六代，主要是靠韦铿祖孙三代支撑门户，三代四人皆至五品高官，三人至中央政务官，一人至地方大员。从韦少华的遭遇可以推测，本支系遭受了安史之乱的打击，政治上的消沉或许与此有关。

附韦述一支世系：

韦述—□—□—韦铿—韦少游—韦复

　　　　　　　　—韦少华

综上所述，整体而言，平齐公房延续了八代，大致到文宗以后退出政治舞台。唐太宗贞观年间，房祖韦瓒的三子韦季武、韦叔谐和韦叔谦同时为郎，分别位至主爵郎中、库部郎中和考功郎中，时人号为"三列宿"[3]。加上官至职方郎中的韦知人，本房出现了"三世五尚书郎"的任官局面。由此成就了"郎官韦家"[4]的美誉。继此之后，本房成员担任郎官者还有数人。其中，韦叔谦一支，四世六郎官；韦叔谐一支四世七郎官；韦述一支两世两郎官，可以说是名副其实的"郎官之家"。

具体而言，平齐公房以韦叔谦一支和韦叔谐一支为主要支撑，两个分支在仕宦及对整个房支的意义上略有不同。韦叔谦一支的仕宦以韦见素任

① 参见杜甫：《杜工部集》卷二○《至德二载六月状》，四部丛刊初编本；（清）董诰等：《全唐文》卷三六六《贾至·授韦少游祠部员外郎等制》，北京：中华书局，1983年，第3725页。
② 《旧唐书》卷一九五《回纥传》，北京：中华书局，1975年，第5206页。
③ 《新唐书》卷一一八《韦凑传》，北京：中华书局，1975年，第4264页。
④ 《旧唐书》卷一○一《韦凑传附从子虚舟传》，北京：中华书局，1975年，第3147页。

相于唐玄宗为高潮,他的崛起除了以科举入仕,本身素质很高外,唐玄宗时期的权臣杨国忠与安禄山之间的矛盾斗争间接促成了韦见素的宰相之位。由此,韦见素家族与杨国忠有了政治上的照应关系,此家族也由此在仕途上显达。安史之乱爆发后,杨国忠被杀,韦见素却因护送唐玄宗幸蜀地有功赢得了忠贞之臣的美誉,这也为其后裔的仕途提供了政治资本,故而安史之乱前后的唐玄宗以至唐德宗时期,主要是韦叔谦一支支撑着本房的门户。

韦叔谐一支的仕途以韦维父子三人先后皆以科举入仕为高潮,父子三人皆以善于剖断而闻名。反映韦维父子不是纯粹的文学之士,而是经艺与文学兼备的人才。韦维"举进士,自大理丞累至户部郎中,善于剖判,时员外郎宋之问工于诗,时人以为户部有二妙"[1]。韦虚心"举孝廉,为官严整,累至大理丞、侍御史。神龙年,推按大狱,时仆射窦怀贞、侍中刘幽求意欲宽假,虚心坚执法令,有不可夺之志"[2]。韦虚舟"亦举孝廉,自御史累官至郎官,后入为刑部侍郎,终大理卿"[3]。从韦虚心终于开元二十九年(741)推断,父子三人生活的时代主要在安史之乱以前,故而本房支安史之乱前在士林中的名望主要是通过他们父子三人支撑的。

附表5-8：南皮公房成员入仕途径及官居五品以上者统计表

代际	名讳	入仕途径	最后或最高官职	官品	所历时代
1	韦瓒		仓部侍郎、尚书右丞、司农卿、南皮县伯	正四品下	隋开皇
2	韦季武		主爵郎中	从五品上	唐太宗贞观年间
	韦叔谐		库部郎中	从五品上	唐太宗贞观年间
	韦叔谦		考功郎中	从五品上	唐太宗贞观年间
3	韦玄福		桂州都督府长史	从五品上	唐高宗
	韦知人		司库员外郎兼判司戎大夫	从五品上	唐高宗
	韦玄泰		度支郎中、陕州刺史	从三品	

---

[1] 《旧唐书》卷一〇一《韦凑传附从子虚舟传》,北京:中华书局,1975年,第3147页。
[2] 《旧唐书》卷一〇一《韦凑传附从子虚舟传》,北京:中华书局,1975年,第3147页。
[3] 《旧唐书》卷一〇一《韦凑传附从子虚舟传》,北京:中华书局,1975年,第3147页。

代际	名讳	入仕途径	最后或最高官职	官品	所历时代
4	韦凑		太原尹、彭城文公	从三品	唐高宗永淳年间至开元十一年
	韦光乘		朔方节度使、卫尉卿	从三品	唐玄宗开元天宝年间
	韦维	科举进士	太子左庶子	正四品上	唐睿宗玄宗时期
	韦缜	乡举经行	申王府司马	从四品下	唐玄宗开元十二年前
	韦纲		陈王傅	从三品	
	韦绲		朝散大夫、丹州别驾	从四品下	
	韦光	科举登第	资州刺史	从三品	唐玄宗天宝三载前
5	韦见素	科举登第	宰相		唐玄宗至敬宗
	韦儇		江西观察使		唐玄宗、肃宗年间
	韦伦	门荫	太常少卿兼御史大夫	从三品	唐玄宗至德宗朝
	韦俛		卫尉卿	从四品上	约唐德宗年间
	韦虚心	举进士、孝廉	户部尚书、东京留守	正三品	则天至玄宗开元二十九年
	韦虚舟	举孝廉	刑部侍郎、终大理卿	从三品	约同上
	韦幼成		山南采访使		唐玄宗天宝十载
	韦幼卿		洛阳令	正五品上	
	韦幼章		兵部郎中，泗楚二州刺史	从三品	
	韦虚受		通州刺史	从三品	唐玄宗天宝年间
	韦昭理		常州刺史	从三品	
	韦佶		舒州刺史	正四品下	
	韦铿		考官郎中	从五品上	
6	韦偁		给事中	正五品上	
	韦谔		给事中	正五品上	
	韦晢		光禄少卿	从四品上	
	韦少游		吏部郎中	从五品上	约唐肃宗
	韦少华		中书舍人	正五品上	
7	韦颂		库部郎中	从五品上	
	韦辞	两经擢第	湖南观察使		唐德宗至文宗朝
	韦复		建州刺史	从三品	

二、婚姻

据现有的资料，南皮公房没有与皇室联姻者，其婚姻对象主要是山东著姓荥阳郑氏、清河崔氏、范阳卢氏和关中郡姓河东薛氏，还有陇西李氏、河南元氏及昌黎韩氏。

1. 荥阳郑氏：平齐公房与荥阳郑氏联姻两桩，根据相关墓志[①]，列图示如下：

（1）郑光绍＋卢氏（女）＝郑正（女）＋崔氏（清河崔氏）＝崔氏（女）＋韦词

（2）郑素＋韦氏（韦羽次女）＝郑霞士＋韦端符

（3）郑道邕—郑诠—郑元叡—郑弘劼＋京兆韦氏

　　　　　　　　　　　　　　—郑弘绩—郑融＋韦玄福女

图中所示，郑光绍与郑素是兄弟关系，与郑弘劼一支的关系暂不明确。其中郑素家族为世代冠族，本人仕唐监察御史、河南府功曹参军。郑弘劼一支从曾祖至本人四代为高官，其婚姻关系分别是赵郡李氏、兰陵萧氏和京兆韦氏。郑弘劼的婚姻对象京兆韦氏难以判定是哪个房支，但从其父任司勋郎中和满州刺史来看，也为高官家族。韦玄福女所嫁的郑融是郑弘劼的侄子，两代都同京兆韦氏建立了婚姻关系。韦词所娶的清河崔氏女，是郑霞士从父姊的女儿。郑霞士的父亲娶京兆韦氏为妻，她本人又嫁给了京兆韦端符。韦词通过与清河崔氏女的婚姻与荥阳郑氏家族又建立了联系，同时也因为婚姻拉近了与同宗其他房支的关系。荥阳郑氏和清河崔氏都是

---

① 吴钢主编：《全唐文补遗》第四辑《唐故太常卿清河崔公故夫人荥阳郑氏（正）合祔墓志铭并序》，西安：三秦出版社，1997年，第94～95页；吴钢主编：《全唐文补遗》第七辑《唐故尚书屯田员外郎归州刺史韦公（端符）夫人荥阳郑氏（霞士）墓志并序》，西安：三秦出版社，2000年，第152页；吴钢主编：《全唐文补遗》第九辑《崔尚·唐故阆州奉国县令郑府君（融）灵志文》，西安：三秦出版社，2005年，第356页。《韦羽墓志》收入胡戟、荣新江主编：《大唐西市博物馆藏墓志》，北京：北京大学出版社，2012年，第807页。

唐代山东一流高门，南皮公房与之在唐前期即建立起婚姻关系对提升南皮公房及整个京兆韦氏宗族的声望起到了很大的作用。并因婚姻与同为山东郡姓的范阳卢氏也建立了间接的联系。婚姻关系也会影响到婚姻双方的仕途，韦玄福在永徽中为城门郎时，为外姻所累，贬授桂州长史①，具体所指难以详考。荥阳郑氏的郑宇，举孝廉入仕，天宝年间，韦幼成任山南采访使，待贤分任，郑宇则当仁，有敕兼充山南采访支使，虽然不能将郑宇与南皮公房的姻亲在世系上联系起来，但郑宇兼山南采访支使估计与此有关。②

2. 范阳卢氏：韦凑娶卢从愿妹为妻，卢从愿出自山东郡姓范阳卢氏四著房③之一卢昶房，卢从愿本人仕于唐中宗、睿宗、玄宗时期，先后应明经举和制举。开元十三年（725），代韦抗为刑部尚书，终于吏部尚书。④据韦凑终于开元十一年可以判断，韦凑与范阳卢氏的通婚是在唐代前期。毛汉光先生曾经对关中郡姓婚姻关系进行过研究，他得出的结论是"关中五郡姓没有与山东五大姓通婚（除了东西魏分裂时已入关之少数山东五大姓房支以外），这种现象与关陇集团诸王朝相似，于婚姻圈角度观之，关陇集团自王室以致关中五郡姓，与山东五大姓之间，在安史之乱前仍存在着界限。"那么，此处韦凑所联姻的卢从愿是否也是在东西魏分裂时就已入关中了呢？根据毛汉光先生在《从士族籍贯迁移看唐代士族的中央化》⑤一文中对范阳卢氏著支向两京迁徙的统计和韩涛《中古世家大族范阳卢氏研究》⑥，卢从愿的先祖在东西魏分裂时也不在进入西魏之列，《旧唐书》卷一○○《卢从愿传》中对卢从愿的迁徙轨迹是这样记载的："相州临漳人，

---

① （清）董诰等：《全唐文》九九三《韦凑神道碑》，北京：中华书局，1983年，第10287页。

② 周绍良：《唐代墓志汇编》下册，天宝二三六《唐故淮南道采访支使河东郡河南河东县尉荥阳郑府君墓志铭并序》，上海：上海古籍出版社，1992年，第1695页。

③ 卢度世四子卢渊、卢敏、卢昶和卢尚，参见《新唐书》卷七三上《宰相世系表》，北京：中华书局，1975年，第2884页。

④ 《旧唐书》卷一○○《卢从愿传》，北京：中华书局，1975年，第3126页。

⑤ 毛汉光：《中国中古社会史论》，上海：上海书店出版社，2002年，第234～333页。

⑥ 韩涛：《中古世家大族范阳卢氏研究》，曲阜师范大学，2009届硕士论文。

魏昶六代孙也。自范阳徙家焉，世为山东著姓。"这反映卢从愿是从范阳迁徙至相州，仍然属于山东范围，并没有进入关中，且卢氏向两京的迁徙似乎是以洛阳为主，卢从愿在洛阳陶化坊有宅①。故而笔者以为，关中郡姓与山东郡姓之间在唐代前期的婚姻关系上存在界限，但这种界限并不是绝对没有被突破。

3. 昌黎韩氏：韦放女嫁给韩愈子韩昶，从而与唐代文学名人韩愈家族建立了婚姻关系，韩昶从小就从张籍学诗，从樊宗师学文，及第入仕，主要从事文职和担任学官，先后试弘文殿校书郎、秘书省著作郎、国子博士、检校礼部郎中。②韩氏家族自韩愈进士及第，在文学上名达，韩昶继承其父开创的重文习文的家风。韦放官职不详，为江西观察使韦儇子，能与当时的文学名家结为婚姻，也反映当时韦放家族还能保持其作为士族重视文化的特征。

4. 陇西李氏：韦凑娶长安令陇西李绾女为后妻，韦伦女嫁给陇西李僅，对陇西李氏待考。

5. 河东薛氏：韦虚心女嫁给薛舒，薛舒仅在两《唐书》韦述传中提及，为唐肃宗至德年间的渝州刺史。韦虚心先后通过举进士和孝廉入仕，官至吏部尚书、东都留守，是当时的高官家族。

综上，根据现有的统计材料，南皮公房的婚姻对象以高门大姓为主，尤其与山东大姓荥阳郑氏关系密切，通过与荥阳郑氏的婚姻加入到山东郡姓的婚姻圈中。而且南皮公房成员在唐代安史之乱前即建立了与山东大姓范阳卢氏的婚姻关系，反映了在唐代前期关中郡姓与山东郡姓之间婚姻界限已有所突破。

① 徐松撰，李健超增订：《唐两京城坊考》（修订版），卷五，西安：三秦出版社，第336页。
② 周绍良：《唐代墓志汇编》大中一〇二《唐故朝议郎检校尚书户部郎中兼襄州别驾上柱国韩昶自为墓志铭并序》，上海：上海古籍出版社，1992年，第2329页。

附表5-9：南皮公房婚姻关系表

序号	韦氏名讳	嫁娶对象	对象郡望	时代	出处
1	韦氏	郑弘劢	荥阳郑氏	唐武德年间	《河洛墓刻拾零》，第209页，《郑固墓志铭并序》
2	韦缜	元知柔女	河南元氏	开元十二年前	《全唐文》卷三九〇《独孤及·韦缜神道碑》
3	韦羽次女	郑肃	荥阳郑氏	元和元年之前	《韦羽墓志》，《大唐西市博物院藏墓志》，第807页
4	韦玄福女	郑融	荥阳郑氏	约高宗时期	《全唐文补遗》（九），第356页，《郑融灵志文》
5	韦凑	卢从愿妹	范阳卢氏	高宗	《全唐文》卷九九三《韦凑神道碑》
		李绾女	陇西李氏	则天	《全唐文》卷九九三《韦凑神道碑》
6	韦放	李则女		待考	《全唐文》卷三六九《李则志》
7	韦放女	韩昶	昌黎韩氏	宪宗穆宗	《唐代墓志汇编》大中一〇二《韩昶墓志铭并序》
8	韦虚心女	薛舒	河东薛氏	安史之乱前后	《全唐文》卷三七五《韦建·薛舒碑》
9	韦词	崔氏	清河崔氏	待考	《全唐文补遗》（四），第94～95页，《荥阳郑正墓志铭并序》
		李真源	赵郡李氏	待考	《千唐志斋新藏墓志》，第400页，《赵真源玄堂志》
10	韦伦女	李僙	陇西李氏	待考	《全唐文补遗》（一），第289页，《李贞墓志铭并序》

本节小结

综上所述，南皮公房在隋唐政治舞台主要活跃于安史之乱以前，以有数人担任中央尚书省郎官而被誉为"郎官韦家"[①]。郎官在唐代官僚体系中属中央政务官，握有实权，为五品以上官员，政治地位颇高。而本房获得如此高的政治地位一是依恃于唐玄宗时期的权臣杨国忠，二是靠家族自身的文学素养举进士屹立于士林；三是通过习儒修礼加强自身道德修养和办事

[①] 《旧唐书》卷一〇一《韦凑传附从子虚舟传》，北京：中华书局，1975年，第3247页；《新唐书》卷一一八《韦凑传附虚心传》，北京：中华书局，1975年，第4270页。

才干，这从本房支在婚姻上尤其重视山东一流高门可见一斑。安史之乱以后，本房支成员在政治上又活跃了两代，便逐渐退出了政治舞台。

第四节　晚唐强藩斗争中的京兆房

关于京兆房的记载主要集中在《元和姓纂》和《新唐书·宰相世系表》中，现综合以上两种文献记载，将京兆韦氏梳理如下：

一、韦贻范支系

韦贻范一支仅记载于《新唐书·宰相世系表》，据表中所记，此支系延续了五代，其祖韦宗立和父韦式官职皆阙载。韦贻范有兄三人，伯兄韦匡范，字廷臣，官职阙载；仲兄韦昭范，字宪之，官职阙载；叔兄韦昌范，字禹筹，考功郎中，从五品上。韦贻范，字垂宪，在正史中有记载，是诸兄弟中仕途最显达而支撑门户者。

韦贻范[①]主要活动于唐朝末期的昭宗时期，当时的唐朝中央势力已经极度衰微，同时南衙和北司即朝臣和宦官势力的斗争越演越烈，地方各强藩势力更是为了控制中央与南衙北司勾结，政局极为混乱。唐昭宗在其兄唐僖宗病逝之后，被控制禁军的宦官杨复恭立为皇帝，唐昭宗精明强干，力图改变这一局势，重新恢复大唐中央势力。

唐昭宗即位后，在宰相崔胤的支持下结交强藩，铲除宦官势力，以夺回被宦官所控制的中央禁军。由此宦官屡遭打击，势力衰落。宦官韩全诲

---

① 韦贻范的事迹主要根据《旧唐书》卷一七七《崔慎由传附子胤传》，北京：中华书局，1975年，第4589页；《新唐书》卷一〇《昭宗皇帝纪》，北京：中华书局，1975年，第299页；《新唐书》卷六三《宰相表·第三下》，北京：中华书局，1975年，第1755页；《新唐书》卷一八二《卢光启传附韦贻范传》，北京：中华书局，1975年，第5378页；《新唐书》卷一八三《韩偓传》，北京：中华书局，1975年，第5388页。

等人害怕受戮，以武力挟持唐昭宗到凤翔，依附于节度使李茂贞。昭宗被劫持到凤翔后，命卢光启、韦贻范、苏检等作相。以崔胤为代表的朝臣势力则勾结四镇节度使朱全忠以对抗宦官势力。在此情境下，崔胤立即诏朱全忠引兵入关，兵临凤翔镇，与李茂贞势力屡战屡胜，李茂贞被迫困守凤翔，写信给朱全忠请求和解，并承诺奉昭宗还京。在此期间，李茂贞曾通过控制唐昭宗以拉拢一些朝臣，韦贻范是其中之一，韦贻范以母丧罢官后，不到数月，唐昭宗便在李茂贞的强压下下诏令其还相位，守户部侍郎、同中书门下平章事，依前充诸道盐铁转运等使，判度支。后来李茂贞在与朱全忠的对抗中势力大损，唐昭宗还京后，崔胤将韦贻范等相都加以贬斥，韦贻范薨于天复二年。韦贻范虽荣为相位，但在当时的局势中似乎并没有产生多大的影响力，他的仕途几乎完全受控于当时强藩势力的较量，成为当时政局的棋子。

韦贻范尽管是当时的朝臣，但与同样是朝臣的崔胤所依靠的强藩势力并不一致，崔胤所主要依靠的是朱全忠，而韦贻范更多是依靠于李茂贞，后来朱全忠的得势和取代唐朝并对当时的清望之家采取了严厉的政治打击决定了韦贻范后裔在政治上的不得志，《世系表》中不见韦贻范后裔的记载估计与此有关。仅记有韦昌范一子韦用晦，一孙韦毂，字唐后，官职皆阙载。自此韦贻范一支伴随着唐朝的灭亡退出了政治舞台。

附韦贻范一支世系表：

韦宗立—韦式—韦匡范

　　　　—韦昭范

　　　　—韦昌范—韦用晦—韦毂

　　　　—韦贻范

二、韦昭度支系

关于韦昭度一支的记载仅见于《新唐书·宰相世系表》和相关正史中。

据现有的材料，韦昭度祖韦绥[1]，父韦逢，官职皆阙载。韦昭度[2]字正纪，京兆人，咸通八年（867）擢进士第，践历华近，累迁中书舍人。黄巢起义军攻入长安后，唐僖宗逃亡蜀地，韦昭度以兵部侍郎、翰林学士承旨从。未几，同中书门下平章事。黄巢起义被镇压后，唐僖宗自蜀地还京，韦昭度以护驾有功被授以司空。

黄巢起义后，唐王朝所能控制的范围仅限于河西、山南、剑南、岭南西道数十州，其余皆被方镇势力所控制，唐王朝的重要财源江淮转运路绝，中央财政出现严重危机。田令孜为了保证其左右神策军的军费供给，想从河中节度使王重荣手中得到安邑、解县两盐池，结果遭到王重荣的拒绝，由此产生了矛盾。田令孜使凤翔节度使李昌符与静难节度使朱玫共同讨伐王重荣，被王重荣之党的李克用战败。李克用进逼长安，田令孜再次携唐僖宗逃亡山南宝鸡，还回驻在凤翔。当时任凤翔节度使的李昌符乱兴苍卒，韦昭度以家族人为禁军的人质，誓共讨贼，感动了士卒，才将李昌符之乱平定。之后韦昭度升迁为太保，兼侍中。唐昭宗即位，韦昭度守中书令，封岐国公。

唐昭宗统治时期，韦昭度被卷进了朝廷与地方方镇的斗争中。田令孜因为与王重荣争夺两个盐池而引发了李克用用兵长安，从而导致了天子的潜逃，诸道藩镇皆怨田令孜生事，田令孜无法在朝中容身，遂自任为西川监军使，赴成都避难。唐昭宗即位后，阆州刺史王建攻打陈敬瑄于成都，隔绝贡奉。唐昭宗乃以韦昭度检校司空、同平章事、成都尹、剑南西川节度招抚宣慰等使。韦昭度赴镇后，陈敬瑄拒绝接受朝廷的命令，死守成都。唐昭宗下诏东川顾彦朗与王建合势讨伐陈敬瑄，韦昭度为行营招讨。结果

---

① 《旧唐书》卷一七九《韦昭度传》，北京：中华书局，1975 年，第 4655 页中为繻，今从《宰相世系表》。

② 参见《旧唐书》卷一七九《韦昭度传》，北京：中华书局，1975 年，第 4655 页；《新唐书》卷一八五《韦昭度传》，北京：中华书局，1975 年，第 5410 页；《旧唐书》卷一七五《昭宗十子传附王行瑜传》，北京：中华书局，1975 年，第 4552 页；《旧唐书》卷一八四《田令孜传》，北京：中华书局，1975 年，第 4775 页；《新唐书》卷二二四《叛臣传下·王行瑜传》，北京：中华书局，1975 年，第 6395 页。

整整一年才仅仅攻下了汉州。王建早有占领成都的野心，于是告诉韦昭度，让他先回朝中平定两河诸侯，攻下成都由他来完成，韦昭度还在犹豫之际，王建又故意将韦昭度一属下以犯盗罪加以醢食，韦昭度惊恐之下，奏请还都。结果，韦昭度未及京师，王建便断了栈道，以重兵把守剑门，急速攻下成都，杀害了陈敬瑄和田令孜，自称留后，控制了蜀地。韦昭度回还朝廷后，以检校司空充东都留守。后被召还，为右仆射。韦昭度此次并没有帮助朝廷完成应该完成的任务。

　　出平西川节度使陈敬瑄对韦昭度来说还仅仅是一次败绩，后来韦昭度直接成为强藩争斗的牺牲品，这其中与韦昭度得罪邠宁节度使王行瑜及河中节度使留后位子的争夺有直接关系。王行瑜追随邠宁节度使朱玫，因平定黄巢起义有功被授以天平军节度使，后因取朱玫首级得邠宁节度使。后又以平定杨守亮于山南之功累加至中书令。景福中，逼朝廷加尚书令，宰臣韦昭度密奏不可。由此，韦昭度得罪了王行瑜，为其后来被王行瑜所杀埋下了伏笔。

　　护国（河中）节度使王重盈死后，前任节度使王重荣之子王珂与王重盈之子王珙争夺留后之位。王珂是李克用的女婿，有李克用的支持；王珙则厚结王行瑜、凤翔节度使李茂贞和华州刺史韩建，有三镇的援助。当时，唐昭宗同意了李克用的奏请，以王珂为护国留后，韩建等人心中不满，联兵至阙下，言韦昭度伐蜀失谋，请贬之。未及报，而王行瑜收韦昭度于都亭驿杀之。天子不得已，下诏暴其罪。待王行瑜被诛后，乃为其平反洗冤，充分肯定了韦昭度反对授以王行瑜尚书令的举动，追复其官爵，许其家收葬，赠太尉。韦昭度通过科举进士及第进入仕途，荣登相位，但可惜生不逢时，在中央势力极度衰微、藩镇势力强大的唐朝末年，像他这样的士人尽管有报国之志，但终究无用武之地，反而成为强藩斗争的牺牲品。韦昭度同唐末之相杨涉共同撰写了《续皇王宝运录》十卷。[①] 关于韦昭度的后裔

---

① 《新唐书》卷五八《艺文志》，北京：中华书局，1975年，第1467页。

阙载。

附韦昭度一支世系：

　　韦绶—韦逢—韦昭度

三、京兆房其他支系

　　在《元和姓纂》中，归到京兆诸房的韦氏除了龙门公房，多是一些世系并不确定的韦氏人物，关于他们的事迹也几乎无稽可查，现将其整理如下：

　　（一）韦阆之后裔韦志检，为蓬州刺史，有兄子韦赵宾，为秦州都督。韦阆是京兆韦氏在北朝崛起的领军人物，此处所言的他的两个后裔时代不详。

　　（二）韦珍之五代孙韦务静，唐初贞观二年（786）为监察御史，有兄子韦光业，为光州刺史，韦光业生子韦南金[①]，为兖州都督；韦南金子辈不详，有孙韦说，为贺州刺史。韦珍是北朝韦阆五服之外的族弟，关于韦珍一支详见第二章第三节。

　　（三）韦密，职方员外郎，世系及时代皆不详，《元和姓纂》中记载，韦密占积泉，但据岑考订，唐无积泉县。

　　（四）西眷后裔韦仁寿，雍州万年人，隋大业末年，为蜀郡司法书佐，断狱平恕，其得罪者皆曰：“韦君所断，死而无恨。”唐高祖入关，遣使定巴蜀，使者承制拜韦仁寿巂州都督府长史，高祖以韦仁寿有能名，令其检校刚刚内附的南宁州都督，每年需巡抚一次。结果韦仁寿因治理得法，受到蛮夷父老的欢迎和挽留，待任完将归，蛮夷父老各挥涕相送。因遣子弟随之入朝，贡方物，高祖大悦。韦仁寿复请徙居南宁，以兵镇守。有诏特听以便宜从事，令益州给兵送之。后益州刺史窦轨害其功，托以蜀中山獠反叛，未遑远略，不时发遣。经岁余，韦仁寿病卒。在《元和姓纂》中称韦仁寿与平齐公同承韦策，可能是说平齐公与韦仁寿皆是其先祖韦策的后

---

　　① 逍遥公房也有韦南金一人，其所任官职与此处并不一致，是否为同一人待考。

裔，但据笔者对平齐公房世系的梳理，平齐公韦瑱的先祖中皆不见有韦策者。同据《元和姓纂》，韦仁寿堂兄的曾孙韦光朝，曾任万年令；韦光朝生子韦曾，为舒州刺史。

（五）东眷后裔韦弘仁，为职方员外郎，时代及先世不详。《姓纂》中称郿城公同承颐，可能是说，韦弘仁与郿城公同是韦颐的后裔。据笔者对郿城公房世系的梳理，郿城公是韦胄三子东眷韦穆的八世孙韦范，字元礼，其先祖中有名讳可考者不见有韦颐。韦弘仁有兄韦弘道，韦弘道五代孙韦昌，为著作郎；韦昌生子韦兢，为京兆府法曹，时代不详。

第五节　由土著而中央化的大小雍州房

据有关大小雍州房唯一记载处《元和姓纂》，大小雍州房与逍遥公房血缘关系最为亲近，大雍州房的房祖韦义远是逍遥公从父弟，也就是韦敻的堂弟，小雍州房的房祖是韦义远的弟弟韦晖业，两人先后担任北周雍州刺史，故而其后裔号大小雍州房。

一、大雍州房

大雍州房的房祖韦义远在北周担任雍州刺史，是在本郡担任最高地方行政长官，可见其房在雍州所具有的势力和基础。韦义远有两子韦祖寅[①] 和韦祖霁，其中韦祖寅后裔阙载，这样说来大雍州房主要是由韦祖霁的后裔支撑门户。

韦祖霁三子官职皆阙载，其孙辈中韦思安，尚太宗女晋安公主[②]，由此

---

① （唐）林宝撰，岑仲勉校：《元和姓纂（附四校记）》，北京：中华书局，1994 年，岑校按：库本"寅"作"宙"。
② （宋）王溥：《唐会要》卷六"公主"条，北京：中华书局，1955 年，第 63 页。

与皇室联姻，成为皇亲，曾任岚州刺史；韦思安有曾孙韦腾，为同州刺史，任职于秦东。韦祖霁另有一子韦伦，赠都水使者，韦伦子韦恽，曾担任太子右中护、使持节、邢州刺史，终于户部度支郎中，进入到中央，大雍州房在政治地位上得以提升。但韦恽子韦庶却英年早逝，年十有二授崇贤馆学生，卒。①

韦祖霁的曾孙韦琏，为深州刺史；玄孙中韦利器，开元三年（715），与其弟韦利宾、韦利涉为其亡姒造像②，当时三人已分别官至秘书少监、遂州刺史和蓝田县尉。后韦利宾与韦利涉先后入中央尚书省任户部郎中。兄弟三人中，仅有韦利宾有后裔记载，韦利宾子韦向，进入尚书省任工部员外郎；韦向子韦彭寿，德宗贞元四年（788）及第③，曾任右司员外郎、明州刺史，宦游于中央和地方之间。韦利宾到韦彭寿三代皆入尚书省担任郎官，政治地位较为显达。

大雍州房有史记载延续了八世，唐初因与皇室联姻而成皇亲，后连续三代皆有任职于尚书省担任郎官或一州刺史者，跻身于中央或宦游他乡，政治地位比较稳定，但总的趋势是在官僚化中走向中央化，逐渐改变其任职限于雍州本地方的局面。

二、小雍州房

小雍州房的房祖韦晖业继其兄韦义远担任雍州刺史，继续其家族在雍州一方的控制力和影响力，其子、孙皆阙载，曾孙韦敦礼，担任监察御史，进入中央。

---

① 据《韦庶墓志》，韦伦之父为韦密，不曾为官，不知道与韦祖霁是否为同一人，另外韦伦、韦恽的官职及韦庶皆史无记载，今据《韦庶墓志》补，详见赵力光：《西安碑林博物馆新藏墓志续编》上，西安：陕西师范大学出版社，2014年，第141页。
② 参见（清）陆耀遹：《金石续编》卷六《韦利器等造像铭》，台北：艺文印书馆，石刻史料丛书。
③ （宋）王溥：《唐会要》卷七六《贡举中》，北京：中华书局，1955年，第1389页。

附大雍州房世系：

　　韦义远—韦祖寅

　　　　—韦祖霁—韦儇

　　　　　　—韦杰—韦思敬—□—韦利器

　　　　　　　　　　—韦利宾—韦向—韦彭寿

　　　　　　　　　　—韦利涉

　　　　　—韦思正—韦璡

　　　　　—韦思安—□—□　——韦腾

　　　　—韦伦—韦恽　——韦庶

附小雍州房世系：

　　韦晖业—□—□—韦敦礼

附表5-10：大小雍州房成员官职表

房支	代际	名讳	官职	品秩
大雍州房	1	韦义远	雍州刺史	从三品
	4	韦思安	驸马都尉	
		韦恽	度支郎中	从五品上
	5	韦璡	深州刺史	从三品
	6	韦利器	秘书少监、谏议大夫	从四品上
		韦利宾	户部郎中	从五品上
		韦利涉	主爵郎中	从五品上
	7	韦向	工部员外郎	从六品上
		韦腾	同州刺史	从三品
	8	韦彭寿	右司员外郎、明州刺史	从三品
小雍州房	1	韦晖业	雍州刺史	从三品
	4	韦敦礼	监察御史	正八品上

本章小结

本章所涉及的进入唐代的阆公房，有的是从东魏北齐过渡而来，有的则是从西魏北周过渡而来，从东魏北齐过渡而来的重新与关中乡里建立起联系，并且与高门大族结为婚姻，其政治社会名望延续至唐宣宗；但从西魏北周过渡而来的分支，因为家族重心向洛阳城市转移而与关中宗族乡里脱离联系，在仕途上主要还是通过门荫，婚姻对象上缺乏高门大族，虽然依旧保持习儒的传统，但在士林中缺乏一定的名望，政治社会地位不显。小逍遥公房则是京兆韦氏典型的晚渡北归的房支，有意思的是，这支房支的北归似乎并没有直接回归关中乡里，而是通过北归阳武以科举入仕而京城化后才又一次接近了关中乡里，文化上的优势是其崛起的基础，但快速的崛起也促使其快速的京城化，寄生官僚的性质尤为明显，故而在经历了安史之乱和唐末暴乱的打击后便消沉下去。当京兆韦氏的大部分房望因安史之乱而在政治社会地位上遭受打击的时候，南皮公房却因由科举入仕的韦见素在安史之乱爆发时追随皇帝而受到格外重用，一房因此而成为安史之乱的受益者，政治地位因此隆盛，除此之外，本房的名望还主要依赖于韦维父子三人先后以科举入仕来支撑，由此可见，南皮公房的政治地位主要还是依赖于科举入仕者。安史之乱以后，武人在政治上的优势明显凸出，像京兆韦氏这样已经彻底文质化的旧门大族到了晚唐时期，尽管在表面上还享有高位，但其影响力已远不如以前，多沦为强藩斗争和藩镇与中央之间斗争的牺牲品，表明像京兆韦氏这样的门阀大族的家族特质已不能适应新的历史形势。大小雍州房的演变轨迹则是京兆韦氏从地方而中央化的典型，随着其在地方优势的丧失和中央化的加深，对政权的依赖性也在加强，最后随着唐政权的灭亡而消沉下去。

第六章　中古京兆韦氏家学门风的转变

汉武帝"独尊儒术"的文化政策结束了春秋战国以来思想学术领域"百家争鸣"的局面，同时也开启了通经之士步入仕途的方便之门。诸多家族因为世代通经而成为经学世家，并由经学世家而成官宦世家。这些累世经学、累世官宦的家族逐渐发展出一套把儒家经典融汇于婚丧礼仪和家庭伦理生活的独特文化传统，被标榜为家法或者门风。[①] 陈寅恪先生也曾有论，"所谓士族者，其初并不专用其先代之高官厚禄为其惟一之表征，而实以家学及礼法等标异于其它诸族"[②]。东汉以来形成的世家大族除了在特定历史条件下具备相对独立的经济基础外，具备一定的家学基础、保持优良的门风才是他们具备独立人格、保持社会名望的重要依据。

然中古政治社会几经变迁，为顺应时代流转，作为沉浮其间的世家大族在家学门风上也不可能保持一成不变，因此，中古世家大族的家学门风往往是变与不变的结合。变是为了适应时局，不变是为了保持根基。比如京兆杜氏，杜周、杜延年在汉代皆以文吏起家，在"经术润饰吏事"的世风下，杜延年之子杜钦已经开始从刑名之学转而潜心经学，后来成为知名的经学家，也从此改变了此支系的家学取向。到了唐代，随着科举制的实施及进士科成为高官的主要入仕途径后，诗文创作在考试的推动下成为士人追求的新风尚，杜氏家族也顺应历史的潮流，在盛唐与中晚唐分别孕育

---

① 张国刚：《从礼容到礼教：中国中古士族家法的社会变迁》，《河北学刊》2011 年第 3 期，第 40 页。
② 陈寅恪：《政治革命及党派分野》，《唐代政治史述论稿》，北京：生活·读书·新知三联书店，2001 年，第 267 页。

了杜甫、杜牧这样在文学史上彪炳千秋的才学之士。[①] 再比如清河崔氏，南北朝清河崔氏的家学主体是儒家经学，进入隋唐后，家族主体学术传统由经学向文学转化。[②] 那么，京兆韦氏的家学是否也存在这样的转变趋向，门风是否也因此而有转型？如果有，这些转变对京兆韦氏郡望以及其士族的政治社会地位产生了怎样的影响？这是笔者本章重点要讨论的问题。

第一节　京兆韦氏家学的传承与转变

中古政治社会几经变化，学术文化潮流不断更新，京兆韦氏作为中古关中郡姓之一，为保在士林中有一席之地，更为保家族政治社会地位的不坠，在保持习儒基本不断的前提下，不断转变家学的主体，这种转变对于家族名望的维持既有积极的一面，也有深远消极的一面。

一、从汉代今文经学到魏晋书学

汉代的经学有今文经学和古文经学之分，京兆韦氏的家学起于作为今文经学的鲁《诗经》，后鲁《诗经》随着汉末以后今文经学的衰落而亡于西晋。但经学作为家学的重要因子被保留下来。汉末以后的京兆韦氏在不离经学的前提下，随着魏晋玄学的兴起而孕育了韦豹、韦著、韦义这样一些以"不慕仕进"为重要特征的大姓、名士，从而为京兆韦氏跻身于魏晋士族之列做好了充分的铺垫。

魏晋南北朝时期，通过尺牍进行书法创造和欣赏活动成为越来越普遍的社会现象，不但士人们崇尚书法，看重尺牍，皇帝们也莫不如此。曹魏

---

① 王力平：《杜氏家族的变迁》，北京：商务印书馆，2006 年。

② 夏炎：《中古世家大族清河崔氏研究》，天津：天津古籍出版社，2004 年。

时期的曹氏父子三人皆有较高的书法艺术修养，是当时书法界的名家高手。曹操与曹植皆善工章草，并且受到历代书论家的赞誉。① 南朝刘宋政权的创建者刘裕因出身寒门文化修养不高，故通过写大字来弥补自身的不足，可见，尚书已蔚然成风，为当时士人们的重要情结之一。受此影响，京兆韦氏家族中也诞生了多位善书者，其中以韦诞最为著名。据史载，韦诞是韦玄成四世孙韦端之子②，出身经学世家，位至光禄大夫，以有文才，善属辞章和书法而名于史册。在书法上，韦诞曾师承邯郸淳和张芝。邯郸淳，"师于曹喜，尤精古文、大篆、八分、隶书。"有五体入《书断》中的妙品，故"韦诞师淳而不及也"③。张芝，"好书，凡家之衣帛，皆书而后练。尤善章草书"。被韦诞誉为"草圣"，其章草、草、行皆入《书断》神品，隶书入妙品，书法艺术成就仅次于二王。④ 但韦诞书法成就总体上没有超过其师。在《书断》中，韦诞的书法各体没有入《书断》神品者，其八分体、隶书、章草、飞白入妙品，小篆入能品。除此，韦诞还善于写大字楷法，尤其精于题署。据史载，东汉明帝之时，凌云台初建成，榜额还没题字即被钉上，故而只能将韦诞以辘轳升之高处题榜，结果，韦诞因居高临危，待题榜下来后头鬓全白而告诫其子孙"无为大字楷法"⑤。曹魏太和年间，韦诞为居武都太守，"以能书留补侍中，魏氏宝器铭题皆诞书云"⑥。袁昂评价其书："如龙拏虎踞，剑拔弩张。"⑦ 韦诞深知"工欲善其事，必先利其器"的道理，为

---

① 参见魏萌、魏宏灿：《曹氏父子的书法艺术修养》，《阜阳师范学院学报》2009 年第 3 期，第 144 ~ 146 页。
② 详见前文第一章所附世系表。
③ （唐）张文瓘：《书断》卷中，子部八艺术类一：书画之属，文渊阁四库全书影印本，第 812-59 下页。
④ （唐）张文瓘：《书断》卷中，子部八艺术类一：书画之属，文渊阁四库全书影印本，第 812-54 下页。
⑤ （唐）张文瓘：《书断》卷中，子部八艺术类一：书画之属，文渊阁四库全书影印本，第 812-59 下页。
⑥ 《三国志·魏志》卷二十一《刘邵传》裴松之注引《文章叙录》，北京：中华书局，1982 年，第 621 页。
⑦ （唐）张文瓘：《书断》卷中，子部八艺术类一：书画之属，文渊阁四库全书影印本，第 812-59 下页。

了写好字，韦诞还发明了制笔、制墨的方法，并著有《墨方》①、《笔方》②两书，但最为后人所称道的还是其制墨技术。魏明帝青龙年间，洛阳许邺三都宫观刚刚建成的时候，给御笔墨，诏令韦诞题署时，皆不任用。因曰："蔡邕自矜能书，兼斯、喜之法，非流纨体素，不妄下笔。夫'工欲善其事，必先利其器'，若用张芝笔、左伯纸及臣墨，兼此三具，又得臣手，然后可以建劲丈之势，方寸千言。"③可见韦诞自以所制之笔不比张芝笔，但颇以自己所研制的墨为意。故南齐萧子良答王僧虔书有云："左伯之纸，妍妙辉光；仲将之墨，一点如漆。"④

　　京兆韦氏家族中的书家除韦诞之外，还有其兄韦康，兄弟二人在史上被誉为"双珠"⑤；韦诞子韦熊，也善书，时人云："名父之子，不有二事。"韦康的玄孙韦昶，字文休，也善书，其古文、大篆入《书断》能品。见王右军父子书，云："二王未足知书也。"又妙作笔，王献之得其笔，称为绝世。⑥

　　韦氏家族中入《书断》者还有不明支系的韦弘，字叔思，位至原州刺史，弟季，字成为，平西将军，善隶书。⑦综上所述，京兆韦氏家族中自韦诞兄弟始，由于受当时社会文化思潮的影响，在家学的趋向上由原来的以经学为主体向以书学为主体转变，且这一艺术修养成为京兆韦氏家学中的另一因子，不时会在隋唐京兆韦氏部分成员的身上显现出来。据有学者研究，"家族式的书法传统肇始于东汉中期以后，父子、兄弟相承授者不乏其人。魏晋时期，这种书法传统发展到了顶峰，其形成与士族注意家风的培

---

① （唐）徐坚撰，司义祖校点：《初学记》卷二十一《文部》，北京：中华书局，1962 年。

② （北魏）贾思勰撰：《齐民要术》卷九《笔墨第九十一》，北京：中国书店出版社，2018 年，第 36 页。

③ （唐）张文瓘：《书断》卷中，子部八艺术类一：书画之属，文渊阁四库全书影印本，第 812-59 下页。

④ （唐）张文瓘：《书断》卷下，子部八艺术类一：书画之属，文渊阁四库全书影印本，第 812-67 上页。

⑤ 详见《三国志·魏志》卷十《荀彧传》裴松之注引《三辅决录注》，北京：中华书局，1982 年，第 312～313 页。

⑥ （唐）张文瓘：《书断》卷下，子部八艺术类一：书画之属，文渊阁四库全书影印本，第 812-69 下页。

⑦ （唐）张文瓘：《书断》卷下，子部八艺术类一：书画之属，文渊阁四库全书影印本，第 812-68 下页。

养和家学的传承有关。"① 显然，京兆韦氏不仅是魏晋重视书学风尚的体现，同时，也是魏晋书学的重要传承者和发扬者。

二、从经学到史学 —— 南迁京兆韦氏家学的转变

在南迁京兆韦三氏的几个支系中，后来成为新的地望的是延陵韦氏和晚渡襄阳韦氏。延陵韦氏的始祖通常被认定为韦昭，他也是延陵韦氏家学的代表性人物。韦昭在继承传世家学儒学的基础上，博闻强记，在史学、礼学、诗歌等方面皆有造诣，但较为突出的是他的史学成就。仕于吴政权时，韦昭曾同华核、薛莹等同修《吴书》，为三国吴政权保存了珍贵的历史记忆，而且他还对《汉书》颇有研究，著有《汉书音义》七卷。这反映出延陵韦氏的家学取向在韦昭的影响下，已经由原来的以经学为主向以史学为主体的多元化发展。②

"晚渡"襄阳韦氏成员对经史多有涉猎，尤为重视的是对史学著作《汉书》的研究。首先，《汉书》以其博洽而著称，其中的十志将《史记》所开创的书志体加以发展，涵盖了自然社会，包括了理论技术，贮存了丰富的有用知识，是有志于经世致用者的必读书目；③ 其次，《汉书》的博洽还体现在多古字古义，因而东汉末年以后的所谓《汉书》之学，差不多可以说是《汉书》的训诂之学。④ 这在襄阳韦氏成员的治学成就中就能有所体现。韦棱就曾著有《汉书续训》三卷，韦棱的侄子韦载刚刚十二岁的时候，跟随其叔父韦棱拜见刘显，刘显就以《汉书》中的十事考问他，结果他对答如流；再者，"《汉书》收载文章诗赋，具备多种文体，富于辞藻，为后来文

① 柳称：《略论魏晋时期世家大族的书法传承与革新》，《西北大学学报（哲学社会科学版）》2013年第5期，第100～104页。
② 关于韦昭的具体史学成就可参见第二章第一节中"汉末韦昭一支的南迁与延陵韦氏"部分和表6-1。
③ 参见白寿彝主编：《中国史学史教本》，北京：北京师范大学出版社，2000年，第79页。
④ 参见白寿彝主编：《中国史学史教本》，北京：北京师范大学出版社，2000年，第85页。

章家所取资"①。因此，研习《汉书》可提高写作水平。韦棱的同父兄韦黯"少习经史，有文采"可能与整个家族成员重视研究修习《汉书》有关。据史载，《汉书》成书以后，为当世所重，"当学者莫不讽诵焉"②。这在襄阳韦氏成员身上得到了很好的体现。魏晋南北朝时期，注史之风极盛，范晔《后汉书》行世后约五六十年，南朝梁人刘昭即为其作注，而襄阳韦氏的韦阐也曾著有《后汉音》二卷，到隋朝时已亡佚。可见襄阳韦氏家学中也有《后汉书》的一席之地。

综上所述，京兆韦氏是汉代以经学起家的世家大族，有汉一代，皆独尊儒术，经学自然成为其家学中的主体，尤其六经中的《鲁诗》可算是京兆韦氏真正连续几代研习而成一家之言的家学；汉末以后，今文经学衰微，至魏晋时期，玄学兴起，士人的思想重新得到解放，各种艺术异彩纷呈，尤其在士大夫阶层，尚书之风盛行，书法也由此成为京兆韦氏继经学之后的另一家学形态；伴随着艺术领域尚书风气的是士大夫们对群理毕至的《汉书》的讽诵，于是《汉书》又成为南北朝尤其是南迁京兆韦氏家学的另一主体。由此，进入隋唐统一王朝之后的京兆韦氏的家学中即有经学、艺术、史学三大因子，文学只是初露端倪。

三、以文学为总趋向的多元化——隋唐京兆韦氏的家学

进入隋唐统一王朝后的京兆韦氏各房望在家学的取向上即以经学、艺术和史学这三大因子为基础，在不同时段因时代需要或个人天赋而有所侧重，总的趋势是随着科举进士科日渐成为高官的主要来源而趋向于文学。比较突出的有郧公房的韦安石父子；逍遥公房的韦肇子孙、韦令仪子孙；龙门公房的韦夏卿及其弟侄；郿城公房的韦景骏子孙；小逍遥公房的韦思

① 参见白寿彝主编：《中国史学史教本》，北京：北京师范大学出版社，2000年，第85页。
② 《后汉书》卷四十上《班彪传附子固传》，北京：中华书局，1965年，第1330页。

谦父子。①

在一些京兆韦氏成员为支撑家族门户而趋之文学潮流，京兆韦氏家学的主体由经学向文学蜕变的过程中，部分京兆韦氏成员还能潜下心来，真正从个人的禀赋或爱好出发，徜徉于史学、经学或艺术领域，从而真正为家族保存了文化之根，也使京兆韦氏的家学呈现了多元化的特点。

经史之学尽管与文学联系紧密，但旨趣却在经世致用。历览唐代京兆韦氏著房中，不乏以经史之学而著称的士人。其中以礼学而著称的有郧公房的韦叔夏叔父、本人及其子，郿城公房的韦渠牟，逍遥公房的韦公肃；以《易》学而著称的则有郧公房的韦抗，尤好《春秋》的则是郿城公房的韦表微；逍遥公房的韦处厚则对《易》、《书》、《诗》、《春秋》、《礼》、《孝经》、《论语》皆有研究，并且于唐代史学贡献尤大，郿城公房的韦述也是唐代有名的史家。②

艺术才华颇需天赋，故而更多的需要来自祖上的遗传。京兆韦氏逍遥公房的韦万石及其两个侄孙分别在音律和绘画上颇有造诣，名于当代。可惜的是，此艺术才华仅仅传了三代便终结了，倒是孕育出了颇具文学才华的韦应物。郿城公房的韦维父子三人在唐史上则以善于剖断而闻名，形成了比较独特的家学。③

综上可见，京兆韦氏的家学主体是在不断变化的，这与时代特征和学术潮流有着密切的关系。作为士人，不跟随时代特征和学术潮流，则容易被时代所忽略，也就难以在历史上留名。因此，只有跟随时代步伐尤其是学术文化的潮流，才容易被时代所记忆和保存。杜甫能成为享誉千古的名人正是因其诗才，而唐代韦氏家学的文学化尤其是诗学化使京兆韦氏诸多

① 参见前文从第三章至第五章中各相关房望的相关内容，此不赘述。王伟在其《〈诗〉诗互孀：汉唐间长安韦氏家学转型与家族性质迁变》一文中也有类似的论述，详见《唐史论丛》（第二十四辑），西安：三秦出版社，2017年，第190～201页。

② 参见前文从第三章至第五章中各相关房望的相关内容，此不赘述。

③ 参见前文从第三章至第五章中各相关房望的相关内容，此不赘述。

成员能与杜甫这样的诗才成为至交。①是唐代因诗才而著名的人物。京兆韦氏在历史上的名望不坠，与每个时代皆有文化人物凸显出来有关，从而保证了京兆韦氏在不同时期的士林中总有被关注的成员，也就不断被历史记忆者所记忆。包括唐代京兆韦氏的家学主体向文学的转变，对京兆韦氏跻身于新型的科举士族之列毫无疑问起到了积极的作用。

但也有学者关注到了这一转变对京兆韦氏甚至是整个士族阶层的庶化所具有的深远意义。如王伟所总结的："与经学仰仗家族传授久长和族员勤勉不同的是，文学创作更多仰仗个人能力和天赋。但天才无种，所以凭借诗文晋身者，较易骤起骤落。由于文学才能难以父子相传，故以文学为家学容易中道而堕。因此，就韦氏家族的具体房支而言，在唐代的发展较汉魏和北朝明显波折，呈现出极强的不稳定性。由于文学从文化根基上动摇了韦氏等家族的传统家学基础，所以科举制对于文学创作的倡导于士族阶层的解体具有重要影响。以文学为家学，加速了以韦氏家族为代表的整个士族阶层的庶化，推动社会阶层间的流动与融合，促成新的士大夫阶层的兴起。"②科举制的实施从统治者的角度而言，其中的一个重要考虑应该是为了避免九品中正制下仕途为士族门阀所垄断的状况，从而促进社会阶层间的流动与融合，为统治政权选拔到更优秀的人才，也为扩大统治基础。然而事实并非如统治者所愿。邢铁先生曾撰文指出："科举制度确实使士族的世袭性政治特权受到了冲击，不过，与原来的征辟察举和九品中正制度相比，科举制度改变的只是选官的方法和标准，目的是为了更广泛地网罗各个社会阶层的精英，并不是为了抑制士族或抬举庶族。科举考试确实轻门第出身重个人能力，从理论上讲有利于代际流动，增加社会的公平程度，但是，当时科举考试所要求的文化属于精英阶层的'小众'文化，不是普及性的大众文化，参加科考，尤其是考中的都是当时文化素质最高的一小

①　参见孟祥娟：《杜甫与韦氏家族交游考》，《杜甫研究学刊》2017年第1期，第52～59页。
②　王伟在其《〈诗〉诗互嬗：汉唐间长安韦氏家学转型与家族性质迁变》一文中也有类似的论述，详见《唐史论丛》（第二十四辑），西安：三秦出版社，2017年，第200～201页。

部分人，这就决定了科举考试仍然是上层社会的事情，特别是在科举制度的初创时期，有着传统的家学优势和优秀遗传素质的士族子弟一直是考场上的主力。"① 吴宗国先生在《唐代科举制度研究》一书中也指出："通过进士科做到宰相的，后代连续为相的虽是少数，但是凭借各种关系，通过进士科，大部分后代是可以世任高官的，这种世居高位越来越多的情况，反映官僚的世袭关系到唐朝末年已相当牢固。这样，原先是从地主阶级各阶层中选拔官吏的进士科，在很大程度上就成为公卿大臣用来世袭高位的工具。"② 孙国栋在《唐宋之际社会门第之消融 —— 唐宋之际社会转变研究之一》一文中也通过统计认为："晚唐寒人虽与上达到，然其势力尚未足与旧族相抗，政治上之核心人物，仍多出于阀阅。"③ 也就是说，科举制尤其是进士科对唐代士族阶层的解体以及推动社会阶层间的流动与融合所起的作用并不像理论上所想象的那样。至少从京兆韦氏的个案中看不到因科举制的实施而导致其在仕途上的劣势，他们在唐代的政治社会上一直保持比较高的地位，甚至到唐末还有位居宰相和在文学界享有盛名的人物。而唐代京兆韦氏各房支相对汉魏和北朝所具有的极强的不稳定性也并不是因为家学向文学的转变，而主要是因为靠近权力的中心，受到政权动荡的影响比较大，而这主要是基于整个京兆韦氏在唐代全面的"中央化"。南北朝以来士族的"官僚化"和"中央化"倒是与科举制的实施有着密切的关系。因此，科举制尤其是进士科选士以文学高低为标准确实促使了各门阀士族家学主体的转变，但并没有起到如统治者所愿的推动社会阶层间的流动与融合的作用，反而被士族门阀利用文化上的优势和以婚姻等各种媒介所结成的社会关系网络所加以利用和控制，成为他们变相世袭官位的合法工具。但有一点是可以肯定的，门阀士族为适应科场考试而进行的家学转型与其他时代相比，显然带有很强的功利性。门阀大族的文化优势虽然还在，但已经

① 邢铁：《家学传承与唐宋时期士族的更新》，《中华文史论丛》2012 年第 2 期，第 102 页。
② 吴宗国：《唐代科举制度研究》，北京：北京大学出版社，2010 年，第 240 页。
③ 孙国栋：《唐宋之际社会门第之消融》，《唐宋史论丛》，上海：上海古籍出版社，2010 年，第 272 页。

逐渐转变成干禄的工具，这种因为功利而趋向的文化优势在为家族赢得政治地位的同时，也在悄悄地侵蚀着家族本来所具有的独立精神，而这正是隋唐以来国家以科举制来加强在文化的主导权所取得的效果。

第二节　京兆韦氏门风的变与不变

关于家学与门风的关系及在维持世家大族门第中的作用，已经有学者做出了精辟的论述。陈寅恪先生曾经指出："夫士族之特点既在其门风之优美，不同于凡庶，而优美之门风实基于学业之因袭。故世族家世相传之学业乃与当时之政治社会有极重要之影响。"[1]钱穆先生在其《略论魏晋南北朝学术文化与当时门第之关系》一文中也指出："今人论此一时代之门第，大都只看其在政治上之特种优势，在经济上之特种凭籍，而未能注意及于当时门第中人之生活实况及其内心想象。因此所见浅薄，无一抉发时代之共同精神所见。有今所谓门第中人者，……为此，门第之所赖以维系而久者，则必在上有贤父兄，在下有贤子弟，若此二者俱无，则政治上之优势，经济上之丰盈，岂可支撑此门第几百年而不弊不败？"钱氏所言，将士族门第之维护归结到士族的门风，具体而言就是孝悌之风。结合陈氏、钱氏所言，孝悌之家风所以能形成，赖以家学中对儒学的重视和传承。因为孝悌之道是儒家所倡导的基本伦理，也只有在将儒学作为家学世代相传的情况下，才能形成所谓的以孝悌为核心的门风。

一、崇儒重礼的一贯性

京兆韦氏的家学主体尽管在中古时期经历了一个不断转变的过程，但

---

[1] 陈寅恪：《唐代政治史述论稿》中篇《政治革命及党派分野》，北京：生活·读书·新知三联书店，2001年，第69页。

一直保持了习儒的不断，也因此维持了良好的门风，这使其一直享有较高社会地位，这一方面有利于本家族人的自我认同，加强本宗族的凝聚力，形成以血缘为纽带的宗族团体力量，加大本族在乡里地方或城市的社会影响力；另一方面也有利于与其他同样具有社会名望的家族联姻，从而形成牢固的互相援引的社会关系网络。

南北朝时期，南迁京兆韦氏因为远离宗族所在地关中杜陵，故而在迁居地襄阳为了生存发展，尤其加强团结，家族凝聚力之强，兄弟友爱之厚，远远胜于其他支系，这在韦华一支系中的韦祖征、韦阐、韦叡以及韦放等人的身上体现得尤为明显，主要表现为对于侄子视同己子一样加以抚育关爱，所得的俸禄全部上交家族当家之人，不留私财，以示与家族共进退，同一室卧起以表亲爱。① 居北京兆韦氏比较有代表性的是韦孝宽，因为他父母早亡，对兄嫂格外尊重，所得的俸禄，也是全部上交，不入私房一分一钱，若家族中有孤儿遗老，他都会加以赈济和赡养，在家族中具有相当高的名望。②

进入隋唐后的京兆韦氏由于在家风上又转向文质，故而更加重视对儒学的传承。尽管从总的转变趋势来看，京兆韦氏的家学大部分最终都归于诗赋文学，但在这个过程中，儒学始终是京兆韦氏诸房中家学的重要组成部分，像血液一样贯穿其中，成为维系其家族伦理道德和礼法的内在因素。比较有代表性的是隋朝的韦世康，为了照顾其仕途不显的弟弟，将其父田宅都让给他。③ 唐代郧公房的韦丹在明经及第后，被授以峡州远安县令，自己不去任职，却将职位让给了他的庶兄，自己入了紫阁山侍奉他的从父韦熊；韦远济的姐姐死了丈夫，回到娘家与他生活在一起，他对待他的外甥就如同自己的孩子，直到她姐姐去世，旁人都分辨不出哪个是他的外甥，哪个是他自己的孩子。④ 韦安石的两个儿子韦斌和韦陟也是手足情深，为人

---

① 详见第二章第一节第四部分"韦华一支的晚渡与襄阳韦氏的兴衰"，此不赘述。

② 《北史》卷六四《韦孝宽传》，北京：中华书局，1974 年，第 2274 页。

③ 《隋书》卷四七《韦世康传》，北京：中华书局，1973 年，第 1267 页。

④ 吴钢：《全唐文补遗》第四辑《唐故太原王府君（修本）夫人韦氏墓志铭并序》，西安：三秦出版社，1997 年，第 216 页。

称道。① 韦端也以孝友忠信而闻名。② 逍遥公房的韦潞四子及其诸孙，自小相亲，人无间言，有登孝廉科者多人。③ 小逍遥公房有"高尚四十年，道在礼义，贵非轩冕"的韦德伦、有因经常求代其兄韦承庆受其继母杖罚的韦嗣立，还有韦嗣立之子韦济，以及受到乡党称赞的韦希损等。④ 南皮公房则有韦伦、韦虚心、韦虚舟、⑤ 韦宪等同样重孝悌的士人⑥。

京兆韦氏因为重视礼法教育，从家中嫁出去的女性也多能恪守妇道，遵循礼法。兹仅以郧公房的几个女性为例说明。据《唐故太原王府君（修本）夫人韦氏墓志铭并序》，韦赓之幼女，幼失所怙，养于季父韦庸家中，成年后归于太原王修本，婚后，以"明敏孝爱，慈仁敦睦，妇德妇工，为王氏之族贵重"。王修本病重之后，韦氏"尽妆奁之财为夫治病"由此成为有名的"节妇"。⑦ 韦楚器之女嫁给了许绶，许绶不悦进取，她"赞家道以供先祀，诚伯宗而盍冀缺。许君之动静无悔，抑有助焉。所从之禄甚薄，不及偕老，徙宅教子。宜家佐馈，闺门之礼，有同严君，才识所及，过人远甚。虽内外之言，不越于阃，而人事物理，皆能折中焉⋯⋯夫人有姿貌仪范，独振内则而传母仪"⑧。

京兆韦氏成员之所以能有如此之孝悌之举，在于其成员对儒学尤其是礼学的学习和重视。韦武"以门荫补右千牛，循性为学，深于礼服，德宗

---

① （唐）王维：《王维集校注》卷十一，《大唐故临汝郡太守赠秘书监京兆韦公墓志铭并序》，北京：中华书局，2005 年，第 1057 ～ 1058 页。

② 周绍良：《唐代墓志汇编》下册，元和一四一《唐故朝散大夫秘书省著作郎致仕京兆韦公玄堂志》，上海：上海古籍出版社，1992 年，第 2049 页。

③ 详见前文第四章相关内容，此不赘述。

④ 周绍良：《唐代墓志汇编》上册，开元〇九五《韦希损墓志并序》，上海：上海古籍出版社，1992 年，第 1219 页。

⑤ 韦伦、韦虚心、韦虚舟皆参见《旧唐书》卷一三八《韦伦传》，北京：中华书局，1975 年，第 3783 页；《新唐书》卷一四三《韦伦列传》，北京：中华书局，1975 年，第 4687 页。

⑥ 吴钢主编：《全唐文补遗·千唐志斋新藏专辑·唐故韦君妻天水赵郡夫人（真源）玄堂志》，西安：三秦出版社，2006 年，第 400 页。

⑦ 吴钢主编：《全唐文补遗》第四辑，西安：三秦出版社，1997 年，第 216 页。

⑧ （清）董诰等：《全唐文》卷五〇四《权德舆·湖州武康县丞许君夫人京兆韦氏墓志铭》，北京：中华书局，1983 年，第 5132 页。

朝泾原之乱前为太常博士。所撰家祭仪三卷，文集一十五卷，凡著述数万言，并行于代"。韦温以两经及第，其女嫁给河东薛蒙者，撰有《续曹大家女训十二章》。韦叔夏撰有《五礼要记》三十卷。①

因为京兆韦氏对礼法的重视，故而在婚姻对象的选择上也往往比较重视其出身是否具有礼教传统。逍遥公房的韦贯之家族重视名教，他的女儿就嫁给了河东柳氏家族中以礼法闻名的柳公绰的儿子柳仲郢。据史载，柳公绰不仅"性谨重，动循礼法，且性至孝"。宪宗元和六年（811）时，柳公绰为了照顾他在洛阳的母亲，特意写信给宰相，让他分司洛阳，但其请求没被允许，只好将母亲迎至身边加以侍奉。母亲崔氏丧后，三年不沐浴。对其继母薛氏侍奉三十年，亲戚都看不出他不是薛氏的亲儿子。柳公绰的儿子柳仲郢"有父风，动修礼法，僧孺叹曰：'非积习名教，安能如此'"。柳仲郢以"礼法自持，私居未尝不拱手，内斋未尝不束带"。韦贯之的女儿所嫁之人就是这样一位有着深厚家学礼法传统的家族。柳仲郢与京兆韦氏所生子中有柳玭者，幼闻先训，讲论家法，尝著书诫其子弟："立身以孝悌为基，以恭默为本，以畏怯为务，以勤俭为法……"柳公绰"理家甚严，子弟克秉训诫，言家法者，世称柳氏"②。此为京兆韦氏婚姻对象中重视礼法者的典型，这种重视婚姻对象家教的现象不仅存在于京兆韦氏其他各房支③，就是在其他门阀士族中也是比较普遍的。

家学门风的养成，靠家族成员的儒学修养以及代代承袭，这是魏晋以来士族门阀在社会上得到认可的最重要的因素，也是庶族所最难以与之抗衡的优势。正是这种源自儒学的礼教之风支撑着京兆韦氏自汉至唐的门第，为京兆韦氏成员的自我认同和来自社会的认同奠定了基础。

① 详见本章第三节京兆韦氏的文化成就及所列表格。
② 柳公绰及其子的婚姻见《旧唐书》卷一六五《柳公绰传》，北京：中华书局，1975年，第4303～4308页。《旧唐书》卷一五八《韦贯之传附子澳传》，第4176页。
③ 详见第三章至第五章各房支的婚姻关系及表格。

二、文质与武质间的转换

毛汉光先生在其《中古士族性质之演变》一文中曾总结出,中古士族性质演变的方向之一即由武质团体而兼及文章世家。[①]那么,作为中古士族之一的京兆韦氏在门风上是否也具有同样的演变轨迹?这种演变轨迹对于其士族的政治社会地位产生了怎样的影响呢?笔者通过对其成员的任职和主要活动尝试对以上问题做出回答。

据前文第一章的论述和十六国以前京兆韦氏成员官职统计表所见,汉代以前的京兆韦氏几乎皆以文入仕,不见有立军功者。这种状况到十六国时期开始有所改变,比较能代表这种倾向的是韦华在十六国时期的举动。韦华在前秦控制关中时,就是州里高达。淝水之战后,前秦败亡,韦华南逃到东晋政权,过了不久,就同谯郡夏侯轨、始平庞眺等率襄阳流人一万叛晋,奔于后秦姚兴,担任了中书令。[②]韦华当时能以流人帅的身份带领流人叛归于姚兴,足以反映其当时关中豪强的身份。既然能在乱世当中统帅管理流人,足见其已不是单纯的文弱书生,门风已经向着武质转变。而这种转变在十六国时期还仅限于个别成员,到了南北朝时期,已经具有了群体性。

南北朝时期,南迁襄阳的韦爱是博学有文才,以精通《周易》和《春秋左氏》之义而留名于史的,但他并不文弱,被萧衍慕名征为襄阳令,在萧衍代齐的过程中,率领乡人抵抗颜僧都军,从而稳定了雍州的局势,后在平叛刘季连的行军道路上,病笃身亡。[③]韦爱能在乡人中成为统帅足以反映其在襄阳之地的名望和文武兼备的特质。

晚渡襄阳韦氏中的韦叡更是历史上有名的儒将,在萧衍代齐过程中,率郡人伐竹为筏,有众二千,马百匹,从而为萧衍顺利建梁提供了有力支持。其实,韦叡在文化修养上是非常高的,他的伯父对他的评价是文章略

---

① 参见毛汉光:《中国中古社会史论》,上海:上海书店出版社,2002年,第86页。
② 详见第二章第一节第四部分"韦华一支的晚渡与襄阳韦氏的兴衰"。
③ 详见第二章第一节第三部分"淝水之战后韦轨一支的南迁与盛衰"。

输于王憕和杜恽，但学识高于两者。①

　　居北京兆韦氏家风向武质的转变是西魏北周以后，以韦惠度一支和韦真憙一支为代表。韦惠度一支曾经南渡，北归后自韦瑱开始文武兼修，成为乡望，因为能率领乡兵故而被宇文氏政权加帅都督，以军功起家成为宇文氏政权中的侍中、骠骑大将军、开府仪同三司，加封平齐公。由此成为隋唐京兆韦氏平齐公房的房祖。他的孙子中有韦师者，恪守孝道，沉谨有礼，文武兼习，被北周大冢宰宇文护引为中外府记事，官至北周武帝时的宾部大夫。进入隋朝后，在协助北周和隋朝政权对山东和河北地的安抚中作为大使起了重要作用。②

　　韦真憙一支中文武兼备的典型人物是韦孝宽，史载韦孝宽"陈敏和正，涉猎经史"，在镇压萧宝夤作乱中因立战功而被拜以国子博士。后来韦孝宽先后在守卫玉璧之战中立下赫赫战功，成为以军功起家的关陇贵族。北周后期，韦孝宽又协助杨坚平定了尉迟炯之乱。晚年的韦孝宽重新又回归其文质，参麟趾殿学士，考校图籍。韦孝宽诸子中，没有像他这样文武兼备者，几乎都倾向于纯粹的武质，故略显得勇气有余，而谋略不足。其三子韦总，在跟随北周武帝东征中战死疆场；其兄子中有韦洸者，少时便习武，数从征伐，在击破尉迟迥反叛、突厥寇边和南伐陈朝、绥靖岭南中都立有功勋；韦艺，追随其从季父韦孝宽出击尉迟迥，以功进位上大将军，改封武威县公，以修武县侯别封一子。韦冲，从大将军元定渡江伐陈，为陈人所虏。③

　　综上可见，京兆韦氏的家风到南北朝时期确实发生了转变，从原来单纯的文质向文武兼备转变，甚至偏向了武质。这种状况随着隋唐统一和平局面的到来又转向了文质。

　　隋唐时期是京兆韦氏的鼎盛时期，涌现出了大批有文化成就的人，正如正史中所言，"议者云自唐已来，氏族之盛，无逾于韦氏。其孝友词学，承庆、嗣立为最。明于音律，则万石为最。达于礼仪，则叔夏为最。史才

---

① 详见第二章第一节第四部分"韦华一支的晚渡与襄阳韦氏的兴衰"。
② 详见第二章第二节第三部分"韦惠度一支"。
③ 详见第二章第三节第三部分的"韦真憙一支"。

博识，以述为最。所撰《唐职仪》三十卷、《高宗实录》三十卷、《御史台记》十卷、《两京新记》五卷，凡着书二百余卷。皆行于代"①。但有唐一代，虽也曾多有战事，却几乎看不到京兆韦氏成员立有赫赫战功者，翻遍唐代的典籍，才发现有这么几个稍具武功或立下军功者。

郧公房有韦慎名者，他的一个儿子曾任游击将军。有韦由者，官至金吾将军。②

逍遥公房有韦琼者，"书剑两全，蔑郄诜之登科，慕班超之投笔"。可惜未至达官，便于天宝四载（745）终于蒙阳郡九陇县之私第，春秋四十六。有韦衍者，官至右骁卫将军。本房支还有一位真正以武质见长者，即韦挺的长子韦待价，以门荫入仕后，初为千牛备身。高宗年间伐高丽时，将军辛文陵遭到高丽的袭击，韦待价和薛仁贵被派去救援，结果韦待价遭受重伤，非但没有被记功，反以有疾被免官。韦待价后以数次抗御吐蕃而守边有功，被征拜右武卫将军、并检校右羽林军事，复封扶阳侯，完全凭借军功重新跻身于仕途。武则天即位后，让韦待价当宰相，韦待价因以武职起家，不善文政，故而于垂拱元年又被授以燕然道行军大总管以御突厥。后被拜以安息道行军大总管，都督三十六州军事。在抗御吐蕃中因天寒逗留高昌被除名，配流绣州而卒。韦待价"自武职而起，居选部，素无藻鉴之才，既铨综无叙，甚为当时所嗤"。由此可见，韦待价是单纯以武见长的京兆韦氏成员。③

平齐公房刚刚进入隋唐后有韦贞者，隋监辽东城西面军事；有子韦怀敬，官至左领军将军，担任武职；有韦容成者，至骁卫将军④。有韦瑶者，至果州刺史。⑤另据《旧唐书·王鉷传》，玄宗天宝年间，故鸿胪少卿邢璹之子邢縡潜构逆谋，高力士率领飞龙小儿甲骑四百人对其进行讨伐，结果邢縡为乱兵所斩，他的党同有一名善射人叫韦瑶，也被擒。韦瑶能以善射

---

① 《旧唐书》卷一〇二《韦述传》，北京：中华书局，1975年，第4529页。
② 详见第三章第一节。
③ 详见第四章第一节。
④ 《元和姓纂》中为邡州刺史，今从《宰相世系表》。
⑤ 详见第四章第二节。

著称，足见其略备武质。①

郿城公房有韦皋者，在德宗建中四年（783）发生的泾原兵变中，因智灭留在陇州的朱泚势力和使者而被从奉天还京后的唐德宗迁为左武卫大将军，担任了正式的武职高官，后担任剑南西川节度使一职任二十一年。期间，服南诏、摧吐蕃，立下了赫赫战功，显示了卓越的军事和外交才能，是唐代京兆韦氏宗族中少有的文武双全的人物。②另有韦广者，从弱冠之年便羡慕班超当年立功于西域，立下从戎之志，"累以军功加阶迁秩"③。

与以上文武兼备或擅长武功者形成鲜明对比的则是大多数京兆韦氏成员的文质有余，而武质不足。郿公房的韦陟是韦安石次子，以文艺名于当时，但在武略方面却是非常不足。乾元二年（759），史思明乘胜进攻郑州，李光弼到洛阳去问韦陟守城之计，韦陟认为应该留兵于陕，退守潼关，据险以挫其锐。而李光弼认为："此盖兵家常势，非用奇之策也。夫两军相寇，贵进尺寸之间耳。今委五百里而不顾，是张贼势也。若移军河阳，北阻泽潞、三城以抗，胜则擒之，败则自守，表里相应，使贼不敢西侵，此则猿臂之势也。夫辨朝廷之礼，光弼不如公。论军旅之事，公不如光弼。"④像韦陟这样还只是不懂武略，没到害怕战事的地步，有的成员直接在战事面前懦弱无主，临阵脱逃。郿公房的韦义节担任虞州刺史时，曾与尧君素战于蒲州，结果因其为文吏，怯懦，导致频战不利。唐高祖后来派独孤怀恩前往代替他统兵。⑤郿公房的韦抗，尽管八岁既已精通《易》，十五岁读《春秋》，明经入仕，学问不是不高，但对武略可谓一窍不通，对战事更是充满了恐惧。开元八年（720），叛胡康待宾聚众作乱，诏令韦抗持节慰抚，结果，韦抗"在路迟留不敢进，因坠马称疾，竟不至贼所而还。"⑥乾符五年（878）十二月甲

① 《旧唐书》卷一百五《王铁传》，北京：中华书局，1975年，第3231页。
② 《旧唐书》卷一四〇《韦皋传》，第3824页。
③ 见《韦广墓志铭并序》，收入吴钢主编：《全唐文补遗》第九辑，西安：三秦出版社，2005年，第404页。
④ 《旧唐书》卷一一〇《李光弼传》，北京：中华书局，1975年，第3306页。
⑤ 《旧唐书》卷一八三《独孤怀恩传》，北京：中华书局，1975年，第4725页。
⑥ 《旧唐书》卷九二《韦安石传附子陟传》，北京：中华书局，1975年，第2961页。

戍，黄巢起义军进攻福州，守城者韦岫"战不胜，弃城遁"[1]。

综上所述，随着汉末以来政局的动荡、政权的分立和胡人尚武风气的影响，京兆韦氏原来单纯以文立家、以文立世的家风开始向着文武兼顾的方向转变，从经学世家转变为地方豪强士族。尤其是西魏北周以来，有部分成员通过军功跻身于关陇贵族行列，但随着隋唐统一和平时代的到来和科举制对文学之风的引导，这些以军功起家的京兆韦氏在家风上又普遍转向了文质，仅个别成员还有志于武功或具有军事才能。这是汉唐间京兆韦氏门风转变的一个重要方面，即从文质到文武兼备再到文质。

京兆韦氏家族特质的这种转变使其适应了十六国南北朝时期政权割据、战事频仍的时代特征，在历史上涌现出了以儒雅而知名的数位军功卓著者，笔者以为这应当与此时期京兆韦氏还能兼顾城市与乡里，集官僚与豪族身份于一身，随时可率领宗族、乡里或部曲食客而起兵维护家族利益有关。而进入唐代以后的京兆韦氏普遍向文质的转变，也是为了适应以和平为主要特征的隋唐时代，同时在科举制的引导下通过文学跻身于科举士族，从而保证其政治社会地位的不衰。但这一时期向文质的转变是彻底的，不仅仅是如之前京兆韦氏那样习文，而是伴随着官僚化进而城市化，也就是以失去与宗族乡里的呼应，蜕变为完全依赖于朝廷俸禄的寄生官僚为代价的，因此，即便是偶有个别擅长武功者，其身份也已经发生了根本的变化。由原来具有独立社会性的豪族转变为朝廷的御用武人。

京兆韦氏在隋唐以后的这种彻底性的文质化导致大部分成员在面对战事的时候，往往显得束手无策。而随着安史之乱以后中央与地方矛盾的加剧，像郭子仪、李光弼等这样的素有武功的人又开始成为政治舞台上的主角。[2]

---

[1] 《新唐书》卷二二五下《逆臣传下·黄巢传》，北京：中华书局，1975年，第6451页。

[2] 柳立言在《五代治乱皆武人——基于宋代文人对"武人"的批评和赞美》一文中也承认，武人从安史和黄王之乱后取得了权力优势。这种优势后来随着宋辽和平的达成、科名成为晋身高中层政务官员的重要条件和文人知州成为文人的既得利益等而结束。武人治郡逐渐淡出北宋，的确做成了地方权力天秤上的"文重武轻"。详见《"中央研究院"历史语言研究所集刊》2018年第89本第2分册，第339页。

到了唐末，唐朝中央势力更加衰微，强藩争雄，依赖于唐朝中央的这些世家大族的士人即使贵为宰相，也只能成为藩镇斗争的牺牲品。像京兆韦氏宗族中的韦昭度和韦贻范分别是唐昭宗和唐僖宗时期的宰相，在当时的局势中也只能是受控于藩镇势力的棋子而已，最终都无辜丧命于强藩的争斗中。再加上黄巢之乱及继之五代的纷争，衣冠士族毫无还手之力，只能引颈受戮。中古士族在隋唐以后彻底性的文质化使他们已经不能适应当时的形势所需，在连基本的生命都不能有所保全的情况下，政治上的衰败也就成为必然。

第三节　中古京兆韦氏的文化成就

不论京兆韦氏的家学门风在长达几百年的汉唐间曾经经历过怎样的变与不变，其作为一个文化世家的历史地位是应该得到肯定的。这个家族也曾经创造出卓有成就的文化成果。王力平先生在其著作《中古杜氏家族的变迁》中将韦氏与杜氏加以比较，对韦氏作出了如是论述："并非所有的大家族都有自己独特的家学传统，即便有些家族文人辈出，比如与杜氏并称的韦氏家族，见于《隋书·经籍志》和《新唐书·艺文志》的作家和作品都多于杜氏。《旧唐书》称'议者云自唐已来，氏族之盛，无逾于韦氏。其孝友词学，承庆、嗣立为最。明于音律，则万石为最。达于礼仪，则叔夏为最。史才博识，以述为最。所撰《唐职仪》三十卷、《高宗实录》三十卷、《御史台记》十卷、《两京新记》五卷，凡著书二百余卷。皆行于代。'虽然韦氏从三国吴侍中韦昭开始也以传统经学起家，后以治《汉书》为家学传统，但韦昭《春秋》和《诗经》方面的著作在唐宋时期就已经亡佚大半。另外《隋书》和《新唐书》其著录韦氏人物创作的文集共 15 部，而在《宋史·艺文志》中，韦氏作品的数量已大为减少，今天则仅存《韦苏州集》一部，其他著作流传下来的也不多。"根据笔者对韦氏文化成就的统计和考察，王氏所言极是，除了一点即韦氏并不是自三国吴侍中韦昭开始以经学起家的，而是从汉代以韦贤和韦玄成通过精通鲁《诗经》而相继成为汉宣帝和汉元帝时期的丞相而起家的，是以累世经学而至累世官宦的典型。

京兆韦氏作为与杜氏并称的一个著名的关中郡姓，尽管曾经产生过的文化成果非常丰富，但留存至今的确实远远不及杜氏，杜氏所存的著作共有十四种①，而京兆韦氏留存下的著作主要有七部。

韦述的《两京新记》是其中一种。关于韦述及其《两京新记》曾有学者以专文论述②，关于此书，日本学者福山敏南也有过详细的解说。③根据他的解说，此书是作者韦述在前人诸多关于两京记载基础上的集大成者，其中包括他的四世祖韦弘机编撰的《东都记》二十卷，此书仅见于《新唐书·艺文志》，估计宋代以后便亡佚了。韦述写成此书之后，曾经流传很广，受到广泛赞誉，直到北宋中期宋敏求撰就《长安志》和《洛阳志》之后，由于宋敏求的《两志》已把《两京新记》的主要内容包括在内，而且在记事的地域和时代上又都比《两京新记》有很大拓展，因而此后独宋志得以广泛流布，而韦述的《两京新记》趋于隐没。

根据有的学者考证，此书的部分内容还被明朝的书籍所引用，故而推测，此书在国内的散佚时间大致在明清之际。此书至迟在唐代末年已传入日本，但传入日本的是仅有四卷的不足本，这个四卷残本在日本也没有流传下来，日本流传至今的是尊经阁藏金泽文库本，这是原书第三卷的一个钞本。日本宽政、文化间由天瀑山人林述斋（衡）刊行《佚存丛书》时，根据转抄的写金泽文库本将这个残卷收入此书，此本成为今残存本的祖本。④

日本学者曾经对《两京新记》的五卷本全貌进行过推测。现存的是卷三的残卷，述京城西半部长安县所领的五十四坊和西市，卷首残去五坊即朱雀街西最北的五坊。所述以坊内的寺观、官舍、府宅为主，略仿北魏时

① 参见王力平：《中古杜氏家族的变迁》，北京：商务印书馆，2006年，第261～262页。
② 荣新江、王静：《韦述及两京新记》，《文献》2004年第2期，第31～48页。
③ 详见韦述撰，辛德勇辑校：《两京新记辑校》，西安：三秦出版社，2006年，前言第2页、第7页所引中译本福山敏男的《两京新记解说》）。
④ 荣新江、王静：《韦述及两京新记》，《文献》2004年第2期，第31～48页。

杨衒之《洛阳伽蓝记》旧式，尤详于寺观，叙及创制时间和逸事传闻多神秘色彩。

由于韦述的《两京新记》是目前关于隋唐长安、洛阳城的最原始的材料，再加上宋敏求的《长安志》世无善本，《洛阳志》久已亡佚，故而对韦述《两京新记》的辑校依旧是一项必要的基础工作。关于《两京新记》也出现了多种辑本①，最近的一部是辛德勇先生的《两京新记辑校》，作者在前人的基础上又有创获，此书于 2006 年由三秦出版社出版。

韦绚著述的《刘宾客嘉话录》又是韦氏家族中留存下来的一部小说。根据本书卷一所注，作者韦绚，字文明，是龙门公房韦执谊的儿子，刘宾客即刘禹锡。此书是韦绚在穆宗长庆元年前往白帝城向刘禹锡求学问期间，根据刘禹锡的所述编写而成。韦执谊是顺宗时期"二王八司马事件"中的关键人物之一。刘禹锡"世为儒，第进士、博学宏词科、工文章。素善韦执谊，刘禹锡以名重一时，为王叔文引用，与柳宗元所言必用"②。当时正是因为刘禹锡与韦执谊关系非同一般，才被王叔文所引用。所以由此判断，韦执谊的儿子完全具备这个条件来写这部小说。

那么作者韦绚是不是韦执谊的儿子呢？根据《新唐书·宰相世系表》的记载，韦执谊诸子中确有一子字为文明，但名字是韦昶，且韦执谊的其他诸子的名字中都是带有"日"字偏旁，故而可以判断，《世系表》中所记当无误，那么韦绚到底与韦昶为同一人，还是为另一人，由于目前材料所限制，《世系表》中也没有关于韦昶的官职记载，故而现将问题提出，待有关材料的出现以作进一步考证。

书中所记多是些士人官吏的逸闻逸事，对了解当时士人的一些社会生活颇有裨益。现存皆为影印本。

韦处厚的《翰林学士记》和韦执谊的《翰林院故事》是京兆韦氏成员

①　详见韦述撰，辛德勇辑校：《两京新记辑校》，西安：三秦出版社，2006 年，前言。
②　《旧唐书》卷一六〇《刘禹锡传》，北京：中华书局，1975 年，第 4213 ～ 4216 页。

所遗留下来的两部职官姓名类的书籍。根据黄永年先生的考证，《翰林学士记》是韦处厚为翰林学士时于元和十五年（820）受院使委托而撰写的，虽然内容空泛，但所记两宫官院使的官职和任职时间尚有史料价值。《翰林院故事》是韦执谊担任学士时，于德宗贞元二年（786）撰写而成，记述了翰林院沿革并考录自开业至元和时入院学士共六十人，并注明其姓名和所任官职。此两种书皆同其他与翰林有关的书籍收在南宋洪遵编集的《翰院群书》的上卷中。今日流传的都是《翰院群书》本，此本有《知不足斋丛书》影印本。[①]

京兆韦氏成员所留下的文集中仅有韦应物的《韦苏州集》和韦庄的《浣花集》。韦应物是唐代中期诗歌史上著名田园派诗人，他的诗歌文字简单，朴实清新，洗人耳目。其文集《韦苏州集》有《四部丛刊》影印明嘉靖华云刻本，改题为《韦江州集》。关于韦庄的身世，目前为止有两种记载，一说是韦应物的后代，根据是《新唐书·宰相世系表》；一说是南皮公房韦见素的后代，根据是唐人避讳。如果韦庄是韦应物的后代，则其父应为韦蕴，其祖父应为韦撤，而其诗歌中有直称"撤"的现象，故而韦庄不可能是韦应物的后代。另据《资治通鉴》、《新五代史·前蜀世家》和《梼杌传》等的记载，韦庄似是韦见素的后代。[②]无论韦庄是韦应物还是韦见素的后代，其作为京兆韦氏的成员则是无疑的，此书目前有《四部丛刊》影印明正德朱承爵刻本和人民出版社于 1958 年出版的《韦庄集》，并增入《秦妇吟》及所撰词。

附表6-1：汉唐间京兆韦氏文化成就统计表

名讳	朝代	隋书·经籍志	旧唐书·经籍志	新唐书·艺文志	宋史·艺文志	明史·艺文志	清史稿	其他
韦贤	西汉	《韦玄成集》二卷	《韦玄成集》二卷	《韦玄成集》二卷				《鲁诗经韦氏章句》，出自《武荣碑》

① 参见黄永年：《唐史史料学》，上海：上海书店出版社，2002 年，第 123 页。
② 齐涛：《韦庄非韦应物之后》，《陕西师范大学学报》1987 年第 1 期，第 58 页。

续表

名讳	朝代	隋书·经籍志	旧唐书·经籍志	新唐书·艺文志	宋史·艺文志	明史·艺文志	清史稿	其他
韦彪	东汉							《韦卿子》出自《后汉书·韦彪传》
韦昭	三国吴	《吴书》二十卷；《洞纪》四卷；《辩释名》一卷；《汉书音义》七卷；《孝经解赞》一卷；《毛诗答杂问》七卷；《春秋外传国语》二十二卷；《韦昭官仪职训》一卷；《韦昭集》二卷	《吴书》五十五卷；《汉书音义》七卷；《韦昭集》二卷	《吴书》五十五卷；《洞纪》四卷；《汉书音义》七卷；《韦昭集》二卷	《汉书音义》七卷	《吴鼓吹曲》十二首	《孝经解赞》一卷；《毛诗答难问》一卷	《博弈论》、《官职训》出自《三国志·吴书·韦昭传》
韦诞	三国	《韦诞集》三卷	《韦诞集》三卷	《韦诞集》三卷				《后蚕颂》出自《宋书·礼志》；《笔方》出自《齐民要术》
韦世休								《鼓吹铙哥》十二曲，出自《宋书·乐志》
韦謏	西晋							著《伏林》三千余言，遂演为《典林》二十三篇，出自《晋书·儒林传·韦謏传》
韦公艺	西晋	《韦公艺集》六卷						
韦棱	梁	《汉书续训》三卷	《汉书续训》二卷	《汉书续训》三卷				《梁书·韦叡传附子棱传》和《南史·韦叡传附正弟棱传》中皆为三卷
韦阐	南齐	《后汉音》二卷，亡						
韦处玄		《老子义疏》四卷	《老子义疏》四卷		《老子西升经》二卷			
韦氏		《相板印法指略抄》一卷，隋已亡						

续表

名讳	朝代	隋书·经籍志	旧唐书·经籍志	新唐书·艺文志	宋史·艺文志	明史·艺文志	清史稿	其他
韦沈	南齐	《韦沈集》十卷，隋已亡						
韦温	梁	《韦温集》十卷，隋已亡						
韦鼎	隋	《韦氏谱》七卷	《韦氏谱》十卷	《韦氏谱》十卷				《南史·韦叡传附正子鼎传》中为七卷
韦安仁（化）	隋末唐初							《五代史志》出自《隋书》附录
韦挺	唐		《大唐氏族志》一百卷	《大唐氏族志》一百卷				
韦（弘）机	唐	《西征记》一卷	《后汉书音义》二十七卷；《西征记》一卷	《后汉书音义》二十七卷；《西征记》；《东都记》二十卷				
韦氏	唐		《三辅旧事》一卷	《三辅旧事》一卷				
韦道逊	唐		《新略》十卷	《新略》十卷				
韦承庆	唐		《韦承庆集》六十卷	《韦承庆集》六十卷				
韦彤	唐			《五礼精义》十卷	《五礼精义》十卷；《开元礼仪释》二十卷			
韦表微	唐			《春秋三传总例》二十卷；《九经师授谱》一卷				《旧唐书·儒学传下·韦表微传》中也记载
韦澳	唐			参撰《续唐历》二十二卷；《诸道山河地名要略》九卷	《续唐历》二十二卷；《诸道山河地名要略》九卷			

续表

名讳	朝代	隋书·经籍志	旧唐书·经籍志	新唐书·艺文志	宋史·艺文志	明史·艺文志	清史稿	其他
韦述	唐		《高宗实录》三十卷	《唐春秋》三十卷;《高宗实录》三十卷;《御史台记》十卷;《东封记》一卷;《集贤书目》一卷;《开元谱》二十卷;★①《两京新记》五卷,参撰★《初学记》三十卷;《百家类例》三卷;《国朝宰相甲族》一卷	《集贤书目》一卷;《两京新记》五卷;《初学记》三十卷;《百家类例》三卷			《旧唐书·韦述传》述述曰"有所撰《唐春秋》三十卷,恨未终篇。至如词策,仰待明试";参撰《唐六典》三十卷;参撰《群书四录》二百卷,出自《旧唐书·元行冲传》:行冲表请通撰古今书目,名为《群书四录》,命学士栎阳尉韦述等分部修检;《大唐十四家贵族》一卷,出自《通志·艺文志》
韦(光)美				《嘉号录》一卷	《嘉号录》一卷			
韦昭度	唐			《续皇王宝运录》十卷	《续皇王宝运录》十卷			
韦承庆	唐			《则天皇后实录》二十卷				《旧唐书·魏元忠传》
韦处厚	唐			《德宗实录》五十卷;《宪宗实录》四十卷;《大和国计》二十卷;《六经法言》二十卷;《韦处厚集》十七卷;《翰苑集》十卷	《唐德宗实录》五十卷;《宪宗实录》四十卷;★《翰林学士记》一卷			《大和国计》《六经法言》还见于《旧唐书·韦处厚传》

① 书前此符号★表示此书存续到现在。

名讳	朝代	隋书·经籍志	旧唐书·经籍志	新唐书·艺文志	宋史·艺文志	明史·艺文志	清史稿	其他
韦保衡	唐			监修《武宗实录》三十卷	《唐武宗实录》二十卷			《旧五代史·晋书·高祖纪》：案《五代会要》：起居郎贾纬奏曰："伏以唐高祖至代宗已有纪传，德宗亦存实录，武宗至济阴废帝凡六代，唯有《武宗实录》一卷，余皆阙略"
韦绪	唐			《国相事状》七卷	《国相事状》七卷			
韦氏	唐	《四海耆旧传》一卷	《四海耆旧传》一卷	《四海耆旧传》一卷				
韦温女	唐			《续曹大家女训》十二章				
韦叔夏	唐			《五礼要记》三十卷				《旧唐书·儒学传下·韦叔夏传》
韦渠牟	唐			《贞元新集开元后礼》二十卷；《韦渠牟诗集》十卷				
韦方质	唐			《垂拱留司格》六卷				《新唐书·刑法志》武后时，内史裴居道、凤阁侍郎韦方质等又删武德以后至于垂拱诏敕为新格，藏于有司，曰《垂拱留司格》
韦安石	唐							参与删定《散颁格》七卷，《新唐书·刑法志》：神龙元年，中书令韦安石又续其后至于神龙，为《散颁格》

名讳	朝代	隋书·经籍志	旧唐书·经籍志	新唐书·艺文志	宋史·艺文志	明史·艺文志	清史稿	其他
韦贯之	唐			参与编集《元和删定制敕》三十卷；《韦贯之集》三十卷				
韦绚	唐			《韦氏诸房略》一卷				
韦宙	唐			《零陵录》一卷；《韦氏集验独行方》十二卷	《零陵录》一卷			
韦弘	唐			《阴符经正卷》一卷				
韦行规	唐			《保生月录》一卷				
韦绚	唐			★《刘公嘉话录》一卷；《戎幕闲谈》一卷	《戎幕闲谈》一卷；《佐谈》十卷			
韦皋	唐			《开复西南夷事状》十七卷				
韦无忝				《皇朝九圣土》				
韦鹖	唐			《天竺胡僧渡水放牧图》				
韦斑				《棋图》一卷	《棋图》一卷			
韦稔				《瀛类》十卷	《笔语类对》十卷			
韦武唐				《韦武集》十五卷				
韦应物	唐			《韦应物诗集》十卷				★《韦苏州集》十卷，四部丛刊本，改题《韦江州集》
韦霭				《韦霭诗》一卷				
韦会、韦彃	唐			《韦氏兄弟集》二十卷				
韦氏					《笔宝两字》五卷			
韦公肃	唐			《礼阁新仪》二十卷	《礼阁新仪》二十卷			

名讳	朝代	隋书·经籍志	旧唐书·经籍志	新唐书·艺文志	宋史·艺文志	明史·艺文志	清史稿	其他
韦齐休					《云南行记》二卷			
韦庄	唐末五代				《蜀程记》一卷；《峡程记》一卷；★《浣花集》十卷；《韦庄谏疏笺表》四卷；《采玄集》一卷；《又玄集》三卷			
韦瑾					《域中郡国山川图经》一卷			
韦楫					《昭潭志》二卷			
韦执谊	唐				《翰林院故事》一卷			
韦伟					《人元晷限经》三卷			
韦蕴	唐				《九镜射经》一卷；《射诀》一卷			
韦文化					《韶程诗》一卷			
韦骧					《韦骧集》十八卷			
韦毅					《唐名贤才调诗集》十卷			
韦调鼎						《诗经考定》二十四卷		

名讳	朝代	隋书·经籍志	旧唐书·经籍志	新唐书·艺文志	宋史·艺文志	明史·艺文志	清史稿	其他
韦璀								《周秦行记》一卷，出自《通志·艺文志》
韦氏								《韦氏月录方》一卷，出自《通志·艺文志》

本章小结

　　家学门风是中古世家大族保持政治社会地位长期不坠的精神内核，其形成需几代人的积累，历经一个漫长的过程，但同时也是最具持久力的一个因素。具体到京兆韦氏而言，其在两汉时期的家学主体是以《鲁诗经》为代表的经学。经学对于京兆韦氏而言，虽然经历了一个从自主性到功利性的转变，但无论如何，经学就像渗透入京兆韦氏家族成员骨子里的血液一样得以代代流传，始终在其家学系统中占据重要席位；汉魏两晋南朝时期，士人尚书之风盛行，书法又成为京兆韦氏家族中新的家学取向。东汉以来，班固的《汉书》以其博洽而成为士人争相讽诵的史学名著，京兆韦氏家族中的一些成员尤其是南迁京兆韦氏中的延陵韦氏和襄阳韦氏又将家学的取向转向了《汉书》。由此，经学、史学和艺术成为京兆韦氏家学中的三大因子，为隋唐京兆韦氏家学取向的多样化奠定了基础。汉末魏晋南北朝时期，由于政局动荡，官方学术缺失，世家大族的家学往往具有一定的自主性和独立性，其学术意味浓厚；然而随着隋唐统一王朝的建立和官方学术主导地位的确立，汉魏以来士族的家学逐渐为适应时局需要而失去原有的自主性和独立性，在多样化的表面背后是新的家学即文学日渐取代原有的家学主体而成为各房支的家学总趋向，新的家学主体不再是京兆韦氏独立精神的支撑力量，而主要是家族成员沦为寄生官僚的一种媒介和途径。

因此说，重视文学词华使京兆韦氏在隋唐凭借文化优势以科举制为媒介重新跻身于科举士族之列，活跃于政坛，并没有因此而沉寂衰落，但是以牺牲其家学的独立性为代价这一点是可以肯定的。

虽然京兆韦氏的家学主体在不同时期有所转变，但习儒遵礼的传统基本得以保存和发扬，故而恪守礼教是门风中相对稳定的一面，这对其社会名望的维持及其婚姻关系网络的形成具有重要的基础意义；其不稳定的一面则是受时局变动的影响在文质与武质间的转换。从文质向文武兼备的转变首先是十六国时期受胡人尚武风气的影响，其次是东汉以来自然经济的发展导致大土地所有制和地主庄园制经济的形成，京兆韦氏具备了强大的地方经济势力，在自保生存中成为掌控一方的武装力量，也是京兆韦氏兼地方豪族与国家官僚于一身，能使城乡双家互援的体现。由武质向文质的转变则是在隋唐统一王朝建立后，随着国家的统治和管理逐渐步入正轨，和平成为时代的主流，对具有治理之才和文学才华的文人需求量增加，故而本来即以文质为特征的京兆韦氏在门风上又重新回归。

这种回归在唐代重文的社会风气下进行得非常彻底，在有唐近三百年的历史上，从京兆韦氏这个宗族中走出来的文人可谓不少，但真正有武略的人却屈指可数。有的成员甚至蜕变成纯粹的害怕战事的懦弱文人，这与安史之乱后社会形势对人才的需求显然是不相适应的。安史之乱以后，随着中央与地方矛盾的加剧，像郭子仪、李光弼等这样的素有武功的人又开始成为政治舞台上的主角。而京兆韦氏的精英分子却伴随着"官僚化"、"中央化"和"城市化"而蜕变为与乡里宗族脱离、以两京为首选的封闭性城市空间为常住地、在经济上仰仗于朝廷俸禄的彻底文质化的寄生官僚。可以想象，这样的一个社会群体面对如黄巢起兵那样的由寒门庶族主导的社会暴乱时，是多么的被动与无奈，与当时的形势所需逐渐脱节决定了其政治上的衰败将成为必然。

不管京兆韦氏的家学门风如何转变，其在文化上的成就是必须要肯定的。首先是创造和传承了诸多的文化成果。尽管京兆韦氏曾经的许多文化成果随着战乱和时代的更迭淹没在了历史的长河中，不得与世人见面。但我们不能以此否认这个家族在特定历史时期内曾经有过的文化上的优势和辉煌。能够流传下来的文化成果不见得都是珍贵的，同样，被淹没在历史陈迹中的文化成果也有可能是非常有价值的；其次是通过实践传递了儒家的礼法精神；再次，促进了中古儒释道思想文化的融合。自汉末以来，中原思想文化受到外来佛教思想文化的冲击，加之中国土生土长的道教，儒释道三家思想经历了一个从冲突到融合过程，从而催生了新儒学即宋明理学的产生，而在这个过程中起到重要媒介作用的多是这些出身世家大族的士大夫们。因为他们本身即是儒学伦理的研习者和实践者，在外来佛教文化盛行的社会背景下也自然会参与到与佛教有关的活动中，在这个过程中，他们自然会对与儒家思想截然不同的佛教理论进行审视和思考，当一个人的大脑先后有两种不同的思想注入时，自然就会对他们的异同进行比较，从而使儒学思想与佛教思想通过这些世家大族成员的思考和研习在冲突中实现融合。从这个意义上讲，世家大族成员又充当了当时各种文化对话的媒介，在中古儒释道三种思想文化的整合中起到了重要作用，像京兆韦氏成员中的韦表微即是比较有代表性的一员。

第七章　京兆韦氏衰落于唐末五代的偶然与必然

起于两汉，成于魏晋，绵延于南北朝隋唐时期的中古士族于唐宋之际整体性地退出了政治社会舞台，作为其中一员的京兆韦氏最终也难逃此轨迹。对这一影响巨大的政治社会阶层的衰亡历程及其原因的探讨已有多位学者提出了不同卓见，形成了如下几种主要观点：其一，认为魏晋南北朝时期的士族之所以能在战乱中屹立不倒，主要在于能保持"城市乡村之双家形态"[①]，而隋唐社会的变迁改变了这一双家形态，使城市之家族成员失去了乡里宗族的支持而丧失东山再起的根基；与之比较相近的则是毛汉光先生在梳理统计基础上提出的隋唐士族的"中央化"和"官僚化"[②]；韩昇先生则认为，"官僚化和中央化是一回事，因为就官场而言，仕途都是以中央为指向的，官位晋升也就是向区域中心城市进而向京城的迈进，这种空间移动是以政治升迁为根据的，中央化是官僚化的结果，而不是相反。所以，所谓的中央化，骨子里就是官僚化"[③]，并在此基础上提出了对魏晋士族强盛而至唐代衰落的解释，"那就是随着国家统一的深层次发展，中央建立起文化主导权，并伴随经济发展和城市增多与繁荣，士族不由自主地从原来聚居的地方不断向城市迁徙，先是经由科举投身国家政治生活，而后更多人迁居城市，构成城市的文化阶层和生活消费群体，长年累月，与原籍地的

---

① Wolfram Eberhard, *Conquerors and Rulers-social Forces in Medieval China*, Leiden, Second Edition, 1965, pp. 44-45.

② 详见毛汉光：《从士族籍贯迁移看唐代士族之中央化》，《中国中古社会史论》，上海：上海书店出版社，2002年，第234～333页。

③ 详见韩昇：《中古社会史研究的数理统计与士族问题——评毛汉光先生〈中国中古社会史论〉》，《复旦大学学报》2003年第5期，第91～98页。

宗族渐行渐远，完全城市化了，也就再也没有能力通过城乡呼应来影响政治，从而根本瓦解了中古时代士族的政治社会根基。城市化的士族依赖国家生存，构成国家官僚队伍；乡村士族因为上层精英分子不断被吸往城市而弱化，难以左右地方政治，成为乡绅。这是一个在不知不觉中展开的渐进过程，虽然缓慢，却造成质变，构成唐宋社会变革一个重要的方面。魏晋士族因扎根于乡村而强盛，至唐代因城市化而衰落，构成一部士族政治兴衰的历史"[1]。其二，则主要肯定了科举制代替九品中正制对魏晋士族仕途垄断地位的逐步瓦解而导致其在政治上的衰落。[2] 其三，认为文化优势才是世家大族长期保持政治尤其是社会地位的根本，而唐代以来学校教育的发展和宋代以后文化的普及导致世家大族在文化礼法优势上的丧失，最终在政治社会地位上趋于衰亡。[3] 其四，认为自然经济的强化是门阀士族形成的主要社会原因，而商品经济的发展则最终导致了南北朝后期及隋唐时期士族走向衰落。[4] 其五，认为是唐末二十五年间的社会暴乱尤其是黄巢占领两京进行大规模屠杀，使"大量居住于京城的精英失去了他们的生命和财产；同时，曾经在以前的政治和社会转变中对他们的适应起到重要作用的社会网络也几乎全部瓦解"[5] 从而使首都精英最终走向覆亡。"依作者之推论，如果没有黄巢的动荡，那么中古贵族势必会继续维持下去，中古贵族的崩溃又似乎只是由于一次偶然的外部因素所导致的意外事件。作者一方面认为，不能将科举等社会制度对贵族所造成的冲击作用估计过高，另一方面又难以从制度上解释贵族消亡的必然性。"[6] 那么，中古士族整体性衰亡于唐末五代究竟是看似偶然的社会暴乱还是制度运行的必然？然中古士族的衰亡

---

[1] 韩昇：《南北朝隋唐士族向城市的迁徙与社会变迁》，《历史研究》2003年第4期，第49～67页。

[2] 唐长孺：《门阀的衰弱和科举制的兴起》，《魏晋南北朝隋唐史三论》，北京：中华书局，2011年，第370～404页。

[3] 宁志新、朱绍华：《门阀士族的衰落与衰亡原因》，《河北学刊》2002年第5期，第126～130页。

[4] 胡如雷：《门阀士族兴衰的根本原因及士族在隋唐的地位和作用》，《唐史论丛》1987年第3期，第62～108页。

[5] 详见谭凯著，胡耀飞、谢宇荣译：《中古中国门阀大族的消亡》，北京：社会科学文献出版社，2017年，第203页。

[6] 王晶：《重绘中古士族的衰亡史》，《中华文史论丛》2015年第2期，总第118期，第386页。

就如它的形成一样，皆非单一因素一蹴而就，当是诸多因素长期综合作用逐渐导致的结果。正如韩昇先生所指出的那样："从魏晋崛起的士族政治社会，到宋代以后的官僚政治社会，既是国家政治形态的转变，更是巨大的社会变迁与转型。此过程中真正具有革命性意义的变革，并不是表面上疾风暴雨式的暴力反抗运动，而是持久不断的社会发展，任何孤立的单项研究，都不足以揭示这一变化过程。"① 其实，孙国栋先生曾经在分析唐末五代门第破坏时已经考虑到了诸多因素，提到了唐末五代社会之大动乱对门第之摧残、晚唐贡举观念之转变与流外入官、唐末五代私门教育之衰落与社会教育之代兴三个大的方面。② 中古士族的衰亡是发生于唐末五代，那么，集中于唐末五代的社会变化自然会对其产生影响，然而伴随中古士族的是一个自魏晋开始的长的历史时段，其间的社会变迁和政治变动一直都在进行，因此，中古士族的整体性衰亡虽然由看似偶然的社会暴乱所致，其实也蕴含着一定的必然。

　　具体到京兆韦氏而言，两汉至魏晋是其士族地位确立和郡望形成的时期，这一政治社会地位至少需要四种因素的促成，即地缘、血缘、政治认同和文化优势。而南北朝以来至隋唐时期，政治、经济、文化逐步转型，引发社会变迁，对京兆韦氏维持其政治社会地位的以上四种因素进行了逐步瓦解，从而使魏晋以来的京兆韦氏经历了一个从名副其实的关中郡望到存于观念中的郡望再到从观念上逐步淡化的过程。

第一节　京兆韦氏地缘优势的逐步被打破

　　两汉至魏晋时期，京兆韦氏是名副其实的关中郡姓，三辅望族。这也

---

① 韩昇：《南北朝隋唐士族向城市的迁徙与社会变迁》，《历史研究》2003 年第 4 期，第 67 页。
② 孙国栋：《唐宋之际社会门第之消融》，《唐宋史论丛》，上海：上海古籍出版社，2010 年，第 271～352 页。

就意味着，当时京兆韦氏是以聚居于乡里关中之地杜陵为宗族重心的，即便是有成员因为任官于中央政权而离开乡里，如韦昭一支因不与政权统治者合作而南迁成为新的地望延陵韦氏，但京兆韦氏立足于乡里的宗族重心皆没有被动摇过，其宗族主体依旧在北方。到了南北朝时期，南北政权长时间对峙，北方后又有东西两魏的对峙，南方政权更迭频繁，京兆韦氏作为关中世家大族受到不同政权统治者的拉拢和重用，其政治社会地位凸显。期间，以关中杜陵为根基的京兆韦氏因部分成员的南迁而再次受到剥离，如前文所述韦叡一支的晚渡而成襄阳韦氏，尽管韦叡一支当时的南迁具有一定的宗族乡里基础，也因此一度成为萧梁政权的宠儿并跻身于南朝政治社会上层，但终究因成为梁政权的寄生官僚而不能长久。其后裔中的韦鼎因善相术而受到隋文帝杨坚的赏识，待隋灭陈后，被召入长安，重新回到了关中故里，但因为长年不与关中乡里联络，早已不辨昭穆，隋文帝由此才令其居于北方而受到统治者重用的同宗韦世康带他重归故里，认祖归宗，并编撰《韦氏谱》作为书面凭证，但其地缘优势已经完全丧失。因此，襄阳韦氏作为较早因南迁而失去宗族乡里根基的京兆韦氏再没有在隋唐政治舞台上活跃过。支撑隋唐京兆韦氏名望的则是有宗族乡里为根基的居北京兆韦氏和南迁北归京兆韦氏。隋唐三百多年的时间里，这两部分京兆韦氏尽管仍然以关中为主要活动范围，但本质上却因大部分精英成员的逐步城市化而与宗族乡里渐行渐远，最终城乡两隔，丧失了根基。

一、京兆韦氏向两京的迁徙

相对于魏晋南北朝而言，隋及唐前期的社会与前者还具有很大的承袭性，但在政治上却有一个明显不同的举措，那就是中央集权势力通过各种手段，逐渐改变南北朝时期由地方豪强或世家大族掌控一方的局面，加强中央对地方的主导权。[①] 其中影响比较大的制度改革就是废除了九品中正制，

---

① 韩国磐：《隋朝中央集权势力与地方世族势力的斗争》，《历史教学》1955 年第 2 期，第 20～23 页。

将选官和任官的权力通过礼部科举考试和吏部铨选全部收归中央，并通过官修谱牒逐步确立以官位品阶高低为标准的新的社会地位评价机制，从而形成政治力对社会力的主导，向官本位靠拢。到唐代前期，在政治上便形成了非常明显的内重外轻之势，人人以任京官为荣，而不愿任地方长令。为此，唐太宗时期的马周，高宗时期的赵冬曦、兵部尚书韦嗣立皆曾上疏指出此制度之弊端。[①] 而这恰恰反映了中央对地方主导地位的确立。而选官任官权的收归中央，也导致了在唐代宗时期，便出现了"里闾无豪族，井邑无衣冠，人不土著，萃处京畿"[②] 的局面。形象描述了地方世家子弟向两京迁徙的潮流。京兆韦氏作为近在都城之郊的关中郡姓，也在这种强大中央吸附力的作用下，纷纷涌向了两京，开启了其京城化的历程。

（一）居所向京城迁徙

京兆韦氏京城化最明显也是最表层的体现就是居所在京城，笔者据相关史料对京兆韦氏成员籍贯、在京居所、葬地进行了初步统计，迁居两京的京兆韦氏成员涵盖了驸马房、郿城公房、逍遥公房、郧公房、彭城公房、小逍遥公房、平齐公房、南平公房、龙门公房、阆公房十大著房。其中在长安有明确居住宅邸者 50 人，涉及 32 个坊，最为集中的是宣阳坊，曾有 6 人在此居住；其次是静恭坊、新昌坊和新仁坊各曾有 3 人居住；嘉会、长兴、通化、静安、胜业、道正、长乐坊各曾有 2 人居住，其余 21 人皆各居一处，涉及的坊有布政、延寿、延康、大安、普宁、兰陵、务本、昭国、丰邑、永崇、晋昌、安兴、怀真、翊善、康规、平康、崇义、大宁、兴化、升平、善和。在洛阳有明确居住宅第者 18 人，涉及 15 个坊，其中较为集中的是履信坊、承义坊、归德坊和温柔坊，各曾有 2 人居住；还出现了一人在同一京城有居所两处的现象，比如韦泰真在道德坊和崇政坊各有宅居 1

---

① 详见（清）董诰等：《全唐文》卷一五五《马周·请拣择县令疏》，北京：中华书局，1983 年，第 1588 页。

② （唐）杜佑：《通典》卷一七《选举五》，北京：中华书局，1982 年。

处，其余 9 人分别居于立行、嘉庆、政平、嘉善、明义、崇业、宁人、尚贤、崇让坊。

值得注意的一个现象是京兆韦氏在京城化的过程中，出现了两种双家形态，即"两京双家形态"和"城乡两家形态"。"两京双家形态"是指同一入京士族成员，在长安和洛阳都有居所，如郧公房的韦安石在洛阳明义坊和长安的晋昌坊各有宅居，小逍遥公房的韦嗣立在长安的宣阳坊、洛阳的归德坊各有宅一处；逍遥公房的韦澳在洛阳嘉庆和长安通化各有宅居。"城乡两家形态"指的是同一士族成员不仅在京城内有宅居，在城郊还有别业或园林等休闲之居。比如郧公房的韦安石不仅分别在两京各有宅第，在长安城南还有别墅一处；逍遥公房的韦澳在两京各有宅居，在樊川还有别业；小逍遥公房的韦嗣立在两京各有宅第，另与其子还有骊山山庄；逍遥公房的韦应物在长安昭国坊有宅，且还有灃上幽居。

"两京双家形态"主要是由隋唐两京制度决定的，隋朝建立后定都于长安，随着经济重心向关东的迁移，隋炀帝营建东都洛阳，洛阳成为新都。隋朝的两京制度被唐朝所延续，除了武则天主要居住在洛阳城外，其他皇帝都是交替在两京处理朝政，为了方便办公，官员通常也是在两京各设一宅居之所。这种现象是隋唐时期施行两京制下所特有的一种现象，且具有普遍性。[1]

"城乡双家形态"主要是指在京城和城郊各有居所。需要说明的是，尽管对郡望即在长安城南杜陵的京兆韦氏来说，这里的"城乡双家形态"有一点不脱离乡里的含义，但这种居住形态并不为京兆韦氏所特有。长安城南风景秀丽，在《汉书·地理志》中曾有记载：杜陵一带"有鄠、杜竹林，南山檀柘，号称陆海，为九州膏腴"。唐代长安城位于汉长安城东南，唐代长安城南成为高官士族建筑别墅园林的首选。[2] 因此，此处的"城乡双家形态"与 Eberhard 在其《征服者与统治者》书中所言"城市乡村双家形态"

① （清）徐松撰，李健超增订：《唐两京城坊考》（修订版），西安：三秦出版社，2006 年。
② 李浩：《唐代园林别墅考录》，上海：上海古籍出版社，2005 年。

并不是一回事。著作中所言"城乡双家形态"是一个家族从乡村走向城市所呈现出的一种阶段性形态，当家族中的部分成员迁居城市后，与乡村的家族成员依旧保持联系、相互照应，是先乡村后城市。双家的主人不是同一个人，只是属于同一个家庭或家族。但此处的"城乡双家形态"是以士族成员生活重心从乡村转向京城为背景的，双家的主人是同一个人，是先城市后乡村。两个家对主人来讲功能不一样，城市的家是常居之所，乡村的家主要是主人在仕途失意后的退避之地或者一个释放自我、满足精神需求的空间。比如韦澳"以秘书监分司东都。尝戏吟云：'莫将韦鉴同殷鉴，错认容身作保身。'此句闻于京师，权幸尤怒之。上表求致仕，宰相疑其怨望，拜河南尹。制出，累上章辞之，以松檟在秦川，求归樊川别业，许之"[①]。韦应物大历十四年（779），称病辞官，寓居在鄠县沣上的善福精舍。王维有文《暮春太师左右丞相诸公于韦氏逍遥谷燕集序》[②]此处的韦氏逍遥谷即韦嗣立的骊山别业，韦嗣立在骊山构营别业，中宗亲往幸焉，封嗣立为逍遥公。[③]逍遥谷即因此得名。从文章的题目可以发现一点，此处别业是韦嗣立与同僚们宴会之地。另外，一般乡村之家的规模与建构，远远不能与官员的园林别墅相媲美，从王维此文中描述山庄景色之美中可见一斑。在此强调两处"城乡双家形态"的不同主要是为了说明此处的"双家形态"是以家的主人生活重心已经转移至京城为前提的。

（二）社会关系向京城转移

隋唐以前，士族在乡里地方之所以能有非常大的影响力，主要是因为其长居乡里形成了盘根错节的社会关系，正是这些社会关系的存在，使士族总能左右逢源，不容易被彻底击倒。当士族从乡里迁徙至京城后，随着生活空间的变化，社会关系也会逐渐发生转移，对一个士族来讲，最重要

---

① 《旧唐书》卷一五八《韦贯之传附子澳传》，北京：中华书局，1975 年，第 4178 页。

② （清）董诰等：《全唐文》卷三二五，北京：中华书局，1983 年，第 3294 页。

③ 《旧唐书》卷八八《韦思谦传附韦嗣立传》，北京：中华书局，1975 年，第 2868 页。

的社会关系莫过于婚姻，在京兆韦氏向两京迁徙的过程中，婚姻关系也明显地带有京城化的特点，如下表所示：

附表7-1：京兆韦氏部分婚姻对象所居京城坊里统计表

序号	韦氏女	所属房支	所嫁对象	对象居所	史料依据
1	韦懿仁	郧公房	于申	长安宣平坊	全唐文补遗（七），第 78 页
2	韦檀特	郧公房	杨政本	长安永宁坊	《八琼室金石补正·范阳令杨政本妻韦氏墓志》卷三〇九
3	韦媛	郧公房	杨汉公	长安静恭坊	全唐文补遗（六），第 199 页
4	净光严	小逍遥公房	杨氏	长安静安坊	全唐文补遗（二），第 15～16 页
5	韦爱道	阆公房	弘农杨氏	洛阳毓德坊	全唐文补遗（八），第 15 页
6	韦宪英	逍遥公房	陇西辛氏	长安兰陵坊	全唐文补遗（八），第 350 页
7	韦顺仪	驸马房	苏咸	洛阳通远坊	全唐文补遗（二），第 221 页
8	京兆韦氏		濮阳杜氏	长安延福坊	全唐文补遗（三），第 121～122 页
9	京兆韦氏		李氏	长安亲仁坊	全唐文补遗（八），第 115 页
10	京兆韦氏		张汶	洛阳温柔坊	全唐文补遗（八），第 125 页
11	京兆韦氏		魏公	长安修德坊	全唐文补遗（三），第 262～263 页
12	京兆韦氏		孙令名	洛阳	全唐文补遗（二），第 584～585 页

（三）观念上对京城的认同

观念上对京城这一生活空间的认同是京兆韦氏京城化完成的最重要的方面，然而这一层面的京城化却是要经历相对长的时间才能实现。对京城生活空间从观念上表示认同主要体现在以下几个方面。

首先，坊望在中唐以后成为城市社会中士人家世、出身的标志性称呼。[1]士族的兴衰过程中，郡望的形成标志着士族在一方的地位及影响力，这种影响力尽管一直持续到唐末五代，但随着士族城市化程度的加深，坊望在中唐以后开始成为一种新的标志城市中士人家世、身份的称呼，如驿

---

[1] 宁欣：《从士人社会到市民社会——以都城社会的考察为中心》，《文史哲》2009 年第 6 期，第 106 页。

坊韦澳，善和韦中令。①驿坊即通化坊②，在唐长安城。韦澳，宣宗朝官至京兆尹；善和为长安城坊名，韦中令即韦昭度，唐僖宗朝宰相，京兆韦氏房。据史料记载，这种以坊望相称比较突出的还有靖恭杨家。据《杨虞卿传》记载，"虞卿从兄汝士，初汝士中第，有时名，遂历清贯。其后诸子皆至正卿，鬱为昌族。所居靖恭里，知温兄弟，并列门戟。咸通中，昆仲子孙，在朝行方镇者十余人"③。乐和李景让④。及靖安李宗闵⑤等。靖恭诸杨，是指杨汝士、杨虞卿等"两世公卿"；李景让，宣宗朝官至吏部尚书、御史大夫；李宗闵，宪宗元和时入仕，文宗朝宰相。以坊名来称谓某个士族或其中的某个成员，反映的是当时人对其所居空间的认同。

其次，家庙移入京城内。家庙即家族庙堂，是家族举行祭祀祖先活动的场所。随着士族成员的入仕和京城化，唐代百官家庙也随之移立于京城坊内或近城郊区，反映了入京士族在观念上以京城为家族重心所在。据有的学者研究，唐代百官家庙的地理分布在唐前期和唐后期有一定的不同。唐前期多分布在近城里坊，唐后期则多分布于长安城朱雀大街以西及城南四坊较偏僻之地，随着长安人口的膨胀，唐代官员多于城北近城地段营建宅第，在长安城南偏僻之地立家庙，造成斋居与家庙分离⑥，导致这种分离的原因也能从一定程度上反映唐代士族京城化的持续性。具体到京兆韦氏而言，韦凑在长安立政坊立有家庙⑦，韦皋在长安大兴坊内立有家庙⑧，与长安城南韦氏并称的杜氏家族也有将家庙移入城内的现象⑨。

---

① （五代）王定保：《唐摭言》卷十，上海：上海古籍出版社，1978年。
② 杨鸿年：《隋唐两京城坊里谱》，上海：上海古籍出版社，1999年，第464页。
③ 《旧唐书》卷一七六《杨虞卿传》，北京：中华书局，1975年，第4564～4567页。
④ 《新唐书》卷一七七《李景让传》，北京：中华书局，1975年，第5287页。
⑤ （宋）钱易：《南部新书》，北京：中华书局，1958年，第67页。
⑥ 张萍：《唐长安官、私庙制及庙堂的地理分布》，《中国历史地理论丛》2001年第12期，第28～57页。
⑦ （清）徐松撰，李健超增订：《增订唐两京城坊考（修订版）》卷三，西安：三秦出版社，2006年，第163页。
⑧ （清）徐松撰，李健超增订：《增订唐两京城坊考（修订版）》卷四，西安：三秦出版社，2006年，第218页。
⑨ 李浩：《唐代杜氏在长安的居所》，《中华文史论丛》2006年第9期。

最后，归葬地迁移至所居京城附近。归葬地为祖坟所在，是家族重心所在的标志，归葬地从乡村向所居京城附近的转移，表明在观念上与乡里旧籍彻底脱离关系，是士族京城化过程中比较有标志性的变迁。具体到京兆韦氏而言，阆公房是留居北方京兆韦氏的一个有代表性的房支，房下的韦昶一支基本迁居洛阳城中，归葬地也从旧茔迁居洛阳城附近，彻底京城化了。[①]

附表7-2：唐代京兆韦氏各房支籍贯、居所、归葬地统计表

名讳	籍贯	居所	归葬地	房支	材料出处
韦埙	京兆杜陵	洛阳立行坊		逍遥公房	《增订唐两京城坊考》（修订版）卷五，第 422 页
韦澳	京兆杜陵	洛阳嘉庆坊			《增订唐两京城坊考》（修订版）卷五，第 347 页
韦衡	京兆杜陵	洛阳政平坊	改葬于洛北之邙山		《全唐文补遗》（八），第 40～42 页
韦庄	京兆杜陵	长安嘉会坊			《增订唐两京城坊考》（修订版）卷四，第 238 页
韦待价	京兆杜陵	长安兰陵坊			《增订唐两京城坊考》（修订版）卷二，第 53 页
韦澳	京兆杜陵	长安通化坊			《隋唐两京坊里谱》，第 464 页
韦鼎	京兆杜陵	长安务本坊			《增订唐两京城坊考》（修订版）卷三，第 56 页
韦元整	京兆杜陵	长安静安坊			《增订唐两京城坊考》（修订版），卷二，第 67 页
韦德载	京兆杜陵	长安胜业坊			《增订唐两京城坊考》（修订版），卷三，第 126 页
韦韫	京兆杜陵	长安新昌坊			《增订唐两京城坊考》（修订版），卷三，第 161 页
韦武	京兆杜陵	长安通化坊	葬于京兆府某县之某原	逍遥公房	《唐文拾遗》卷二七，第 10671 页
韦晃	京兆杜陵	长安静安坊	开元十年权窆于京兆毕原		《全唐文补遗》（五），第 334 页
韦应物	京兆杜陵	长安昭国坊			《增订唐两京城坊考》（修订版）卷三，第 107 页
韦琪	京兆杜陵	长安宣阳坊	垂拱四年迁葬于雍州南毕原之旧茔		《全唐文补遗》（七），第 312 页

[①] 详见前文第五章第一节。

续表

名讳	籍贯	居所	归葬地	房支	材料出处
韦津	京兆杜陵	洛阳嘉善坊		郧公房	《增订唐两京城坊考》（修订版），卷五，第338页
韦安石	京兆杜陵	洛阳明义坊			《增订唐两京城坊考》（修订版），卷五，第386页
韦陟	京兆杜陵	洛阳履信坊			《增订唐两京城坊考》（修订版），卷五，第364页
韦愔	京兆杜陵	洛阳崇业坊			《全唐文补遗》（三），第29页
韦讽	京兆杜陵	长安嘉会坊	葬于长安城南洪固乡毕原		《全唐文补遗》（七），第12页
韦昊	京兆杜陵	长安丰邑坊			《增订唐两京城坊考》（修订版），卷四，第255页
韦端	京兆杜陵	长安亲仁坊	夫人返葬洪固乡之旧疆		《增订唐两京城坊考》（修订版），卷四，第97页
		长安新昌坊	迁灵座祔于万年县洪固乡毕原		《增订唐两京城坊考》（修订版），卷四，第160页
韦琨	京兆杜陵	长安亲仁坊			《增订唐两京城坊考》（修订版），卷四，第97页
韦抗	京兆杜陵	长安永崇坊			《增订唐两京城坊考》（修订版），卷四，第104页
		洛阳承义坊	卜葬于京城东南少陵原		《全唐文》卷二五八，第2616页
韦安石	京兆万年	长安晋昌坊			《增订唐两京城坊考》（修订版），卷三，第109页
		长安安兴坊			《增订唐两京城坊考》（修订版），卷三，第119页
韦最	京兆杜陵	长安道政坊	葬于毕原大茔之东南		《全唐文补遗》（三），第64～65页
韦恂如	京兆杜陵	长安长乐坊			《全唐文补遗》（五），第359页
韦玠	京兆杜陵	长安静恭坊		同上	《增订唐两京城坊考》（修订版），卷三，第154页
韦慎名	京兆杜陵	长安怀真坊	卜宅于高阳原		《增订唐两京城坊考》（修订版），卷三，第183页
韦正己	京兆杜陵	长安道政坊	祔葬于城南先茔		《碑林集刊》（十一），第120页
韦英	京兆杜陵	长安长乐坊	安厝于京城东白鹿原平公旧兆之西北		《碑林集刊》（十一），第129页
韦巨源	京兆杜陵	长安宣阳坊		同上	《增订唐两京城坊考》（修订版），卷三，第92页
韦叔夏	京兆杜陵	长安宣阳坊			《增订唐两京城坊考》（修订版），卷三，第92页
韦蒙	京兆杜陵	长安翊善坊			《增订唐两京城坊考》（修订版），卷三，第71页

名讳	籍贯	居所	归葬地	房支	材料出处
韦虚心	京兆杜陵	洛阳宁人坊	京兆之高原归先茔也	南皮公房	《全唐文》卷三一三，第 3178 页
韦凑	京兆杜陵	洛阳尚宁坊			《增订唐两京城坊考》（修订版），卷五，第 299 页
韦瓘	京兆杜陵	洛阳崇让坊		龙公房龙门	《增订唐两京城坊考》（修订版），卷三，第 97 页
韦夏卿	京兆万年	洛阳履信坊	万年县高平乡少陵原		《全唐文》卷六三〇，第 6356 页
韦夏卿妻段氏	京兆万年	洛阳履信坊			《新出唐墓志百种》，第 264 页，《韦夏卿妻段夫人墓志》
韦仁约	京兆杜陵	洛阳承义坊	迁葬于雍州万年县铜人原旧茔之后	小逍遥公房	《全唐文补遗》（二），第 6～7 页
		洛阳崇政坊	夫人合葬于雍州万年县铜人原之旧茔		《全唐文补遗》（二），第 8～10 页
韦承庆	京兆杜陵	洛阳归德坊			《增订唐两京城坊考》（修订版），卷三，第 115 页
		洛阳大宁坊	迁葬于雍州万年县义丰乡铜人原		《全唐文补遗》（三），第 37～39 页
韦嗣立	京兆杜陵	洛阳归德坊			《增订唐两京城坊考》（修订版），卷三，第 91 页
		长安宣阳坊			《增订唐两京城坊考》（修订版），卷三，第 92 页
韦希损	京兆杜陵	长安新昌坊			《增订唐两京城坊考》（修订版），卷三，第 161 页
韦济	京兆杜陵	长安兴化坊	安葬于铜人原		《全唐文补遗》（二），第 25～26 页
韦泰真	京兆杜陵	洛阳道德坊		阆公房	《增订唐两京城坊考》（修订版），卷五，第 317 页
		洛阳崇政坊	葬于洛州河南县平乐乡安善里		《全唐文补遗》（五），第 198 页
韦崇礼	京兆杜陵	洛阳温柔坊	其月窆于伊水乡		《全唐文补遗》（七），第 278 页
韦师	京兆杜陵	洛阳温柔坊	夫人蒋氏合葬于河南县崇邙之山	阆公房	《河洛墓刻拾零》（上），第 126 页
韦元曾	京兆杜陵	长安静恭坊	卜葬于旧茔		《全唐文》卷三九二，第 4984 页
韦处义	京兆杜陵	洛阳毓德坊			《全唐文补遗》（八），第 13 页

名讳	籍贯	居所	归葬地	房支	材料出处
韦璀	京兆咸宁	长安布政坊	河南府洛阳县平阴乡吕村之原	驸马房	《全唐文补遗》（六），第5页
韦捷	京兆万年	长安延寿坊			《增订唐两京城坊考》（修订版），卷四，第199页
韦温	京兆万年	长安宣阳坊			《增订唐两京城坊考》（修订版），卷三，第91页
韦豫	京兆咸宁	长安延康坊		郇城公房	《增订唐两京城坊考》（修订版），卷四，第212页
韦皋	京兆万年	长安大安坊			《增订唐两京城坊考》（修订版），卷四，第218页
韦机	京兆万年	长安普宁坊			《增订唐两京城坊考》（修订版），卷四，第244页
韦聿	京兆杜陵	长安长兴坊	夫人窆于万年县洪固乡胄贵里北韦□毕原		《全唐文补遗》（七），第79页
韦行全	京兆万年	长安长兴坊	窆于万年县洪固乡毕原		《考古与文物》2005年第3期，第88页
韦渠牟	京兆万年，京兆杜陵	长安静恭坊	窆于某原		《增订唐两京城坊考》（修订版），卷三，第154页
韦正矩	京兆万年	长安通轨坊		彭城公房	《增订唐两京城坊考》（修订版），卷四，第243页
韦行诠	京兆杜陵	长安胜业坊			《增订唐两京城坊考》（修订版），卷二，第61页
韦澄	京兆杜陵	长安平康坊			《增订唐两京城坊考》（修订版），卷三，第87页
韦坚	京兆万年	长安崇义坊			《增订唐两京城坊考》（修订版），卷二，第57页
韦洙	京兆杜陵	长安亲仁坊			《增订唐两京城坊考》（修订版），卷三，第99页
韦文恪	京兆杜陵	长安宣阳坊		平齐公房	《增订唐两京城坊考》（修订版），卷三，第92页
韦琪	京兆杜陵	长安宣阳坊			《增订唐两京城坊考》（修订版），卷三，第94页
韦本立	京兆万年	长安升平坊	归葬于万年洪固乡之毕原		《全唐文补遗》（七），第76页
韦知艺	京兆杜陵	洛阳道德坊	迁葬于雍州长安县高阳原		王双怀、王昊斐：《唐韦知艺墓志考释》，《兰州大学学报（社会科学版）》2014年第6期，第24～18页
韦昭度	京兆	长安善和坊		京兆房	《唐摭言》卷八，第108页

二、京兆韦氏向其他城市的迁徙

向两京的迁徙属于政治性移民，这在安史之乱之前尤为明显。安史之乱期间，在经过一个短暂的从中心城市向偏远乡村的逆流之后，世家子弟向两京的集中继续存在。但除此之外，"随着文化因素比重增高和社会进一步繁荣，发展与生活条件良好的城市越来越多，士族迁徙的目的地就不像政治性移民那样高度集中于两京，而具有更加广阔的空间。各个家族根据自身的实力与条件，也向两京以外的区域中心城市迁徙，且在不断增多。唐朝中叶以降，北方士族自愿南迁的情况已经屡见不鲜"[1]。因居官、经济或生活而迁徙并定居于江南成为世家子弟新的选择。具体到京兆韦氏而言，也曾出现一些房支于安史之乱后连续几代任官于南方的情况，比如，阆公房的韦元甫经历安史之乱后，于永泰年间累迁苏州刺史、浙江西道都团练观察等使，后被举荐遂授扬州长史、兼御史大夫、淮南节度观察等使。在扬州三年于大历六年（771）八月，以疾卒于位。与之同辈的从兄弟韦延安，于代宗广德年间任鄂州刺史、寿州刺史；韦之晋，于肃宗上元二年（761）也曾任苏州刺史、衡州刺史和潭州刺史。他们各自的后代还有继续任职于扬州等地者，但据目前所掌握的史料，还不能确证他们即在江南世代居住下去。唐代末期的韦庄，因避乱而到达江南，依镇海节度使周宝，于唐昭宗乾宁元年（894）进士及第后的乾宁四年（897），随谏议大夫李绚入川宣谕，仕蜀王建为掌书记，从此留在了蜀地。[2] 我们还可从其他一些京兆韦氏成员的私第所在进行大致地推断，示表如下：

---

[1] 韩昇：《南北朝隋唐士族向城市的迁徙与社会变迁》，《历史研究》2003 年第 4 期，第 66 页。

[2] 京兆韦氏的播迁自汉末起一直没有间断过，或因动乱或因任官，不断有京兆韦氏成员从家族的根基即杜陵乡里分离出去，像种子一样散播到四方各地，详见杨东晨、杨建国的《论韦姓宗族的形成和迁布》一文的论述，只是有的内容因没有标明出处而无法考证其史源，《固原师专学报》2002 年第 4 期，第 29 ～ 33 转 56 页。

附表7-3：京兆韦氏其他城居表

序号	姓名	居所	史料出处
1	韦宙	江陵府东别业	《唐代园林别业考录》，第 163 页
2	韦澳	邓州南阳别业	《唐代园林别业考录》，第 171 页
3	韦承总	苏州幽居	《唐代园林别业考录》，第 217 页
4	韦长史	湖州山居	《唐代园林别业考录》，第 230 页
5	韦七	洞庭别业	《唐代园林别业考录》，第 253 页
6	韦氏	江州韦家泉池塘	《唐代园林别业考录》，第 262 页
7	韦楷	宿州苻离县私第	《邙洛碑志三百种》，第 308 页
8	韦广	北海郡私第	《全唐文补遗》（九），第 404 页
9	韦琼	濮阳郡九陇县私第	《唐代墓志汇编》，天宝二六八
10	韦氏	扬州江都来凤里私第	《全唐文补遗》（四），第 100 页
11	韦絿	成都公馆	《唐代墓志汇编续集》，永昌〇〇三
12	韦津	成都府华阳县私第	《全唐文补编》，第 1882 页

　　通过这个表格可大致窥见，京兆韦氏中的部分成员不但因官迁徙至南方，且在南方苏湖一代和西南蜀地建立了私第，作为常居之所。那么，他们的后裔极有可能便再没有回到关中故里，彻底与乡里失去了地缘。但如果依据现存的韦氏宗谱来推断，京兆韦氏在唐末五代以后主要南迁于浙江东阳，而成为新的东南地望。现依据《中国家谱综合目录》整理韦氏家谱如下：

附表7-4：京兆韦氏后裔家谱统计表

所在地	家谱名称	始祖或始迁祖	馆藏地
江苏丹阳	纂修延陵韦氏族谱八卷	始祖韦著，始迁祖韦陡	上海图书馆
江苏丹阳	先贤韦氏族谱三十四卷	先祖韦著	上海图书馆
江苏丹阳	云阳延陵韦氏族谱十二卷	先祖韦著	上海图书馆
江苏武进	延陵韦氏家乘二十卷	始祖韦昭，始迁祖韦志明	上海图书馆
浙江东阳	吴宁韦氏东眷宗谱六卷	始祖韦贤，始迁祖韦履淳	上海图书馆
浙江东阳	吴宁东眷韦氏宗谱八卷	同上	上海图书馆
浙江东阳	东眷韦氏家乘	同上	上海图书馆

续表

所在地	家谱名称	始祖或始迁祖	馆藏地
浙江东阳	东眷韦氏家乘	同上	上海图书馆
浙江东阳	东眷韦氏家乘	同上	上海图书馆
浙江东阳	东眷韦氏家乘三十二卷首一卷	同上	上海图书馆
浙江东阳	东眷韦氏家乘	同上	上海图书馆
浙江东阳	东眷韦氏家乘三十二卷	同上	上海图书馆
海南	韦氏族谱	始迁祖韦执谊	海南师范学院
海南琼海	乐会韦氏族谱四卷	始祖韦执谊，始迁祖韦昆、韦仑	海南大学中山图书馆
海南琼山	韦氏族谱不分卷	始祖韦执谊	中山图书馆
台湾	韦氏宗谱初稿	始祖韦洪寿，清浙江东阳人	美国哈佛大学
台湾南投	浙江东阳迁台韦氏家谱	始祖韦履淳	美国犹他

表中所示韦氏主要集中江苏丹阳和浙江东阳，其中江苏丹阳为东汉末年始迁于此的延陵韦氏的世居之地，而浙江东阳韦氏则是京兆韦氏东眷韦穆的后裔，他们的始迁祖据谱中所记为唐代开元年间的进士韦履淳，以直言忤当事，量移东阳法曹参军，与之友谊颇深的李白还为此作《见京兆韦参军量移东阳》诗两首：

潮水还归海，流人却到吴，相逢问愁苦，泪尽日南珠。
闻说金华渡，东连五百滩，全胜若耶好，莫道此行难。
猿啸千溪合，松风五月寒，他年一携手，摇艇入新安。

从刘禹锡的另一首与东阳有关的诗句中，可推知东阳之地确为山水佳地，韦履淳估计也因此定居于此。此诗即《答东阳于令题寒碧图》：东阳本是佳山水，何况曾经沈隐侯，化得邦人解吟咏，如今县令亦风流。新开潭洞疑仙境，远写丹青到雍州，落在寻常画师手，犹能三伏凛生秋。

综上所述，京兆韦氏在隋唐之前，虽然也经历过播迁，但皆没有动摇其宗族乡里之根基，而真正改变其宗族状态的则是在隋唐时期所经历的城市化的变迁。其城市化的方向先后从两京转向了江南。在向两京迁徙的过程中，分为三种情形，其一是归葬于关中乡里，生活于京城长安；其二是归葬于关中乡里，生活于京城洛阳；其三是归葬于洛阳周边，生活于京城洛阳。其中第三种情形已经彻底脱离了乡里，失掉了宗族根基和地缘。前两种情形虽然只是在一定程度上实现了城市化，但无疑已经开启了京兆韦氏城乡两隔的进程，两种生活方式的不同将比仅仅是空间之隔更能拉远分居城乡同宗成员的距离。天宝初年因政治婚姻得势的韦坚官居刑部尚书，但孙逖在《和韦兄春日南亭宴兄弟》一诗中却有言："台格升高位，园林隔旧乡。"① 说的就是韦坚因居高官迁居京城虽然与杜陵乡里空间距离不远，但却已经是城乡两界。且居城京兆韦氏多以散居为主，也在一定程度上瓦解着其原有的宗族乡里之缘。陈其南曾有言："宗族团体从事活动的前提是聚居。"② 京兆韦氏向城市的迁徙从根本上改变了其原有的聚居状态，也就使得宗族从事团体活动失去了可能。然而他们最终失去宗族乡里根基是在唐代中叶以后，伴随着经济文化重心南移而居官或定居于南方，真正脱离了籍贯，蜕变为江南新望，而居于乡里的京兆韦氏则因战乱的离丧和精英分子的脱离而名望渐失，沦为普通乡绅，走向了衰落。③

第二节　谱牒与京兆韦氏宗族血缘的认同

中古士族的政治社会影响力是以宗族为基础的，而宗族则是以血缘为基本纽带的，对于血缘的认同，在宗族聚居的魏晋南北朝时期，主要凭借地缘。但随着隋唐以来世家子弟逐渐脱离乡里，同宗成员的地缘逐渐被打破，血缘认同也将主要依赖于谱牒。因此，谱牒在相当长的时间之内在维持魏晋

① （清）彭定求等：《全唐诗》卷一一八《孙逖·和韦兄春日南亭宴兄弟》，北京：中华书局，1960 年，第 1189 页。
② 见陈其南：《家族与社会》，台北：联经出版事业公司，1990 年，第 251 页。
③ 参见本章第五节。

以来世家大族的政治社会地位上则起到了至关重要的作用。正如有的学者所指出的，在"魏晋南北朝时代，谱牒被视为士族门阀制度的基石和保障"，并"成为具有法律效力的官方档案"①。因此，便有学者从谱牒学的角度对门阀士族的兴衰进行了分析。②那么，谱牒与中古士族兴衰的关系究竟如何呢？

谱牒是所有家族世系记载的资料总称，包括家谱、族谱等。家谱以记载家族血缘关系为核心内容，以维系家族世次顺序为宗旨，产生于宗法制度确立的西周时期，发展于秦汉，到魏晋六朝时期，随着士族门阀社会的形成，家谱具有了选举、婚姻、区别士庶等功能，数量大增，谱学大兴。同时家谱对于维系士族血统的纯洁与高贵起到了很重要的作用，也进一步巩固了士族门阀社会。进入隋唐后，士族门阀制度被逐渐废除，但社会上的门第观念依旧强烈，魏晋南北朝以来的门阀大族依旧在当时的政治社会领域占据主导，成为一个继续享有各种特权的阶层，这从进入唐朝以后官方和私家依旧在撰写姓氏书可见一斑。

唐代贞观年间撰修《氏族志》，很多学者认为这是唐代士庶合流在谱牒上的体现，但实际上，从统治者的角度考虑主要是通过修《氏族志》抬高本家族的名望，以跻身于士族行列。这一方面反映出当时唐代统治者的非士族身份，另一方面恰恰反映了魏晋南北朝以来的士族在隋唐社会领域仍旧具有强大的影响力。故而撰修《氏族志》的一个基本原则就是承认魏晋以来士族门阀的地位，即"退新门、进旧望、右膏粱、左寒酸"，寒庶新贵依旧被排斥在士族行列之外。武则天主持修订的《姓氏录》因为依据"皇朝得五品官者皆升士流"的基本原则使大量庶族新门列入士族行列，被士大夫耻为勋格。清代大学者赵翼认为，此《姓氏录》遭到士族的反对，恰恰反映了当时

---

① 陈爽：《出土墓志所见中古谱牒研究》，上海：学林出版社，2015年，第53页。
② 瞿林东：《唐代谱学简论》，《中国史研究》1981年第1期；林立平：《唐代士族地主的衰亡过程——几件敦煌谱书的启示》，《北京师范大学学报》1987年第1期；张泽咸：《谱牒与门阀士族》，南开大学历史系编《中国史论集》，天津：天津古籍出版社，1994年；仇鹿鸣：《"攀附先世"与"伪冒士籍"——以渤海高氏为中心的研究》，《历史研究》2008年第2期，第60～74页；陈洪诚：《从中古社会士族宗族演变看谱牒档案的发展》，《兰台世界》2015年第24期。

"谱学之严，虽有当朝势力，不得遽为升降也"①。所以此后不久的唐中宗时期，柳冲于神龙三年（707）上表，请求重叙大唐之隆，改修士族之谱，得到唐中宗的支持，遂命魏元忠、张锡、萧至忠、岑羲等与柳冲依据《氏族志》，重加修撰，仍令取其高名盛德，素业门风，国籍相传，士林标准……目为《唐姓族系录》二百卷。由此可见，唐中宗年间修撰谱牒的原则是对撰修《氏族志》原则的继承，这种修撰谱牒的严谨学风直到开元天宝之际都没有得到改变。据《新唐书》卷一七七《儒学传中·孔若思传附至传》记载：

> 孔至，历著作郎，明氏族学，与韦述、萧颖士、柳冲齐名。撰《百家类例》，以张说等为近世新族，剟去之。说子垍方有宠，怒曰："天下族姓，何豫若事，而妄纷纷邪？"垍弟素善至，以实告。初，书成，示韦述，述谓可传。及闻垍语，惧，欲更增损，述曰："止。丈夫奋笔成一家书，奈何因人动摇？有死不可改。"遂罢。时述及颖士、冲皆撰《类例》，而至书称工。②

韦述是京兆韦氏家族中有名于开元天宝时期的谱学家，他对不将张说这样的新贵加入士族行列的坚持反映了他严格区分士庶、维护士族门阀的立场。唐初直到唐玄宗天宝之际这种严谨修撰谱学的学风反映了当时社会士庶界限之严格，门第观念之强烈。同时，像这样严格区分士庶的谱牒的形成无疑对维护士族门阀起到了巩固作用。

除了官修谱牒起到了维护士族门阀的作用外，士族之家也通过私修谱牒以明昭穆世次，区别于一般庶族。具体到京兆韦氏而言，在《隋书·经籍志》中记载有《韦氏家传》一卷，《京兆韦氏谱》二卷；在《新唐书·艺文志》中记载有《韦氏家传》三卷；隋朝韦鼎撰修的《韦氏谱》十卷和韦绚撰修的《韦氏诸房略》一卷。③

---

① （清）赵翼：《陔余丛考》卷十七《谱学》，学术笔记丛刊，北京：中华书局，1963 年，第 321 页。
② 《新唐书》卷一九九《儒学传中·孔若思传附至传》，北京：中华书局，1975 年，第 5685 页。
③ 详见第六章第三节《京兆韦氏的文化成就》。

《韦氏家传》在《隋书·经籍志》中所记卷数与在《新唐书·艺文志》
中所记有异；韦鼎所撰《韦氏谱》在《隋书》卷七八《艺术传·韦鼎传》
中记载为七卷，当时之所以要撰写这部韦氏家谱，主要是因为韦鼎是曾经
南迁襄阳韦氏的后裔，到隋朝统一全国后，北归至长安，当隋文帝问起他
与担任吏部尚书的韦世康的血缘关系时，韦鼎说因为南迁，已经不辨昭穆。
这样为了使韦鼎重新融入北方京兆韦氏宗族，隋文帝让韦世康陪伴韦鼎回
到宗族根基地杜陵，在此饮乐。韦鼎考订昭穆，遂成《韦氏谱》七卷，由
此可以看出谱牒在宗族地缘关系不存的情况下对维系宗族所具有的重要作
用。京兆韦氏进入隋唐后发展壮大，有九大著房，这九大著房共同成就了
京兆韦氏在唐代的名望，但实际上各房之间的关系并不亲密，还得需要家
谱的维系。京兆韦氏从整体上兴盛于唐代前期，以驸马房韦玄贞的女儿成
为唐中宗的皇后为顶峰，当时京兆韦氏其他诸房为了表示与驸马房血缘关
系的亲近，也通过编入属籍这种方式，从而巩固了诸房之间的宗族关系。
如小逍遥公房的韦嗣立和郧公房的韦巨源都与韦后之房合谱，这同样反映
了家谱在维系宗族关系中所担当的非同一般的角色。

　　安史之乱以后，大量士族为生存迁徙各地，以南方为主，因此韩愈说
"中国新去乱，士多避处江淮间"[1]。权德舆也说，"两京蹂于两胡，士君子多
以家避江东"[2]。官私谱牒也在这种背景下大量散失，遭到一定的毁坏。京兆
韦氏家族中的韦述是开元天宝时的大谱学家，在柳冲所撰《姓族系目》的
基础上另撰修了《开天谱》二十卷，该书比柳冲的《族姓系录》内容更为
翔实，使得当时社会上的姓氏源流析分得更加详细；另外，韦述还创定体
例，并拾遗补阙，检校史实，编成《国史》一百三十卷、《史例》一卷。韦
述还因藏书众多成为唐代一大藏书家，但这些除了《国史》被韦述藏到南
山保存下来外，其余皆在安史之乱中遭到毁灭。有关韦氏的上述家谱在五

---

① （唐）韩愈：《韩昌黎集》卷二四《考功员外卢君墓志铭》，国学基本丛书，北京：商务印书馆，
　　1958 年，第 73 页。
② 《旧唐书》卷一四八《权德舆传》，北京：中华书局，1975 年，第 4004 页。

代以后的正史中已经不见于记载，表明也已经毁之殆尽。于志宁的后裔于邵在德宗贞元八年作《河南于氏家谱后序》①记载了家谱的散落情况，也基本反映了是当时诸多士族家谱散落的普遍情况：

> 又述作之外，修集家谱，其受姓封邑，衣冠婚嫁，著之谱序，亦既备矣。历一百七十余年，家藏一本，人人遵守，未尝失坠。洎天宝末，幽寇叛乱，今三十年。顷属中原失守，族类逃难，不南驰吴越，则北走沙朔，或转死沟壑，其谁与知？或因兵祸纵横，吊魂无所；或道路阻塞，不由我归；或田园淹没，无可迴顾，所以旧谱散落无疑。

作为谱牒重要组成部分的家谱是维系家族血缘关系和世次顺序的最重要的凭证。对于士族来讲，它的功能一是区别士庶，保证婚姻不失类和血统的纯洁；二是为了维系本宗族的团结，加强宗族的凝聚力。谱牒的散失使士庶之别和宗族的认同失去了最有力的书面凭证和依据，故而在一定程度上瓦解了宗族的凝聚力，淡化了士庶的严格区别，对士族的衰落起到了促进作用。京兆韦氏在隋唐城市化的大潮中逐渐失去了宗族得以凝聚的地缘基础，又在唐中后期以来的逐次战乱中散失了宗族得以凝聚的血缘凭据，京兆韦氏自我认同的观念也会逐渐淡化。伴随着宗族基础的丧失，京兆韦氏的名望也将只能靠政治和文化的优势加以支撑。

第三节 科举制与京兆韦氏政治优势的得失

魏晋南北朝时期的世家大族在政治上的优势主要凭借九品中正制，这种旨在为加强中央选官权力的制度最后却在具体的实施过程中成为世家大

---

① （清）董浩等：《全唐文》卷四二八《于邵·河南于氏家谱后序》，北京：中华书局，1975年，第4366页。

族垄断仕途的工具，起到了与制度设立者主观目的相违背的客观效果。当时的一些世家大族多有担任中正官者，京兆韦氏作为关中望族自然也不例外。据初步统计，京兆韦氏家族中在北朝担任中正官者至少有四人，即北魏名臣韦阆的孙子韦儁，于北魏孝文帝太和年间担任雍州中正，韦阆的堂侄韦崇和韦崇子韦休之先后在北魏孝文帝时期担任过司州中正和河南邑中正，韦孝宽的父亲韦旭在北魏时期曾担任过雍州大中正。正是有这样的制度作为保证，故而京兆韦氏的政治优势也就自不待言。然而，这种局面随着隋唐统一王朝科举制的实施而逐渐发生了变化，像京兆韦氏这样的地方大姓尽管凭借文化优势适应了科举制，在表面上维持了一定的政治优势，但科举制本身即是要打破仕途垄断，实现士庶流动的本然作用宣告了中古士族垄断仕途的日子迟早会结束。对于世家大族子弟来讲，必然要经历一个从士族子弟到科举士子的转变过程，而门荫制度即起到了一个良好的过渡作用。因此，从京兆韦氏成员在隋唐入仕途径及相对应的仕途可大致推论科举制对世家大族政治优势所产生的影响。

据笔者对京兆韦氏几个著房成员入仕途径的统计可发现如下几个问题：其一，京兆韦氏对科举制的适应经历了一个过程，门荫在隋及唐初仍然是成员入仕的主要途径，且能位居高品甚至是宰相。如郿城公房的韦弘机，以门荫入仕，官至太宗至武则天时期的司农卿、檀州刺史，从三品；再如阆公房的韦师，于隋炀帝大业年间以门荫入仕，官至从三品的博州刺史；其子韦泰真于太宗年间也以门荫入仕，官至怀州刺史、户部侍郎，从三品；郧公房的韦慎名于孝敬皇帝李弘时以门荫入仕，官至彭城刺史，从三品；逍遥公房的韦挺，于高祖时以门荫入仕，官至正三品的太常卿；更有韦待价于太宗时以门荫入仕，官至则天朝宰相。京兆韦氏的入仕途径在隋及唐初以门荫为主，是得益于隶属于西魏北周以来的关陇军功贵族集团的身份。门荫成为高门大族主要入仕途径的状况一直持续到唐玄宗时期。[1] 唐高宗时吏部侍郎魏玄同所指出的："今贵戚子弟，例早求官，韶龀之年，已腰银

① 吴宗国：《唐代科举制度研究》，北京：北京大学出版社，2010年，第230～231页。

艾，或童卯之岁，已袭朱紫。弘文、崇贤之生，千牛、辇脚之类，课试既浅，资望自高。"① 唐中宗时，萧至忠进一步指出说："窃见宰相及近侍要官子弟，多居美爵，此并势要亲戚，罕有才艺，递相嘱托，虚践官荣。"②

其二，科举尤其是进士科日渐成为京兆韦氏诸房望共同的入仕选择，甚至出现了以科举而著称的科举士族③，比如郿城公房的韦述兄弟，小逍遥公房的韦思谦父子，小逍遥公房的韦贯之连续几代皆以进士位至高官。出现这种转变的原因首先是关陇军功贵族集团的衰落，仅仅以地望和门第取得世袭高官渐成关陇军功贵族的奢望；其次，唐玄宗励精图治之政策引导和安史之乱后社会所出现的一系列问题急需有真才实学的士人被选拔出来。因此，父祖的官爵和家庭出身已经不能成为高官子弟世袭高位的可靠保证，才学逐渐成为唐玄宗以后选拔高级官吏的主要标准，重视对子弟才学的培养成为家教中的重要内容。这在京兆韦氏成员身上也有比较明显的体现。比如以文学而著称的韦应物在开元年间以门荫入仕，位及苏州刺史，但他却教导其子要重视辞赋之学以应科举进士考试，韦庆复果不负众望，在少孤终丧，困饥寒伏，编简三年，通经传子史而成文章。贞元十七年举进士及第，时以为宜。又以书词尤异，受集贤殿校书郎，终登清职。韦庆复娶河东裴氏裴棣为妻，次子韦退之在裴棣的教养下，以明经换进士及第。还有的京兆韦氏成员主动放弃因门荫所居之官，重新通过自己的才能以科举及第，入居清要之位；韦皋的侄子韦正贯以门荫入仕后遂弃官改名，对贤良极谏，策登乙卯科，后通过制举再次入仕后授太子校书，又考京兆进士，能第上下，颇得一时之俊。还有的连续几代以科举进士科为业，成为名副其实的科举士族，比如宪宗朝宰相韦贯之诸子弟，有感于其父祖在科举之路上的辉煌，深刻自勉，常常相敦劝曰："我之家世，皆以词华入仕，今吾徒群从非少，以文求进者十无一二。与汝等当各率励，无坠门风。"由此可

①　《旧唐书》卷八七《魏玄同传》，北京：中华书局，1975 年，第 2852 页。
②　《旧唐书》卷九二《萧至忠传》，北京：中华书局，1975 年，第 2971 页。
③　张柯的硕士论文《唐代科举与长安韦氏家族》考察了唐代长安韦氏登科群体以及科举制对该家族婚宦的影响，分析了长安韦氏在科举中人才辈出的原因，西北大学 2015 年。

见，重视才学已经随着科举进士科在选举中地位的提高成为世家子弟的一种自觉，而这种自觉同时也将有助于自我认同观念的增强和对越来越不具实质作用的族姓认同观念的淡化。[①]

其三，科举制的实施似乎并没有使像京兆韦氏这样的世家大族丧失其政治优势，仍然维持着世代高官的局面，甚至出现了九位宰相这样的政治高峰[②]，但这种现象正如有的学者所言，"丝毫也不体现旧士族的复兴"[③]。这种表面的政治上的显达是以其文化优势为基础的，同时也是以其逐渐丢掉地缘、血缘和文化特质为代价的。唐末五代至宋，尽管社会已经发生了转型，但科举制依旧在实施，宋代甚至扩大了科举录取的名额，但奇怪的是，在现有的主要相关文献资料中几乎不见京兆韦氏以科举登第或在政治上稍显者，是其主观不想，还是客观不能？如果是前者的话，也不至于沉默如此长的时间，因为同为关中郡姓的杜氏在五代战乱之时蛰伏避难于吴越，到北宋初年，京兆杜氏在朝中"绝无闻人"的局面已大为改观[④]，但这种现象却并没有在京兆韦氏家族身上出现。[⑤] 据此，笔者以为京兆韦氏的骤然衰落主要还在于客观不能，其中最为关键的则是其家族文化特质的消失，始于唐末五代的教育普及和印刷术的使用使其家族文化被冲刷地无任何优势可言。[⑥]

---

① 罗时进：《唐代"花树韦家宗会法"考论》一文让笔者意识到，进入隋唐以后的入京韦氏也曾有着比较强烈的宗族意识，定期举行"花树韦家宗会"这样的家礼便是一个典型的体现。然而这样旨在合亲睦族的活动，为时也不是太长，于唐代盛、中之际，已不再按时举行，此活动的举办以及从有到无，都在说明一个共同的问题，那就是京兆韦氏姓族观念的淡化，载《文学遗产》2015 年第 2 期，第 45～55 页。

② 参见王建国：《唐代韦杜家族的宰相综论》，《渭南师范学院学报》2012 年第 7 期，第 64～69 页；许友根：《唐代韦氏科举家族的初步考察》，《盐城师范学院学报》2018 年第 1 期，第 23～28 页。

③ 胡如雷：《门阀士族兴衰的根本原因及士族在隋唐的地位和作用》，《隋唐五代社会经济史论稿》，北京：中国社会科学出版社，1996 年，第 283 页。

④ 王力平：《中古杜氏家族的变迁》，北京：商务印书馆，2006 年，第 300～301 页。

⑤ 然也有学者认为，浙江地区的韦姓人，除韦昭的裔族外，大量迁入则是在宋高宗以临安（今杭州）为都以后。《宋史》记载：金军攻汴京（今河南开封），居高官的韦姓家族纷纷南徙，宋高宗母韦氏被金军掳去。宋高宗即位于临安后，迎回生母，大封韦氏家族，为官者达三十多人，宅第在临安城内外均有。详见杨东晨、杨建国的《论韦姓宗族的形成和迁布》，《固原师专学报》2002 年第 4 期，第 33 页。由此判断，既然韦氏有女被赵宋皇室所娶，定是其社会名望所致，而韦氏家族因此女而被封官者如此之众应当也是宗族政治地位的一个高潮，但再也回不到唐朝时期世代为官的隆盛。

⑥ 宁志新、朱绍华：《门阀士族的衰落与衰亡原因》，《河北学刊》2002 年第 5 期，第 126～130 页。

附表7-5：隋唐京兆韦氏诸房成员入仕途径及所至最高官品表

房支	名讳	入仕途径	起家官	所至官职	品阶	入仕时代	材料出处
郿城公房	韦弘机	门荫	左千牛胄曹参军	司农卿、檀州刺史	从三品	唐太宗至武则天	《新唐书》卷一〇〇《韦弘机传》
	韦昱	明经射策高第	陇州行参军	泸州都督府参军	从八品下	唐高宗	《考古与文物》2005（3），第88页，《韦昱墓志铭并序》
	韦景骏	明经		房州刺史	从三品	武则天中宗	《新唐书》卷一九七《循吏传·韦景骏传》
	韦豫	门荫	以南郊斋郎选授邛州参军	普安郡司马	从五品下	唐中宗	《碑林集刊》（一），第160～163页，《韦豫墓志铭》
	韦损	门荫		润州刺史	从三品	唐代宗大历六年终	《碑林集刊》（十三），第105～108页，《韦损墓志铭》
	韦述	进士	栎阳县尉	工部侍郎	正四品下	唐玄宗至唐肃宗至德二载	《旧唐书》卷一〇二《韦述传》
	韦迪	进士		国子司业	从四品下		《旧唐书》卷一〇二《韦述传附逌、迪传》
	韦逌	进士					《旧唐书》卷一〇二《韦述传附逌、迪传》
	韦起	进士					《旧唐书》卷一〇二《韦述传》
	韦迥	进士					《旧唐书》卷一〇二《韦述传》
	韦巡	进士					《旧唐书》卷一〇二《韦述传》
	韦甫	明经	绛州大平县主簿	普州刺史	正四品上	唐德宗贞元十八年终	《考古与文物》2005（3），第84～90页，《韦甫墓志铭》
	韦聿	门荫	南陵尉	太子右庶子	正四品下	唐宪宗元和三年终	《权载之文集》卷二十三《韦聿墓志》
	韦皋	门荫	以建陵挽郎补华州参军	剑南西川节度使、中书令，南康郡王	正三品	唐顺宗永贞元年终	《权载之文集》卷十二《韦皋先庙碑》；《旧唐书》卷一四〇《韦皋传》
	韦表微	进士		户部侍郎	正四品上	唐文宗时期终	《新唐书》卷一七七《韦表微传》
	韦正贯	进士		京兆尹，岭南节度使	从三品	唐宣宗大中五年终	《全唐文》卷七六四《萧邺·岭南节度使韦公神道碑》

房支	名讳	入仕途径	起家官	所至官职	品阶	入仕时代	材料出处
郿城公房	韦行俭	进士					《全唐文补遗》（七），第79页，《韦聿夫人荥阳郑氏墓志铭》
	韦行敦	明经					《全唐文补遗》（七），第79页，《韦聿夫人荥阳郑氏墓志铭》
阎公房	韦师	门荫	斋王府典签	贞观年博州刺史	正三品	隋大业年间	《河洛墓刻拾零》，第126页，《韦师墓志铭并序》
	韦崇礼	门荫	太穆皇后挽郎	岐、洛二州录事参军	从九品上	唐高祖	《全唐文补遗》（七），第278页，《韦崇礼墓志铭》
	韦泰真	门荫	同上	怀州刺史、户部侍郎	从三品	唐太宗	《全唐文补遗》（五），第198页，《韦泰真墓志铭并序》
	韦识	明经	河中府文学	兴元府城固县丞	正八品下	唐宪宗元和十二年	《全唐文补遗》（八），第190页，《韦识墓志铭并序》
	韦沼	乡贡进士		不详		约宪宗时期	《全唐文补遗》（八），第190页，《韦识墓志铭并序》
龙门公房	韦执谊	进士擢第制策高等	右拾遗	德、顺朝宰相		唐德顺宪朝	《旧唐书》卷一三五《韦执谊传》
	韦楷	乡贡进士				唐宪宗至武宗	《邙洛碑志三百种》，第308页，《韦楷墓志铭并序》
	韦夏卿	应贤良制举策入高等	高陵主簿	工部尚书、东都留守、太子少保	正二品	唐玄宗天宝至宪宗元和	《吕衡州文集》卷六《韦夏卿神道碑》
	韦正卿	应贤良制举策入高等		工部尚书、东都留守、太子少保		唐玄宗天宝至宪宗元和	《旧唐书》卷一六五《韦夏卿传》
	韦珩	进士制科及第	京兆美原县令	台州刺史	从三品	唐德宗至文宗	《唐会要》卷六七，第1390页
	韦瓘	进士状头	左拾遗	中书舍人	正五品上	唐德宗至宣宗	《元氏长庆集》卷四七
南皮公房	韦维	科举进士		太子左庶子	正四品上	唐睿宗玄宗时期	《唐太子左庶子韦维碑》、《唐会要》卷六七
	韦缜	乡举经行	秘书省校书郎	申王府司马	从四品下	唐玄宗开元十二年前	《毗陵集》卷八《韦缜神道碑》
	韦光	科举登第		资州刺史	从三品	唐玄宗天宝三载前	《新唐书·宰相世系表》
	韦见素	科举登第	相王府参军	宰相		唐玄宗至敬宗	《旧唐书》卷一〇八《韦见素传》
	韦伦	门荫	蓝田县尉	太常卿兼御史大夫	从三品	历唐玄宗至德宗朝	《旧唐书》卷一三八《韦伦传》

续表

房支	名讳	入仕途径	起家官	所至官职	品阶	入仕时代	材料出处
南皮公房	韦虚心	举进士举孝廉		户部尚书东京留守	正三品	历则天至玄宗开元二十九年	《旧唐书》卷一〇一《韦凑传附从子韦虚舟传》
	韦虚舟	举孝廉		刑部侍郎终大理卿	从三品	约同上	《旧唐书》卷一〇一《韦凑传附从子韦虚舟传》
	韦觊	门荫	千牛备身	兵部员外郎	从六品上		《新唐书·宰相世系表》
	韦辞	两经擢第	秘书省校书郎	湖南观察使		唐德宗至文宗朝	《旧唐书》卷一六〇《韦辞传》
	韦宪	举孝廉第	补国庠史	分曹洛邑		唐宣宗	《千唐志斋新藏墓志》四〇〇《唐故韦君妻天水赵郡夫人（真源）玄堂志》
彭城公房	韦云起	明经		益州行台兵部尚书	从三品	隋文帝开皇初	《旧唐书》卷七五《韦云起传》
	韦玄昱	明经		不详		不详	《新唐书·宰相世系表》
	韦元旦	进士	东阿县尉	中书舍人	从五品下	则天朝	《新唐书》卷二〇二《文艺传中·李适传附韦元旦传》
	韦冰	明经上第判入高等	太子正字	同州录事参军	从七品上	约唐德宗贞元年间	《全唐文补遗》（三），第 189～190 页，《韦冰墓志铭并序》
	韦凝	明经		安邑县主簿	正九品下	约唐德宗贞元年间	《全唐文补遗》（三），第 189～190 页，《韦冰墓志铭并序》
平齐公房	韦文格	乡贡进士		将作监、充内作使		唐德宗	《全唐文补遗》（七），第 76 页，《韦本立墓志铭》
	韦本立	进士及第		灵武节度推官将仕郎试秘书省校书郎	正九品上	唐顺宗	《全唐文补遗》（七），第 76 页，《韦本立墓志铭》
	韦元贞	进士及第		官职不详		唐文宗之前	《旧唐书》卷七七《韦保衡传》；《新唐书》卷一八四《韦保衡传》
	韦悫	进士及第		礼部侍郎	正四品下	唐文宗大和初年	《旧唐书》卷七七《韦保衡传》；《新唐书》卷一八四《韦保衡传》
	韦保衡	进士及第		唐懿宗宰相		唐懿宗咸通五年	《旧唐书》卷七七《韦保衡传》；《新唐书》卷一八四《韦保衡传》

续表

房支	名讳	入仕途径	起家官	所至官职	品阶	入仕时代	材料出处
平齐公房	韦保乂	进士及第		翰林学士、礼户吏三部侍郎、承旨学士	正四品下	唐懿宗	《旧唐书》卷七七《韦保衡传》;《新唐书》卷一八四《韦保衡传》
郧公房	韦慎名	门荫	挽郎	彭州刺史	从三品	孝敬皇帝李弘	《全唐文补遗》(八),第367页,《韦慎名墓志并序》
	韦叔夏	明经		国子祭酒	从三品	唐高宗弘道前	《旧唐书》卷一八九下,《儒学传·韦叔夏传》
	韦安石	明经		则天朝宰相		则天永昌	《旧唐书》卷九二《韦安石传》
	韦斌	门荫		中书舍人	正五品上	则天朝	《旧唐书》卷九二《韦安石传附子斌传》
	韦陟	门荫		礼部侍郎	正四品下	则天神龙二年	《旧唐书》卷九二《韦安石传附子陟传》
	韦慎习	补崇文馆生选	充南郊斋郎	仪王府司马	从四品下	则天圣历年前	《碑林集刊》(十一),第129~133页,《韦慎习墓志铭并序》
	韦讽	门荫	斋郎	长安县尉	从八品下	唐玄宗开元年间	《全唐文补遗》(七),第12页,《韦讽墓志铭》
	韦勉	明经		复州诸军事守复州刺史	正四品下	唐玄宗开元十二年前	《全唐文补遗》(七),第368页,《韦勉墓志铭并序》
	韦展子	自崇文生明经上第		韶州司马	从六品上	唐玄宗开元六年前	《全唐文》卷二九三,第2970~2971页,《故韶州司马韦府君墓志铭并序》
	韦抗	明经		刑部尚书	正三品	唐玄宗开元十四年前	《全唐文》卷二五八,第2616页,《苏颋·刑部尚书韦抗神道碑》
	韦载	昭文馆生		不详		唐玄宗开元年间	《全唐文》卷二五八,第2616页,《苏颋·刑部尚书韦抗神道碑》
	韦缋	乡贡进士		工部郎中	从五品上	唐代宗大历十三年前	《唐代墓志汇编》贞元〇二五,《大唐华州下邽县京兆韦公夫人墓志铭并序》
	韦练	乡贡进士		不详		唐德宗贞元六年前	《唐代墓志汇编》元和一四一,第2048页,《韦端玄堂志》

续表

房支	名讳	入仕途径	起家官	所至官职	品阶	入仕时代	材料出处
郧公房	韦绚	门荫	太庙斋郎	不详		唐德宗贞元六年前	《唐代墓志汇编》元和一四一，第2048页，《韦端玄堂志》
	韦纾	进士	山南西道节度判官试大理司直兼殿中侍御史		从六品上	唐德宗贞元十八年	《唐代墓志汇编》元和一四一，第2048页，《韦端玄堂志》
	韦孟明	明经		同州澄城县主簿	正九品下	唐德宗贞元五年	《全唐文补遗》（三），第150~151页，《韦孟明墓志铭并序》
	韦丹	明经		洪州观察使		唐德宗贞元末年前	《全唐文》卷七四五，第7821页，《唐故江西观察使武阳韦公遗爱碑》
	韦丹子	明经		不详		唐宪宗元和五年前	《全唐文》卷五六六，第5725~5727页，《江西观察使韦公墓志铭》
	韦同翔	乡贡进士		不详		唐宪宗元和年间	《唐文拾遗》卷二五《唐故龙花寺内外临坛大德韦和尚墓志铭并叙》
	韦琏	进士		不详		唐宣宗大中年间	《全唐文补遗》（四），第221~222页，《唐河南府洛阳县尉孙嗣初妻京兆韦夫人墓志铭并序》
逍遥公房	韦挺	门荫		黄门侍郎、太常卿	正三品	唐高祖	《旧唐书》卷七七《韦挺传》
	韦待价	门荫	左千牛备身	则天朝宰相		唐太宗	《旧唐书》卷七七《韦挺传附待价传》
	韦绲	门荫	太宗挽郎	益州大都督府成都县令	从六品上	唐太宗	《全唐文补遗》（三），第26~27页，《韦绲墓志并序》
	韦晃	门荫	冀州参军	婺州司仓参军事	从七品下	唐高宗	《全唐文补遗》（五），第334页，《韦晃墓志铭并序》
	韦衡	门荫	宣州参军	原州都督，兼群牧都督使	正三品	唐中宗	《全唐文补遗》（八），第40~42页，《韦衡墓志铭并序》
	韦衢	门荫		殿中大监、加群牧都使	从三品	唐中宗	《全唐文补遗》（八），第398页，《韦衢墓志铭并序》
	韦应物	门荫	唐玄宗御前侍卫	苏州刺史	从三品	唐玄宗	《故尚书左司郎中苏州刺史京兆韦君墓志铭并序》

房支	名讳	入仕途径	起家官	所至官职	品阶	入仕时代	材料出处
逍遥公房	韦镒	进士及第	畿赤县尉尉	礼、吏、户三部侍郎	正四品上	唐玄、肃宗之际	《唐文拾遗》卷二七,第10671页,《吕温·韦武神道碑》
	韦武	门荫	右千牛	京兆尹、太常博士	从三品	唐肃、代之间	《唐文拾遗》卷二七,第10671页,《吕温·韦武神道碑》
	韦绶	举孝廉,又贡进士		翰林学士		唐代、德宗	《新唐书》卷一六九《韦贯之传附绶传》
	韦贯之	进士及第	校书郎	宪宗朝宰相		约唐代、德时期	《旧唐书》卷一五八《韦贯之传》
	韦澳	进士及第复擢宏词科		兵部侍郎、承旨学士	正四品上	约唐德宗时期	《新唐书》卷一六九《韦贯之传附澳传》
	韦潾	进士及第				约唐德宗时期	《新唐书》卷一六九《韦贯之传附澳传》
	韦温	两经及第	咸阳县尉	吏部侍郎	正四品上	唐德宗贞元年间	《新唐书》卷一六九《韦贯之传附温传》
	韦弘景	进士及第		翰林学士、给事中	正五品上	唐德宗贞元年间	《旧唐书》卷一五七《韦弘景传》
	韦洄	明经		华州司马	从五品下	约唐宪宗年间	《全唐文补遗》(七),第130页,《韦洄墓志铭并序》
	韦处厚	登进士及第制举贤良方正科异等	秘书省校书郎	文宗朝宰相		唐宪宗元和初年	《旧唐书》卷一五九《韦处厚传》
	韦退之	以明经换进士及第				唐宪宗至武宗会昌六年间	《唐故河东节度判官监察御史京兆韦府君夫人闻喜县太君玄堂志》
	韦承诲	举孝廉	汝州临汝尉		从九品上	唐武宗会昌六年前	《全唐文补遗》(八),第172页,《唐故明州刺史御史中丞韦公夫人太原温氏墓志铭》
	韦承裕	举孝廉				唐武宗会昌六年前	《全唐文补遗》(八),第172页,《唐故明州刺史御史中丞韦公夫人太原温氏墓志铭》
	韦庚	乡贡进士				唐宣宗以后	《全唐文补遗》(七),第137页,《唐故乡贡进士韦府君(攒)墓志铭并序》

续表

房支	名讳	入仕途径	起家官	所至官职	品阶	入仕时代	材料出处
逍遥公房	韦瑝	乡贡进士				唐宣宗以后	《全唐文补遗》（七），第 137 页，《唐故乡贡进士韦府君（攒）墓志铭并序》
	韦攒	乡贡进士				唐宣宗以后	《全唐文补遗》（七），第 137 页，《唐故乡贡进士韦府君（瓒）墓志铭并序》
	韦序	进士及第		尚书郎		唐宣宗以后	《旧唐书》卷一五八《韦贯之传附子澳传》
	韦雍	进士及第		尚书郎		唐宣宗以后	《旧唐书》卷一五八《韦贯之传附子澳传》
	韦郊	进士及第		户部侍郎学士承旨	正四品上	唐宣宗以后	《旧唐书》卷一五八《韦贯之传附子澳传》
小逍遥公房	韦思谦	国子进士射策甲科	幽州昌平县尉	则天朝宰相		唐太宗	《旧唐书》卷八八《韦思谦传》；《全唐文补遗》（二），第 6～7 页，《韦仁约墓志铭》
	韦承庆	太学进士	雍王府参军	则天朝宰相		唐高宗龙朔二年	《全唐文补遗》（三），第 37～39 页，《韦承庆墓志铭并序》
	韦嗣立	进士	双流县令	则天朝宰相		约唐高宗	《旧唐书》卷八八《韦思谦传附子嗣立传》
	韦济	弘文明经	太常寺奉礼郎	仪王傅	从三品	则天神龙年间	《全唐文补遗》（二），第 25～26 页，《韦济墓志铭并序》
	韦希损	国子擢第	汴州城固主簿	京兆府功曹参军	正七品下	唐高宗仪凤年间	《唐代墓志汇编》上，开元〇九五《韦希损墓志铭并序》
京兆房	韦昭度	擢进士第		唐僖宗朝宰相		唐僖宗咸通八年	《旧唐书》卷一七九《韦昭度传》；《新唐书》卷一八三《韦昭度传》

第四节　唐末五代的社会暴乱对京兆韦氏的打击

对京兆韦氏的政治社会地位造成直接致命性打击的应该是唐末五代的社会暴乱，而"摧残旧族者，当溯始于黄巢，黄巢憎恨官吏，得者皆杀之，故旧族之遭祸者极多"①。据美国学者谭凯的研究，黄巢曾在占领京城长安后数次屠杀官吏和城中居民，虽然史料中所提及的具体的衣冠大族和有名讳的人物并不见有京兆韦氏及其成员，但京兆韦氏中的精英人物显然是以居住京城为主的②，从谭凯所论述的衣冠士族在黄巢进入长安后从京城逃脱的难度之大③，可以推想京兆韦氏必然是遭受到黄巢军队屠杀和迫害的。黄巢死后的第二年，也就是885年，洛阳城开始遭到自称为黄巢继承人的秦宗权及其部将孙儒的破坏。到887年中，张全义进入到洛阳城时，此地已全遭摧毁，可谓"白骨蔽地，荆棘弥望，居民不满百户"④。尽管洛阳城后来经张全义的重建而得以恢复，但可以想象，"885—887年间的流血和破坏，对于居住于洛阳的大族来说，是无法估量的"⑤。京兆韦氏的一部分精英人物因唐代的两京制而在长安和洛阳分别有居所，也有的是以洛阳为常住地。⑥从道理上讲，自880年至883年，居住于洛阳城中的大族应该会得到长安城遭到破坏和士民被屠杀的一些消息，显然是有脱逃的时间和可能的，但从目前所见的史料尤其是后来的韦氏家谱中几乎见不到关于这一历史时期京兆韦氏迁徙的记载。史实或许真的如谭凯所言，如此一来，京兆韦氏必遭其殃。黄巢之乱中，长安、洛阳及两京周围地带首当其冲，遭受的破坏也应该是最严重的。京兆韦氏作为以两京及其周围为主要聚居地的京城士族，其中所遭受的打击应该是致命的，即便是真的有逃脱者，也应该是在国家精英的聚居地。据谭凯的研究，国家精英在地方上的三个聚居地中的两个即江陵和襄州在870年代中期至880年代中期，皆化丘墟。⑦另外一个即扬

---

① 孙国栋：《唐宋之际社会门第之消融》，《唐宋史论丛》，上海：上海古籍出版社，2010年，第287页。
② 详见本章第二节。
③ 谭凯著，胡耀飞、谢宇荣译：《中古中国门阀大族的消亡》，北京：社会科学文献出版社，2017年，第209页。
④ 《资治通鉴》卷257，第8359页。
⑤ 谭凯著，胡耀飞、谢宇荣译：《中古中国门阀大族的消亡》，北京：社会科学文献出版社，2017年，第220页。
⑥ 详见本章第二节。
⑦ 谭凯著，胡耀飞、谢宇荣译：《中古中国门阀大族的消亡》，北京：社会科学文献出版社，2017年，第222页。

州城也在 880 年代后期和 890 年代在推翻高骈的内乱中受到特别重创。[1]

当然，京兆韦氏在唐末最后二十年所遭受到的打击还来自于中央与藩镇之间以及强藩之间的斗争。如前文所述，位居唐昭宗朝宰相的京兆房的韦昭度就成为中央与地方藩镇斗争的牺牲品。据史载，光启二年（886），王行瑜诛朱玫并杀其党数百人，"诸军大乱，焚掠京城，士民无衣冻死者蔽地。裴澈、郑昌图帅百官二百余人奉襄王奔河中，王重荣诈伪迎奉，执煴，杀之。囚澈、昌图，百官死者殆半"[2]。光启三年（887）三月，诏伪宰相萧遘、郑昌图、裴澈于所在集众斩之，皆死于岐山。[3] 其中被王行瑜所杀的朱玫党人中就有韦昭度，而韦昭度之所以被杀，正是因为他被长安周围的节度使们视为政治对手。韦昭度有幸在黄巢攻入长安后追随唐昭宗逃亡蜀地[4]，但还是没有逃脱被藩镇节度使杀死的命运。既然韦昭度本人被杀，其家人也有可能因此而受到牵连，其后裔阙载估计也与此有关。诸军大乱，焚掠京城的过程中，无衣冻死者可能也会有京兆韦氏成员。

朱梁篡代之际，朱全忠将裴枢、独孤损、崔远、陆扆、王溥、赵崇、王赞等并所在赐自尽，并将他们及朝士贬官者三十余人聚于白马驿，全部投尸于黄河。[5] 同一时候，数百位依然忠于唐廷的官员因被诬陷为朋党而遭定罪处死。[6] 这里面是否有京兆韦氏成员不得而知，重要的是，从中可以看

---

[1] 谭凯著，胡耀飞、谢宇荣译：《中古中国门阀大族的消亡》，北京：社会科学文献出版社，2017年，第 224 页。

[2] （宋）司马光编著，（元）胡三省音注，"标点资治通鉴小组"校点：《资治通鉴》卷 256 "僖宗光启二年"条，北京：中华书局，1956 年，第 8341 页。

[3] （宋）司马光编著，（元）胡三省音注，"标点资治通鉴小组"校点：《资治通鉴》卷 256 "僖宗光启三年"条，北京：中华书局，1956 年，第 8345 页。

[4] 谭凯在书中言及："许多长安的精英居民在黄巢军队突然降临之前，无法逃出这座城市。许多现任和前任宰相比几乎任何人都有资源和政治关系来让自己脱身，但在他们能够逃离之前，都被俘虏并遇害。"详见谭凯著，胡耀飞、谢宇荣译：《中古中国门阀大族的消亡》，北京：社会科学文献出版社，2017 年，第 229 页。但从韦昭度的经历来看，似乎还有有幸逃脱者。

[5] （宋）司马光编著，（元）胡三省音注，"标点资治通鉴小组"校点：《资治通鉴》卷 20 下，北京：中华书局，1956 年，第 796 页；薛居正：《旧五代史》卷十八，北京：中华书局，1976年，第 253 页。

[6] （宋）欧阳修：《新五代史》卷三五，北京：中华书局，1974 年，第 375 页。

到五代主政者对唐末以来门阀大族的态度，由此可以肯定，即便是像京兆韦氏这样的大族子弟在之前的屡次社会暴乱中有幸逃脱，也难以在政治上有所立足，政治地位的丧失是必然的。

由此可见，唐朝统治最后二十五年间发生的暴力和动荡是前所未见的。"在黄巢的先锋部队进入长安的 880 年代之初，大量居住于京城的精英失去了他们的生命和财产；同时，曾经在以前的政治和社会转变中对他们的适应起到重要作用的社会网络也几乎全部瓦解。"① 黄巢之乱以后的京兆韦氏已呈现明显的衰势。

活跃在政治舞台上的京兆韦氏成员已经屈指可数。②

门阀大族往往以文化素质而受重于当权者，即便在五胡乱华期间，胡人的当权者大部分还能对中原士族礼遇有加，尽管有些中原士族并不能对其产生认同，但终究不会以暴力杀害相待，除了极个别的胡人暴君。③ 那么，唐末二十五年间，掀起社会暴乱的黄巢、朱全忠等人也是想建立政权的人，为何对这些门阀大族毫无怜惜，并大开杀戒呢？是因黄巢或朱全忠个人性格所致的偶然还是唐末社会矛盾激化的必然。笔者以为是后者，具体而言是社会阶层固化所导致的矛盾激化。

虽然科举制的实施从理论上讲可以促进社会阶层间的流动和交融，从唐末的史实中也可以看到如韩愈、白居易这样的贫寒子弟被选拔出来，但正如吴宗国先生所指出的那样："统治者所以注意到这部分人，并在录取时给予几个名额的照顾，一方面是随着经济的发展，普通百姓包括下层地主官吏的子弟，读书应举的越来越多，他们已经成为一个不可忽视的社会力量。另一方面则随着土地兼并的发展，贫富不均的问题日益严重起来。有意识地录取几个孤贫寒俊，正是统治者缓和上下矛盾的一种手法。"④ 唐代

① 谭凯著，胡耀飞、谢宇荣译：《中古中国门阀大族的消亡》，北京：社会科学文献出版社，2017年，第 203 页。
② 详见本章第五节。
③ 京兆韦氏成员韦华之子韦玄，是后秦时期的名士，被赫连勃勃残杀。详见第二章第四节相关内容。
④ 吴宗国：《唐代科举制度研究》，北京：北京大学出版社，2010年，第 244 页。

后期榷盐制度的实行及商品经济的发展，确实使以盐商为代表的工商子弟在经济上具有了读书的条件①，再加之唐末五代私门教育的衰落和社会教育的兴起，以及印刷术在晚唐五代的推广使用②，使在经济上比较宽裕的寒门子弟完全可以享受到一定的教育，具备了应试的资格条件。然而相对固化的社会阶层却常常将大多数寒门子弟拒之门外，导致"像陈岳、卢汪那样'凡十上，竟抱至冤'，'举进士二十余上不第，满朝称屈'的，并不是个别的现象"③。

咸通年间，"诗名冠于当代"④的李山甫，本是一位诗才出众的读书人，然"数举进士被黜"。⑤无奈之下，投奔藩镇幕府，途经魏博时将王铎作为他的报复对象。据《新唐书·王铎传》载："铎世贵，出入裘马鲜明，妾侍且众。过魏，乐彦祯子从训心利之。山甫者，数举进士被黜，依魏幕府，内乐祸，且怨中朝大臣，导从训以诡谋，使伏兵高鸡泊劫之，铎及家属吏佐三百余人皆遇害。朝廷微弱，不能治其冤，天下痛之。"⑥李山甫当时还仅仅是一个投靠于幕府的文人，并没有多大的社会活动力和影响力。但他对朝廷权贵的怨恨之情可从他谋杀王铎家人及佐吏的举动窥其一斑。黄巢与李山甫的应举经历十分相似。据史载，黄巢"世鬻盐，富于赀"⑦，富有诗才，但"屡举进士不第"⑧。据《全唐诗话》载，黄巢目睹新进士曲江宴上得意之态，失意之余，愤而作《不第后赋菊》诗："待到秋来九月八，我花开后百花杀。冲天香阵透长安，满城尽带黄金甲。"⑨诗意似谶。其怨艾不平和

① 吴宗国：《唐代科举制度研究》，北京：北京大学出版社，2010年，第246～248页。
② 孙国栋：《唐宋之际社会门第之消融》，《唐宋史论丛》，上海：上海古籍出版社，2010年，第305～312页。
③ 吴宗国：《唐代科举制度研究》，北京：北京大学出版社，2010年，第241页。
④ （宋）阮阅：《诗话总龟（前集）》，北京：人民文学出版社，1987年，第371页。
⑤ （宋）计有功：《唐诗纪事》，北京：中华书局，1965年，第1044页。
⑥ （宋）欧阳修：《新唐书》，北京：中华书局，1975年，第5407页。
⑦ （宋）欧阳修：《新唐书》，北京：中华书局，1975年，第6451页。
⑧ （宋）司马光编著，（元）胡三省音注，"标点资治通鉴小组"校点：《资治通鉴》卷252"僖宗乾符二年"条，北京：中华书局，1956年，第8180页。
⑨ （清）彭定求等：《全唐诗》（下），上海：上海古籍出版社，1986年，第1836页。

冷肃之气，从诗中冲透而出，成为唐落第诗的最后回响。黄巢刚刚进入长安的时候，秋毫不犯，也想做一位受到百姓和唐廷旧臣爱戴和拥护的明主。然而，社会长期以来的阶层固化使得寒门出身的黄巢非但没有得到唐廷旧臣权贵的认可，反而遭其嘲讽。[①] 阶层和文化上的差异使彼此之间都不能互相认同。来自唐廷旧臣和权贵的嘲讽最终将黄巢原有的怨恨和报复心理激发出来，从此大开杀戒。在广州杀戮的对象，也是像岭南节度使李迢这种"骨肉满朝，世受国恩，腕即可断，表终不草"[②] 的顽固分子，其实也就是所谓的世袭官位的权臣势族。由此可见，黄巢是一个典型的以工商子弟而应举的晚唐读书人，他的经济基础和文化素质足以使他具备了及第的条件，但科举制被权势门阀所把持的现状却不能使他进入仕途，导致屡举不第的结果，而这种现象又存在一定的普遍性。如此，则社会流动的正常诉求受阻于阶层固化的矛盾迟早会爆发出来。黄巢起兵以及对权贵旧臣的大肆屠杀正是这种矛盾激化的结果，而解决的途径也符合心理学的一般规律，因此也带有一定的必然性。

开启五代历史的朱全忠之所以将晚唐大族及朝士尽杀并投尸于河，主要是听了李振的建议。李振也是"屡举进士，竟不中第，故深疾搢绅之士，言于全忠曰：此辈常自谓清流，宜投之黄河，使为浊流！全忠笑而从之。于是士族清流为之一空"[③]。由此也可见李振因应举不第对搢绅之士所产生的嫉妒和憎恨之情，从而逮着机会就加以报复。

黄巢之乱以及五代时期的社会暴乱使魏晋以来形成的门阀制度和门第观念被彻底扫除，南宋大学者郑樵总结说："自隋唐而上，官有簿状，家有谱系，官之选举必由于簿状，家之婚姻必由于谱系。……所以人尚谱系之学，家藏谱系之书。自五季以来，取士不问家世，婚姻不问阀阅，故其书

---

① 谭凯著，胡耀飞、谢宇荣译：《中古中国门阀大族的消亡》，北京：社会科学文献出版社，2017年，第204～217页。

② （五代）孙光宪撰，贾二强点校：《北梦琐言》卷10《崔雍食子肉》附《李迢苏循》，北京：中华书局，2002年，第222页。

③ 《资治通鉴》卷265"昭宣帝天佑二年"条，北京：中华书局，1956年，第8643页。

散佚，而其学不传。"① 这看似偶然的历史事件其实也蕴含着历史的必然。即一方面是门阀大族凭借文化优势和社会关系网络尽力通过科举制垄断仕途，一方面是以新兴工商子弟为主的寒门要求社会的正常流动。两者相撞，必然会产生矛盾，而士庶阶层之间的长期相隔使双方很难互为认同，也很难通过正常的对话来解决，暴乱成为一种最为可能的方式。

第五节　京兆韦氏的衰落与蜕变

京兆韦氏维持了在汉唐间长达千年左右的政治社会地位之后，终于在唐末走向了明显的衰落。活跃在政治舞台上的京兆韦氏成员已经屈指可数，韦说是其中之一。据史载，韦说是京兆郧公房成员韦丹之孙，韦丹四子韦岫之子。② 韦丹是活动于唐德宗、顺宗、宪宗时期有名的循吏之一。韦岫，曾任主客员外郎，库部郎中，唐僖宗年间任泗州刺史、福建观察使。由此可见，韦说出身于唐代公卿之家。据《新唐书》卷二八《唐臣传第十六·豆卢革传》，韦说在唐末为殿中侍御史，坐事贬南海，后事梁为礼部侍郎。豆卢革以韦说能知前朝事，故引以佐己，而韦说亦无学术，徒以流品自高。豆卢革与韦说同为唐庄宗宰相，在位期间，两人凭借职位交易市恩，各将其子运作进入弘文馆和集贤院，犹同市井，为时人所不齿。唐明宗时，韦说进位门下侍郎兼户部尚书、监修国史，并依旧平章事。韦说性谨重，奉职常不造事端。当时郭崇韬秉政，韦说等承顺而已，政事得失，无所措言。虽身居宰相之位，但没有行宰相之职。后唐朝廷，由于铨选过滥，侍中郭嵩韬欲加以整顿，时议以为这是个积久成弊的问题，牵涉人太多，不宜一下子澄汰过细，韦说对此不置一词。当有人质问是谁的主张时，韦说但以郭嵩韬欲为之敷衍

① 郑樵：《通志》卷二十五《氏族略·氏族序》，北京：中华书局，1987年，第439页。
② 《新唐书》卷一九七《循吏传·韦丹传附岫传》，北京：中华书局，1975年，第5632页。

塞责。待郭嵩韬得罪后，韦说一面指使门人上书弹劾，一方面又亲自上奏章，大肆诋毁郭嵩韬，也遭到时人非议。后来唐明宗欲召萧希甫为谏议，遭到了豆卢革和韦说的反对，由此得罪了萧希甫，加上豆卢革和韦说为安重诲所恶，萧希甫于是在安重诲的指使下诬告豆卢革纵田客杀人，韦说与邻人争井，井中有宝货。有司推勘井中，仅破釜而已。豆卢革和韦说皆以此遭到贬斥，最终被赐死于贬所。① 其后裔遂被逐散，不知所终。

韦庄是唐末五代时期京兆韦氏家族中的另一显著人物，主要以诗文闻名，故而关于韦庄的研究主要是从文学史的角度展开的，关于他的家世到目前为止一直存在争议。根据《新唐书·宰相世系表》的记载，韦庄是逍遥公房韦应物一子韦厚复的曾孙，虽然目前韦应物及其子韦庆复的墓志已出土并公布于众，但仍不见有韦厚复的墓志。在韦应物及其夫人的墓志铭中，也仅提到有一子韦庆复，韦厚复是否是韦应物小妾所生目前不能确知。

另据有的学者考证，韦庄并不是韦应物的后裔，而是南皮公房韦见素之后。② 在朱子僎为《浣花集》所作的补遗说明中，说韦庄是韦见素之孙。③ 但根据正史记载，韦见素是活动于唐玄宗时期的人物，他的孙子怎么也不可能会活动于唐末五代时期，除非此处所言之孙是一种模糊的称呼，并非韦见素子之子。不管韦庄之家世到底如何，其作为京兆韦氏的后裔则是无疑的。关于他在唐末五代时期的行踪也是文史研究者关注的问题。④ 综合诸家之说，韦庄字端己，广明元年（880）到长安应举，恰逢黄巢起义军攻克潼关，避乱于南山中。直到中和二年（882），韦庄才离开长安奔向洛阳。

---

① 参见《旧五代史·唐书》卷七一《豆卢革传》，北京：中华书局，1976 年，第 943 页；《旧五代史·唐书》卷七一《韦说传》，北京：中华书局，1976 年，第 943 页；《旧五代史·唐书》卷七一《萧希甫传》，北京：中华书局，1976 年，第 943 页。

② 齐涛：《韦庄非韦应物之后》，《陕西师范大学学报》1987 年第 1 期，第 58 页。

③ （五代）韦庄：《浣花集》补遗一卷，上海：上海书店，1989 年，四部丛刊初编本。

④ 参见夏承焘：《唐宋词人年谱》（修订本），上海：上海古籍出版社，1979 年；黄永年：《韦庄在广明元年至中和三年的行迹》，收在《文史探微》，北京：中华书局，2000 年；吴在庆：《韦庄生年及"尝居虢州十载"献疑》；徐乐军：《韦庄生年主说考析》，《广东农工商职业技术学院学报》2008 年第 1 期，第 75 ～ 77 页；曹丽芳：《也谈韦庄广明元年底至中和三年春的行迹》，《古典文学知识》2009 年第 4 期，第 136 ～ 140 页。

中和三年春夏间，他到达江南，依镇海节度使周宝。中和三年，李克用破黄巢，收复长安后，韦庄于唐昭宗乾宁元年进士及第，授教书郎。乾宁四年（895），随谏议大夫李绚入川宣谕，后仕蜀王建为掌书记，帮助王建称帝，官至吏部尚书平章事，卒后谥靖。韦庄这位在唐末五代以诗文名于士林的京兆杜陵韦氏之后，为何在唐昭宗时迁入西蜀一去不归，曾有学者进行过考订[①]，不管他是出于主动还是被动，最终韦庄是留在了蜀地。关于其家人，仅《浣花集》中提到其弟韦蔼，其从弟韦遵[②]，其后裔的下落史无记载，不可追寻。

到了北宋时期，见于史载的韦氏中有一女性成为宋徽宗皇后，生有宋高宗。北宋末年，宋徽宗和宋钦宗被金人掳走，韦妃曾一同前去，后返回为皇太后[③]，但因史料所限，不知此韦氏出自哪个房支。

经过唐末黄巢起义的战乱，长安城已经不见了昔日的繁华，正如韦庄在《秦妇吟》中所描述的那样"长安寂寂今何有，废市荒街麦苗秀"，"昔日繁盛皆埋没，举目凄凉无故物"。曾经纷纷涌向两京的世家大族成员也伴随着京城的被毁而遭到了沉重的打击，正是"华轩绣毂皆销散，甲第朱门无一半"，"内库烧为锦绣灰，天街踏尽公卿骨"。[④]

作为京兆韦氏世居之地的城南杜陵又是一番怎样的景象呢？韦庄曾经在唐昭宗幸华州之时奉使入蜀，其间所作的《过樊川旧居》[⑤]足以让我们窥见杜陵樊川的一片惨败之象。诗文中写到"却道樊川访旧游，夕阳衰草杜陵秋，应刘去后苔生阁，稽阮旧来雪满头。能说乱离唯有燕，解偷闲暇不如鸥，千桑万海无人见，横笛一声空自流"。

① 周世伟：《韦庄入蜀仕蜀考辨》，《中华文化论坛》2009 年第 1 期，第 19 ～ 22 页。
② （五代）韦庄：《浣花集》卷一《寄从兄遵》，四部丛刊初编本，上海：上海书店，1989 年，第 8 页。
③ （元）脱脱等：《宋史》卷二〇《徽宗本纪二》，北京：中华书局，1985 年，第 380 ～ 383 页；《宋史》卷二四《宋高宗本纪》，北京：中华书局，1985 年，第 442 页；《宋史》卷二四三《后妃传下·韦贤妃传》，北京：中华书局，1985 年，第 8646 ～ 8647 页。
④ 王云五主编，周云青笺注：《秦妇吟笺注》，北京：商务印书馆，1935 年。
⑤ （五代）韦庄：《浣花集》卷十，上海：上海书店，1989 年，四部丛刊初编本，第 1 页。

到了宋代，张礼的《城南游记》中记载了京兆杜陵韦曲留下的关于京兆韦氏的蛛丝马迹。他在宋哲宗元祐元年（1086）春天，跟他的好友陈明微一起作了此次长安城南之游。在他们游逛的第二天，来到了韦曲这块京兆韦氏的世居之地：

> 至韦曲，扣尧夫门，上逍遥公读书台，寻所谓何将军山林而不可见，因思唐人之居城南者，往往旧籍淹没，无所考求，岂胜遗恨哉？……有韦曲在韩政庄之北，尧夫进士韦师锡之字也。世为韦曲人，远祖敻，后周时居此，萧然自适，与族人处玄及安定梁旷为放逸之友，时人慕其闲素，号为逍遥公。明帝贻之诗曰：香动秋兰佩，风飘莲叶衣，北史有传，今其读书台□□□立逍遥谷在骊山西南，盖亦慕敻而名之也。……庚戌，子虚邀饮韦氏会景堂，及门，主人出迓，明微以为不足，子虚道其景，且颂其诗，明微闻之，始入其奥。张注曰：韦氏名宗礼，字中伯，世为下杜人，盖唐相之裔，家失其谱，不知为何房，城南诸韦聚处韦曲，宜其属系系易知，然或东眷或西眷或逍遥公或郑公或南陂公或龙门公，不知其实何房也。中伯博学好古，葺治园亭，奇花异卉，中莫不有，日与宾客宴游，朝奉郎白序题其堂曰会景。中伯圃中有对金竹，其状与对青相似，长安有此竹者，惟处士苏季明、张道思与中伯三家而已。①

通过这段记载，我们可以知道，北宋时期生活在杜陵韦曲这块土地上的成员已经远远不能跟昔日相比，与京兆韦氏有关的遗迹就只有逍遥公台。居住在此的韦氏仅有进士出身的韦师锡，还有个会景堂的主人韦宗礼，因为谱牒散失，已经不知所属哪个房支，在韦曲过着逍遥自在的乡绅生活。今日的韦曲是长安县城所在，已经找不到任何韦氏成员的影子，他们都到

---

① （宋）张礼撰注：《游城南记》，北京：中华书局，1985年，丛书集成初编本，第7～8页。

哪里去了？通过流传至今的一些家谱我们或许还能找到一点京兆韦氏后裔迁徙的轨迹。

一、韦应物一支的南迁与苏杭韦氏

据《中国韦氏通书》，苏杭一带的韦氏有韦应物的后裔。韦应物一生重名节而轻财货，故虽官居四品，到头来仍是两袖清风，及至刺史致仕，竟因无资返乡而客居苏州，死后也葬在苏州。他的子孙后代也因之繁衍生息于苏州，并在浙江一带播迁。但笔者根据韦应物及其家人相关墓志，韦应物的确是致仕于苏州刺史任上，且从其子韦庆复墓志中"少孤终丧，家贫甚，所居之墙，其堵□坏，中无宿舂，困饥寒伏。编简三年，通经传子史而成文章"的记载也可证实其生前的轻财货。但他是否真的因此客死他乡和埋葬在苏州还值得商榷。因为根据他本人的墓志铭，是"以贞元七年十一月八日窆于少陵原"，根据他儿子韦庆复的墓志铭：是"道得疾，至渭南灵岩寺而病。以七月十九日终寺之僧舍，春秋三十四。以其年十一月二十一日，祔于京兆府万年县凤栖乡少陵原苏州府君之墓之后。"通过这两方墓志的记载，足以证明韦应物和他的儿子韦庆复并没有葬在苏州，而是归葬于京兆杜陵少陵原。那么他们的后裔是否真的在苏州扎根从此定居于苏浙一带还有待继续考证。

二、韦履淳一支的南迁与东阳韦氏

根据《中国家谱总目》，浙江东阳韦氏是京兆杜陵韦氏后裔中的重要一支，据家谱所载，浙江东阳韦氏是以京兆韦氏宗族史上的开创人物韦贤为始祖的，其始迁祖是东眷韦穆的二世孙韦履淳，此人在正史中不见于记载，现根据家谱所载，韦履淳字怀朴，行乾一，唐玄宗天宝末年官相府都事，因被贬东阳，遂卜居邑之龙泉坊。他的十四孙再迁徙至邑东文星坊。今天浙江东阳韦氏已经成为韦氏大宗，还有的东阳韦氏成员迁徙至台湾。韦洪寿，是清代浙江东阳人，其后裔移居台湾省。韦履淳的后裔有的再迁徙至台湾省南投县南投镇中兴新村。

三、韦执谊一支的南迁与海南韦氏

韦执谊是以进士擢第进入仕途的，并在制策中居于高等，拜为右拾遗，被召入翰林为学士，受到唐德宗的宠遇，与裴延龄、韦渠牟等出入禁中，略备顾问，俨然是唐德宗时期的近臣。后来因为被卷进"二王八司马事件"，贬为崖州司马，卒于贬所。根据海南韦氏族谱，其始迁祖即为韦执谊，估计是与正史中所言为同一人，那么真正在海南生活的是韦执谊的后裔，他的后裔中还有韦昆和韦仑两人，明代析居乐会县芳园村及龙山村，今属于琼海。今天还存有海南琼海韦氏的族谱。

四、韦厥一支的南迁与广西韦氏

韦厥在正史中并无记载，现据《中国韦氏通书》所记，韦厥是唐初武德时期人，曾经在镇压岭南西道黄峒蛮造反中主动请缨，并立下赫赫战功。平叛了黄峒蛮的叛乱后，韦厥并没有立即北返，而是率领所部士卒屯垦于十万大山下，并向当地人传播中原先进文化，教民耕作，创立学堂。韦厥的边功上闻于朝廷，朝廷遂授韦厥为澄州刺史，韦厥娶当地女子为妻，遂从此落籍于澄州。后来，韦厥子又继承其父业，为国守土于边陲。如此，韦厥的子孙便世代繁衍于今广西上林一带，遂成今广西韦氏中的一大宗支。但依据目前所能搜集到的家谱，广西韦氏中似乎并没有以韦厥为始迁祖的，今天广西韦氏与京兆韦氏的关系还有待于继续考证。

本章小结

京兆韦氏作为绵延长达七八世纪的中古关中郡姓之一，在唐末五代的社会暴乱中遭受到致命性的打击，不仅本族的大部分精英从肉体上消失，就连其在政治上赖以生存的社会关系网络也被瓦解，谱牒作为中古士族身份的书面凭证也几乎散落殆尽，从而直接导致了京兆韦氏的衰亡。这看似带有很大偶然性的历史事件也存在一定的历史必然，那就是唐代安史之乱以后，尤其是唐末商品经济的发展以及社会教育的兴起所带来的寒门子弟对社会流动的诉求和门阀大族凭借对科举仕途的垄断而形成的阶层固化之间的矛盾。由于士庶之间长期的阶层分化所导致的文化、价值观的差异使他们互不认同，无法通过正常的对话来解决这一矛盾，暴乱成为最有可能的方式。然而，以黄巢之乱为主的唐末五代的社会暴乱之所以能对以京兆韦氏为代表的中古士族造成如此沉重的打击，也是以中古士族在隋唐以后的大规模官僚化、中央化和城市化为前提的。官僚化、中央化和城市化使京兆韦氏从南北朝时期的豪族转变为以俸禄为主要经济来源、以两京城市封闭空间为常居地的寄生官僚，门风也因此彻底的文质化，这些在不知不觉中完成的转变正是隋唐以来国家针对门阀大族把持地方政治、垄断文化而加强中央集权和在文化上的主导权所取得的效果，其中一个影响最为深远的举措就是科举制的实施。从京兆韦氏的仕途情况来看，科举制并没有在社会阶层流动和交融上起到明显的效果，也没有对京兆韦氏的政治社会地位产生明显的影响，但却使以京兆韦氏为代表的中古士族完成了整体性的官僚化、中央化和城市化，并失去了在文化上的主导权。而正是这些变化使京兆韦氏这些中古士族失去了宗族乡里基础，丧失了掌控私人武装力量的空间和可能，从而失去了在社会暴乱中自保和卷土重来的资本；经济文化重心在安史之乱后向南方的转移也使部分京兆韦氏转移到南方城市；商品经济的发展、社会教育的兴起尤其是唐末五代以后印刷术的推广使门阀大族原有的文化优势彻底失去。由此可见，以京兆韦氏为代表的中古士族衰落于唐末五代正是南北朝隋唐以来政治、经济、文化和社会诸方面皆逐步发生转型综合作用的一个必然结果。在不同层面的转型中，使京兆韦氏郡望原有的地缘优势、血缘纽带、政治认同及文化优势被逐一打破。最终成为于旧地乡里无望，流落于南方他乡的普通家族。

结　　语

　　综合而言，京兆韦氏作为关中郡望大致形成于汉末魏晋时期，虽然京兆韦氏在这一历史时期的政治地位并没有在西汉时期显赫，但在杜陵乡里以强大的政治经济势力和家学门风赢得了非常高的社会地位。世代习儒，以文入仕，对政治保持相对的独立性，成为家族的特质。历经汉末魏晋南北朝时期的播迁，从关中分离出来的部分韦氏因南迁形成了延陵、襄阳、彭城等一些新的地望，家族特质从以文为重到文武兼备，政治社会地位大起大落，难以持久。

　　相比之下，南迁北归或一直留居北方的京兆韦氏则凭借宗族乡里基础与北朝隋唐政权重新结合，成为延续至唐初的军功新贵或皇亲国戚，武质特征明显。

　　随着唐代中央集权的加强、科举制的实施和城市商品经济的复兴，京兆韦氏精英分子被吸收到两京，成为寄生官僚，武质丧失殆尽，文质凸显，家族重心逐渐从乡里杜陵转移至城市两京。随着安史之乱以后唐代中央集权的衰落，经济重心的南移，京城韦氏又分散至南方各地，形成新的地望，政治社会地位虽能维持，但其贵宠和名望程度已远不如前。

　　唐末五代，因社会阶层固化所导致的社会矛盾激化，以黄巢之乱为主的社会暴乱将集中于两京各地名望大族的精英分子消灭殆尽，直接导致了中古门阀大族的整体性衰亡。

　　加之唐末五代和宋代印刷术的推广和使用推动了文化学术的下移，使原来门阀大族所仅有的也是最为依恃的文化优势逐渐丧失，京兆韦氏便也在从士族社会向士人社会转变的过程中逐渐成为一个遥想的郡望符号而一去不复返。①

---

① 顾向明在其《3—9 世纪崇重"旧望"的价值观及其对社会风俗的影响 —— 兼论郡望内涵及功用的演变》一文中认为，郡望的内涵和功用经历了一个长期的演变过程，即由战国秦汉时期指"原籍的郡名"演变为魏晋南北朝时期指称"郡中显贵的士族"；由明确祖籍所出之基本功用发展为具有了区分士庶尊卑贵贱、维护门阀社会等级制度的礼的功用；至唐代，则蜕变为一种象征士族传统社会地位的文化符号，失去了礼的功用，载《河南师范大学学报（哲学社会科学版）》2009 年第 3 期，第 218 ～ 221 页。

附录一：《新唐书·宰相世系表》校补

京兆韦氏发展到唐代，进入到一个鼎盛时期，其家族中出了多位宰相，其世系成为《新唐书·宰相世系表》的重要组成部分。现主要依据韦氏墓志，并结合相关史料，对《新唐书·宰相世系表》韦氏部分进行了一定校补。

一

《新唐书·宰相世系表四上》（第 3052 页）载韦璆支系，节录如下：

璆，衡州刺史、鲁县康公			
元诚，范阳郡仓曹参军	元济	元贲	元曾，字叔颖，吏部郎中

按：《唐故兴元府城固县丞京兆韦府君（识）墓志铭并序》[1]韦沼撰此志时署犹子、乡贡进士沼撰

府君，字不惑。韦氏其先彭城人，曾大父讳璆，银青光禄大夫、衡州刺史，谥曰康。大父讳元贲，荣王府功曹。父讳儆，扬州江阳县令。母夫人同郡杜氏。君则江阳府君之季子。君自幼强，弱冠能取明经第。解褐授河中府文学，复调录金州事。刺史李弘庆疾殁后君用刺史事治一州。后刺史姚弘庆至之初，有判司刘方老为不法事，君纠绳之。会昌始岁，授凤翔军事，又调兴元城固县丞。秩满，家甚贫，无归计，将客游西蜀，至利州，疾且革，遂还。大中七年殁于城固县，享年五十有五。娶河东薛氏夫人，故昌运女，无子，先君之终。女二

---

[1] 吴钢主编：《全唐文补遗》第八辑，西安：三秦出版社，2005 年，第 190 页。

人：长曰康儿，次曰刘刘。子男一人赵娘，始七岁，生而丧明。季兄监察御史、知盐铁柜阳监讽。痛骨肉之凋零，悯二女之孤稚，附银百两，命沼主其营奉。以大中九年窆于京兆府万年县义善乡凤栖原，祔薛夫人之墓。仲兄将作监丞讷，友爱情至，既窆，将字其诸□，犹子沼，感遗教之丁宁，承二父之严命，不敢荒薄让忍，为铭。

【世系】《世系表》中韦璆四子的长幼顺序为元诚、元济、元贲、元曾。

《四校记》① 据《毗陵集》一二《元诚志》称：范阳仓曹参军，故衢州刺史鲁县子韦璆第三子。亦永泰二年葬，有子曰彤，季弟元曾。

《校异》② 据《全唐文》卷三九二独孤及《唐故范阳峻仓曹参军京兆韦公墓志铭》："永泰二年五月七日，有唐故衢州刺史鲁县子京兆韦璆第三子范阳郡仓曹参军讳元诚葬于少陵原。……有子曰彤。公季弟吏部郎中元曾。"《全唐文》卷三九二独孤及《有唐故吏部郎中赠给事中韦公墓志铭》："郎中讳元鲁，字颖叔，司农少卿德敏之孙，衢州刺史鲁县康公之子。……公无胤子，以兄子某为嗣。公之从父兄曰元甫。"据《墓志铭》，元诚乃第三子。

《世系表》中元贲为韦璆的第三子，据以上证明，元贲在表中的位置应改动，但确为第几子不得证。

《世系表》中元贲下代无载。今据《韦识墓志铭》可确证元贲子儆，儆三子长幼分别为讷、讽、识，墓志中讷与讽分别为识的仲兄和季兄，故推测其还有长兄，但不确证。识有子赵娘，女康儿，刘刘。当据补。韦沼为墓主侄子，奉讽之命，主办营奉，故推测韦沼为讽之子。

【官爵】《世系表》中璆的官职为衡州刺史。《四校记》、《校异》据《元诚志》和《元曾志》为衢州刺史，据《韦识墓志铭》也为衢州刺史，当据改。《世系表》中元贲阙载，故其官职不载，今据《韦识墓志铭》当补为荣王府公曹。韦讷的官职当补为将作监丞，韦讽的官职当补为监察御史、知

---

① （唐）林宝撰，岑仲勉校：《元和姓纂（附四校记）》卷二，北京：中华书局，1994 年，第 154 页。

② 赵超：《新唐书宰相世系表集校》卷四，北京：中华书局，1998 年，第 605 页。

盐铁柜阳监，韦识的官职当补为兴元府城固县丞。

如以上考证不误，韦璆一支世系表当订补如下：

璆，衢州刺史						
元贲，荣王府公				元济	元诚	元曾
儆						
？	讷，将作监丞	讽，监察御史、知盐铁柜阳监	识，字不惑。兴元府城固县丞			
		沼	赵娘			

<h2 align="center">二</h2>

《新唐书·宰相世系四上》（第3052页）载韦子粲一支系，节录如下：

子粲，都水使者，高平贞男
孝謇，集州刺史

按：《唐故天女寺尼韦氏（爱道）墓志铭并序》[1]

　　比丘尼法讳爱道，字法多，俗姓韦氏，京兆杜陵人也。曾祖子粲，右卫大将军。祖孝謇，凤林郡守。父处乂，并州祁县令。比丘生于贵族，出自名家，姿范端妍，才章敏茂。年甫卅，归于弘农杨氏。金夫中夭，出家，以景龙三年十月廿八日终于洛州永昌县毓德里第，春秋六十有九。蔺绍撰此志时署西河蔺绍词。

【世系】《新表》中对孝謇后代阙载。《姓纂》[2]：子粲生孝謇，集州刺史。与《新表》所记相一致，对孝謇后代也阙载。现据《韦爱道墓志铭》可补

---

① 吴钢主编：《全唐文补遗》第八辑，西安：三秦出版社，2005年，第13页。

② （唐）林宝撰，岑仲勉校：《元和姓纂（附四校记）》卷二，北京：中华书局，1994年，第153页。

孝謇一子处义。

【官爵】《新表》中子粲的官爵为都水使者，高平贞男。正史本传中所记历官为"中书侍郎，南汾州刺史，南兖州刺史，豫州刺史，爵位曾为长安子，西樊县男，谥号为忠。"[1] 现墓志中为"右卫大将军"，三处记载皆不一致，孰是孰非尚待考证。孝謇，在正史中并无传记，其官职在《姓纂》及《新表》中皆为集州刺史，而墓志中所记凤林郡为隋弘农郡在义宁元年的改称[2]，与集州并不相合；从其父子粲所处时代为东西魏，孝謇任隋末凤林郡守也有可能，故可以补其凤林郡守一职。现据《韦孝謇墓志》[3] 可确认韦孝謇任职是跨隋唐两朝，在隋朝开皇十九年（599）起家某州总管府记室，大业年间，先后主宰义清、长河二县，大业九年（613）迁弘农郡丞，因政绩卓著而迁弘农郡守，后迁凤林郡太守，隋朝改郡为州之后，韦孝謇又被授予某州刺史。进入唐代以后，韦孝謇于武德初年，频应蒲绛晋三州总管府司马，后改授大将军，武德七年（624），授晋州都督府长史，贞观元年加中散大夫持使节集州诸军事集州刺史，于贞观三年（629）薨于晋州，享年七十六岁，由此可见，《世系表》中的集州刺史是韦孝謇的终官，除此之外还有其他诸个职位，可据此一并补充。处义并无史载，今据墓志可补其官职为并州祁县令。

如以上考证无误，韦子粲一支系表应为：

子粲，都水使者，高平贞男
孝謇，凤林郡守，集州刺史
处义，并州祁县令

三

《新唐书·宰相世系表四上》（第3054页）载韦世师一支世系表，节录

---

[1]《北史》卷二六《韦子粲传》，北京：中华书局，1974年，第956页。
[2]《新唐书》卷三八《地理志》，北京：中华书局，1975年，第983页。
[3] 详见赵文成、赵君平：《秦晋豫新出墓志蒐佚续编》，北京：国家图书馆出版社，2015年，第219页。

如下：

世师，博州刺史		
真泰，户部侍郎	修业，水部员外郎	崇操

按：《大唐故使持节怀州诸军事怀州刺史上柱国临都县开国男京兆韦公并序墓志铭》[1]

公讳泰真，字知道，京兆杜陵人。曾祖雅，后魏洛州刺史；祖峻，后周千牛、通事舍人、侍御史、御史中丞、司隶刺史。父师，皇朝度支仓部郎中、虢王府司马、兼虢州别驾、汉王府长史、洛州都督府司马、洋博二州刺史。公即博州府君之第二子。弱冠，起家为太宗文武圣皇帝挽郎。寻授梁州城固县丞，转绛州司户参军事。时蒋王为梁州都督，越王为绛州刺史，并降殊礼于公，公特为越王所重。龙朔三年乃授公记事参军事。乾封中，高宗天皇帝以通事舍人奉宣帝命。咸亨初，关中失稔，天子思致淮海之粟以实东京，而以吴越轻躁难于征发。乃诏公于江南转运，以便宜专决焉。二年除虞部员外郎。上元二年，除度支郎中。仪凤二年，除户部郎中。调露初，除兵部郎中。时大驾将幸太原，国用难给，命公收租赋以实之。后优诏特加三阶，授度支郎中，寻除户部侍郎。二年，将有事于中岳，营奉天宫，诏公修造，不费资于府库，不创兴于力役。此后诏公加等，授中大夫。嗣圣元年，授大中大夫，又加上柱国·临都县开国男。时方上事起，诏公摄将作大匠并吏部尚书韦喜价驰赴乾陵，积劳成疾，光宅元年，事毕，先后为洛州长史，雍州长史。二年，疾甚，三年正月，薨于神都崇政坊私第，春秋六十一。有弟崇操，仪凤中，天子闻其有境外之才，命西藩为使。有子仰孝等。

---

[1] 吴钢主编：《全唐文补遗》第五辑，西安：三秦出版社，1998年，第198页。

《唐故洛州录事参军京兆韦君墓志铭》：[1]

　　君讳崇礼，京兆人。高祖昶，秦州刺史。曾祖雅，洛州刺史。祖峻，宁州司录。父师，皇朝洋博二州刺史。公门荫入仕，起家太穆皇后挽郎，益州参军，累迁左武卫候铠曹，岐洛二州录事参军。乾封三年终于洛州温柔里第，春秋五十二。

【世系】《元和姓纂》卷二《微韵·韦》[2]：祖欢曾孙世师，唐博州刺史；生太真，户部侍郎。太真生琼之，修业。琼之，考工郎中，修业，水部员外。世师少子崇操。

《四校记》[3]："《劳考》一一云：'《元和姓纂》真泰作太真，盖《表》误倒耳。'太真，咸亨元年为通事舍人，见《元龟》一〇五。《新表》将崇操与世师列为同代，疑有误。"

《集校·超按》[4]：《唐郎官石柱题名》户部郎中有韦泰真。《大唐前廷王府户曹参军李君故妻京兆韦夫人墓志之铭》（千唐志斋藏）云："故夫人京兆韦氏，皇朝户部侍郎京兆河南尹知道曾孙，皇朝考工郎中琼之之孙，故冯翊郡朝邑县令光俗之子。"疑此志中之韦琼之即《新表》之韦琼，惟真泰（太真）作知道，知道乃太真之别名与？抑字与？不可确知。琼之子光俗，为《新表》阙载。

　　今据《韦泰真墓志铭》可确证《元和姓纂》、《郎官石柱题名》不误，《世系表》误倒，当据改；泰真与知道为同一人，知道为泰真字，当据补。

　　今据《韦泰真墓志铭》和《韦崇礼墓志铭》可确证韦泰真与韦崇礼为同父兄弟，其父《墓志》中都为师，《世系表》中为世师，但官职相符，应

---

① 吴钢主编：《全唐文补遗》第七辑，西安：三秦出版社，2000年，第278页。
② （唐）林宝撰，岑仲勉校：《元和姓纂（附四校记）》卷二，北京：中华书局，1994年，第156～157页。
③ （唐）林宝撰，岑仲勉校：《元和姓纂（附四校记）》卷二，北京：中华书局，1994年，第157页。
④ 赵超：《新唐书宰相世系表集校》卷四，北京：中华书局，1998年，第609页。

为同一人。墓志中缺一"世"字，当为避讳之故。当据补世师的另一子崇礼，其以门荫入仕，推为长子，泰真为其第二子墓志已明确记载。

《元和姓纂》中"世师少子崇操"，《四校记》认为"将崇操与世师列为同代，疑有误"。今据韦崇礼墓志可推，崇操与崇礼当为同代人，据韦泰真墓志可确证崇操为泰真弟，应为世师的少子。可确证《姓纂》无误，《新表》有误，当据改。

《世系表》中世师之上辈为韦薈，而韦薈所任官职与所处时代与墓志所载峻的相关信息并不相符，故不为同一人。且《姓纂》中仅记载，韦薈生世让。故今据《韦泰真墓志铭》和《韦崇礼墓志铭》可证世师之父为峻。当据补。

《世系表》中世师之祖阙载，今据两墓志可确补为雅。

《世系表》中世师之曾祖为祖欢，与《元和姓纂》所记相符，但与墓志所载不一致，据墓志当改为昶。

《世系表》中泰真之子阙载，据韦泰真墓志可确补仰孝为其一子。

【官爵】《世系表》中峻、崇礼阙载，故官职亦阙。今据《韦泰真墓志铭》和《韦崇礼墓志铭》峻官职当补为后周千牛、通事舍人、侍御史、御史中丞、司录刺史。崇礼官职当补为洛州录事参军。

如以上考证不误，韦世师一支世系表当订补如下：

昶			
雅，后魏洛州刺史			
峻，后周千牛、通事舍人、侍御史、御史中丞、司隶刺史			
世师（师），洋博二州刺史			
崇礼，洛州录事参军	泰真，字知道，怀州刺史、临都县开国男	修业，水部员外郎	崇操
	仰孝		

四

《新唐书·宰相世系四上》（第3078页）载韦瓘支系世系表，节录如下：

瓘字世恭，随州刺史，达安公	颐	仁基，龙州刺史	
万顷		元祚，丹州刺史	仁祚，宋州刺史

按：《大唐故常州长史韦君（俊）墓志铭并序》①

公字英彦，京兆人。曾祖敬远，周明帝征太常卿，不就。赠招隐士诗，号为逍遥公。祖瓘，隋安州总管府长史，稍迁随州刺史，封安平子，赠建安伯。父仁基，隋清淇、偃师二县令，济北郡丞，皇朝检校龙州刺史，赠宋州刺史。官至常州长史，龙朔二年卒，春秋五十五。以麟德元年葬于万年县洪固乡高平原。嗣子旺等。

【世系】《补正》②：《独孤公夫人韦氏墓志》云：世恭生上大将军宋州刺史仁祚，仁祚生给事中旅。又《姓纂》恭生万顷、仁基。《表》以仁基为瓘弟，仁祚为仁基子，舛误殊甚。又《安国寺大德惠隐禅师塔铭》：外祖韦氏，字孝基，皇中书舍人，逍遥公孙。孝基仁基殆兄弟行，志谓为逍遥公孙，世次正合。

《四校记》③另据李迥秀《裴希左树右享碑》："夫人京兆韦氏。……祖恭，故上大将军、随州刺史、建安公。父仁基，故绵州别驾龙州刺史。"（《全文》二八二），得此，益确决《新表》以仁基为夐之子必误。据唐人重讳，仁基之子必不为仁祚。今应将仁基、元祚，各推下一代，删去仁祚，

---

①　吴钢主编：《全唐文补遗》第七辑，西安：三秦出版社，2000年，第270页。
②　赵超：《新唐书宰相世系表集校》卷四，北京：中华书局，1998年，第629页。
③　（唐）林宝撰，岑仲勉校：《元和姓纂（附四校记）》卷二，北京：中华书局，1994年，第133页。

斯与《独孤公夫人韦氏墓志》及《姓纂》均符矣。

今据《韦俊墓志铭》可证仁基为瓘之子，与《四校记》所证完全相符。《集校》综合各家重新所排出的世系即韦瓘生万顷、仁基和孝基。仁基生元祚和旅（或说即元祚）。又赵吕甫《新唐书宰相世系表订补》一文[1]，据《毗陵集》卷10《韦瓘墓志铭》以仁基、仁祚为瓘之子。与《独孤公夫人墓志铭》所载仁祚为瓘之子相一支，此两方墓志当能确证仁祚与元祚应为两个人，仁祚不应当删掉。据综合考证，恭所生为万顷、仁基、仁祚、孝基，仁基子元祚，仁祚子旅。

《新表》仁基下仅元祚一子，今据《韦俊墓志铭》可补仁基另一子俊，从其所任官职与元祚并不相符可证不为同一人。俊下有嗣子旺，《新表》中阙载，当据补。

【官爵】瓘与仁基的官职与《新表》基本相符，俊的官职当据补为常州长史。

如以上考证不误，韦氏瓘一支世系表当订补如下：

瓘，瓘字世恭，随州刺史，达安公				
万顷	仁基，龙州刺史		仁祚，宋州刺史	孝基
	元祚，丹州刺史	俊字公彦，常州长史		
		旺		

五

《新唐书·宰相世系四上》（第3079页）载韦彤支系世系表，节录如下：

---

① 赵吕甫：《新唐书·宰相世系表订补》，《四川师范学院学报》1995年第1期，第21～27页。

彤
彦师，抚州刺史
承徽，忠州刺史
彦方
徽
衡，原州都督
寂，司农太府少卿

按：《唐故中大夫使持节原州诸军事检校原州都督群牧都副使赐紫金鱼袋赠太仆卿上柱国修武县开国男京兆韦府君（衡）墓志铭并序》[①]

维唐获灵宝之元年岁次壬午十月壬申二日癸酉朔，韦氏改葬于国北之岷山。公讳衡，字南岳，京兆杜陵人。公即逍遥公之裔子，隋齐州刺史讳彤之曾孙，皇苏州长史、修武县开国男讳彦芳之孙，棣州蒲台县令、袭修武县开国男讳徽之子。天后时，公以和顺县主之子居数载而不得调，由是以明养晦……中宗践祚，禄勋合亲，起家授宣州参军，寻充南使判官，非其好也。以功改原州都督府仓曹，又除殿中省尚辇尚乘直长、兼东宫群牧副使。大使之任，自亲马政，始简帝心。十五年间而马斯臧矣。迁陕王府咨议，转原州别驾，又换陇州，入为右骁卫中郎将，兼检校西使大使。内掌环列，外司牧围。继张万、张景顺之后，拜原州都督，兼群牧都督使。廿年，上将北巡太原，勒兵数十万骑。以功加赐阶二等。……春秋五十有六，是岁冬十月九日，终于东京政平里。公之子，一曰交云，袭修武县开国男，二曰交邕，获守前祀，未至大官，抑不其身自他而有耀也。

《唐故中大夫平凉郡都督陇右群牧使赐紫金鱼袋上柱国修武县开国男赠太仆卿韦公（衡）墓志铭并序》[②]：

---

① 吴钢主编：《全唐文补遗》第八辑，西安：三秦出版社，2005 年，第 40～42 页。
② 吴钢主编：《全唐文补遗》第八辑，西安：三秦出版社，2005 年，第 67 页。

公讳衡，周逍遥公夐之玄孙也。曾祖彤，隋齐、陵二州刺史。祖彦方，皇苏州长史、修武县开国男。父徵，皇棣州蒲台县令。妣和顺县主。弱冠，以诸亲出身，解褐宣州参军，充南使判官。敕授原州都督府仓曹参军，转授殿中省尚辇直长，尚乘直长。敕检较东宫群牧使，迁陕王府咨议，原陇二州别驾。又迁右威卫中郎将，检校西使使，后授原州都督。开元廿载十月九日，寝疾终于东京政平里之私第，春秋五十八。有诏赠太仆卿，夫人谯郡夏侯氏，皇秘书监端之孙女也。至天宝十有二载五月廿四日，终于武德县之廨宇。有仲子交云，嗣修武县开国男。季子寂，任武德县丞。以天宝十三载正月十日，窆。

【世系】此两方墓志的墓主皆为韦衡，一方为初葬所制，一方为迁葬所制。据志文，韦衡终于开元二十年，迁葬于天宝元年。《元和姓纂》：彤生彦师、彦方。彦师，抚州牧，生承徽。彦方生徵、同。徵生衡、衍、衢。衡，原州都督，生寂，左司郎中、太府少卿。《补正》以为《表》误以彦师、彦方兄弟为祖孙，承徽、徵、同兄弟亦为祖孙。《集校》综合诸家之考证已改。今据《韦衡墓志铭》可确证彦师为彤子，《元和姓纂》记载无误，《世系表》有误。

今据《韦衡墓志铭》可确证《元和姓纂》所记彦方、徵、衡、寂的关系无误。《集校》中所改无误。

《世系表》中仅记衡之子寂，今据《韦衡墓志铭》可证还有嗣子交云，次子交邕，当据补。

【官爵】《四校记》：《姓纂》作"衡，原州都督。"《说之集》一二有陇州别驾韦衡，应即其人。[①] 今据《韦衡墓志铭》可证，韦衡曾为原陇二州别驾，后迁原州都督，《姓纂》所记与《说之集》所记为同一人。《世系表》所载与墓志相符。

---

① （唐）林宝撰，岑仲勉校：《元和姓纂（附四校记）》卷二，北京：中华书局，1994 年，第 136 页。

《世系表》中彤官职阙载，《姓纂》中阙载。今据《韦衡墓志铭》当补为隋齐、陵二州刺史。

《世系表》中彦方官职阙载，《姓纂》中亦阙载。今据《韦衡墓志铭》当补为苏州长史、修武县开国男。

《世系表》中徵官爵阙载，《姓纂》亦阙载，今据《韦衡墓志铭》当补为皇棣州蒲台县令，修武县开国男。

《世系表》中并不记衡二子，交云和交邕，官爵亦阙。今据《韦衡墓志铭》当补交云修武县开国男，交邕未至大官，暂缺。

《世系表》中寂的官爵为司农太府少卿，《元和姓纂》载为左司郎中，太府少卿。《四校记》据《郎官考》认为郎下夺中字。[1] 今据《韦衡墓志铭》当证其曾为武德县丞。如以上考证不误，韦氏彤一支世系表当订补如下：

彤，隋齐、陵二州刺史			
彦师，抚州刺史	彦方，苏州长史、修武县开国男		
	徵，皇棣州蒲台县令，修武县开国男		
	衡字南岳，原州都督		
	交云，修武县开国男	交邕	寂，司农太府少卿

六

《新唐书·宰相世系四上》（第3080页）载韦氏衍支系世系表，节录如下：

衍	
万，兼监察御史	京，富平令
处厚字载德，相文宗	

按：《唐故青州户曹参军京兆韦府君挺墓志铭并序》[2] 冯行俭撰此志时署乡贡进士

---

① （唐）林宝撰，岑仲勉校：《元和姓纂（附四校记）》卷二，北京：中华书局，1994年，第136页。
② 吴钢主编：《全唐文补遗》第三辑，西安：三秦出版社，1996年，第187～188页。

公讳挺，字梦楚，京兆人。皇祖新，陈州别驾。列考伦，坊州宜君县令。公资历两任，解褐荆襄郢邑令尹。次历青州毗赞，后改摄司录。一郡名族钦德，人皆感伏。宝历元年宦殁于北海郡，享年五十六。唯女二，映娘和户户。长兄揆命仲子行宣，可为继嗣。孀妻柏氏，龙武将军良器之季女。墓主嗣子行宣，长弟攉，幼弟操，犹子仲谔等宝历二年归葬于京兆长安县义阳乡高阳之原先茔。

《唐故青州司户参军韦君（挺）夫人柏氏（苔）墓铭并序》[1]：

夫人姓柏氏，讳苔，夫人廿二适京兆韦挺。挺，宰相处厚再从弟，一命为青州司户参军，卒有宾客元舅之铭在。

《唐故朝议郎使持节明州诸军事守明州刺史上柱国赐绯鱼袋韦府君墓志铭并序》[2]：

府君讳埍，字导和，京兆人。曾祖衍，皇太中大夫太子右赞善大夫。祖交晏，皇升州司户参军赠给事中。父著，皇试右内率府胄曹参军。君即故相国韦公处厚从父之弟，中书常怜之，知其有立于后矣。男长曰承诲，次曰承裕，皆明经及第，绍修前训。次曰承休，已有成人之节。次五子皆孺孩。女三人曰都师、瀍子、阁儿。

《唐故明州刺史御史中丞韦公夫人太温氏墓志铭》[3]：

夫人适韦氏之门卅五年矣，六行之枢，始终一贯。韦公即唐朝上

① 吴钢主编：《全唐文补遗》第三辑，西安：三秦出版社，1996年，第233页。
② 吴钢主编：《全唐文补遗》第四辑，西安：三秦出版社，1997年，第162～163页。
③ 吴钢主编：《全唐文补遗》第八辑，西安：三秦出版社，2005年，第172页。

相处厚之堂弟也。公讳埙，字导和。大和开成中，天子知公吏理明干，处剧若闲，严明清贞，注意重用。自释褐后，累历难官，诸侯争请者无数。位至河南纠，其声大震。入迁仓部员外判户部案，又转长安令。寻以杨子留后乏材，上以天下支技，出此一方，甚所忧之。选择无如公者，上则授焉。旋授明州牧。到处大理，中外一口。有子八人：长曰承诲，登董仲舒孝廉科，授汝州临汝尉。次曰承裕，亦登孝廉科。儒家之所尚也。次曰承休。次曰嵩儿，次曰节郎，次曰周老。次曰韶儿，次曰村老。并修进勤苦。女三人，长曰都，次曰洞，次曰阁，女工仁孝，会昌六年殁于洛阳立行里第。享年四十九。

《唐故京兆韦氏室女都娘子（都师）墓志铭并序》[1] 韦承范，墓主之长兄

> 逍遥公之九代孙，大王父晏，给事中。王父著，右卫胄曹。考埙明州刺史，御史中丞。生于太原温氏。

【世系】《世系表》中对韦挺一支的成员阙载。据《韦挺夫人柏氏（苔）墓志铭》，可证韦挺为韦处厚为再从弟，即韦处厚的祖父与韦挺的祖父为同父兄弟。但据《集校》校改后[2]，仅知道处厚父为万，这与正史《韦处厚传》所记也相符。但其祖不载。

据《韦埙墓志铭》和《韦埙夫人温氏墓志铭》可知，韦处厚与韦埙为堂兄弟，即韦处厚的父亲与韦埙的父亲为同父兄弟。处厚的父亲为万已确证，韦埙的父亲据《韦埙墓志铭》和《韦氏都娘子墓志铭》可确证为著，即万与著为同父兄弟，而著的父亲据如上两墓志志文可证为晏（交晏，处晏），著的祖父为衍。即埙祖为晏（交晏，处晏），曾祖为衍。

---

① 吴钢主编：《全唐文补遗》第一辑，西安：三秦出版社，1994 年，第 369 页。
② 赵超：《新唐书宰相世系表集校》卷四，北京：中华书局，1998 年，第 635～636 页。

　　韦处厚与堉即为同祖关系,则韦处厚的祖父及曾祖也分别为晏(交晏、处晏)和衍。而韦挺的祖父与韦处厚的祖父晏又是同父兄弟,则据《韦挺墓志铭》及《韦挺夫人柏氏(莒)墓志铭》可证韦挺的祖父为新,也即新与晏同为衍之子。据《韦挺墓志铭》当补韦挺祖新,父伦,长兄韦挺及长兄揳、长弟擢、幼弟操、嗣子行宣、犹子仲锷。犹子仲锷为墓主侄子,其父为谁难确证。

　　【官爵】衍、晏、著、堉的官爵在《新表》中均阙载,据《韦堉墓志铭》当分别补为皇太中大夫太子右赞善大夫,皇升州司户参军赠给事中,皇试右内率府胄曹参军,明州刺史。韦挺祖新和父伦的官爵当据《韦挺墓志铭》分别补为陈州别驾和坊州宜君县令。韦挺的官爵当补为青州司户参军。如以上考证不误,韦氏衍一支世系表当订补如下:

衍,皇太中大夫太子右赞善大夫					
处晏(晏),皇升州司户参军赠给事中		新,陈州别驾			
著,皇试右内率府胄曹参军	万,兼监察御史	伦,坊州宜君县令			
堉字导和,明州刺史	处厚字载德,相文宗	揳	挺	擢	操
		仲锷?	行宣		

七

　　《新唐书·宰相世系四上》(第 3081 ～ 3082 页)载希叔一支世系表,节录如下:

希叔,字季,薛王友		
袭先,蜀州参军	奉先,岐山令	令先,翼州参军

　　按:《唐故密州莒县主簿京兆韦府君(友直)墓志铭并序》[1]

---

[1] 吴钢主编:《全唐文补遗》第八辑,西安:三秦出版社,2005 年,第 150 页。

公讳友直，国朝之盛族也。曾祖希扎，祖令先，父河，并立仕明时，咸有当时之称。公以门荫补三卫出身，释褐莒县主簿，为官甚著其名。以位卑无主，遂守调于洛。虽家无数亩之田，而未尝戚戚于道，真丈夫也。以大和七年寝疾终于徐氏訾城之里第。享零四十。外氏吴郡陆氏。公娶高平徐氏，即沣阳宰之长女也。腹有遗孕，过期未育。庶子三人：长曰多郎，年八岁。曰□，曰小多，年四岁。有女一人，予之兄忝为公之姻好，将叹其事，敏而志焉。

《唐故河南府偃师县主簿韦府君（河）墓铭并序》[1]

在魏周之际，有时人号为逍遥公讳夐，则公七代祖也。宜其光昭前修，昌炽后裔。在开元时，玄宗介弟开国于薛。上敦友爱，礼同家人。公曾王父讳希扎，公王父先，公烈考讳浣，公承百代之茂绪，传过庭之诗礼。早岁以资荫补太庙斋郎，选右司御录事，换洪州南昌丞。出入数年，更历四职。位孤其量，兼吏职者七任，享年四十七，以元和八年终于偃师之官舍。以其年权厝于县之北亳邑乡岷山之原。杜陵阡陌，前昭后穆。家贫途遥，未遑归祔。古人以不怀土为达，庶几安乎？夫人吴郡陆氏，皇朝殿中侍御史府君讳倚之女。有子一人曰友直，女郎一人，皆在稚齿。

【世系】《姓纂》对这一支系并阙载。正史传记中也无本世系成员的记载。据《韦河墓志铭》：希扎与薛王为友，与《新表》中所载"薛王友"相一致，故韦希叔与希扎应该为同一人，今从墓志为希扎。

据《韦友直墓志铭》，令先为希扎子，《韦河墓志铭》中为"先"，应为同一人，《新表》中也为令先，今从《新表》。

---

[1]　吴钢主编：《全唐文补遗》第八辑，西安：三秦出版社，2005年，第118页。

据《韦河墓志铭》，浣为令先子，但《韦友墓志铭》中阙载。从两方墓志来看，韦河为韦友直的父亲，那么韦河的曾祖希扎应为友直的高祖，但《韦友直墓志铭》中也记韦曾祖，显然有误。那么相应的，令先为友直的曾祖，浣为友直的祖父，河为友直的父亲。据此可补浣，河，友直三代人。

据《韦友直墓志铭》还可以补其三子，多郎，口及小多。

【官爵】两方墓志对希扎、令先、浣三人的官职并无记载；据两方墓志仅可补韦河及友直的官职分别为河南府偃师县主簿、密州莒县主簿。如以上考证无误，韦希叔一支世系表应为：

希扎，字季，薛王友				
袭先，蜀州参军	奉先，岐山令	令先，翼州参军		
		浣		
	河，河南府偃师县主簿			
		友直，密州莒县主簿		
		多郎	□	小多

八

《新唐书·宰相世系表四上》（第3107页）载韦仲昌一支世系，节录如下：

仲昌，京兆少尹				
渐	浣，一名莓，巴州刺史			
	执中，泉州刺史	执谊，相顺宪		
		曙	曈字宾之，郑州刺史	昶字文明	旭字就之

按：《唐故朝议郎泉州诸军事守泉州刺史韦执中故第三女灵志文》[1]堂兄承务郎前行汝州叶县尉韦静撰

[1] 赵君平：《邙洛碑志三百种》，北京：中华书局，2004年，第279页。

"在室小妹三娘，昨元和十年七月九日因随从其父赴任泉州，行至衢州龙丘县疾作，转加良药名医，卒无征效，岂不命耶。至其年十月廿九日终于龙丘县六度寺，春秋十七……"时元和十一年岁在景申二月辛卯朔廿四日庚申记（816）。

《唐故乡贡进士韦府君墓志铭并序》[1] 前左金吾卫胄曹参军郑存实撰

公讳楷，其先京兆人也，曾祖仲昌，中散大夫京兆少尹，祖每巴州刺史，考执中泉州刺史，公即泉州第二子也。长庆四年，遽婴疾恙，药石方伎无不至焉，而运会有时，竟不能移，其福祸命也矣，谓之何哉，以其年十月一日终于宿州苻离县之私第，享年三十有四。公之长兄前试左武卫兵曹参军韶痛棣萼先凋，悲柞胤不续，爰自宿州，护归洛邑，以会昌元年四月廿一日迁葬于洛阳县平阴乡北王才村附先茔之侧，礼也。

【世系】《元和姓纂》[2]：弼兄会，生仲昌、叔昂、伯祥。度支郎中京兆尹，生渐、莓。莓巴州刺史，生执中、执谊。执中，泉中刺史，执谊，尚书左丞、平章事。《四校记》[3]据《唐世系表》校度支郎中京兆尹"度支郎"上脱"仲昌"二字。《郎官石柱》未见仲昌名。今据《韦楷墓志铭》可确证仲昌生每，每生执中，执中为第二子，《世系表》和《姓纂》皆不误。

《世系表》和《姓纂》中都作"莓"，墓志中作"每"，据官爵同为巴州刺史，可确证为同一人。《旧唐书·韦执谊传》记："执谊父浼，官卑。"与《世系表》中所记相符。当证不误。

《世系表》中不载韦执中下代，今据《韦楷墓志铭》可补其子楷及楷的

① 赵君平：《邙洛碑志三百种》，北京：中华书局，2004年，第308页。
② （唐）林宝撰，岑仲勉校：《元和姓纂（附四校记）》卷二，北京：中华书局，1994年，第188页。
③ （唐）林宝撰，岑仲勉校：《元和姓纂（附四校记）》卷二，北京：中华书局，1994年，第188页。

长兄韶。另据《韦三娘墓志铭》可确证韦三娘为执中第三女,韦静为韦三娘之堂兄。据《姓纂》和《世系表》,韦执中弟为韦执谊,韦静可能是韦执谊之子。《世系表》中所载执谊子中不见静,当据补。

【官爵】《世系表》和《姓纂》中所载仲昌、莓、执中的官爵与墓志所记相符,当证不误。韦韶及韦静在《世系表》中阙载,其官爵当据《韦揩墓志铭》分别补为左武卫兵曹参军,承务郎、汝州叶县尉。如以上考证不误,韦仲昌一支世系表当补订如下:

仲昌,京兆少尹						
渐	浼,一名莓,巴州刺史					
	执中,泉州刺史	执谊,相顺宪				
	韶,左武卫兵曹参军	楷	曙	曈字宾之,郑州刺史	昶字文明	旭字就之	静,承务郎,汝州叶县尉

附录二：京兆韦氏宗族结构

京兆韦氏是韦氏宗族中的一个重要分支，自韦玄成迁居杜陵，其子孙在此繁衍生息之后，在不同历史时期发生了多次迁徙，加之家族本身因为人口的繁衍而不断分化出新的支系，故而汉唐间京兆韦氏的宗族结构呈现出比较复杂的状况，现根据相关材料将其主要结构缕析如下：

韦孟—□—□—□—韦贤—玄成—韦宽—韦豹—韦著—□—韦胄—韦潜（西眷）

—韦憕

—韦穆（东眷）

一、京兆

1. 韦憕—韦达—□—□—□—□—□—韦挺杰—韦遵（龙门公房）
2. 韦宗立—韦式—韦匡范

         —韦昭范

         —韦昌范—韦用晦—韦縠

         —韦贻范

3. 韦绥—韦逢—韦昭度

二、杜陵

1. 韦潜—□—□—韦惠度—韦千雄—韦英—韦瑱（平齐公房）

2. 韦惜—□—□—□—□—□—□—韦景略—韦瓒（南皮公房）

3. 韦穆—□—□—韦楷—韦遴—韦阆（友观）—韦范（阆公房）

4. 　　　　　　　　　　　　　—韦道珍—韦邕—韦鸿胄—韦澄（城公房）

5. ……□……韦真憙—韦旭—韦夐（逍遥公房）

　　　　　　—韦孝宽（郧公房）

6. —□—韦义远（大雍州房）

　　—韦晖业（小雍州房）

7. 韦穆—□—□—□—□—韦自璧—韦延宾—韦仁—韦弘表—韦玄俨—韦温（驸马房）

8. 韦穆—□—□—□—□—□—□—□—韦范（鄷城公房）

三、襄阳

1. 韦穆—□—□—□—韦华—韦玄—韦祖归—韦叡……韦嗣立（小逍遥公房）

2. 韦贤—韦玄成……韦敦—韦广—韦轨—韦公循—韦义正—韦爱—韦乾向—韦翙—韦宏—韦安仁？

四、延陵

1. 韦孟……韦贤—韦元（玄）成—韦宣泽—韦明达—韦修—韦著—韦日章—韦昭

附录三：韦氏远祖的谱系建构

"近年来，国内学界对于中古士族问题的研究已经在慢慢发生着变化，开始探讨士族的姓氏、郡望、房支、谱牒等这些基底性的命题。这些研究实证多于理论，逐渐走出了为唐宋变革所笼罩的研究藩篱，提出了一些富于本土特点的士族问题，无疑对今后的研究有着重要的启示。"[①] 其中仇鹿鸣曾援引顾颉刚古史辨"层累说"的理论资源，以渤海高氏为例，讨论士族谱系层累造成的过程，提出了"在士族谱系绵延不绝的表象背后存在着明显层累造成的痕迹"。作者同时也指出，"这一分析范式的有效性当然需要更多的个案研究来加以检验"。在仇氏的研究中还涉及了《新唐书·宰相世系表》（下文简称《新表》）在渤海高氏世系层累建构过程中的重要意义。指出，"《新表》不仅将高氏起源追溯到齐太公之后，并巧妙地将其与《魏书》所载的世系勾连起来，并填充了其中世系断裂的部分，补充了高氏祖先的活动，使其系谱显得丰满可信，从而完成了渤海高氏世系层累建构的过程。此后姓氏书如邓名世《古今姓氏书辩证》、明代凌迪知《万姓统谱》，都基本沿袭了《新表》的记载"[②]。那么，中古其他士族的谱系是否也存在着这样一个层累建构的过程，《新表》在其中扮演了什么角色，谱系层累构成的过程背后反映了历史记忆过程中怎样的复杂因素。《新表》中关于韦氏的远祖谱系相对之前的韦氏世系记载也是最为详尽的，因此，笔者拟以韦氏的远祖谱系为考察内容，针对以上问题再作探讨。

---

① 王晶：《重绘中古士族的衰亡史》，《中华文史论丛》2015 年第 2 期，第 389 页。
② 以上引文皆参见仇鹿鸣：《"攀附先世"与"伪冒士籍"——以渤海高氏为中心的研究》，《历史研究》2008 年第 2 期，第 60～74 页。

　　据目前的材料所见，韦孟是韦氏第一个有具体名讳并载入正史的人物。因此，对此之前的韦氏谱系皆在本文所指的"韦氏远祖"范围之内。具有"样板"意义的韦氏源流当属《新表》中的记载："韦氏出自风姓，颛顼帝孙大彭为夏诸侯，少康之时，封其别孙元哲于豕韦，其地滑州韦城是也。豕韦、大彭迭为商伯，周赧王时，始失国，徙居彭城，以国为氏。韦伯遐二十四世孙孟，为汉楚王傅，去位，徙居鲁国邹县。"[①] 尽管就目前所见的宋代邓名世的《古今姓氏书辩证》因其为辑本并没有收录诸如韦氏这样的大姓，自然也就不得见其对《新表》的承袭，[②] 明代凌迪知的《万姓统谱》仅著录了自宋代至明代的几位韦氏成员。[③] 但在韦氏后裔所修的宗谱中明显能看到《新表》的影子。明万历四十年（1612）重修《江苏丹阳延陵韦氏族谱》时，在《本宗谱系迁徙本末事实》中对其远祖如是追述："敬稽于韦氏之先，出自颛顼孙大彭为诸侯，少康之世，封其别孙元哲于豕韦。豕韦，大彭迭为商伯，周赧王时失其国，始居彭城，子孙因以国为氏焉。逮伯遐二十四世孙孟，为楚元王傅去位，徙至鲁国之邹县。"[④] 不言而喻，这段对韦氏祖先的追述几乎照搬了《新表》的相关内容，唯一不同的是去掉了关于韦氏得姓的记载，这可能主要因为姓氏合一，原来的姓源已经没有记述的必要和意义。清乾隆庚午年间重修《吴宁韦氏宗谱》时，在其原序中对其远祖的追述与《新表》也是如出一辙："韦氏之先，出自颛顼孙大彭后，夏少康封其别孙刘累于豕韦，周赧王时失国，徙彭城，氏国曰韦，传至伯遐，

---

① 《新唐书》卷七十四《宰相世系表》，北京：中华书局，1975年，第3045页。
② 《古今姓氏书辩证》前言中有言："对现代读者来说，《辩证》一书也有一定的缺憾，最主要的问题是一些常见的姓氏甚至较大的姓氏，不见载于《辩证》之中，比如林、梁、朱、韦等姓。这种情况之所以出现，盖因《辩证》实乃一辑本——清初修撰《四库全书》。馆臣从《永乐大典》中辑出此书时，《永乐大典》已非全帙。"详见邓名世撰，王力平点校：《古今姓氏书辩证》，南昌：江西人民出版社，2006年，第16页。
③ 《万姓统谱》中关于韦氏仅记载了宋代的韦甫、韦肃和韦汇，元代的韦中，明代的韦皋、韦钥、韦敏道及韦颢共八人，关于姓氏源流无其他文字涉及。详见（明）凌迪知：《万姓统谱》卷13"韦姓"，上海：上海古籍出版社，1994年，第16～17页。
④ 上海图书馆编，牟元圭整理：《中国家谱资料选编·家谱源流卷》，上海：上海古籍出版社，2013年，第655页。

其孙孟为汉楚王傅，孟四传曰贤者徙京兆杜陵。"① 所不同的是，没有韦氏得姓的记载，行文更加简练，将大彭别孙"元哲"改为"刘累"。"刘累"见于《左传·昭公二十九年》："有陶唐氏既衰，其后有刘累，学扰龙于豢龙氏，以事孔甲，能饮食之。夏后嘉之，赐氏曰御龙，以更豕韦之后。龙一雌死，潜醢以食夏后。夏后飨之，既而使求之。惧而迁于鲁县，范氏其后也。"② 此记载只说刘累代豕韦之后，不知清代韦氏后裔做如此修改是因何故。由此可见，《新表》所记基本奠定了韦氏后裔追述远祖的叙事模式，也成为韦氏研究者对韦氏姓源梳理的最权威的史料依据。然而，这个备受认可的版本却是经历了一个层累建构的过程。

一、韦孟、司马迁和韦昭对韦氏远祖谱系的粗线条建构

"豕韦、大彭迭为商伯"的史源最早出自《国语·郑语》："大彭、豕韦为商伯"、"彭姓彭祖、豕韦、诸稽，则商灭之矣"。③ 根据《国语》所记载的历史范围最早为周穆王伐犬戎，最晚为公元前 473 年越灭吴来推断④，这段发生于商代的历史是作者根据以往的记载所保存下来的珍贵记忆，此记载只道明了豕韦与大彭互为商伯，皆出于彭姓，后又都被商所灭。

韦孟的讽谏诗将韦氏与豕韦国联系起来。韦孟是汉代初年楚国太傅，学问之高可以想象，在对其辅佐的第三位国君进行讽谏的诗文中追忆了其先祖："肃肃我祖，国自豕韦……彤弓斯征，抚宁遐荒，总齐群邦，以翼大商，迭彼大彭，勋绩惟光。至于有周，历世会同，王赧听谮，寔绝我邦。……我祖斯微，迁于彭城。"⑤ 韦孟作为韦氏后裔，吸收了《国语》关于

---

① （清）韦德梧等纂修：《吴宁东眷韦氏宗谱》，清乾隆十五年（1750）木活字（电子版），卷 1，第 2 册，第 22 页。
② 杨伯峻编著：《春秋左传注》，北京：中华书局，1981 年，第 1501～1502 页。
③ （战国）左丘明撰，（三国吴）韦昭注：《国语》，上海：上海古籍出版社，2015 年，卷 16，第 338 页。
④ 陈其泰：《〈国语〉的史学价值和历史地位》，《中国史研究》2015 年第 2 期，第 5～6 页。
⑤ 《汉书》卷七十三《韦贤传》，北京：中华书局，1962 年，第 3101 页。

豕韦国的记载，同时将豕韦国的灭亡归于周赧王听信谗言所致，比《国语》所记有所推迟。《新表》关于"周赧王时，始失国，徙居彭城，以国为氏"即源于此。尽管韦孟之后的学人多有论及韦氏即来自豕韦国，韦氏即豕韦氏[①]，但皆是根据韦孟之后的材料进行的反推，并无之前明文记载的根据。笔者怀疑韦孟有故意连缀之嫌，其目的就在于为自己的姓氏寻找一个最具合理性的解释，而氏由国来则能证明其先世曾为贵族的身份，以与当下他贵为太傅的身份相契合。

韦昭通过对《国语》的注解实现了对韦氏远祖的实质性建构。同为韦氏之后的三国史家韦昭是注解《国语》的名家，其对"彭姓彭祖、豕韦、诸稽，则商灭之矣"的注释为："彭祖，大彭也。豕韦、诸稽，其后别封也。大彭、豕韦为商伯，其后世失道，殷复兴而灭之。"[②] 这段注解就韦氏谱系的连缀而言主要实现了三点：其一，将"彭祖"与"大彭"有机联系起来，而这主要依据的是司马迁《史记·楚世家》中对楚之先祖谱系的建构："楚之先祖出自帝颛顼高阳。高阳者，黄帝之孙，昌意之二子也。高阳生称，称生卷章，卷章生重黎。重黎为帝喾高辛居火正，甚有功，能光融天下，帝喾命曰祝融。共工氏作乱，帝喾使重黎诛之而不尽。帝乃以庚寅日诛重黎，而以其弟吴回为重黎后，复居火正，为祝融。吴回生陆终。陆终生子六人，坼剖而产焉。其长一曰昆吾；二曰参胡；三曰彭祖……彭祖氏，殷之时尝为侯伯，殷之末世灭彭祖氏。"[③] 由彭祖与前文所述的大彭的经历形似基本可以推断，彭祖即大彭；且从这段记载还可以推断，彭祖是颛顼的五代孙，这与《列仙传》和《神仙传》中的"彭祖"条的内容也基本

---

① 徐仲舒从音韵学的角度指出失韦、室韦皆是豕韦的变音，并且指出：郑玄《毛诗笺》以韦为豕韦，其说亦有所本。然后论述了韦与豕韦的关系。详见徐仲舒：《论巴蜀文化》，成都：四川人民出版社，1982 年，第 116～117 页。马世之从地名的相关度对此进一步证明。详见马世之：《中原古国历史与文化》，郑州：大象出版社，1998 年，第 142～146 页。
② （战国）左丘明撰，（三国吴）韦昭注：《国语》卷 16，上海：上海古籍出版社，2015 年，第 338 页。
③ 《史记》卷五〇《楚世家》，北京：中华书局，1982 年，第 1689～1690 页。

相符①，因《列仙传》和《神仙传》的作者据传分别是西汉的刘向和东晋的葛洪，皆在司马迁之后，那么依据时代的先后推断，应该是《史记》为源。也就是说，关于彭祖的谱系应主要是由司马迁建构完成的。总之，这段记载使"彭祖"与《国语》中的"大彭"建立起联系，而且《竹书纪年》中也有"（武丁）四十三年，王师灭大彭"②的记载，尽管三国时期的韦昭不一定能看到，但《史记》应该是其参考的必读之书，这应该即是韦昭注中"彭祖，大彭也"的主要依据。其二，认为"豕韦"是大彭其后别封，将两者由原来共时性关系演变为基于谱系的历时性与共时性并存的关系，这与"三皇五帝"谱系建构中过程有相似之处，但也不完全相同③，从而将豕韦世系纳入到彭祖的谱系中，也就意味着豕韦的谱系是可以追溯到黄帝的，至于构建两者关系的依据是什么，受材料所限，已无从考证。同时，至于这个彭祖之"后"是谁，封于何时，都没有明确，这段谱系的建构是由后来的学者完成的。其三，明确了大彭、豕韦是为商所灭，并指出了其中的原因。

韦孟与韦昭同为韦氏后裔，但在关于豕韦国灭亡的认识上存在很多差异，韦昭不避豕韦国曾经为商所灭是因其失道，但韦孟却在追忆中根本没有提及此事，而且将豕韦国灭亡的原因归于周赧王听信谗言，这其中可能与两个人的写作立场有关。韦孟是将自己假设为豕韦国的后裔来追忆其先祖的，从个人情感上有偏袒庇护之嫌，即便他能从史料中看到豕韦国确实因其失道而被商所灭，也有可能故意隐瞒；而韦昭是一位史家，秉笔直书

---

① （清）王照圆校正《列仙传校正本》，卷上，第4页；（晋）葛洪：《神仙传》卷一，第3～4页，皆从守一子编撰：《道藏精华录》（下），杭州：浙江古籍出版社，1989年。

② 王国维撰，黄永年校点：《古本竹书纪年辑校·今本古本竹书纪疏证》卷上，沈阳：辽宁教育出版社，1997年，第70页。

③ 张中奎在《"三皇"和"五帝"：华夏谱系之由来》一文中曾指出：最初的"三皇"和"五帝"中的人物大都是平行关系，类型也不一样，他们之间并没有高下主次之分，但是在后来的"三皇五帝"中，这些历时性和共时性混杂的人物，被编排成历时性的世系确凿，他们之间氏族姻亲关系有"史"可证的帝王谱系，详见《广西民族大学学报》2008年第5期，第23页。

是史家的职业道德，况且韦昭还是以此在历史上格外留名的史家。^①再者，他对豕韦国的记述可能根本就没有将自己视为其后裔，也就不存在为其隐瞒的心理需要。是述而不作的职业道德使其格外尊重前人的记述，是探寻联系、追求史实真相的职业精神又可能使他将《史记》、《竹书纪年》及《列仙传》等相关记载进行了连缀和糅合。但非常有意思的是，后学虽也保留了豕韦曾为商伯的记忆，但在其灭亡上，却采纳了韦孟的追忆，还有学者对豕韦如何灭于周赧王进行了构想和连缀。^②这样，以《国语》记载为基础，经过韦孟、司马迁以及韦昭等史家和韦氏后裔的连缀和建构，韦氏远祖的一个潜在的粗线条的谱系已经基本建成，即黄帝—□—颛顼……彭祖……豕韦，但还没有正式行之于明文，是北魏以后的韦氏墓志实现了这一点。

二、北朝韦氏墓志将韦氏远祖以明文的形式追至黄帝、颛顼这些神话人物

卒于北魏永熙二年（533）的韦辉和其墓志记载："帝颛顼之苗裔，汉丞相玄成十八世孙。"^③北魏《韦彧墓志》记载："肇基颛顼，命氏豕韦，翼商周为世禄，历汉魏而朱轩。"北周《韦彪墓志》记载："帝颛顼之苗裔，陆终之胄，大彭之胤。"^④其中"陆终"所指据前引《史记·楚世家》是指彭祖之父，此追述再次肯定了前文将韦氏归为大彭胤嗣的建构。北周《韦总墓志》记载："资高阳而吐出胄，纂商伯以开源。"其中"高阳"所指据

---

① 韦昭在《三国志·吴志》中称韦曜，是为避讳西晋司马昭而改。在本传中，曾提及韦昭因不答应吴主孙皓为其没有立过帝位的父亲孙和立纪的要求而遭到孙皓的迫害，被收入狱中并处以死刑。由此可见，韦昭作为一名史臣对职业道德的坚守。详见陈寿：《三国志·吴志·韦曜传》，北京：中华书局，1982年，第1460～1464页。

② 王彦永：《"豕韦"考略》，《殷都学刊》2016年第3期，第110～113转117页。

③ 张小丽、张婷、罗晓艳：《西安出土北魏韦辉和墓志和韦乾墓志研读》，《文博》2016年第3期，第76～80页。

④ 韦彧、韦彪墓志皆参见周伟洲等：《新出土的四方北朝韦氏墓志考释》，《文博》2000年第2期，第65～72页。

《大戴礼记·五帝德》和《史记·五帝本纪》中"……颛顼，皇帝之孙，昌意之子，曰高阳"的记载也是颛顼。北周《韦孝宽墓志》记载："商丘盛玄帝之绪，相土隆彤弓之业。"根据戴应新的注释：玄帝即黄帝。^①黄帝是历史上在四种"五帝"说和三种"三皇"说均出现的人物。"到周代的时候，华夏族就把姬姓的始祖黄帝作为统一的全华夏族的共同始祖，由此黄帝就成了五帝的首一帝，后面的各帝都成为他的后裔。"^②北周《宇文瓘墓志》记载："本姓韦氏，后魏末改焉。若乃电影含星，轩辕所以诞圣；雾光绕月，颛顼于是降灵。"^③宇文瓘即韦瓘，是韦孝宽的侄子，其改姓是因其叔父韦孝宽被赐姓宇文氏。当然从目前所见北魏北周的韦氏成员墓志中也有不对远祖进行追述的，如，卒于北魏永熙二年（533）的韦乾墓志中对远祖的追述始于韦玄成；^④逝于北周武帝天和六年（571）的韦舒墓志中对远祖的追述始于韦孟。^⑤由此可见，北朝时期韦氏对于其远祖的追述观念因房支而不同。但无论如何，韦氏的远祖通过如上这些墓志得以保存和记忆，黄帝、颛顼这些华夏族的先祖从地下走向了地上，成为行之于明文、名正言顺的韦氏远祖。至于为什么在北朝集中出现这种追祖类型，笔者以为不仅仅是为追求家族世系的源远流长，更是与当时民族融合中的胡汉认同观念密切相关。北朝的民族融合呈现出胡人汉化和汉人胡化的交错局面，胡人为实现彻底汉化，将先祖追至华夏族的神仙人物，汉人士族为证明自己的正宗，也将先祖追至华夏族的炎黄之帝；在胡化逆流中，被赐以胡姓的汉人士族和其他汉人为表明与胡族的区别也在墓志中将先祖追至"三皇五帝"这些神仙

---

① 韦总墓志及韦孝宽墓志及戴应新的注释皆参见戴应新：《韦孝宽墓志》，《文博》1991年第5期，第54～59转78页。
② 张中奎：《"三皇"和"五帝"：华夏谱系之由来》，《广西民族大学学报》2008年第5期，第22～23页。
③ 宋英、赵小宁：《北周宇文瓘墓志考释》，《碑林集刊》（第八辑），西安：陕西人民美术出版社，2002年，第49～56页。
④ 参见张小丽、张婷、罗晓艳：《西安出土北魏〈韦辉和墓志〉和〈韦乾墓志〉研读》，《文博》2016年第3期，第76～80页。
⑤ 参见段毅：《北朝两方韦氏墓志释解》，《碑林集刊》（第二十一辑），西安：三秦出版社，2015年，第1～6页。

人物①，于是导致了这种追祖方式的集中出现。

隋唐以后，随着政治的统一和民族融合的加深，这种为了区别胡汉而追至炎黄神仙人物的追祖方式已经显得没有那么必要，韦氏墓志中对这些神话人物的追忆已经明显淡化。逝于唐高宗永淳二年（683）的郿城公房韦昱的墓志追述："殷商列伯，参大彭之茂功；炎汉宰臣，继平津之盛德。"②逝于武则天时期，因冥婚而合葬于唐中宗复位之时的驸马房韦后之弟韦洵的墓志由时任中书令、修文馆大学士、兼修国史的常山郡开国公李峤奉敕撰写，因当时是中宗复位，韦氏权盛之时，故而对其韦氏远祖的追述极为详细："昔轩辕之南游建木……颛顼之北至幽陵……陶唐接于夏御，周晋连于商伯。"③"轩辕"所指据《大戴礼记·五帝德》："黄帝，少典之子也，曰轩辕……"的记载也是指黄帝。卒于唐中宗圣历元年（698），与夫

---

① 据《魏书》卷一《序纪》述拓跋氏种姓之由来云："昔黄帝有子二十五人，或内列诸华，或外分荒服。昌意少子受封北土；国有大鲜卑山，因以为号……黄帝以土德王，北俗谓'土'为'拓'，谓'后'为'跋'，故以为氏。"详见（北齐）魏收：《魏书》，北京：中华书局，1974年，第36页；拓跋氏自称为黄帝之后，并改为元氏。据《周书》卷一《文帝纪》叙宇文氏之起源云："其先出自炎帝神农氏，为黄帝所灭，子孙遁居朔野。"详见（唐）令狐德棻：《周书》，北京：中华书局，1971年，第1页；成于北魏孝昌二年（526）的《于纂墓志》记载其为河南洛阳人，是"轩辕降灵"。于纂所属的于氏由万忸于氏改来，出自鲜卑，在墓志中不仅将其籍贯改为京都所在，且追叙其祖源为黄帝。详见赵超：《汉魏南北朝墓志汇编》，天津：天津古籍出版社，1992年，第381页；北魏《张宁墓志》追忆其先祖："帝喾之元胄，张衡之后焉。"详见赵超：《汉魏南北朝墓志汇编》，第305页；北魏《张玉玲墓志》追忆其祖："深源峻远，胄自炎黄。子房处汉，秩穷衰命"。详见赵超：《汉魏南北朝墓志汇编》，第319页；成于东魏孝静帝兴和四年（542）的《薛怀俊墓志》对先祖的追忆为："昔黄轩廿五子，得姓十有二人，散惠叶以上草下扶疏，树灵根而不绝。早车赞夏，功济于生民；作诰辅商，业光于帝典。"详见罗新、叶炜：《新出魏晋南北朝墓志疏证》，北京：中华书局，2016年，第182页；卒于北齐宣帝天保四年（553）的李静其墓志中追溯先祖云："帝颛顼之胤，广武君之后。"详见罗新、叶炜：《新出魏晋南北朝墓志疏证》，北京：中华书局，2016年，第470页；卒于北周武帝建德三年（574）的李纶于西魏时被赐以徒何氏，其墓志志盖即为"周故河阳公徒何墓志"，这说明墓志主人的家属对所赐姓氏的基本认同，但在其墓志文中却将其先祖追忆为"系本高阳，祖于柱史……"详见罗新、叶炜：《新出魏晋南北朝墓志疏证》，北京：中华书局，2016年，第253～254页。

② 张蕴：《西安南郊毕原出土的韦氏墓志考（二）：阆公房成员》，《考古与文物》2005年第3期，第84～90页。

③ 王原茵、罗宁丽：《唐韦洵墓志考》，《碑林集刊》（第九辑），西安：陕西人民美术出版社，2004年，第176～181页。

人合葬于景龙三年（709）的驸马房韦后的从父韦玄晞的墓志由中大夫行著作郎史祥撰写，对韦氏先祖追忆时曰："尝试言曰：原其陶唐恤胤，豕韦开国……" ① 从"尝试言曰"可推断撰者对韦氏远祖如是追述的不确定性。卒于唐玄宗开元十二年（724）的郿公房韦勉的墓志记载："我韦氏之先，盖颛顼之后、大彭之系。豕韦建国，并口匡殷，扶阳启封，仍世相汉，历世无废。" ② 其中一个"盖"字反映了撰者或墓志亲属对这一远祖谱系的概念已经相当模糊。

三、隋唐韦氏墓志及姓氏书对韦氏远祖谱系的细化

隋唐韦氏墓志中关于远祖的追忆虽然已经相对北朝明显淡化，但还是时断时续、或简或详地将这些先祖记忆保存下来，并开始出现有意建构豕韦国的开国时代及开国人物的记载。卒于隋炀帝大业十三年（617）的郿公房韦匡伯因曾为隋、伪郑和唐三朝外戚，归葬两次，留下了两方立于不同时代和不同地点的墓志。立于郑开明二年（620）的郑修墓志铭追忆其先祖："帝高阳之苗裔也。在殷作伯，开命氏之源；居汉为相，见光家之美。"立于唐高祖武德五年（622）的唐修墓志记载："昔实沉胙土，肇基于夏辰；大彭作伯，著洪业于殷祀。" ③ 则有将豕韦国开国时代归于夏代的倾向。唐代对韦氏远祖谱系建构起到重大推动作用的是卒于武则天长安四年（704）平齐公房的韦知艺的一方墓志，由岑羲撰写："大彭之先，出自颛顼。少康之代，封于豕韦。杰焉商伯，主夏盟其发号。追尔周年，因旧邦而命氏。" ④ 岑氏这一追述最大的突破之处在于将豕韦封国的建国时代定于夏朝少康之时，根据撰写墓志的依据通常是由墓志主人所提供的家传来推断，这可能是韦氏成

---

① 郑旭东：《唐韦玄晞墓志释读》，《文博》2016 年第 2 期，第 78～83 页。

② 张蕴：《西安南郊毕原出土的韦氏墓志初考——平齐公房和郿公房成员》，《文博》1999 年第 6 期，第 67 页。

③ 韦匡伯的两方墓志皆参见李明：《韦匡伯墓志抉疑》，《文物研究》2017 年第 4 期，第 79～84 页。

④ 王怀双、王昊斐：《唐韦知艺墓志考释》，《兰州大学学报》2014 年第 6 期，第 14～18 页。

员在远祖谱系上自我建构的，但这一建构一旦出现，便又被后学所保存。

　　成书于唐宪宗元和七年（812），由林宝撰写的以备朝廷封爵之用的《元和姓纂》对韦氏远祖如是记述："颛顼氏之后。大彭为夏诸侯，彭子受封豕韦，周赧王灭之，以国为氏，因家彭城。"[①] 此追述对韦氏远祖谱系的建构主要在于将大彭从原来的商伯推至夏诸侯，并将豕韦受国的受封之人定为大彭之子，这为前述《韦知艺墓志》中将豕韦封于夏少康之时做了进一步的解释。但彭祖在流传下来的文献中皆是以神仙的身份被记载的，尽管相传是长寿之人，子孙诸多，但关于他的子嗣记载却几乎没有，故而这也可能是林宝没有言明其子名讳的原因。根据他撰写此书的文献来源主要是《世本》、《风俗通义》、《三辅决录》、《百家谱》、《姓苑》等可以推断，他对韦氏远祖的建构应该是有来源的，只是如今限于文献所存无几而无从考证。

四、《新表》对韦氏远祖谱系建构的完成

　　北宋时期的欧阳修在撰写《新表》时参考了《元和姓纂》的记载，并在四个方面对韦氏远祖谱系进行了建构。其一，明确了豕韦国的开国之人是大彭之别孙元哲，从而使谱系更加明确。唐代林宝可能因为关于彭祖的后裔不见于记载，故而没有说明，那么欧阳修在此将其进行补充，其依据究竟是什么呢？现能所见的传统文献中，由南宋人罗泌撰写的《路史·后纪》中曰："夏之中兴，别封其孙元哲于韦，是为豕韦，迭为商伯。"[②] 但这毕竟成书于欧阳修之后，他是不可能参考的，但罗泌撰写《路史》时所依据的材料因欧阳修热衷于金石学和参与编写《崇文总目》倒有可能见到；其二，明确了豕韦国在当时的位置，而这主要来源于杜佑《通典》中的两

---

① （唐）林宝撰，岑仲勉校：《元和姓纂（附四校记）》，北京：中华书局，1994 年，第 126 页。
② （宋）罗泌撰：《路史》，清嘉庆六年（1801）年刻本，载耿素丽编著：《先秦史文献研究三种》第 5 册，北京：国家图书馆出版社，2013 年，第 204 页。

条记载。《通典·州郡典》"灵昌郡"条下曰："滑州，其地得豕韦氏之国"和"韦城，古豕韦国。"[①] 其三，构建了韦孟与韦伯遐之间的谱系，此处韦伯遐应当做何解释，是韦氏伯国的首领名遐，还是此人即姓韦名伯遐，因时隔久远，都不得而知。有研究认为，此处的韦伯即是周原甲骨文所记载的"百韦"[②]，韦伯遐与大彭之间的谱系也还是空白；其四，将韦氏的姓源定于风姓，其实文献中关于韦氏的姓源有三个，不知欧阳修采用此说的用意，这也被南宋郑樵所沿用。至此，关于韦氏的远祖谱系经由欧阳修的再建构已经达到了如前文所述的最为详尽的版本，并为后世所选择、记忆和保存。那么欧阳修的《新表》为什么会获得如此高的认可度呢？笔者以为这首先与欧阳修本人的学术旨趣有关。欧阳修对金石学和目录校勘皆有兴趣，在文献学方面的独特优势使他能看到别人所无法看到的史料，对其修史大有裨益；同时，欧阳修还是宋代的一位谱学名家，对谱学的爱好可能会使他更关注唐代韦氏所修并保存下来的韦氏宗谱并为其修撰《新表》所用。据各正史的《经籍志》、《艺文志》和《通志·艺文志》，韦氏谱曾经有隋朝韦鼎所撰的《韦氏谱》七卷和《韦氏谱》十卷，传至宋代；唐代韦绚撰写的《韦氏诸房略》一卷传至宋代。其他可能会涉及韦氏的谱牒有唐初韦挺撰的《大唐氏族志》一百卷传至宋代；盛唐韦述撰写的《开元谱》二十卷传至宋、《百家类例》三卷传至元、《国朝宰相甲族》一卷传至宋、《大唐十四家贵族》一卷传至南宋。再者，是与其作为史家的职业道德有关。若前有史载，那么他一般就是述而不作；若是前无史载，那么他的建构即是基于对史料的连缀。

结语

　　韦氏远祖的世系也经历了层累建构的过程。其中经由韦孟、司马迁

① （唐）杜佑撰，王文锦等点校：《通典》，北京：中华书局，1988 年，第 4756 ～ 4657 页。
② 详见杨东晨、杨建国：《论韦姓宗族的形成和迁布》，《固原师专学报》2002 年第 4 期，第 31 页。

和韦昭完成了韦氏与黄帝之间潜在的粗线条的连缀，北朝韦氏墓志以明文的形式将韦氏先祖追至黄帝、颛顼等神话人物，隋唐韦氏墓志及姓氏书对以上谱系进行了细化，而《新唐书·宰相世系表》则最终完成了迄今为之最为详尽的韦氏远祖谱系的建构，不仅为韦氏后裔修谱所承袭，也为研究韦氏的后学奉为圭臬。从韦氏远祖谱系的建构过程可以基本判断，《新唐书·宰相世系表》所述的韦氏远祖谱系是亦真亦幻，虚实相间。它糅合了韦氏后裔的虚荣情感、史家的客观求真以及谱家的尽力建构。不仅沉淀和层累着汉代韦氏的祖先意识，也保存了韦氏在北朝将远祖追至"三皇五帝"以示与胡人相区别的民族认同观念。

附录四：中古士族的谱系建构与北朝胡汉认同
——以韦氏墓志的追祖方式为中心

将祖先追溯至"三皇五帝"这类神话人物的谱系建构方式集中出现于北朝，这不仅仅是胡汉家族追求世系源远流长的心理需求所致，更是胡人和中古汉人士族在胡人汉化和汉人胡化的北朝民族融合中对胡汉认同的不同心理在谱系建构方式上趋同的结果。"三皇五帝"在东晋时期已经被建构成华夏族的先祖谱系，对于汉化的胡人而言，只有认同了华夏族最具标识意义的神话人物才算是认同了华夏文化；对于"土著汉人"而言，只有证明了自己是炎黄子孙才是正宗的汉人；对于被赐以胡姓的汉人士族而言，虽有表面的荣光和对胡族政权的认同，但在种姓的问题上还不能对其形成完全的认同，遂以墓志的形式建构其谱系以示有所区别，这是民族融合过程中的必经阶段。隋唐以后，随着民族融合的加深和胡人汉化程度的提高，汉人士族对胡人的认同不断加强，谱系建构中追祖至炎黄神话人物的方式总体上已渐行渐远，趋于淡化，甚至直接被抹去。即使在一些墓志中还保留了这种追祖方式，其价值和意义也已不是如北朝般是为区别胡汉，而是满足可有可无的追求家族世系源远流长的虚荣。

中古士族的谱系建构对中古士族郡望及政治社会变动的深远意义已为学界所认识，也正是在这一基础上，关于中古士族谱系建构这一现象究竟起于何时，盛行于哪代，由零星出现到遽然成风的动因以及谱系建构有无方式和类别之分，不同方式和类别各自出现和盛行的原因，等等基本问题也亟待搞清楚。范兆飞以太原王氏的谱系塑造为中心，对以上部分问题进行了初步回答，认为，魏晋时期的太原王氏对祖先的书写似乎不超过三代，北魏早期的墓志中已零星出现将先世追溯为遥远的先秦人物，但绝大多数在三至五代以内，比较可靠；魏末以降，尤其是东西对峙以后，胡汉士人家庭成员攀附祖先，渐次盛行，遽然成风。北魏墓志中一些玄缈虚幻的祖先记载，开始大规模的出现，乃至成为隋唐墓志约定俗成的书写方式。尤其是唐代墓志追祖远至周代王室人物，虽然没有一例能够力证他们代代相因的血统遗传，但是这种假戏真做、一丝不苟的追祖方式已经成为整个社会的风气。有些家族的追祖方式更加激烈和冒进，将其祖先追至上古的神话人物。作者分析这种见于谱系追祖内容的变化是六朝太原王氏郡望和谱系的边界在唐代不断扩大，由"实"到"虚"转变的反映。范氏的研究为进一步探讨中古士族谱系建构的上述基本问题奠定了基础，但仍限于从中古士族郡望变动的层面。① 然而实际上，中古士族谱系建构中攀附祖先现象的开始出现其前提可能是因为士族谱系或郡望边界由严格趋于松动，但渐次盛行、遽然成风必定是由特定的时代背景所致，只不过这种风气又在客观上加速了士族郡望边界松动的进程。那么，范兆飞所提出的以上论断是否能在其他士族的谱系建构中得到进一步验证？北朝以来胡汉士人纷纷攀附祖先，尤其是"北魏墓志中一些玄缈虚幻的祖先记载，开始大规模的出现"的原因究竟是什么？陈爽在《世家大族与北朝政治》中对荥阳郑氏的个案研究中认为："北朝时期，荥阳郑氏的门第升降和门户兴衰，与这一时期的南北形势和民族关系有着密切的联系。"② 提醒学人注重北朝民族融合对中古士族变动的影响；王明珂从人类学的视野出发，指出"透过'得姓'以及与姓相关联的祖源历史记忆，华夏周边非汉族群的统治家族，以及中国域内社会中的家族，与黄帝（或炎黄）建立现象中的血缘联系是整个历

---

① 参见范兆飞：《中古郡望的成立与崩溃 —— 以太原王氏谱系的塑造为中心》，《厦门大学学报》2013 年第 5 期，第 28 ～ 38 页。

② 陈爽：《世家大族与北朝政治》，北京：中国社会科学出版社，1998 年，第 151 页。

史时期普遍存在的现象"①。启发学界对中古士族谱系建构中的追祖方式从人类学的新视角给予考察。基于对以上论断及问题的思考和民族融合为北朝典型时代特征的史实，笔者拟以韦氏墓志所见谱系建构中的追祖方式为中心，尝试对以上问题进行再探讨。

一、韦氏墓志所见谱系建构中的追祖方式

目前所见，就追祖方式而言，在北朝韦氏墓志中有将韦孟、韦玄成、韦贤等汉代名人追为先祖的方式。如，成于北魏永熙二年（533）的《韦乾墓志》中对远祖的追述始于韦玄成②；成于北周武帝天和六年（571）的《韦舒墓志》中对远祖的追述始于韦孟③。韦孟是韦氏家族中最早见于正史的历史人物，于汉初贵为三代楚王太傅，也因此成为韦氏后裔所追述的先祖之一；韦玄成是因《诗》学与其父韦贤先后荣登汉宣帝和汉元帝时的宰相之位而被韦氏后裔所追忆。④ 除此之外，相对集中的追祖方式是将祖先追至"三皇五帝"神话人物。如，成于北魏永熙二年（533）的《韦辉墓志》追忆其祖："帝颛顼之苗裔，汉丞相玄成十八世孙。"⑤ 北魏《韦彧墓志》追忆其祖："肇基颛顼，命氏豕韦，翼商周为世禄，历汉魏而朱轩。"北周《韦彪墓志》追忆其祖："帝颛顼之苗裔，陆终之胄，大彭之胤。"⑥ 北周《韦总墓志》追忆其祖："资高阳而吐出胄，纂商伯以开源。"北周《韦孝宽墓志》

---

① 王明珂：《论攀附》，《"中央研究院"历史语言研究所集刊》2002 年第 73 本第 3 分册，第 583 ～ 618 页。

② 参见张小丽、张婷、罗晓艳：《西安出土北魏〈韦辉和墓志〉和〈韦乾墓志〉研读》，《文博》 2016 年第 3 期，第 76 ～ 80 页。

③ 参见段毅：《北朝两方韦氏墓志释解》，《碑林集刊》（第二十一辑），西安：三秦出版社，2015 年，第 1 ～ 6 页。

④ 参见《汉书》卷七十三《韦贤传》，北京：中华书局，1962 年，第 3101 ～ 3132 页。

⑤ 张小丽、张婷、罗晓艳：《西安出土北魏〈韦辉和墓志〉和〈韦乾墓志〉研读》，《文博》2016 年第 3 期，第 76 ～ 80 页。

⑥ 周伟洲等：《新出土的四方北朝韦氏墓志考释》，《文博》2000 年第 2 期，第 65 ～ 72 页。

追忆其祖："商丘盛玄帝之绪，相土隆彤弓之业。"① 北周《宇文瓘墓志》追忆其祖："本姓韦氏，后魏末改焉。若乃电影含星，轩辕所以诞圣；霁光绕月，颛顼于是降灵。"② 宇文瓘即韦瓘，是韦孝宽的侄子，其改姓是因其叔父韦孝宽被赐姓宇文氏。在以上六方墓志中，其中涉及的神话人物先后有颛顼、陆终、大彭、高阳、玄帝、轩辕。这些人物据《史记·楚世家》、《史记·五帝本纪》和《大戴礼记·五帝纪》的相关记载以及戴应新等学者的考释，颛顼即高阳，轩辕即黄帝，陆终是颛顼帝的玄孙，大彭即彭祖，是颛顼帝的五世孙，玄帝即黄帝③，皆是经先贤学人建构的华夏族先祖黄帝谱系中的神话人物。其实细究起来，这种追祖方式并非初见于北朝韦氏墓志中，早在汉代的《益州刺史高颐碑》就曾出现类似的追祖："其先出自帝颛顼之苗胄裔乎。"④ 但都没有如北朝时期这般集中。

隋唐以后，这种追祖方式虽仍然见于韦氏墓志，但已是时断时续，渐行渐远，总体上趋于淡化，甚至直接被省略。卒于隋炀帝大业十三年（617）的郧公房韦匡伯因曾为隋、伪郑和唐三朝外戚，归葬两次，留下了两方立于不同时代和不同地点的墓志。立于郑开明二年（620）的郑修墓志铭追忆其先祖："帝高阳之苗裔也。在殷作伯，开命氏之源；居汉为相，见光家之美。"立于唐高祖武德五年（622）的唐修墓志记载："昔实沉胙土，肇基于夏辰；大彭作伯，著洪业于殷祀。"⑤ 逝于唐高宗永淳二年（683）的郿城公房韦昱的墓志追述其祖："殷商列伯，参大彭之茂功；炎汉宰臣，继平津之盛德。"⑥ 逝于武则天时期，因冥婚而合葬于唐中宗复位之时的驸马房韦后之弟韦洵的墓志由时任中书令、修文馆大学士、兼修国史的常山郡开

① 韦总、韦孝宽墓志皆参见戴应新：《韦孝宽墓志》，《文博》1991 年第 5 期，第 54～59 转 78 页。
② 宋英、赵小宁：《北周宇文瓘墓志考释》，《碑林集刊》（第八辑），西安：陕西人民美术出版社，2002 年，第 49～56 页。
③ 详见《大戴礼记·五帝德》，（清）王聘珍撰，王文锦校点：《大戴礼记解诂》，北京：中华书局，1983 年和《史记·五帝本纪》、《史记·楚世家》，北京：中华书局，1982 年，第 1～14、1689～1690 页；戴应新：《韦孝宽墓志》，《文博》1991 年第 5 期，第 54～59 转 78 页。
④ （宋）洪适：《隶释》，北京：中华书局，2003 年，第 129 页。
⑤ 韦匡伯的两方墓志参见李明：《韦匡伯墓志抉疑》，《文物研究》2017 年第 4 期，第 79～86 页。
⑥ 张蕴：《西安南郊毕原出土的韦氏墓志考（二）：郿公房成员》，《考古与文物》2005 年第 3 期，第 84～90 页。

国公李峤奉敕撰写，因当时是中宗复位，韦氏权盛之时，故而对其韦氏远祖的追述极为详细："昔轩辕之南游建木……颛顼之北至幽陵……陶唐接于夏御，周晋连于商伯。"^① 卒于唐中宗圣历元年（698），与夫人合葬于景龙三年（709）的驸马房韦后的从父韦玄晞的墓志由中大夫行著作郎史祥撰写，对韦氏先祖追忆时曰："尝试言曰：原其陶唐恤胤，豕韦开国……"^②从"尝试言曰"可推断撰者对韦氏远祖如是追述的不确定性。卒于长安四年（704）平齐公房的韦知艺的一方墓志，由岑羲撰写："大彭之先，出自颛顼。少康之代，封于豕韦。杰焉商伯，主夏盟其发号。追尔周年，因旧邦而命氏。"^③卒于唐玄宗开元十二年（724）的郧公房韦勉的墓志记载："我韦氏之先，盖颛顼之后、大彭之系。豕韦建国，并迭匡殷，扶阳启封，仍世相汉，历世无废。"^④其中一个"盖"字反映了撰者或墓志亲属对这一远祖谱系的观念相当淡薄。成于景龙四年（710）郧公房韦余庆的墓志从韦孟追起："原其作传楚元，家声盼响。为臣汉代，祖德纷纶。"^⑤卒于天宝三载（744）郧公房韦正己的墓志中追述："其先在殷开国，立名不朽。"^⑥卒于天宝九载（750）郧公房韦英的墓志中从其曾祖记起。卒于天宝十三载（754）郿城公房的韦豫其墓志中没有追述远祖。同样卒于天宝十三载（754）小逍遥公房的韦济其墓志是直述其祖。^⑦郿城公房成于大历六年（771）的《韦损墓志》是直述其祖，撰者为大历才子之一的苗发有言："俯示家牒，见讬

① 王原茵、罗宁丽：《唐韦洵墓志考》，《碑林集刊》（第九辑），西安：陕西人民美术出版社，2003年，第176～181页。
② 郑旭东：《唐韦玄晞墓志释读》，《文博》2016年第2期，第78～83页。
③ 王怀双、王昊斐：《唐知知艺墓志考释》，《兰州大学学报》2014年第6期，第14～18页。
④ 张蕴：《西安南郊毕原出土的韦氏墓志初考——平齐公房和郧公房成员》，《文博》1999年第6期，第67页。
⑤ 张婷：《唐韦余庆及妻裴氏墓志考释》，《碑林集刊》（第十六辑），西安：三秦出版社，2011年，第15～18页。
⑥ 李雪芳：《唐韦正己墓志考》，《碑林集刊》（第十一辑），西安：陕西人民美术出版社，2005年，第70～74页。
⑦ 韦英、韦豫、韦济的墓志分别参见：张安兴：《唐韦英墓志考释》，《碑林集刊》（第十一辑），西安：陕西人民美术出版社，2005年，第129～134页；陈安利：《西安新出两方唐志考释》，《碑林集刊》（第一辑），西安：西北大学出版社，1993年，第161～163页；李阳：《唐韦济墓志考略》，《碑林集刊》（第六辑），西安：陕西人民美术出版社，2000年，第51～55页。

为志。"① 说明苗发是参考韦氏谱牒所写，由此也可反映出韦氏成员对以往那些远祖已经不再有相当的热情。郿城公房成于贞元十八年（802）的《韦甫墓志》在"韦氏之为冠族，其来尚矣，详于国牒，故不书"一句后直接从其高祖记起。郿城公房成于元和十二年（817）的《韦行全墓志》记载："其先自夏商以降，历代为著姓。"追至郿城公房房祖。② 郿城公房成于长庆二年（822）的《韦道冲墓志》仅用"韦氏命族，豕韦之自尚矣"之语概述了远祖。③ 逍遥公房成于宝历元年（825）的《韦挺墓志》是直述其祖。逍遥公房分别成于大中八年（854）和十四年（860）的《韦泂墓志》和《韦瓒墓志》也都是直述其祖。④

　　从逻辑上讲，将祖先追至炎黄这类神话人物相对于具体的历史真人更能体现家族世系的源远流长。因此，有的学者将这种追祖方式视为是墓主家属追求家族源远流长的虚荣心在作怪。但从真正的心理需求角度而言，追求家族世系的源远流长应该是任何一个家族在任何时代所共有的，而不是像现在这样呈现出盛行于北朝又在隋唐以后逐渐淡出的阶段性变化。因此，笔者以为，对这种追祖方式的变化应结合北朝隋唐时期典型的时代特征进行具体的考察。

二、北朝胡汉融合与中古士族的种姓认同

　　从民族融合的角度而言，北朝无疑是中国历史上的一个关键时期。正

① 李举纲：《唐大历才子苗发撰〈韦损墓志〉考释》，《碑林集刊》（第十三辑），西安：陕西人民美术出版社，2007年，第105～108页。
② 张蕴：《西安南郊毕原出土的韦氏墓志考（二）：阆公房成员》，《考古与文物》2005年第3期，第84～90页。
③ 贺华：《唐韦道冲墓志略考》，《碑林集刊》（第十二辑），西安：陕西人民美术出版社，2006年，第120～121页。
④ 韦挺、韦泂、韦瓒的墓志分别参见王勇：《新出唐青州户曹参军韦挺夫人柏氏墓志所反映出的几个问题》，《碑林集刊》（第四辑），西安：陕西人民美术出版社，1996年，第112～114页；张蕴：《关于西安南郊毕原出土的韦氏墓志初考》（三），《考古与文物》2000年第1期，第56～61页。

如有的学者所指出的："魏晋南北朝是继春秋战国之后中国古代第二次民族大融合时期，也是我国古代历史上规模最大的一次民族融合。可以说，民族融合是贯穿整个魏晋南北朝时期的一个显著特点和发展趋势。北朝民族融合是对五胡十六国时期民族碰撞、交融的继承和发展。"[1] 其实，这一时期的民族融合不仅是规模最大的，其程度和影响也应是史无前例的。陈寅恪曾指出："北魏的汉化政策，应当说是一以贯之的政策"，然"自六镇、尔朱荣之乱起，北朝曾一度发生胡化逆流"。[2] 也就是说，北朝的民族融合以北魏分裂为东西对峙政权为界可以分为两个时期。之前以北魏时期鲜卑等胡族的全面汉化为主流，之后则是胡族汉化与汉族胡化的交错。北魏时期的民族融合主要在孝文帝时期强制推行，虽然仅有短短的五年时间，但其彻底性却是前所未有，这种以胡族主动向汉族靠拢并成为其中一份子的方式在促进胡汉融合的同时，也激起了汉族士人对种姓的自我认同观念；汉化与胡化交错时期的民族融合主要在宇文氏的主导下进行，在这个过程中，融合尽管是主流，但种族隔阂还是时有体现，尤其是汉族士人面对来自宇文氏皇族的赐姓时，其复杂的心态从墓志追祖方式上可见一斑。

1. 北魏胡族汉化的彻底性激起汉族士人对种姓的自我认同

北魏时期的胡族汉化之所以是史无前例的，主要基于孝文帝时期所强制推行的全面汉化改革，这一改革相对之前的汉化最大的不同在于其积极主动性和全面彻底性。尽管对于被迁至洛阳的一些鲜卑人而言，实行汉化是被强制的，但从整体上是以鲜卑族主动向汉文化靠拢为主流，也正是基于这种主动性，北魏鲜卑胡族的汉化是比较全面彻底的，这种彻底性主要体现在以通婚、改姓、赐姓、认祖、冒籍、改说汉话等方式从血缘、谱系和文化根基上实现胡汉融合，也就是"把迁至洛阳的鲜卑人从形式到本质上改造成了汉人"[3]。其中改胡姓为汉姓和认同汉人先祖是从血统谱系上实现

---

① 崔明德：《北魏民族关系思想论纲》，《烟台大学学报》2010 年第 4 期，第 75～92 页。

② 万绳楠整理：《陈寅恪魏晋南北朝史讲演录》，贵阳：贵州人民出版社，2011 年，第 217～224 页。

③ 钱国旗：《拓跋鲜卑的南迁及其对鲜汉民族的影响》，《江苏社会科学》1995 年第 2 期，第 90～94 转 99 页。

汉化的最根本的方式，这在鲜卑拓跋氏和宇文氏及其他一些胡族中皆有体现。据《魏书》卷一《序纪》述拓跋氏种姓之由来云："昔黄帝有子二十五人，或内列诸华，或外分荒服。昌意少子受封北土；国有大鲜卑山，因以为号……黄帝以土德王，北俗谓'土'为'拓'，谓'后'为'跋'，故以为氏。"[①] 拓跋氏自称为黄帝之后，并改为元氏。据《周书》卷一《文帝纪》叙宇文氏之起源云："其先出自炎帝神农氏，为黄帝所灭，子孙遁居朔野。"[②] 有学者认为："纪文以宇文氏为炎帝之遗族，明系附会之说，自不待论。"[③] 吕思勉先生也曾指出："五胡诸族，多好自托于古帝之裔，其说殊不足信。"[④] 但恰恰是这些攀附华夏族神仙人物的记载反映了宇文氏的汉化诉求和谱系建构方式。成于北魏孝昌二年（526）的《于纂墓志》记载其为河南洛阳人，是"轩辕降灵"。[⑤] 于纂所属的于氏由万忸于氏改来，出自鲜卑，在墓志中不仅将其籍贯改为京都所在，且追叙其祖源为黄帝，这明显是伪托的说法，但这恰恰反映了当时其家人汉化的决心和愿望。由此可见，改胡姓为汉姓和攀附炎帝黄帝这些神话人物是胡人实现彻底汉化的一种方式，从形式上反映了其对汉姓和汉人先祖的认同。胡人的汉化主要完成的是胡人对汉文化的认同，然而"土著汉人"是否能对这些本于胡族的"新汉人"形成真正的认同呢？这是胡汉融合过程中必然要经历的一个过程，在这个过程中，就会存在一个证明谁才是正宗汉人的问题。如何证明呢？一个最为有效的方式即是将自己的先祖追至华夏族的始祖，使自己成为炎黄子孙，这在北朝时期汉人的墓志中得到了一定的体现。如北魏《张宁墓志》追忆其先祖："帝喾之元胄，张衡之后焉。"[⑥] 北魏《张玉玲墓志》追忆其祖："深

---

① 魏收：《魏书》，北京：中华书局，1974 年，第 36 页。
② （唐）令狐德棻：《周书》，北京：中华书局，1971 年，第 1 页。
③ 姚薇元：《北朝胡姓考》（修订本），武汉：武汉大学出版社，2013 年，第 114 页。
④ 吕思勉：《魏晋南北朝·后魏出自西伯利亚》，收入《吕思勉读史札记》（增订本）丙帙，上海：上海古籍出版社，2005 年，第 894 页。
⑤ 赵超：《汉魏南北朝墓志汇编》，天津：天津古籍出版社，1992 年，第 381 页。
⑥ 赵超：《汉魏南北朝墓志汇编》，天津：天津古籍出版社，1992 年，第 305 页。

源峻远，胄自炎黄。子房处汉，秩穷衮命。"① 由此可见，追祖至炎黄神话人物的谱系建构方式已经在北魏时期胡汉士人的墓志中出现了，只不过对于胡人和汉人而言，其价值和意义远远不同。对于胡人而言，则主要是为了表示对汉文化的认同，从而实现彻底的汉化；对汉人而言，则主要是为了证明自身为汉人的正宗，胡汉对彼此认同的观念显然是不一样的。

2. 北朝的胡化逆流与汉族士人对种姓的自我认同

北魏孝文帝迁都洛阳和强力推行汉化虽然将鲜卑胡族的汉化推向了一个高潮，却也由此引发了六镇军民对迁洛贵族的仇恨，最终导致了六镇起义和"河阴之变"，使北魏从此一蹶不振，最终被高欢、宇文泰瓜分为东西两大对峙政权。由高氏主政的东魏、北齐是以边塞六镇军民特别是高欢主导的怀朔集团为支柱的政权，而此集团久处代北地区，其受汉化影响最小，加之备受洛阳政府歧视，历来敌视汉人及其文化，于是"朝野上下弥漫着一种大鲜卑主义的气氛，汉族统治阶级甘拜下风，俯首帖耳"②。在北齐统治集团的授意下，"扬胡抑汉"的逆流迅速散播开来。即使在这样的大环境下，一些汉人士族仍坚持对自己种姓的认同，在墓志中明确将黄帝追为先祖，以示与鲜卑胡族的不同。成于东魏孝静帝兴和四年（542）的《薛怀儁墓志》对先祖的追忆为："昔黄轩廿五子，得姓十有二人，散惠叶以上草下扶疏，树灵根而不绝。早车赞夏，功济于生民；作诰辅商，业光于帝典。"③卒于北齐宣帝天保四年（553）的李静其墓志中追溯先祖云："帝颛项之胤，广武君之后。"④

宇文氏虽与高欢同出于六镇，却只携"少数西迁之胡人及胡化汉族割据关陇一隅之地"⑤，在势力上远逊于高齐。所以，从政权斗争的需要出发，

---

① 赵超：《汉魏南北朝墓志汇编》，天津：天津古籍出版社，1992 年，第 319 页。
② 周一良：《魏晋南北朝史论集》，北京：北京大学出版社，1997 年，第 135 页。
③ 罗新、叶炜：《新出魏晋南北朝墓志疏证》，北京：中华书局，2016 年，第 182 页。
④ 罗新、叶炜：《新出魏晋南北朝墓志疏证》，北京：中华书局，2016 年，第 470 页。
⑤ 陈寅恪：《隋唐制度渊源略论稿·唐代政治史述论稿》，北京：生活·读书·新知三联书店，2001 年，第 197～198 页。

宇文氏必须求助于当地汉人士族高门，不得不与关陇汉门高第联合以共同抵御高欢，但又不能逆当时鲜卑反对汉化的潮流，于是，在政权斗争的需要和维持鲜卑内部的团结之间采取了折中措施。一方面在政治、军事和文化上采取胡汉杂糅，以赢得汉族高门尤其是关陇豪右的认同和支持，增强其对抗高氏政权的军事实力；一方面则通过保留鲜卑族语言和恢复鲜卑姓氏甚至是改汉为胡等方式获取本种族人的力挺。宇文泰恢复元氏为拓跋氏，已改复姓为单姓者一律复旧；又以有功诸将继承鲜卑三十六国及九十九姓，除有的将领本来就用鲜卑复姓的不予更动外，那些已经在太和改制时将复姓改为单姓的将领则重新改为复姓，已采用汉姓或本来就是汉姓的，则赐以鲜卑姓。宇文泰所推行的复以鲜卑姓和赐以鲜卑姓的措施虽然相对高氏政权的"大鲜卑主义"缓和，但也是典型的胡化之举，由此可见宇文泰对自己的种姓具有强烈的认同感。据有的学者研究，"西魏北周时期，仅赐姓宇文氏者前后达二十六人，其中恭帝时有韦叔裕、韦瑱、李彦、叱罗协四人"[1]。据史载，韦叔裕即前文所述的韦孝宽，为"京兆杜陵人，少以字行，世为三辅著姓"[2]，曾在与东魏、北齐的抗衡中有出色表现，并参与了灭梁、平北齐之役，立有大功，被宇文氏赐以皇族姓氏，这也是他的侄子韦瓘墓志中写为宇文瓘的原因。除了宇文氏被作为姓氏加以赏赐外，其他一些胡姓诸如叱罗氏被赏赐为西魏应州刺史张羡和北周武强公郭衍。普六茹氏于北魏恭帝时被赏赐给杨忠、杨尚希等人。贺兰氏被赏赐给西魏镇东将军苏椿、颖州刺史梁台、著作郎裴文举。[3]关于宇文氏以汉姓改胡姓的动机，有的学者据《周书》卷二《文帝纪》中云："魏氏之初，统国三十六，大姓九十九，后多绝灭；至是以诸将功高者为三十六国后，次功者为九十九姓

---

① 姚薇元：《北朝胡姓考》（修订本），武汉：武汉大学出版社，2013年，第116页。
② （唐）令狐德棻：《周书》，北京：中华书局，1971年，第535页。
③ 叱罗氏、普六茹氏、贺兰氏被赐以汉族士人分别见《北史》卷七五《张羡传》及卷七四《郭衍传》，北京：中华书局，1974年，第2580～2581、2546～2548页及《周书》卷一九《杨忠传》，中华书局，1971年，第317页及《北史》卷七五《杨尚希传》，第2579～2580页。

后，所统军人亦改从其姓。"①认为"盖宇文氏效法魏初兴灭继绝之制，广赐汉族功臣以鲜卑姓氏，俾恢复其旧日部落组织，以加强战斗力"②。既然宇文氏在与汉人士族融合的过程中保留着对鲜卑人的种姓认同，那么，也可以推测出那些接受胡姓的汉人士族对于自己的汉人身份同样具有强烈的认同。尽管在当时是由鲜卑胡族主政的时期，被赐胡姓对一个汉人家族是极高的荣誉，然而从种姓观念而言，代表先进文化的汉人士族还不能对鲜卑胡族产生真正的认同，也就不可能实现与宇文氏的彻底合流。但对这种来自皇族的拉拢又不能直接表示反对，那么怎么才能将自己的本姓种族与宇文氏这些胡族加以区别呢？通过墓志的谱系建构将祖先追述至华夏族的先祖黄帝等神话人物身上无疑是比较稳妥的方式。因墓志是埋于地下，不可能马上见于世面，也就不能为宇文氏等鲜卑胡族意识到汉人士族对赐姓的真正想法，同时，还将这种对自己种姓的认同观念传递给后世。这种现象不仅出现在如上所述的韦氏成员中，卒于北周武帝建德三年（574）的李纶于西魏时被赐以徒何氏，其墓志志盖即为"周故河阳公徒何墓志"，这说明墓志主人的家属对所赐姓氏的基本认同，但在其墓志文中却将其先祖追忆为"系本高阳，祖于柱史……"③由此可见，北朝汉人士族将自己的先祖追述至炎黄华夏族祖先是北朝胡化背景下对自己种姓认同以示与鲜卑胡族有所区别的复杂心态所致。

整个北朝时期，北魏鲜卑等胡人通过攀附炎黄先祖实现彻底汉化，这种规模巨大、来势汹汹的胡人汉化激起了中原"土著汉人"对自己种姓文化的认同，也在谱系建构中将自己的先祖追至炎黄先祖以证明自己才是正宗汉人；而在胡化逆流中，一些汉人士族不论是为了保持自己不为鲜卑人折腰的气概还是在接受来自皇族的赐姓时从内心以示与之种姓的不同，他们皆通过墓志的谱系建构来明确表明自己是炎黄子孙，这样无论是"土著

① 《周书》卷二《文帝纪》，北京：中华书局，1971年，第36页。
② 姚薇元：《北朝胡姓考》（修订本），武汉：武汉大学出版社，2013年，第44页。
③ 罗新、叶炜：《新出魏晋南北朝墓志疏证》，北京：中华书局，2016年，第253～254页。

汉人"还是要汉化的胡人，在汉化和胡化的不同潮流中，皆从各自的需要出发，在建构自己的先祖谱系中实现了形式上的趋同，那就是都将自己的先祖追至炎黄这些神话人物，从而导致了这种追祖方式在北朝的集中出现。为什么认同了炎黄这些神话人物就证明了自己出身于汉族呢？因为在民族融合中，对文化的认同是最重要的，实现了文化上的互相认同，才算是民族融合的真正完成，而"认同了一种神话也就是认同了一种文化。栖居在一种神话所营造的文化母体之中，也就意味着成为这个民族文化的一员"[1]。黄帝是历史上在四种"五帝"说和三种"三皇"说均出现的神话人物。"到周代的时候，华夏族就把姬姓的始祖黄帝作为统一的全华夏族的共同始祖，由此黄帝就成了五帝的首一帝，后面的各帝都成为他的后裔。"到了东晋，"三皇五帝"这些神话传说人物"已经作为一套历史与文化符号被塑造为华夏族的帝王谱系，并且凭借伪《古文尚书》的权威得到了广泛的传播。"于是"在不同时期的史书编写过程中，'三皇五帝'被化约、形塑为汉族的前身——华夏族独有的帝王谱系"[2]。因此，在民族融合中，对于要汉化的胡族而言，只有认同了华夏族最具标识意义的神话人物才意味着成为汉族的一员，而对于胡族汉化和汉族胡化中的"土著汉人"而言，追祖于黄帝则意味着对自身种姓的强烈认同和对胡族种姓的隔阂，这是北朝民族融合过程中胡汉认同的不对等性所致。

隋唐时期，随着大一统时代的到来和民族融合的加深，鲜卑人已经完全与汉民族融为一体了。马长寿先生在《碑铭所见前秦至隋初的关中部族》中曾指出："北镇鲜卑杂胡入关者多，来势亦汹，但一至隋唐便不成其为部落集团，而仅以一种少数民族部族的成分出现于朝廷、戎伍、闾里之间。有些北族的士大夫如元稹、白居易之流，外人尚能指出其为某某部族的后裔，但他们自己却俨然以汉胄自居，不复承认自己的少数部族成分了，这

---

[1]　田兆元：《论北朝民族融合中的神话认同》，《上海大学学报》2000 年第 3 期，第 102 页。
[2]　张中奎：《"三皇"和"五帝"：华夏谱系之由来》，《广西民族大学学报》2008 年第 5 期，第 22～23 页。

种情况正可反映鲜卑杂胡的汉化比较更早一些。"[1] 至于匈奴、氐、羌等北方民族与汉族的融合隋代已经基本大定。正如有学者所认为的:"自十六国至隋灭周,在黄河流域建立政权的都是汉族以外的少数民族,但近三百年间历经战乱及融合,从古老的匈奴、氐、羌到乌桓、鲜卑等族,都先后融合到汉族之中去,不再能看到他们的活动。"[2] 由元稹、白居易可见这些典型北族人对自己身为汉人的强烈认同,而汉族士人对于汉化胡人的认同也因为自北朝以来改姓、复姓、赐姓的姓氏互换和他们汉文化程度的提高已经无法也没有必要再加以区别。[3] 正如胡三省在《资治通鉴·晋纪三〇》"孝武帝太元二十一年"条注中称:"自隋以后,名称扬于时者,代北之子孙十居六、七矣,氏族之辨,果何益哉。"[4] 因此,尽管隋唐以后的汉人士族墓志中还会保留追祖至炎黄的谱系建构方式,但已经远非北朝时期那般集中,至少从韦氏墓志所见是如此,其主要的价值和意义恐怕也不是如北朝时期是为区别胡汉,而在于满足可有可无的追求家族世系源远流长的虚荣心。

结语

攀附先祖是中古士族谱系建构的重要方式,根据被攀附对象的性质、真伪和历史的远近可以分成多种类型,其中将祖先攀附至炎黄神仙人物的追祖类型初见于汉代的碑铭中,集中出现于北朝墓志中,隋唐以后继续存在,但总体上已经逐渐淡出墓志,甚至完全消失。这种基于对韦氏墓志考察得出的结论与范兆飞以太原王氏谱系塑造为中心对中古士族谱系建构整

---

[1]　马长寿:《碑铭所见前秦至隋初的关中部族》,桂林:广西师范大学出版社,2006年,第6~7页。

[2]　郑晓云:《文化认同论》,北京:中国社会科学出版社,1992年,第189页。

[3]　贺兰氏曾被改为贺赖氏,后魏末又复旧姓,还被赏赐给孙椿、梁台、裴文举等,详见《周书》卷二三《苏绰传》,第395页;卷二七《梁台传》,第453页;卷三十七《裴文举传》,第669页。

[4]　(宋)司马光编著,(元)胡三省音注,"标点资治通鉴小组"校点:《资治通鉴》,北京:中华书局,1956年,第3429页。

体上的纵向考察，于北朝时期基本一致，在隋唐以后的状况则有些出入，这反映出对中古士族谱系建构中攀附先祖的整体演变轨迹还有待个案研究的进一步补充和验证。就韦氏墓志所见，笔者以为，对其中攀附炎黄华夏先祖的追祖类型集中出现于北朝不能简单视为是中古士族追求世系源远流长的虚荣心理所致，而是北朝胡人汉化和汉人胡化交错下胡汉不同民族认同观念在形式上趋同的结果。由此可见，在中古士族改易谱系由零星出现到普遍化的过程中，北朝以来的民族融合扮演了重要角色，起到了重要的推动作用，正如宋人叶适所指出的："及魏起深北不毛，以九十九姓为部落，姓改氏易，周齐继之，至于隋唐，凡胡、丘、周、伊、穆、陆、刘、贺、梁、寇、罗、葛、楼、鲍、何、高、潘、薛、甄、杜之类，皆夷狄种，而三代汉魏之士族荡不复存；纵有存者，不可识矣。然则后世所谓谱牒世次，岂足信哉！"[①]

---

① （宋）叶适：《习学记言序目》，北京：中华书局，1977 年，第 494 页。

主要参考文献

一、古籍类

（战国）左丘明著，（三国吴）韦昭注：《国语》，上海：上海古籍出版社，2015年。

（战国）左丘明著，杨伯峻注：《春秋左传注》，北京：中华书局，1981年。

（汉）班固：《汉书》，北京：中华书局，1962年。

（汉）班固等撰，（清）陈立：《白虎通疏证》卷九，新编诸子集成本（第一辑），北京：中华书局，1994年。

（汉）司马迁：《史记》，北京：中华书局，1982年。

（汉）宋衷注，（清）秦嘉谟辑：《世本八种》，北京：中华书局，2008年。

（北齐）魏收：《魏书》，北京：中华书局，1974年。

（北魏）贾思勰撰：《齐民要术》，北京：中国书店出版社，2018年。

（北魏）郦道元著，陈桥驿校释：《水经注校释》，北京：中华书局，2007年。

（西晋）陈寿：《三国志》，北京：中华书局，1982年。

（南朝梁）沈约：《宋书》，北京：中华书局，1974年。

（南朝梁）萧子显：《南齐书》，北京：中华书局，1972年。

（南朝宋）范晔：《后汉书》，北京：中华书局，1965年。

（唐）道宣：《续高僧传》，上海：上海古籍出版社，1990年。

（唐）杜甫：《杜工部集》，上海：上海书店，1989年，四部丛刊初编本。

（唐）杜佑：《樊川文集》，上海：上海古籍出版社，1978年。

（唐）杜佑：《通典》，北京：中华书局，1982年。

（唐）房玄龄等：《晋书》，北京：中华书局，1974年。

（唐）韩愈：《韩昌黎集》，北京：商务印书馆，1985年。

（唐）李翱：《李文公集》，上海：上海书店，1985年，四部丛刊初编本。

（唐）李百药：《北齐书》，北京：中华书局，1972年。

（唐）李吉甫：《元和郡县图志》，北京：中华书局，1983年。

（唐）李吉甫：《元和郡县志》，北京：中华书局，1983年。

（唐）李延寿：《北史》，北京：中华书局，1974年。

（唐）李延寿：《南史》，北京：中华书局，1975年。

（唐）李阳冰：《李阳冰书三坟记》，成都：巴蜀书社，1987年。

（唐）林宝纂，岑仲勉等校：《元和姓纂（附四校记）》，北京：中华书局，1994年。

（唐）令狐德棻等：《周书》，北京：中华书局，1971年。

（唐）吕温：《吕衡州文集》，北京：中华书局，1985年，丛书集成初编本。

（唐）裴庭裕：《东观奏记》，唐宋史料笔记丛刊，北京：中华书局，1994年。

（唐）权德舆：《权载之文集》，上海：上海书店，1989年，四部丛刊初编本。

（唐）王谠撰：《唐语林》，北京：中华书局，1985年，丛书集成初编本。

（唐）王维：《王维集校注》，北京：中华书局，2005年。

（唐）韦述撰，辛德勇辑校：《两京新记辑校》，西安：三秦出版社，2006年。

（唐）魏徵等：《隋书》，北京：中华书局，1973年。

（唐）徐坚：《初学记》，北京：中华书局，1962年。

（唐）颜真卿：《颜鲁公集》，上海：上海古籍出版社，1992年。

（唐）姚思廉：《陈书》，北京：中华书局，1972年。

（唐）姚思廉：《梁书》，北京：中华书局，1973年。

（唐）元结：《元次山集》，北京：中华书局，1960 年。

（唐）元稹：《元氏长庆集》，上海：上海书店，1985 年，四部丛刊初编本。

（唐）张文瓘：《书断》，文渊阁四库全书影印本。

（唐）张彦远：《历代名画记》，北京：人民美术出版社，1963 年。

（唐）朱景玄撰，温肇桐注：《唐朝名画录》，成都：四川美术出版社，1985 年。

（五代）韦庄：《浣花集》，四部丛刊初编本。

（五代）孙光宪撰，贾二强点校：《北梦琐言》，北京：中华书局，2002 年。

（五代）王定保：《唐摭言》，上海：上海古籍出版社，1978 年。

（后晋）刘昫：《旧唐书》，北京：中华书局，1975 年。

（宋）陈公亮：《严州图经》，北京：中华书局，1985 年，丛书集成初编本。

（宋）计有功：《唐诗纪事》，北京：中华书局，1965 年。

（宋）李昉等：《太平广记》，北京：中华书局，1961 年。

（宋）罗泌撰：《路史》，清嘉庆六年（1801）年刻本。

（宋）欧阳修、宋祁：《新唐书》，北京：中华书局，1975 年。

（宋）欧阳修：《新五代史》，北京：中华书局，1974 年。

（宋）钱易：《南部新书》，北京：中华书局，1958 年。

（宋）阮阅：《诗话总龟》（前集），北京：人民文学出版社，1987 年。

（宋）史弥坚修，卢宪纂：《嘉定镇江志》，（清）道光二十二年（1842）丹徒包氏刻本。

（宋）司马光：《资治通鉴》，北京：中华书局，1956 年。

（宋）宋敏求：《长安志》，北京：中华书局，1991 年，丛书集成初编本。

（宋）谈钥：《嘉泰吴兴志》，1914 年，吴兴丛书线装本。

（宋）王溥：《唐会要》，北京：中华书局，1955 年。

（宋）王钦若等：《册府元龟》，北京：中华书局，1982 年。

（宋）薛居正等：《旧五代史》，北京：中华书局，1976 年。

（宋）叶适：《习学记言序目》，北京：中华书局，1977 年。

（宋）赞宁撰，范祥雍点校：《宋高僧传》，北京：中华书局，1985 年，中国佛教典籍选刊（第一辑）。

（宋）张礼：《游城南记》，北京：中华书局，1985 年，丛书集成初编本。

（宋）郑樵：《通志》，北京：中华书局，1987 年。

（元）马端临：《文献通考》，北京：中华书局，1986 年。

（元）脱脱等：《宋史》，北京：中华书局，1985 年。

（清）董诰等：《全唐文》，北京：中华书局，1983 年。

（清）陆心源：《唐文拾遗》，北京：中华书局，1983 年。

（清）彭定求等：《全唐诗》，北京：中华书局，1960 年。

（清）皮锡瑞：《经学历史》，北京：中华书局，1959 年。

（清）王鸣盛：《十七史商榷》，北京：中国书店出版社，1987 年。

（清）王聘珍撰，王文锦校点：《大戴礼记解诂》，北京：中华书局，1983 年。

（清）徐松：《登科记考》，北京：中华书局，1984 年。

（清）徐松撰，李健超增订：《唐两京城坊考》（修订版），西安：三秦出版社，2006 年。

（清）赵翼：《陔余丛考》，北京：中华书局，1963 年。

（民国）赵尔巽：《清史稿》，北京：中华书局，1976 年。

二、石刻碑铭类

（宋）陈思：《宝刻丛编》，北京：中华书局，1985 年。

（宋）洪适：《隶释》，北京：中华书局，2003 年。

（宋）欧阳棐撰：《集古录目》跋，上海：上海书店出版社，1994 年，丛书集成续编本。

（宋）王象之：《舆地碑记目》，北京：中华书局，1985 年，丛书集成初编本。

（宋）赵明诚撰，刘晓东、崔燕南点校：《金石录》，济南：齐鲁书社，2009 年。

（清）毕沅、阮元：《山左金石志》，《石刻史料新编》初辑，台北：新文丰出版公司，1982 年。

（清）陈思：《宝刻丛编》，北京：中华书局，1985 年，丛书集成初编本。

（清）胡聘之：《山右石刻丛编》，太原：山西人民出版社，1988 年。

（清）陆耀遹：《金石续编》，台北：艺文印书馆，石刻史料丛书。

（清）陆增祥：《八琼室金石补正》，北京：文物出版社，1985 年。

（清）王昶：《金石萃编》，北京：中国书店出版社，据 1921 年叶山房本影印，1985 年。

（清）赵钺、劳格：《唐尚书省郎官石柱题名考》，北京：中华书局，1992 年。

（清）赵钺、劳格：《唐御史台精舍题名考》，北京：中华书局，1997 年。

岑仲勉：《郎官石柱题名新考订（外三种）》，上海：上海古籍出版社，1984 年。

胡戟、荣新江主编：《大唐西市博物馆藏墓志》，北京：北京大学出版社，2012 年。

李樯：《秦汉刻石选译》，北京：文物出版社，2009 年。

罗新、叶炜：《新出魏晋南北朝墓志疏证》，北京：中华书局，2005 年。

乔栋、李献奇、史家珍编著：《洛阳新获墓志续编》，北京：科学出版社，2008 年。

陕西文物研究所：《新中国出土墓志》（陕西卷），北京：文物出版社，2000 年。

王其祎、周晓薇：《隋代墓志铭汇考》（六册本），北京：线装书局，2007 年。

王壮弘、马成名：《六朝墓志检要》，上海：上海书画出版社，1985 年。

吴钢主编：《全唐文补遗》第一辑，西安：三秦出版社，1994 年。

吴钢主编：《全唐文补遗》第二辑，西安：三秦出版社，1995年。

吴钢主编：《全唐文补遗》第三辑，西安：三秦出版社，1996年。

吴钢主编：《全唐文补遗》第四辑，西安：三秦出版社，1997年。

吴钢主编：《全唐文补遗》第五辑，西安：三秦出版社，1998年。

吴钢主编：《全唐文补遗》第六辑，西安：三秦出版社，1999年。

吴钢主编：《全唐文补遗》第七辑，西安：三秦出版社，2000年。

吴钢主编：《全唐文补遗》第八辑，西安：三秦出版社，2005年。

吴钢主编：《全唐文补遗》第九辑，西安：三秦出版社，2007年。

吴钢主编：《全唐文补遗·千唐志斋新藏专辑》，西安：三秦出版社，2006年。

西安市文物保护考古所、王自力、孙福喜：《唐金乡县主墓》，北京：文物出版社，2002年。

杨作龙、赵水森等：《洛阳新出土墓志释录》，北京：北京图书馆出版社，2004年。

赵超：《汉魏南北朝墓志汇编》，天津：天津古籍出版社，1992年。

赵君平、赵文成：《河洛墓刻拾零》，北京：北京图书馆出版社，2007年。

赵君平：《邙洛碑志三百种》，北京：中华书局，2004年。

赵力光：《西安碑林博物馆新藏墓志续编》（下），西安：陕西师范大学出版社，2014年。

赵力光：《西安碑林博物馆新入藏墓志汇编》（三册本），北京：线装书局，2007年。

赵文成、赵君平编：《秦晋豫新出墓志蒐佚续编》，北京：国家图书馆出版社，2015年。

赵文成、赵君平编选：《新出唐墓志百种》，杭州：西泠印社，2010年。

周绍良、赵超：《唐代墓志汇编》，上海：上海古籍出版社，1992年。

周绍良、赵超：《唐代墓志汇编续集》，上海：上海古籍出版社，2001年。

三、姓氏家谱类

（宋）邓名世撰，王力平点校：《古今姓氏书辩证》，南昌：江西人民出版社，2006 年。

（明）凌迪知：《万姓统谱》，上海：上海古籍出版社，1994 年。

（明）韦学等纂修：《延陵韦氏族谱》八卷本，明万历四十年（1612）刻蓝印本，纸质版。

（清）韦德梧等纂修：《吴宁东眷韦氏宗谱》，清乾隆十五年（1750）木活字本，电子版。

（清）韦恭才等主修：《云阳延陵韦氏族谱》十二卷本，清光绪十六年（1890）木活字本，电子版。

陈絜：《商周姓氏制度研究》，北京：商务印书馆，2007 年。

陈爽：《出土墓志所见中古谱牒研究》，上海：学林出版社，2015 年。

上海图书馆编，牟元圭整理：《中国家谱资料选编·家谱源流卷》，上海：上海古籍出版社，2013 年。

史国强：《中国姓氏起源》，济南：山东大学出版社，1990 年。

韦玖灵等：《中国韦氏通书》，南宁：广西人民出版社，1996 年。

韦明波、韦玖明：《中国韦氏通书》，南宁：广西民族出版社，1995 年。

韦祥符、韦昭征：《韦氏族谱》，南宁：广西民间文艺研究会出版社，1997 年。

杨东晨等：《韦姓史话》，南昌：江西人民出版社，2001 年。

《中国家谱综合目录》，北京：中华书局，1997 年。

四、近现代著作

安作璋、熊铁基：《秦汉官制史稿》，济南：齐鲁书社，2007 年。

白寿彝主编：《中国史学史教本》，北京：北京师范大学出版社，2000 年。

岑仲勉：《隋唐史》，北京：高等教育出版社，1955 年。

岑仲勉：《唐人行第录（外三种）》，上海：上海古籍出版社，1978 年。

常建华：《宗族志》，上海：上海人民出版社，1998 年。

晁福林：《夏商西周的社会变迁》，北京：中国人民大学出版社，2010 年。

陈其南：《家族与社会》，台北：联经出版事业公司，1990 年。

陈爽：《世家大族与北朝政治》，北京：中国社会科学出版社，1998 年。

陈寅恪：《金明馆丛稿初编》，上海：上海古籍出版社，1980 年。

陈寅恪：《隋唐制度渊源略论稿》，上海：上海古籍出版社，1980 年。

陈寅恪：《隋唐制度渊源略论稿·唐代政治史述论稿》，北京：生活·读书·新知三联书店，2001 年。

范兆飞：《中古太原士族群体研究》，北京：中华书局，2014 年。

傅璇琮：《唐五代人物传记资料索引》，北京：中华书局，1982 年。

甘怀真：《唐代家庙礼制研究》，台北：台湾商务印书馆，1991 年。

甘怀真主编：《身分、文化与权力 —— 士族研究新探》，台北：台湾大学出版中心，2012 年。

葛剑雄主编：《中国移民史》，福州：福建人民出版社，1997 年。

耿素丽编著：《先秦史文献研究三种》，北京：国家图书馆出版社，2013 年。

谷霁光：《史林漫拾》，福州：福建人民出版社，1982 年。

郭绍林：《唐代士大夫与佛教》，郑州：河南大学出版社，1987 年。

韩国磐：《隋唐五代史纲》，北京：人民出版社，1979 年。

韩国磐：《隋唐五代史论集》，北京：生活·读书·新知三联书店，1979 年。

何光岳：《楚源流史》，长沙：湖南人民出版社，1988 年。

何清谷：《三辅黄图校释》，北京：中华书局，2005 年。

何兹全主编，宁欣著：《唐宋都城社会结构研究 —— 对城市经济与社会的关注》，北京：商务印书馆，2009 年。

胡阿祥：《东晋南朝侨州郡县与侨流人口研究》，南京：江苏教育出版社，2008 年。

胡阿祥：《东晋南朝疆域与政区研究》，北京：学苑出版社，2005 年。

胡如雷：《中国封建社会形态研究》，北京：生活·读书·新知三联书店，1979 年。

黄永年：《唐史史料学》，上海：上海书店，2002 年。

金应熙：《国外关于中国古代史的研究述评》，呼和浩特：内蒙古人民出版社，1994 年。

赖瑞和：《唐代基层文官》，台北：联经出版事业公司，2005 年。

李浩：《唐代关中士族与文学》，北京：中国社会科学出版社，2003 年。

李浩：《唐代三大地域文学士族研究》，北京：中华书局，2002 年。

李浩：《唐代园林别墅考录》，上海：上海古籍出版社，2005 年。

李杰：《勒石与勾描 —— 唐代石椁人物线刻的绘画风格学研究》，北京：人民美术出版社，2012 年。

李卿：《秦汉魏晋南北朝时期家族、宗族关系研究》，上海：上海人民出版社，2005 年。

罗宏曾：《魏晋南北朝文化史》，成都：四川人民出版社，1989 年。

吕思勉：《吕思勉读史札记》（增订本）丙帙，上海：上海古籍出版社，2005 年。

吕思勉：《隋唐五代史》，上海：上海古籍出版社，1984 年。

吕卓民：《长安韦杜家族》，西安：西安出版社，2005 年。

马世之：《中原古国历史与文化》，郑州：大象出版社，1998 年。

马长寿：《碑铭所见前秦至隋初的关中部族》，桂林：广西师范大学出版社，2006 年。

毛汉光：《中国中古社会史论》，上海：上海书店，2002 年。

宁欣：《唐史识见录》，北京：商务印书馆，2009 年。

钱杭：《地缘与血缘之间 —— 历史上的联宗与联宗组织》，上海：上海社会科学院出版社，2001 年。

钱杭：《中国宗族史研究入门》，上海：复旦大学出版社，2009 年。

仇鹿鸣：《魏晋之际的政治权力与家族网络》，上海：上海古籍出版社，2015 年。

史念海主编：《西安历史地图集》，西安：西安地图出版社，1996 年。

孙筱：《两汉经学与社会》，北京：中国社会科学出版社，2002 年。

唐长孺：《九品中正制度试释》，《魏晋南北朝史论丛（外一种）》，石家庄：河北教育出版社，2000 年。

唐长孺：《魏晋南北朝史论丛》，北京：生活·读书·新知三联书店，1955 年。

唐长孺：《魏晋南北朝史论丛续编》，北京：中华书局，2011 年。

唐长孺：《魏晋南北朝史论拾遗》，北京：中华书局，2011 年。

唐长孺：《魏晋南北朝隋唐史三论》，武昌：武汉大学出版社，1993 年。

田廷柱：《隋唐士族》，西安：三秦出版社，1990 年。

田余庆：《东晋门阀政治》，北京：北京大学出版社，1989 年。

万绳楠整理：《陈寅恪魏晋南北朝史讲演录》，贵阳：贵州人民出版社，2011 年。

王国维撰，黄永年校点：《古本竹书纪年辑校·今本古本竹书纪疏证》卷上，沈阳：辽宁教育出版社，1997 年。

王洪军：《中古儒释道整合研究》，天津：天津人民出版社，2009 年。

王力平：《中古杜氏家族的变迁》，北京：商务印书馆，2006 年。

王伟：《唐代京兆韦氏家族与文学研究》，北京：北京大学出版社，2015 年。

王伊同：《五朝门第》，北京：中华书局，2006 年。

王玉波：《中国古代的家》，北京：商务印书馆，1993 年。

王仲荦：《北周地理志》，北京：中华书局，1980 年。

吴廷燮：《唐方镇年表》，北京：中华书局，2003 年。

吴宗国：《隋唐五代简史》，福州：福建人民出版社，1998 年。

吴宗国：《唐代科举制度研究》，北京：北京大学出版社，2010 年。

夏承焘：《唐宋词人年谱》（修订本），上海：上海古籍出版社，1979 年。

夏炎：《中古世家大族清河崔氏研究》，天津：天津古籍出版社，2004 年。

徐扬杰：《中国家族制度史》，北京：人民出版社，1992 年。

徐仲舒：《论巴蜀文化》，成都：四川人民出版社，1982 年。

许道勋、徐洪兴：《中国经学史》，上海：上海人民出版社，2006 年。

严耕望：《唐仆尚丞郎表》，北京：中华书局，1986 年。

严耕望：《中国地方行政制度史：秦汉地方行政制度》，上海：上海古籍出版社，2007 年。

阎步克：《从爵本位到官本位：秦汉官僚品位结构研究》，北京：生活·读书·新知三联书店，2009 年。

阎步克：《品位与职位 —— 秦汉魏晋南北朝阶官制度研究》，北京：中华书局，2002 年。

杨光辉：《汉唐封爵制度》，北京：学苑出版社，2004 年。

姚薇元：《北朝胡姓考》（修订本），武汉：武汉大学出版社，2013 年。

俞鹿年：《北魏职官制度考》，北京：社会科学文献出版社，2008 年。

郁贤皓、胡可先：《唐九卿考》，北京：中国社会科学出版社，2003 年。

郁贤皓：《唐刺史考全编》，合肥：安徽大学出版社，2000 年。

张国刚：《隋唐五代史研究概要》，天津：天津教育出版社，1996 年。

张国刚：《唐代藩镇研究》，长沙：湖南教育出版社，1987 年。

张国刚：《唐代官制》，西安：三秦出版社，1987 年。

赵超：《新唐书宰相世系表集校》，北京：中华书局，1998 年。

郑晓云：《文化认同论》，北京：中国社会科学出版社，1992 年。

郑学模、冷敏述主编：《唐文化研究》，上海：上海人民出版社，1994 年。

中国历史地图集编辑组编辑：《中国历史地图册》第五册，北京：中华地图学社，1975 年。

周一良：《魏晋南北朝史论集》，北京：北京大学出版社，1997 年。

周征松：《魏晋隋唐间的河东裴氏》，太原：山西教育出版社，2002 年。

祝总斌：《两汉魏晋南北朝宰相制度研究》，北京：中国社会科学出版社，1998年。

五、外文译著

〔日〕守屋美都雄：《六朝門閥の——研究：太原王氏系谱考》，东京：日本出版协同株式会社，1951年。

〔日〕西嶋定生著，武尚清译：《二十等爵制》，北京：国际文化出版公司，1992年。

〔日〕谷川道雄著，马彪译：《中国中世社会与共同体》，北京：中华书局，2002年。

〔美〕伊沛霞著，范兆飞译：《早期中华帝国的贵族家庭——博陵崔氏个案研究》，上海：上海古籍出版社，2011年。

〔美〕姜士彬著，范兆飞、秦伊译，仇鹿鸣校：《中古中国的寡头政治》，上海：中西书局，2016年。

〔美〕Wolfram Eberhard,*Conquerors and Rulers-social Forces in Medieval China*,Leiden,Second Edition, 1965.

六、学位论文

陈彬彬：《东汉文学世家的时空演变及其文化成就》，浙江师范大学2014届硕士学位论文。

陈迪宇：《北朝时期北归士族研究》，华东师范大学2005届硕士学位论文。

陈建萍：《唐代博陵崔氏个案研究》，河北师范大学2006届硕士学位论文。

韩涛：《中古世家大族范阳卢氏研究》，曲阜师范大学2009届硕士学位论文。

胡俊：《〈新唐书·宰相世系表〉校补》，西南师范大学2007届硕士学位论文。

姜春娥：《唐代京兆韦氏家族之郧公房研究》，天津师范大学 2007 届硕士学位论文。

李睿：《世系、婚姻、佛教 —— 唐代韦氏家族之研究》，北京大学 2002 届硕士学位论文。

李雅娜：《唐宋之际的寒门崛起与士族衰落 —— 以科举制为切入点》，烟台大学 2017 届硕士学位论文。

李扬：《新出唐代韦氏墓志研究》，西北大学 2014 届硕士学位论文。

孟祥娟：《隋唐京兆韦氏家族文学论考》，吉林大学 2010 届博士学位论文。

乔永新：《王维、韦应物仕隐心态比较研究》，曲阜师范大学 2013 届硕士学位论文。

宋志伟：《唐代西川节度使韦皋研究》，云南师范大学 2016 届硕士学位论文。

汪仕辉：《唐代士族家学研究 —— 以京兆韦氏、赵郡李氏、吴郡陆氏为例》，武汉大学 2011 届博士学位论文。

毋有江：《北魏政区地理研究》，复旦大学 2005 届博士学位论文。

谢玲：《汉唐之际京兆韦氏的家族源流与仕宦婚姻》，中国人民大学 2002 届硕士学位论文。

杨璐：《皇权与士权消长中的九品中正制度研究》，山西大学 2008 届硕士学位论文。

张柯：《唐代科举与长安韦氏家族》，西北大学 2015 届硕士学位论文。

张淑一：《周代姓氏制度研究》，东北师范大学 1999 届博士学位论文。

张卫东：《唐代荥阳郑氏个案研究》，陕西师范大学 2003 届硕士学位论文。

郑屹：《两汉至唐韦氏宗族研究》，西南大学 2013 届硕士学位论文。

七、报刊论文

安群：《十年来国内门阀士族研究综述》，《中国史研究动态》1990 年第

2 期。

安田二郎：《晋宋革命と雍州（襄阳）の侨民》，《东洋史研究》第 42
卷第 1 号，1983 年。

白艳妮：《新见唐潮州刺史韦楚望墓志考释》，《文博》2016 年第 6 期。

曹丽芳：《也谈韦庄广明元年底至中和三年春的行迹》，《古典文学知
识》2009 年第 4 期。

曾謇：《三国时代的社会》，《食货》第 5 卷第 10 期，1937 年。

常建华：《二十世纪的中国宗族研究》，《历史研究》1999 年第 5 期。

陈安利：《西安新出两方唐志考释》，《碑林集刊》（第一辑），西安：西
北大学出版社，1993 年。

陈洪诚：《从中古社会士族宗族演变看谱牒档案的发展》，《兰台世界》
2015 年第 24 期。

陈琳国：《论南朝襄阳晚渡士族》，《北京师范大学学报》1991 年第 4 期。

陈其泰：《〈国语〉的史学价值和历史地位》，《中国史研究》2015 年第
2 期。

陈乾康：《论东晋南朝的侨州郡县》，《四川大学学报》1995 年第 2 期。

陈爽：《近 20 年中国大陆地区六朝士族研究概观》，〔日〕《中国史学》
第 11 卷，2001 年。

陈爽：《近年来有关家族问题的社会史研究》，《光明日报》1998 年 10
月 16 日。

陈啸江：《魏晋时代之"族"》，《史学专刊》第 1 卷第 1 期，中山大学，
1935 年。

陈寅恪：《论唐代之李武韦杨婚姻集团》，《历史研究》1954 年第 1 期。

陈长琦、易泽阳：《韦孝宽与玉壁之战》，《南都学坛》2008 年第 1 期。

陈尊祥、郭盼生：《〈唐韦几墓志考〉补》，《碑林集刊》（第二辑），西
安：陕西师范大学出版社，1993 年。

陈尊祥、郭盼生：《唐韦几墓志考》，《文博》1994 年第 4 期。

程遂营：《唐代文人的入仕途径》，《河南教育学院学报》1994 年第 3 期。

崔明德：《北魏民族关系思想论纲》，《烟台大学学报》2010 年第 4 期。

戴应新：《隋丰宁公主杨静徽驸马韦圆照墓志笺证》，《故宫学术季刊》第十四卷第 2 期，1996 年。

戴应新：《韦孝宽墓志》，《文博》1991 年第 5 期。

冻国栋：《隋唐时期的人口政策与家族法》，《唐研究》第 4 卷，北京：北京大学出版社，1998 年。

杜正胜：《新史学之路 —— 兼论台湾五十年来的史学发展》，收入氏著：《新史学之路》，台北：三民书局，2004 年。

段锐超：《十六国北朝九品中正制的发展演变》，《北华大学学报》2012 年第 4 期。

段毅：《北朝两方韦氏墓志释解》，《碑林集刊》（第二十一辑），西安：三秦出版社，2015 年。

范兆飞：《权力之源：中古士族研究的理论分野》，《学术月刊》2014 年第 3 期。

范兆飞：《北美士族研究传统的演变 —— 以姜士彬和伊沛霞研究的异同为线索》，《文史哲》2017 年第 3 期。

范兆飞：《超越个案：士族研究的问题与路径》，《中国史研究动态》2017 年第 1 期。

范兆飞：《史料批评、文本解读与中古士族政治史研究》，《中国史研究》2013 年第 4 期。

范兆飞：《中古地域集团学说的运用及流变 —— 以关陇集团的影响为线索》，《厦门大学学报》2016 年第 1 期。

范兆飞：《中古郡望的成立与崩溃 —— 以太原王氏的谱系塑造为中心》，《厦门大学学报》2013 年第 5 期。

范兆飞：《中古士族谱系的虚实 —— 以太原郭氏的祖先建构为例》，《中国史研究》2017 年第 4 期。

范兆飞：《胙土命氏：汉魏士族形成史论》，《复旦学报（社会科学版）》2016 年第 3 期。

傅清音：《从文本比较与文风变革分析韦应物撰〈元蘋墓志〉》，《碑林集刊》（第十七辑），西安：三秦出版社，2011 年。

傅清音：《新见武则天堂兄〈武思元暨妻韦氏墓志〉》，《文博》2014 年第 5 期。

傅璇琮：《韦应物系年考证》，《文史》第五辑，北京：中华书局，1978 年。

盖金伟、董理：《新出四方北朝韦氏墓志考补》，《考古与文物》2007 年第 5 期。

龚鹏程：《唐宋族谱之变迁》，《中国家族谱纵横谈》，南宁：广西教育出版社，1993 年。

顾向明、王大建：《魏晋南北朝崇重旧望价值观的形成及对士风的影响》，《东岳论丛》2010 年第 5 期。

顾向明：《3—9 世纪崇重"旧望"的价值观及其对社会风俗的影响 —— 兼论郡望内涵及功用的演变》，《河南师范大学学报》2009 年第 3 期。

韩国磐：《隋朝中央集权势力与地方世族势力的斗争》，《历史教学》1955 年第 2 期。

韩昇：《南北朝隋唐士族向城市的迁徙与社会变迁》，《历史研究》2003 年第 4 期。

韩昇：《中古社会史研究的数理统计与士族问题 —— 评毛汉光先生〈中国中古社会史论〉》，《复旦大学学报》2003 年第 5 期。

韩树峰：《河南裴氏南迁述论》，《中国史研究》1996 年第 2 期。

韩雨恬：《近三十年来韦应物研究综述》，《语文知识》2013 年第 1 期。

杭志宏：《小议唐顺妃韦秀墓志》，《碑林集刊》（第二十二辑），西安：三秦出版社，2016 年。

何德章：《十年来国内魏晋南北朝史研究综述》，《文史知识》1996 年第 2 期。

何启民：《中古南方门第吴郡朱张顾陆四姓之比较研究》，《政治大学学报》1973 年第 27 期。

贺华：《唐〈韦道冲墓志〉略考》，《碑林集刊》（第十二辑），西安：陕西人民美术出版社，2006 年。

贺忠辉：《西安碑林藏唐墓志有关校补唐史之资料》，《考古与文物》2000 年第 1 期。

侯力：《从士庶分别到士庶合流》，《湘潭师专学报》1984 年第 2 期。

侯力：《唐代家学与科举应试教育》，《湘潭师范学院学报》1998 年第 1 期。

胡阿祥：《中古时期郡望郡姓地理分布考论》，《历史地理》1993 年第 11 辑。

胡宝国：《谱牒的兴起与士人群体的变化》，《汉唐间史学的发展》，北京：商务印书馆，2003 年。

胡嘏：《东晋南朝安徽境内侨州郡县考略》，《安徽史学》1990 年第 2 期。

胡可先：《“城南韦杜”与“杜陵野老”释证》，《复旦学报》2014 年第 5 期。

胡可先：《出土文献与唐代韦氏文学家族研究》，《文学与文化》2011 年第 3 期。

胡如雷：《门阀士族兴衰的根本原因及士族在隋唐的地位和作用》，《隋唐五代社会经济史论稿》，北京：中国社会科学出版社，1996 年。

胡如雷：《门阀士族兴衰的根本原因及士族在隋唐的地位和作用》，《唐史论丛》1987 年第 3 期。

黄灿：《日本学者对汉代家族制度研究概述》，《中国史研究动态》1985 年第 11 期。

黄利平：《长安韦氏宗族论述》，《陕西历史博物馆馆刊》（第一辑），西安：三秦出版社，1994 年。

黄寿成：《汉士族与东魏北齐政权》，《青岛师范学院学报》2011 年第 1 期。

黄小芸：《新出唐〈韦识墓志〉考释》，《碑林集刊》（第十辑），西安：

陕西人民美术出版社，2004 年。

黄永年：《所谓"永贞革新"》，《青海社会科学》1986 年第 5 期。

黄永年：《韦庄在广明元年至中和三年的行迹》，收入《文史探微》，北京：中华书局，2000 年。

姜光斗、顾齐：《韦应物任苏州刺史时的建树与晚年概况》，《苏州大学学报》1986 年第 4 期。

姜剑云：《韦庄家世小考》，《河北大学学报》2016 年第 3 期。

姜士彬（David G.Johnson）：《一个大族的末日 —— 唐末宋初的赵郡李氏研究》（The Last Year of A Great Clan：The Li Family of Chao Chun in Late T'ang and Early Sung），《哈佛亚洲研究杂志》，37-1，1977 年。

金应熙、邹云涛：《国外对六朝士族的研究述评》，《暨南学报》1987 年第 2 期。

景刚：《韦应物与滁州》，《北京大学学报》（国内访问学者，进修教师论文专刊），2003 年。

李芳瑶：《韦述与盛唐的集贤院 —— 以〈集贤注记〉为中心》，《中国典籍与文化》2013 年第 3 期。

李浩：《"关中郡姓"辨析》，《历史研究》2000 年第 5 期。

李浩：《论唐代关中士族的家庭教育》，《西北大学学报》1998 年第 2 期。

李浩：《唐代杜氏在长安的居所》，《中华文史论丛》2006 年第 9 期。

李浩：《唐代士族转型的新案例 —— 以赵郡李氏汉中房支三方墓志铭为重点的阐释》，《中华文史论丛》2016 年第 3 期。

李华瑞：《"唐宋变革论"的由来与发展（上）》，《河北学刊》2010 年第 4 期。

李建中：《韦庄"两次入蜀"考述》，《陕西理工大学学报》2015 年第 1 期。

李举纲：《唐大历才子苗发〈韦损墓志〉考释》，《碑林集刊》（第十三辑），西安：陕西人民美术出版社，2008 年。

李磊：《晋宋之际的政局与高门士族的动向》，《华东师范大学学报》

2007 年第 5 期。

李良荣：《韦应物未罢江州刺史任》，《社会科学战线》1985 年第 2 期。

李明：《韦匡伯墓志抉疑》，《文物研究》2017 年第 4 期。

李文治：《中国封建社会土地关系与宗法宗族制》，《历史研究》1989 年第 5 期。

李献奇：《武周尔朱口及夫人韦氏墓志考释》，《中原文物》1998 年第 4 期。

李约翰、齐威：《英美关于中国中世贵族制研究的成果和课题》，《中国史研究动态》1984 年第 7 期。

李昭君：《两汉县令、县长制度探微》，《中国史研究》2004 年第 1 期。

林立平：《唐代士族地主的衰亡过程 —— 几件敦煌谱书的启示》，《北京师范大学学报》1987 年第 1 期。

刘海峰：《唐代选举制度与官僚制度的关系》，《厦门大学学报》1989 年第 3 期。

刘强：《新见韦述撰唐代张子渐墓志考释》，《文博》2016 年第 3 期。

刘显叔：《东汉魏晋的清流士大夫与儒家大族》，《简牍学报》1977 年第 5 期。

刘啸：《论汉末名士到魏晋士族的复杂历程 —— 以汉末颍川荀、陈、钟三家为中心》，《许昌学院学报》2005 年第 6 期。

刘雁翔：《蜀汉北伐战略与凉州刺史设置》，《天水师范学院学报》2009 年第 6 期。

柳称：《略论魏晋时期世家大族的书法传承与革新》，《西北大学学报》2013 年第 5 期。

柳金福、张宏道：《唐代墓志考释二题》，载郭绍林主编：《洛阳隋唐研究》，呼和浩特：远方出版社，2006 年。

柳立言：《五代治乱皆武人 —— 基于宋代文人对"武人"的批评和赞美》，《"中央研究院"历史语言研究所集刊》2018 年第 89 本第 2 分册。

龙小峰：《京兆地名演变考》，《丝绸之路》2011 年第 2 期。

娄雨亭：《〈两京道里记〉并非韦述所撰》，《中国历史地理论丛》1991
年第 1 期。

卢晖临、李雪：《如何走出个案 —— 从个案研究到扩展个案》，《中国
社会科学》2007 年第 1 期。

吕建中、胡戟主编：《大唐西市博物馆藏墓志研究》，西安：陕西师范
大学出版总社，2013 年。

陆扬：《从墓志的史料分析走向墓志的史学分析 —— 以〈新出魏晋南北
朝墓志疏证〉为中心》，《中华文史论丛》2006 年第 4 期。

罗进：《论韦皋镇蜀》，《遵义师范学院学报》2004 年第 9 期。

罗时进：《唐代"花树韦家宗会法"考论》，《文学遗产》2015 年第 2 期。

罗新：《五燕政权下的华北士族》，《国学研究》第 4 卷，北京：北京大
学出版社，1997 年。

吕卓民：《中古长安韦氏家族考古与墓葬补遗》，《西部考古》，西安：
三秦出版社，2009 年。

马建红：《隋唐关中士族向两京的迁徙 —— 以京兆韦氏为中心的考
察》，《南都论坛》2010 年第 2 期。

马建红：《隋唐京兆韦氏居所考 —— 兼论士族的城市化》，载宁欣编
《新材料、新方法、新视野：中国古代国家和社会变迁》，北京：北京师范
大学出版社，2011 年。

马建红：《唐代史家韦述家世生平考论》，《兰台世界》2012 年第 33 期。

马建红：《韦氏墓志释读：〈新唐书宰相世系表〉校补四则》，《中国国
家博物馆馆刊》2011 年第 1 期。

马建红：《韦氏墓志校补〈元和姓纂〉—— 兼与张蕴先生商榷》，《东方
论坛》2012 年第 1 期。

马微：《韦后的女性意识及其所处的历史环境分析》，《三峡大学学报》
2006 年第 28 期。

马新、齐涛：《试论汉唐时代的宗姓与房分》，《中国史研究》2013 年第

1 期。

毛德昌：《韦皋与唐代的西南边疆》，《思茅师范高等专科学校学报》1999
年第 1 期。

毛汉光：《关陇集团婚姻圈之研究 —— 以王室婚姻关系为中心》，《"中
央研究院"历史语言研究所集刊》1990 年第 61 本第 1 分册。

毛汉光：《关中郡姓婚姻关系之研究 —— 隋至唐前半期》，《唐代文化
研讨会论文集》，台北：文史哲出版社，1991 年。

毛汉光：《中古官僚选制与士族权力的转变 —— 唐代士族之中央化》，
《第二届中国社会经济史研讨会论文集》，台北：汉学研究资料及服务中心，
1983 年。

蒙思明：《六朝士族形成的经过》，《文史杂志》第 1 卷第 9 期，1941 年。

孟祥娟：《杜甫与韦氏家族交游考》，《杜甫研究学刊》2017 年第 1 期。

牟发松、盖金伟：《新出四方北朝韦氏墓志校注》，《故宫博物院院刊》
2006 年第 4 期。

倪丽烨、张彦：《新出唐韦儆及夫人王氏、杜氏墓志考释》，《碑林集
刊》（第十五辑），西安：三秦出版社，2009 年。

宁欣：《从士人社会到市民社会 —— 以都城社会的考察为中心》，《文
史哲》2009 年第 6 期。

宁志新、朱绍华：《门阀士族的衰落与衰亡原因》，《河北学刊》2002 年
第 5 期。

牛红广：《唐李昂夫妻墓志考略》，《黄河科技大学学报》2014 年第 2 期。

牛志平：《试论唐人的婚姻心理》，《中国史研究》1989 年第 3 期。

牛致功：《有功于唐代史学的韦述》，《史学史研究》1986 年第 2 期。

皮尔斯：《近十五年来西方魏晋南北朝史研究》上，《中国史研究动态》
1993 年第 8 期。

齐涛：《韦庄非韦应物之后》，《陕西师范大学学报》1987 年第 1 期。

钱国旗：《拓跋鲜卑的南迁及其对鲜汉民族的影响》，《江苏社会科学》

1995 年第 2 期。

钱穆：《略论魏晋南北朝学术文化与当时门第之关系》，《新亚学报》第 5 卷第 2 期，1963 年。

瞿林东：《唐代谱学简论》，《中国史研究》1981 年第 1 期。

仇鹿鸣：《"攀附先世"与"伪冒士籍"——以渤海高氏为中心的研究》，《历史研究》2008 年第 2 期。

仇鹿鸣：《士族研究中的问题与主义——以〈早期中华帝国的贵族家庭——博陵崔氏个案研究〉为中心》，《中华文史论丛》2013 年第 4 期。

仇鹿鸣：《制作郡望：中古南阳张氏的形成》，《历史研究》2016 年第 3 期。

任爽：《科举制度与盛唐知识阶层的命运》，《历史研究》1989 年第 4 期。

荣新江、王静：《韦述及其〈两京新记〉》，《文献》2004 年第 2 期。

容建新：《80 年代以来魏晋南北朝大族个案研究综述》，《中国史研究动态》1996 年第 4 期。

陕西省考古研究所、西安市文物保护考古所：《唐长安南郊韦慎名墓清理简报》，《考古与文物》2003 年第 6 期。

史睿：《北周、隋、唐初的士族政策与政治秩序的变迁》，《首都师范大学学报》1998 年第 3 期。

矢野主税：《隋唐之际的上层乡邑社会》，《第一经大论集》7，1968 年；8，1969 年。

矢野主税：《韦氏研究》1、2，分载《长崎大学社会科学论丛》第 11 期、增刊，1961、1962 年。

宋德熹：《中国中古门第社会史研究在台湾——以研究课题取向为例（1949—1995）》，《兴大历史学报》1996 年第 6 期。

宋卿：《唐代平卢节度使略论》，《中国边疆史地研究》2010 年第 2 期。

宋艳梅：《北朝政权中的京兆韦氏》，《兰州学刊》2009 年第 11 期。

宋艳梅：《永嘉乱后京兆韦氏南迁江左考述》，《南京晓庄学院学报》2009 年第 5 期。

宋燕鹏：《关于中古士族发展演变线索的一点思考》，中国唐史学会第九届年会暨唐宋社会变迁国际学术研讨会，2004 年。

宋英、呼林贵、侯宁彬、李恭：《西安东郊唐韦美美墓发掘记》，《考古与文物》1992 年第 5 期。

宋英、赵小宁：《北周〈宇文瓘墓志〉考释》，《碑林集刊》（第八辑），西安：陕西人民美术出版社，2002 年。

宋英：《唐韦憺墓志考述》，《考古与文物》1996 年第 3 期。

苏绍兴：《评价毛汉光著〈魏晋南北士族政治之研究〉》，收入氏著《两晋南朝的士族》，台北：联经出版事业公司，1987 年。

孙国栋：《唐宋之际社会门第之消融——唐宋之际社会转变研究之一》，《新亚学报》第 4 卷第 11 期，1959 年。

唐长孺：《东汉末期的大姓名士》，《魏晋南北朝隋唐史三论》，武汉：武汉大学出版社，1993 年。

唐长孺：《门阀的形成及其衰落》，《武汉大学学报（人文科学版）》1959 年第 8 期。

陶敏：《韦应物生平新考》，《湘潭师范学院学报》1998 年第 1 期。

田兆元：《论北朝民族融合中的神话认同》，《上海大学学报》2000 年第 3 期。

王建国：《唐代韦杜家族的宰相综论》，《渭南师范学院学报》2012 年第 7 期。

王晶：《重绘中古士族的衰亡史——以 The Destruction of the Medieval Chinese Aristocracy 为中心》，《中华文史论丛》2015 年第 2 期。

王静：《靖恭杨家——唐代中后期长安官僚家族之个案研究》，《唐研究》第 11 卷，北京：北京大学出版社，2005 年。

王铿：《论南朝宋齐时期的士庶天隔》，《北京大学学报》1993 年第 2 期。

王莉娜：《魏晋南北朝时期士族的文化风尚》，《文艺评论》2015 年第 2 期。

王明珂：《论攀附》，《"中央研究院"历史语言研究所集刊》2002 年第

73 本第 3 分册。

王双怀、王昊斐：《唐韦知艺墓志考释》，《兰州大学学报》2014 年第 6 期。

王滔滔、雷娟：《大足石刻〈韦君靖碑〉题名研究》，《重庆交通学院学报》2006 年第 1 期。

王伟：《〈诗〉诗互嬗：汉唐间长安韦氏家学转型与家族性质迁变》，《唐史论丛》（第二十六辑），西安：三秦出版社，2018 年。

王伟：《社会流动视域下南朝韦华家系势力迁转及其文化意义》，《陕西师范大学学报》2017 年第 4 期。

王伟：《唐代京兆韦氏家族士族圈内婚姻研究》，《兰州学刊》2016 年第 6 期。

王伟：《唐代京兆韦氏与皇室婚姻关系及其影响》，《北方论丛》2012 年第 1 期。

王伟：《唐代科举与社会阶层流动之关系及其意义 —— 以士族为考察中心》，《中华文化论坛》2010 年第 4 期。

王伟：《〈韦匡伯墓志〉及其婚姻关系考论》，《求索》2010 年第 10 期。

王伟：《中古士族家支分蘖与仕途奔竞的政治文化因由 —— 以韦世约、韦师起家官之争为中心的考察》，《唐史论丛》（第二十五辑），西安：三秦出版社，2017 年。

王旭东：《门阀士族的婚姻习俗与门阀制度的盛衰》，《中州学刊》2004 年第 3 期。

王彦永：《"豕韦"考略》，《殷都学刊》2016 年第 3 期。

王永兴：《论韦皋在唐和吐蕃、南诏关系中的作用》，《北京大学学报》1988 年第 2 期。

王勇：《新出唐青州户曹参军韦挺夫人柏氏墓志所反映出的几个问题》，《碑林集刊》（第四辑），西安：陕西人民美术出版社，1996 年。

王育龙、程蕊萍：《陕西西安新出土唐代墓志铭五则》，《唐研究》第 7 卷，北京：北京大学出版社，2001 年。

魏承思：《略述家族主义对唐朝官制的影响》，《历史教学问题》1987 年第 1 期。

魏承思：《唐代宗族制度考述》，《史林》1987 年第 3 期。

乌廷玉：《唐代士族地主和庶族地主的历史地位》，《中国史研究》1980年第 1 期。

吴丽娱：《从太后改姓看晚唐后妃的结构变迁与帝位继承》，《唐研究》17 卷，2011 年。

吴在庆：《韦庄生年及"尝居虢州十载"献疑》，《文学遗产》1998 年第 3 期。

吴宗国：《唐代士族及其衰落》，载《唐史学会论文集》，西安：陕西人民出版社，1986 年。

武仙卿：《南朝大族的鼎盛与衰落》，《食货》第 1 卷第 10 期，1935 年。

夏炎：《士族社会史研究范式重建及其理论意义》，《中国史研究动态》2017 年第 1 期。

刑义田、林丽月编：《台湾学者中国史研究论丛·社会变迁卷》，北京：中国大百科全书出版社，2005 年。

邢铁：《家学传承与唐宋时期士族的更新》，《中华文史论丛》2012 年第 2 期。

熊建国：《〈韦应物系年考证〉补遗》，《重庆师院学报》1997 年第 3 期。

熊剑平：《韦孝宽：善于行间的大将军》，《文史天地》2013 年第 11 期。

胥云：《韦应物事迹考评》，《西南民族学院学报》1995 年第 2 期。

徐才安：《略论中唐民族政策调整的执行者——韦皋》，《四川师范学院学报》1991 年第 4 期。

徐乐军：《韦庄生年主说考析》，《广东农工商职业技术学院学报》2008年第 1 期。

许冠三：《三十五（1950—1985）来台湾史界的变迁》，附录于氏著《新史学九十年》下册，香港：香港中文大学出版社，1988 年。

许友根：《唐代韦氏科举家族的初步考察》，《盐城师范学院学报》2018年第 1 期。

颜晨华：《文治与中兴：唐代士族再评论》，《学术月刊》1992 年第 12 期。

杨东晨、杨建国：《论韦姓宗族的形成和迁布》，《固原师专学报》2002年第 4 期。

杨光辉：《官品、封爵与门阀士族》，《杭州大学学报》1990 年第 4 期。

杨筠如：《九品中正制与六朝门阀》，收入《国民丛书》第 3 编第 13 册，上海书店 1991 年据商务印书馆 1930 年影印。

杨联陞：《东汉的豪族》，《清华学报》第 11 卷第 4 期，1936 年。

杨廷贤：《南北朝之士族》，《东方杂志》第 36 卷第 7 期，1939 年。

杨西云：《唐代门荫与科举制的消长关系》，《南开学报》1997 年第 1 期。

尹富：《抵制·渴慕·操纵 —— 论唐代士族对科举的多重态度》，《西南师范大学学报》1998 年第 5 期。

余英时：《东汉政权之建立与士族大姓之关系》，《新亚学报》第 1 卷第 2 期，1956 年。

余英时：《汉晋之际士之新自觉与新思潮》，《新亚学报》第 4 卷第 1 期，1959 年。

张安兴：《唐〈韦英墓志〉考释》，《碑林集刊》（第十一辑），西安：陕西人民美术出版社，2005 年。

张广达：《近年西方学者对中国中世纪世家大族的研究》，《中国史研究动态》1984 年第 12 期。

张国刚：《从礼容到礼教：中国中古士族家法的社会变迁》，《河北学刊》2011 年第 3 期。

张琳：《南朝时期的雍州中下层豪族》，《武汉大学学报》1997 年第 6 期。

张琳：《南朝时期侨居雍州的河东柳氏与京兆韦氏发展比较》，《武汉大学学报》2000 年第 2 期。

张萍：《唐长安官、私庙制及庙堂的地理分布》，《中国历史地理论丛》

2001 年第 12 期。

张三夕、苏小露:《韦述〈集贤书目〉平议 —— 兼论〈学士院杂撰目〉非韦述所作》,《中国语言文学研究》2016 年第 1 期。

张涛:《魏晋隋唐时期的门第婚姻》,《民俗研究》1992 年第 4 期。

张天健:《韦应物考议》,《成都大学学报》1993 年第 3 期。

张婷:《唐韦余庆及妻裴氏墓志考释》,《碑林辑刊》(第十六辑),西安:三秦出版社,2011 年。

张小丽:《隋韦协墓发掘简报》,《文博》2015 年第 3 期。

张小丽:《西安出土北魏〈韦辉和墓志〉和〈韦乾墓志〉研读》,《文博》2016 年第 3 期。

张蕴:《西安南郊毕原出土的韦氏墓志初考 —— 平齐公房和郧公房成员》,《文博》1999 年第 6 期。

张蕴:《西安南郊毕原出土的韦氏墓志考(二):阆公房成员》,《考古与文物》2005 年第 3 期。

张蕴:《西安南郊出土的韦氏墓志考 —— 阆公房成员》,《考古与文物》2005 年第 3 期。

张泽咸:《谱牒与门阀士族》,南开大学历史系编:《中国史论集》,天津:天津古籍出版社,1994 年。

张中奎:《"三皇"和"五帝":华夏谱系之由来》,《广西民族大学学报》2008 年第 5 期。

赵超:《从唐代墓志看士族大姓通婚》,白化文等编:《周绍良先生欣开九秩庆寿文集》,北京:中华书局,1997 年。

赵克尧:《〈氏族志〉与唐太宗的关陇门阀观》,《复旦学报》1984 年第 2 期。

赵吕甫:《新唐书·宰相世系表订补》,《四川师范学院学报》1995 年第 1 期。

赵生泉:《韦应物家世释疑》,《社会科学战线》2014 年第 6 期。

赵文润：《论韦皋》，《人文杂志》1984 年第 5 期。

赵振华：《〈韦衡墓志〉与盛唐马政》，《碑林集刊》（第八辑），西安：陕西人民美术出版社，2002 年。

赵振华：《韦衡墓志与唐代马政》，《河洛春秋》2004 年第 2 期。

郑欣：《东晋南朝的士族庄园制度》，《文史哲》1978 年第 3 期。

郑旭东：《唐韦玄晞墓志释读》，《文博》2016 年第 2 期。

周世伟：《韦庄入蜀仕蜀考辨》，《中华文化论坛》2009 年第 1 期。

周伟洲、贾麦明、穆小军：《新出土的四方北朝墓志考释》，《文博》2000 年第 2 期。

周一良：《〈博陵崔氏个案研究〉评价》，《中国史研究》1982 年第 1 期。

周夷：《唐代诗人韦应物的卒年问题 —— 与茅盾同志商榷》，《学术月刊》1979 年第 11 期。

后　记

　　时光荏苒，转眼之间，博士毕业已经十二年，曾经的学位论文，先被宁老师纳入丛书系列，后由商务印书馆成功申报了国家社科基金后期资助项目。如今项目已结，作为项目成果的专著——《中古京兆韦氏的变迁》即将出版。回首以往，感慨万千：难忘为斟酌选题的辗转反侧，难忘为搜集资料的起早贪黑，难忘为撰写思路的搜肠刮肚，难忘获得资助的欣喜志忑，难忘结题过程的一波三折，更难忘出版期间的各方支援。其间，我从北师大到陕西渭南，工作七年，又从渭南转到上海，已是五年，结识了诸多贵人，助我一步步走到今天。

　　感谢北师大的宁欣老师，十五年前将我收在门下，给了我深造的机会，带领我和同门参加各种学术会议，增长见识；毕业之后，一直关心我的学术成长，直到今天；感谢我的硕士生导师傅永聚老师，是他的远见卓识建议我报考北师大，为我指明了进步的方向；感谢王洪军老师，在我为选题困顿之时，是他向我伸出了援助之手，助我选定了读博期间的研究方向，论文撰写过程中，我还曾就某些具体问题请教过他。

　　感谢北师大为我提供学习研究的平台和资源，感谢北大图书馆及其中古史研究中心提供的丰富文献资源，感谢舍友罗彦慧和张婷同学在我经济困难时的慷慨相助，感谢各位同门兄弟姐妹的陪伴；感谢渭南师院给了我成长的平台，感谢曾经的邻居邢建文老师一家、王志平一家，好友谢恒星一家、张瑞芳一家、付新一家、翟丽杰一家在生活上的关心，感谢各位同事的激励，感谢王有景老师在结项过程中耐心细致的帮助；感谢好友王飞飞在我数次遇到困难时的挺身而出；感谢商务印书馆王希、贺茹为本书出版所做的工作；感谢我的家人，为我的学术成长默默奉献！